上教心理学教材系列

Community Psychology (Fourth Edition)

John Moritsugu Frank Y. Wong Karen Grover Duffy

社区心理学（第四版）

[美] 约翰·森继 弗兰克·Y. 王 凯伦·格拉维尔·达菲 / 著
曾守锤 史江英 何妮娜 / 译

上海教育出版社
SHANGHAI EDUCATIONAL
PUBLISHING HOUSE

丛书总序

任何一门学科的发展和繁荣都离不开一系列优秀教材的帮助，心理学也不例外。一本优秀的心理学教材，往往以其科学、合理的结构体系服务于心理学知识的传授，实现知识的时空转化，以其先进、系统的丰富内容满足学生的求知需要，激发学生的学习热情，以其注重能力培养的方法指引学生踏上学习和研究心理科学之路，并通过其深刻的思想内涵启发学生对心理现象进行不懈思考和探索。

自从科学心理学于19世纪末在西方诞生以来，经过一百多年的发展，西方心理学界在心理学高等教育方面积累了极为丰富的经验。西方心理学家不仅重视心理学的科学研究，还注重心理学的教学工作和人才培养。在教材建设方面，其经费和专家力量的投入在整个心理学学科建设的投入中也一直占据较高的比例。从目前来看，西方心理学教材在内容和形式上已普遍比较成熟。不仅如此，这些教材通常不断更新版本，及时调整内容和结构，从而能够迅速有效地跟进国际心理科学发展的前沿动态，始终支撑着高质量的心理学教学，这也是当前我国心理学工作者热衷于引进和翻译西方教材最重要的原因。在不同的历史时期，引进和翻译国外的心理学教材对于我国心理学事业的发展和心理学专业人才的培养、心理学知识在我国的传播与普及都发挥了重要作用。

我国引进和翻译国外心理学教材的历史大致有几个相对集中的时期：一是19世纪末20世纪初对西方心理学教材的初步引进和翻译。追溯历史，中国人翻译西方心理学教材比科学心理学在中国的诞生还要早。现代西方心理学在中国的传播，最初即与翻译西方心理学教材有关。1889年，上海教会学校圣约翰书院院长颜永京翻译出版了美国牧师和学者约瑟·海文的著名教科书《心灵学》。这是中国人翻译最早的一本西方心理学教科书。此后，著名学者王国维翻译了两本西方心理学教材，即丹麦学者海甫定的《心理学概论》(1907)和禄尔克的《教育心理学》(1910)。二是20世纪上半叶(尤其是至抗日战争全面爆发之前)对西方心理学教材的集中引进和翻译。随着一大批在西方学习心理学的留学生学成归国和现代心理学在中国的确立和发展，中国出现了引进和翻译西方心理学著作的一个高潮，其中当然不乏优秀的心理学教材。例如，陈大齐翻译的高五柏的《儿童心理学》(1925)，陆志韦翻译的桑代克的《教育心理学概论》和亨特的《普通心理学》(1926)，伍况甫翻译的詹姆斯的《心理学简编》(1933)，高觉敷翻译的波林的《实验心理学史》(1935)，吴绍熙和徐儒翻译的霍林沃思的《教育心理学》(1939)，等等。三是20世纪50年代初至60年代初对苏联心理学教材的集中引进和翻译。在中华人民共和国成立以后，为了响应全面学习苏联心理学的需要，中国心理学工作者又翻译了一大批苏联心理学教科书。例如，何万福和赫葆源翻译的捷普洛夫的《心理学》(1951)，高晶齐翻译的乔普洛夫的《心理学》(1951)，何万福翻译的柯尼洛夫的《高等心理学》(1952)，王燕春、赵璧如和佘增寿等人翻译的包若维奇等人的《儿童心理学概论》(1953)，朱智贤等人翻译的查包洛塞兹的《心理学》(1954),何瑞荣翻译的贝柯夫的《心理学》(1955),赵璧如翻译的阿尔捷莫夫的《心理学概论》(1956),朱智贤翻译的斯米尔诺夫的《心理学》(1957),等等。四是1978年至1999年对国外心理学教材的再次引进和翻译。改革开放以后,为了尽快恢复和发展中国的心理学事业,中国心理学者又继续进行中断已久的对外国心理学教材的翻译工作,如周先庚等人翻译的克雷奇等人的《心理学纲要》(1980),林方和王景和翻译的墨菲和柯瓦奇的《近代心理学历史导引》(1980),朱智贤等人翻译的彼得罗夫斯基主编的《普通心理学》(1981),高觉敷等人翻译索里和特尔福德的《教育心理学》(1982),赵璧如翻译的克鲁捷茨基的《心理学》(1984),高地等人翻译的安德列耶娃的《社会心理学》(1984),林方翻译的查普林和克拉威克的《心理学的体系和理论》(1984),周先庚等人翻译的希尔加德的《心理学导论》(1987),等等。五是2000年以后对西方心理学教材的系统引进和翻译。进入21世纪以来,中国心理学事业进入高速发展时期,随着心理学教学和研究的迅速发展,师资队伍和学生规模的加速增长,我国心理学事业对于高水平心理学教材的需求日益迫切。在这种形势下,国内多家出版机构与国外出版机构积极合作,系统引进和翻译西方心理学优秀教材,推出了一系列品种齐全、数量庞大、质量上乘的心理学教材,为推动我国心理学事业的繁荣,培养符合社会主义现代化建设需要的各级心理学专业人才,发挥了重要作用。在这当中,影响较大的有华东师范大学出版社的"当代心理科学名著译丛",陕西师范大学出版社的"当代心理学经典教材译丛",人民邮电出版社与美国麦格劳—希尔出版公司合作出版的"教育部高等学校心理学教学指导委员会推荐用书"系列,中国轻工业出版社的"心理学导读系列""教育心理学国家精品课程指定外版教材",世界图书出版公司的"中国心理学会推荐使用教材"系列,北京大学出版社的"心理学译丛・培文书系",中国人民大学出版社的"心理学译丛・教材系列",上海人民出版社的"心理学核心课程教材系列",等等。

从目前来看,随着上述一系列国外心理学教材的引进和翻译,我国高等学校尤其是本科阶段的心理学主干课程教学所需的教材已经基本完备,心理学教材的内容体系已具雏形,并且还在不断更新完善之中。但是,我们也要看到,相对而言,某些心理学分支学科领域,特别是一些新兴学科领域、应用学科领域、专题理论领域仍然缺少一批高质量的教材,因而不能很好地满足这些专业领域的教学和学习需要,影响了心理学专业人才的培养,从某种意义上也制约了这些学科领域在我国的进一步发展。鉴于此,上海教育出版社精心策划出版"上教心理学教材系列",以期弥补我国现有的引进和翻译国外心理学教材的不足,进一步拓展我国心理学教材的内容体系。

"上教心理学教材系列"力图体现以下几个方面的特色。

一是专题性。这个"系列"遴选的不完全是传统的心理学主干或核心课程的教材,而是根据目前我国高等学校心理学教学对教材的需求,选择了各分支学科中一些专门领域的优秀教材。这些教材是对心理学主干或核心课程教材内容的补充和拓展,有助于开阔学生的知识视野和进一步培养心理学的应用技能和理论基础,这也使得这个"系列"比较适用于高年级本科生和研究生学习使用。

二是包容性。这个“系列”包含的教材中，有的注重传授心理学的实际应用技能、技术，有的注重学科基础理论的整理和总结，涉及的学科领域既有社区心理学、生涯发展等较为新兴的应用研究领域，也有学习理论、人格理论、儿童发展理论等基础理论领域，具有一定的包容性，为广大心理学爱好者学习和研究有关领域的技能和知识提供了更多的选择。

三是经典性。收入这个“系列”的教材都是经过反复修订、多次再版，经过较长时期教学实践检验的国外优秀教材。这些教材既保持了内容和知识结构的稳定性，又及时补充各专业研究领域的最新研究成果，堪称这些领域中的经典教材。这些教材一方面为我国心理学学习者和研究者提供了优秀的参考书，另一方面也为有关领域的心理学教材的编撰提供了良好范本。

四是开放性。为了继续适应和满足国内各级各类心理学人才培养的需要，这个“系列”将努力保持开放、动态的特点，不断拓宽视野，扩大选题范围，更新书目，在坚持高质量、高规格原则的基础上，分批选译出版国外一些心理学分支学科领域中的优秀教材，并追踪翻译这些教材的最新修订版本。

我们希望通过翻译出版“上教心理学教材系列”，在现有基础上进一步充实和完善我国高等学校心理学教材的内容体系，更好地推动我国心理学教学和研究的发展与繁荣，为培养更多高质量的心理学专业人才，满足我国社会经济和文化发展对心理学日益旺盛的需求，作出自己的贡献。

郭本禹

于南京郑和宝船遗址·海德卫城

作者前言

社区心理学关注的是人性的所有优点——在逆境中彼此关爱和扶持，与他人的联结(bond)，珍视人与人之间的联系(linkages)。作为社区心理学家，我们感兴趣的是，人类的共同努力以及人类创造的社会情境是如何使我们免受消极事件的影响，又是如何促进人类健康的(Cowen，2000；Shinn & Toohey，2003)。在这本教材中，我们向读者展示了社区心理学的现状、历史和未来。窃以为，我们以通俗易懂的方式概述性地回顾了社区心理学领域的理论发展以及那些旨在改善社区的诸多研究和实践的例子。这本教材还回顾了多种情境下的社区干预，并对这些社区干预的研究给予了详细阐述。

对心理学开展研究的原因之一，在于我们对人类自身以及其他物种的好奇。因此，为了呼应这一主题，我们在每章开头会呈现一个故事。通过章节中对社区心理学相关概念或干预的解释，我们能够理解这个故事背后的主题或议题。在每章中，我们还设置了"案例"(Case in Point)这一内容，以举例的形式说明社区心理学中的应用问题。通过这些内容，读者可以明白社区心理学的研究或理论是如何导致现实生活中的行动的。社区心理学的核心是想要创造一个更美好的世界。社区心理学家虽然受到科学和研究的引导，但他/她们利用了迄今为止已经发现的关于社区和社区是如何发挥作用的知识，因此他/她们是社区的一分子。我们对自己生活的社会世界的好奇心得到了很好的利用。

本教材分为四个部分：第一部分关注的是社区心理学的历史、理论和研究方法。我们阐述了社区心理学的政治、历史、指导性原则以及促使美国社区心理学开端的心理学研究背景。通过介绍经典的实验设计和新近被接纳的质性研究方法，我们阐述了社区心理学的科学基础。我们还阐述了参与性行动研究方法，通过这一方法，我们可以确定社区的问题(problems and issues)，提出可能的解决方法和干预的评估方法。这样的话，生态学视角就具备了。我们还阐述了压力模型和心理弹性模型，它们为社区心理学的许多研究和干预策略提供了框架。

第二部分详细阐述了社会变革，即社会变革是如何发生的以及我们该如何建设性地利用社会变革。第二部分最后一章讨论了社区干预的典型方法。在这一章中，我们例举性地回顾了一些社区心理学家用于积极影响社会或系统并使之发生变革的方法。

第三部分主要阐述的是社区心理学对社会的具体系统可能有帮助的方面，这些社会的具体系统会对我们的健康产生影响。在这些系统中，最明显的就是精神健康系统，除此之外还包括社会服务系统、学校和青少年组织系统、工作场所系统、司法系统、公共健康系统和健康照顾系统。这是一个非常广泛的主题，但无论如何，我们都发现社区心理学的理论或应用都与之有涉。好消息是，这些系统正在发生一些变革。面临的挑战是，道路还很漫长。

这本教材第四部分也即最后一部分讨论了社区心理学的未来。虽然社区心理学取得了很大的成功，但该学科在可持续性和领域的整合上依然存在很多问题。说得更具体一点就是，作为一个领域，社区心理学该如何继续发展下去？社区心理学该如何坚持其理念和活力？当然，不可否认的是，社区心理学还有许多新的领域有待开发，还有许多新的问题有待解决。

每一章关注的兴趣点都是不一样的。我们相信，这样的安排会使学生读者感兴趣。“案例”这一块内容在于使问题具有实践性并启发读者进行批判性思考。一般而言，案例中牵涉到的主题（如无家可归或社区冲突）至少可以从以下两个方面进行讨论：相关的问题和相关的研究。

这本教材在章节内容的安排上还考虑到教学上的便利。例如，每章开头都有内容概要概括这一章的内容和结构。同样，每章都以一个小故事导入，这个小故事的含义贯通整章并用于统合不同材料。在使用这些小故事上，我们的观点与某些教授的观点可能有冲突。采用小故事的做法缘起于心理学中个案讲解的历史——有时是临床个案，有时则是社区个案。我们之所以这样安排是由于考虑到这一事实，即许多心理学本科生的培养项目是临床社区项目。对于那些在这种传统下培养起来的教授来说，每章开头的小故事可以使他/她们持续地使学生从临床的视角转移到社区或更具生态学的视角，直至每章结束。而对于那些仅仅关注社区心理学（而不是临床心理学）的教授来说，“案例”这一块内容的设计可以被理解为基于社区心理学的原理而设计。

除此之外，我们还把社区心理学中重要但学生可能比较陌生的术语用粗体标注出来。每章以“本章概要”作为结束。我们建议学生先细读每章的内容概要，再阅读“本章概要”，这样就能够注意到每章的重点问题并能更好地组织自己的学习。

我们希望你在阅读这本教材时获得书中的信息和思考方式。社区心理学既是一个知识体系，也是一种理论框架和心理学实践，它将人类最美好的天性——关系和关爱（fellowship and caring）、同情和支持、应对和心理弹性——与我们面临的压力和危机关联起来。社区心理学还是理解世界和人类自身的一种方式。通过阅读这本教材，你将会发现，当我们以情境论和交互作用的观点来进行思考时，我们对问题和解决问题的方法的看法可能会不同。当然，当我们尝试从纵向的视角和系统论的观点来理解社区和人的问题以及这些问题的解决之道时，我们还面临一些挑战。借助以上思考方式和这本教材提供的信息，你的好奇心会得到满足，而且你可能会提出新的问题。

作为这本教材新加盟的作者，我要感谢这本教材的两位老作者——凯伦·格拉维尔·达菲（Karen Grover Duff）和弗兰克·Y.王（Frank Y.Wong），感谢他们盛情邀请我加入这本教材的写作。我们仨相互支持，相互鼓励，也彼此宽容，愉快合作。由三位不同作者来编写教材的优点在于，它可以奉献多重的视角和各自的学术专长，这使教材内容更加丰富。而且，由多位作者合作写社区心理学著作一直是该领域的传统。

我们要感谢培生出版公司米歇尔·利摩日（Michelle Limoges）编辑及其助理佩奇·克卢尼（Paige Clunie）的耐心、理解、帮助和建议。我们还要感谢这本教材的评阅人，他们对这本教材的批判性意见帮助我们更好地提出问题的框架和取舍材料，使这本教材变得更好。这一版的评阅人有德保尔大学（Depaul University）的安妮·弗林（Annie Flynn）、沙米纳德大学

(Chaminade University)的戴尔·弗里克塞尔(Dale Fryxell)、蒙毛斯大学(Monmouth University)的费尔南多·帕德罗(Fernando Padro),以及夏威夷大学希洛校区(University of Hawaii, Hilo)的谢丽尔·拉莫斯(Cheryl Ramos)。此外,我还要感谢我的妻子简·哈蒙·雅各布斯(Jane Harmon Jacobs),她也是一位心理学家,她阅读了我负责的书稿并鼓励我写作。我还要感谢我的儿子迈克尔·森继(Michael Moritsugu),他在我写作的过程中以他特有的方式帮助我和支持我。

我们是自身智力和情绪集合体的产物。我要感谢我在罗彻斯特大学(University of Rochester)读本科时的指导老师——拉尔夫·巴洛卡斯(Ralph Barocas)和埃默里·考恩(Emory Cowen),感谢他们在我待在纽约北部一个白雪纷飞的乡村时所给予的支持和挑战,这种支持和挑战伴随着我的整个职业生涯。我所在大学的三位同事伦纳德·詹森(Leonard Jason)、大卫·哥伦威克(David Glenwick)和罗伯特·费尔纳(Robert Felner)一直鼓励我,并与我一起讨论社区心理学的问题,感谢他们的友谊和这么多年的联系。最后,我要感谢你,亲爱的读者,感谢你对我们写出的东西进行思考和反思。

约翰·森继

目　录

第一部分　入门性概念

第二部分　社会变革和干预策略

第一部分

入门性概念

第一章 1

导　论

> 那是最昌明的时世，那是最衰微的时世；那是睿智开化的岁月，那是混沌蒙昧的岁月；那是信仰笃诚的年代，那是疑云重重的年代；那是阳光灿烂的季节，那是长夜晦暗的季节；那是欣欣向荣的春天，那是死气沉沉的冬天；我们眼前无所不有，我们眼前一无所有；我们都径直奔向天堂，我们都径直奔向另一条路。简而言之，那个时代同现今这个时代竟然如此惟妙惟肖，就连它那叫嚷得最凶的权威人士当中，有些也坚持认为，不管它是好是坏，都只能用“最”字来表示它的程度。
>
> ——查尔斯·狄更斯《双城记》

以下这些图景对于那些站在百货商店排队或者观看娱乐新闻节目的人来说非常熟悉：年
轻女性光鲜亮丽，衣着时髦；年轻男性穿着时尚、得体。这些青年男女似乎正在努力避免使自 2
己暴露于闪光灯和镁光灯之下。他们马上就要从监狱释放出来，马上就要完成酒精和药物康复治疗的疗程，他们忙不迭地解释自己为什么会陷入违法、与邻居和朋友的麻烦之中。通常的解释是，他们之所以陷入麻烦，是因为他们存在某些缺陷，他们道德缺失、腐化堕落、放浪形骸、养尊处优。看到他们的种种行为和景况，我们也感到疑惑，事情为什么会这样呢？他们在闪光灯下退场后便回去接受康复治疗，恢复正常生活，只是这种进步未能持续多久。没过多久，人们又发现他们因为这样或那样的罪行而被审讯。

这究竟是怎么回事呢？从传统的临床观点来看，这些人表现出临床障碍的某些症状。治疗针对的是个体，而且是非常个体化的治疗。这难道是他们咎由自取吗？这难道是他们自我价值感导致的后果吗？这难道是他们的家庭背景使然吗？还是他们行为处事处置失调，抑或是他们无论如何都要满足某种欲望？以上种种观点已经流行多年。

如果把这些图景放在社区心理学的视角下来观察，它立即变得更复杂，也充满更多争议性。看待问题、分析问题以及假设问题症结的重点应该放在哪里呢？干预又将聚焦于何处呢？结果该如何测量呢？社区心理学使用的语言和视角与传统的语言和视角差异甚大。社区心理学会使用以下一些术语来解释上述图景：压力、社会情境（social settings）、正规行为（normative behaviors）、预防、发展性问题（developmental issues）、需要装备的技能、重要他人、顾问、同伴和支持者。干预则采用更宽广的框架，包括流行病学的视角、风险因素、多重决定因素，以及可以教化的时机和情境。它考虑的是，产生和维持非适应性和适应性行为的系统的、长期的影响和变化。这就是社区心理学的语言。它不是病理学取向，而是健康（wellness）取向。它看起来不是针对缺点而是针对优点。它不仅倡导改变个体，而且倡导变革社会。

如果你有兴趣去查找本章开头提到的那些养尊处优的男男女女的研究文献，就会明白我们的观点，我们的目的自然也就达到了。基于上述原则提炼出来的社区心理学原理和治疗措施适用于社会中的每一个人。社区不仅与被压迫者和穷困者有着内在的关联，而且与所有人都有关联。所有人都受物理环境、社会情境和蕴涵其中的压力的影响。所有人都期望与社会有联系，有社会归属感，有生活的方向感与目的，体验到社会现实，并为社会作出贡献。不管我们是社会上层人士和富有人士，还是下层人士和穷困人士或介于两者之间的人士，我们都会环顾社区，从我们周围的环境中获取力量，我们都会努力去适应我们的环境，或者努力消除我们已知的与我们为争取在社会中被重视而必须做的之间的差距。所有这些都是社区心理学关注的主题。

当读到本书结尾时，你会非常熟悉我们面对主题和问题时所用的语言和思考方式。社区心理学阐述的主题和范围涉及年轻成年人的药物和酒精滥用问题，我们每个发展阶段面临的相关情况和危机（社会关系、独立性、成人期成熟、工作、假期、生命意义），处理艾滋病病毒/艾滋病，青少年怀孕和性行为、犯罪和公民社会、制度化环境中的生活。本章开头描绘的“光鲜靓
3 丽的人”仅仅是我们随手拈来的一些例子，这些人的形象可能被媒体过分夸大，以适应娱乐的需求。社区心理学将为力争提供最好的机会来满足个体的需要和社会进步的需要而开展研究和干预。这是一个宏伟的目标，也是所有人共同的目标。下面，我们首先来回顾，社区心理学为实现这一宏伟目标而作的努力。

本章主要考察社区心理学的历史和发展脉络，哲学和目标，以及最新进展。这些背景性知识主要呈现的是社区心理学产生的历史和理论背景。你将会知道社区心理学的基本原则，帮助形成这些基本原则的概念和社区心理学研究产生的理论。最后，以社区心理学的本科和研究生的入学考试来结束本章内容。

历史背景

早在殖民地时期，美国就存在社会问题。然而，当时农业社会中人与人之间关系紧密，需要帮助的人大多可以得到帮助，因此不需要特别的场所来收容这些人(Rappaport，1977)。随着城市的兴起和工业化，社会上出现设立特殊机构来收容不同人群的趋势：这些人要么存在心理疾病，要么穷困潦倒，要么是其他的弱势人群。或许你从异常心理学或其他课程中已经知道这些早期收容机构的情况，这些机构往往是阴冷、潮湿和拥挤的地方，而在此遭受的待遇往往是限制自由，甚至是残酷的惩罚。

直到18世纪，菲利普·皮内尔以及随后的多罗西亚·迪克斯等人，才试图实施机构改革，废除机构的限制，建立更积极的改变行为的方式。不过，这些人性化的待遇有时仅限于富有的人(Rappaport，1977)。但是，机构特别是公立机构一直在不断增加，它们收容低层民众和弱势人群以及其他在社会中没有特权的人。伴随着早期移民浪潮的到来，许多人被误诊为有心理障碍并被收容到这些拥挤不堪的机构中。

19世纪后期，西格蒙德·弗洛伊德对心理疾病表现出强烈的兴趣，旋即提出治疗方法。你对他的治疗方法——**精神分析**(psychoanalysis)及他对心理学和精神医学的其他贡献大概不会感到陌生。弗洛伊德的基本假设是，情绪紊乱来自个体过去经验导致的内在心理冲突。这些紊乱可以通过个体治疗的方法进行治疗，该方法关注的是患者的潜意识状态。弗洛伊德留给后世的治疗方法主要关注个体层面而不是社会层面。同样，他的心理治疗取向强烈地倾向于剥夺个人的自愈能力，他认为医生或专家比患者本人更懂得心理治疗。弗洛伊德也引导专业治疗师考察个体的“过去”而不是“当前的环境”，以此作为造成个体困扰的原因。他把焦 4
虑和潜伏的困扰视为日常生活中的常见疾病。弗洛伊德当然关注的是个体的缺点而不是优点。

大约就在弗洛伊德去世的同期，弗兰克林·D.罗斯福总统宣告新政时代来临。考虑到20世纪20年代与30年代经济大萧条的教训，罗斯福提出克服贫困的两项措施：收入转移和推进就业。这两项措施促进社会安全体系、失业和残疾人福利以及各种工作援助计划的发展。罗斯福的计划看起来更关注就业，然而当时并没有出台大规模的克服贫困的计划(Gottschalk & Gottschalk，1988)。例如，许多妇女没有工作，她们无法从这些计划中获益，即使她们一直生活在贫困中。同时，美国精神医学界有一种根深蒂固的观念，即(由失业引起的)贫困可以通过社会福利计划而改变。

社区心理学发展历程中的另一个重要事件是，1946 年美国国会通过《国家心理健康法》(*National Mental Health Act*)。该法赋予美国公共卫生服务部(U.S.Public Health Service)广泛的职权来同心理疾病作斗争并促进公众的心理健康。随着该法的通过以及对第二次世界大战引起的心理疾病的重视，临床心理学开始繁荣起来。此后不久，美国国家心理健康研究所(National Institute of Mental Health)成立。该机构利用联邦基金的大量赞助来开展心理健康问题的研究与培训(Strother, 1987)。

当时，临床心理学家正与精神病学家角力以扩大其服务领域，从最初只具备心理测验资质的业务范围扩展到心理治疗的领域(Walsh, 1987)；而在今天，**临床心理学**(clinical psychology)在心理学领域可以进行心理疾病的诊断、测量和治疗。它与**精神病学**(psychiatry)的差异部分在于精神病学家有医学学位，可以开药。临床心理学家则具有心理学学科的哲学博士学位或者心理学博士学位，前一学位被认为是研究型学位(research degrees)，后一学位被认为是评估和心理干预领域的实践者—学者型学位(practitioner-scholar degrees)。精神病学与心理学之间的斗争一直延续至今，因为一些心理学家想要拥有药物的处方权，并想获得在不认同他们的医院进行心理干预等实践的权利(Sammons, Gorny, Zinner, & Allen, 2000)。

同两次世界大战相关的另一个历史事件是，一些原先身心健康的军人在退役回家之后患上了心理疾病(Rappaport, 1977; Strother, 1987)。是什么因素改变了士兵们的心理健康状态呢？答案就是战争。对战争的恐惧迫使心理学家认识到环境在个体心理健康中产生的重要影响。

1949 年，美国公共卫生服务部在科罗拉多州博尔德发起了一场学术讨论会。在该会议上，与会学者拟定了一套影响往后临床心理学家训练的模式(Rappaport, 1977)。该课程模式强调科学训练的教育模式以及测验和治疗的临床实践。心理学家有时将这一事件视为心理学家有能力也可以与精神病学或人类药物领域分道扬镳的起点。

出于社会的考虑，在第二次世界大战期间，劳动力的短缺迫使妇女进入非传统的工作场所。“铆工罗西”(Rosie the Riveter)就是妇女在熟练的蓝领工人位置上做危险、繁重工作的妇
5 女原型。在工业高度发达的美国，这些工作本来是留给男人的。第二次世界大战结束后，人们已经很难认同“妇女不能在外工作”这种观点，因为妇女们已经为赢得战争作出直接贡献。除了妇女工作场所的变革之外，返乡的士兵在《退伍军人法案》(*G.I.Bill*)的支持下也得到新的教育机会。进入大学接受教育，这曾经是精英社会阶层的特权，退伍军人通过奖学金和拨款也可以进入。随后就是婴儿潮的出现。成千上万的年轻男性从战场回到家中，与成千上万的女性组成了家庭，很快婴儿就出生了。按照人口统计，有大量的婴儿出生。婴儿潮开始于 1946—1947 年，并持续到 20 世纪 50 年代早期。十八年以后，这些婴儿已经成年并感受到婴儿潮的力量。我们注意到婴儿潮对 20 世纪 60 年代之后社会环境的影响。

20 世纪 50 年代，心理疾病的治疗有了重大变化。最具影响力的进步就是发明了可用来治疗精神病和其他类型心理疾病的精神病药物。各种抗精神病药物、镇静剂、抗抑郁药及其他药物在机构内产生广泛影响，最重要的改变是患者变得更加温顺和听话。于是，人们开始大量

使用药物，完全忽视了药物的副作用。人们认为，服用合适的药物，患者将不再需要接受非常昂贵的机构护理，他们能够继续学习怎样应对和适应回归后的更大社区。假设有充足的资源，那么该决定似乎更人道。假设入院治疗费用很高的话，那么去机构化也存在经济上的支持理由。在精神病患者的照顾和管理上节约资金是有可能的。治疗精神疾病的地点从医院转移到社区。不幸的是，我们没有想到，要成功做好这件事需要有充足的资源。

1952 年，一篇具有开创性意义的文章发表了。艾森克，这位著名的英国心理学家，猛烈抨击心理治疗的实务工作（Eysenck, 1952, 1961）。他通过回顾心理治疗文献雄辩地证明，心理治疗没有效果。事实上，只要给予患者与治疗期相同的时间，就可以取得一样的“治疗”效果。其他的心理健康专业人员也闻风而起，把批评的矛头指向心理学的实践，如心理测验（Meehl, 1954, 1960）和整个心理疾病的概念（Elvin, 2000; Szasz, 1961）。当然，这些批评也不是没有受到反驳，在与心理疾病相关的章节中，我们将对这些问题进行更深入的探讨。如果治疗真的如艾森克所宣称的那样没有效果，那么心理疾病患者就会被遗弃并流浪街头，因为专业的助人者对他们不抱什么希望，尤其是在社区和救助体系也不愿对他们伸出援手时。

20 世纪 50 年代早期，美国高等法院在**布朗诉堪萨斯州托皮卡教育委员会**（Brown V. Board of Education of Topeka, Kansas）的决议中宣布，基于种族划分人群的教育是不平等的。把非裔美国人同白人隔离的学校制度是违反美国宪法的。孩子与孩子之间是平等的，有权利接受一样的教育。这是非裔美国人寻求法律面前人人平等的广泛运动的一部分。后来的行动包括衣着褴褛勇于抗争的罗莎·帕克，她在 1955 年乘公交车时拒绝把自己的座位让给一位白人乘客，仅仅因为当时的法律要求她听从白人；九个非裔美国学生寻求进入阿肯色州小石城的白人学校就读，因为这里可以接受更好的教育。非裔美国人寻求和白人在同一家餐馆吃饭的 6
权利，并努力争取选举权。这些行动都是公民权利运动的一部分。

20 世纪 60 年代的改革可谓风起云涌。20 世纪 50—60 年代的公民权利运动中，少数民族、女性和其他社会弱势群体大声疾呼，希望争取平等的权利。显然，20 世纪 40 年代婴儿潮期间出生的人开始成年，这使得美国的人口统计看起来特别年轻。20 世纪 60 年代伊始，在 20 世纪 40 年代曾经奔赴战场并帮助赢得战争的一代人中，有一位成员参加选举成为年轻的总统。有些人认为约翰·F.肯尼迪太年轻，太缺乏经验。他表示自己愿意接受挑战。他在他的首次就职演说中宣称：“不要问你的国家能为你做什么，而要问你能为你的国家做什么。”很明显，这句话是在倡导服务。在肯尼迪任职期间，美国和平队（Peace Corps）成立了，把美国人派到世界各地帮助各国发展和社区繁荣。心理学家也因此受到鼓励，以心理学家的身份参与社会并贡献自己的力量（Walsh, 1987, p.524）。随着民众对越战的道德愤怒不断增加，这些议题激起民众参与社会改革的热情并对社会运动中相互依赖的关系有了更深入的认识（Kelly, 1990）。

肯尼迪自己的妹妹是智能障碍者，这也许激起他对心理健康问题的关注。肯尼迪的竞选纲领中就有社会变革的内容。他认为，社会环境与贫困应为心理障碍或心理疾病负大部分责任（Heller, Price, Reinharz, Riger, & Wandersman, 1984）。心理健康问题得到足够的重视。

为什么心理健康服务通常留给有特权的少数人，而机构化的服务却主要留给社会底层人士呢(Hollingshead & Redlich, 1958)？在一场勇敢的运动中，社区心理健康被提出来。在肯尼迪的推动下，1963 年，《社区心理健康中心法》顺利通过，该法规定给地方心理健康中心拨款。而这些中心提供的服务包括门诊、紧急事件处理、教育服务等。尽管该法存在一些问题且不具革命性，但它认识到紧急事件中需要地区即刻干预，同时也认识到需要通过教育达到预防的目的。

肯尼迪被刺身亡后继任的林顿·约翰逊总统显然想推动国家走向“伟大”。这是第一次总统在国会演讲中发表《向贫困宣战》的蓝图。1964 年总统经济顾问委员会的年度报告指出：

> 征服贫困在我们的能力范围之内。每年约 110 亿美元就可以让所有贫困的家庭提升到 3 000 美元的收入水平；这是拥有最低生活水准的收入。美国多数民众只要缴纳足够的税金就可以弥补不幸民众需要的收入。但是，这种解决办法不会彻底消除贫困。如果美国人想靠自己的努力和贡献来获得美国式的生活水准，那么最好的办法是装备且允许美国的穷人能够生产并赚取额外的 110 亿美元甚至更多，尽管这样做的难度更大。

上述观点强烈显示，约翰逊和他的顾问想要找到能对不幸民众赋权且帮助他们成为有用
7 公民的方法或机制。诸如**迎头赶上计划**(Head Start，第八章有解释)和联邦政府资助弱势群体儿童早期教育课程都是这种意识形态下的产物。同时，这一时期也开发出许多社会和民众服务的范例。

1965 年 5 月，在马萨诸塞州斯旺普斯科特市举办的一次会议是社区心理学历史上的重要里程碑。这次会议通常被视为社区心理学在美国正式诞生的标志(Heller et al., 1984; Hersch, 1969; Rappaport, 1977)。参加该会议的临床心理学家关心他们所在领域的不足，并希望促进社会和政治变革。而该小组讨论的结果是，与会者同意将他们的服务功能从治疗扩展到预防，并在他们的工作中涵盖生态观(简言之，注重人与环境拟合)(Bennett et al., 1966)。斯旺普斯科特会议的出席者特别提到社会心理学家勒温的工作和他的国家训练实验室(National Training Laboratories, NTL)。勒温强调环境在理解人的行为时的重要性，强调人和环境的相互作用。国家训练实验室的典型研究是从直接经验和反馈中认识团体，并支持“科学应该用来整合社会的民主价值观”的观点(http://www.ntl.org/about-history.html)。

斯旺普斯科特会议之后，陆续举办了一些其他会议。今天，社区研究与行动学会(Society for Community Research and Action)(社区心理学分会的前身，第 27 分会)每年都举办会议。社区心理学分会是美国心理学会认可的一个分会——第 27 分会。该领域的代表性期刊包括《社区心理学杂志》(*Journal of Community Psychology*)、《美国社区心理学杂志》(*American Journal of Community Psychology*)、《农村社区心理学杂志》(*Journal of Rural Community Psychology*)、《社区与应用社会心理学杂志》(*Journal of Community and Applied Social Psychology*)、《初级预防杂志》(*Journal of Primary Prevention*)、《社区预防与干预杂志》(*Journal of Prevention and Treatment in the Community*)等。此外，还有许多针对社会变迁、社区心理健康和其他相关领域的期刊(Kelly, 1990)。

什么是社区心理学，什么是社区心理学家

社区心理学关注的焦点是各种影响到团体和组织（及组织中的个体）的社会问题、社会制度和环境。社区心理学的目标是联合受困扰的社区成员和心理学领域内外的专业人员，设计出创新而有别于传统的干预策略，以促进社区和个人的最大利益。根据唐纳德·克莱因（Donald Klein，1987）的回忆，“社区心理学”这一术语在1963年被美国国家心理健康研究所建议采用。他也称赞威廉·罗兹——美国国家心理健康研究所的儿童心理健康顾问首先在斯旺普斯科特会议上建议使用“社区心理学”。创建社区心理学领域的重要会议应该是在斯旺普斯科特会议上完成的（Bennett et al.，1966）。

伊斯科（Iscoe，1987）对社区心理学和社区心理学家作了区分。他认为，社区心理学这一领域研究的是社区以及导致社区处于健康水平还是风险水平的因素。反过来，社区心理学家则运用这些因素来改善社区及其个体。如果社区心理学分会在20世纪80年代被命名为“社 8
区研究与行动学会”以强调该领域的双重性的话，那么这种区分是令人感兴趣的。

在21世纪开始的几年，社区心理学分会阐述了社区心理学的愿景和使命，包括审查会员资格，之后又为社区心理学界定了四条基本原则（见表1-1）。这些原则可以归纳为，尊重多样性，重视情境的作用，意识到社区赋权的权利，认识到与生态相关的干预的复杂性。

表1-1 指导社区研究与行动的四条主要原则

1. 社区研究与行动必须有意识地注意并尊重人和情境的多样性
2. 认识人类能力和问题的最好途径是，将人置于他们的社会、文化、经济、地理和历史的情境中来进行理解
3. 社区研究与行动是研究者、实践者和社区成员运用多种方法进行的积极合作。这样的研究与行动必须服务于那些直接相关的社区成员，并遵从他们的需要和偏好，同时也要他们积极参与
4. 寻求改变的策略必须在多重水平上进行，以培养能够提升能力和健康的环境

资料来源：www.scra27.org/about.html.July4.2008.

基本原则

社区研究与行动学会，我们前文提到的社区心理学的分支机构，提出了一系列界定该领域的基本原则。就如《简明牛津词典》中所述，“原则”（principles）在这里指的是作为观点和行动基础的基本事实或命题，也可以指决定一个人行为的规则或观点（http://www.askoxford.com/concise_oed/principles?view=uk）。这些原则的制定者希望描述出他们认为的所有社区心理学家都认同的基本观点。为了了解该领域的所有工作，我们可以考虑这些观点。

尊重多样性

社区心理学欣赏多样性，因为人们有权利与众不同，而这种“与众不同”并不意味着“劣等”(inferior)。如果差异被认为是生活中既定的事实，那么资源就应该平均分配到这些独特的个体身上。这一观点并非华而不实。对人类多样性的观点源于对独特的生活方式、世界观和社
9 会安置的认识，这些都不属于主流社会的一部分，而是社会多样性的特征。而且对这些独特差异的认识能让我们避免用主流文化的标准来衡量多元人群，因此避免给这些不同人群贴上“有缺陷”或“异常”的标签(Snowden, 1987)，同时也有能力设计出适合文化的干预措施(例如，Dumas, Rollock, Prinz, Hops, & Blechman, 1999; Marin, 1993)。

舒(Sue, 1977)在社区心理健康运动早期就指出，在系统内少数民族人群患者不同的治疗待遇和结果。他号召为这些人提供相应的服务。最近，舒(Sue, 2003)继续呼吁在对患者进行治疗时需要有文化理解能力，强调在我们的干预中理解关系和背景的重要性。他认为，这些变量即使不比特定的技术重要，至少也同样重要。帕迪拉、鲁伊兹和阿尔瓦雷斯(Padilla, Ruiz, & Alvarez, 1975)也呼吁注意地理、阶级、语言和文化方面的阻碍因素，这些因素导致在心理健康体系中说西班牙语的人和姓西班牙姓的人的稀缺。他们建议，以西班牙语区域(邻居)和家庭为核心的服务应该成为以社区为本的服务模型，尤其在设计治疗方法上，他们强调要尊重文化背景。在干预失败的时候，不一定是案主或患者的过错，体制及其假设也必须受到检视。

在一项早期的社区心理学研究文献中，研究者发现社区心理学期刊文章中约11%的文章是关于少数民族议题的。作者的结论是，我们在了解多元人口的方向上已有了进展，但是还有许多地方尚待努力(Loo, Fong, & Iwamasa, 1988)。马丁、劳恩斯伯里和戴维森(Martin, Lounsbury, & Davidson, 2004)发现，1993—1998年，在《美国社区心理学杂志》中，阐述多元议题文章约占25%。

一些作者批评这一事实，即在社区心理学中没有一个普遍的框架在理论、研究和行动上来阐述重要的社区心理学标记，如性别和种族。然而，大家都期待这样一个普遍的框架出现(Watts, 1992)。奥唐奈(O'Donnell, 2006)描述了文化社区模型，在该模型中形成的所有社区思考均与社区具体的文化背景有关。如他所说，所有的现象和干预都必须以词语“它取决于”(it depends)为先导。他的观点建立在特里克特(Trickett, 1996)的研究基础上，特里克特描述了文化与情境在理解和研究多样性社区中的重要性。

苏亚雷斯-巴尔卡萨尔、杜尔拉克和史密斯(Suarez-Balcazar, Durlak, & Smith, 1994)调查了56位社区心理学研究所所长，以评价他们研究所课程中有关多元文化的实务训练与态度。尽管大多数所长都同意，文化多元性是训练社区心理学家的一个主要目标，但不到一半的研究所要求学生必修相关课程，而且仅有一半的调查研究项目使用了少数民族人士。然而，五年以后，彻尼斯(Cherniss, 1999)发现，许多社区心理学研究所具备多种让学生认识多元族群的方法，如通过正式课程、弱势人群社区研究计划、多元文化工作坊、在研究所课程中加入多元文化经验的委员会，等等。托罗(Toro, 2005)指出，23%的社区行动和研究协会的成员自我认
10 同为少数民族人群。这与整个美国心理学会(American Psychological Association)会员中只有

6%的人自我认同为少数民族人群形成了对比。尽管进展可能较慢，但是方向是积极的。

社区心理学界仍然有人相信，某些边缘化的群体，如同性恋者、残疾人士和妇女，目前仍然受到忽视或照顾不周(Bond, Hill, Mulvey, & Terenzio, 2000)。邦德和哈勒尔(Bond & Harrell, 2006)警告，在研究社区中存在的多样性时，我们很少研究其中的细节、矛盾和困境。除了少数人群显见的竞争议题之外，还有性别与少数民族的交叉、性取向与阶级的结合，或者所有这些考虑一起构成了社区心理学实践的实际挑战。尽管社区心理学领域对多样性的认识也是一个发展的过程，但多样性的含义正在被凸显和认识。

情境和环境的重要性

人类的行为受特定情境的期望和要求的支配。例如，学生在课堂中的行为不同于在专题研讨会中的行为。对人们的相互问候进行观察，可以注意到人们展示出了多种多样的象征性举动。在西方文化中，许多人相互握手，在其他文化中，许多人则是相互作揖，还有一些人是相互拥抱。人们习惯了这些行为的先后顺序，而且这些行为受情境的支配。我们通常不会在交谈的过程中握手，这种举动看起来很怪。

库尔特·勒温(Kurt Lewin, 1930)提出，行为是人与环境之间相互作用的函数[$B=f(P\times E)$]。作为一位社会格式塔心理学家，勒温试图抓住个体及其情境的重要性。只考虑个体是影响行为的因素，这样的描述是不完整的和有缺陷的。这就像是一幅没有背景的人物画像。因此，任何对行为的研究都必须包括对个人情境的理解和对这个人自己所处情境的认识。

勒温的一位学生罗杰·巴克(Roger Barker, 1965)研究了环境对居民诸多行为的巨大影响。特定情境中的人会表现出合乎规范的习惯方式。由于违背这些环境信息模式将遭到冷遇，因此这些模式得以维持。巴克观察和分析了这些环境的社会与心理属性。通过对各种各样现象的观察发现，一个特定的环境需要一定数量的人来维持它。例如，写一篇学校论文需要完成具体的任务，如果所有这些任务都没有完成的话，那么环境也不可能完成其任务。每个环境都有人员配备的最佳水平。当人员过剩时，同需要完成的工作相关的剩余人员可能使环境变得更具选择性，从而可以从中挑选出执行任务的人。如果有2—3个人想做只需1个人就可以完成的任务，那么只有通过竞争来选择由谁完成这个任务。这是人员超编的一个案例。那么，新来的人也不太可能受到欢迎，因为这会使竞争加剧。如果完成任务的人数不够的话，那将会有更多的环境需求，利用每一个可用的人员。在这个例子里，一个人可能要完成两个人的任务，因为没有人来填补这个空位。在这种情境中没有竞争，因此更愿意吸纳新的人员来帮助 11
填补这些空位。如果没有足够的人员来填补这些必需的位置，那么人员不足的情况就出现了。在这种情况下，环境是开放的且积极接纳新来者。可能要注意的是，在经济困难时期，对社区的新来者和移民的态度是不太积极的。当对更多的任务完成者存在确切的需求时，社会态度将更开放。很多时候，这种态度将受到对人员超编或人员不足的认知的影响。例如，对待新员工的态度可能受到这样一种观念的影响，即员工太多了，即使新员工从事的是其他人不愿意从事的工作。

巴克和勒温的研究强调了环境对行为倾向的重要影响。行为倾向不单单取决于人格和遗传基因。这些行为倾向也是环境给个体信号和压力的结果。不同的环境带来不同的行为倾向,改变环境也会改变行为倾向。

博加特和詹森(Bogat & Jason, 2000)关于社区行为的观点也提醒我们,情境的重要性也可能从学习理论的视角来加以解释。**辨别刺激**(discriminative stimulus)和**环境控制**(setting control,人面对的具体刺激物或者环境状态)是情境术语。在行为术语中,情境能被解释为刺激环境,在这个环境中,个体或人员会分辨出恰当的场合以展现某种行为。对这些行为的奖赏或强化就是社区学习的基础。在特定情境中,某种行为受到奖赏或强化,这种学习就会增强那些行为在那些环境中出现的可能性。这是斯金纳(Skinner, 1974)对环境控制的解释。除了这种对情境的严格的行为解释之外,米舍尔(Mischel, 1968)也赞同把环境和人格以及它们之间的相互作用看得同样重要,那就是某种行为倾向在特定的环境中会变得更强烈,而在另一些环境中则变得更微弱。例如,在一种环境中,我们可能看不到饮酒行为,在另一种环境中却可能观察到饮酒行为。基于行为主义的社区干预程序已经成为社区心理学传统的有机组成部分,它有助于在设计干预时理解情境和学习理论的作用(Bogat & Jason, 1997, 2000; Fawcett, 1990; Glenwick & Jason, 1980)。

毋庸置疑的是,不管我们采用什么理论框架,情境或者环境的重要性是社区心理学的重要组成部分。不管情境是否被定义为一个系统或者一系列不同的刺激物,它都是决定社区生活的一个重要因素。

赋权

如果人们认识到"每个人都是独一无二的,每个个体都彼此不同",那么认为"某个人更擅长为其他人设计环境"的想法就是冒失的。社区心理学的关键概念是赋权,也就是增进人们能积极掌握自己生命可能性的过程(Rappaport, 1981)。赋权是一个过程,个体不仅能控制和支配自己的生命,而且能通过民主的方式控制和支配所属的社区(Zimmerman & Rappaport, 1988)。拉帕波特(Rappaport, 1987)是赋权的最早倡导者,他认为,赋权传达了个体的控制感
12 或影响力,并包含了个体对其生活的决心。齐默曼(Zimmerman, 1995, p.569)这样描述赋权:"赋权是这样一个概念,它将个体的优点和能力、自然的助人体系,以及主动行为和社会政策与社会变革联系起来。赋权理论、研究和干预把个体的健康状况同更大的社会与政策环境联系起来。

福斯特-费希曼、塞勒姆、齐布诺尔、莱格勒和亚布柴(Foster-Fishman, Salem, Chibnall, Legler, & Yapchai, 1998)采用访谈法和观察法发现,在社区机构中有五种赋权途径。第一种赋权途径是工作自主性,也就是员工对自己的工作具有控制感和影响力。第二种赋权途径是获取与工作相关的知识,员工拥有的工作知识越多,对工作的影响力就越大。第三种赋权途径是在机构中感到被信赖和尊重,并在工作中有创造的自由。第四种赋权途径是认识到工作完

成的意义或对工作满意。跟工作满意度低的员工相比，工作满意度高的员工具有更多的影响与控制力，反之亦然。也就是，员工在工作中拥有权力和影响力会提高员工对工作的满意度。赋权的第五条途径是参与机构中的决策。

赋权意味着行动(Swift & Levin, 1987)。然而这并不是说社区心理学家要为别人做事，而是说社区心理学家要扮演以下角色——研究者—报告者，合作者—教育者，倡导者—行动者，并赋权他人以便他人能为自身服务。

赋权的概念也受到批评。里格(Riger, 1993)认为，赋权会发展成个人主义，导致竞争和冲突。同样，她抨击这个概念充满传统男性主义的色彩，与权力和控制有裙带关系，而缺乏阴柔性(关心沟通与合作)。里格对社区心理学家提出的挑战是，呼吁他们形成能整合赋权与社区的愿景，尽管她对这两种现象的解释本质上是矛盾的。斯普拉格和海斯(Sprague & Hayes, 2000)认为，赋权这一概念可能会产生事与愿违的结果，波特(Porter, 2001)则认为，赋权这一概念是模糊的，缺乏具体的执行方式。

人们对于将赋权作为研究主题的兴趣与日俱增。1974—1986 年，学界共发表了 94 篇以赋权为主题的文章。1987—1993 年，这一数字增加到 686 篇文章和 283 本书籍。其他专业也认识到赋权的重要性。例如，在教育相关文献中，以赋权为主题的文章从 1966—1981 年的 66 篇增加到 1982—1994 年初的 2 261 篇(Perkins & Zimmerman, 1995)。在 1995—2001 年这短短的 7 年，已增加超过 1 000 篇的评论，这显示研究者对赋权概念的兴趣丝毫未减(Psych Info, 2002)

生态观/干预的多重水平

尤里 · 布朗芬布伦纳(Urie Bronfenbrenner, 1977)描述了可能影响儿童发展的生态系统的四个水平。其中，核心层是个体的和直接的系统，人就生活在直接的系统里。直接的系统由个人的身体特征、活动和角色组成。例如，在家中，有人可能会做家务并扮演女儿的角色。这就是所谓的**微观系统**(microsystem)。社区和学校也属于微观系统。微观系统直接影响着个 13
体，也可能直接受个体的影响。

接下来一个水平是**中观系统**(mesosystem)，在这里，微观系统相互作用。中观系统是主要环境因素相互作用的地方。例如，学校与家庭的相互影响。中观系统是微观系统的系统(Bronfenbrenner, 1977, p.575)。研究表明，学校与家庭之间清晰的、经常的联系，对儿童的学校适应和学业成绩有利。研究结果还表明，如果把学校看作是社区的一部分，那么学校更有可能得到支持并不太可能成为故意破坏的目标。那些感受到家庭、学校和邻居之间有联系的小孩，可能体会到成员的责任感和来自社会与心理一体式环境的支持。

外观系统(exosystem)是中观系统的延伸，它不直接包括儿童和个体。外观系统影响中观系统。例如，政府机构或家庭成员的工作环境。

宏观系统(macrosystem)不包含具体的环境。宏观系统指的是法律、文化、价值或宗教信仰等支配或指引更低水平系统的内容。布朗芬布伦纳认为，任何力图促进儿童发展的概念化都需要对促进或阻碍儿童积极发展的过程进行全面考察和充分理解。在进行促进儿童发展的干预设计时,有必要从概念上全面理解生态系统的这四个水平。

无独有偶,詹姆斯·凯利也认为认识社区最好从生态模型入手。他建议关注生态过程。为此,他倡导要意识到相互依赖(interdependence)、资源的循环(cycling of resources),适应性能力(adaptive capacity)和连续性(succession)的重要性(Kelly,1968)。

凯利(Kelly, 2006)强调,**相互依赖**(interdependence)是生态模型的核心。它指的是,一个生态系统中的多种要素相互依赖。一个要素的变化可能带来整个系统的变化。凯利(Kelly, 1980)引用了洋基(Yankees)棒球队的经理比利·马丁的观点,并认为,生态模型同比利·马丁对棒球运动的描述是相似的(Angell, 1980)。每一场比赛都是不同的。每一次将球投给击球员都要求人员之间的迅速移动以及策略和战术上的变化。本垒手(baseman)可能以不同的方式排列成一排,外场手(outfielders)可能快速移位,击球手也可能改变他的位置来挥动手臂或不挥动,如果他挥动的话,球就要投出去了。所有这些都要考虑他们所在的运动场、风速、当时的时间、太阳的位置以及各队球员的状态。谁是决定因素？接下来谁击球？全部都是相互依赖的。凯利把它比作社区心理学分析与实务中的一个对照练习(controlled exercise)。

凯利生态模型的第二个原理是**资源的循环**(cycling of resources)。热力学第一条法则的变式,即能量是守恒的,或者说,一个系统中的能量是保持恒定的。如果在一个地方消耗了能量,那么就要从另外一个地方转移能量过来。如果一个地方要用到资源,那么就必须从其他地方转移资源。

14 第三个生态原理阐述了特定环境要求下生物体**适应能力**(adaptive capacity)的广度。那些有更好适应能力,能应对环境的生物更能生存下来,而那些有更大适应能力应对更大范围环境的生物,肯定能在整个环境中分布更广泛。所以,这不仅仅是对环境的适应,而是通过适应更多的情境刺激,增强生物的生存能力。人们也许会想到,关于社会和文化变化的灵活性和开放性的观点,可能会让一个人在更多的社会情境中表现良好。

最后一个生态原理是**连续性**(succession),这要求采用时间的视角,承认个体及其居住环境的变化。社会组织及其居民不是静态的,而是动态的。就如一名中学生从新生变成老生,学校在变化,成长多样性的高低,关注学业的多寡,对运动兴趣的大小也在变化。这种变化是有方向的,随着这种变化,社区的要素也在更替。连续性要求社区心理学家关注这些变化。凯利认为,在理解社区研究中出现的人与环境的问题时,这些生态维度是有帮助的。

莫斯(Moos, 1973, 2003)通过设计社会氛围量表(Social Climate Scales)这一工具来评估一个人对环境的知觉,这为**人与环境拟合**(person-environment fit)的观点提供了补充性思考。该量表既可以用来评估真实的环境,也可以用来评估心理的环境,所以它们之间的差异可能被特别提到。这一系列问题的焦点是环境以及人如何适应环境。与此形成对比的是,大多数心理评价工具关注的是人以及个体的行为和情感方面短暂的、情境性的规律。当然,这种纯粹的特质类型方法受到米歇尔和班杜拉的批评,所以一些人格理论转而又回到相互作用理论(interactionist)或交互作用论(transactionalist)上。据此可以认为,当代人格理论终于承认生态模型了。

生态环境可以改变,加上其他各种原因,环境是社区心理学中一个非常重要的因素。更正确地说,在社区心理学中,人与环境拟合是一个非常重要的概念(Pargament, 1986)。这究竟意味着什么呢?拉帕波特(Rappaport, 1977)对这一术语作了很好的解释。生态观意味着考察个体与其所属环境(既包括社会环境,也包括物理环境)之间的关系,并建立个体与环境之间的最佳拟合。将环境适应困难的个体贴上"不适应"的标签并不是很有效的做法。相反,生态观认识到人与环境交互作用的本质。个体影响其所属的环境,环境也影响身处其中的个体(Kuo, Sullivan, Coley, & Brunson, 1998; Peterson, 1998; Seidman, 1990)。如果个体或环境出了问题,应该同时考察个体和环境,有可能个体和环境都发生了变化。

借鉴这一生态框架,社区心理学的研究和必要的行动应该更多考虑个体及其所属的环境。还有其他一些因素也在发挥作用,不管它是在中观系统还是在外观系统。在尝试理解研究或干预状态下的现象时,都应该考虑到这些。生态学理解得越完整,设计的干预措施才会越精确,也会更有效。社区不是简单的系统,本质上它们是复杂的和交互的。

运用这些原理来分析本章开头提到的那些男男女女的不当行为的故事,我们也许会对
发生的事情及问题的原因提出另外一种解释。多样性原则教导我们要意识到,人是处在发 15
展中的,也是处在社会中的。其中的一些行为可以理解为成人行为的第一次尝试吗,就如他们的社会团体界定的那样?如前文所述,同伴压力和规范行为也许暗示着期望或允许一些"偏差行为"。假定在这样一种环境中,有一帮溜须拍马的随从并能获得表面上看起来不受限制的资源,社会礼节的一般限制或经济限制也许会让他们过上对他人而言如幻想般的生活。尽管这看起来给他们提供了权力,事实上他们的赋权意识也受自我形象陷阱意识的限制,一切都是为了保护那些形象。当他们每一个举动都被追踪和报道的时候,拥有正常的友谊和正常的朋友或者欣赏他们周围的世界都是很困难的。对他们而言,没有什么失败或者犯错误的空间,因为这可能会被新闻界和公众放大。没有错误,这个世界会是什么样子?赋权事实上也许是这样一种能力,即犯错误而没有遭受无限放大的压力。最后,多水平和生态观的原理说明工作中这些人受到的多层次影响。有工业(社会)的价值和经济在发挥作用。有允许或规范要求特定行为的社会背景。有强化特定生活方式的同伴团体和随从团体,然后有家庭、学校和邻居的竞争环境,包括成人发展和亲密行为的所有正常要求。这里的描述值得注意,因为这里没有用病理学的语言,也没有责备个体。理解起作用的其他力量,并彻底检查这些影响行为和环境的力量,当然这就是责任。责任是一种价值,它或者受到社会环境的支持,或者不受支持。社区心理学提供了另一种方法来看待我们自己以及我们周围的环境。我们用系统的、生态学和欣赏的方法来思考我们带给所处环境的各种差异。除了上面提到的原则之外,在社区心理学领域还存在其他几个通用的概念。接下来,我们要考察这些概念。

案例 1-1 临床心理学与社区心理学的区别在哪里

临床心理学和社区心理学都产生于同一动机，即利用心理科学来帮助个体。传统观点认为，临床心理学定位在个体以及影响个体生活的内在变量上。这些内在变量包括情感、认知、神经结构和行为倾向。临床医生往往谈论人格以及影响个人品质的因素。其假设是，当鉴别出个人问题时，把临床医生叫来服务，临床技能包括测验、评估、诊断和心理治疗。一位临床医生可以处理心理病理问题。只要快速浏览两本临床心理学书籍的章节(Plante，2005；Trull，2004)，就会增强我们对这些重点内容的印象。

临床心理学家的工作场所也许是一家医院、一个健康诊所、一个小组或私人开业的事务所、一所大学或者一个研究部门。你也许已经注意到，这些地方大都具有医疗的性质。
16 莱特纳·威特默(Lightner Witmer)被许多人誉为美国临床心理学之父。他的工作主要集中于学校的孩子及心理诊所的孩子的治疗、学习和行为问题。美国临床心理学可溯源到19世纪晚期。

与临床心理学相比，社区心理学定位在群体以及对群体有影响的外在的社会和物理环境，也就是社区上。这些外在变量包括知觉到的社会支持、同伴和家庭环境、邻里以及其他影响个体或群体的正式与非正式系统。它关注的是社会生态与公共政策。这种定位旨在预防问题和促进健康。涉及的系列技能包括：社区研究技能，以整体视角认识社区问题的能力，以一种有意义的和尊重的方式同社区成员建立关系的能力，注意建立规范、维持和变革的现有体系的技能、对背景/情境以多种方式影响行为的理解力、为解决社区问题而调集和聚集资源的能力、在现有的规范世界以外进行思考的能力。浏览两本社区心理学书籍就会支持上述描述。拉帕波特(Rappaport，1977)的早期论述大量阐述了社会干预和系统干预。科夫金-拉德金(Kofkin-Radkin，2003)的书中也包含这些章节，如“超越个体”(Beyong the Individual)、“把社会变革包括进来”(Embracing Social Change)、“干预”“赋权”和“压力”。关于社区心理学的书籍中没有任何章节论述精神病理学、评估或心理治疗。

社区心理学家可能为城市设计者、政府办公室、公共健康部门、社区中心、学校、私立项目评估机构以及大学和研究中心服务。他们不太可能在医疗场所做治疗，但可能在那里做检视服务传递体系和社区进入项目的工作。美国社区心理学可溯源至20世纪60年代的斯旺普斯科特会议。然而，有些人也强调威特默对社区心理学的贡献。

临床心理学和社区心理学的重叠历史强调了这一事实：尽管这两个学科在主题上存在明显的不同，但都关注如何为人类利益提供有效的干预。有人可能强调，一些社区心理学家被训练为临床心理学家。当然，斯旺普斯科特会议就是由临床医生参与的，反过来，临床心理学也在关注如何以有意义的方式预防心理疾病问题和促进健康的主题。不管是临床心理学或社区心理学，还是临床心理学和社区心理学，尽管这两个领域学科分野非常清晰，但仍有可能做到互通有无。

其他核心概念

除了一些已确认的社区心理学基本原则之外，还有一些概念也非常重要。这些概念的思想已经被介绍到社区心理学中，并助推了社区心理学工作。这些概念包括预防、关注优势、社会变革、行动研究、跨学科的视角和社区感。

预防胜于治疗

“预防胜于治疗”在斯旺普斯科特会议上由公共卫生运动(public health movement)提出，并在儿童精神医学中得到运用(Caplan，1964)。预防在社区心理学领域中是一个重要的核心概念。该概念的潜在含义是，在干预过程中，治疗往往来得太晚，而且通常发生在个体已经出 17
现问题很久之后，因此治疗的效果常常不好。著名的心理学家埃默里·考恩(Emory Cowen，1980，p.259)提出：“我们逐渐警觉到，一旦过了某些关键期，心理创伤的康复工作是充满挫败与悲观的，而且心理健康的基本方法成本大、耗时长且受到文化束缚，虽然的确有效果，但因为社会大众的需求极大，服务不太容易满足这些需求。”

预防可以阻止创伤的出现，避免个体甚至整个社区出现问题。在这一点上，正如前文所指出的，社区心理学扮演的是主动角色而不是被动角色。例如，社区心理学家相信，在配合新社会政策的同时，在青春期之前实施性教育，将可以降低青少年的怀孕率。柯比(Kirby，2007)对怀孕预防计划基于研究提出了清晰的指导准则。在本书后面的相关章节中，你还会读到大量的预防技术：改变教育、环境，开发替代性的干预措施，以及变革公共政策等。

预防干预存在层次差异。**初级预防**(primary prevention)试图在问题出现之前干预(Heller，Wyman，& Allen，2000)。莱文(Levine，1998)把初级预防比作疫苗接种。注射疫苗能保护个体免生传染疾病，而初级预防策略则能帮助个体避免某些问题。一般而言，初级预防指的是采取行动来维持或促进健康人群的身心健康(Bloom & Hodges，1988)。换言之，就是“使健康民众保持健康”(Scileppi，Feed，& Torres，2000，p.58)。初级预防也可以指对濒临机能失调的高危个体开展工作，并预防机能失调出现(Cowen，1997a，1997b)。“哪一种预防策略才是最好的?”这是今天社区心理学争论的主题之一(Albee，1998)。

考恩(Cowen，1996)认为，一个真正的初级预防项目必须符合以下标准：

- 项目必须针对大众或团体。
- 在民众还未出现适应不良症状时，就实施方案。
- 方案必须是有意图的，而且在民众还没有受到影响之前就进行干预，最初干预的焦点放在强化个人的适应上。

莱文(Levine，1998，1999)又进一步补充了初级预防干预的其他几个特点：

- 评估和促进协同作用并考虑如何缓解抵消力量(countervailing forces)。

- 采用有结构的系统方式来影响复杂的社会结构，包括提供丰富的信息，这些都必须持续坚持。
- 必须考察机构和社会议题，而不局限于个体因素。
- 必须认识到不管是什么方案，它都仅仅是更大文化措施的一部分。
- 必须认识到这一事实，即由于各种高危行为往往同时发生，因此干预时应以多个高危行为为目标。

18 一旦问题开始表现出一些征兆，**次级预防**(secondary prevention)就试图在问题开始变得严重或变成持久困扰前以最快的速度给予治疗。换句话说，处于危险之中的个体已经表现出一些症状或问题。例如，某所中学的年轻人已经开始吸毒和酗酒。次级预防努力的重点是，不要让这些年轻人成瘾。

三级预防(tertiary prevention)试图降低已有问题的严重性并防止问题对个体产生持续的消极影响。因此，在有些研究者看来，三级预防与治疗相似，因为它试图帮助受折磨的人适应环境(Heller, Wyman, & Allen, 2000)。换句话说，处于危险之中的个体已经表现出一些症状和问题行为。一个三级预防的例子是，设计一个方案帮助有精神障碍的住院患者尽早回归社区生活(Scileppi, Teed, & Torres, 2000)。许多人认为，这不是严格意义上的预防形式。

在姆拉泽克和哈格蒂(Mrazek & Haggerty, 1994)药物研究所(Institute of Medicine, IOM)的报告中提供了定义“预防”的另一种方法。他们以涉及的目标人群为基础，把预防分为三种类型：一是一般性干预方案，旨在解决普通公众的问题，也就是要努力帮助全部公众。二是选择性方案，它瞄准的是那些被认为将来可能会出现问题的风险人群。这些风险因素也许本质上是生理的、社会的或心理的。三是为那些已经开始表现出障碍症状的人提供预防方案。他们还指出疾病预防方案与健康促进方案之间的区别。“病状未形成”与“个人潜能、健康意识的形成”之间是有差异的，前者指的是某种现象(疾病)未出现，而后者指的是某种现象(健康)出现。考恩(Cowen, 2000)以及韦斯伯格、孔普弗和塞利格曼(Weissberg, Kumpfer, & Seligman, 2003)赞成将“预防”和“促进”的内容合在一起，并指出，健康促进确实对疾病预防有积极作用。

案例1-2讨论了两篇不同的文献综述，考察了初级预防方案的实施效果。这两篇文献综述得出相同的结论：初级预防确实有效。

在本书其他章节，您将阅读到心理学家在各种工作情境中使用预防性措施，不管是在企业界、执法机构(law enforcement agencies)、心理健康机构，还是在社区的运动方案中。不管心理学家在什么情境中实施预防性措施，他们都要义不容辞地去了解适当的有效康复干预措施和预防技术(Price, Cowen, Lorion, & Ramos-Mckay, 1988)。正如费尔纳(Felner, 2000)所警告的那样，真正的干预方案是有意识地理解干预的理论基础、因果路径，以及有目的地计划和执行方案以阻断其因果路径，从而达到有益的结果。

强调优势和能力

与预防概念密切相关的是优势和能力的概念。长久以来，心理学领域把关注点放在个人的缺陷和问题上，这是弗洛伊德播下了的一颗种子，而后来的临床工作者又不断地培育它。然而，在1959年，怀特发表了一篇关于能力的文章。在这篇文章里，能力指的是个体与环境互动时的掌控感。当临床心理学陷入人类消极行为的泥潭时，怀特的概念正好为心理学家提供了改变观念的方向。

作为个体，没有人喜欢感觉到自己无能；相反，我们喜欢感觉到有力量，可以控制自己所处的环境。也许你回想起第一次通过驾照考试的喜悦，或刚学会外语同外国人交谈时兴高采烈的心情。控制的喜悦就是能力运用的结果。

案例 1-2 初级预防有效吗 19

社区心理学家珍视在预防方向上的努力，尤其是在初级预防上的努力。然而有谁可以证明初级预防有效呢？初级预防已经实施很长时间，有些方案曾被单独评价过，但直到20世纪90年代，才有研究人员着手研究初级预防的整体效果。幸运的是，两篇重要的统计性（即元分析）文献综述得到相同的结论：初级预防确实有效。若能了解为什么这两篇文献得出不可思议的一致性结论，将会是有帮助的。

20世纪90年代早期，在美国国会的要求下，药物研究所（Institute of Medicine）的研究人员对心理健康文献进行了统计综述分析（Mrazek & Haggerty, 1994）。研究人员把“心理障碍新案例的减少”作为初级预防的定义，从期刊中找到1 900条关于心理健康问题初级预防的引述。总体上，该研究发现，初级预防（与前面的界定一致）确实有效。最终报告的结论为：“关于预防性干预研究，过去十年呈现出令人鼓舞的进步。现在有许多干预方案都建立在正确的观念基础与经验基础上，大量的方案还经过了严格的设计与评估。”(Mrazek & Haggerty, 1994, p.215)

不久以后，杜尔拉克和威尔斯（Durlak & Wells, 1997）也完成了一篇心理健康障碍初级预防的文献统计综述分析。在这次研究中，研究人员只考察了儿童和青少年的预防方案，共找到了177个设计方案，这些方案都旨在预防行为问题和社会问题的发生，如对父母离异有抑郁反应。他们也发现初级预防的实证支持证据。例如，有研究指出，一般参加初级预防方案的儿童表现比控制组的儿童更出色，平均胜过控制组59%—82%。文章在总结其发现时，再次得出对初级预防概念的支持，即初级预防至少在心理障碍上是有效的：“结果显示，大多数针对儿童和青少年的初级预防方案都影响深远。这些发现为初级预防的进一步研究与实践提供了实证上的支持。”(Durlak & Wells, 1997, p.142)

心理学家考恩（Cowen, 1997a）比较了这两篇文献统计综述分析，得出以下结论：尽管每组研究人员重叠引用的部分少得出奇，但他们都发现初级预防概念是有效的。考恩的另一个结论是，每一组元分析对初级预防都有不同的定义。例如，药物研究所的定义是“心理障碍新案例的减少”；而杜尔拉克和威尔斯把初级预防定义为“减少心理健康问题的潜在因素”（与药物研究所的定义相似），同时“增强预防方案参与者的能力（或健康）”。经过比较，考恩得出的结论是，初级预防方案的研究对未来具有积极意义和鼓舞作用。

20 赖安(Ryan，1971)认为，遇到问题时我们通常的反应是“责备受害者”。这种责备有时很露骨，如认为受害者“懒惰”“不聪明”“选择错误”(incorrect priorities)或者“自讨苦吃”。这种责备也可能更微妙，如认为受害者“劣等的教养”“缺乏良师益友”或者“需要更多服务”。所有这些责备都将把个体受害者置于劣势地位。如果不认为受害者的问题是由“丧失”“缺乏”或“软弱”所致，那将会怎样？如果这些人自己身上有优势，有资源来突破自己的限制，那又将如何？赖安认为，许多社会议题的根源是缺乏权力。

早期社区心理学家很快便采纳了能力的概念。首先，它具有生态或环境的含义。生态背景的改变可以增强个体在环境中的能力。其次，环境能力(environmental competence)与预防的概念密切相关。如果在生命早期就学会了应对，提升了优势，那么也许日后就更容易避免问题的出现。这一方法与心理弹性(resilience)研究有关，我们将在第三章阐述这一主题。研究证明，强调促进保护性因素(protective factors)已经在预防性项目中起到很好的作用。

社会变革和行动研究

社区心理学从一开始就倡导社会变革(Bennett et al.，1966；Rappaport，1977；Seidman，1988)并一直将社会变革纳入操作框架中(Bennett et al.，2002；Tseng & Seidman，2007)。社会变革可以界定为，改变社区的价值观、态度、期望和社会结构(opportunity structures)，以帮助居民区实现所有内在优势的努力。记住，在这个社会中总是有那么一些人占据着某种优势，因此社会变革应该努力寻找一些方法来平衡这些优势及其带来的机会(Seidman & Rappaport，1974)。

如果各种服务项目对于个体和社区健康的需要以及个体与服务之间的拟合是必要的，而且服务也是重要的，那么确定什么样的服务项目适合什么样的人的最好方式就是科学研究。科学研究可以帮助社区心理学家评估哪种预防措施对何人最有效果，何时最有效果，为何最有效果。以理论为根基并指向社会问题解决的研究被称为行动研究。

社区心理学中一个鲜明而确凿的价值是，研究必须促进社会变革(Hill，Bond，Mulvey，& Terenzio，2000)。在社区心理学中，多数行动研究是参与式的，受困扰的个体不仅仅是一项研究中的被试，也是形成研究日程安排的积极参与者(Nelson，Ochocka，Griffin，& Lord，1998；Rappaport，2000)。研究者与参与者之间积极的伙伴关系是行动研究的标准形式(Hill et al.，2000)。换句话说，行动研究关切的是社区心理学家奉行的哲学观——“没有我的参与，就失去对我的意义”(nothing about me，without me)(Nelson，Ochocka，Griffin，& Lord，1990)。

下一章将讨论怎样开展行动研究。切记，社会问题的解决并不容易，而且社区环境中的研
21 究往往是复杂的。例如，如果想对民众服务机构进行改革，以更好地适应社区的需要，那么研究的对象就需要涵盖整个机构以及所有相关的人员(包括案主、职员以及他们之间的相互关系与互动过程)；在社区行动研究中，《美国社区心理学家》杂志为此特意出了一期专辑，发表了多

篇文章来综述社区行动研究中"科学—实践"(science-practice)的当前状态。尽管社区心理学家已经对心理学界的诸多领域产生影响,但是在寻求经验有效性与契合情境需要之间还是存在一定的张力。琳妮(Linney, 2005)指出"科学—实践"这一议题中的四个主题。

1. 连接科学与行动的有效策略,以便在社区内强化科学与行动的能力。

2. 改变由谁来决定什么是重要的,也就是,在决定"什么是重要的和有用的"时,给社区权力,决策的方向由科学指导行动改变为社区充分参与决策的模式。

3. 超越狭隘的实验室实验设计,扩展好科学(good science)的定义。

4. 处理心理学家在研究中碰到的价值观和理想困境,例如,许多心理学家过分鼓吹真实验设计的价值,而贬损准实验设计或非实验设计的价值。

行动研究是一个强有力的联合概念,它强调了社区心理学重视研究及赋权的重要性。

跨学科的视角

创造社会变革是一项雄伟的任务。社区心理学家必须有气魄才能宣称他们可以创造变革。同姊妹学科的合作是一种能带来彻底的、证据充分的、变革的方式(Maton, 2000; Strother, 1987)。当代社区心理学家长期以来喜欢与其他学科同事开展学术与研究的交流,如政治学、人类学、社会学,还有心理学的其他领域,如社会心理学(Altman, 1987; Jason, Hess, Felner, & Moritsugu, 1987)。一些人呼吁加强同其他社区专业人员的跨学科合作,如物质滥用顾问、法律执行人员、学校心理学工作者和民众服务专业人员,等等。

凯利(Kelly, 1990)认为,同其他专业人员合作,可以通过了解其他学科如何解释同一现象的过程而获得新的理解和领悟。向其他专业人士咨询的好处是可以拓宽视野并吸纳新的观点。举例来说,这些专业人员可以是历史学家、经济学家、环境学家、生物学家、社会学家、人类学家、政治学家等。案例 1-3 展示了社会心理学的理论与社区心理学的理论是如何整合的。

案例 1-3 社会心理学、社区心理学与无家可归者 22

从本章内容中你已经知道,社区心理学家已发出号召,要与心理学领域内外的其他学科专业人员进行合作。我们响应这样的主张,赞同社区心理学家和社会心理学家应有许多彼此可以相互学习的地方(Serrano-Garcia, Lopez, & Rivera-Medena, 1987)。

社会心理学家研究影响个体的各种社会现象。他们可以回答为什么媒体、公众和其他心理学家会把无家可归问题归责在个人身上。社会心理学家提出归因理论,解释人们如何推论或归咎他人行为的可能原因(Kelly, 1973)。归因的相关研究已经表明,人们喜欢把解释的重点放在个体的特征上,或使用特质论来解释他人的缺点(Jones & Nisbett, 1971)。也就是说,在解释他人的行为,特别是他人的问题时,人们较少注意到情境因素,而是更多地把发生的问题归因到个体身上。

此理论适用于无家可归者吗？又是否能够解释为什么媒体和公众经常责备受害者，即无家可归者，认为他们要为自己的问题负责？**责备受害者**(victim blaming)一语描述了这一态度，即把个体的问题归因到个体本身，而不是个体所处的环境因素(Ryan，1971)。换句话说，受害者之所以受到责备是由于那些发生在他/她身上的事情。社会心理学家认为，责备受害者是一种自我防御的方式。比如，一方面，既然一件不幸的事情碰巧发生在她身上，那么也可能会发生在我身上；另一方面，如果这个人因为发生的事情而将遭受责备，那么我将不会遭受责备，因为我不会那样。在无家可归者的案例中，他们无家可归的状况是由他们的人格导致的吗？他们所处的环境是否也有责任？通常责备受害者的人，也会认为是无家可归者自己导致自己无家可归。

西恩是一位杰出的社区心理学家，她回顾了有关无家可归的研究，并开展了一项有关此议题的严谨的、不朽的研究(Shinn & Gillespie，1993)。该研究的结论指出，尽管以个人为中心解释无家可归现象很普遍，但是不如采用情境和结构的解释来得有效。尤其是，西恩认为，关于无家可归问题的研究解释是双重的，既有个人的也有环境的。西恩回顾了每一篇相关文献，并得出结论：同环境或情境的解释相比，用个人因素或个人缺陷来解释无家可归，更加不适当。

西恩在研究中发现，以结构性因素来解释无家可归现象，相当具有说服力。例如，罗西(Rossi，1989)发现，在1969—1987年，年收入在4 000美元以下的单身成人(部分有子女)的人数，从310万人增加到720万人。同样，伦纳德、多比尔和拉泽尔(Leonard，Dolbeare，& Lazere，1989)根据美国住房与城镇发展部的标准发现，540万低收入的租住人口中，只有210万人付得起房租。因贫困付不起房租似乎比个人因素更可以解释今天无家可归现象。索拉兹和博加特(Solarz & Bogat，1990)补充了对无家可归现象的环境因素的解释，即缺乏朋友和家人的社会支持。

西恩的文献综述之所以非常重要，并不仅仅是因为该研究指出公众和媒体犯了基本的归因错误(fundamental attribution error)，也就是倾向批评个人而不是环境，而是因为西恩提供的这些资料可以作为社区心理学家的行动依据。公共政策也需要了解，环境和结
23 构性因素会导致无家可归现象。心理学家和社区领导也需要确信，提供临时性的解决办法，如施食处(soup kitchens)，只是替无家可归者作简单包扎而已。而且，庇护所的管理者和相关人员必须了解，让无家可归者在庇护所之间流动，对他们并没有太大的实质性帮助。今天无家可归者的组成人员包括家庭和孩子，不再是刻板印象中嗜酒如命的老年男性(Rossi，1990)。而无家可归儿童由于在不同的庇护所与学校系统之间流动，对其学业成绩和自尊产生了消极的影响(Rafferty & Shinn，1991)。无家可归儿童失去了他们的童年岁月(Landers，1989)。

我们必须对美国国内永久住宅供应情形作些改变。在这一点上，社区心理学家与社会心理学家的看法一致。

心理社区感

社区感(sense of community)是社区心理学中最重要的概念之一(Sarason, 1974)。它同契约一样,把强调团体取向的"社区"与强调个体取向的"心理学"连接起来。心理社区感(psychological sense of community, PSC)是个体对团体成员的感知。

如果环境与个体拟合良好,就可以创建出生气勃勃的、有归属感的社区。研究表明,社区感(有时又称为社区精神或社区归属感)与幸福感的主观感受之间呈正相关(Davidson & Cotter, 1991)。在理想的社区中,居民对变革会持更加开放的态度,而这将进一步改善他们的社区。

此外,社区或邻里的社会瓦解通常导致以下问题,如民众对犯罪和暴力的高度恐惧(Ross & Jany, 2000),孩子的心理健康指数降低(Caspi, Taylor, Moffitt, & Plomin, 2000),学校问题增加(Hadley-Ives, Stiffman, Elze, Johnson, & Dore, 2000),孤独(Prezza, Amici, Tiziana, & Tedeschi, 2001),以及许多其他问题。社区的混乱将会强化个人资源(如使邻里团结),也可能对个体的风险因素产生负面影响(Cutrona, Russell, Hessling, Brown, & Murry, 2000)。

有趣的是,研究表明,在郊区并未发现居民对所属社区拥有幸福感和满意度。郊区居民可能与城市(Adams, 1992)或小镇(Prezza et al., 2001)居民一样,不会表示对社区邻里满意。许多外行人和心理学家原本都以为,城市里的居民是被无数烦恼和问题包围的高危人群,然而研究发现,一些非常有活力的个体反而出现在压力最大的城市(Work, Cowen, Parker, & Wyman, 1990)。

传统上对"社区"的定义是位置或地方,就如邻里。它也可以被视为关系的互动,或拉近心理距离的社会纽带(Heller, 1989b);后一些对社区的定义又增加了集体的政治力量。

如果这就是社区的定义,那么心理社区感又是什么呢?心理社区感是指个体对其社区持有的感受(Heller et al., 1984)或者对归属于某群体的个人理解(Newbrough & Chavis, 1986)。具体而言,它是一种"和他人相似的知觉,并承认与他人相互依赖,且愿意维持这种相 24
互依赖感,给予或完成他人的期望,所以是对更大的、可依靠的、稳定结构的一种归属感"(Sarason, 1974, p.157)。如果人们对邻里有认同感,他们就会感到自己归属于该社区并适合生活于其中;此时,社区成员会感到自己可以影响社区发生的事情,同邻里分享价值观,并产生情感联结(Heller et al., 1984)。

心理社区感包含四个成分:成员身份(membership)、影响力(influence)、融合(integration)和情感联结感(sense of emotional connection)(McMillan & Chavis, 1986)。

1. 成员身份是指人们体验到的归属于所属社区的感受。
2. 影响力表示的是人们感受到自己可以使社区发生改变。
3. 融合或者需求满足,表示社区成员相信社区提供的资源可以满足其需要。
4. 情感联结感指的是社区成员拥有并愿意分享共同的历史、时光、空间和经验。

尽管关于心理社区感的上述概念存在众多批评和不同观点(Long & Perkins, 2003; Tartaglia, 2006),但麦克米伦和查韦斯(McMillan & Chavis, 1986)提出的心理社区感的操作定义依然保留该概念的定义模型。朗和帕金斯(Long & Perkins, 2003)为他们的数据提出一个三因素结构:社会联结、相互关心和社会价值。塔尔塔利亚(Tartaglia, 2006)使用意大利人的样本发现一个三因素的测量结果,即包括区域的归属、需求的满足与影响,以及社会纽带。最新的进展是彼得森、斯比尔和麦克米伦(Peterson, Speer, & McMillan, 2008)研究出一个包含 8 个条目的简要社区感量表(Brief Sense of Community Scale),该量表涵盖了麦克米伦和查韦斯(McMillan & Chavis, 1986)列出的所有四个要素,而且其结果具有统计效度(见表 1-2)。

与社区感关联的概念是邻里意识(neighboring),也就是一个人对邻里的情感、认知和社会依恋。邻里意识使个体更愿意参与邻里组织(Unger & Wandersman, 1985),因此,邻里意识是一个不同于社区感的概念(Prezza et al., 2001)。邻里可以定义为地方社区,因为住在同一空间,使所属居民感受到社会凝聚与互动、同质感(homogeneity)和空间认同感等(Coulton, Korbin, & Su, 1996)。研究表明,应对社区感与邻里的概念进行区分(Prezza et al., 2001)。社区感并不一定要在一个独立或完整的社区中才能体验到,人们可以在团体、组织或任何群体
25 中体验到社区感。目前已经研制出一份前途广阔的测量社区感的量表(Buckner, 1988)。该量表原本是设计用来测量邻里凝聚力或邻里关系的(fellowship),似乎具有良好的信度和效度。威尔金森(Wilkinson, 2007)根据一份加拿大人的样本,证实了巴克纳对邻里凝聚力的以下定义,也发现三因素结构。根据巴克纳的资料,凝聚力是建立在对社区、邻里和吸引的心理意识基础上。

表 1-2　简要社区感量表的条目范例

1. 我认为我的社区是一个适合居住的好地方
2. 我认识居住在我的社区的大部分人
3. 我期望长期居住在这个社区
4. 如果在这个社区中出现问题,居住在这里的人能够解决它

资料来源:Peterson, Speer, & Hughey(2006).

今天的社区心理学

今天的社区心理学发展到哪里呢?它预期的目标又实现多少?幸运的是,已经有研究对社区心理学的历史变化作了评估,从而可以确定社区心理学是否正在取得进步。

有些人认为,社区心理学曾经拥有的热情、热忱、乐观和承诺已经渐渐消退(Linney, 1990)。凯利(Kelley, 2002)回忆了社区心理学起步时期的精神,那是对新领域的热情和对可能取得的前景的兴奋。他告诫,如果大学和专业组织过于苛责的话,这种精神可能会丧失。社区心理学是在发展还是在倒退?我们希望在本书提供一个长长的答案。

研究

回答该问题的方法之一就是，考察近期关于早期研究的研究。斯比尔等人(Speer et al.，1992)探讨社区心理学中研究过的主题、人口、种族以及曾使用过的精细深入的研究方法及方法学。幸运的是，约十年前，由劳恩斯伯里、里德尔、米尔斯和库克(Lounsbury, Leader, Meares, & Cook, 1980)开展的一项研究可供他们作比较。斯比尔及其同事评论了1984—1988年最有名的两种期刊刊发的235份实证研究(有报告研究结果的研究)，并将它们研究的成果跟劳恩斯伯里及其助手所做的研究成果相比较。以下是他们的发现。

过去10年来，社区心理学中主动控制变量的**实验**(experiments)研究呈下降趋势，而没有主动控制变量的**田野研究**(field studies)却呈上升趋势。正如大家所预期的，在实验操控减少的情况下，使用控制组或对照组的情形也减少了。因此，今天大家形成的一个共识是：对社区研究而言，实验法不可行或者说不适合(Casswell, 2000)。

与以前的研究相比，近来的研究中较少有特定心理问题的研究对象。过去几年来，关于参与者的性别、种族的研究有增加之势。有关心理健康服务的文章逐渐减少，但是有关特定问题的文章却逐渐增加，特别是在社会支持与预防领域。

马丁等人(Martin et al.，2004)完成了一项最新的研究综述。他们考察了1993—1998年《美国社区心理学杂志》发表的244篇中超过半数的文章，并发现，心理健康环境参与者的使用呈持续下降的趋势(从12%下降到6%)，个体水平的因变量在持续使用，而实验设计的使用也 26
在减少。综述的研究中，有60%选择了准实验研究设计。作者相信，这些研究趋势说明，研究方式正朝着"研究社区和真实世界"逐渐转变，实验室研究是反常的研究。因此，混合设计和准实验设计的运用越来越多，同时，质性研究方法有助于探查复杂的社区现象，促进多元群体的研究。

值得注意的是，现在对患有慢性心理疾病人群的研究越来越少。相反，研究对象扩大到广大社区的多数参与者，此现象证明近来的研究主要集中在社会问题发生的时间和地点。

令人失望的消息是，在这些研究中，许多因变量的测量依然以个体分析为主。虽然今天已有更多的学者开始关注个体与环境的变量(诸如社会支持，即个体互相帮助来面对问题)，这已是不争的事实，但这些文献仍然大量保留了基于个体适应的研究取向。

需要补充说明的是，托罗(Toro, 2005)对该领域变得如此丰富多样进行了评价。这种多样性扩展至理论、解决问题的方法、表达的议题和服务的民众的多种多样。尽管有人把这种多样性称为焦点模糊，但托罗认为，这是该领域拓展其研究范围并遭遇新的挑战时呈现出来的健康与活力。

社区心理学能给你带来什么

大学教育

目前，许多大学心理学系都开设了社区心理学课程。有些心理学系则开设社区心理健康或临床心理学的课程，但教授们更喜欢采用社区取向的课程。然而，提供给大学生的训练也许仅仅是一两门课程。卡莫尼等人(Carmony et al., 2000)在一项互联网搜索中，查到有 77 所大学开设了社区心理学课程。他们考察了其中 24 个课程提纲，结果发现大部分课程包含以下主题：预防、历史背景、社会变革的行动、生态观、赋权、研究方法、社会支持和压力。本书将讨论所有上述主题。

另一种让大学生学习社区经验的方法是，参与当地的大学社区或家乡的服务工作。成千上万的社区机构在征求志愿者，不过仍有很多机构不是社区心理学取向的。例如，很多机构提供治疗服务，因此不重视预防工作。志愿者是很多经费拮据的社区机构的生命线。大学人事部门也许能够提供这些社区机构的名称和电话号码。如果你真的选择当志愿者，就要尝试作出判断。该机构到底是否致力于实现社区心理学的目标？如果没有，又是为了什么？

学生到社区做志愿者。就志愿者的付出及对工作组织的认同而言，志愿者群体的确是一
27 个特殊的人群(Clary & Snyder, 1999)。尤其是志愿者为别人的利益而努力，即并非为了一己之私利，他们表现了大公无私的精神。关于志愿者的研究表明，不管他们的服务是强制性的还是完全自愿的，大多数志愿者认为，从志愿服务中获得了更多的满足而非压力(Ferrari, Billows, Jason, & Grill, 1997; Ferrari & Jason, 1996)。研究也证实，志愿服务使相关课程更具意义，学生也更能察觉到社会议题，且使越来越多的人欣赏社会的多样性(Primavera, 1999)。然而，也有研究表明，强制性的志愿者服务会降低学生继续做志愿者的意愿。志愿者服务最重要的意义看来是志愿者的动机与现实的志愿者情境之间的拟合(Clary & Snyder, 1999)。以下是一些学生志愿者的评论：

> 当我开始做志愿者时，我并不确定自己会有多大的影响，如果我会有一些影响的话。但我慢慢认识到，并不是我影响了我服务场所的成员，而是他们影响了我。每一次我对他们付出时间时，他们真的很珍惜。当我在做志愿者时，我的"问题"(problems)似乎变得不足挂齿。与他们相比，我认识到自己的生活是多么幸福。志愿者服务是我对我拥有的一切表达感恩的方式之一。我打算毕业后继续从事志愿者服务，因为我知道，我奉献出时间，就会有好的回报。
>
> ——苏·斯特罗姆，1999 级
>
> 众所周知，人们都过着非常忙碌的生活。然而，当我们说我们没有时间，往往意味着我们没有时间给别人，也认识不到志愿者服务能带给我们自我实现。做志愿者不仅仅是为别人奉献时间，同时也是为自己和自己所属的社区奉献时间。有一天早上，当我要离开

志愿服务地点(心理障碍患者发展中心)而去上课时,我走到斯蒂芬身边跟他道别,他轻轻地抓住我的一只手,又抓住我的另一只手,紧紧握着我的双手。我微笑着,过了几秒钟,他慢慢地松开了我的手,然后举起他的手臂绕住我的脖子。尽管他是一个非常被动的人,但我并不知道他是否情绪变化无常,或者人格中是否有比较具有攻击性的一面,因此,刚开始我吓了一大跳,并赶紧把他推开。不过,当我这么做的时候,斯蒂芬看起来有点疑惑,试图把我抱紧一点。虽然有点不情愿,我还是决定相信他的善意,允许他把手绕在我的脖子上,之后,又一把将我抱向他,在我脸上亲了一下。然后,他轻轻地松开手并微笑着。

那天早上我离开的时候,我发现我的成就感比长久以来获得的更多。斯蒂芬告诉我,他很感激我跟他相处的这段时光。这件事启迪我,奉献一点点时间和耐心就会有很深远的影响。

——苏珊·艾哈德,2000 级

表 1-3 美国志愿者的服务情况

- 2006 年,有 6 120 万人从事志愿者服务
- 志愿者服务时间达 181 亿小时
- 26.7%的美国人从事志愿活动
- 犹他州和佛蒙特州拥有青年志愿者的比例分列第一和第二位

资料来源:2007 Volunteering in America: State Trends and Rankings in Civic Life (www.independentsedor.org).

大学中服务学习运动的发展也让大学生大量进入社区(Chapman & Ferrari, 1999; Wilczenski & Coomey, 2007)。服务学习并不严格限定在心理学专业中,许多大学文科院系也提供这样的课程。其效果已在准实验设计中测量过。结果表明,多投入时间到社区对学生的社区知觉(不那么疏远)和自我概念(更紧密)有影响(Howard, 2003)。 28

社区心理学的高级训练

社区心理学的高级训练课程通常在硕士或博士学习阶段实施。与心理学其他领域相比,社区心理学仍处于起步阶段,但关于社区心理学研究生培训的研究确实存在。桑德勒和凯勒(Sandler & Keller, 1984)在一篇关于社区研究生课程的研究综述中发现,大部分的课程采用了科学实践者模式(scientific practitioner model)。他们不仅训练学生开展研究,而且要求学生按照研究开展行动或者使社区心理学的实践建立在科学的基础之上。一些社区心理学课程是独立开设的,一些则是临床社区课程(即临床心理学与社区心理学的结合)。

一方面,临床社区课程在挑选参与课程的学生时,强调他们的学术能力,同时也常常让学生参与儿童家庭服务、医院、社区心理健康中心的工作;另一方面,独立的社区心理学课程强调参加课程学生的行动热忱,并让学生参加民众服务工作以及具有倡导功能的组织行动(Maton, Meissen, & O'Conner,1993)。研究生阶段的课程总体上包括项目评估、社区心理学

研讨会以及跨学科课程。内容涉及但并不局限于社区心理学的几个领域，包括系统变革、个体改变、预防以及特定主题的心理学。

表 1-4　开设社区心理学研究生课程的大学

社区心理学的博士课程	博林格林州立大学
科廷大学，澳大利亚	加州职业心理学学院
德保尔大学	康涅狄格大学
艾迪斯科文大学，澳大利亚	乔治华盛顿大学
佐治亚州立大学	佐治亚州立大学
29 夏威夷大学	伊利诺伊大学香槟分校
伊利诺伊斯大学——芝加哥	拉文大学
拉瓦尔大学，加拿大	马里兰大学巴尔的摩分校
密歇根州立大学	密歇根州立大学
马里兰大学巴尔的摩分校	罗格斯大学，应用与职业心理学研究院
波特兰州立大学	南卡罗来纳大学
蒙特利尔魁北克大学	韦恩州立大学
范德堡大学，毕保德学院	威奇塔州立大学
弗吉尼亚大学	**社区心理学硕士课程**
新西兰怀卡托大学	康涅狄格州立中央大学
威奇塔州立大学	伦敦经济学院
韦尔福瑞德劳瑞大学，加拿大	曼彻斯特城市大学
高级应用心理学研究所，葡萄牙	马萨诸塞大学——洛厄尔
临床社区心理学博士课程	宾夕法尼亚州立大学——哈里斯堡
阿拉斯加大学	塞奇学院
亚利桑那州立大学	维多利亚科技大学，澳大利亚

资料来源：www.scra27.org/resources/education/academicpr，2008-12-1.

瓦尔菲施、波利夫卡和斯腾马克（Walfish，Polifka，& Stenmark，1986）针对社区心理学博士毕业生找工作的结果进行了研究，发现这些博士生轻易就能找到工作。事实上，84%的博士生说他们找到工作相当容易，大约 83%的博士生甚至找到他们心目中最理想的服务机构。他们主要在大学、社区心理健康中心、医学院、研究与咨询公司、健康护理机构等环境工作。奥唐奈和法拉利（O'Donnell & Ferrari，2000）在世界范围内收集了社区心理学家在许多领域找到工作的文章。在瓦尔菲施等人的研究过了 20 年后，我们发现社区心理学的研究生课程变得
30 非常丰富多样。表 1-4 列出一些开设社区心理学博士课程的大学以及开设社区心理学硕士课程的大学。需要指出的是，其中也包括好几所美国之外的大学。我们感觉到，事实上还有更多的国外课程没有列入其中。最后一章对这个问题会有更多的讨论。

本书内容安排

现在你对社区心理学已经有初步了解，你很可能想知道接下来的阅读旅程会是什么。第

一部分余下的内容属于本书的导入性内容，主要向你介绍社区心理学的研究方法（第二章）以及压力和心理弹性（第三章），从中了解社区情境中研究的方向。社区心理学的研究运用了其他心理学家使用的、广受推崇的方法以及相当独特与创新的技巧。你可以探查压力与心理弹性以理解对社会环境的适应和调节。

第二部分由两章组成，分别是社会变革的重要性（第四章）和社区干预策略（第五章）。第四章社会变革的重要性主要勾勒出这样的图景：社会变革为什么如此重要又如此艰巨。第五章讨论社区干预策略。

第三部分（第六章至第十二章）考察了社区心理学的应用领域，从精神健康的环境及其相关议题开始，社区心理学家轻易就可以进入社会与人类服务、学校系统、司法系统、健康照顾系统、社区健康与预防医学以及社区/组织背景和议题中。第四部分是本书的结尾，只有一章，它展望了社区心理学的未来。

本书每章都提供了一个或多个案例，让你能更主动地研究相关资料或运用实例来阐述某个特定观点。本章的案例在某种程度上是临床研究取向的，这一点已在作者前言中有所交代。但与此不同的是，书中的案例则纯粹定位在社区心理学上。

本章概要

社区心理学从社会科学变化发展而来，并试图理解和有效改善人类的状况。在社会变革和社区研究的主题上，勒温的贡献毋庸讳言。社区心理学尊重多样性的力量，认识到情境和环境对个体行动的重要影响，确信被赋权的个体能成为更健康的个体，认识到多重水平生态观对理解行为模式以及有效改变行为的重要性，借此，社区心理学就可以达到预防心理疾病和促进健康的目的。这些原则背后的假设是，所有人都在寻找社区，所有人都需要社区。没有社区，我们就会茕茕孑立，形影相吊，彼此疏远。有了社区，我们才会有所依靠，才会有安全感。社区心理学已经从一些零散的观念成长为有组织的、正在发展中的心理学干预方法。社区心理学也已经具备培养研究生的能力。我们诚挚地邀请各位读者大胆想象社区心理学的各种可能性。

31 # 第二章

科学研究方法

原因与结果的联系没有起点，也不可能有终点。

——列夫·托尔斯泰《战争与和平》

艾迪萨克与他的妻子以及两个年幼的儿子，在20世纪90年代早期为了躲避东南亚国家的战乱而逃难到美国。他们的移民申请得到天主教慈善团体的资助。在抵达美国后不久，他
32 们的家庭就出现种种问题的迹象。他的妻子和孩子被送到一个短期的庇护所。后来，他们一家人才又重新团聚。艾迪萨克在一家杂货店做一名全职店员，而他的妻子则在当地的一家医院做一份兼职的清洁工作。社会工作者一直在帮助这个家庭适应新的文化和环境，以及面对其他的心理社会问题。

20世纪90年代中期，艾迪萨克开始经常回自己的故乡旅行。这些旅行没有明确的目的，他的妻子也从未怀疑过其动机。艾迪萨克最后一次旅行时病重而归。后来，他被检测出艾滋病病毒呈阳性。他的妻子也被检测出艾滋病病毒呈阳性，而且她正怀着他们的第三个孩子。

艾迪萨克坚称他不知道如何感染上这种病毒,他否认有任何外遇以及滥用毒品的行为。艾滋病病毒没有疫苗,预防是阻止该病传播的唯一武器。预防艾滋病病毒有多种策略,其中一项极具争议性的预防策略就是使用法律手段(也就是以健康相关的政策作为预防)来规范这一扩及全世界的流行病。美国政府要求申请移民者与难民,在定居美国之前一定要接受艾滋病病毒检测。只有那些艾滋病病毒检测呈阴性的人才被允许进入美国。对难民而言,一旦他们已经进入美国,也可以利用搁置其申请的方式,要求他们接受艾滋病病毒检测,并由医疗与健康专业人员持续跟踪探访。但是,这种法律机制还是很难约束住某些人,包括在美国本土出生的人、已经患上艾滋病病毒的人或是与刚旅行回国者及与海外的艾滋病患者同居的人。在艾迪萨克的例子中,他可能在去亚洲的某一次旅行中被感染,因为艾滋病病毒和艾滋病是极大的社会耻辱,因此仅是口头上询问人们艾滋病病毒是否呈阳性,也许并不是一种有效的预防策略。同时,只有在人们愿意接受检测并且当他们检测出阳性结果时愿意去了解结果与承担责任的情况下,检测才是一种有效的预防策略。那么,对流动人口该采用何种策略或科学方法呢?对于艾滋病病毒呈阳性的孕妇又该采取什么策略呢?

科学研究的本质

上面的小短文呈现了所有社区心理学家都很熟悉的脚本。用来检测艾滋病病毒的两种科学技术(艾滋病病毒血液检测和自我报告测量)并不会产生相同的结果。因此,某些科学研究技术对某些议题的研究是无效或不适合的,特别是那些可能危及参与者健康的研究技术。这一点应该不会让人太惊讶,大部分人不会公开自己的艾滋病病毒状况,因为这是种耻辱。同时,美国的普通民众仍普遍具有艾滋病恐惧症与同性恋恐惧症(尽管艾滋病并不只在同性恋身上发生)。尽管美国高等法院裁定,在《美国残疾人法案》中,艾滋病病毒已降至正常范围,即公开自己的艾滋病病毒情况不仅仅是法律权利,也是一种保护,但公开自己艾滋病病毒呈阳性依然是一种社会耻辱。

这个例子也暗示着,社区心理学领域的研究往往具有紧迫性,这在心理学的其他领域不常见。原因在于,社区心理学家考察的主题通常是日常生活中重要的、紧迫的社会议题。在讨论 33
这些紧迫的社会议题(如保密和文化敏感性)之前,我们先阐述科学研究的定义以及从事科学研究的原因。然后,我们再讨论和回顾社区心理学家使用的各种科学研究方法,既包括传统的心理学研究方法,也包括非传统的心理学研究方法。

为什么要进行科学研究

我们已作出这一假设:我们生活中的经验有助于我们确定什么是正确和真实的东西。"经验是现实之窗"这一假设被称为**经验主义**(empiricism)。从我们周围的世界中获得我们相信的事实的证据,这一传统可追溯至古希腊哲学家以及后来文艺复兴时期的观察研究。我们最终将科学当作一种传统加以接受，而科学恰恰是现代世界得以建立的基础。我们怎么认识自己周围的世界？我们通过观察记录周围世界的规则和模式，检验这些规则和模式的可能性，并且通过预测或推理其他事件来决定具体事件的可能性。

社区心理学领域一个主要的干预策略是创造或参与某种形式的社会变革，以便让个体或社区从中获益。为了辨别社会变革是否有效，心理学家需要一种方法来帮助他们理解和评估这些变革。无论是在社区心理学概念的提出时期，还是在社区心理学的整个发展历程中，科学研究为我们提供了理解和评估的机制，而且成为社区心理学的重要组成部分（Anderson et al.，1966；Cohen，1966；Lorian，1983；Tolan，Keys，Chertak，& Jason，1990）。

例如，研究者怎样确认诸如不安全的性行为或共用针头注射毒品等危险行为的减少，纯粹是因为这些人参与到某种形式的预防方案活动所致？如果艾迪萨克和他的妻子有机会参与这样的方案，谁又能确定在参与方案后，他们减少的是不安全的性行为，而非其他诸如注射药物时共用针头之类的行为？虽然我们可能会发现，参与此类方案的女性（一项社会变革），比其他没有参与此类方案的女性，从事不安全性行为的可能性更低。对数据的进一步分析也可能显示，这些女性和愿意使用安全套的配偶都从参与方案中获益。但对许多女性而言，如艾迪萨克的妻子，参加预防方案并不能完全减少不安全的性行为，除非她们可以回到获得某种支持的家庭环境或社区中（生态学观点）——男性和女性在权力上的差距，通常对女性协商安全性行为有不利的影响。然而，这种假设的效度可以运用某种科学研究来加以证实。

普赖斯（Price，1983）指出，社区心理学家需要研究以下领域：首先，需要发现和描述相关的问题或关注的领域。其次，清楚地说明与这些问题和关注的领域相关的因素。根据这些因素或许可以构建和检验可能的干预措施或解决办法。一旦一个方案被证明有效，也仍然需要考察在一个特定的社区环境中，干预能否成功实施。如果成功实施的话，就需要研究在更大范
34 围内成功实施的问题。如果这些方案都取得成功，研究者就需要再度考察社区状况，看看是否还存在其他需求。从社区问题的确定到问题解决方案在社区范围内的推广，这一研究循环为我们提供了指导，这一过程也是社区心理学的一个完整部分。

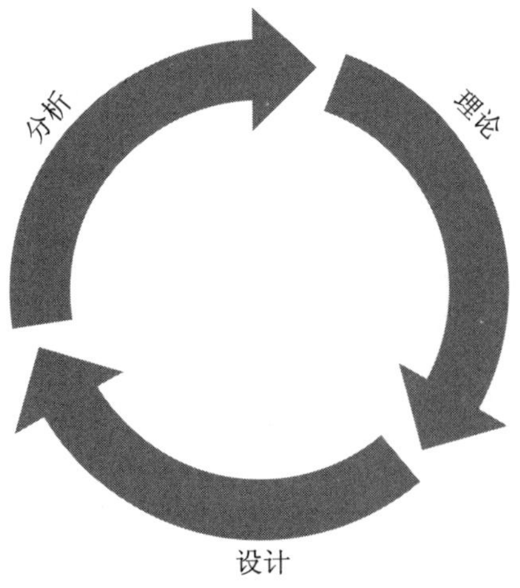

图 2-1　科学研究的过程

什么是科学研究

在日常生活中，人们观察周围环境并对许多事情进行归因。例如，你可能有一些直观的想法，比如，你可能好奇为什么男人使用（或不使用）安全套，或者你可能也好奇为什么人们会滥用酒精和药物。然而对科学家而言，研究比直观的想法更重要。换句话说，当科学家开展研究的时候，他们会提出一系列相关的假设，开展相关的行动。图 2-1 描述了科学研究的

过程。

理论和基于理论的研究是所有科学训练的有机组成部分(Kuhn, 1962, 1996),社区心理学领域也不例外。然而,在讨论理论之前,我们先解释三个让科学家和非专业人士感到混淆的理论术语。

理论(theory) 有时你可能会听到某些人使用理论、**模型**(model)和**范式**(paradigm)这样的术语。这三个术语经常可以互换,但它们的含义却不完全一致。理论指的是,试图系统解释某一议题中可观察或可测量的事件,如无家可归或酗酒。更确切地说,理论是“一系列相关联的建构(概念)、定义和命题,它们通过详细阐述各变量之间的关系来呈现对想象的系统的看法,以达到解释或检验想象的目的”(Kerlinger, 1973, p.9)。理论的目标在于让研究者去描 35
述、预测和控制一个或一组变量为什么以及如何同某一议题中可观察或可测量的事件有关联。例如,艾迪萨克多次前往亚洲旅行是否会想到他的艾滋病病毒呈阳性呢?在他旅行期间,他做了可能感染艾滋病病毒的危险行为——注射药物(共用针头)或者与他妻子以外的人进行不安全的性行为吗?

我们要牢记,社会科学理论是研究可观察或可测量事件的最好路标。换句话说,对这些事件的描述、预测和控制是建立在建议性的规则之上,而不是建立在自然科学中发现的绝对的规律之上(Kuhn, 1970)。

模型和范式 模型是理论的工作蓝图。范式则是一个更小的框架,它指导研究者以一致性的方式将事件概念化。图 2-2 描述了这些概念之间的关系。在库恩(Kuhn, 1962/1996)关于科学和科学革命的经典却充满争议的著作中,他使用了范式的两层含义:一是用社会的方法来描述广泛认同的一系列观点、价值和理论,以指导社会科学研究的方向与实施;二是作为特定问题的“具体的、解决困惑的方法”(concrete puzzle solution)。我们这里的定义强调的是范

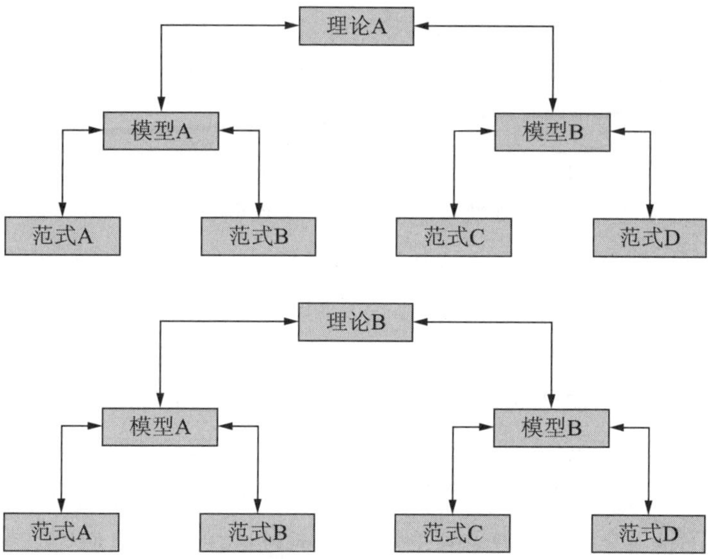

图 2-2 理论、模型和范式之间的关系

式的第二层含义。然而，我们要强调的是，当我们离开心理学谈论范式时，使用的是第一层含义。也就是说，在社会科学中，范式的定义建立在集体和群体取向基础之上。大家对库恩的最初反应是，批评他混淆了定义，让人困惑。在《科学革命的结构》这本著作后面的版本中，库恩增加了一篇致歉性文章，试图澄清和修正他关于范式的定义。

36 理论可能由一个以上的模型或蓝图组成。这些模型引导我们了解与某个议题相关的各种不同的可观察事件。一个发展成熟的理论可能由两个及两个以上的相容模型组成，而这些模型也可能用相似的具体范式或框架来加以概念化。在一个尚未发展成熟的理论中，不同范式可能产生不同模型的公式。因此，对于某些议题中相关的可观察或可测量的事件，可由一个以上的理论来解释，这毫不奇怪。

可证伪性 按照波普尔(Popper, 1957/1990)的观点，科学的特点就是持续检验不断发生的命题或理论，这种假设、命题或理论错误可能性的检验总是一直进行下去。可证伪性倡导依赖可观察的事件以支持任何特定的概念。

举例 一个具体的例子将有助于你理解这些术语。数十年来，研究者调查酗酒或酒精滥用(议题)，曾将饮酒过多(可观察或可测量的事件)概念化为基因的倾向——酗酒是一种疾病(理论观点)的医学解释。这个理论有助于形成各种关于酒精滥用模型的发展。例如，一种模型采用基因鉴定来解释酗酒行为，另一种模型则考虑对同卵双生子与基因毫不相关的个体的酒精使用情况进行比较。

近几年来，一些研究者已经开始挑战酗酒的基因理论。他们认为，一些酒精过度使用的情况(也是可观察或可测量的事件)可能是由环境中某些事件的压力导致的，例如，失去住宅、流落街头的困苦生活、长期失业或其他生活创伤性事件。因此，一个新的理论出现了——酗酒的苦恼或障碍理论。这个社会学**范式的转换**(paradigm shift)，从对基因的思考与概念化转移到或再聚焦到环境上来，从而提出酗酒的新模型。这种模型明确指出，社会经济地位影响酗酒。换句话说，该理论主张以下解释和预测，即不同环境压力下的个体会出现不同的酒精使用情况。而酗酒的第一个理论——疾病理论——则提供了以基因为基础的个体差异的解释和预测。

科学革命 这两个例子说明了科学理论发展的动态特点或持续进化的特征。库恩(Kuhn, 1962/1996)主张，重大的科学发展并不是呈线性的，也不是一步步将事实积累而成的。如同社区心理学领域中的理论与研究案例。在科学的训练内，危机可能导致思维的转变，而社会科学范式的转变可能形成一个新的理论。我们可以回顾一下，仅仅是这样一场危机(对传统心理疾病治疗方法感到气馁)便促进了社区心理学领域的诞生，进而发展出关于社区问题的新方法和理论。库恩认为，在科学解释中，范式可以作为一种指导，而不是一种绝对的理论标准。

社区心理学领域中，理论、模型和范式发挥着指导性作用。当理论不起作用时，便需要稍微调整理论或者干脆放弃理论。在本书其他章节，你将读到许多当前社区心理学领域的理论、
37 模型和范式。本书也将介绍每一理论的相关研究，通过这些研究，我们可以对理论作出判断。案例2-1介绍了关于药物滥用的一个整合性理论。

案例 2-1　吸收了社区心理学原则的物质滥用和艾滋病病毒/性传播疾病理论

药物滥用的研究使用超过四十种理论（见 Lettieri，Sayers，& Pearson，1984）。其中，一些理论是以个体为中心的，例如，酗酒的疾病或基因理论；其他一些理论则强调环境的作用，例如，酗酒的压力或障碍理论。

弗雷和佩特雷迪斯（Flay & Petraitis，1991）以 24 项研究为基础，界定了药物滥用的决定因素。他们总结指出，药物滥用的决定因素是社会环境的某种组合，是个体、家庭、同伴、社区组织（如学校）的社会结合，是社会学习和向他人的学习，是内部的心理因素（如自尊），是个体自己对酒精和药物的认识、态度和行为。弗雷和佩特雷迪斯认为，大部分理论仅仅说明这些决定因素的一部分。为了推进这一领域，需要努力将这些因素更多地整合到一个连贯的理论中。社区心理学家对此也由衷地认同。

为应对这一挑战，王和布伊（Wong & Bouey，2001）提出整合性理论，用于研究美国印第安人/阿拉斯加土著人（American Indian/Alaska Natives，AI/ANs）物质滥用以及艾滋病病毒/性传播疾病的情况。选择这一目标人群的原因在于，同美国的其他种族相比，美国印第安人/阿拉斯加土著人的物质滥用问题更严重（National Household Survey on Drug Abuse，1999；Substance Abuse and Mental Health Services and Administration，2000）。他们处于性传播疾病的危险境地，包括艾滋病病毒（CDC/HIS）（National Epidemiology Program，2001；Howard，Bouey，Greenwood，& Duran，2001）。

大部分的物质滥用和艾滋病病毒预防干预项目都希望得到个体行为的社会心理模型的支持。然而，这些模型往往使个体孤立，并认为所有个体都会遵循正常理性的决策过程（例如，DiClemente & Peterson，1994；Leviton，1989；Valdiserri，West，Moore，Darrow，& Hinman，1992），这与健康方案中主要医疗模型的推理立场是一致的（Singer，Flores，Davison et al.，1990）。不可否认的是，尽管个体在这一方案中是关键的要素，但是个体的行为是在复杂的社会和文化背景中发生的，如果脱离广阔的背景来对个体行为进行分析，那么将忽略主要的决定因素（Auerbach，Wypijewska，& Brodie，1994）。事实上，个体也许很理性地行事，但他们这样做是受他们所处的社会文化环境的影响。试图对多种因素进行说明，这使我们要对个体行动者的认知（对典型知识的反应）、态度和行为测量进行解释，同时要分析个体行动者受到的政治、经济、社会和文化领域的相互影响（Bouey，Duran，Hendrickson et al.，1997；Nemoto et al.，1998；如图 2-3 所示）。这些影响既为个体创造了机会，也设置了障碍，同时也界定了它们发挥作用的参数（Conners & McGrath，1997）。布伊（Bouey，1997）和根本等人（Nemoto et al.，1998）坚持认为，我们有必要认识到，尽管这些领域常常被认为是概念上不同的实体，但它们拥有多种维度且相互重叠。假设有人想去了解并解决毒品及艾滋病病毒的危机，他就必须领悟到案主参与到这些系统情境中。这些情境绝不是静态的。它们及其组成要素是动态的、迅速变化的，无论是在它们的内部还是在它们所属的环境中。因此，如果有人想了解个体所作的选择，那么了解个体的历史过程相当有意义。简言之，将美国印第安人/阿拉斯加土著人物质使用/滥用、危险性行为和艾滋病病毒/性传播疾病的情况理解为在至少五个领域中或之间运动过程的结果，这是一个非常有用的观点。

在该理论框架中，所有的族群都受权力、资源分配等因素的支配(Conner & McGrath, 1997)。这适用于所有的个体，无论是在更大范围的政治经济系统中，还是在更小范围的人际关系网络中(Conners & McGrath, 1997)，被边缘化的内城人群提供了这些关系的极端事例。失业、无家可归、营养不良、暴力、物质滥用、获得健康护理、压力、阶级、种族、性别关系、家庭、社区组织、支持网络、性伴侣网络以及都市生活中其他文化特点等造成了这种失衡状况(Conner & McGrath, 1997; Singer, 1994a; Singer et al., 1990; Weeks, Schensul, Williams, Singer, & Grier, 1995)。

作为上述状况的结果，内城的状态也是"艾滋病是一种贫穷的疾病"的一个例子，而艾滋病仅仅只是社区问题的冰山一角(Singer & Weeks, 1996)。这些情况也显示出极大的结构变异性，也支持了这一见解，即对艾滋病传染病有成千上万种不同的观点(Mann, Tarantola, & Netter, 1992)。探索性模型需要通过这些独特的情况来说明个体和社区，而且这些模型对每一个"微观传染病学及其具体传播途径，危险亚群体和社会行为背景"也必须具有解释力(Singer & Weeks, 1996, p.490；也可参见 Singer, 1994b)。

内城人口也形成一个"隐藏的人群"(hidden populations)阶层(Lambert, 1990; Watters & Biernacki, 1989)。他们是非主流的，且不为圈外人士所了解。这些社区对研
38 究和方案的形成是一个巨大的挑战，因为他们难以界定，不易了解且特别复杂。为实现方案目标，首要的步骤是持续投入社区并展开对话以明确其需要和重点(Wallerstein & Bernstein, 1998; Weeks, Singer, Grier, Hunte-Marrow, & Haughton, 1991)。例如，通过这种参与形式，我们可以描述人们是如何理解其所属的网络与社区的，是如何觉察危险和弱点的，是如何以特有的方式行事的，以及他们是如何最大可能地对干预和预防措施作出回应的。这些模型也必须反映"微观传染病学"，同时必须通过使用文化信息体现文化能力(Singer & Borrero, 1984; Trotter, 1995; Weeks, 1990)。

尽管非常清楚的是，环境对每个个体存在巨大的影响，但仅有环境也无法对模型中的所有方面作出说明。个体自身也扮演了重要的角色，不仅在危险行为的持续性上起作用，而且在建构行为的参数以及解决办法上也发挥作用。多种社会心理学习和行为理论应用到这些情况中，尽管他们各自的标签和分类可能不同，但基本内容是相同的。例如，健康信念模型(health belief model)(Becker, 1974; Becker & Maiman, 1980; Janz & Becker, 1984)和计划行为理论(theory of planned behavior)(Ajzen, 1985, 1991; Ajzen & Fishbein, 1980)都包括这些方面：个体的视角、社会的或规范的视角、个体渴望以一种特有的方式行事，以及个体的实际行为。这两种模型的观点也都把自我效能(Bandura, 1986, 1994)或知觉控制

(perceived control)作为关键要素，而且都认为非特定的外部因素对模型核心的、个体的因素有影响。

这些学习/行为模型已被成功运用了数十年且仍然成为当代努力描述、解释和改变与健康相关的行为的工具。王和布伊(Wong & Bouey, 2001)将计划行为理论纳入一个更具包容性的政治经济模型中，以期获得对物质使用/滥用、性危险行为和艾滋病病毒/性传播疾病的进一步理解(见图 2-3)。计划行为理论认为，艾滋病病毒/性传播疾病感染取决于行为，而行为可以通过意图来预测。而意图是个体态度与主观标准的产物，是个体对社会团体期望和行为后果知觉的结果。选择这一特殊模型是因为它有着悠久的发展历史以及它曾成功地运用于对大众的健康、性危险行为和物质滥用的预防和干预上。对于聚焦个体的干预，该模型将注意力放在某些行为反映出的突出的具体态度与规范成分上。同时，随着政治经济模型范围扩大，人们可以分析背景和结构性要素，以预测与行为有关的信念/态度和规范。个体整合这些信息并思考他们个人的历史，建构出他们对行为和规范的概念。态度和主观标准便来源于这些因素的相互交流，最终确定出相应行为的意图。这
个框架可直接应用于物质使用/滥用、性危险行为和艾滋病病毒/性传播疾病，并有助于发 39
现艾滋病病毒/性传播疾病等行为与环境的联系。

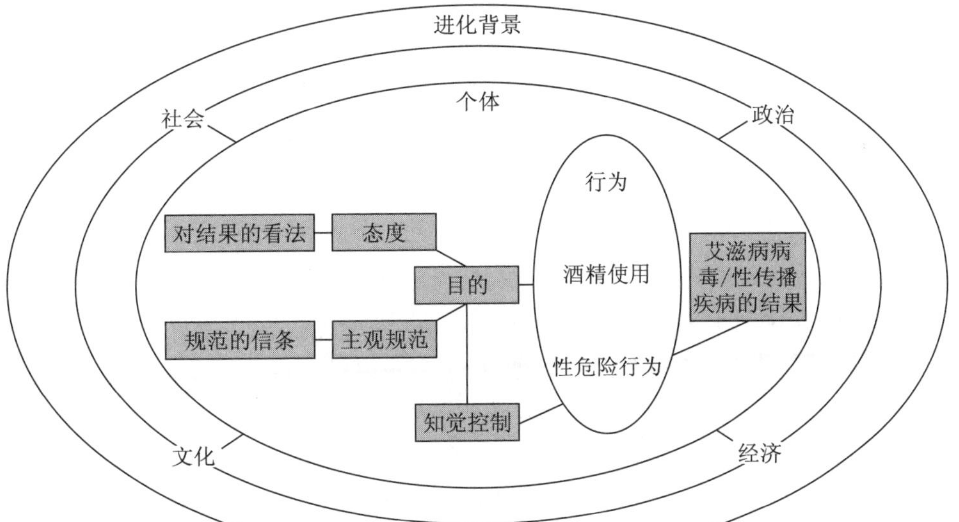

图 2-3 艾滋病病毒/性传播疾病预防的概念模型

科学研究的精确性

研究的精确性涉及三个方面的议题，即信度、内部效度与外部效度。其中每一个议题都需要详尽的讨论。

信度(reliability)指的是一个理论具体或/和可测量的特点可以重复的程度。例如，在王和

布伊(Wong & Bouey, 2001)的药物滥用理论中,如果怀孕状况(个体的特点或自变量)能一致
40 地预测出女性参与初级和次级的药物滥用预防或治疗方案的戒药天数,以及参与匿名戒药团体聚会的天数(结果或因变量),那么它就具有信度。

内部效度(internal validity)指的是自变量可以说明因变量中任何客观改变的原因的程度。换句话说,当**混淆性影响**(confounding effects)最小时,研究可以被称内部效度高。而混淆性影响或变量指的是研究以外的变量对因变量或研究结果造成影响,进而导致研究获得的结论无效。例如,在王和布伊(Wong & Bouey, 2001)的药物滥用理论中,怀孕的状况(个体特点)如果与研究参与者在初级和次级药物滥用预防或治疗方案中的戒药天数是相关的,就可以说具有高的内部效度。同时,怀孕状况也可能与戒药状况无关,而是由于一些其他因素(如智力高低或有用药的朋友)的影响,那么研究者应承认,怀孕的状况并无内部效度可言。

外部效度(external validity)指的是将一项研究的结果推广到另一项研究结果或者其他研究情境的程度。我们可以把结果推广到现实世界中的正常人中去吗?研究结果可以运用到更大的社区环境中吗?苏(Sue, 1999)认为,对外部效度的考虑在研究中并不是一个很重要的、要优先考虑的事情,因为它不能说明在更大范围人群蕴涵的多样性。大量的心理学研究是在大学一年级学生中进行的。他们可能在美国大部分人口中没有什么代表性,更别说在全世界的人口中了。为了描述样本呈现的特点,就有必要指出,需要有充足的有代表性的样本,在复制研究中也有这种需要。再次用王和布伊(Wong & Bouey, 2001)的药物滥用理论来说明,我们可能发现,那些参与初级和次级的药物滥用预防和治疗方案的住在纽约城的妇女(内城居民),与那些住在长岛(郊区或农村居民)的、没有参与方案的女性相比,在怀孕期间滥用药物的可能性更低。除非这一研究结果在其他城市或情境中在类似的样本中被复制,否则该研究结果也只能作为解释住在纽约城的妇女的标准。

可能还有很多因素会对研究的精确性产生影响。如果随机抽样对一项研究是重要的,那么研究就必须确保抽样不存在**抽样偏差**(selection bias),也就是说,所有可能的参与者都应该有统计上均等的机会被选中参与研究。例如,用王和布伊(Wong & Bouey, 2001)的理论,研究者可以调查人们对两种不同的初级和次级药物滥用预防和治疗方案的反应,尽管他们没有被选择参与到自己想要的方案中,但他们也许会更努力工作或希望从他们参与的方案中得到**补偿**(compensate),即使补偿(不要与金钱上的报酬相混淆)是极小的,这些参加不同方案的人可能还是有与其他人交流的机会。

一种可能的结果是**治疗的扩散**(diffusion of treatment),意思是我们对每个方案各自的效率与有效性很难得出明确的结论,因为没有一个方案是纯粹的,每个方案的治疗效果会相互影响。此类方案的参与者除了物质滥用之外,也有可能存在其他的问题(如无家可归),这会使他们更容易停止参与活动。当参与者流失的时候,这种情况被称为**实验损耗**(experimental mortality)。参与到此类方案中并不能保证参与者后来的流失或康复仅仅是方案
41 的某些内容导致的,也有可能是某些案主的特点(如对药物的身体忍受力更低)导致他们

过一段时间后便流失出去或自然康复。换句话说，研究结果可归结为某种形式的**成熟**（maturation）。某些历史事件也可能对结果产生影响（例如，恐怖分子的袭击影响到人们对隐私权的态度）。

传统科学研究方法

存在许多群体研究策略，这些研究策略为所有的心理学家（包括社区心理学家）所用。通常，这些研究设计的第一步就是对科学文献进行回顾。然后，研究者从过去著述的阅读中得出逻辑上的结论。对研究结果预期的表达被称为**假设**（hypothesis）。更规范地说，假设是一种尝试性表述，用于检验实证的研究结果。（引自韦氏在线词典，http://www.merriam-webster.com/dictionary/hypothesis，2008 年 7 月 8 日）。为了检验假设，在研究中必须在两种研究设计中作出选择，即采用相关设计，还是采用实验设计。而**设计**（design）指的是检验假设的系统性计划。

研究者利用研究设计来指导从人群中收集哪一类数据以及怎样收集数据。假设就是对这些数据的含义进行说明。这要求我们理解**总体**（population）和**抽样**（sampling）的定义。

接下来，我们将考察总体和抽样的定义，探索两种传统的研究设计，然后介绍第三类设计，即准实验设计。准实验设计试图做到在解释能力上不逊于实验设计，但却可以处理研究者遭遇的现实情境的限制。介绍完这些设计之后，我们将介绍社区心理学家可能会用到的其他研究方法。

总体和抽样

社会研究试图理解全人类的行为。总体是指研究试图理解的人群。如果我们想知道新西兰人是如何思考和行事的，总体就是所有的新西兰人。如果我们对西雅图的男性感兴趣，那么总体就是西雅图的所有男性。心理学的抱负是理解全人类，在这里，总体就是全人类。这仅仅是抱负，因为获得整个总体的数据是困难的。因此，我们从我们感兴趣的总体中选择样本进行研究。

样本（sample）指的是被假定为代表总体的一个子集。**随机样本**（random sample）指的是这样一个样本，即总体中的每个成员被选为样本的概率均等。**方便样本**（convenience sample）则指的是仅仅考虑到可获得性而获得的样本。在大量的心理学研究中，大学生常常被当作一个方便样本，因为在大学里，大学生随时可以参与到心理学系开展的研究中。**分层样本**（straitified sample）则尽力对总体已知的特点进行匹配。例如，如果我们知道 40％的总体是男性，我们就会尽力获得一个包含 40％男性的样本。**目的样本**（purposive sample）是研究者出于

42 特定原因而选择的样本。在检测怀孕妇女使用药物的情况时，只有孕妇才会被选择做检测，这些孕妇代表的是一个目的样本。在心理学中，随机抽样是受推崇的抽样方式。

相关研究

相关法（correlational methods）包含使研究者可考察两个或多个变量在自然环境中的关联（association）或关系（relationship）的一组设计（如调查）、测量程序和技术（如自我报告）。换句话说，相关法并不对变量进行积极的操纵，更确切地说，它在本质上是描述性的。例如，在王和布伊（Wong & Bouey, 2001）的药物滥用理论中，一个研究者可能想要研究怀孕的月数与物质滥用严重程度之间的关系，而这两个变量并不是由研究者操纵的。研究者对变量没有控制，这一事实意味着，自变量和因变量的区别尽管受到理论的支配，但仍可能具有一定的武断性（arbitrary）。

同时，由于干扰变量和其他未研究的变量可能很轻易就对研究结果产生显著的影响，因此，无法确定研究中的因果关系。当干扰变量或混淆变量成为相关的主要原因时，就被认为存在**虚假**（spurious）相关（尽管表面上正确，实际上却是错误的）。在实验研究中，控制干扰变量可以通过随机分配研究的参与者、维持实验处理情境不变、控制自变量等来实现，但在相关研究中，这些标准很少（如果有）达到。

两个或多个变量之间的关联可以被量化为一种简单的形式，即使用著名的**皮尔逊相关系数**（Person correlation coefficient），其统计值范围从－1.00到＋1.00，符号“－”或“＋”表明相关的方向性。例如，如果符号为正（＋），则表明两个变量朝同一个方向变化，即当其中一个变量变小时，另一个变量也变小。正相关可能意味着当一个变量变大时，另一个变量也变大。而负相关或逆（inverse）相关意味着变量朝相反的方向变化。例如，当一个变量变大时，另一个变量却变小。数值（例如，0.35）表示相关的大小或强度。1.00表示最大的相关，0.00则表示极微弱相关或根本就没有相关。

以王和布伊（Wong & Bouey, 2001）的药物滥用理论为例，怀孕月数与物质滥用之间的皮尔逊相关系数为－0.8，这就表示，怀孕的月数越多，物质滥用的可能性越低（强的负相关）。但我们并不能由此断言，怀孕月数的增加是孕妇减少物质滥用的原因。如果怀孕后期的妇女因为感受到配偶的支持（而不是怀孕天数的变化）而减少物质滥用，那我们就有理由质疑以上相关可能是虚假相关。

实验研究

实验法（experimental method）包含一组允许研究者控制自变量和因变量的设计（例如，组间设计，即两个组接受的干预是不相同的）和测量程序。**自变量**（independent variable）指的是
43 组间变化的条件（例如，需要帮助的人认识被试、需要帮助的人不认识被试）。**因变量**（dependent variable）是指科学家用于判断自变量的影响而进行的测量（例如，帮助意愿可通过捐款的多寡来测量）。一种常见的设计就是**前后测控制组设计**（pretest-posttest control group

design)，它指的是，在一个组(实验组)进行实验操纵，另一个组(非操纵组或控制组)不进行操纵，然后在实验操纵前后对影响进行评估的研究设计(Campbell & Stanley, 1963; Cook, Shadish, & Campbell, 2002)。也就是说，一组研究参与者受到自变量的影响，而另一组却没有受到自变量的影响。

除了控制自变量之外，实验组和控制组的组员分配也是随机(random)的——所有参与者都有均等的机会被分配到实验组或控制组。除了这些条件之外，在实验组和控制组之间可能还存在一种假设，即两组非常相似或者非常一致。如果在实验过程结束时，实验组和控制组存在差异，那就认为是自变量带来了这种变化。自变量被看作是导致实验组与控制组因变量差异的原因，因为实验组与控制组之间唯一的差异就是自变量存在与否。

如果实验操纵如同理论预期的那样运作，那么因变量也应该能在实验操作前到实验操作后完美地产生可观察的改变，而且此改变是发生在实验组而不是控制组。换句话说，对控制组 44
内参与者的前后观察应该从头到尾保持相对的稳定，除非出现某种自然的成熟或者刚开始的前测让所有参与者感觉到当前测验的本质。以王和布伊(Wong & Bouey,2001)的理论为例，参与初级或次级预防或治疗方案的怀孕用药妇女，在干预前后，相较于那些没有被施予实验操纵的孕妇，她们报告的戒药天数应该会增加。

准实验研究

由于现实和伦理的原因，社区心理学领域研究的许多变量(例如，接触酒精或香烟的学校氛围或未成年人)不可能进行实验控制。同样，研究对象也不能总是被随机分配到各组。例如，如果参与者是一个孕妇，我们便不可能随机地将其分到非怀孕组。在有关怀孕的研究中，参与者有可能停止参与某项目。因此，一个妥协的方法就是使用**准实验法**(quasi-experimental method)，该方法非常接近实验研究的条件，对研究参与者进行随机分配，但它并不能完全满足真实验研究的所有必需条件(Campbell & Stanley, 1963; Cook et al., 2002)。准实验研究常用的设计是**非等组前后测控制组设计**(nonequivalent pretest-posttest control design)，其含义为，一个受到某种实验操纵的组与另一个未受到操纵或干预的组，在实验前后进行比较。如前所述，这种设计与前后测控制组设计的不同之处在于，参与者不是被随机分派到实验组或控制组的。

尽管准实验研究允许更接近自然或真实情境的设计，但实验组与对照组之间在一开始便可能存在差异。以王和布伊(Wong & Bouey, 2001)的药物滥用理论为例，与对照组的妇女相比，自愿参与初级或次级预防或治疗方案的怀孕妇女可能受教育程度更高，而对照组可能包括高中辍学的女性。因此，在研究开始之前，两组之间就已经有差异。在对两组间的因果差异进行总结时，我们必须慎之又慎，因为在研究开始时，两组之间就已经存在差异，此外也无法排除对数据的其他解释。

表 2-1 三种科学研究设计的特点

	相关研究	准实验研究	实验研究
问题类型	这些变量彼此之间存在相关吗	研究者未能完全控制的自变量会影响因变量或研究结果吗	自变量与因变量之间是否存在因果关系
何时使用	研究者无法控制自变量时；有时也用在解释性研究中	研究者想评价真实生活的干预在社区或其他地方的影响	研究者可以控制自变量，且可将混淆变量的影响降到最小
优　　点	资料收集方便；可避免某些伦理和/或实际可行性问题	提供一些有关因果关系的信息；允许对更多真实世界干预进行评价	能够论证因果关系，允许控制混淆变量且排除其他解释
缺　　点	无法建立因果关系	对混淆变量缺少控制；不能作出强有力的因果推论	由于伦理或实际的原因，某些问题无法进行实验研究；可能导致人为的程序

资料来源：Wong，Blakely，& Worsham(1991)，Copyright 1991 by Guilford Press，经允许使用。

下面，我们讨论社区心理学家（而不是实验心理学家）使用的其他几种研究方法。

社区心理学中使用的其他研究方法

人种学

由于在社区心理学领域内很多议题具有紧迫性，因此研究者经常采用多种不同的方法开展研究。常用的研究方法之一是**人种学**(ethnography)，它是一大类研究设计（如半结构访谈）
45 和测量程序与技术（如行为评估），它让研究者与研究参与者可以展开社会互动。人种学的主要目的是了解人们如何看待自身的经历。

人种学必须允许个体描述其自身的经历，而无须将这些经历转换成研究者的语言。换句话说，提供资料者或者研究参与者必须用他们自己的语言来描述自己的经历。一位人种学的访谈者必须能对他为什么设置这些特殊的问题而进行解释，以便能让被受访者更充分理解。同样，相对于传统科学客观或中立的立场，在人种学研究中，研究者的价值体系(value systems)可能会影响到他与受访者的社会互动，进而影响研究过程。因此，为了避免过早下判断，研究者最好对受访者的经历采取无知立场(Heller et al.，1984)。当然，没有一种研究方法是完全客观的，因为研究者对问题进行概念界定时就已经在逻辑上支配了其后的行动过程。

与最先提出人种学研究技术的文化人类学者和社会学者相比，使用人种学研究技术的社区心理学家较少。然而，当研究议题更具社会现实性时，人种学的方法就比实验法更可能被采用(Speer et al.，1992)。当提出的研究问题没有一个强有力的理论框架时，人种学也许是提供信息的最好方式。因此，人种学研究可能收集到**质性资料**(qualitative information)，并有助于指导研究者确定研究的未来方向，其中就包括可以对变量积极操纵的田野实验(field experiments)。质性资料在本质上更具主观性和轶事逸闻性(anecdotal),而研究者就在研究对象的语言反应中寻找到凸显的观点和主题。这与**量化数据**(quantitative data)正好相反,量化数据通常被认为在本质上是客观的,且能用数字来表达。

在考斯(Cauce, 1990)看来,通过结合使用质性研究技术与量化研究技术(混合方法)来研究社区现象,将有助于提升社区研究的水平。质性资料为量化研究的方向提供指引,而且有助于说明量化数据的意义(Banyard & Miller, 1998)。质性研究是一种对研究对象进行赋权和改变的方法,而且让研究对象发出他/她们自己的声音,这本身就是一种干预(Stein & Mankowski, 2004)。质性研究方法要求研究者更注意研究者与研究参与者之间的关系,以及研究者对研究参与者的潜在影响(Brodsky et al., 2004)。质性资料在研究者与研究参与者之间承担了一种相互作用的角色。一些期刊的研究表明,作为一种研究模型,尤其是作为混合研究法的一部分,质性研究可能会被越来越多的研究者接受(Marchel & Owens, 2007)。根据女性主义心理学的观点,质性资料收集的信息更丰富,对社会现象的描述也更有意义(Brodsky et al., 2004; Campbell & Wasco, 2000; Hill et al., 2000)。

参与观察(participant observation)是一种普遍且特别的人种学研究技术。尽管在参与观察和人种学中,研究者常常承担了观察者的角色(也就是采取中立的立场进行系统观察),但是,一个典型的参与观察研究通常包括研究者与参与者之间持续的对话。例如,研究者如果对青少年帮派感兴趣,他/她通常就需要与帮派“耗上”(hang out)一段时间,也需要掌握帮派 46
使用的语言,以帮助他/她调查帮派社会的网络特点,同时与帮派成员建立起信任的关系。同时,研究者与帮派成员经常进行社会互动,这可能会影响研究者的观念及其与帮派成员之间的关系,结果可能是研究者出现角色模糊(role ambiguity),而对帮派成员而言,研究者的角色定位也将变得模糊不清。研究者是帮派的成员还是研究者,抑或既是帮派成员又是研究者?

案例 2-2　关于一家消费者管理机构的案例研究

费尔顿(Felton, 2005)研究了一家从事心理健康服务的消费者管理机构。她想找到这个工作社区的特点。她使用了大量的研究方法,包括参与观察、特别访谈(ad hoc interviews)、行为观察以及标准化工作环境量表(Standardized Work Environment Scale)(Moos, 1994),在现场花了两年时间,其间经常互动,退出后开始分析资料。

对质性访谈资料的内容分析引出了员工关心的各种主题:对机构的自豪感,一个理解的、有同情心的地方,感觉这里像家一样。量表测量证实了这些一般的主题,在职工参与、任务定位和凝聚力方面得到比较高的分数(高出两个标准差)。量表显示,该机构显现出高的关系(relationship)取向。在明晰工作任务方面得分也非常高。这些得分与质性资料一起构成了三角证据。所研究的这家机构看来在提供一种优质服务环境方面做得非常棒,职员在这样一种环境中愿意付出与奉献。

三角测量隐含的意义可参考人类学的术语，人类学把社会科学的努力比作对地质学勘测现象的理解。为了找出一个地点，勘测人员对准指定的场地，从不同的视角/方法来获取两个读数（readings），这两个方位与观察地点构成一个三角形，从而更好地理解这一观察地点。它是一种社会几何学。同样，质性资料、访谈资料形成了社会现象观察的一条定线（siting），量化数据、量表的测量得分形成了考察机构状况的第二条定线。有了这两方面的资料，最后形成的“图像”更具理解力，对个人的细微差别更敏感，也更可信。

网络分析

对难以触及或隐藏的人群进行研究，或者当实证数据资料有限时，**网络分析**（network analysis）会是一种对有关研究对象的关键议题提供研究者相关资料的方式（也就是形成性研究）。网络分析方法可为后续大规模的或基于族群的研究做准备。弗里德曼及其同事（Friedman et al., 1997）认为：“社会网络是一种关系，能影响想法、规范和行为。危险网络是能够把艾滋病病毒从一个人传染至另一个人的一些行为和素材。社会网络和危险网络经常重叠。近来，有证据表明，这两种网络对艾滋病病毒流行病学和行为都有重要的影响。”（p.95）案例 2-3 呈现了网络分析运用的例子。

47 **案例 2-3 网络的断裂**

吉莱斯皮和默蒂（Gillespie & Murty, 1994）曾用网络分析来测定一个灾后服务传递系统潜在的“断裂”。网络分析允许社区顾问将社区组织划分为对等的（equivalent）、外围的（peripheral）、孤立的（isolated）或核心的（central）机构。通过这种方式来考察机构之间的关系，以便发现在这个服务系统中，哪里联系微弱，哪里出现断裂。

为了避免必须等待真实灾难发生这个问题，吉莱斯皮和默蒂简要研究了各种组织（例如，美国红十字会，他们必须对大型的社区灾难作出反应）的参与者。参与者被问及如果 18 个小时以后出现地震，他们会作出怎样的反应。在他们的研究中，吉莱斯皮和默蒂界定了灾后网络中的九类组织，其中一类组织与网络中的其他组织完全没有联系。换句话说，这类组织体现了网络中的严重断裂，因为他们没有建立与其他组织协调服务的途径。在使用网络分析之后，研究者建议，社区计划委员会必须关注这些外围的和孤立的组织，鼓励它们开始接触更核心的组织，以便改进服务传递。

《纽约时报》对电脑联接（computer link）的潜在使用情况进行了报道，以认识因特网时代的社会与信息网络。随着诸如 My Space（个人空间）和 Facebook（脸书）网络的出现以及网络电话和文本信息能力的增强，我们有机会建立和维持信息丰富的人际关系，而不再受地理空间限制。

网络研究法主要有两种，即**自我中心法**（egocentric methodology）和**社会测量法**（sociometric methodology)。自我中心法指的是个体及其同伴之间的关系以及他们的共同行为。社会测定法则指的是各个个体之间的关系以及他们的共同行为。这两种研究方法的目的都是，界定和描述关系和共同行为的模式。至于其他的一些方法学标准(例如，关于关系和共同行为类型的界定)则视具体理论框架或研究问题而定。例如，一项关于注射性药物使用和艾滋病病毒患者进行的社会测定网络的变式研究，要求参与者提供在过去 30 天内跟他们一起注射药物和进行不安全性行为的个体大约 10 位。这两种网络法的分析过程都可以相当精细、复杂和专业。

从概念上讲，网络分析是社区取向的研究者经常使用的方法。然而，该方法的使用很难排除文化障碍或其他社会阻碍。因此，研究者要从这种方法中受益，必须对目标人群有深入的理解。信任是该方法的基础。

流行病学

同其他心理学家相比，社区心理学家使用较多的另一种方法是**流行病学**(epidemiology)。这种研究指的是对“人群中疾病的发生、分布以及其他与健康相关的情况进行研究”(Kelsey, Thompson, & Evans, 1986, p.3)。该方法也包括一组广泛的设计(例如，前瞻性研究，或者更通俗地说是未来学(futuristic)研究；回溯性研究，或者更通俗地说是历史研究)、测量程序和技 48
术(例如，随机电话采访、邻里调查)。

对社区中的疾病比率(rate)有两个测量指标：**流行率**(prevalence)和**发生率**(incidence)。一种疾病或与健康相关状况的流行率指的是总人口中受到感染的人口数。发生率指的是在一段特定的时间内(通常为一年)受到感染的人口数。

发生率可以采用**前瞻性设计**(prospective design)或对新案例进行调查加以确定。在这里，特定时间内所有新发案例都要计算在内，以得出该疾病的发生率。如果发生率呈上升趋势，这就告诉我们，问题日趋严重。如果发生率呈下降趋势，这就表明问题正在得到缓解。当流感案例增加时，我们可以考虑流感季节来临了。流行病学家对发生率进行持续测量，以此判断流感季节何时会过去。

流行率可采用**回溯性设计**(retrospective design)或对已知病例进行调查来确定。因此，我们要把所有的新、旧病例都计算在内。以抑郁症为例，我们要计算所有的旧病例，剔除所有的痊愈病例，然后加上所有的新病例。流行率告诉我们，在某个特定的时间点，人群中的全部病例数。

与发生率相比，流行率是一种范围更广的测量，也更容易计算。然而，流行率的缺点是，当它们必须考虑疾病的发生和持续期时，将很难对现象加以解释。

在流行病学的研究对象、测量程序及技术使用上的研究设计，可依赖的范围从家庭访谈到随机电话拨号采访。其他的设计还包括，出生证明、死亡证明、人口普查记录或以上方法合并使用。

介绍完这些概念以后，接下来要举一个事例来说明如何使用流行病学。艾滋病病毒被认为是艾滋病(它是我们这个时代的不治之症)的起因。在 20 世纪 80 年代早期，美国疾病预防控制中心曾进行过艾滋病病毒的流行病学调查(大部分是回溯性研究),开始唤起美国对该疾病的注意。到了2004年,美国疾病预防控制中心报告了超过一百万的艾滋病病毒或艾滋病案例(CDC, 2004)。在20世纪80年代那次调查之后,1992年,艾滋病发生率(新案例)达到了一个新的高度(78 000例)。到了1998年,发生率已经稳定在每年大约40 000例。尽管大部分的病例是男性,但女性病例数在20世纪90年代到2004年也增加了。男性之间的性接触占新病例的44%,其次是异性之间的性接触,占34%,静脉注射药物占17%。

一旦一种疾病的流行率和(或)发生率得以确定,那么流行病学家就可以尝试隔离那些可能导致该疾病的变量。例如,当美国疾病预防控制中心了解到谁有感染艾滋病病毒的风险,他们就可以寻找这种疾病的起因。对艾滋病病毒而言,病毒通过一个受感染个体与另一个个体的血液交换或其他体液的交换而传播。

需求评估和项目评估

需求评估(needs assessment)指的是一套用来说明一个方案或干预是否可用于特定人群
49 的方法。在本章开头所举的例子中,艾滋病的潜伏期大约为10年。对于处于艾滋病病毒不同阶段的艾迪萨克,其需求是什么?刚被诊断为艾滋病的个体可能需要社会支持,而那些处于艾滋病晚期的个体可能需要深入细致的医疗和住院护理。需求评估也可以考察预防方案或其他干预在哪些地方可以降低感染艾滋病病毒的风险,促进安全性行为,如使用安全套,降低风险性行为的风险。换针头方案可以降低因静脉注射药物而传染的风险。

需求评估可以通过人种学访谈、调查和其他观察或描述技术来进行,其中每一种技术都有其优缺点。例如,在人种学面对面的访谈中,个体可能不愿意透露他们未婚先孕的情况或承认自己是艾滋病病毒阳性患者。而在匿名的调查中,他们更可能透露这些信息。而且,在访谈期间,访谈者(或知情人)可能会改变访谈的方向,并因此揭露出书面调查中不曾发现的信息,而书面调查在现场时不太容易修改。

在已经形成或提炼出一个针对具体议题需求的项目之后(不管该议题是艾滋病还是少女怀孕或文盲),就必须对项目的有效性或效率进行评估,这个过程被称为**项目评估**(program evaluation)。项目评估指的是一组广泛的设计、方法、测量程序和技术(例如,检查出生证明,计算案主的人数,观察特定情境中的行为,调查态度或知识),让研究者考察"社会项目……和政策的产生和依据,并致力于改善个体、组织和社会的福祉"(Shadish, Cook, & Leviton, 1991, p.19)。在全球经济不稳定的情况下,社会越来越要求对项目的绩效进行评估以进行问责,因此项目评估变得越来越重要。

对典型社会项目评估的过程进行广泛讨论超出本章的范围。但我们确实要注意,除需求评估之外,还存在其他两种评估:过程评估和结果评估。**过程评估**(process evaluation)考察项目的执行情况。是否如计划的那样进行?干预是否及时?日常操作如何?执行中出现哪些问题?一个好的过程评估必须报告项目做得好的地方在哪里,做得不好的地方在哪里?对过程评估所作的判断构成了过程评估结论的基础。

结果评估(outcome evaluation)考察的是项目的影响。在干预结束之时,哪些已经完成?项目是否如其意图那样得到完成?多数项目评估看的是即时的结果。但是,社会项目也可能要求对较长期的影响进行评估。现在对许多治疗的评估,评估的是在干预结束之后一到两年的结果。这样的评估试图回答以下问题:在深入细致的照顾时期后,结果是否能够持久?或者,所累积的效果是否能够承受得住环境中出现的自然偶发事件?

一个好的评估通常由目标、对象、活动和成果这四个相关的部分组成。**目标**(goal)指的是评估的目的。一个好的评估可能为理论所推动,也就是说,目标概念提出的问题是“该评估希 50
望达到什么目的?”(或者“为什么要进行该评估?”)**对象**(objective)的含义为“计划”,也就是说,对象提出的问题是“我们如何达成目标?”**活动**(activity)的概念指的是具体的任务,也就是说,活动提出的问题是“计划由什么内容构成?”**成果**(milestone)指的是结果,也就是“评估项目结果是否达到它预期的目标?”

使用王和布伊(Wong & Bouey,2001)的药物滥用理论,研究者想考察的是,针对美国印第安成年人或阿拉斯加土著成年人的主流的(mainstream)预防和治疗项目,与聚焦本土的(native-focused)预防与治疗项目,在效果上是否存在差异(目标)。因此,研究者会审查记录,对案主和两类项目的工作人员进行访谈(对象或设计)。假设没有长篇的记录和众多的受访者,可以仅仅使用随机分层抽样(活动,包括分析)。以下假设也许是合理的,即由于服务具有文化性,聚焦本土的预防与治疗项目比主流的预防与治疗项目有更高的登记率。然而,两种项目在流失率上也许存在差异,因为,正如您目前所知,干预结果常常由于项目类型之外的其他许多因素而出现意外情况(成果)。

这个例子当然是对项目评估的一个非常简单的描述,尽管项目评估看起来更客观,但角色模糊的问题依然可能产生。角色模糊最可能出现在内部评估中。当评估者同时也是机构的工作人员时,他不仅是评估者的角色,而且是对尝试利用评估资料进一步完善和修改项目感兴趣的人。为了防止评估中出现角色模糊的问题,机构通常会设立一个专门的咨询小组,这样一来,项目的修改和完善就由该小组来执行,而不由单个的内部评估者来执行。另一种解决方式是,雇一个外部评估者,如社区顾问。

社会动力学在评估任何社会项目时都至为重要。人们不喜欢被评判(judged),特别是当评估可能出现消极结果时。许多非赢利的社会项目对资金议题和公众监督较为敏感。如果这些项目被证实成效不佳,那它们可能被取消。如果这些项目虽然有效,但效率不高(如太昂贵以至于难以维持),它们也仍然可能会被淘汰。很明显,持保留项目的潜在偏见是存在的。

当仅仅使用“客观的”评估或反馈而没有项目工作人员积极或直接的参与时,项目的评估者与实施者之间的关系常常会变得紧张。万德斯曼及其同事(Wandersman et al., 1998, p.4)认为:“对评估者新的不断变化的角色进行讨论已经逐渐增多……与传统的评估方式不一样,被赋权的评估者与社区成员合作……来确定项目的目标和实施策略,在不断完善项目方面,他们成为促进者……而非外部专家。”最后要讨论的问题是项目的问责性。有八个问题(及其解答）可以为项目的问责性提供指导，具体如下：

1. 需要这样一个项目吗？（需求评估）

2. 项目的科学知识基础或最佳实践基础是什么？（查阅科学文献和有前景的实施项目）

51 3. 新的项目如何与现有的项目进行整合？（对项目广泛性和适合性的反馈）

4. 项目怎样才能得到最好的实施？（计划）

5. 怎样执行才最有效？（过程评估）

6. 项目在多大程度上有效？（结果和影响的评估）

7. 如何完善项目？（汲取教训）

8. 如何将有效的项目制度化？（复制或传播）

很明显，可以对以上过程作更详尽的说明。万德斯曼等人（Wandersman et al.，1998）把评估过程作为项目制订的一个组成部分。项目评估也被看作是干预的一种形式（Kaufman，Ross，Quan，O'Reilly，& Crusto，2004；Patton，1997）。评估不是一个被动的过程，因为评估者通过仔细而彻底的检查，帮助机构对项目的目标和方向进行完善，并使项目具体化。除了明确任务以外，评估者还要确定哪些资料是重要的，哪些资料要关注，要给哪些人提建议（管理人员、工作人员、案主、社区），以及意见怎样才可能被听到（调查、访谈、关注团体、数个人或个人的声明。评估者要对资料进行解释、权衡和总结。这是一种很强大的力量，能够对目标系统的方向和运转产生重大的作用。

考夫曼等人（Kaufman et al.，2006）提供了一个关于评估过程及其可能促进社区变化的极好的例子。他们通过以下途径来提高评估结果被运用的可能性：针对项目的需求制订一个清晰的逻辑和策略；让所有的相关当事人积极参与到计划制订、实施和评估的过程中；使用来自多种渠道的大量质性和量化两种资料，让所有人感到被尊重和被接纳；在数据的产生上尽可能做到科学严谨；努力增加社区的自身评估能力；确保与所有相关人员分享评估结果，有机会可以让他们对初稿进行评论（这将会增强他们对提供资料的所有权意识，且不会让他们对结果感到惊讶）。通过努力让评估为社区接受，他们有意识地让自己成为社区的"常客"（regulars），或许正如凯利所称，在街坊"经常露面"（showing up）。评估人员也是开放的，在别人需要帮助时，他们乐于提供帮助，即使这种帮助不在合同规定的范围内。人们形成了这种印象，即评估人员成为社区的一部分。因此，评论不是由一个遥远的、非干预性的小组进行的，他们通过详尽地认识所观察的人和事来考察情况。反过来，评估有助于给社区和所服务的系统带来诸多变化。我们现在要探讨与这里所描述的过程极为相似的一种研究类型。不过，考夫曼等人关注的是评估，他们的目标是社区变革。让社区参与者加入研究与干预计划的过程，在参与研究中将有更详尽的介绍。

参与研究

行动研究传统（Lewin，1946）通常将研究目标与研究过程融为一体。**参与研究**（participa-
52 tory research）是对该传统的传承。在这种模式中，被研究的社区帮助研究者确定研究领域、研究方法和研究结果的运用。基德和卡拉尔(Kidd & Kral, 2005)将参与研究界定为研究者与参与者的权力分享,并强调这是一种态度的变化,而不是一种具体的研究方法。它可能既包括质性的轶事性资料,也包括量化的数据。参与研究“包括发展与参与者的人际关系和友谊,而不是传统范式中假定的对研究对象的客观态度。这可能是一种名副其实的联结,一种真正的参与(authentic participation),是有动机的促进个人的成长并减少人们之间的障碍”(p.192)。詹森、吉斯、苏亚雷兹-巴尔卡萨尔、戴维斯和泰勒(Jason, Keys, Suarex-Balcazar, Davis, & Taylor, 2004)详细阐述了参与研究的传统以及参与研究在社区心理学中的地位。研究者和参与者之间的伙伴关系创造了一种尊重的结构且研究过程被设想为一种干预。

凯利等人(Kelly et al., 2004)提供了与芝加哥南部(Chicago's South Side)非洲裔美国人社区保持10年关系的例子,在该案例中,社区领导既是研究对象也是发展对象。发展社区项目(Developing Communities Project)企图以社区组织的方式预防物质滥用。通过与发展社区项目的紧密合作,研究者与社区发展了关系并形成了小组来界定和描述非洲裔美国人以教会为基础的组织和领导。研究者承认缺乏关于该主题的文献,因而只能依赖身为居民领导者的专门小组成员提供的信息。在设计合适的资料收集程序上对社区知识与反馈的依赖是研究过程的一个组成部分。显然,人际关系的发展(对爵士乐有着共同的兴趣)和基于社区的比喻(例如,“领导如做汤一样,做的时候需要很多成分”),对这个项目来说是非常重要的。收集资料并报告给社区然后进行修改以便使资料更有用(使用口述史录像带来交流结果)。

尽管参与研究被认为复杂且耗时,而且在主流学术研究中不受推崇,然而,参与研究在促进我们理解所研究的社区意义方面,潜力是巨大的(Kidd & Kral, 2005)。关于参与研究的另一个强烈建议是,要尽可能对所研究的社区进行赋权(Kelly et al., 2004; Jason et al., 2005)。

社区心理学研究的紧迫性与相关陷阱

如前所述,社区心理学领域所开展的研究常常带有某种紧迫性,这在心理学的其他领域很少见。这种紧迫性的某些方面,已通过怀孕妇女药物滥用的事例加以证明,但其他相关的议题仍需某种简短的证明。

科学的政治与政治的科学

关于这一点,我们已经“隐晦地”向您介绍了这个想法,即合理的政策(例如,对怀孕妇女物质滥用的预防)必须以科学的证据为基础或根据。也就是说,运用科学原理对某议题进行系 53
统、强有力的考察,将会产生最令人满意的结果或影响。严密的考察或许可以揭示科学对政策的影响,以及科学与政策之间的分野或许并不那么理想,也不那么清晰。

伦理:文化相对论或普遍的人权

科学研究的一个重要原则是必须确保研究参与者的健康(American Psychological Association, 1985)。换句话说,研究不应让参与者陷入任何生理、心理或社会的危险之中。应尽可能告知所有参与者研究的目的(不危及研究的整体性),并且尽量少用欺瞒的方式。开展研究必须符合伦理(参见 Christensen,1988)。在许多研究机构和大学里,研究开始之前必须先获得**机构审查委员会**(institutional review board)的同意,保证研究符合所有伦理指导原则(例如,向参与者完整汇报研究目的)。

这些基本原则和前提似乎是明确而且客观的(也就是,研究是中立的)。在塔斯基吉梅毒研究(美国政府 1932 年至 1972 年开展的一项研究)中,399 位非洲裔男性参与其中,研究有意让这些参与者不采用有效的梅毒治疗方法,以便为该病的自然发展过程提供资料,该研究强烈地折射出种族主义色彩,是一场大规模的种族屠杀。数十年后,比尔·克林顿总统在 1997 年 5 月 16 日表达了他的遗憾:"塔斯基吉研究的恶劣影响是深远的,它伤害了我们的进步,分化了我们的国家,当我们国家的所有民族无法信任美国时,我们就不可能是一个完整的国家。"然而,对于许多非洲裔美国人以及其他少数人种和民族而言,这样的不公正行为(例如,强迫所谓心理脆弱的人绝育)仍然持续盛行——只不过它们变得更隐蔽(打着科学的名义)。这些暴行或争议在艾滋病传染上也呈现出新的维度、外观和意义(参见 Journal of Public Health,1998, p.88),并蔓延到国际科学研究的领域。这些都是极为复杂的议题,所以我们要探讨两个相关的理念:知情同意和实验控制组(安慰剂)设计。

作为科学研究的一个重要原则,**知情同意**(informed consent)意在确保对研究程序和过程进行清楚、详尽的阐述,以使研究参与者理解研究的本质,它包括拒绝参与研究的权利,且研究参与者不会因为拒绝参与研究而遭受任何不良的影响。换句话说,知情同意这一过程有两个关键的要素:对研究素材(research materials)的理解和自愿参与。在南非医院进行的一项艾滋病病毒检测研究中,卡里姆、卡里姆、库瓦迪亚和舒塞尔(Karim, Karim, Coovadia & Susser, 1998)发现,尽管参与者了解知情同意的过程(即理解研究素材),但许多参与者仍然觉得他们不大会选择拒绝参与研究(即自愿参与),因为事实上,参与者只有在研究中才能接受所需要的医疗护理和服务。卡里姆及其同事总结到,"被吸收到医疗护理机构研究项目中的患者,他们的意识(真实或想象的)中可能存在微妙的、想不到的强迫性因素……伦理和机构审查委员会当然应该进一步考察这一议题"(p.640)。

54 一旦参与者同意加入研究中,他们就可能被分配到实验组或控制(或对照)组。一个真正的控制组(最符合严谨的科学要求)不接受任何的干预或治疗(或接受安慰剂)。如果没有其他已知的有效干预或治疗方法,那么真正的实验设计就是确定一种干预或治疗方法是否有效的更好途径。然而,当研究者知道,不施加任何干预或治疗可能会使控制组的参与者处在危险之中时,研究者该做些什么呢? 或者,当研究者在检验一个效果未知的干预和治疗方法(例如,阴道杀菌剂)时,他们是否应该提供一种已知的有效的干预或治疗方法呢(例如,保险套)? 是否采用这一程序必须考虑到它是否威胁到研究的整体性。

基于一项在泰国的研究实验，美国疾控中心、美国健康协会(National Institute of Health, NTH)和联合国获得性免疫缺陷综合征联合项目(Joint United Nations Program on Acquired Immunodeficiency Syndrome, UNAIDS)一起宣布，不应在艾滋病病毒垂直传染(母子传染，或076研究)的临床试验中使用安慰剂。这项在泰国开展的研究发现，即使只经过简短的治疗(美国标准疗法的10%)，垂直传染的概率也可减半。这些议题很快让一些研究者倡导使用**等值试验**(equivalency trials，即一种新的标准治疗)。然而，疾控中心也承认，如果不使用安慰剂，新发现的治疗效果也无法发现，因此，瓦姆斯博士(当时美国健康协会会长)和萨彻博士(当时美国疾控中心主任)继续支持使用安慰剂进行控制试验。于是，美国疾控中心与美国健康协会，与几个欧洲国家政府一起在非洲资助了一系列试验，瓦姆斯和萨彻两位博士都引用了乌干达癌症协会艾滋病研究委员会主席的一番话来为自己的立场辩护："这些是由乌干达的研究者在乌干达实施的研究……并不是美国健康协会在乌干达实施的，而是乌干达为了其人民的利益而开展的研究"(Varmus & Satcher, 1997)。尽管如此，该议题的争议性也不言而喻。

对某些研究者而言，例如，乔治·亚那和迈克尔·格罗丁(全球律师与医生协会联合创立人)以及最近的乔纳森·曼(世界卫生组织全球艾滋病计划原负责人，同时也是公共健康实践中倡导人权的知名人士)，该议题涉及人权的普遍性。安娜斯和格罗丁(Annas & Grodin, 1998)认为，"除非被检验的干预方法实际上对那些作为被试的临时凑成的人群有用，否则发达国家也只是简单地利用他们，以从这种临床实验中获得知识，为发达国家的检验服务"(p. 561)。另外，卡里姆及其同事对知情同意提出类似的关切。事实上可以确信的是，对于许多发展中国家的参与者而言，参与这样的试验保障了他们得以接受最低限度的医疗或健康护理。文化主权充其量也只是含糊的争议——例如，在发展中国家作决策的官方人士不可能成为实验的成员或者对象。再者，在这些政策制定者中，许多人与日益增长的全球经济(例如，制药业)有经济上的关联。

这是否意味着，我们不应该在这些国家开展任何研究呢？对此，没有简单的答案。这些争议说明科学研究的完整性与社会影响力(例如，文化规则、经济、种族歧视、性别歧视、阶级歧视 55
等)之间的相互依赖。正如，贝耶(Bayer, 1998, p.570)所述：

> 最近开展的试验的悲剧在于，他们背负着深重的道德污点，这并不是说他们的研究设计恶毒，而是世界经济秩序使得很多人都支付不起中断母子艾滋病病毒传染的有效预防的费用——这对很多需要治疗艾滋病和其他疾病的患者也是一样的。在一个公正的世界里，事情不会是这样的，备受攻击的研究也是不必要的。正是财富和资源分配不当这个社会背景导致这些研究，同时也带给他们这么多麻烦。

研究的连续统一体：多重方法的重要性

斯比尔及其助手(Speer et al., 1992)指出，社区心理学领域曾经出现过一次转变。这次转变朝向使用相关设计而远离实验法，因为研究的主题常常与社会议题相关。即使在那些可能运用准实验或实验设计的案例中，研究者仍可能必须面对多重方法的问题或困境。这些问题或困境中的一类就涉及研究计划实施的逻辑。例如，为了调查孕妇的药物使用情况，研究者如何找到使用药物的孕妇？问题不仅仅在于很难接触到她们（尤其是如果她们没有寻求护理时），而且她们还可能是无家可归者或者经常更换地址。

还有，当使用自我报告的方法时，研究者如何提高怀孕少女讲述真实情况的可能性？进一步证实自我报告的酒精使用情况的另一种方法是，计算孕妇丢弃的空酒瓶的数量。人们不进行面对面的接触，像这样无反应的测量被称为**非介入测量**（unobtrusive measure）。非介入测量在伦理上可能存在问题，因为研究的进行常常未获得参与者的同意。同样，非介入测量也无法说明为什么某种行为会发生，而仅仅说明研究行为的确本身发生了。

当研究诸如少女怀孕这样的复杂社会议题时，研究者必须经常尝试使用**多重方法**（multiple methods）。例如，采用自我报告、无反应或非介入测量以及取得脐带血样本，来判断孕妇是否真的使用了药物或酒精。然而，多重方法比单一方法花费的时间多，并且对同一议题可能获得不同的结论。尽管我们希望有一种足够可靠的理论来指导结果的解释，但如果不同的方法产生不同的结果，那么研究者还是需要重新检视该理论和研究。

文化敏感性的重要性

另一个方法学上的议题或困境涉及**文化敏感性**（cultural sensitivity），或者是对小组间差异的觉察和鉴别。在这里，作者对文化敏感性的界定采用的是一种非常"自由"（liberal）的方式。人们属于许多范畴并有多种期望或身份。例如，有一个人，他可能是非洲裔美国人（种族
56 或民族身份），同时也是一位大学毕业生（教育背景）和白领工作者（社会经济地位）。比起另外一些高中辍学（不同的教育背景）或靠福利维持生计（不同的社会经济地位）的非洲裔美国人，这个人可能与白人大学毕业生（相似的教育背景），同时也是白领工作者（相似的社会经济地位）有更多的共同点。

换句话说，文化敏感性强调的是**人与环境拟合**（person-environment fit）这一议题的重要性。例如，白人研究者和顾问可能会遇上作为研究参与者或案主的非洲裔美国人的抵制。同样，研究药物治疗怀孕妇女的男性研究者也可能会遇到阻力，这些阻力不仅来自怀孕妇女，还来自项目的工作人员。这些妇女或工作人员可能与男性研究者没有共同的目标或观点（也就是，有效的治疗建立在科学的基础之上）。而且，怀孕妇女和工作人员把研究者看作是入侵者。换句话说，在研究者与怀孕妇女之间以及研究者与工作人员之间，存在不良的人与环境拟合。有生态效度的研究取决于文化敏感性。研究方法的使用需要强调或至少要考虑人与环境拟合。

即使研究者能够处理前面提到的方法学上的困境时，也可能会遭遇伦理上的两难争议。例如，当调查孕妇中的药物滥用问题时，研究者不仅需要保持研究的整体性（包括保密），还需要有明确的伦理意识和法律责任。换句话说，研究者是要向官方报告那些孕妇，还是考虑到这样做会使她们以及她们未出生的孩子或其他孩子处于危险之中？对这些问题的回答没有简单

的答案。尽管社区心理学的研究对社会的进步相当重要，但是开展这样的研究并不是一件容易的事。

作为顾问的社区研究者

当社区心理学家进行研究的时候，他们经常担任顾问的角色。**顾问**(consultant)就是与一个或者更多的咨询师(consultees)一起，负责给第三方，即**案主**(Mowbray, 1979)提供某种形式的帮助，合作解决问题的人。由于顾问与咨询师是一种合作的关系，那些参与研究的人(案主)不像其他心理学研究中那样被称为被试，而是被称为参与者。

顾问在多种不同的社区场合工作：教育部门、工业部门、人群服务部门(尤其同心理健康有关的部门)、政府部门，等等。有些顾问是为政府开展研究。很多大学已经设立或正在设立公共政策研究实验室，来为公共或私立部门的研究提供帮助。也有些顾问会评估方案或开展需求评估，还有一些顾问通过设计预防性教育方案或帮助改变机构和社区的面貌，以自己的专长来解决社会问题。换句话说，顾问在许多不同的场合出现并解决多种问题，他们中的大部分人都从事与研究相关的工作。

许多人也许梦想成为一位高收入的顾问，但顾问的生活并不总是那么容易。大部分社区顾问都要面对大量复杂的议题。顾问通常在对所要帮助解决的问题的真实情况不了解的情况 57
下就进入到情境中。例如，在一家企业里，顾问之所以被管理部门聘请过来，是因为生产率低下。然而，真实的潜在问题可能是管理风格不受欢迎以至于职员生产积极性下降。当管理存在问题时，顾问就得把真实信息告诉聘请自己的管理人员，这个时候你还想成为顾问吗？考虑到他们所要解决的问题的本质，作为顾问的社区心理学家需要进行伦理的权衡，既要考虑到他们所要负责的人，也要考虑到他们所要负责的事(O'Neill, 1989)。

顾问也面临使用什么调查方法和变革方法等问题(Heller, 1990)。例如，顾问可能建议开展教育或研究服务。同样，他或她可能选择综合使用结果测量或过程测量。**结果测量**(outcome measures)表示的是在变量出现之后发生了什么(即变化产生了什么影响)。**过程测量**(process measures)表示的是在变革期间发生的事情或过程(Kazden, 1980)。过程常常支持结果。举一个结果测量的例子，在对社区孕妇药物使用者实行预防方案之后，使用药物的孕妇人数下降了。而支持预防方案成功的过程因素则是她们怀孕的高度自尊和满意感。

顾问们也需要去思考这样一些问题：这些方法和研究可以承担(affordable)吗？可行吗？案主能够理解吗？而且，合乎伦理的顾问不是为聘请他们的人而工作(Benviente, 1989; Christensen & Robinson, 1989)。事实上，所有的顾问都需要保证**构成效度**(constituent validity)。这意味着那些参与研究或变革的人不再被认为是扮演被试的角色，而是参与者的角色。为了使活动有效，必须将参与者的观点考虑进计划和其他相关的活动之中(Keys & Frank, 1987)。顾问需要赋权给那些参与到自己所发动的变革中的人，正是他们创造和维持了这种变革。这就意味着顾问需要为"断乳"的案主或参与者找到一种好的方法，以免他们变得过于依赖专家。

专业变革的代理人(agent)或顾问也需要评估特定背景中盛行的文化,以及对他们的信任和尊重情况。这样的评估将帮助顾问决定他们该怎样露面。顾问也需要评估他们自己个人的价值,并在咨询之前或研究之前坦率地沟通,以避免合作过程开始之后出现伦理的困境(Heller, 1989a)。最后,顾问必须评估他们对案主的工作成效。他们需要问这样一个问题,“我的出现改进了社区吗?”通过研究,这个问题可以得到较好的回答。不开展评估,变革的代理人又如何知道变革是否产生了作用以及是否还应再来一次变革呢?

我们在前文曾经引用了考夫曼等人(Kaufman et al., 2006)的研究,稍早我们也描述过凯利等人(Kelly et al., 2004)对不断出现的“协商—研究”关系所进行的讨论,这些内容放在这里似乎特别贴切。在协商的过程中,系统参与的个人情况是重要的。在协商过程中变得越来越清楚的是,需要意识到更大的系统有其自身的议事日程和对生存和变革的关切。考夫曼和凯利两个人的研究都谈及建立一种工作关系,在这种关系中,案主、机构、社区逐渐认识到自己是作为一个伙伴参与到研究或协商过程之中的。不管是要求顾问定期地、长期地出现在重大事
58 件的现场,还是要求他们贡献超乎寻常的资源和时间,把顾问看作是社区成员或伙伴,还是看作超然的、漠不关心的一方,均会使研究、资料、结论或建议出现全然不同的情况。布罗茨基等人(Brodsky et al., 2004)突出了关系在社区研究情境中的作用。社区心理学家带到协商过程中的诸多技能,既是对什么是良好科学的认识,也是对什么是有用科学的理解。

本章概要

社区心理学家对发现和理解那些有助于促进群体健康和预防疾病发展的社会情境感兴趣。社区心理学家也对为我们社会带来积极变化的“环境创设”(creation of settings)感兴趣。在这两种情况中,研究都发挥了关键的作用,即为理论和干预的建立提供了经验的基础。

社区心理学家运用相关设计、实验设计、准实验设计来开展研究,也逐渐意识到还可能有很多其他的资料收集方法,尤其是对质性资料和人种学方法的潜在贡献产生了好感。需求评估和项目评估也是有用的技能,它们为干预提供了反馈的机制和方法。

人们对参与行动研究模式的意识也逐渐增强,在该模式中,被研究的人员参加到“研究什么”和“怎样开展研究”的决策中来。这种赋权合作的过程有助于获得被研究者生活的更加完整和有用的资料。

在科学努力上的其他思考还包括研究伦理。当我们大胆进入更广阔和更具多样性的社区中时,文化的议题变得特别重要。在该领域进行科学探究的重要性从社区心理学在美国心理学会的名字中也可参悟一二:社区研究与行动学会。

第三章 59

压力和心理弹性

压力模型和社区心理学关于压力的定义

压力

压力反应

压力源事件

■ 案例 3-1 当代种族主义

压力过程

应对

社会支持

■ 案例 3-2 墨西哥裔美国大学生的文化适应压力、社会支持和应对

心理弹性

从高危到心理弹性

考艾岛纵向研究

一个有用的模型

第四次浪潮

本章概要

有一种艺术可以直面困难并有效地解决困难。

——约翰·卡巴特·津恩

琳达是她家里第一个上大学的人。她在高中阶段表现优异，大部分成绩都是 A，偶尔会得个 B。在学校顾问的鼓励下，她申请了一些大学，并得到其中一些大学提供的奖学金。

但是一进大学，她就有些不知所措了。不同的同学，不同的班级，陌生的宿舍，一切都是那么陌生。她和一个完全陌生的女生住一个两人间。另外一个女生来的时候准备了一些诺思通大学(Nordstrom College)的生活用品。她们都穿着个性，彼此聚在一起商量着应该带什么、应该穿什么。除了她，每个人都知道。宿舍的摆设与宿舍显得相得益彰。她们的父母已经告诉 60
她们大学生活的有关问题。她们看起来都懂得语言的表达方式和讲话的节奏，以显示出她们是同一类人。每个人都知道自己要做什么并且什么时候去做。但是对琳达来说，她甚至对这里的食物都感觉陌生。令她困惑的是，接下来应该做什么。

社区心理学将分析这个案例，期望这个系统能够对琳达以及像她一样的在校大学生起作用，并且给出一些基于压力模型和心理弹性模型的建议。我们会继续探索相关的模型，以帮助琳达和那些处于她这种境况的人。

压力模型和社区心理学关于压力的定义

芭芭拉·多伦温德(Barbara Dohrenwend, 1978)在1977年关于《社区心理学的分裂》的演讲中描述了一个模型,她认为这种模型将会吞并目前新的社区心理学中多而杂的分支形式。她提出了一种描述社会心理过程的压力模型,促进了精神病理学在特定人群中的发展。在这个模型中,一件特别的事或是一系列事件都有可能产生压力反应。但是,产生压力的事件本身只是影响个体反应的一个因素。在这个模型中,将会有一些**个体心理特征**(personal psychological characteristics)被计算(calculated)到这个过程中,例如,个人信息、技能或智力,将使个体之间的反应有所不同。当然也会有**情境特征**(situational characteristics)来界定事件发生的情境,例如,发生的时刻、物理环境、目前的社会群体等。因此,在事件和反应之间存在很多的中介因素(intervening factors),影响着事件对个体的影响。还存在一些诸如社会支持或物质支持之类的**情境中介因素**(situational mediators),以及一些像应对技巧和个人价值的**心理中介因素**(psychological mediators),影响着事件对个体的影响。压力事件在个体身上的表现结果,由压力事件、个体的当前特征和中介因素三者组合决定。她指出,个体经历既可能导致消极的结果,也可能导致积极的结果,这依赖于众多因素的组合。借助这一模型,多伦温德发现,社区心理学家的干预主要集中在个体的特征层面(通过教育改变心理特征,通过政治手段改变情境特征)和中介因素层面(社区组织强化情境性调节变量或通过技术训练有效地影响心理中介因素)。这种压力模型可用于指导开展社区干预。最后,她对临床心理学家和社区心理学家的干预形式和时间安排作了区分,临床心理学家的干预主要关注个体病理反应后的状况以及随后的过程。社区心理学家则要处理个体和环境之间的问题,并在严重慢性疾病表现出来之前及早干预。

在随后发表的关于社区心理学的文章中,乔治·阿尔比(George Albee, 1982)将压力模型及其原理应用得更宽泛自由。以压力作为思想基础,他提出防止精神机能障碍发展并激发人
61 类潜能的方案。他认为,精神障碍的发生要把压力、应对技能、支持和自尊等机体因素考虑在内。减小压力、提高应对技能或者增加支持都可以降低精神障碍的发生,提高健康水平;相反,增加压力、降低应对技能或降低支持都会增加精神障碍的发生,降低健康水平。压力源可以来自各个方面——经济的、社会的、心理的——但是,压力的发展过程都是一样的。所以,我们需要减小压力并提高应对技能和支持。

从这两个例子不难发现,压力模型其实就是社区心理学的基本组成部分,早期就被一些理论家和研究人员使用。但是,这种模型并非不存在争议。拉帕波特(Rappaport, 1977, 1981)就认为,压力模型所考虑的因素在本质上过于关注个体和临床。拉帕波特把它称为"新瓶装旧酒",并提倡用一个更广泛、更具团体、系统或政策取向的方法来进行干预。旧的模型似乎是失败的,而新的模型又是那么充满希望,我们为什么非得用那些旧的模型呢?

然而，考恩(Cowen, 1985)辩称，理解压力的过程以及影响压力过程的情境都为那些以人为中心的社区干预工作者提供有价值的信息。“我们称之为心理健康的一个重要部分，就是人们有效处理压力事件和环境的适应能力”(pp.32-33)。**情境聚焦法**(situation-focused approaches)是研究具体的压力事件并针对这些情况进行干预的方法。**能力提升法**(competency enhancement approaches)通常来说是研究个体处理压力的能力，并致力于提升这种能力的方法。在这两种方法中，如何理解压力模型是至关重要的，压力模型应该包括保护个体在危险环境下不受伤害以及提高个体幸福感的若干因素。

本章首先概述了压力概念的发展，探索了压力的应对类型，并回顾了社会支持作为中介因素的作用。然后，我们还仔细研究了针对高危个体的心理弹性工作。尽管心理弹性把压力及其组成部分都考虑在内了，但它远比这复杂。压力模型和心理弹性模型都表明了社区心理学的研究和社区心理学家干预的作用。在第四章和第五章，我们将研究社会变革和社区干预。在这两章中，我们将研究这两种模型在社区心理学研究和社区心理学家干预的概念化中的作用。

压力

压力这个词用来表示以下三种事件的发生：刺激事件、过程、反应。鉴于这种模棱两可的表达会让人迷惑不解，因此，我们按自己的想法将刺激事件称为**压力源**(stressor)，将过程称为**压力过程**(stress process)，将反应称为**压力反应**(stress reaction)。

压力反应

汉斯·谢耶(Hans Selye, 1936)是第一个专门记录对各种各样不好的或有害的刺激作出一系列心理反应的人。他还将这种反应过程描述为**一般适应综合征**(general adaptation syndrome)。这包括最初的警觉反应以及随之而来的抵抗，如果抵抗失败，他们就会感到精疲力竭。他对压力过程的定义以及为此所做的细致工作，成为他一生的工作重点(Selye, 1956)。
他的方法是生理学的，记录了在平衡、稳定状态被打乱的情况下机体的转变。谢耶认为，任何 62
可以引起生理系统不安的刺激都会引发这种综合征。因此，压力反应可以用生理学术语来衡量，如疾病的各种类型，或者用心理学术语来衡量，如抑郁、焦虑，或者用其他多种征兆来衡量，如症状自评量表(Derogatis & Coons, 1993)。

压力源事件

压力作为一个刺激事件，通常也被称为压力源，以区别于压力过程。在20世纪60年代，有人发明了一种记录生活中变化事件的清单(它被称为最近经历量表)(Rahe, Meyer, Smith, Kjaer, & Holmes, 1964)以及一种测量压力水平的加权分数系统(Holmes & Rahe, 1967)。这42个生活事件涵盖从“配偶的死亡”到“被解雇”，再到“未成年人违法”的广泛范围。最近经历量表及其加权分数被称为**社会再适应评定量表**(Social Readjustment Rating Scale)。社会再适应评定量表是目前应用最广泛的衡量压力源的方法之一。事实表明,评定分数与各种压力反应的测量密切相关(Scully, Tosi, & Banning, 2000)。

然而,社会再适应评定量表主要考虑的是生活的重大变化,因此,坎纳、科因、谢弗和拉扎勒斯(Kanner, Coyne, Shaefer, & Lazarus, 1981)和德诺伽提斯、科因、达科夫、弗克曼和拉扎勒斯(Derogatis, Coyne, Dakof, Folkman, & Lazarus, 1982)提出另一种考虑压力事件的方法。他们的研究发现,一些更小的烦扰比生活的重大变化带来的压力更大,因此这些烦扰是导致压力的诱因。这些烦扰可以包括像担心自己的体重、要做的工作很多但时间很少、健忘、关心房子是否需要装修,等等。

瓦格纳、康帕斯和豪威尔(Wagner, Compas, & Howell, 1988)发现,大一新生在经历重大生活变化时会突然增加很多烦扰。反过来,这种烦扰的增加也与身体症状的困扰有关。在该模型中,生活的重大变化会导致困扰,困扰预示着生理压力症状的发生,从而清晰地将三个概念联系在一起。

急性压力和慢性压力 由急性的、有时间限制的问题带来的压力,与由慢性的、持续的问题带来的压力有明显的区别(Gottlieb, 1997; Wheaton, 1997)。但存在一个问题就是,该如何给慢性压力和急性压力下精确的定义。惠顿(Wheaton, 1997)将**急性压力源**(acute stressor)定义为"不相关联的、可观察到的事件……这些事件发生和终结的时间节点都非常清晰"(pp.52-53)。他将**慢性压力源**(chronic stressor)定义为"自主性较低……一般是开放的,耗尽我们的应对资源却没有得到有希望的解决办法"的事件(p.53)。这些持久的问题被认为是"根植于社会环境的结构中"(p.57)。有一个明显的共识就是这些有关压力源的分类能够导致不同的压力过程和应对策略模型(Gottlieb, 1997)。这些压力源也会导致不同的生理压力结果。一个急性压力源会导致神经内分泌系统活跃,从而使肾上腺素和皮质素水平升高。急性压力源会提高个体的注意力并令他/她做好应对的准备,生理系统也做好了"战斗或逃跑"的准备。研究发现,处于长期压力状态下的个体,其精神系统终将崩溃(Compas, 2006; Romeo & McEwan, 2006)。慢性压力也已被证明会对人体的DNA产生破坏性影响,并加速衰老(Epel
63 et al., 2004)。因此,急性压力源和慢性压力源之间的区别,也不仅仅是时间维度上的区别。慢性压力源也许会直接引起个人或群体的身体和精神上的退化。关于非洲裔美国人的研究已经非常清楚地表明,心理学压力模型支持以下观点,即像种族歧视这种长期存在的社会基础性压力很可能会极大地提高机体的紊乱水平(Clark, Anderson, Clark, & Williams, 1999)。受到慢性压力其他形式的影响也可能会得到相似的结论。

种族歧视和少数民族的地位:一个压力性社会情境的例子 森继和苏(Moritsugu & Sue, 1983)描述了少数民族的地位带来的消极影响。从自尊到社会支持,这些少数民族的地位也许处在风险之中。当哈尔彭和纳兹若(Halpern & Nazroo, 2000)在英国研究少数民族的精神科投诉模式时,他们发现少数民族地位的影响是中度的。考夫曼、格雷戈里和史蒂芬(Kaufman, Gregory, & Stephan, 1990)发现,在一间教室里,一些少数民族的孩子表现出适应障碍。梅斯、科克伦和巴恩斯(Mays, Cochran, & Barnes, 2007)的观点也证实非洲裔美国人的健康存在问题。克拉克等人(Clark et al., 1999)提出生物—心理—社会压力模型来解释对非洲裔美国人这个群体的持续的负面结果。梅斯等人(Mays et al., 2007)所报告的对压力的生理测量结果支持这样一种观点,即种族歧视对少数民族来说是一种慢性的社会压力源。这种源于种族歧视文化的压力,或许可以作为对一些非洲裔美国人和在美国的其他少数民族人员的健康问题的一种可信的解释(Jones, 1997)。

多维迪奥和盖特纳(Dovidio & Gaertner, 2004)发现,目前种族歧视或种族偏见以更微妙、更隐蔽的方式持续进行着。反对公然的种族歧视言论,但非意识的、非语言的行为正传达着这种种族歧视的信息。人们"所说的内容"是没有种族成见的,但是人们的行为却隐含着种族歧视的意思。即使这种行为可以改正,但很多人并不知道他们正在传递这些相互矛盾的信号,种族歧视这个话题是那么令人讨厌以至于没人愿意去讨论这个话题。

苏、布斯里、林、纳达尔和托里诺(Sue, Bucceri, Lin, Nadal, & Torino, 2007)描述了亚裔美国人称之为**微小的侵犯**(microaggressions)的经历。微小的侵犯是"短暂的、普通的、日常的……轻蔑地传达出来的消极的或诽谤的蔑视"(p.271)。他们指出,微小的侵犯的类型也许会因少数民族群体变化而有所不同。这些微小的侵犯也许是潜意识的和无意识的。微小的侵犯被分为三类:**微小的攻击**(microassault,露骨的种族歧视言论或行为等,展示纳粹党徽或开种族玩笑);**微小的辱骂**(microinsult,种族侮辱或轻视等,说一个还没有工作的其他肤色的人不能胜任某个工作);**微小的废除**(microinvalidation,排斥或否定某些人的经历等,"我不认为目前还存在种族歧视"——说某人关于种族歧视的报道是不正确的)。尽管以上例子还有待进一步研究,但它们确实向我们展示了我们社区的特殊人群所遭遇的社会情境压力源。

案例 3-1 当代种族主义 64

隐蔽的偏见和公开的偏见(implicit and explicit prejudice)

在当今世界,种族偏见和歧视是不被认可的。大多数人公开宣称他们没有种族歧视,这是社会鼓励的。但不幸的是,我们是过去所学的产物。历史上,一种文化会超越另一种文化。群体和文化之间价值的差别导致与特定种族群体之间的有利联系较少。这些我们没有注意到的以及那些看上去"立即"到来的联系,导致我们在感受不同群体成员时发生差别(Devine, 1989)。已有的研究发现,在民族杂居区通过观察人们对偏见的明显态度可以推测出他们是如何相互交谈的——也就是,偏见越少,交流越顺利。然而,他们的表现方式可以通过测量与种族群体的内隐联想推测出来。在相同的民族杂居区,交流越不顺利,不友好的非语言行为越多。这些不友好的非语言行为被不同肤色的伙伴和独立观察者注意到(Dovidio, Gaertner, & Kawakami, 2002)。

对于很多少数民族来说,问题是处理双重信息。一方面,要应对不友好的非语言行为;另一方面,也会面临友好的语言行为和拒绝任何偏见的行为,因为在意识层面上,大多数人都不认为自己是种族主义者。

压力过程

拉扎勒斯和弗克曼(Lazarus & Folkman, 1984)将心理压力定义为“人与环境之间的一种特殊关系,这种关系是根据负担或超过他或她的资源并危及他或她的利益而进行的评价”(p.19)。他们将压力看作是一个受多个变量影响的过程,并且强调对特定环境的评价是这个过程的第一步。**初级评价**(primary appraisal)决定个体面临的事件是否意味着麻烦。**次级评价**(secondary appraisal)考虑的是个体对潜在麻烦掌控的预期。在次级评价阶段,个人的应对技巧和其他应对方法决定了应对情况是否有效。压力与个体处理环境要求的能力紧密相关。我们应对压力,利用可用资源成功与否,决定了我们所经受的压力水平。对社会或社区情境下生态拟合度的思考,将有助于我们更好地理解社会压力情境。这些早期关于压力模型的构想指导着该领域研究很多年(Lazarus, 1999)。

丹德诺、鲍尔德温、巴克斯、萨克拉罗保罗和普鲁斯纳(Dandeneau, Baldwin, Baccus, Sakellaropoulo, & Pruessner, 2007)发现,把注意力从社会压力上转移开将导致压力的生理测量指标(大脑皮层测量)和自我报告的压力水平下降。这个发现进一步巩固了迪克森和凯梅尼(Dickerson & Kemeny, 2001)基于280个实验室研究得出的元分析观点:对自我的威胁会导致被试的生理反应被激活。一个有记录的干预措施是运用资源激活压力训练方案来减小压力和随时间推移带来的生理压力(Storch, Gaab, Kuttel, Stussi, & Fend, 2007)。这个干预与拉扎勒斯和弗克曼(Lazarus & Folkman, 1984)在压力过程中强调资源激活因素(resource activation factors)的观点不谋而合。有趣的是,它运用起源于苏格兰的语言初级防御和心理教育学,以商业系统中的健康个体为目标。但是,在某种程度上,我们能够取得成功是因为资源激活压力方法建立在应对和理解资源因素的基础之上。

65 应对

康帕斯(Compas, 2006)定义了两种压力反应过程。第一种是自动的反应,并且大多数时候是不能有意识地去控制。第二种是一种对眼前的压力自发的反应,包括“情感的调节、认知、行为、生理机能和应对压力事件或形式的环境”(Compas, Connor-Smith, Saltzman, Thomsen, & Wadsworth, 2001, p.89)。正如康帕斯等人(Compas et al., 2001)提出的概念那样,应对是在应对环境要求时自我调节过程的一部分。应对研究已经出现了大量的描述形式。现在我们探讨其中的一些。

情绪指向的应对和问题解决指向的应对 拉扎勒斯和弗克曼(Lazarus & Folkman, 1984)从研究文献中提出两种不同类型的应对:情绪指向的应对和问题解决指向的应对。**情绪指向的应对**(emotion-focused coping)致力于减轻或加强事件对情感的影响。这包括认知活动,像疏远、选择性注意、重新解释或者强化对情感反应的注意力。**问题解决指向的应对**(problem solving-focused coping)则力图改变环境。个体通过审视既定情景和情景给他们带来的麻烦来努力处理困扰他们的事情,然后根据可能的变化,在自身(备选选择、备选理想、备选行为)和环境(针对特定情景下选择、可能的措施、什么需要改变和如何改变)之间权衡选择,作出反应。

拉扎勒斯和弗克曼(Lazarus & Folkman, 1984)的报告指出,这两种类型的应对和个体对他们能否控制他们环境中的因素有关。他们认为,情绪指向的应对通常用在当一个人感到无法改变环境时。当一个人相信事情是可以改变的时候,问题解决指向的应对更值得期待。

积极应对和逃避型应对 卡弗、沙伊尔和温特劳布(Carver, Scheier, & Weintraub, 1989)提出了另一个不同的应对类型分类系统。他们构想了一个广阔的、建立在理论基础上的方法,结果表明有两种应对方式,即积极应对和逃避型应对。其中,**积极应对**(active coping)指的是个体努力采取行动解决压力,而**逃避型应对**(avoidance coping)指的是阻碍潜在反应或干扰积极应对(p.280)。积极应对行为的例子包括寻求社会支持、转向宗教、约束自己和接受现实。逃避型应对的典型方式有否认、酗酒和逃离现实。

已经有很多研究将重点放在这种区分上,并且表明这两种应对的效果确实不同。大多数研究发现,积极的或问题解决的应对比逃避的或消极的应对得到更好的结果(Ayers, Sandle, West, & Roosa, 1996; Compas et al., 2001; Ebata & Moos, 1991)。然而,拉扎勒斯(Lazarus, 1999)以及桑德勒、布雷夫和简西海默(Sandle, Braver, & Gensheimer, 2000)告诫我们,最好把应对放在特定的情况下来理解。霍拉汉、莫斯和博宁(Holahan, Moos, & Bonin, 1997)指出,所谓合适的应对策略就是与当前压力或问题最匹配的策略。在可控制的情境下,积极的或问题解决的应对就是最合适的应对策略。但是,在压力源不可控的情况下,逃避的或消极的应对策略或许更妥当。维塔利亚诺、德沃尔夫、马尤罗、拉索和卡顿(Vitaliano, DeWolfe, Mauiuro, Russo, & Katon, 1990)发现,只有在被认为是可控的情况下,问题解决类型的应对才会带来更少的沮丧(与情绪指向的应对相比)。

不同的问题需要不同的解决方法。人为区分出这些分类受到一些批评。关于应对模式的 66
批评,在本章后面将有详尽的讨论。

情绪方法应对(emotional approach coping) 一项关于情绪方法应对的研究表明,情绪在压力过程中扮演着健康的和富有成效的角色(Stanton, Kirk, Cameron, & Danoff-Burg, 2000)。这些研究者指出,认识情绪、试图去了解情绪以及表达情绪都与较好的适应有关。这些情绪可以帮助个体辨别出自己的感受,并与人交流。这对问题情境的解决无疑是一个有用的消息。他们指出,恰当的情绪方法应对还依赖于行动者、情境和倾听者对这些情绪行为的接受能力。拉扎勒斯和弗克曼(Lazarus & Folkman, 1984)早期的劝告再次提醒我们,最好把应对理解为个体努力对特定环境的适应。情绪是适应的一个重要组成部分。

应对的三个维度 其他应对形式有来自霍布弗伊尔(Hobfoil, 1998)对应对图式的建议,该图式按照主动—被动、亲社会—反社会和直接—间接三个维度对应对进行分类。霍布弗伊尔认为,这种多维度的考虑能够解释应对在文化方面的变化。他强调,有必要将问题的背景和压力反应考虑在内。这一分类系统突出了文化和社区或社会在应对中的重要角色,也吸收了关于情绪指向的应对和问题解决指向的应对,以及积极应对和逃避型应对的研究文献的贡献。

集体主义应对 根据一项在中国台湾开展的研究,海普纳等人(Heppner et al., 2006)报告了一个代表集体主义应对方式的五因素测量工具，集体主义应对方式在应对量表中通常很难找到。集体主义应对方式的例子包括：我努力去接受它带给我的心理创伤；我相信我会在逆境中成长；与我的家人分享我的感受；不告诉任何人以保存颜面。哈米德、岳和梁（Hamid, Yue, & Leung, 2003）开发的青少年应对方式量表也涉及中国的价值观。这个量表反映了如下一些观念，例如，“顺其自然，我以不变应万变（以一成不变的方法应对万变的事情），把它看开（将事情看透）”。这种思想是道教哲学的衍生物，举例来说，无为思想不能被视为是逃避，而是对事物本性的理解和接受。

应对方式多种多样，它是一种在处理生活压力事件时可利用的方法。另一种资源是社会支持，我们将在下面的章节介绍压力的定义以及社会支持在压力过程中的作用。

应对图式　斯金纳、埃奇、阿特曼和舍伍德（Skinner, Edge, Altman, & Sherwood, 2003）回顾了一些关于应对方式的文献，并报告了典型的组织应对行为方式的问题。在这篇回顾性文章中，他们将应对分为13种方式（见表3-1）。事实证明，接受这些基本的应对方式并将它们
67 组织到被广为接受的已有的应对方式分类系统是比较困难的。这些研究者相信一种功能的定义，也就是，情绪指向的应对或问题解决指向的应对并没有效，因为行为体现出的不仅仅是一种功能。如前所述，我们知道，在“积极的情绪指向的应对”中，一个行为既可以是情绪指向的，也可以是问题解决指向的。基于行为的拓扑学定义（topological definition），举例来说，**积极应对和逃避型应对这一分类系统**就是混淆的。应对反应可能既需要偶尔的逃避以寻找解决问题的视角，也需要接近以获得直面问题的方法。

表3-1　应对策略

1. 问题解决	8. 社交退缩
2. 寻求支持	9. 情绪调节
3. 逃避	10. 信息收集
4. 转移注意力	11. 协商
5. 积极的认知重建	12. 反抗
6. 沉思	13. 妥协
7. 无助	

资料来源：Skinner, Edge, Altman, & Sherwood(2003, pp.240-241).

斯金纳等人（Skinner, Edge, Altman, & Sherwood, 2003）主张，在对具体的应对方式进行分类时，从一个适应过程的视角来看待，或许可以更好地概念化。他们认为，存在三种适应过程：（1）行动和环境中偶发事件的协调（coordination of action and contingencies within an environment）；（2）社会资源与个人资源的协调；（3）个人偏好与现实的协调（coordination of preferences and options）。注意，我们强调的是协调，更确切地说，个人对环境和自身的理解将有助于更好地适应当前的环境。斯金纳等人提出的这三种适应过程，或许大体上能够描述应对的过程。日后对应对的研究也许将以这一区别作为指导。

社会支持

社会支持这一概念似乎可以看作是社区心理学一个非常自然的研究领域。我们周围的人

就是一种资源。在拉扎勒斯和弗克曼的应对类型中，寻求社会支持就名列其中。他们假定存在一个社会支持系统，你能够从中得到帮助。

> 社会支持通常被再概念化为应对帮助(coping assistance)，或重要他人积极参与到个人的压力管理努力中。因此，通过帮助人们改变情境、改变情境的意义、改变对情境的情绪反应或同时改变以上三个方面，社会支持可能像应对那样起作用。(Thoits, 1986, p.417)

研究已经表明，一个良好的社会支持系统对个人健康有好处(Barerra, 2000; House, 68 Landis, & Umberson, 1988; Thoits, 1984, 1985; Uchino, Cacioppo, & Kiecolt-Glaser, 1996)。先前的一些研究发现，在社区样本中，社会支持在解释精神病理学的变异方面，甚至比压力测量更有效(Lin, Simonre, Ensel, & Kuo, 1979)。这一关系同样被发现存在于不同人群处理不同的问题中。这一关系并不总是直接的或不证自明的(Barrera, 2000)。研究发现，在感知到的支持和实际得到的支持(perceived and received support)之间是有区别的(Haber, Cohen, Lucas, & Baltes, 2007)。凯南(Keinan, 1997)指出，在将实际得到的支持转化到感知的支持行为过程中存在诸多中介变量。她发现，对少数已经经历过分娩痛苦(不是第一次分娩)的、有较低焦虑水平的母亲来说，在分娩过程中，丈夫到场支持会使母亲紧张状态水平升高。而对第一次分娩的母亲而言，丈夫到场却有帮助。凯南认为，情境和人格变量会影响社会支持的作用。

尽管如此，越来越复杂的对压力生理反应的测量还是持续证明，一般而言，社会支持对适应有积极的影响(Gallagher, Phillips, Ferraro, Drayson, & Carroll, 2008)。

社会支持的类型　支持行为通常分为情绪支持、信息支持和工具性支持三种(Helgeson & Cohen, 1996; Thoits, 1985)。情绪支持以同情的形式出现。这种支持旨在让人感觉到被爱和被关心。在信息支持方面，通过给人提供有帮助的事实或指导来完成支持。提供知识或信息或许有助于理解所面临的任务。第三种支持是工具性支持，即给人提供有形物品、交通工具或物质帮助。

霍拉汉等人(Holahan et al., 1997)以及瓦伦蒂纳、霍拉汉和莫斯(Valentiner, Holahan, & Moos, 1994)的研究指出，最初的家庭支持(他们是挑剔的还是反对的？他们理解你吗？)对大学生样本随后心理适应的影响取决于对压力源可控性的评估(assessment of controllability of the stressor)。如果压力源被认为是可控的，那么家庭支持与适应性应对有关，这反过来又与心理适应有关。在压力源不可控的情况下，适应性应对策略与心理适应没有关联。家庭支持与心理适应有直接的关系。当一个人面对难题而无计可施时，最好相信已经有人准备帮助你了。

缓冲效应和累加效应　研究者感兴趣的一个问题是，社会支持究竟是以怎样的方式对个体的心理健康产生有益的影响。有些人认为，社会支持会提升个体的积极性，而不管环境中存在的压力源(Thoits, 1984, 1985)。我们之所以更快乐，是因为我们有朋友。另一种解释是缓冲理论(Dean & Lin, 1997; Wilcox, 1981)。社会支持有助于我们应对压力源。在面对困难的时候，最好有人出手相助，那么问题的负担就能被分担并且获得更好的解决办法。在身处困境时，我们会从朋友那儿得到帮助。争论到后来，人们发现，这两种解释似乎都有根据。科恩和威尔斯 69

(Cohen & Wills，1985)发现，一个人社会支持网的质量与缓冲能力有关。换种说法就是，社会支持网的结构，如规模，将关系到个体的总体幸福感。

霍布弗伊尔和沃克斯(Hobfoil & Vaux，1993)在回顾了有关社会支持的文献后认为，最好的一个解释模型就是，社会资源(social resources)与情境需求(needs of the situation)相适应。个人在将资源应用于眼下的情境需求时扮演着积极的角色，因此个体的特点影响他/她调动社会资源的能力。

社会支持还被认为在预测健康方面有着至关重要的作用(Richmond，Ross，& Egeland，2007)。在对全加拿大本地人的一个抽样调查中，那些报告高水平的积极互动、情绪支持和有形支持的妇女，健康的可能性更大，而对男性来讲，在社会支持的诸多维度中，只有情绪支持与良好的健康状况有关。尽管关于社会支持的具体维度与健康之间的关系存在性别差异，但社会支持与健康存在积极的关系这一总体结论是清晰的。

布里塞特、沙伊尔和卡弗(Brissette，Scheier，& Carver，2002)研究了乐观主义者与良好的心理适应状况之间存在关联的原因。他们仔细观察了大一新生的经历，对乐观主义、社会支持系统、朋友的数量、压力和抑郁进行了测量。研究发现，乐观主义与健康(低的抑郁和压力得分)之间的关联，事实上是以应对和社会支持为中介的。乐观主义与更高的解决问题能力和积极的重新解释应对(positive reinterpretation coping)相关联。乐观主义与优质的社会支持系统和个体社会支持系统中朋友的数量也存在关联。通过应对和社会支持这两个中介机制，乐观主义给个体带来了良好的心理适应状况。这个例子说明，应对和社会支持在帮助调节人格对抑郁的影响中起着重要的作用。

案例 3-2　墨西哥裔美国大学生的文化适应压力、社会支持和应对

拉丁裔学生入学的数量增加了 75%。但不幸的是，他们的毕业率并没有与新生增长速度保持一致。一项元分析将高留级率的原因归因于这些学生经济压力较大、学术准备不足和存在文化适应压力(Quintana，Vogel，& Ybarra，1991)。克罗基特等人(Crockett et al.，2007)研究了拉丁裔大学生的一个子群，也就是墨西哥裔美国大学生的文化适应压力。数据来自得克萨斯州的一所大学和加利福尼亚州的两所大学，他们研究了文化适应压力、父母和同辈群体的社会支持、应对(积极应对与逃避型应对)与心理苦恼之间的关系。他们发现，在社会支持水平较低的人中，高水平的文化适应压力与较高水平的焦虑和抑郁有关。而那些社会支持水平较高的人，文化适应压力对心理症状的出现影响不显著。在逃避型应对方式与积极应对方式之间也存在显著的交互作用。这些研究者认为，这是文化适应压力以及社会支持和应对方式的缓冲作用，第一次在拉丁裔学生群体中得到证实。压力模型及其要素为研究高危群体提供了一个清晰的框架。

70 如果对琳达这个大一新生进行仔细考察，我们会发现，在刚刚进入大学时，由于生活变化，琳达的压力得分非常高。我们可以预料，这些变化还会导致更多的烦扰。她的社会支持将依赖于她与父母、家庭、朋友的关系以及在大学环境下找到新朋友和导师的能力。如果这些支持系统是良好的话，那么在需要时，她就可以得到好的建议和物质支持，或者在心情低落时，可以有一个“可以趴在上面哭的肩膀”。至于她所面临的压力，已有的研究成果建议，如果这些问题是可以解决的，那么就采用积极的针对环境的解决方式。如果这些问题是无法解决的，那么可能就需要其他的应对方式。如果琳达可以找到有效的方法来应对生活的变化，例如，与陌生人互动、寻找建设性建议、建立支持性团体，那么她或许会发现，她将不再有那么大的压力，并且会更喜欢那些可控的变化。

心理弹性研究试图探索人们如何在风险中生存并适应良好。下面，我们就将对这一问题进行探索。

压力模型构成了心理弹性研究的重要组成部分。我们在接下来的章节参考了许多压力概念。

心理弹性

为什么在困境中有些人成功了，而有些人失败了呢？有些儿童尽管生于高度危险的环境，但是他们似乎成长并成功了。并不是每个人在高度危险的环境下都会发生病变并走向失败。与将研究聚焦于问题（problem）相反，心理弹性的研究者超越了这一问题，开始探究谁表现好，为什么表现好这样一些重要问题。

从高危到心理弹性

关于心理弹性的一个有趣的事实是，研究者最初研究那些使人们处于失败和心理病理危险中的因素（Garmezy，1974；Garmezy & Streitman，1974；Rutter，1981）。20 世纪 90 年代，加姆兹正在研究父母中至少有一方患有精神分裂症的家庭。拉特也同时在对贫困社区的城市儿童与农村儿童进行对比研究。从这些最初的观察中可以得知，尽管许多人所处的环境很差，但却很优秀（Garmezy，Masten，& Tellegen，1984；Rutter，1985，1987）。拉特（Rutter，1987）强调，心理弹性是一个过程，而不是一个单独的、静止的变量。他指出性别（期望和担忧的表达方式）、性格（喜欢什么和不喜欢什么）、儿童抚养中配偶的支持（marital support in child-rearing）、计划的能力、在学校的成功等因素的重要性以及这些因素对儿童心理弹性或脆弱（vulnerability）的影响。拉特同时指出高危儿童生活中转折点的重要性。生活的道路上有很多重要的时刻，个体在这些转折点上的方向对其生活有着深远的影响。加姆兹和能力小组计划（Project Competence group）探究了积极适应环境意味着什么，以及在多重任务和发展阶段中什么是有效的（Masten & Obradovic，2006）。

在这些早期的关于高危儿童的研究中，有一项研究是桑德勒（Sandler，1980）开展的。桑德勒发现，高的社会支持与内城高危儿童的低水平适应不良有关联。利用前面所描述的压力模型来考察心理弹性的过程，有助于我们理解其中的原理。

71 考艾岛纵向研究

心理弹性研究者开始着手纵向研究，纵向研究使他们能够观察那些虽然处于危险环境中，却最终很优秀的儿童的特点。在这些纵向研究中，有一个精彩的研究，也就是维尔纳和史密斯在夏威夷州考艾岛上开展的长达几十年的一项研究。维尔纳和史密斯（Werner & Smith, 2001）对高危个体的纵向研究结果进行了报告，这些高危个体的确定依据是，家族精神病史、贫穷、缺乏教育和/或家族酗酒。对这些处于危险中的对象进行追踪，直到他们进入中年（50岁），维尔纳和史密斯发现，心理弹性与个体完成适合年龄的发展挑战的能力有关。由于这项研究是在一个岛上开展的，因此人口相对稳定，岛外因素的影响也在一定程度上得到控制。研究者从1955年开始观察这些被识别的群体从高危的婴儿成长为成年人的发展过程。他们发现，这些危险人群中大约三分之二的人出现了问题，剩下三分之一的人的特征是，他/她们有能力在不同时期以不同方式适应环境。他们由作为一个积极的角色榜样的单亲或者替代者抚养。这些脆弱却坚不可摧（vulnerable but invincible）的儿童在家庭之外的各种社区环境中也找到了支持，这些环境包括学校、邻居、非正式的朋友网络、教堂或青少年组织。到青春晚期，这些儿童已经拥有掌控其环境的内在品质（高自尊、内部控制点、生活有意义感和有效的支持系统）。存在的危险因素越多，就越需要更多的保护因素来消除由此产生的危险。家庭的保护因素与父母在关键时期的养育能力有关。最重要的社区因素是拥有一个关爱他/她的成年人，他/她可以是年幼时的老师或导师（mentor），也可以是长大后的朋友、合作者或者老板。而保护性的环境因素是，贯穿一生的情感支持和较少的压力性生活事件。到了30岁的时候，这些有心理弹性的男士和女士更好地完成了教育和事业，与那些对照组的非心理弹性的人或者国家标准相比，更倾向于结婚。到了40岁的时候，他们更容易在他们的社区中成为固定的和有贡献的成员。这些研究可以作为社区干预的蓝图，因为它们指出这些儿童经历中的哪些方面对其日后生活的成功具有预测性。

一个有用的模型

马斯顿和科茨沃斯（Masten & Coatsworth, 1998）指出这些关于危险人群的心理弹性和能力的研究的实用性价值。根据考艾岛研究以及加梅齐和拉特的研究，生命发展历程中的重要保护因素被识别出来。这些保护因素后来被应用于干预措施的制订中。尤其是，预防计划强调父母的能力（parent competence），儿童期为学校成功所作的准备，特定儿童技能的获得以及社区指导（community mentoring）的扩展性机会与心理弹性的研究发现一脉相承。马斯顿（Masten, 2001）曾这样说道："心理弹性不是来自儿童稀少的和特别的品质，而是来自儿童普通的、常规的人类资源的平常的魔术中，存在于他们的家庭和亲属中，也存在于他们的社区
72 中。"发展能力和优势的自然才能以及这些才能在应对过程中的重要性，已经将社区预防干预从预防问题的发生转变到能力提升的努力中去。

拉特（Rutter, 2006）提醒我们，心理弹性不仅仅是社会能力或积极的心理健康的发展。心理弹性指的是个体在风险环境下的优秀表现。他警告，这与人们生活得很好是不同的。有些人确

实生活优裕，这些人数量庞大，却做得很差劲，而且他们屈服于负面的环境。然而，对于有些人来说，与压力大的环境成功搏斗的经历却使他们变得更加坚强。埃尔德(Elder, 1974)关于经济大萧条时期儿童的研究发现，那些成功克服不幸的儿童，似乎在后来的挑战中更有竞争力。

第四次浪潮

马斯顿和奥布拉多维奇(Masten & Obradovic, 2006)描述了心理弹性研究的四次浪潮。第一次浪潮起始于精神病理学原因的研究和一些成长于危险环境中但健康、成功的儿童的发现。这些研究聚焦于探索什么因素同这类失败与疾病或成功与健康相关联。第二次浪潮仔细调查了发展中的心理弹性过程。第三次浪潮试图应用描述性研究的成果。一些干预也被试用和评估。前三次浪潮已经提供了研究心理弹性的重点。前三次浪潮发现了重要的适应性系统——家庭、学校、社区关系，精神练习(spiritual practices)和重要的技能——自我控制、目标导向的行为(goal-directed behavior)、对情感的处理(dealing with affect)、获得成功的动机、压力应对。心理弹性研究的第四次浪潮开始研究多层次(神经、人格、社会和社区)整合和多学科(精神病理学、社会学、生物学和精神病学)融合。心理弹性是由相互关联的系统协调产生的。

例如，戴维斯和卡明斯(Davis & Cummings, 2006)发现，父母冲突与童年期适应问题增高的风险相关。在假定面临这些冲突使儿童的神经生物系统衰弱的情况下，戴维斯、斯塔格-阿普尔、西伽蒂和卡明斯(Davis, Sturge-Apple, Cicchetti, & Cummings, 2007)对存在家庭冲突的儿童的压力反应水平进行了研究。他们发现，父母存在高度冲突的儿童，在面临父母冲突事件时，其肾上腺皮质反应更少。肾上腺皮质反应本来与紧张性刺激的典型生理反应相关，是作为下丘脑——垂体——肾上腺皮质的系统与压力相关联的一部分。研究发现，这种衰减的反应也与付诸行动和攻击性行为增强的趋势相关。神经生理反应的发现以及它们与这类问题的行为关联，是理解一个儿童付诸危险行动的第一步。这些儿童已经学会在目击冲突时不激动了吗？这反过来使他们对攻击性行为较不敏感了，还是意味着在他们的世界里需要更多的攻击性行为才能引起反应？关于低的肾上腺皮质反应与攻击性行为之间的关联还需要在今后开展进一步研究。未来的研究或许有助于开发降低攻击可能性的早期干预项目。

格林伯格、里格斯和布莱尔(Greenberg, Riggs, & Blair, 2007)提供了关于压力和心理弹性多重分析的第二个例子，他们提供了大脑可塑性(能够被塑造、改变的能力)的多重分析，以 73
及儿童时期和青少年时期的经历对神经系统发展的影响。格林伯格等人详细说明了**促进选择性想法策略**(promoting alternative thinking strategies, PATHS)项目的神经学背景，该项目集中于社会学习和情感学习。研究证据清楚地表明，神经系统的发展是遗传因素和环境相互作用的产物。神经元的生成，突触的形成、消减和密度均是神经的发展，久而久之形成了额叶皮层成熟的基础和对行为周到控制不断增强的能力。另外，大脑左右半球交流不断增长的复杂性和决定行为所使用的语言都是神经发展的结果，这已得到大量研究证实。

格林伯格等人(Greenberg et al., 2007)发现，莫菲特(Moffitt, 1993)关于生命过程中持久的反社会行为与仅限于青春期(adolescent limited, AL)的反社会行为之间的区别，对他们的项目发展具有挑战性。生命过程中的持久模式始于很小的年纪，并且在个体的整个生命过程中频繁发生，与普遍认可的行为也背道而驰。而青春期的反社会行为直到青春期出现才开始产生，虽然很频繁，但对社会规则并不构成严重的破坏。青春期反社会行为在青春期过后一般就会消失，事实上，也可能是成长时期正常的行为。想一想青少年叛逆与犯罪趋势的区别就明白这一点了。鉴于这个区别，在问题行为上，早期干预的重要性就似乎显而易见了。

格林伯格等人的PATHS项目研究表明，干预可以对儿童（一、二年级）抑制不正确的反应和排列相关信息的能力产生非常显著的影响。研究显示，这些能力也与老师和家长报告的问题相关。控制自己行为和避免不合适的举动的能力非常重要。我们想一下，冲动的行为一直被视为不成熟。接受PATHS干预的儿童可以更好地控制自己。反过来，把事情讲完和口头解决一个问题也很重要。口头解决问题的技能受PATHS项目积极的影响，这种技能反过来又与更少的问题行为有关。

意识到心理弹性过程的多水平性以及这些不同过程之间存在的相互作用，为心理弹性的新理论和干预方法的提出指明了方向。根据这一整体的视角，有关心理弹性的文献为以社区为基础的服务项目提供了方向。生物学与社会学的结合既与社区心理学的跨学科传统相一致，也与心理学中开始广为流行的生物—心理—社会模型相一致。

本章概要

压力、应对、社会支持和心理弹性的文献已经给社区项目提供了理论和研究的基础。这些模型提出，人们正面临一个不断变化和处处充满需求的世界。这个世界也存在一系列每个人都必须适应的挑战。社会支持的存在和取得这些支持的能力是个体应对过程的重要资源。对那些在充满威胁和风险的环境中取得成功的人，也就是心理弹性强的人的研究，强调指出了个体和社会资源对成功的重要性。

74 我们已经开始明白，人类可以应对各种不幸。关于琳达应对大学第一年压力的事例，帮助我们了解到在高危人群（例如，那些处在变迁中的人）中，有些人失败了，有些人成功了。心理弹性研究表明，成功需要的品质也就是个体完成其发展性任务需要的品质。这不是生命中一个点到另一个点的平滑的、连续的过程，而是一系列挑战。成功者与失败者的区别在于自我调节和应对挑战的能力。所以，拥有导师的支持是很有帮助的。这种支持源于个体特征与环境特点的相互作用，这一相互作用有助于个体“创造”其所需要的机会。问一问大多数大学生，他们都会告诉你他们的世界是令人气馁的。一个大学毕业生将其比作“进入了一个黑暗的隧道”（Candice Hughes, 2008）。在这个隧道里，你能发现什么和怎么适应你的发现，取决于你的资源，包括在需要的时候你获得援助的能力。这是社区内一个常规的过程，确切地说是“平常的魔术”的结果。

第二部分

社会变革和干预策略

第四章 75

社会变革的重要性

社会变革的原因

人口的多样性

对资源衰竭或稀缺的认知

■ 案例 4-1　非营利组织的资金困境

问责性

知识和技术变革

社区冲突

对传统服务的不满

■ 案例 4-2　社区冲突:祸兮,福之所倚

对多种解决方法的期待

社会变革的类型

非计划性社会变革

计划性社会变革

计划性变革的相关议题

困难导致变革

本章概要

我们本人就是我们一直在苦盼的救世主!

——朱恩·乔丹

——爱丽丝·沃克

——巴拉克·奥巴马

一位著名的非洲裔美国心理学家曾经讲述过一个在她童年时期和家人一起出去旅行的故事(Wyatt, G,个人交流,1987 年 8 月)。当时是一次长途汽车旅行,她们把所有必需品打包并详细地筹划出游的路线。旅行需要充足的食物和水。她们需要计划可以在哪些地方停下来洗澡、休息、加油。旅行的每个细节都需要制订好计划。之所以制订如此详细的计划,原因在于,她们不能想在哪里停车就在哪里停车。如果喝的东西不够了,她们也无法随时随地购买。她们不可以随便使用厕所,也不可以任意去一个场所吃饭。在旅行的这些时间里,很多地方清楚地标着"为白人服务"和"为黑人服务"这类标识,她们不能自由地跨越这些界线。这个故事是由一个朋友讲述的,她仍然健在,并在这个国家的一所首屈一指的研究型大 76
学工作。

"隔离但平等"(Separate but equal),是 19 世纪末由美国最高法院(以下简称美高院)确立的法律条款。普莱西诉弗格森案例确立了路易斯安那州法,该法规定,白人和黑人要使用不同的设施,并认为这是公平的,因为这些设施是一样的。那时的美高院认为,该法不会造成一个族群不如另一个族群。这种解释允许隔离的学校、隔离的浴室、隔离的入口存在,这为形成一

个清晰的隔离社会奠定了基础。1954 年,美高院在布朗诉教育委员会的案例中作出裁决,隔离的学校导致针对目标人群的内部设施低劣。该决定为形成今天我们所生活的取消了种族隔离的社会铺平了道路。隔离的入口、厕所或学校这些想法已经和我们没有什么关系了,以至于这个故事有时让人很难相信那些年曾经发生过的类似事件。这个美高院历史上里程碑式的案例给我们这个社会带来了变革,而这些变革今天仍然还在继续之中。我们现在认为,入口隔离、旅馆隔离、设施隔离这些想法是很不合理的。社会变革确实发生了。在布朗诉教育委员会的案例中,心理学也涉足其中并影响了裁决的结果。正如我们所知,心理学家肯尼思·克拉克和玛米·菲普斯·克拉克的研究证据和付出,在这一裁决中发挥了重要的作用,改变了美国社会和美国心理学(Benjamin & Crouse, 2002; Keppel, 2002; Lal, 2002; Pickren & Tomes,
76 2002)。社会变革的最大意义在于,促进我们重新思考当下的环境并提出改善的措施,追求全面的改进。

1971 年,心理学家利·马洛指出,社会变革的脚步正在加速。变革,有的是计划性的,有的是非计划性的,直至今日依然以极快的步伐在持续。事实上,变革看起来已经渗透在当今时代的每一个角落(Christensen & Robinson, 1989)。积极参与和形成社会变革是社区心理学的一个基本价值(Jason, 1991; Maton, 2000)。

瓦兹拉威克、维克兰德和菲什(Watzlawick, Weakland, & Fisch, 1974)认为,存在两种类型的变革:"一种变革是发生在特定的系统中的,但系统本身保持不变;另外一种变革则是改变了系统本身。"(p.10)也就是,存在所谓的**一级变革**(first order change)和**二级变革**(second order change)。一级变革似乎要"直接地"表达出改变,但其目的实际上不能达成。例如,一个极好的一级变革办法就是告诉某人,"要自发地变革",难道你不认为这很困难吗?二级变革就是真正带来系统本身的变化。正如瓦兹拉威克等人(Watzlawick et al., 1974)所强调的,二级变革要求变革者查出其主要的假想世界,并进行创造性的思考和行动。二级变革要求变革代理人用高度充分的局外人的视角来全盘审视存在的问题并提出解决的办法。

二级变革思考的一个例子就是图 4-1 中关于九点问题的解决办法。你可以试着解决一下这个问题,看看是否能够设计出一个二级变革的办法。

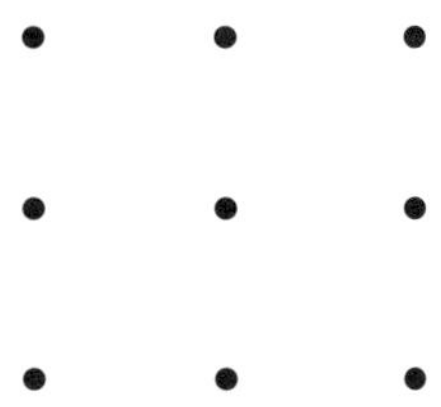

77 **图 4-1　九点问题**

说明:用四条直线连接上面的九个点。但是在连接过程中不能提起你的笔。该问题的解决办法可以在本章末尾图 4-3 中找到。

我们在拉帕波特(Rappaport, 1977)的文章以及随后社区心理学领域的许多文章中,找到了关于社区心理学中变革性质的解释(Goodstein & Sandler, 1978)。从应付性心理健康到预防性心理健康,从以个人为中心的干预到以系统为中心的干预,从聚焦病理学的(pathology-focused)研究到聚焦健康的(wellness-focused)研究,这种范式的转变可以透过社区心理学的文献而发现。社会变革是这种转变的一个组成部分。

对社区心理学家而言，社会变革的问题复杂且互相关联。社会科学家想知道，是什么原因导致变革；怎样预测变革；怎样更好地应对变革；而且更重要的是，如何形成或指导变革以改善社区成员的生活状态。

本章关注的是什么创造了社会变革——不管是计划性的社会变革还是非计划性的社会变革——尤其是在今天这样一个复杂的世界。这场讨论涉及心理学的所有领域，同时还涉及人类学、医学、公共健康、政治科学、社会学以及其他学科（Maton et al.，2006；Wandersman, Hallman，& Berman，1989）。事实上，用多学科的方法来考察和干预社会变革常常是值得向往的（Maton，2000；Seidman，1983），尤其是，如果我们广大民众的多样性（U.S.Department of Labor，2006）和挑战性受到重视的话（Freedman，1989；Maton，2000；Salazar，1988）。

究竟哪些现象会导致社会变革？其中的因素有人口的多样性、资源的日渐枯竭、要求问责性、知识和技术变革（Kettner，Daley，& Nichols，1985）、经济变革、社区冲突（Christensen & 78
Robinson，1989）、对解决社会问题的传统方法不满意、对选择的渴望以及对解决社会问题的多种方法的期待（Heller et al.，1984），以及导致上述所列因素的其他议题。尽管以上所列因素并不十分详尽，但需要对其中某些因素进行详细讨论，以帮助您理解它们在形成社会变革过程中的作用。

社会变革的原因

人口的多样性

在中世纪，没有人会期待自己长寿。今天，美国的预期寿命正在逐渐变长。持续增加的老年人口以及少女怀孕、暴力受害者、丧亲者、残疾者、失业者和其他族群创造了戏剧性的社会变革和新的社区干预的需求。

例如，一些美国人不投票。无家可归者拒绝选举权或投票权，因为他们没有固定的街道地址，许多残疾人也因为交通成本和其他因素而不去参加选举投票（Schur & Kruse，2000）。这种情况衍生出更多的问题，因为这些人更需要就营养、健康护理、居住和其他项目而去表达个人的政治意见，但他们无法参加选举投票。如果在选举当天，能为残疾人找到交通运输工具或设计其他替代选举的办法，将能让他们直接表达出心声。为最需要的人群提供服务，将能赋权他们，使他们参与到社会变革中。

特殊人群能导致社会变革，而且借由他们日益上升的地位或特殊处境，创造更大的社会变革（Fairweather & Davidson，1986）。人们永远不应低估这些人群导致社会变革的重要性（Duffy & Atwater，2008；Light & Keller，1985）。如果现有的正规机构对多元人群的议题不敏感的话，那么这些人群自身也能够或将要创造变革（Kettner et al.，1985；Maton，2000）。基层民众努力创造或应对社会变革的相关内容将在下一章讨论。

本章开始所描述的社会变革是几十年努力的结果。布朗诉教育委员会，这一诉讼案件决议的产生是由**美国有色人种促进联合会**(National Association for the Advancement of Colored People, NAACP)推动的。就像前面所指出的，在为更多先前被排斥在主流社会之外的人群开放机会的问题中，布朗诉教育委员会一案的判决结果起到了关键作用。

对资源衰竭或稀缺的认知

因为只有很少的社区服务方案可以做到自给自足，绝大多数方案需要高度依赖外界资金的援助(Kettner et al., 1985)，而且由于缺乏现金资助和其他资源，大部分尝试创造社会变革的方案都受到限制(Maton, 2000)。社区服务的外界资助通常来自法律规定的政府资助以及公立或私立基金会的捐赠。这两类资金可能用来对实验方案或服务进行奖励，在一些特定时期之后，必须寻求其他的资金来源。因此，新旧方案常常为有限的资金而相互竞争(Levine, Perkins, & Perkins, 2004; Sarason, 1992)。同样，这些示范(demonstration)方案被认为存在不足，因为它们需要花很长时间在其他社区进行证明和宣传，从而拖延时间(Chavis, Florin, & Felix, 1992)。此外，与过去相比，美国联邦政府和地方政府服务人民的资金也越来越少，因此形成了一种类似“反罗宾汉”(Robin Hood in reverse)的效应(Delgado, 1986)。

由于政府资助社区服务的费用日渐减少，因此其他的拨款机构(如私人基金会)就存在更大的压力。这些社区服务的资助机构包括诸如福特基金会、查尔斯·斯图尔特·莫特基金、亨利·J.凯瑟基金会、罗伯特·伍德·约翰逊基金会、麦克阿瑟基金会、卡内基基金会(Chawis et al., 1992)，最近还有比尔和梅琳达盖茨基金会。更多的项目和服务机构申请这些有限的资金，因此，对政府和基金会资金的争取通常竞争很激烈。

尽管一些机构向案主收取服务费，但多数机构不愿意依赖案主的服务费，因为这些费用会
79 随着病例数和其他因素而波动。即使许多机构按比例(将费用与收入和/或所依赖的资金数量联系起来)向案主收取费用，但他们仍然不愿意在需要帮助的案主身上提高收费。这种不向穷人收取费用而分配资源的趋势导致资源衰竭这一概念的出现(Delgado, 1986)。当资金短缺的问题越来越严重时(即使当资金问题不那么严重时)，案主和服务管理人员也会要求改革或社会变革。然而，纳税人会对增加税收以资助变革提出质疑。

社区服务机构的另一种资助来源是来自公认的自愿或慈善捐款。这样的捐款也会因经济的运行状况和其他不可控制因素的出现而变化。因此，社区服务机构的管理者也不愿意太依赖于慈善捐款。关于社区服务的资金议题已经成为并将继续成为一个棘手的和反复出现的议题(Frumkin, 2000)。

案例 4-1 详细讨论了一些非营利机构面临的资金困境。

当资源变少的时候，人们就会认识到资源的相对稀缺。已经确立的资金资助的底线也在逐步下降。资源稀缺导致社会动力的变化，对这些资源的竞争也就日趋激烈(Foundation Center, 2008; Smart Growth, 2008)。

案例 4-1　非营利组织的资金困境

在过去的几十年里，大量非营利组织或慈善组织正在增加，而愿意捐款给他们的基金会的数量也在增加（Foundation Center，2008；Smart Growth，2008），但是两者的发展速度一致吗？换句话说，当寻求资金资助的组织在日益增多的时候，资助的机会是在同步减少还是在同步增长？

20 世纪 50 年代，每年大约有 195 个新的基金会成立。到了 20 世纪 80 年代，平均每年有 348 个新的基金会成立。在 1980 年至 1995 年间，美国基金会的数量几乎翻了一倍，从 22 088 个增加到 40 140 个（Siska，1998）。今天，这样的基金会和法人捐款者有 57 000 多个，它们提供 246 000 种不同的拨款（Smart Growth，2008）。这些拨款涵盖社会服务、艺术和科学、捍卫民主、支持弱势和贫困人口、关爱自然灾害的受害者、健康护理、教育等领域（Independent Sector，2006）。近年来，增加的主要拨款领域是和平与国际事务，它的增加异常可观，达到 72.5%（Foundation Center，2008）。

依靠基金会拨款资助的非营利组织又有多少呢？他们的数量等级是不是也提升了呢？是的，已成立的非营利组织比美国税务署承认的 190 万个还要多，它们都在为资金而竞争。有些小的机构获得的资助低于 5 000 美元，有的则高达百万美元。表面上看，拨款机构的数量也增加了，但对慈善基金资助的竞争却很激烈。

然而，由于经济以及其他因素的变化，如袭击路易斯安那州海岸的飓风等自然灾害，这些统计数字还可能存在一定的欺骗性（Foundation Center，2008；Center on Philanthropy，2001）。更严密的调查表明，金钱并没有被平均地分配到所有的非营利组织。一些组织收到百万美元的大额拨款，事实上，拨款 500 万元以上给非营利组织的次数也极大地增加了。你认为一个小的服务组织（例如，一家教堂的非营利儿童白天护理中 80
心）能够竞争过一家大的全国性组织（例如，美国癌症协会）而得到这么一笔大的款项吗？事实上，迪维塔（DeVita，1997）的研究显示，大多数非营利组织属于小规模组织，但最大的组织却获得了大量的资金支援。具体而言，支出不超过 10 万美元的小规模组织占 42%，而超过 100 万美元支出的慈善机构却仅占 4%。小规模的慈善团体收到仅占 3%的资助金额，大型组织却能收到全部资助金额的一半。相同的研究显示，资金分配不均衡的情形出现在与教育或健康有关的非营利组织中。此外，美国东北部的组织收到资助金额最大，且四分之一的慈善机构位于美国的东北部，这些组织却囊括了三分之一的赞助款。

这个答案回答了开头的问题——获得资金资助的机会增多了吗？答案既可能是“是”也可能是“否”。“是”是因为基金会赞助非营利组织的金额正随着机构数量的增多而增多，“否”则是因为无法均匀地分配这些资助。

问责性

“问责性”与它的同类术语“成本效益”似乎是现今流行的术语。**问责性**（accountability）是指对各种事务、金钱等有所说明或负责的义务。在缺乏资金时，对新的社区项目和持续的社区项目，特别要求要有公平且合理的问责性（Wandersman et al., 1998）。表 4-1 提供了有关问责性的计划、评价和重要问题。

表 4-1　围绕问责性的计划与评价策略

1. 为什么需要当前的干预
2. 该项目在多大程度上包含科学与最佳实践
3. 新项目在多大程度上与其他的、现存的项目相匹配
4. 项目要如何实施
5. 项目实施得有多顺利
6. 项目在多大程度上起作用
7. 如何改善方案
8. 可以采取什么措施使项目产生累加效果或制度化

资料来源：Wandersman et al., "Comprehensive quality programming and accountability: Eight essential strategies for implementing successful prevention programs," *The Journal of Primary Prevention*（1998）vol.19, pp.3-30.经 Springer Science and Business Media 许可使用。

成本效益（cost effectiveness）意指钱必须花在最有利的地方，即金钱消费必须得到有益的回报。成本效益通常与金钱有关，问责性则与事件有关，如耗费的时间、决策的质量等。

消费一直是个重要的议题，但从历史的角度来看，与过去相比，现在民众的心中，这个议题
81 可能是最重要的。谁需要问责性？在今天几乎每个人都需要：案主、职员、行政人员、纳税人、当选官员、证件执照许可处成员以及其他人。任何一个选民可能都想知道这些问题的答案：我的钱花到哪里去了？需要援助的人受益了吗？目标达到了吗？如果没有，为什么呢？

如果这些问题的答案无法马上知晓或者给出的答案无法令人满意，那么各个派别就会提出质疑，并要求改变。有些人可能希望有新的管理者，有些人则需要新的消费指南。当变革的要求被如此彻底地列出时，任何无法立即向其选民负责的组织最终将停止运转。同样，最终的结果可能是某种不间断的变革。

知识和技术变革

还记得第一次使用电脑的情景吗？你体验到的可能是那种惶恐不安的感受，还有稍后觉得被机器打败的窘迫感。以电脑服务和更迅捷的沟通系统形式出现的**技术变革**（technological change）不但在商业上，而且在对人的服务上都创造了新的需求。有些组织和个体对技术的进步适应良好。另一些组织和个体则因为不愿意使用新技术或者缺乏资金等因素，无法很快或很好地适应这一变化。

今天，人们也许会认为，与以往相比，他们正在经历更快、更激烈的技术变革。技术变革，无论它何时发生，都会引发更进一步的变化（Frank, 1983; Kling, 2000）。例如，回想一下你第一次使用电脑的体验，它如何改变了你？今天，你可能用它来完成期末论文、结存支票簿、记录约会，也许还在网上浏览来打发时间。因此，电脑改变了人们经营事业、完成工作及从事社交活动的方式。

如果这些急速的技术变革(Frank, 1983)还不够,美国主流社会也正在经历知识的爆炸,从心理治疗到景观建筑艺术的新的实践方法,人力资源管理的新指南,逐步增多的支配人们的全部生活的法律,还有要求新的知识与技能的其他的变化与应用,都可能颠覆社会成员,产生其他变化,同时带来许多的焦虑。

但即使在这种技术变化背景下,即技术在我们的职业、教育和闲暇生活中无处不在(Brosnan & Thorpe, 2006),许多人仍然对技术感到恐惧。对技术的一般恐惧在心理学中被称为**技术恐惧症**(technophobia)(Brosnan & Thorpe, 2006)。对电脑的具体恐惧被视为**电脑恐惧症**(computerphobia)(Hudiburg, 1990),或者被称为**电脑焦虑症**(computer anxiety)(Thorpe & Brosnan, 2007)。事实上,如果一些人认为这种恐惧或害怕太强烈的话,那么为了在现代世界获得成功,他最好去接受诊断(Thorpe & Brosnan, 2007)并接受治疗(Brosnan & Thorpe, 2006)。

这种所谓的数字上的分隔(digital divide)侵袭着许多不同的人并在全球蔓延(Cooper, 2006)。研究发现,电脑焦虑在年龄较大的成年人中更普遍(Laguna & Babcock, 1997)。边缘化的个体,如没有受过良好教育、贫困或年纪较大或者残疾者,以及一些少数民族人群,他们比主流社会的人群更容易患技术恐惧症(Duffy & Atwater, 2008; Karavidas, Lim, & Katsikas, 2005; National Sci- 82
ence Foundation, 2003)。然而,关于电脑焦虑和技术恐惧是否存在真正的性别差异,文献中仍存在争议(例如,Cooper, 2006; Popovich, Gullekson, Morris, & Morse, 2008)。也许当技术变革继续前行时,这些人也将会继续感到恐惧。少数传统的社区系统(例如,健康部门)将在应对技术恐惧上提供帮助(Webb, 1989),但没办法减轻恐惧。一个可能的办法是,通过教育和信息宣传来表达对患者的关切。这将在下一章关于创造社会变革中加以讨论。

往好处想,维蒂格和施密茨(Wittig & Schmitz, 1996)以及克莱斯勒、斯尼德和基尔南(Kreisler, Snider, & Kiernan, 1997)发现,现在的社区组织可以通过科技化的方式形成。这样的技术组织似乎能突破社会的界线,改变对污名化群体的知觉,提高先前不参加公民活动者的参与性,以及开展赋权行动。

社区冲突

某些社区曾发生过冲突和争斗。例如,20 世纪 60 年代的示威运功和骚乱,某种程度上是由于白人与黑人之间的冲突导致。然而,冲突并不总是产生消极的变革(Worchel & Lundgren, 1991)。有时,社区冲突的积极结果就是社会变革。**社区冲突**(community conflict)常包含两个或更多具有不同目标的派别,他们通常有各自的价值观(有积极的,也有消极的)。因为他们坚持自己的价值观,彼此进行权力争斗并关注利益的不同层面,使得社区的冲突看起来难以解决或处理(Christensen & Robinson, 1989)。然而,这样的冲突不管解决与否,经常会导致社会变革,因为并不是仅仅拥有好意就可以解决或消除冲突(Fairweather & Tornatzky, 1977)。

对传统服务的不满

可能再也没有其他的因素能比消费者对现有社区服务的不满更能促进社会变革了,尤其是通过外部专家主导的方法(Maton, 2000)。事实上,您可以回忆第一章的内容,当心理学家在斯旺普斯科特研讨会上,表达对传统的心理健康治疗感到灰心时,这种对传统的心理健康服务的不满就大大促进了社区心理学的诞生和成长。

本章的开篇便是一个因不满而引发社区变革的例子。非洲裔美国人社区明显意识到了社会中存在偏见和歧视。这种不利处境根植于整个系统并弥漫于整个社会。

为了更密切地关注心理干预的议题,我们来看另一个因不满服务而导致变革的重要例子。正如您从心理学和相关学科的培训中已经知道的那样,早期精神疗法的一种形式(或称谈话治疗)是由西格蒙德·弗洛伊德所提出的精神分析。弗洛伊德的门徒,诸如卡尔·荣格和阿尔弗雷德·阿德勒,对弗洛伊德的治疗方法不再盲目跟从,而是按照他们认识的那样,修正了精神分析(Phares & Chaplin, 1997)。当代的治疗学家对弗洛伊德学说中的泛性论和潜意识论并不满意,于是发展一系列的治疗方法,如行为改变技术、认知行为疗法和存在主义—人本主义咨询(existential-humanistic counseling)等。今天,对于接受心理健康治疗的案主来说,有许多治疗方法可供选择。

83 **案例 4-2 社区冲突:祸兮,福之所倚**

20 世纪 60 年代,一件不幸但却令人关注的社区冲突案例,在纽约的罗切斯特市爆发。出人意料的是,这次灾难却孕育着机会。一个非洲裔美国人的聚居区打算举办一次街坊聚会。聚会在一个炎热的夏夜举行,有许多年轻人出席庆祝活动。到了半夜,有一群白人青年来到晚会上,他们被视为入侵者。一句粗暴的评论导致争执,最终演变成暴力冲突。像许多其他城市一样,罗切斯特迅速爆发了种族冲突。

担心此类暴力还会重演的几个社区团体聚在一起,试图找到解决这些城市问题的办法。结果,美国仲裁协会(American Arbitration Association)被要求就社区项目设计进行协商,以处理多种类型的冲突。于是**社区调解**(community mediation)项目产生了。该方案采用一种和平的方式来处理个体或团体之间的社区争论,即安排一个中立的第三方——**调停者**(mediator)——来协调冲突双方进行讨论和解决问题(Duffy, Grosch, & Olczak, 1991)。该方案也监督社区机构的选举、城市更新住房抽签、"柠檬法律"(汽车物主/制造商)的仲裁纠纷,以及其他需要中立者的社区项目。最初的社区冲突及种族关系紧张很可能是更大范围的美国公民权利运动的一部分——这个运动引发了广泛的社会变革,尽管这些变革并不完美。

罗切斯特冲突发生以后,通过确立《社区争议解决中心法》(Community Dispute Resolution Centers Act),更多的社会变革开始出现(Christian, 1986)。该法在纽约的每个郡都已确立,并模仿罗切斯特市建立调解中心。纽约是先锋,但其他的州也已跟进。今天,在美国有上百个调解中心或街道正义中心(neighborhood justice centers),有些是附属于法院的,有些则是由宗教和其他慈善机构来打理(McGillis, 1997)。所有人都希望这些努力可以让冲突能够和平解决。社区冲突引发了滚雪球式的社会改革和变革。罗切斯特的经验是其中的一个例子。关于社区调解的内容,您将在第九章获得更多的了解。

对多种解决方法的期待

走进美国的任何一家商店，货架上琳琅满目的商品触手可及。美国人习惯在X牌、Y牌、Z牌之间进行选择。不过美国人不仅期望商品的多样性，也期望在服务上能有多样的选择。寻求心理治疗的人也想知道自己拥有的选择，包括治疗师的培训情况、治疗的类型、付费的计划以及治疗的时间长度。同样，美国人希望能够为他们的孩子选择私立或公立的教育机构，也希望当他们想要重新获得赔偿金或是终止一项不动产的交易时，能在法律事务所和律师上有所选择。自从19世纪以来，很长时间内，美国的城镇只有一名医生、一间学校、一间药房。当人们发现这些机构不合适或者仅有少数选择项目时，对现有的选择便产生了不满，他们往往会 84
要求和创造变革。

这里举一个关于司法系统中人们期盼更多选择从而创造变革的例子。任何人都可以观看法庭电视转播的判决，了解到法庭常常同时让原告和被告不满。有时甚至连“获胜者”都无法感觉到他或她好像赢了。一种能够解决这项不满和提供给法院系统使用者更多多样性的解决办法，就是**多通道方法**(multidoor approach)。该方法在哥伦比亚特区创立(Ostermeyer, 1991)，它是一个协调系统，它帮助民众了解司法体系，为他们寻找更合适的选择，例如，不同的法庭(小的法庭，城市、州和联邦的法庭)；调解和仲裁方案；法律援助事务所；公立、私立和志愿者律师；以及其他有助于心理健康的机构。多通道方法帮助民众和机构消除因多样、重复的安排而产生的挫折感，并且也减少了因司法系统的繁琐程序而产生的迷惑感(Ostermeyer, 1991)。

鉴于前面关于社会变革的原因罗列得并不是非常详细，因此，我们把它归纳在表4-2中。它将方便您了解社会变革的一些原因。本章开头呈现的布朗诉教育委员会的例子也有多种原因和解决办法。美国的社会与经济发展史用多元社会的视角来解释它。我们认为，机会的平等和自由是所有人的基本权利，怎样为我们社会中所有族群内外的成员兑现这些权利，我们要去斗争(Gaertner & Dovidio, 2005)。尽管我们希望受到公平对待，但是一般的看法却是，由于资源有限而难以做到。我们对某类人或某群人出于本性的、有时是无意识的态度可能违背了关于所有人平等和自由的期望(Devine, 1989, 2005)。 85

我们把人划分为不同族群有历史、经济、社会和心理的根源(Jones, 2003)。对划分为不同族群、态度上的偏见以及歧视的解决办法也是多样的，政治和法律的解决办法可以回溯到美国宪法的制定、南北战争和宪法的第14次修订(法律的平等保护)等这样几个事件。布朗诉教育委员会的案例仅仅是有助于推进所有美国人受到平等对待的众多法院决议中的一个。在布朗案中，它是处理教育方面的案例。但事实上，它为公平问题的多种解决开启了一扇门。通过这么多法律的、社会的、制度的和个人的解决办法，使得种族间接触、互动、相互依赖的机会逐渐增多，我们所知道的其他情境也可以让人在心理上产生同情并让族群外成员变成族群内成员(Allport, 1954/1979; Dovidio, Glick, & Budman, 2005)。我们现在理解到，种族是一个政治范畴，肤色和脸部外形的差异与智力、社会技能和抱负无关。因此，把个体划分到这种任意的范畴中是不合适的。美高院的决议有助于族群融合。这才有了今天我们所看到的社会。如今在为所有人提供机会方面已经取得了重大进展，这包括非洲裔美国人、其他少数民族、妇女、存在心理健康问题的人、经济困难的人、残疾人以及其他许多弱势族群的成员。

接下来，我们来考察导致变革的一些方法，不管这些变革是计划的还是非计划的。

表 4-2　社会变革的原因和例子

变革的原因	社会变革的例子
特殊人群	艾滋病患者渴望得到其他艾滋病患者的情感支持，于是，他们的家人走到一起，形成了一个支持团体
资源日益衰竭	国家经济萧条，从私人基金会得到的拨款也更少了
问责性	纳税人团体出席听证会(public hearing)并要求知道税收增加将如何改进社区的服务
技术推进	一家公司为需要培训的中层管理人员购买新的软件
社区冲突	一家机构希望在一个住宅区找到中途之家(halfway house)，而不是将多个家庭进行分区安置；两个居民团体，一个支持，一个反对，于是在公共会议上产生冲突
对传统服务不满	一个地区的私人开业心理医生收费高得连保险费都不足以支付，所以民众要求为心理健康门诊提供资助，按相应比例进行计价
对多种解决方法的期待	一个多通道法院项目(multidoor courthouse program)给街坊的邻里冲突提供了多样性选择的解决办法

社会变革的类型

社会趋势和社会变革很难预测。但是它们在设计预防项目上都非常有用。例如，美国人口普查局(U.S.Census Bureau)期望在 2000 年的人口普查中不但能显示人口统计上的变化，而且有人口上的增加。人口普查局是能够预测某些变化的。尽管计划的变革不一定总能实现，而且不像预期的那样，但它们或多或少有些戏剧性。如果 2000 年的人口普查数据是正确的，有 3 270 万的人口增长，那么它就代表了美国历史上最大的人口增长数。例如，教育人员为应对战后婴儿潮，在郊区住宅区建立了学校和相关设施，直到学校的数量已经足够。今天，同样的这些学校却见证了不合群的(alienated)年轻人身上表现出的暴力浪潮。许多社区活动家能够从统计学家和其他预言家那里，知道很多关于哪里将会出现变革的信息，尤其是关于自发性的或非计划性的变革。

非计划性社会变革

自然发生的变革被称为**非计划性变革**(unplanned change)或**自发性变革**(spontaneous change)。大多数的灾难都不是非计划性的。例如，没有人计划 1871 年的那场芝加哥大火灾(Great Chicago Fire)，而最近也极少有人预测到校园中的暴力事件。

自然灾害带来巨大的悲痛和社会变革(Ginexi, Weihs, Simmens, & Hoyt, 2000)。干旱、

地震、洪水、火灾等自然灾害使社区居民失去家园和工作。尽管这些灾难不一定会引起悲痛 86
(Bravo, Rubio-Stipec, Canino, Woodbury, & Ribera, 1990; Prince-Embury & Rooney, 1995),但它们通常都会导致巨大的社会变革。

人口非计划性的重大变化也会导致社会变革(Rosenberg, 2006)。事实上,它产生了大量的社会不满和社会分歧(Katz, 1983)。例如,随着时间的流逝,婴儿潮时期出生的那代人的需求也在变化。婴儿潮时期出生的人现在正步入中年或老年(Rosenberg, 2006)。许多人要照顾他们年迈的父母(Carbonell, 2003; Naisbett & Aburdene, 1990)。他们经常发现社区所提供的老年人照料服务非常少,这给他们的生活造成了很大的压力(Duffy & Atwater, 2008)。他们的幼儿也需要日托服务,但这方面服务也不太多。由于这些成年人在生活中面临既要照顾幼儿又要照顾老人的双重压力,因此这些成年人被称为**三明治一代**(sandwich generation)(Spillman & Pezzin, 2000)。这些婴儿潮时期出生的人也许很快就会用光"社会保障和医疗护理"(Social Security and Medicare)机构的资金,从而推动社会的进一步变革。

同样,人口结构其他方面的变化也会导致社会变革的发生。例如,在历史上,随着双职工家庭数的增加(Cromartie, 2007)(见图 4-2),这些家庭对日托服务的需求也一直在增加(Naisbett & Aburdene, 1990)。很明显,一种社会变革总是导致另一种社会变革。

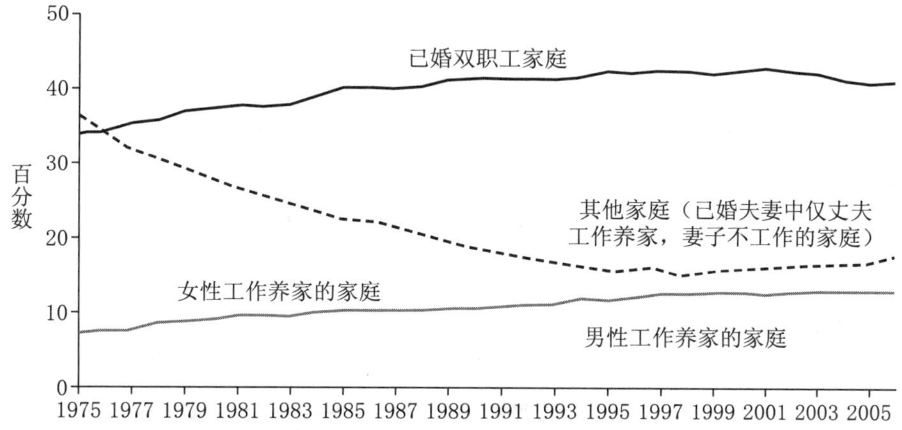

图 4-2 随时间变化的家庭工作模式

资料来源:Cromartie, S.P. (July/August 2007). Labor force status of families. *Monthly Labor Review*, 35-41.

随时间的流逝而出现的人口行为的变化通常也是非计划性的。这些变化中最真实的例子之一莫过于不断增加的犯罪率,尤其是暴力犯罪率。尽管高犯罪率不一定会导致恐惧(Taylor & Shumaker, 1990),但生活在这些地区而害怕高犯罪率的人,也许渴望有特别的社区方案来
帮助他们,如街坊守望相助或者服务老人的守护队。一项有趣的研究发现,那些犯罪行为的受 87
害者并不都是最害怕犯罪的人。而且,这项研究也表明,那些最害怕犯罪的人是居住在废弃建筑物附近,有破坏行为、无所事事的青少年以及其他社会行为控制力下降的人(Baba & Austin, 1989; Kruger, Reischl, & Gee, 2007; Ross & Jang, 2000)。

尽管非计划性社会变革或自发性社会变革发生的概率较低，但这些变化所带来的压力是，它们是不可控制和不可预测的。研究(Rodin, Timko, & Harris, 1986)表明，不可控制的事件具有相当大的压力。换句话说，当个体觉得他们能够控制自己的命运时，会感到较少的压力；当他们感觉已经失控时，就会体验到心理上的烦扰或痛苦(Boggiano & Katz, 1991; Duffy & Atwater, 2008; Taylor, Helgeson, Reed, & Skokan, 1991)。在公民权利运动中，非洲裔美国人也许觉得他们的生活不在自己的控制之中，而是被占多数的白人所控制。在布朗诉教育委员会决议的几年之后所开展的研究显示，非洲裔美国人倾向于一种外部控制(Bruce & Thornton, 2004)。然而，关于控制取向的研究却表明，如果非洲裔美国人更成熟、老练、且有积极的种族认同的话，这些样本的控制取向会从外部控制转变为更内部的或自我的控制(Martin & Hall, 1992)。尽管如此，鲁杰罗和泰勒(Ruggiero & Taylor, 1997)的研究还是发现，对歧视的知觉会威胁到自我概念和自我控制的知觉。通过组织和有计划的行动，非洲裔美国人社区的居民已从不可控制感向可控制感转变。

非计划性变革常常发生在特定的生态情境中，个体也许不知不觉就被置于这种情境中。例如，犯罪和自然灾害通常发生在特定的环境中(Taylor & Shumaker, 1990)，所以当个体发现自己处于这些环境中时，他们会体验到压力。按照这一思维，当个体在晚上走进一个到处都是社会失范(social disintegration)标记的(如涂鸦、乱丢东西等)社区时，他们会感到心理上的烦忧。

社区心理学家除了帮助设计和发展社区服务之外，也能在非计划性变革的预测上发挥作用以帮助应对这种变化。记住，社区心理学的原则之一就是预防。这并不意味着社区心理学家可以预先阻止这些变化——很明显，心理学家不可能预先阻止水灾的发生——但是，学习如何预测非计划性变革，将能够使社区在事情发生时或更早时为这些变化做好准备。这样的准备可以预防和减少变化所带来的痛苦及其严重程度。

预测科学是非常复杂的，但是有些科学家专门从事预言与预测。比如，人口普查的数据就有助于预测人口的变化。再比如，婴儿潮时期出生的人，将成为美国最大的老年人群体，所以，如果从现在开始没有人开始对老年人的照顾做准备的话，过二十年后，照顾老年人将会存在更大的短缺。**社会指标**(social indicators)是基于综合的、修正的和浓缩的社会统计量的、对社会某些方面的测量(Johnston, 1980)，可将其应用于社会预测。通过利用诸如推断预测、网络分析、潜在曲线分析、环境预测等技术，可以预测社会趋势，也可以做到未雨绸缪(Kellam,
88 Koretz, & Moscicki, 1999a, 1999b)。确实，“未来研究”(future studies)能为社区预防发挥很大的作用(Sundberg, 1985)，但也存在一定的局限。例如，洛里安(Lorian, 1991)提出了**基础比率问题**(base rate problem)这一议题。该议题指出这样一个事实，尽管许多个体看起来有被诊断为障碍的征兆，但却只有极少数人真的会罹患精神障碍。

计划性社会变革

假如人们不想等待变革的发生，就如非计划性或者意料之外的变革一样(McGrath,

1983),如果他们想有意图地创造社会变革,那么这被称为计划性变革或引导性变革(induced change)(Glidewell, 1976)。人们如何着手这个看似浩大的任务呢?在社区心理学的文献中有许多值得推崇的策略:自助,包括草根组织的行动主义(activism);服务网络和社会支持;外来变革机构或顾问的引入;教育和信息项目;公共政策。所有这些议题在下一章将有详细的阐述。以上方法没有一个是容易操作的,每一个也都有优缺点。无论如何,利用计划性变革所预计获取的成效,会比非计划性或自发性的变革要来得多。

确切地说,什么是计划性变革?克特纳及其助手(Kettner et al., 1985)下了一个很好的操作性定义:**计划性变革**(planned change)是有意地或故意地进行干预以改变某种情境——就现在讨论的主题来说,即改变部分或全部的社区。计划性变革与非计划性变革的区别主要有四个方面:第一,计划性变革是有范围限制的,也就是说,变革的目标或特征事先就已经设定。第二,计划性变革指向提高社区成员的生活品质。这是社区计划性变革的基本目的。计划性变革必须改善(而不是约束)社区生活。第三,计划性变革通常会为那些受到变革影响的人提供一个角色。社区心理学家不应该把变革强加在社区成员身上。相反,他们的角色应在于告诉民众可行的选择,以帮助其作出合适的决定,然后和他们一起参与到变革的设计与实施中。第四,计划性变革通常(但非总是)是由一个变革的代理人来进行指导。**变革代理人**(change agents)(Lippett, Watson, & Westley, 1985; Oskamp, 1984)通常是受过训练的专业人员,也可能是倡导者,他们支持或来自案主团体,是政治活动家、教育专家或其他对引导社会变革感兴趣的人(Ford, Ford, & D' Amelio, 2008)。心理学家通常会担任顾问或变革代理人。顾问的角色将在下一章详述。美国有色人种促进联合会以及肯尼思·克拉克和玛米·菲普斯·克拉克在开头故事中的角色是计划性变革的一个非常好的例子。他们把具体的学校区域作为目标,决定对地方法(law of the land)进行变革,随着非洲裔美国人受教育机会的增多,其生活质量自然也就得到了极大的提高,很显然,社区在决定目标和干预方面起着引领作用。

计划性变革的相关议题

有关计划性变革的一个主要议题是"谁来决定变革的发生,什么时候发生、怎样发生,以及将进行什么变革"。在公民权利运动之前,白人几乎统治社会中发生的所有变革。黑人首先(后来还有其他的弱势团体)要求并最终得到了在我们社会创造计划性变革的平等机会。 89
对于任何一个计划性变革,您都可以思考以下问题:由谁来决定要做的事情?不管什么年龄的民众吗?只能是居民吗?所有受影响的选民吗?只能是纳税人吗?是被推选出来的官员吗?

一些从事变革的专家认为,政府官员、行政人员和管理人员要对发动变革承担责任。其他专家则认为,基层组织(例如,工作人员、案主、民众或社区成员)应该创造变革(Bauman, 2000; Kettner et al., 1985)。许多社区发展研究者都同意,每一个涉入变革的人都适合为变革负责(Christensen & Robinson, 1989; Heller et al., 1984; Kettner et al., 1985; Levine & Perkins, 1987)。

在社区心理学中,“合作”(collaboration)概念广受推崇(Bond, 1990; Fawcett, 1990; Maton, 2000; Oskamp, 1984; Rappaport, 1990; Rappaport et al., 1985; Serrano-Garcia, 1990)。合作的理念——社会学家和案主一起检视社会问题并提出解决办法——是社区心理学的一个重要传统(Rappaport, 1990)。合作也被称为**参与式决策**(participatory decision making)或**共同解决问题**(collaborative problem solving)(Chavis et al., 1992; Kelly, 1986a)。正如克里斯坦森和罗宾逊(Christensen & Robinson, 1989)所建议的,“自决”(self-determination)有实际解决问题的效用,因为那些处于问题中的人最适合处理问题。因为对自己所作决定的接受度要高于外界强加的变革。而且,合作决策有助于建立一种强烈的社区感,避免案主与顾问之间产生冲突,效果往往事半功倍,因为合作是一个相互影响的过程。合作的关键是赋权,因为赋权将提高自决的可能性。

任何人在开始着手计划性变革时,都需要为变革进行周密的准备(Maton, 2000)。持续周密的计划性变革需要辛勤的工作和投入充足的时间、才智、金钱等其他资源(Kettner et al., 1985)。变革的代理人也必须花很长一段时间来为变革准备选拔参与者(Fairweather & Davidson, 1986; Seidman, 1990)。这可能需要坚持(Ford, Ford, & D'Amedio, 2008),同样,越是重要的问题,解决起来就越困难(Shadish, 1990),因而就需要多水平的干预(Maton, 2000)。

计划者也需要考虑变革是否真的有可能会发生(例如,所有的涉入方都合作吗?可用的资金有哪些?等等),以及所期待的最后结果是否能够真正达成。例如,美国存在数以千计的社区项目和组织,但有许多都失败了(Florin, 1989)。普雷斯特比和万德斯曼(Prestby & Wandersman, 1985)发现,有 50%的自发性街坊协会,许多被设计为创造和支持社会变革,但却在短短一年之后变得毫无生气。因此,这样的组织看起来似乎特别容易倒闭或失败(Chavis et al., 1992)。

费尔韦瑟和戴维森(Fairweather & Davidson, 1986)曾解释,对一个社会问题的单一解决措施不会产生重大的变革。一种多面的、持续的方法通常更有可能获得成功。一劳永逸(once-and-for-all)的解决很可能也是没有成效的(Levine & Perkins, 1987)。费尔韦瑟和戴维森也警告,尽管一些旧的习惯做法仍能发挥功效,但是任何没有用的方法必须被抛弃。还有,值得我们记住的是,变革并不总是完美的。

除了先前所提到的,计划者也需要去考虑其他有利于变革的因素(Fairweather & Davidson, 1986)。变革必须是人道的,也就是说,它必须承担社会责任并表现出人道主义价
90 值,即强调增强人类的潜能。变革的技术也必须是问题取向的,换句话说,它们必须指向问题解决,而不仅仅是流于理想主义。同样,变革的策略必须关注不同的社会阶层,而不是特定的个体。技术也许需要去创造和革新。陈旧的方法可能不起作用;创造力是社区活动家永恒的伙伴。从向其他群体或情境推广的角度看,变革计划也需要具有可行性。不是所有的技术都适合所有的群体,但是有些社区还是能够采用其他社区试过的方法。

“情境”或“环境”这一概念对社区心理学的生态学传统来说很重要。例如,计划性变革的实施可能受到社会环境的影响。在一项研究中,个别的学校环境预示着一个反暴力的课程方

案出台(Gregory, Herry, & Schoeny, 2007)。行政领导(例如,“在这所学校,信息通过相应渠道顺畅地流动”)和支持性环境(例如,“在这所学校,即使低成就学生也受到尊重”和“学校的老师为自己的职业而骄傲”)都被发现导致一个为期三年的更好的实施方案。

变革代理人也需要重视社会实验和行动研究。在这个方面,计划者不能对改革感到胆怯,也不能害怕对改革进行评价。社会实验和评价是联在一起的(Fairweather & Davidson, 1986)。为创造社区变革而发展出的任何干预和方案都需要受到诚实的评价、修订、再评价,只有如此,变革的代理人和社区才能知道他们有最好的、恰当的计划。

最后,计划者或变革代理人需要务实,特别是考虑到主要的政治气氛(Light & Keller, 1985)。变革总会使一些事情不同,否则就不叫变革(Benviente, 1989),有些人喜欢变革,有些人则不喜欢。因此,一旦变革被建议执行,与变革有关的权力斗争就可能开始了。

困难导致变革

为什么创造社会变革或是提供选择服务的设计方案会失败呢?为什么做了最善意的努力有时却会出差错呢?如果民众按照其该做的事情而被划分,那该怎么办呢?其中的原因非常复杂,我们这里只探讨其中的一些原因。

计划性变革失败的一个最重要的原因是遇到了阻力(Ford, Ford, & D'Amedio, 2008; Glidewell, 1976; Levine & Perkins, 1987)。这些阻力可能来自很多方面,包括行政人员、实务人员、案主或者其他社会成员。为什么会出现阻力呢?社会组织对变革往往有内在的抵制(Bagby, 1981; Ford, Ford, & D'Amedio, 2008);组织成员似乎被训练成遵循他们自己的方式——那些看起来安全或者较好的老方式(Glidewell, 1976)。团体组织感到他们的生存受到了新的团体组织或新思想的威胁。埃拉姆和沙米尔(Ellam & Shamir, 2005)认为,变革的接受度与变革与组织成员的自我概念的协调性有关。如果变革让人感觉到,变革是由自我决定, 91
与其自我识别感一致,是自我提高的,与已有的自我概念存在某种连续性,那么变革就很容易完成。最后,变革的代理人自己也许会做些事情来疏远社区或者制造变革的阻力(Ford, Ford, & D'Amedio, 2008)。

还有其他一些原因导致社会变革努力失败。心理学家长期以来说明了内群体和外群体的作用:人们喜欢他们自己的群体(**内群体**,in-group),对外人(**外群体**,out-group)有成见或者看不起(Allport, 1954/1979)。例如,在社区、盈利企业,特别是大的私立公司,经常抵制由小型非营利机构或新政府政策所引导的社会变革,因为盈利企业认为,他们的收入会受变革的影响。关于内群体优势和外群体劣势的假设有助于保持内群体的凝聚力,但也会导致内群体不愿意接受任何外群体的信息或特性。在移情和理解外群体成员的情境方面的无能,可能阻碍内群体成员去接受信息并发动基于这种信息的变革(Batson et al., 1995)。为了“他者”(the other)而提供帮助尽管不是不可能存在,但却很稀少(Strumer, Snyder, & Omoto, 2005)。

有时变革也会遭到可从中受益的那些人的抵制，因为他们被社会化地认为变革是不可能的，现状是他们可以得到的全部。南美自由教育者保罗·弗莱雷(Paulo Freire, 1970)认为，受压迫者往往意识不到自己生活在压迫中。由于社会结构具有制约功能，他们成长于其中，这使得他们看不到任何变革的希望。当受压迫者逐渐意识到他们所受的压迫情况时，就会出现是非化(conscientization)。弗莱雷(Freire, 1994)认为，当个体逐渐实现他们的自我决定以及“逐渐显露出希望的机会时”，是非化就出现了。他赞成“多样性统一”(unity in diversity)的价值以创建一个权力基础，并且认为要从对受压迫者个体机能失调的责备转移到对“压迫的”结构机能失调的责备上来(pp.157-158)。这些思想都先于心理学研究以及后面讨论到的班杜拉的“集体自我效能”(collective self-efficacy)理论以及第一章中介绍的“赋权”思想。

不管是群体发起的变革，还是个体发起的变革，通常都是不受欢迎的(Kettner et al., 1985)。社会心理学家与社区心理学家同时认识到，个体也是抵制变革的，原因在于个体认知的懒惰或者不希望太费力思考。大多数人是**认知吝啬者**(cognitive misers)，他们想以最省力的途径进行决策和思考。其他人则可能思想封闭或**固执己见**(dogmatic)(Rokeach, 1960)；他们固守旧有的方式，逃避新思想，因为他们刚愎自用。个体抵制变革的原因与群体抵制变革的原因是一样的，因为他们感觉变革会威胁到他们的名誉、工作安全感或者福祉。而且，库恩(Kuhn, 1962/1996)关于范式——或者看待世界的方式——转换存在困难的观点表明，社会变革如同用科学方法对世界进行概念化一样，要求人们颠覆他们已学到的“真实”的东西并以新的方法对事物进行思考。尽管这种范式的转换可能会发生并且确实也发生了，但是在这样的转换发生之前需要积累大量的证据，而且观念上的转变也是巨大的，因此，这种转变并不是那么轻易就会被接受。瓦兹拉威克等人(Watzlawick et al., 1974)也支持这样一种观点，即变革确实很难发生。正如福斯特-费希曼和贝伦斯(Foster-Fishman & Behrens, 2007)所建议的，
92 变革要求的不仅仅是系列技能的改变，它还要求思想形式的转变。另外，维果茨基最近发展区的概念表明，如果新的学习超出我们现在世界概念一个层次，那么新的学习将会极为困难，并且充满抵制(Hedegaard, 1996)。所以我们认识到，任何社会变革都可能难以概念化，更别说执行和让现有机构接受了。

其他因素也导致计划性变革的失败。当一场社会运动被视为仅能促进单一的目标或者促进的目标与多数人的目标截然不同时，变革通常就会缓慢或者根本不会发生。正如在本章开篇故事中所讨论的，公民权利运动如果没有激起非洲裔美国人(如妇女、其他少数民族)的参与，或许它所形成的力量就会减小；幸运的是，它激起了他们的参与。另外一个例子是，如果美国畸形儿基金会(March of Dimes)只应对小儿麻痹症这一单一的议题，而小儿麻痹症在世界大部分地区已经减少了，那么该组织就只能走向消亡。重新关注于消除所有有出生缺陷的议题已经确保了该组织兴旺了很长一段时间。

通常，变革代理人和他们的项目之所以失败，是因为他们的策略不受欢迎，并可能被认为违反了“礼貌的规范”(politeness norms)(Ford, Ford, & D'Amelio, 2008)。阿林斯基(Alinsky, 1971)、克特纳及其同事(Kettner et al., 1985)以及沃尔夫(Wolff, 1987)把冒险尝

试，包括变革可能带来的不受欢迎的风险看成是所有变革的组成部分。然而，现实是，如果那些正在计划变革的人收到的仅仅是负面的批评（如来自媒体）或者没有就所反对的问题提出自己的解决办法，那么反对就会被认为是空洞的，具有破坏性的，而非建设性的。煽动、抗议和对质并不总会起作用，已出版的研究也支持这一观点（Oskamp，1984）。如果社区行动主义者选择的是激进的或对立的路线来进行变革，阿林斯基的方法将会引起他们的兴趣。阿林斯基发现，没有斗争就没有权力的改变。显然，那些卷入创造性权力斗争（creative power struggles）的人能够利用现有的规则给现状施压。表 4-3 总结了阿林斯基的一些激进的变革方法。

表 4-3　激进变革的十项基本规则

1. 尽你所能来引起注意
2. 不要超出民众的经验范围
3. 无论何时，只要可能就超越对手的经验
4. 让对手遵守他自己的规则
5. 嘲笑是一个强有力的武器，它会让对方对你的优点作出反应
6. 一项好的策略应该能让你的民众喜欢——如果他们不喜欢，说明某些地方是错误的
7. 策略拖延太久将成为累赘
8. 威胁通常比事情本身更可怕
9. 权力是你所拥有的，同样也是对手认为你拥有的
10. 保持压力状态

这十项基本规则是一般性的指导性原则。根据索尔·阿林斯基的观点，在将它们应用于特定的情境时，必须对它们进行改编。资料来源：摘自 Alinsky（1971）。

尽管共同制订变革计划被认为是一个不错的选择，但该方法也仅仅适用于特定的情境。如果计划变革的组织或个体在结构上过于松散，如果没有坚强的领导，或者如果决策者在制订
计划时毫无章法，那么他们可能会失败。通常，当计划者开始失败时，冲突将在各个层级爆发 93
开来（Levine & Perkins，1987）。德尔加多（Delgado，1986）对几个具有良好的变革意图但最终却变革失败的组织所进行的回顾性研究表明，失败的原因在于他们自己的组织基础不健全。玛顿（Maton，1988）发现，有较明确的角色差异、更好的秩序和组织以及有能力的领导者的群体，被认为更有实在的福祉，也能获得更积极的群体评价。

福斯特-费希曼和比伦斯（Foster-Fishman & Behrens，2007）警告，社会系统变革的概念常常过于简单。当一项具体的变革目标没有考虑到它可能影响到多种层次时，那么变革的努力就会失败或者不能持久。变革的代理人应该制订全面的计划以便见到“森林”，而不是只见“树木”。多项变革计划（Freedman，1989）或多层次变革计划（Maton，2000）之所以可能取得成功，其原因就在于，这样的变革更有可能考虑到变革发生的背景或环境。

预防失败的最好方法之一——毕竟预防是所有社区心理学的重要内容——是为变革奠定一个好的基础，即要获得社区对该变革的认可，并要有证据表明确实存在变革的需要。社区心理学家认为，研究与实践是相互依赖的（Kelly，1986）。正如您已经阅读过的行动研究那样，它是以理论为基础的科学工作，社区投入到研究和干预过程中，并指向问题的解决（Deutsch &

Hornstein, 1995; Lewin, 1948; Oskamp, 1984)。社区心理学把行动研究当成其行动与研究的基本方法(Jason, Keys et al., 2004; Primavera & Brodsky, 2004)。不过,社区中的行动研究也不是没有问题(Price, 1990; Tolan et al., 1990)。其问题包括:社区成员对研究人员缺乏信任,与社区行政人员就方案谈判时谈判破裂,没有能力依情况随机分配被试,没有恰当的、足够的方法进行选择,等等(Fairweather & Davidson, 1986)。尽管存在以上局限,但是“通过合作共事,我们看到很多这样的例子,社区成员们获得了自我意识,建立了重要的网络联系,并达成了社会变革”(Jason, Davis et al., 2004, p.241)。

本章概要

社会变革是今天世界的一种普遍状态。有许多原因导致变革发生。多样性的族群,如老年人口日益增多,是必须关注的议题。但是社会可能没有为此做好准备。变革的另一个原因是资源枯竭,包括资金、空间以及日常用品(如食物)的枯竭。另外,飞速的技术变革也成为个体和社会需要改变的一个动力。导致我们日常生活和企业经营方法改变的一项技术就是电脑。此外,许多人害怕技术进步(技术恐惧),而传统的社区服务在帮助人们克服这种恐惧方面做的较少。

问责性也创造了变革。人们期望明智地使用资金,当资金花费无法清楚说明时,他们开始关注资金使用情况。与问责性相关的是成本效益,它指的是如何明智地使用资金(不管是
94 否盈利)。

社区冲突是变革的另一个原因。社区中的群体经历种族争斗、资源(如土地使用)上的冲突等都会引发社会变革。越来越多的人反对使用传统的方法来解决今天的问题——例如,心理疾病的治疗——以及希望在解决问题和促进变革上有选择性或多样性。

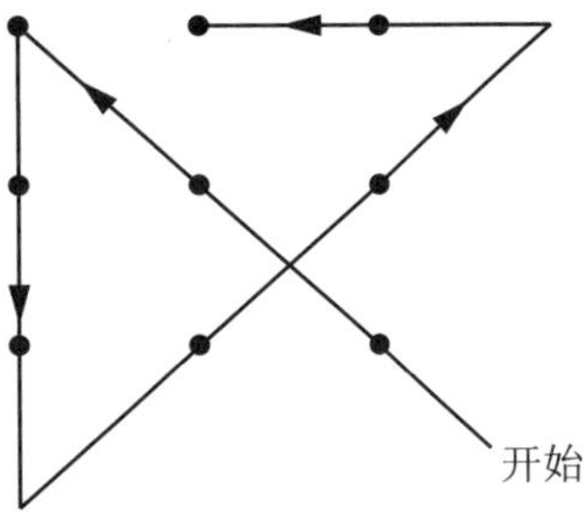

图 4-3　九点问题解决

这种问题解决法要求你跳出这些点之外进行思考,通过走出这些点的外围,问题解决就有可能。如果你能够解决这个问题,那就表明你正在进行次级思考(second order thinking)。

变革的类型有两种:计划性(引导性)变革和非计划性(自发性)变革。当变革是有意或故意的时,便称为计划性变革。计划性变革受其范围的限制,通常旨在提高社区成员的生活质量,并为受影响的群体提供榜样,且经常由专业的变革代理人或顾问来领导。而非计划性或自发性社会变革则是非期望中的变革(例如,水灾等自然灾害),且规模巨大(如一部分人口增长,像婴儿潮世代)。

社区心理学家既对研究感兴趣,也对为改善所服务的社区而采取的社会变革感兴趣。我们将在下一章讨论社区心理学家在该过程中使用的某些工具。不管变革是计划性的还是非计划性的,社区资源都可能对手头的问题或议题产生影响。

第五章 95

社区干预策略

建立计划性变革

居民参与

■ 案例 5-1　社区发展协会

谁来参与

居民参与的优劣

网络化

■ 案例 5-2　针对少数民族问题的在线网络

与网络组织有关的问题

网络组织的优劣

咨询

与咨询有关的问题

咨询的优劣

教育和信息传播

与信息传播有关的问题

教育改革的优劣

公共政策

■ 案例 5-3　强暴危机中心：一个全国性的考察

与公共政策使用有关的问题

公共政策改革的优劣

实践的技能

本章概要

> 我在伯明翰，因为这里有不公正……
> 我知道所有社区与国家间的联系……
> 无论在哪里，不公正对正义都是一个威胁。
>
> ——马丁路德·金，来自伯明翰监狱的信

在过去十年里，邻里关系变得越来越糟糕。犯罪率上升，短期居住不断增加。生活习惯、缺乏兴趣、时间压力或者焦虑使得邻里间彼此不再相互认识。随后，贩毒者乘虚而入。这个地区开始因破败的房屋、冰毒以及伴随毒品贩卖和吸食而来的暴力闻名。这个住宅区下令清理 96 随处可见的污水，但是没有人愿意住到这里来。

然而，这是一个旧的居住区。这里的居民经历了衰败，或者他们选择住在这里，是因为其支付能力有限，因为一贯的忠诚或对该居住区未来的憧憬。这里有商铺、医院以及个人在这里希望拥有的所有便捷和服务。这些设施已经存在很长时间。尽管经历了经济环境的多次转变，但它们依然保留了下来。然而，多数人还是会谈论在这里经商的困难和风险。

紧接着，社区中发生了一个暴力事件并成为遍及全州的新闻。记者提到这些守法公民的困境：目前他们为住房所困，几乎没有希望卖掉房子并搬离这里。几乎没有人愿意购买他们的

房屋并住在这里。为了回应这些负面的消息，一群居民团结在一起。有人说他们是从居民联谊会或户外烧烤开始的。居民们团结起来并确定了社区存在的问题与合作的好处。他们将街区居民组织起来，密切观察和监视已知的毒品窝点。他们交换了电话号码并承诺互相帮助以摆脱困境。他们呼吁警察给予帮助，警察因此而受到鼓舞，乐于去帮助那些需要帮助的地方。

自毒品买卖进入私下交易以来，毒品便退出这个社区。在这一过程中，居民们找到了公共场所，同时相互间保持了联系。他们拯救了他们的住房和社区。这是安全街区(safe streets)的开始，随后便出现全国打击犯罪夜(National Night Out)的行动，在这一行动中，居民们举行聚会、聊天、共进晚餐，并开始互相了解。

本章回顾了社区心理学家引发的改变社会的方式。这些方式是有计划的努力，并从描述性和预测性层面研究它们。从社区心理学家那里，我们或许会对这一过程有更好的了解。从这一了解中，我们或许能更好地设计出干预措施以便带来这些变革。

建立计划性变革

萨拉森(Sarason, 1972/1988)详细地思考了“创造环境”(creating settings)的重要性以及这些设计的含义。一些人认为社会从未像现在这样需要改变。各种报道和委员会已经得出结论：根据许多社会迹象，可以断定我们的国家正处于危险之中，例如，酒精滥用、吸毒、青少年怀孕和暴力(Wandersman, 1998)。建立并维持社会变革并不是一件易事，但站在研究最前沿的社区心理学家是建立并维持积极社会变革的最好途径。库克和沙迪什(Cook & Shadish, 1994)认为，社会变革得以发生的方式有三种：第一种是通过增长带来系统的改变(社区心理学家认为这是最成功的方法)；第二种是检验创新性计划并为其提供“许可证”；第三种，也是最富戏剧性的一种，那就是改革存在问题的系统结构。

参与社会变革是社区心理学的一个基本价值观(Jason, 1991; Maton, 2000)，同时也是
97 社会现实最基本的特征(Keys & Frank, 1987)。本章将探讨已建立起来的可促进小范围及大范围社会变革的方法。对社会变革使用的每一种技术，以及它的优劣及相关的研究都将进行探讨。当改革是有目的性的，且经过事先思考时，就被称作是**计划性变革**(planned change)。

居民参与

在本章开头所描述的安全街区项目吸引社区居民参与问题解决。他们熟知问题及问题所

有的细节，因为他们是社区环境和居民的日常观察员；他们知道毒品窝点的地点以及毒品交易的模式；他们能辨认出毒品制造者、毒品贩卖者以及他们的客户。反过来，他们也是长期居住在该环境中的一员，不需要花费时间对这些事情作出反应，因为它们已经真实的存在于其中了。通过报告他们所见到的情况，他们将会获得更有利的警方介入。居民是最关键的因素，他们改变了邻里间的状况。

也许在建立社会变革的方法中，没有其他的方法能够像参与者导致（participant-induced）的社会变革模式那样受到如此多的关注，并且人们对这种改革的兴趣越来越浓厚（Linney，1990）。不同的作者给这种社会变革贴上了不同的标签，包括：居民参与（Levi & Litwin，1986；Wandersman & Florin，2000）、赋权（Rappaport，Swift，& Hess，1984）、草根运动（Alinsky，1971）以及自助（Christensen & Robinson，1989）。**居民参与**（citizen participation）可以被广泛地定义为，任何有组织的活动，在这些活动中个人无偿参与，为的是达到一个共同的目标（Zimmerman & Rappaport，1988）。这一变革方法的根源在于，人们能够而且应该联合起来去解决公共问题（Joseph & Ogletree，1998）。事实上，一些人认为，自助是社会变革最有希望的途径（Florin & Wandersman，1990）。居民参与的一个范例就是**草根运动**（grassroots activism），它发生在当人们意识到自身问题的时候，便会迫切要求通过一种自下而上（而非自上而下）的方式来进行社会变革以解决这些问题。例如，当居民们厌烦了生命在不知不觉中被消耗在高速公路上时，他们便会促使政策制定者出台重金处罚酒后驾车的法律，这样居民就参与了草根运动。案例 5-1 进一步讨论了居民通过进入社区发展协会来参与社区改革。

案例 5-1　社区发展协会

正如我们所预料的那样，在美国，社区改革和居民参与事实上已经成为日常生活中被大家接受的一部分。正因为这个原因，再加上其他的原因，社区发展协会（community development society，CDS）由此成立。社区发展协会把居民建立并采取民主行动的能力视为在复杂且日益变化的社会中获得成功的关键因素。社区发展是一个过程，这个过程旨 98
在通过整个社区的积极参与，最大可能地依赖社区的积极性去创造一个经济和社会进步的条件（Bradshaw，1999；Levine，Perkins，& Perkins，2004；Rothman，1974）。

社区发展协会成员是跨领域的，他们来自教育领域、健康护理领域、社会服务领域、政府部门和居民团体（刚刚提到过的），他们认为，社区是社会最基本的组成部分（Bradshaw，1999）。另外，社区发展协会的成员意识到社区是复杂的，增长和发展是人类环境的一部分。可以通过提升个人及组织的技能以及解决问题的知识水平来促进每个社区的发展。社区发展协会的成员热切地相信，良好的方法能够引起有效的、彻底的社会发展和社会变革。

为了响应这些观念，社区发展协会已经为社区发展专家制定了一些优秀实践方法的准则：

- 应当促进居民参与，这样，社区成员便能影响那些给他们社区带来改变的决策。
- 居民应当积极参与问题的诊断，这样，具有影响力的人便能了解状况的成因。
- 社区领导者需要了解与各种解决方案相关的经济、社会、政治以及心理的影响，这些影响与社区问题及议题相关。
- 社区成员应当设计和执行他们自己的计划以解决双方达成共识的问题（尽管可能需要专家的帮助），且共同领导和积极参与在这一过程中是必要的。
- 最后，社区领导者需要有技能、自信和积极性，进而在社区中变得有影响力。

根据玛顿（Maton，2000）的观点，这些针对优秀方法的策略引起了能力建设（capacity-building）或资产为本（assets-based）的社会变革。以上各条准则听起来是不是有些耳熟？许多准则是社区心理学家所信奉的。在这里，重要的一点是，许多采纳社区心理学准则及目标的社区居民和领导者在此之前并未学习过社区心理学。

参与者导致社会变革的另一个范例是**自助团体**（self-help groups），但它更多是基于个人的层面（Levy，2001）。例如，酗酒者匿名团体，在这一团体中有共同问题的人聚集起来为他人提供帮助和情感上的支持。因为自助团体通常会受到专家的监督，因此对于那些只包括非专业人员的团体来说，一些心理学家更喜欢将其称为**互助团体**（mutual assistance groups）（Levine，1988）。但是，谢泼德及其同事（Shepherd et al.，1999）指出，专家引导的团体（professionally led groups）与同伴引导的团体（peer-led groups）之间的分歧是人为造成的。因为在这些团体中，专业人员的参与程度只是在最小到最大这一连续体上存在差异而已。通常，这些团体中的个体相互学习有成效的策略。在个人层面上，社区成员——如朋友、家庭成员和邻居——能通过提供**社会支持**（social support）来互相扶持，以此渡过难关（Barrera，2000）。社会支持是两个人之间的资源（如情感慰藉和物质资源）交换。在这一过程中，提供者出借资源以提升接受者的幸福感（Shumaker & Brownell，1984，1985）。社会支持是社会变革得以发生的另一种方式。

99 居民参与的通常环境是工作地点、健康照顾计划、建筑环境、邻里协会、公共政策领域、教育计划以及应用科学（尤其是社会科学）和技术的环境。这种类型的参与能够通过选举式参与（投票或为特定候选人或议题工作）、草根阶层的努力（居民组成一个群体并确定该群体的目标和方法）或者政府命令居民参与的方式来实现。在这种参与方式中，居民被任命为监督委员会委员或参加公开听证会。表5-1提供了更多居民参与的途径，这些途径在心力的付出和所承担的义务上存在差异。

表5-1 居民参与举例

选举	供职于一个临时委员会或特别工作小组
签署请愿书	参与静坐示威和游行
为实现目标贡献金钱或时间	在社区内领导一个草根活跃分子的团体
阅读有关社区需求或改革的媒体报道	在社区做志愿者工作
抵制对环境不利的产品	发起为社区服务募集资金的活动
接受有关社区民意调查的访谈	提供咨询服务
加入自助团体	供职于公共部门或支持一个特定的候选人
参与咨询会或讨论会	

谁来参与

并不是每个人都想参与社会变革，也不是每个人都认为自己能在形成社会变革中起作用，这被称为**无助感**（helplessness）（Zimmerman，Ram'rez-Valles，& Maton，1999）。奥内尔、达菲、恩曼、布莱克曼和古德温（O'Neill，Duffy，Enman，Blackman，& Goodwin，1988）主持的研究探讨了"什么类型的人在试图产生社会变革中是积极分子"这样一个问题。研究者给以下几类人群施测了修订后的内控—外控量表（I-E Scale）和不公平量表（Injustice Scale）：学习"心理学导论"的学生和单亲妈妈（他/她们都被认为是不积极的团体），日托中心董事会成员（中等积极的团体），以及为家庭暴力受害者提供过渡期住宅的董事会成员（最为积极的团体）。内控—外控量表（Rotter，1966）测量的是**内、外控制的倾向**（internal versus external locus of control）。有内部控制倾向的人相信，他们能够控制自己的强化物；有外部控制倾向的人相信，他人或者命运（个体以外的事物）控制了强化物。研究者修订了内控—外控量表以便测量个人能力或者个人对自身命运的控制感。不公平量表测量的是个体关于世界是否公平的感知（例如，法院确实让罪犯逍遥法外而宣判无辜的人有罪吗?）。奥内尔及其同事发现，个人能力和不公正感都不足以预测谁将是社会中的积极分子。个人能力的知觉和社会不公正的观念联合起来才产生了激进主义。图 5-1 用柱状图的形式呈现了这一研究结果。

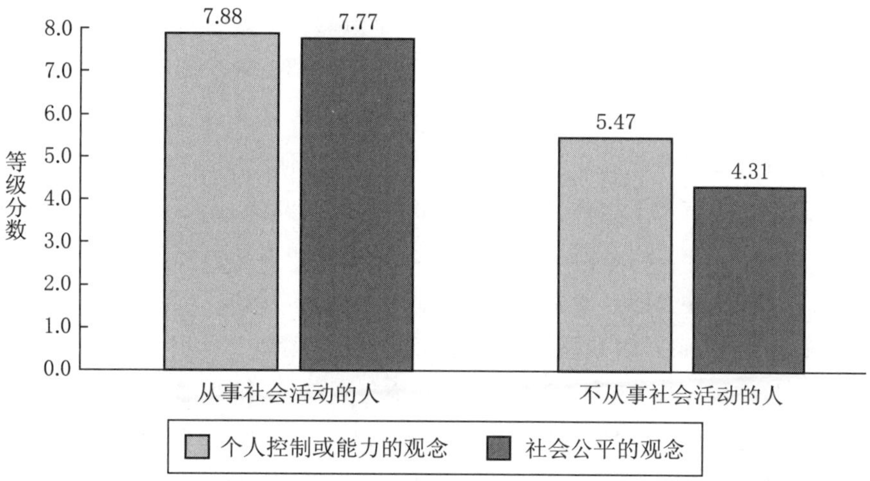

图 5-1 关于社会激进主义的研究结果

注释：相信个人控制（或能力）和社会不公正的居民可能成为社会激进分子。
资料来源：O'Neill et al.（1988）.

参与似乎与人们在社区中的扎根感（sense of rootedness），也就是说，在这个地区居住的时间长度、计划在该地居住并生育孩子有关联（Wandersman，Florin，Friedman，& Meier，100
1987）。查韦斯和万德斯曼（Chavis & Wandersman，1990）的研究发现，社区感似乎对参与街区协会很重要，这一研究结果很容易理解。帕金斯、弗洛林、里奇、万德斯曼和查韦斯（Perkins，Florin，Rich，Wandersman，& Chavis，1990）提出一个生态框架用于帮助理解参与行为。聚集起来需要有一种知觉的行为(perceived behaviors),然后需要一系列“诱发条件”,例如,和睦的行为使得团体参与其中。桑普森(Sampson, 1999)所进行的研究指出,强大的社会凝聚力与犯罪行为之间呈负相关。在本章开头部分,平安街区中的居民似乎做了一个正确的假设:通过居民联合起来的方式,他们将改变该街区中犯罪的风气。强大的邻里关系等同于更少的犯罪行为。

凯利和布莱因林格(Kelly & Breinlinger, 1996)认为,社区激进分子是根据与他们有联系的团体来确定的。他们同样也指出,激进分子在参与社会变革计划时也需要对自己的自我进行定位。最后,帕金斯、布朗和泰勒(Perkins, Brown, & Taylor, 1996)发现,对社区的认知(例如,市民的责任感或社区依恋感)以及与认知相关的行为(如在社区中做志愿者的工作)可以稳定和正向地预测是否参与社会激进活动。最后,齐默曼等人(Zimmerman et al., 1999)发现,对于非洲裔美国年轻人而言,高水平的社会政治控制感减少了其在精神健康上无助感(无法
101 控制或低控制的感觉)的消极后果。**社会政治控制感**(sociopolitical control)或许可以被定义为,对社会和政治领域的行动能产生想要结果的信念。齐默曼及其同事认为,社会政治控制有助于促进自尊和自信,并使有这种控制感的个体更有可能在生活的其他方面采取行动来对抗挑战。

如果一个人想了解居民参与的过程并确定它是否起作用,那么,测量居民参与的影响是必要的,虽然这样做很困难(Kelly, 1986b)。居民——可以说是利益相关者,或许想努力证明他们的努力是有价值的,但是这种直接的证明通常很难得到公认。卷入其中的人也有可能不同意所谓的“可靠的证据”,这些可靠的证据包括,成本节约、利益的增加、更高的案主满意度、更少的压力、得到改善的社区关系,等等。

有些居民也许想参与但缺乏相应的技能,例如,几乎没有外行人知道如何为政策改革进行游说或者如何进行一项有意义的科学研究。查韦斯等人(Chavis et al., 1992)以及利瓦伊和利特温(Levi & Litwin, 1986)注意到,居民团体或许也需要团体动力来强有力地提升技能。他们的领导者或许需要通过谈判、激励管理(Prestby, Wandersmen, Florin, Rich, & Chavis, 1990)或战略规划培训的形式来发展他们的领导能力。

斯比尔和休伊(Speer & Hughey, 1995)的研究发现,社区组织能力的发展与社区成员个人授权两者间相互关联的重要性。换言之,组织和个人都需要被授予权利来进行改革,但是要通过相互影响或强有力的方式来进行。斯比尔和休伊发现了社区组织或社区变革的四个相互关联的阶段。第一个阶段是“评估”,通过这个过程,影响着社区的关键问题被社区成员和社区组织所识别。这就使组织、社区和成员能够聚焦于接下来的三个阶段。

第二个阶段是“研究”。在该阶段,参与者对原因以及在评估阶段所确定的相关问题进行调查。换言之,将问题的实质、问题的潜在影响以及解决方案的信息汇集起来。在研究阶段需要汇集的信息中,非常重要的一点是,社区资源的分配方式以及关键人物在特殊问题上如何使用社会权利。

第三个阶段是“行动”,它代表运用社会权利的集体意图。行动包括公共事件,这些事件显示了组织或居民的权力并吸引了来自组织或社区外的注意力。最后,来自社区或组织的反省

很重要。行动策略的有效性、经验教训学习的讨论、如何展示权利的思考以及未来发展计划的探讨。这一过程在社区其他相关问题的评估完成之后,可以从头开始。值得注意的是,这一过程反映了勒温(Lewin, 1946)所描述的行为研究以及普赖斯(Price, 1983)所信奉的干预研究。社区参与的过程是干预措施及研究的有机组成部分。

居民参与的优劣

积极参与改革通常具有很大的激发性(Chavis et al., 1992; Yates & Youniss, 1998)。也就是说,人们更有可能去接受他们本人引发的社会变革(Duffy, 1991)。相关的人员也更有可 102
能去了解需要解决的问题,因为他们正忍受着这些问题。同样的原因,这种类型的社区参与通常有助于建立起社区感(Levi & Litwin, 1986)或社会共识和凝聚力(Heller et al., 1984)。而社区感反过来又会增加参与基层努力的人数(Chavis & Wandersman, 1990)。

居民参与的另一个优势是,普通居民通常会满怀热情,充满责任感地参与到改革中而不计回报(Selznick, 2000)。例如,毋庸讳言,许多社区组织都是依赖于志愿者。笔架山公共政策研究所(Beacon Hill Institute for Public Policy Research, 1997)对私人慈善机构执行董事会进行了一项调查,调查发现了以下结果:

- 90%的董事认为,志愿者对机构的效益非常重要,因为他们节省了机构的成本。
- 73%的董事认为,培训志愿者所花费的时间和金钱是非常值得的。
- 77%的董事认为,他们能够依赖他们的志愿者。

尽管这种类型的参与是令人满意的,但是它也并非没有缺陷(Barrerra, 2000; Oskamp, 1984)。克里斯坦森和罗宾逊(Christensen & Robinson, 1989)在报告中指出,不是每个居民都想参与社会变革。尽管对不参与者的冷漠无情进行指控是非常容易的,但是那些不想卷入其中的社会成员的权利也应该得到尊重。

伴随着居民参与的发展,其结果也将慢慢浮现。居民参与这一过程的延续性也许会导致一些较早受到鼓舞的人,在其付出的努力获得成果之前就已经精疲力竭。关于人类服务环境的研究暗示,居民参与的倦怠程度很高(Maslach & Jackson, 1981; Ross, Altmaier, & Russell, 1989),那些贡献最多的人往往会最先失去热情(Schultz & Schultz, 1990)。

最后,因为这些居民团体通常并未包含社区中所有的成员而是由选择的小部分人组成,因此,居民团体可能失败。如果这些人并未代表有影响力的团体或大多数成员,那么问题解决的方案也许是不可行的或者不是所有人都能接受的。而且,如果这种激进分子小团体没有代表更大范围的支持者,那么那些代表大多数人的团体也许不会信任或者会拒绝这些小团体的组织(Worchel, Cooper, & Goethals, 1991),在这种情况下,居民参与也会失败。参与社会干预需要认识到相互冲突的政治目标和参与党派的不同利益(Riger, 1989)。同样,如果改革中行 103
动的代价超过了它所能产生的收益,那么参与者就可能变得不活跃(Prestby et al., 1990; Wandersman & Florin, 2000)。只有当行动的收益是显而易见,而且行动带来的收益将超过付出的代价时,居民参与才会发生。

表 5-2 使得街区协会得以延续的特质概览

1. 更高的居民参与率
2. 更多的活动与参与机会
3. 更多的人员和委员会
4. 更多交流的方式、更个性化的服务、更加积极主动地招募人员并进行领导能力培训、采用大多数人的意见及作出正式的决议
5. 与外部资源建立联系
6. 对成员资格给予更多激励

资料来源：Wandersman & Florin(2000，p.259).

网络化

当那些试图建立社会变革的人，不去考虑社区中的其他人或者其他问题的时候，这样的社会变革同样也会失败。避免改革被孤立的一个解决方案就是**网络化**(networking)。一个网络是不同的人或者组织之间相互联系且相互作用的社会关系，这些组织内部保存着个人或组织之间互惠的信息、资源以及他人的支持(Chavis et al.，1992)。

我们注意到，在平安街区的故事中，居民们彼此住得很近，因此他们知道问题所在。但他们缺乏的是知识以及其他志同道合居民的支持。街区居民在联谊会上碰面为他们提供了所需的相互联系。他们确信在他们关心的事情中他们并不是孤单的。他们支持对不合法行为的举报。联谊会充当了建立网络关系的一个关键机会。

预测社区发展或社区改革的一种方法就是发展赋能系统(Chavis et al.，1992)。**赋能系统**(enabling systems)是一个工具。通过它，多样化的社区方案，通过在社会行动者间建立特定的联系，以高效、有效的方式同时被调动、支持和鼓舞(Chavis et al.，1992)。查韦斯(Chavis，1993)提供了一个好的赋能范例。他教授许多社区团体和组织去设计、执行并进行分析研究，进而授权给他们去进行自己的项目评估。因此，使这些社区团体和组织在将来的研究中摆脱了依赖专家的状况。

网络组织(Chavis et al.，1992；Fischer，Jackson，Stueve，Gerson，& McAllister-Jones，1977；Sarason，Carroll，Maton，Cohen，& Lorentz，1977)是相关社区组织或个人的同盟或联盟。网络组织的一个优势是，成员通常会相互分享筹资渠道、信息以及构想，因此，在网络组织内传递信息和关于案主的情况将更安全。网络组织的另一个优势是，降低了案主在服务系统中被忽视的概率。格兰诺维特(Granovetter，1973，1983)认为，这些优点甚至为那些与网络组织只有微弱联系的人带来了益处。强大网络组织的优势是他们的坚固以及在为其成员提供资源时的有用性(他们会互相分享食物和育儿经验)。然而，这种微弱的联系将作为与其他网络组织之间联系的桥梁，因此，扩大消息的传播和影响超越了通常牢固保留的联系。如果网络组织的功能之一是获取新的信息且超越通常的范围来操控信息的影响，那么微弱的网络组织在建立广泛社区的过程中就会逐渐形成。

社会学的研究文献提出**社会资本**(social capital)(个人可利用的资源，因为个人在社会结构中所处的位置，所以有可利用的资源)这一概念。“像其他的资本类型一样，社会资本是非常有用的，并使得实现某一特定的目标成为可能，在该过程中，社会资本的缺失将导致目标无法实现”(Coleman, 1999, p.16)。通过这种关系，个人所能做的会更多。社会资本的概念是可操 104
作性的，且被用来表明社会联系或网络组织对形态以及社区组织发展的重要性(Saegert & Winkel, 2004)。塞格特和温克尔(Saegert & Winkel, 2004)的研究资料表明，尽管频繁的面对面联系是简短的，但这种联系是有好处的。结成特别的人际关系是相当重要的，即使这种关系并不具有很高的水平。网络组织的概念是个人与更大的社会系统联系的一种方式。因此，对社区心理学家而言，建立并理解网络组织似乎是一个高度相关的领域。

在一个更高的系统层面上，可以在机构或系统之间建立联盟组织以实现网络化。这种包罗万象的组织可以对组织内成员的健康状况进行监督。此外，他们充当起信息交流中心的角色，以便使成员能够分享这些信息。一个具体的例子或许能用得上。美国联合慈善基金会(United Way of America)或许是美国最有名的联盟组织之一。该慈善基金会因为通过慈善捐赠为社区机构提供财政支持而闻名，没有它的财政支持，这些社区机构也许寸步难行。另外，它还为社区机构提供行政支持、设备以及其他急需的有形服务。而且，该慈善基金会也为资金危机、职员培训、刊物发展以及其他社区机构生存中的关键问题提供专家咨询服务。

社区发展社团(Vidal, Howitt, & Foster, 1986)和社区委员会(Speigel, 1987)是居民的团体，该团体将居民聚集起来共同解决社区问题或者确保社区以一种良好规划的方式获得发展，就如同平安社区中的居民一样。

案例 5-2　针对少数民族问题的在线网络

许多少数民族心理学家经常抱怨的一件事是，少数民族心理学家人数少，且分布过于广泛。在纽约、芝加哥、圣弗朗西斯科和洛杉矶这样的大城市以外的地方，只有少量的少数民族心理学家。如果有一个问题是有关特殊研究或是关于种族或种族主义的临床研究，那么在美国大部分地区找到一个为此而奔走呼号的人的可能性是非常小的。这经常令人感到孤独而且必定会产生一种孤立无助感。

随着少数民族心理学家联盟(非洲裔美国心理学家联盟、黑人心理学家联盟、美国拉丁裔心理学家联盟、印度心理学家社团)和少数民族问题心理学研究社团(美国心理学学会第 45 个部分)的发展，对这些问题感兴趣的心理学家可以加入到在线讨论中，并可以相互联系。一旦加入到其中一个联盟团体，进入到心理学家和研究员的网络组织的通道，仅仅只是打开一个网页。这些网络组织在发送相关的事件信函、筹资机会、个人成功以及悲伤的原因上可以起到积极的作用。那些对少数民族问题感兴趣的招聘启事会立刻发送到整个网络。反之，以下这些问题在讨论中也会被提出并得到相应的回答：谁知道在转变种族主义信仰方面的优秀演讲者？什么著作将成为多元性问题的优秀读本？人们如何看待某个特定的心理测验？对网络组织的所有成员而言，他们都有进入组织的途径。一般而言，新闻传播的速度最快。尽管少数民族心理学家仍旧分布广泛，但是因特网带来的这种联系为社区心理学家的讨论提供了有利的条件。

105 ## 与网络组织有关的问题

网络组织和联盟协会为参与者提供了持续的支持,他们相互分享想法和资源,并相互提供角色榜样以及为参与者提供可获得的资源(Sarason et al., 1977)。例如,这些系统使小型的社区机构能够分享有关补助金、职员培训机会和资源库的信息,交换成功宣传的构想,将案主委托给彼此的服务机构以及建立游说集团联盟。因此,每个微小服务的健康发展和成功都是有帮助的,而且也是可行的。研究证明了这些网络组织系统在艾滋病患者服务(Madera, 1986)以及失业人群和去机构化人群上的有效性(Wolff, 1987)。

一个有几分相似的观点是**交流中心**(clearinghouse)。一般而言,交流中心是为个体寻找自助团体的联盟协会。当然,交流中心的概念意味着自助团体是一个松散的网络组织。根据相关的研究报告,这些交流中心产生了较高的用户满意度和较好的社区接受性(Maton, Levanthal, Madera, & Julien, 1989; Wollert, 1987)。

赋能系统和网络组织之所以也可以称之为社会变革的形式,其原因在于,它们依靠现存的资源并在已有的服务之间发展出更有成效和更具创造性的关系。换言之,这些系统重新编织了那些即将破败和松散的社区及服务的社会结构,从而确保了社会服务继续生存和发展。

网络组织的优劣

除了提高服务的可行性之外,网络组织还具有其他的优点,这是因为,它确保了重要系统之间更好地相互了解,寻找到合作的有效方法,并学会用合作而非竞争的方式去规划或倡导改革(Wolff, 1987)。同样,赋能系统更好地确保了资源的公平分配(Biegel, 1984),有助于减少社区冲突(Christensen & Robinson, 1989),并使团体的压力集中在公共政策制定者和其他决策的制定者身上(Delgado, 1986; Seekins & Fawcett, 1987)。网络组织也使相关服务能够察觉到服务系统中的裂缝。**裂缝**(cracks)被定义为服务系统中的结构性缺口,比如,服务不全面,服务存在障碍以及缺乏服务信息(Tausig, 1987)。格兰诺维特(Granovetter, 1973, 1983)描述了网络组织的一些问题,这些组织如此强大,以致它们在结构上并不鼓励与其他组织建立联系。如果网络组织不与其他网络组织建立起联系,那么它们就会将其他组织排除在外,遗漏某些信息,并失去获取其他组织提供资源的某些途径。

尽管联盟协会也存在一些缺陷,但几乎没有研究者谈到这些缺陷。首先,联盟协会的一个缺陷是,私人的部分业务可能会受到威胁,进而可能发起一个有效的抨击用来反对社区组织中激进分子的集权(Delgado, 1986)。相似的是,当联盟协会发展壮大时,他们就会在官僚主义、冲突以及金钱开支上表现出一系列的问题。

联盟协会的另一个缺陷是,当联盟协会变成一个控制且上级的组织时,会员机构就会变得不满。例如,研究者们了解到,一个农村反家庭暴力计划因为职员和资金问题而与一个强大的
106 全国教会联盟决裂,尽管这一计划已经难以维持。更下一级的反家庭暴力计划与上级组织之间的不满导致在同一个地区再次建立了一个多余的反家庭暴力计划。

社区联盟的另外一个可能的缺陷是,不同的社区服务以及整个社区有不同的发展策略或

改革准备工作(Edwards, Jumper-Thurman, Plested, Oetting, & Swanson, 2001)。新的社区需要培训职员,而老的社区则在寻求扩展它的案主群。协调会员组织(member organizations)之间不同的发展需求对于上级组织而言是困难的。最后,如果因为成员组织分布在其他地区,而使联盟增长的范围超越了一个特定社区的边界,那么相邻社区中已存在的联盟也可能会感到某种威胁,并可能因此而破坏彼此的目标。从个体层面上来讲,那些加入网络组织的人比那些没有加入的人存在更明显的优势。鉴于个体的行为依赖于社会资本,因此,“街区”中既定的居民更有可能成为参与者,并且可以较容易地收集到网络组织所带来的益处。

咨询

在本章的开篇,某街区正陷入危机之中,街区中有很高的犯罪率、很多的短期居住者,居民之间弥散着疏离感。街区中的个体或小群体也可以呼吁开展咨询以帮助所在街区解决这些问题。一些社区起草了方案,募集了资金并聘请了社区组织者或专家为社区功能和干预措施提供专业的知识和技能。萨拉森(Sarason, 1976)认为,社区心理学家超越其他人的优势之一就是信息的获取。

专业的改革者或专家咨询师试图通过修改、更新和改进的方式来建立社会变革。**咨询师**或者**专业的改革者**(professional change agent)是那些与一个或多个个体(**顾问**)合作解决问题的人,这些顾问通常有责任给另外的第三个个体(**案主**)提供某种帮助(Mowbray, 1979)。咨询师通常是精通科学研究的专家。他们通常被请来进行项目评估和社区组织需求评估。

社区心理学家似乎具有成为咨询师的独特潜质,因为他们拥有社区需求评估、社区组织、团体问题的解决以及行动研究等方面的技能。社区心理学家也可能在一个社区中关注社会系统和机构而不关注个体(Weed, 1990)。韦德建议社区心理学家应该提供一个有凝聚力且统一的视角,当然,这个视角是社区发展专家倚重的一种价值观。当邻里机制和团体现象已经存在,且优势和潜能得以显现的时候,社区心理学家应该带来更自觉和巧妙的实用操作方法,因为他们熟悉过去的研究,而且在试图实现更美好的社区的可能性方面有着丰富的经验(Sarason, 1976, p.328)。

与咨询有关的问题 107

与咨询师的付出相关的一个重要问题是,咨询师是否真的帮助到案主。一个关于咨询师使用的具有可推广性的研究是由梅德韦和厄普代克(Medway & Updyke, 1985)开展的。他们回顾了关于咨询结果的文献。在一个设计更完善的研究中,梅德韦和厄普代克发现,相对于控制组来说,干预组(该组中采用了咨询的手段)中,咨询师和案主在解决问题或促进改革方面获益良多,这一结果是通过诸如态度量表、观测到的行为,以及标准化的分数等指标测量出来的。在控制组中(该组未使用咨询的方法),这些提高更少一些。因此,该文献为咨询的价值提供了清晰的统计证据。

韦德(Weed, 1990)明确了在初级预防计划中社区心理学家担任咨询师的一些步骤，这些步骤几乎适用于所有的改革者，不管这些改革者是不是专家。第一个步骤是定义试图实现的目标。第二个步骤是提升处于咨询环境下的个体的认知，然后引入新的计划或研究。在这一点上，其他相关的组织或社区可以因为合作、支持以及学习新的技术及资金渠道而形成网络化组织。咨询也需要在评估改革的有效方法上进行合作。评估结果好证明了所花费的金钱、时间以及努力的正当性。评估结果也可能导致对计划的修改和微调，如果修改和微调是必需的。不幸的是，在许多改革中，咨询有时候是被忽略的一个步骤。没有了咨询，人们怎么知道改革是否奏效以及这种改革是否应当被复制呢?

比夏普和德鲁(Bishop & Drew, 1998)指出，与咨询相关的另一个问题是信任的问题。在专家获得信任并被要求担任咨询师的角色之前颇费时间。研究者们探讨了一些项目，这些项目在咨询师被引入到项目中并获得信任之前，过了好几年的时间。

塞拉诺-加西亚(Serrano-Garcia, 1994)解释说，在社区成员与外部专家之间，通常存在不平等的权利关系，专业知识和其他资源使得专家拥有更多的权力。通过合作和赋权可以发起对担任社区咨询师专家的挑战，从而“建立更平等的专家—案主关系”(p.17)。

咨询的优劣

专家咨询存在诸多的优点。第一个优点是非常明显的——专业人士在其从事的方面是专家。该专业人士经过专门的培训，并拥有作出明智决策时依据的知识。其中一个不太显眼的优点是，咨询师是一个中立者。因为没有卷入到现有的问题中，且在社区或组织中不是既得利益者，因此他能够作出没有负担且没有偏见的判断和建议。

咨询师通常采用长期的方法来解决问题。社区或组织中的个体因为与短期性的问题朝夕相伴，因此他们通常关注这些短期的问题。对于社区或组织持续健康的发展而言，长期的方法或许是最好的。正如之前所说的那样，有太多的社区团体很快就失败了。快速而无效的决定或许是失败的原因之一。

108 最后，如果一个咨询师是有经验的，那么他会提出大量的构想、过去成功的经验以及相关的想法，因为在他们过去的经历中曾经遇到过相似的情况。咨询者既不能背叛也不能与过去的案主产生利益上的冲突，但是先前的经历可能会帮助他们找到一些相似的地方，这些相似点对于类似的社区或组织或许是有用的。

尽管存在显著的优点，但专家改革者也并非没有缺点(Maton, 2000)，其中一个缺点就是成本。成本是一个最主要的负担，并将因此而阻碍那些需要获得专家帮助的社区或组织获得最佳的变革计划。从原则上来说，一些担任改革者的社区心理学家会考虑无偿或自愿提供咨询服务。美国心理协会及美国心理学会鼓励心理学家开展无偿工作。社区心理学家或许会担任组织的顾问；为社区工作的独立资金撰写批准书；提供对文献的认知以及研究过程的相关知识(Suarez-Balcazar et al., 2004)；或者帮助社区重新制订任务或基于专家意见的问题，这些专家意见可能在这一过程中被采用(Kelly et al., 2004)。当顾问和社区被视作是平等且互惠的搭档时，他们能获得更多的信息，并且能更有效地解决问题。

然而，对于所有参与其中的顾问而言，发展合作是一个问题。在咨询师的范围之外，有时会有恐惧（担心失去工作或招来批判）以及对改革的防卫和抵触心理。因此，顾问或许要考虑采用不那么直接（间接）的技术以避免这些问题（Heller et al.，1984）。

顾问与案主的联系通常是有时间限制的。他们需要尽快地评估问题，帮助解决问题，形成方案及实施方案，并预测短期内的维持策略。通常，要求顾问去商议的问题比大量可用资源及时间问题要复杂。例如，许多社区及其组织随意地发展壮大而不以有规划的方式发展。即使可能的话，重新规划也很困难。一些问题是解决方案所不能执行的，从本质上讲它们是不能被解决的（Sarason，1978）。如果顾问仔细地将他们的技能和专业意见与案主的情况进行匹配，那么许多诸如此类的问题是可以避免的。

最后，案主有时会对顾问的能力抱有过高或者不切实际的期望。另一些案主或许会将顾问用在他们误导性的目的上，尤其在“应该做什么”这个问题上产生冲突的时候。在这种情况下，符合伦理道德的咨询将会使案主感到失望。此外，顾问谨慎地加入进来以确保他的专业意见契合案主的问题，这一点也是有帮助的。顾问了解他们被聘用的目的以及工作中是否存在多重的、相互竞争的利益是非常明智的。表 5-3 提供的布卢姆准则对社区团结是有用的。

表 5-3　布卢姆关于指导社区项目开发的准则

1. 不论你的薪水从何获得，你必须清醒地认识到，你是在为社区工作
2. 如果你想知道一个社区的精神健康需求，那么就去询问社区成员
3. 当你了解了社区的精神健康需求时，你有义务将你所了解到的情况告知社区
4. 帮助社区建立自己的优先事项
5. 你可以帮助社区在众多有关其努力成果的方案中作出选择，从而解决社区的问题
6. 如果你所服务的社区如此缺乏组织性以致无法找到社区各方面的代表，那么你有义务帮助社区找到这些代表

资料来源：Bloom（1984，pp.429-431）.

教育和信息传播 109

开篇例子中那些感到恐惧的街区居民将会从警察通讯和警察的反应规则等信息中获益。但由于缺乏自愿的目击者或有效的证据，居民们很快就理解法律执行过程中遭遇的挫折。随着警方的支持力度加大，社区居民学会让人注意到什么是自己所需要的，并学会如何及时联系警察。这种做法和其他信息建立了一个有效的街区—警察合作关系。

信息传播（information dissemination）属于社区改革努力中至关重要的部分。事实上，一些社区心理学家向他们的同行发出挑战以重新传播有用的信息和创新的项目，并将其作为解决社会问题的一种方法（Linney，1990）。

社区心理学中的信息传播（Mayer & Davidson，2000）或教育的含义是什么？正如你现在所知道的，社区心理学家试图去预防、调解并通过有代表性的创新项目来处理（如果需要的话）社区问题。如果创新或实验性项目得到研究并被证明是成功的，但项目的结果永远不被其他社区分享或者采纳的话，那么项目结果的使用就是有限的（Fairweather，1986）。当改革者和社会激进分子在相似的人群或相似的环境下工作时，信息的传播能够节约许多时间、金钱和努力。因此，对信息传播进行改革和创新是至关重要的。

然而，在关于项目如何才能有效地转移到其他环境中去的问题上，文献存在诸多的争议。来自社区心理学的创新项目的采纳者在项目的转移上需要更加仔细。采纳者应当忠实于原始的改革模式，尤其是要忠实于引起改革的手段，但是考虑到并非所有的环境都相同这样一个事实，他们或许也需要作一些革新（Blakely et al.，1987；Bowman，Stein，& Ireys，1991）。

不论什么时候，来自社区心理学的任何信息都会被社区成员分享，社区心理学的主要目标应当是改善社区，促进预防并赋权于社区成员去掌控他们自己的命运（Fairweather & Davidson，1986）。以教育为目的信息也可以用来在社区中塑造意识形态和指导人们的行动，以及去影响那些“权势人物”（守门人）（Levine，Perkins，& Perkins，2004）。随着科技的进步——如远程教育的发展、多样化以及距离遥远的社区都能够得到教育和赋权，信息的传播也能够比以前更容易（Kreisler，Snider，& Kiernan，1997）。

与信息传播有关的问题

对于那些希望向社区成员传播研究结果或创新项目的社区心理学家来说，有一些重要的
110 问题需要思考（Mayer & Davidson，2000）。首先，并非所有的人都是接受性的，同时，这些人对接受信息和想法也不持开放的态度，谨记这一点很重要。尽管有很高的热情，但有些人并不会轻易去接受你希望分享的东西，并且有些人永远不会接受你提供的东西（Rogers，1982）。费尔韦瑟和戴维森（Fairweather & Davidson，1986）认为，至少有两种现象阻碍了信息的接受性：接受者的人格特征与接受者发现他们置身其中的社会环境。例如，一些思想封闭或者教条的人（Rokeach，1960）将不乐意去接受新的思想。事实上，他们也许根本不接受这些思想。另外一些人或许发现他们身处的社会状况或环境暗示他们改革是不被接受的，因此，虽然这些思想符合团体的期望，但是无论构想多么好，他们都不会去接受。

其次，测量信息传播是否有用也可能存在问题。因此，应当使用一个多样化的测量方式，包括接受者的人数、在模拟计划中对先前结果的反响，等等。选择多个测量指标将能更好地了解被分享的信息是否被成功地接受。例如，塞茨、阿普费尔和罗森鲍姆（Seitz，Apfel，& Rosenbaum，1991）采用了多个测量指标——辍学、留级、参加职业辅导或候补学校计划以及平均的学业等级，来衡量怀孕青少年干预计划的影响。他们发现，在不同测量中，经历特定干预的青少年更有可能在学习成绩上获得成功。如果研究者只采用了其中的一个测量指标，那么研究的结果可能就是两样的。

分享信息，尤其是那些分享新项目信息的人也应当注意，计划中只有一些部分对采纳者有用，并且信息的传播者在被分享的信息应当如何利用这一问题上是合作者而非独裁者。费尔韦瑟和戴维森（Fairweather & Davidson，1986）认为，任何尝试在社区中传播创新的人需要学

习偶尔成为一个有风度的失败者！正如詹森和哥伦威克(Jason & Glenwick，2002)所注意到的，任何信息都不得不与高密度的竞争性信息进行竞争。由于信息获得者注意力分散，因此，要使信息顺利被采纳并非易事。

最后一个将教育作为一种社会变革手段的相关问题是，这种方法必须具有文化敏感性。对某一个种族群体起作用的教育，对另一个种族群体不一定起作用。关于这个问题，我们仅列两本书为证，即《种族和少数民族心理学手册》(*Handbook of Racial and Ethnic Minority Psychology*)(Bernal，Trimble，Burlew，& Leong，2003)和第六次修订的《跨文化咨询》(*Counseling across Cultures*)(Pedersen，Draguns，Lonner，& Trimble，2008)。尽管佩德森(Pederson，2008)警告将多元文化主义过于简化的危险，但苏、宾汉、波琪-伯克和瓦斯奎兹(Sue，Bingham，Porché-Burke，& Vasquez，1999)依旧将对多元文化主义的认可看作是在它自身权利范围内进行的革命。尽管社会变革的意图是良好且充满希望的，但是不能想当然地认为，少数民族可以从中获得同等的收益以及避免同样的伤害。

例如，在考虑指导关系时，达林、博加特、卡维尔、墨菲和桑切斯(Darling，Bogat，Cavell，Murphy，& Sanchez，2006)注意到，文化和种族在决定视谁为指导者以及这种指导关系的本质方面扮演了重要的角色。在一些案例中，父母和扩大的家庭成员是很重要的；在其他案例中，家庭和非家庭成员处于同等的地位。在另外一些案例中，特定的家庭成员被认为不可能成为指导者。如果我们试图在社区中发掘自然的教授技能，那么指导的过程会带来直观的感受。然而，在这种关系如何起作用这一问题上的不同观点，应当在这些计划发展的过程中被仔细地考虑进来。

图 5-2 提供了第二个例子。图中的数字表明了美国人口教育和信息传播或许能达到的目标。该图通过教育、种族和性别描述了(在 65 岁时)预期寿命。需要注意的一个重要问题是，受到最少教育的人比那些受过更多教育的人有更短的预期寿命(没有种族和性别之分)。 111

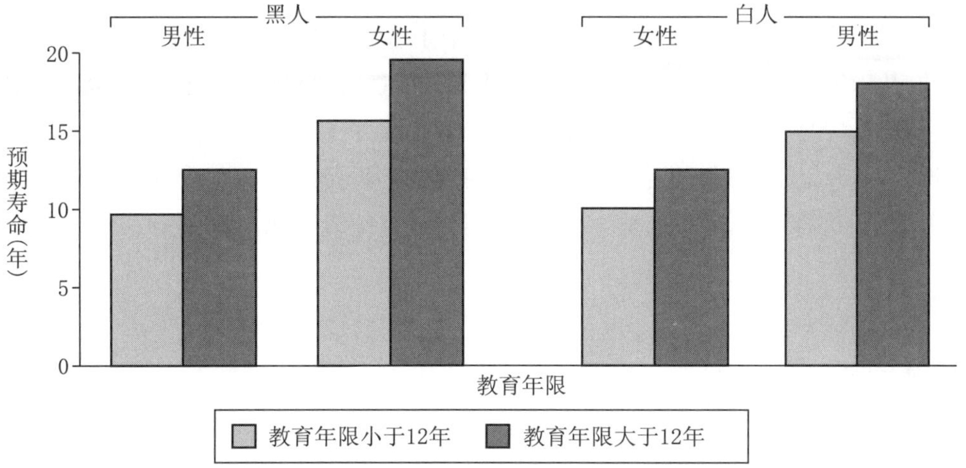

图 5-2 在 65 岁时依据教育和种族的预期寿命

资料来源：Kaplan(1994).

当然，第一点需要指出的是，还存在一些其他差异，即黑人与白人，男性与女性之间在预期寿命上存在差异。预期寿命在性别上的差异或许可以用男女两性在生理上的差异来解释，也可以用男女固有工种的职业危害来解释。种族间的差异或许可以用收入水平来说明。收入较高者（他们中大多是白人）一般会获得更高品质的健康照顾。事实上，收入水平和职业地位也与教育程度相关，因此他们或许也解释了男女之间及白人与黑人之间预期寿命的差异。第二点需要指出的是，教育可能不是预期寿命和其他健康方面差异的唯一原因。

教育改革的优劣

教育改革的优点颇多。首先，广大受众通常会接触到这些改革的成果，因为在传播改革想法时通常会使用多种方式，尤其是通过电视和报纸这样的大众媒体（McAlister，2000）。其次，
112 在美国，教育作为一个整体通常受到人们的尊重，因此，普通的社区居民和当权者有可能去接受这种改革的道路而不是采取更保守的方式。最后，如果社区激进分子采用诸如大众媒体这样的手段进行信息传播，那么教育改革将会是他们在追求社会变革中最为廉价的形式之一。一张图片也许真的可以带来一千个字的效果。类似，用通俗易懂的语言撰写的研究报告更可能在更多人中传阅。

然而，教育改革也存在缺陷。一个缺陷是，思想保守的人不容易接受信息，无论传达的信息有多少。同样，传播的工具或许不得不根据受众量身设计。例如，意识不断得到提升的团体在妇女运动中可以很好地传播女权主义的信息（Levine，Perkins，& Perkins，2004）。对于内科医生群体而言，最好的工具也许是专业期刊。另一个缺陷是，媒体广告有时候增加了教育干预计划试图减少或预防的行为，尤其是在采用大众传媒传播大范围的干预计划时（Jason，1998）。一个例子就是，啤酒的电视广告和一个试图减少或预防醉酒驾车的教育宣传片同时出现。

作为一种干预策略，教育带来的优点是，"短时间内影响广泛群体"。这类教育项目的目标是广泛的，从以发展的方式为学校做准备到提供相关信息以调节利害关系，再到处理特定的个人健康问题（吸烟的危害、负担、压力和处理创伤）或者社会行为的问题（乱丢垃圾、对环境的关心和资源的保护）。教育工作面临的挑战是，如何理解受众或学生，如何最有效地影响受众，从而使其产生预期的变化。社区心理学家或许可以阐述其中的原理，从而使教育项目取得更好的效果。

公共政策

如果本章开头提及的被困扰的居民决定通过立法，从而使逮捕社区中的毒品交易者更容易，或者通过项目的实施来解决该地区的犯罪问题，那么这种社会变革被认为是

通过公共政策进行的变革。尽管公共政策的变革有时要耗费较长的时间，付出较多的努力，但政策上的改变却能给人们的生活方式带来长久的改变。这是在系统层面上的直接干预。

考虑一下，你在最近的选举中投票了吗？通常，令人惊奇的是，有如此多的居民，尤其是大学生，他们没有投票。投票、草拟法案以及为了特定利益进行游说构成改革（通常是突发性的）我们整个国家和地区的议程。这对居民和社区心理学家而言也是一样的，参与公共政策工作为社会可能的彻底变革打开了一扇“机会之窗”(Nikelly, 1990)。

那么，什么是**公共政策**(public policy)呢？公共政策的目标是提高社区成员的生活质量。尽管这个术语通常用在政府强制性的法案中，但是它也适用于某一特定的机构或当地社区国家政府层面上的政策。公共政策也可以对分配各种社会资源带来的问题产生影响(Levine & Perkins, 1997)。

与公共政策相关的一个概念是**政策科学**(policy science)，它是从与政府和组织政策相 113
关的科学中获得研究结果（对社区心理学而言，指的是从社会科学中获得研究结果）的实践(Oskamp, 1984)。与此有关的一个著名案例是，采用现行的学校废除种族歧视的科学研究去形成关于种族融合的政策(Oskamp, 1984; Perkins, 1988)。考虑到美国最高法院在2007年6月在梅雷迪斯诉肯塔基州杰斐逊县案和加入社区学校的家长诉西雅图校区案(Meredith vs. Jefferson County, Kentucky and Parents Involved in Community Schools-PICS vs. Seattle School District)中所作出的，关于学校在设计解除种族隔离的计划时，可以不用再考虑学生的种族的判决声明，种族融合的挑战还将继续(Greenhouse, 2007)。

萨拉森(Sarason, 1984)指出，社区心理学在公共政策领域的努力乏善可陈。他认为，这或许是一个被错过的机会。公共政策能够带来整个系统的改变，并且伴随这种改变，政府的资源将会影响到这种改变。采用公共政策的策略，我们就能更好地解决一些问题，如离婚、偏差行为、教育以及那些限定并维持我们社会的结构。

阅读至此，你应该明白，用于创造社会变革的方法是多种多样的。任何一个可靠的改革者都知道多种方法是最好的。也就是，单一改革策略自身的力量是微弱的。采用多重改革手段更有可能产生预期的结果。案例5-3描述了强暴危机中心的改革，该中心通常采用这种社会 114
变革的多重方法。在第七章，我们将更详尽地描述美国在改革教育系统上的努力。在这些引人注目的改革中，首当其冲的是学前教育，比如说，迎头赶上计划(Zigler, 1994)。关于心理弹性的研究证据表明，儿童的早期教育和父母教育(parental education)具有显著的优势。关于迎头赶上计划长期影响的研究结果也可以在线获得。这些研究结果表明，从幼儿开始就对儿童开展干预具有积极的影响(Garces, Thomas, & Currie, 2000)。在第八章中你将阅读到有关这一问题的更多内容。

案例 5-3 强暴危机中心:一个全国性的考察

坎贝尔、巴克和马祖雷克(Campbell, Baker, & Mazurek, 1998)假设,从 20 世纪 70 年代女权主义运动开始,许多强暴危机中心经历了重大变化。研究者通过采访强暴危机中心主任的方法来考察在美国随机选取的 168 家强暴危机中心目前的结构和功能。

首先,研究表明,社会变革的途径有很多种。强暴危机中心早期的服务目标是为被强暴的幸存者提供服务。这一服务的另一辅助性措施是提供 24 小时危机干预热线以及在法律协商和医药系统上的咨询与帮助。许多(并非全部)强暴危机中心最后也试图在社区中提高强暴的公共意识。此外,一些中心开始积极参与公共集会,如找回夜晚的示威游行。最后,一些强暴危机中心也试图通过游说州立法机关改革来进行大规模的改革。大多数州政府对此作出了回应,在 20 世纪 70 年代晚期到 20 世纪 80 年代早期,修改了所在州的关于强暴的法律法规。

其次,尽管选取的中心平均存在时间为 16 年,但是仍然有许多中心超过或者少于 16 年。那些年代久远且独立的中心有更大的目标群体,职员人数更多,在与其他社会服务机构相互影响时会改变自己的服务方向。这些强暴危机中心在解决内部问题时,采用参与式的决策方式。年代久远的中心也更有可能参与像找回夜晚的示威游行这样的公共集会及干预项目。成立时间不长的中心更有可能参与公共的游说活动,并将其作为社会激进主义的一种形式,而不是参与教育干预计划和公共集会。

此外,这两种类型的强暴危机中心都会参与到社会激进主义或社会变革当中,但是由于组织的结构和年限不同,这些中心的活动类型存在差异。另外,这一研究也表明,为了继续为所在社区提供优质的服务,强暴危机中心与其他社会取向的组织通常需要适应不断变化的政策环境。

与公共政策使用有关的问题

尽管改变社会政策是社区心理学较少涉足的领域,但政治与社区心理学联系紧密,相互交织(Philips, 2000)。社区心理学家有个普遍的共识就是,他们的科学与政治是相互联系且不可分离的。然而,社区心理学家在关于科学应该在多大程度上影响政策,以及公共政策应该在多大程度上影响科学上达成共识。一些人认为,只有建立在科学依据基础上的政策才是好政策,也就是说,一个人只有拥有牢固的科学知识才能去影响公共政策。另一些人却认为,进行科学研究要耗费大量的时间,一些诸如艾滋病、无家可归等紧急的社会问题需要立即着手解决。社会不可能坐等解决这些复杂状况的方法出炉。

大多数社区心理学家一直认同,公共政策的发展离不开研究者、受影响的人群及决策者或政策制定者的通力合作。合作的思想指导着心理学家避免与受影响的社区成员形成"殖民"关系(Chavis, Stucky, & Wandersman, 1983)。实际上,与适宜的社区成员——特别是那些受政策研究或政策制定影响的社区成员合作，这不仅是一种安全的策略，而且是一种很好的品质(Robinson，1990)。以大学为基础的专业意识以及资源的获取和更高教育水平所象征的社会地位，为通力合作带来了力量上的不平衡和障碍。这些不平衡和障碍可以通过心理学家和社区成员所作出的认真细致且有意识的工作来克服(Shpungin & Lyubansky，2006)，虽然后者会在潜意识里疏远社会等级中的上层阶级。当了解到周围环境出现改变的机会时，摧毁倡导与感谢间墨守成规的平衡使史潘金和柳班斯基想起了保罗-弗莱雷对忍耐和行动的警告。美国人习惯性地认为，指导社会变革的公共政策是基于科学、人道主义和逻辑思考的，但通常的情况是，无论是否有理性思考贯穿其中，一些通常发生的事情还是在华盛顿和其他地方发生了(Johnson，1991)。政治氛围，带着各种目的的游说团体和其他变数通常比科学和其他逻辑因素更能影响公共政策的最终产生。一些现象，比如比上一年更复杂的选民情况和公众注意力的转移(例如，从国防问题转移到社会问题)，都能影响公共政策的方向。同样，为各种政策变化所设立的基金在可以预见的将来仍旧是一个热门话题。很不幸的是，行为和社会学家经常成为社会变革基金申请的失败者(American Psychological Society，1991)。媒体在该国公共政 115
策形成上也设置了一个重要的情感基调(Schmolling，Youkeles，& Burger，1989)并以此来影响人们的想法。这被称作**议程设置**(agenda setting)。最近，与政府领导人相关的丑闻已经削减了政府的公信力(Chanley，Rudolph，& Rahn，2000)。2006 年 1 月，《今日美国》针对 1009 人的一项民意调查显示，只有 15%的人对美国议员在诚实和道德标准上给予高或者很高的分数(Koch，2006)。这低于 2001 年的 25%这个数字。一项在 2006 年 5 月进行的佐格比民意调查发现，75%的被访者表示，没有五年前那样信任政府(http：zogby.com/News/ReadNews.dbm?ID=1116)。

政策科学有多种功能：工具性功能、概念性功能和说服性功能(Shadish，1990)。本书的几位作者认为，研究能够而且应该服务于预测性的目的。当研究塑造了改革的方向或者公共政策时，它便具有**工具性目的**(instrumental purpose)。研究也能够改变人们的思考方式或概念化社会问题及其解决方案，具有这一功能的研究便具有**概念性目的**(conceptual purpose)。当研究试图说服决策者支持某个特定的立场或者某个社会问题的解决方案时，它就起着**说服性功能**(persuasive mode)的作用。最后，当设计研究用来预测将要发生什么或者预测改革是否会被接受时，它的功能就是预测性的。

是否有证据证明社会科学研究在立法者制定公共政策时对他们产生了影响呢？有！人们可以看到研究者的影响部分来自什么类型的研究会得到联邦政府基金的支持。除经济学家以外，心理学家可能是所有社会科学家中受到资金支持最多的人(Oskamp，1984)。而且，公共部门的报道称，在使用社会科学制定政策时，心理学研究被作为所有科学中最有影响力的研究(Caplan，Morrison，& Stambaugh，1975)。在担任美国国会议员时，特鲁迪·文森特(Trudy Vincent，1990)报告，国会成员从事的活动与社区心理学家的生态意识活动相似。也就是，立法者在确定政策之前需要仔细关注该地区的人群、环境、重大事件以及该地区的历史。因此，心理学能直接或间接地影响公共政策。

无论社会心理学在政策提出或社区中扮演什么角色，它始终应该回归到社区的应用上去(Chavis et al.，1983)，而不仅仅是耗费在学术期刊上，供科学家"享用"。记住，科学既可以为社区服务，也可以用于政治手段、政治操纵和自我服务的目的(Oskamp，1984)。

服务于公共政策的研究不是引起社会变革的唯一方法。社区心理学家和社区成员也能通过游说来寻求政策的改变。游说意味着给政府官员直接施加压力，以此推进特定法案或者政策的修订。希望对政策产生影响的个体还可以向决策者传播适当的信息，如公共民意调查和研究领域的结果，从而试图劝说决策者(Perkins，1988)。关于教育和信息传播作为一种社会变革的方式已经在前面进行了讨论。

希望对立法产生影响的普通民众可能会发现立法的过程令人困惑不解，不管是地方的立法、州的立法还是联邦政府的立法。幸运的是，对普通民众而言，有一些可用的资源能将这个谜团驱逐出去(Alderson & Sentman，1979；Ebert-Flattau，1980；Zigler & Goodman，1982)。
116 美国心理学会已经成立公共利益理事会(Public Interest Directorate)。该理事会的主要任务是促进心理学应用于人类福利的科学性和专业性。该理事会向州、联邦政府和立法者传播了他们的报告以及其他一些书面材料。同样，美国心理学会也建立了一个包括立法过程以及通过有效方式与国会议员进行交流等方面的倡导公共利益的指南。

一个社区心理学家或者社区成员也应该寻找一个选举场所，并为特定候选人的阵营工作，或者为特定候选人投票以支持其期望的社会变革计划。担任一个经选举而产生的官员或许看起来多少有些格格不入，但对科学家而言，那通常是理想的模式，为什么呢？社区科学家的训练把他或她放到了能够为所推荐的项目搜集证据的位置。科学家也非常了解评价变化机制，如一个新的项目或实验项目的重要性(Fairweather & Davidson，1986)。

对于在政治上活跃的科学家而言，另外一个角色是担任专家证人(expert witness)和法庭之友(amicus curiae)。关于心理学家在法庭上担任法庭之友角色的一个案例是，在普华永道诉霍普金斯案件的初审、二审和最高法院的审理中，苏珊·菲斯克进行的性别刻板形象的研究被听取和引用。在该案例中，美国心理学会也提出了一个法院之友的辩护书。关于刻板印象心理学的证据在每一级法庭上以及最终证明对女职员的误判上都扮演了重要的角色(Fiske，Bersoff，Borgida，Deaux，& Heilman，1991)。心理学家的这些努力在构建案例法和制定为其他案件提供依据的判例方面起到了作用(Jacobs，1980；Perkins，1988)。

公共政策改革的优劣

利用公共政策进行改革——包括研究、游说、制定特定的政策和选举的优势在于，这种社会变革通常都是彻底的改革，尤其是如果广泛联盟的努力有共同方向的话。另一个优势是，普通的美国公民对法律非常尊重(Kohlberg，1984；Lempert & Sanders，1986)，因此一些人可能因为公共政策是法律的原因而接受改革。

通常，掩盖在社会问题下的真正问题是经济和政治上的问题，而并不是心理上的问题，因此，政策解决方案或许是最合适的方法(Nikelly，1990)。最终，政策制定者通常(并不总是)对选举或者任命他们的社区有宽广的视角，并更有可能理解相互分离的群体与社会问题之间的关系。因此，以政策的方式来解决问题可以采用宽广的视角且立足于长远的方法，而不采用过于狭窄或短期的视角或方法，后者往往更容易失败。

然而，所有的社会变革方法都存在问题，政策科学和公共政策也存在自身的缺陷。例如，学者给同行留下的印象是，他完成的很多社会科学研究“要么发表要么被枪毙”(Phares, 1991)。研究通常并没有“回到”社区以指导社会变革。同样，社区研究者经常被认为是传统体制的代表，该体制在历史上是压迫的，因此在社区中不被看作是友好的来访者或合作者(Rob- 117
inson, 1990)。因此，研究参与、研究结果和研究结果的传播未得到接纳，从而使得研究未产生用处。

用公共政策来建立社会变革存在的另一个重要问题是选民。债券发行、学校预算、普通投票和其他选举仅仅只是选择少数人参加。大多数的选民中，受过良好教育的人分布不均衡且比普通市民年老。因此，穷人、年轻人和少数人的心声并未通过选举而被听到。这就意味着，那些在社会行为改革中可能受益最大的人没有参与到这些改革的方向中来(Hess, Markson, & Stein, 1991)。

也许使用公共政策来创造社会变革的最大缺点是，政策的形成是一个缓慢、繁琐且政治性很强的过程。例如，从议会的初稿到议案的形成，其平均时间周期大约是一年。然而，争议较少的议案则更快获得通过。更复杂或者争议更大的议题花费的时间则更长。但与此同时，受政策影响的群体的需要可能已经发生了变化；实际上，这个群体本身可能已经消失，或者，他们的需求可能已经更高，以至于以前的政策解决方案已经变得不充分。

实践的技能

社区心理学家在改善社区方面可能还有很长的路要走。然而，很多社区成员不知道怎样接近社区心理学家或确切地知道社区心理学家能做什么。为解决这一问题，美国心理学会下属的社区研究与行动学会提出一些关键性改变的建议。在一篇题为“寻找作一名新社区心理学家的工作”的报告中，社区研究与行动学会实践工作组(SCRA Practice Task Force, 2007)提出建议，社区心理学家不能依赖于他们的头衔，而是要描述他们具体能做什么。通过列举他们的能力，社区心理学家不但能处理定义问题，还能扩展机会。这些能力应包括政治主张、评估和评价、组织构建能力、合作和咨询技巧、组织内部以及对外交流技巧、撰写报告、对文化多样性的意识和鉴别、团队进步的知识、提供科学知识的技能、组织和建议的能力、如何建立和掌控对积极环境的理解以及研究技巧。作为一名经验丰富的社区心理学实践者以及这一特别小组的成员，艾伦·拉特克利夫表示，他从不看人们正在寻找的工作的名称，他仅仅是描述自己可以为系统、社区或者组织做什么。他发现，这对他的技能提出挑战(personal communication, January, 2008)。

关于社区干预的想法，科夫金-拉德金(Kofkin-Radkin, 2003)作了很好的阐述。这是一个认识到矛盾的两面性的过程。她关于社区行动的忠告如下：

- 形式很紧迫，因此，请抓紧时间
- 结果很重要，因此，请不要担心
- 问题很庞大，因此，把它想得小一点
- 社会变革很复杂，因此，请简化
- 社会变革是严肃的事情，因此，请享受这一过程
- 社会变革需要正确的方向，因此，请放弃控制

本章概要

建立和维持社会变革的方法很多。每种方法都有优劣。试图进行社会变革的激进分子需要考虑的是，什么样的策略在解决社会问题上将会是最有效的。同时采用多种策略将会比那些只采用单一策略的变革更有效，曾经有效的策略或许不会再奏效，或者说，在不同的社区或解决不同的问题时，不会再奏效。

计划性变革，如草根运动和信息传播，可以有目的性地解决问题，并使社区为变革做好准备。计划性变革的最初目标应当始终是改善社区。计划性变革的每种方法都有其优点和缺点。改革中可行的方法包括，居民参与、与其他社区资源建立网络组织、采用专业的咨询、教育或知识的传播以及参与由市民和科学家共同推动的公共政策的制定。

在居民参与中，市民通过采用诸如草根运动之类的手段发起了他们期望的变革。这种草根运动是一种自下而上而非自上而下的变革。这种变革带来了赋权，在这种改革中，人们感觉他们能够控制自己的命运。

当社区机构联合起来相互帮助时，他们就形成网络化。网络化能够直接延长社区组织的生存时间。有时，一些联盟协会，如联合道路协会，也会为社区机构提供服务或者强化它们的功能，进而确保社区机构的成功运行。

专业的变革者或咨询师也能够帮社区变得更好。社区咨询师需要特别小心的是，不是压制社区，而是赋权于社区以便建立社区自身的社会变革。

教育和信息的传播仍然是社会变革的多样化方式之一。尽管这些方法的优点是带来巨大的变化，但是必须注意的是，应当使用对社区文化差异具有敏感性的最适宜的信息。

通过新的法案和政策或者修改现行的法律和政策是社会变革的另一种方式，被统称为公共政策。公共政策的变革可以带来彻底的社会变革，但是这种政策通常带有竞争团体的政治主张，因此，政策的形成和执行颇费时间。

社区参与者发现，反思自身带给社区的解决社会问题的技能是有用的。“社区心理学家”这个称号或许还不被许多人知晓，但恰恰是这种实用主义（pragmatism）和灵活性（flexibility）很好地说明了社区心理学家应该去做的。

第三部分

应用到各种环境的社区心理学

第六章 119

精神健康系统

精神疾病的流行病学估计

精神健康和精神障碍的理论模型

医学模型

精神分析模型

行为主义模型:社会学习理论

人本主义模型

■ 案例 6-1　精神健康护理专业人员

精神健康系统的变革

精神健康护理简史

■ 案例 6-2　罗森汉关于住院患者污名化的研究

去机构化

去机构化的社会背景

机构化的早期选择

测量去机构化者的成功

超越去机构化

针对精神障碍个体的示范项目

密集式个案管理

战斗还在继续:路在何方

本章概要

> 对个体而言,精神错乱是罕见的,但对于群体、国家和时代而言,精神错乱是一个普遍的现象。
>
> ——弗里德里希·威廉·尼采《超越善恶》

敏,25岁,是居住在美国的华人后裔。她不仅认为她的精神科医生不了解她的病情,而且认为他们不理解她的中国价值观。

敏不断出入于一家大型的州立医院,因为医生说她患了精神分裂症。每次进入这家医院,医生就给她开一些药物来减轻她的症状,特别是她的幻觉和与她交谈的幻音。服药之后,敏能 120
够更好地控制这些幻觉的干扰,可以更好地料理自己的日常所需,然后才能够出院回到家中接受护理。然而,她的父母艰辛地维持着这个家庭,包括她正在读书的弟弟和妹妹。因此,敏大多数时间是独自一人。因为她的家庭无法有效地监督她,所以她常常忘记吃药。最终,她变得无法自控,家里为她请来精神科医生。在她家人的恳请下,医生对她进行干预治疗。之后,医生告诉他们必须将敏送回到医院。

这就是敏的状况。她离开医院之后又不得不重新回到医院。她接受药物治疗,并能暂时性地从那些症状中解脱出来,以至于到后来她甚至忘记了那些药物。敏仅仅只是这个国家慢性精神疾病患者的冰山一角。这些患者似乎急需长期且协调的治疗，但他们并不一定能获得这种治疗。

本章将考察敏以及与她的情况类似的其他人遭遇的困境。本章首先从历史上的一些重要事件开始，然后讨论精神疾病去机构化的问题。对去机构化的讨论将聚焦于如何测量去机构化的成效以及常见的机构化治疗的替代性方案。有趣的是，很多早期的去机构化的替代性方案往往等同于再机构化(reinstitutionalization)。而更新的方案正在制订当中。这些替代性方案面临的问题是，它们能否按计划得到执行。是否存在一个所谓的三级预防项目可以使患者离开治疗机构并成功地融入社区当中？我们先来讨论一个问题，那就是，有多少人与敏的状况相似，也就是说，在我们的社区中，有多少人正在与精神障碍抗争。

精神疾病的流行病学估计

在 20 世纪 80 年代早期，美国国家心理健康研究所(National Institute of Mental Health, NIMH)在 5 个城市调查了 2 000 多人的精神状况。这个被称为**精神疾病流行病学调查**(Epidemiologic Catchment Area, ECA)的研究试图估计和描述符合《精神障碍诊断和统计手册第三版》(*Diagnostic and Statistical Manual of Mental Disorder*, 3rd edition, DSM-Ⅲ)中的诊断标准的精神障碍的发生率和流行率。例如，在对三个社区的比较中，罗宾斯及其同事(Robins and colleagues, 1984)估测，《精神障碍诊断和统计手册第三版》中某种特定精神障碍的终身流行率分别是，纽黑文市为 28.8%，巴尔的摩为 38.8%，圣路易斯为 31%。值得注意的是，这些数字彼此之间存在一定的差异，这也符合人们的期望，即精神障碍在不同的城市具有不同的特征。研究者的意图在于从美国足够多的地方将数据进行汇总，以便于在全国范围内得到一个有代表性的样本，进而得出对美国在这一精神障碍上的比率的估计。研究的发现表明，男人和女人同样容易受到精神障碍的折磨。这一研究使得我们可以估算出焦虑障碍在一年内的流行率(在前一年已具有症状)为 13%，重度抑郁在一年内的流行率为 6.5%，精神分裂症为 1.3%。样本中 19%的人被认为存在某种精神障碍。20 世纪 90 年代，由 NIMH 主持的第二次多地点
121 精神疾病流行病学调查(A Second Multiple Site)提供了一些估计，这些估计依据的是《精神障碍诊断和统计手册第三版(修订版)》的相关标准，这一标准与第三版的标准又有所不同(Kessler et al., 1994)。这一研究被称为美国精神障碍共病研究(National Comorbidity Study, NCS)。在该研究中，各精神障碍在一年内的流行率的估计值分别为，焦虑障碍为 18.7%，重度抑郁为 10%，精神分裂症为 23.4%。精神障碍的终身流行率为 50%。然而，17%的人存在多重诊断(共病)，而且精神障碍最严重的患者也是共病种类最多的患者。第三次多地点精神疾病流行病学调查在 2000 年到 2002 年间进行。这项研究被称为美国精神障碍共病研究的复制(National Comoribidity Study, Replication, NCS-R)，它使用的是《精神障碍诊断和统计手册第

四版》中关于精神障碍的诊断标准。依据这些诊断标准得出的结果是，在一年内，焦虑障碍的流行率为18%，重度抑郁症的流行率为6.7%，存在一种及以上形式的精神障碍的流行率为26.2%(Kessler, Chiu, Demler, & Walters, 2005)。同样，一小部分人有最严重的精神障碍症状和多种精神障碍。在两份美国精神障碍共病研究报告中，在确诊患有精神障碍的患者中，接受治疗的人不超过一半。

精神疾病流行病学调查、美国精神障碍共病研究以及美国精神障碍共病研究的复制的研究发现，与另一项在1952年到1960年间开展的精神障碍流行率的纵向研究——**曼哈顿中区研究**(Midtown Manhattan Study)的发现是一致的。尽管研究跨越了几十年里，取样的地点也有所不同，使用的精神障碍诊断标准也存在差异，但研究的发现是一致的，即精神健康问题是我们生活的社区的一部分。精神障碍并不是无关紧要的部分，因为精神健康问题在我们一生的时间中，有可能会影响到我们大半个人生。

最近的一项流行病学研究发现(Kessler et al., 2005)，大部分医学博士已经看到，精神障碍的治疗需求正以最快的速度上升，这一研究结果也具有跨时间的一致性。这一研究结果使我们想到古林、韦罗夫和菲尔德(Gurin, Verof, & Feld, 1960)的研究发现，医学博士最有可能成为心理问题方面的咨询对象。

精神健康和精神障碍的理论模型

在过去，为了满足人们在精神健康方面的需求，心理学提供以个体为焦点(individual-focused)的临床心理服务。你可能还记得，这些服务在艾森克(Eysenck, 1952)关于临床心理服务有效性的元分析研究中被怀疑是无效的。我们也注意到最近对心理治疗效果研究的报告，该报告考察了影响治疗效果的诸多因素(Lambert & Barley, 2001)。特定的治疗技术仅仅可以解释服务效果变异的14%，可解释的量较少。案主与医师之间的治疗关系似乎是一个关键性因素。对此，我们并不认同。对临床心理治疗取向的精神健康服务的最根本的批评应该是，对类似于顽疾的精神疾病症状，该模式是一种无效的、反应性的治疗模式。这一点在第一章中已有过讨论。在这我们详尽地阐述一些治疗模型，以便更好地理解发挥重要作用的传统体系，社区应用有时就是从这些理论体系中发展出来的。

医学模型

标准且传统的治疗模型就是医学模型。这种基于医学实践的模型假定，患者的疾病来源于内心功能的紊乱。患者从专业医师那里被动地接受相关信息，这些专业医师为患者解答困 122
惑。患者顺从地遵从医生的建议并服用药物(药剂或制剂将会使精神障碍得到治愈或精神疾病症状得到缓解)。这一传统可以追溯到希腊和罗马医生对生理疾病的治疗上。生理健康和精神健康都是保持平衡的结果。对于古希腊哲学家和医生希波克拉底而言，健康是我们体内四种要素——黏液，血液，黑胆汁和黄色胆汁之间的平衡。这些传统被认为是对更古老的埃及和美索不达米亚信仰的追随。

当然，现代医学已经从这种初级的模型开始，经历很长的发展道路。但是，今天的医学模型与这种初级的医学模型在程序上还是有些相似的。患者有一系列的症状。他们的身体机能存在问题。根据患者表现出的症状，可以作出哪一部分身体机能失灵或失衡的诊断。我们或许会逐渐理解障碍的病因、起源以及障碍的发展。一旦作出正确的诊断，就有合适的药方或疗法来治愈疾病。下次再去医生那里时，你就会注意到这个程序是如何运作的。医生会询问是什么困扰着你，也就是你有哪些症状。随后，根据这些症状确定一系列不同的疾病，医生将会断定是哪里出了问题。之后，医生将给出一系列治疗方法和建议（卧床休息和输液，或者也可能是减少糖和盐的摄入），或者也可能提供按特定剂量服用的某种处方药以缓解症状（例如，发烧、打寒颤、精神不振），增强系统（增强体内抗生素的水平）或治愈疾病（矫正失衡的状态）。患者自己选择何时去医生那里。当患者经受了足够多的精神障碍的困扰时，他们才最有可能相信他们需要寻求医生的帮助。大多数临床心理学家使用这一医学模型来完成对精神症状的问询、诊断、开治疗的处方以及治疗。

考虑到生物学或医学模型的优势，两本有关精神疾病的权威参考资料：《精神障碍诊断和统计手册》（DSM）和《国际疾病分类》（ICD）得到了发展。医学模型在传统心理学领域留下至少两个重要的遗产：一个是依赖诊断标签，像 DSM 那样；另一个是关于专家比患者更具权威的假设。但社区心理学家尽量拒绝接受这两笔遗产。

精神分析模型

弗洛伊德 对于那些主修心理学专业，或者曾经上过异常心理学、儿童心理学或人格心理学课程（或者痴迷伍迪·艾伦的电影）的人来说，他们对西格蒙德·弗洛伊德（Sigmund Freud，1856—1939）这个名字并不陌生。弗洛伊德是精神分析学的鼻祖。尽管当今很多人不同意他的理论，但谁都不能否认弗洛伊德在心理学和精神病学领域的影响。尽管弗洛伊德相信生物学在心理学发展中扮演了重要的角色，但他认为，通过自由联想和谈话治疗，大多数精神障碍是可治疗或可治愈的。精神分析治疗采用个人谈话治疗的形式，每周五次，治疗时间持续数年。

123 后来，精神分析治疗法开始分成两路：传统的精神分析个人谈话治疗和生物精神病学治疗。与弗洛伊德同一时代的德国人阿道夫·梅耶（Adolf Meyer，1866—1950），赞成生物、心理和环境之间相互作用的重要性，但是其他很多人在经历一个严格的生物-医学模型之后，更愿意相信只有生物才能解释精神障碍。传统精神分析个人谈话治疗模型在严重的精神疾病上始终无法显示出它的有效性（Wilson，O'Leary，& Nathan，1992）。

阿德勒 在弗洛伊德的代替者中，阿尔弗雷德·阿德勒（Alfred Adler，1870—1037）是 20 世纪早期出现的代替者之一。他强调个人对无能的关注和个人寻求实现他或她的人生目标。朝着这个方向，阿德勒的工作主要是帮助人们在他们所处的环境中获得赋权的感觉。有些人认为他引领了心理教育运动，心理教育运动就是给人们带去知识，以便他们在生活中运用知识。

他的理论也包括“gemeinschaftsgefuhl”，翻译成中文是“社区感”，通常也被称为社会兴趣。**社会兴趣**（social interest）是个人与他周围人的连结感。如果一个人存在较高的社会兴趣，这个人就会感到自己是家庭、邻里和社区的一分子。如果一个人社会兴趣较低，这个人就会感到与人群疏远并表现出以他的自身利益为中心的行为方式而不会顾及给他人带来的后果。

阿德勒从理论上阐明，社区感与我们对自身的情感会受童年经历的影响，因此他的理论也关注童年时期的教育。在老师-儿童的关系中，重点是鼓励儿童以及他或她对世界的好奇心。

根据这一描述，显而易见的是，它强调的是一个健康个体的发展。通过提供包括赋权和为个体建立适当的规范在内的积极的社会环境，个体的精神病理得以消解。

行为主义模型：社会学习理论

也许你能够从“心理学导论”的课程里回忆起，用狗作为研究对象，俄国生理学家伊凡·巴甫洛夫（Ivan Pavlov，1849—1936）证明，行为的形成是**经典条件作用**（classical conditioning）的结果。它是一个刺激、一个物体或者任何一个情境（除自然或常见的情境之外）引发反应的一个过程。巴甫洛夫不断地将他的狗置于有铃响的条件刺激之中，只要非条件刺激以肉粉的方式出现。尽管对于肉粉的非条件反射或自然反射是分泌唾液，但最终这些狗学会在没有肉粉的情况下以分泌唾液的方式展示条件反射或者习得性反应。

两位美国心理学家——约翰·B.华生（John B.Watson，1878—1985）和伯勒斯·弗雷德里克·斯金纳（Burrhus Frederic Skinner，1904—1990）——对精神分析方法不满，而且也拒绝**内省**（introspection）或自我检察（self-examination）的方法[该方法由实验心理学之父威廉·冯特（Wilhelm Wundt，1832—1920）提出]，以人为研究对象进一步发展了巴甫洛夫的理论。斯金纳并未将条件刺激与非条件刺激配对使用，而是制订并偏好使用**操作条件作用**（operant condi- 124
tioning），在这种情形下，当反应性行为得到强化或受到奖励时，该行为更有可能发生。通常，强化刺激物和条件刺激以及非条件刺激是由生物体外部的一些东西引起的。因此，行为主义的这些传统观点在某种程度上提供了这样一种观念，即生态学是重要的。

通过进一步扩展学习理论或行为主义模型，马丁·塞利格曼（Martin Seligman，1975）提出，抑郁症可以被解释为**习得性无助**（learned helplessness）的一种表现，或者是由于环境中不可控制的事件导致缺乏控制的感觉。其他社会学习方法的倡导者，如英国精神病学家汉斯·艾森克和美国心理学家约瑟夫·沃尔普研发出诸如**脱敏疗法**（desensitization）或逐步放松训练等一些技术，以此改变恐惧症或惊恐障碍。

通常来讲，社会学习模型是一种对多种精神疾病有效的治疗方法。然而，因为每一种行为主义疗法都必须量身定制以满足个人的需求，因此它是一种劳动密集型的治疗模型。而且，在许多城市，社会学习模型给人的印象是，治疗仅仅针对的是现象，而没有针对精神疾病的根源。最终，大多数社区心理学家注意到，这种一次治疗一个患者的模型不是一种十分有效的治疗方法。

然而，在将这些学习原则转化为社区分析和行动方面有许多成功的尝试。博加特和詹森(Bogat & Jason, 2000)认为，包括行为主义原则在内的这些方法为社区心理学家的技能集提供了额外的技术工具。具体而言，使用行为主义技术可以为系统的社区变革取得成功提供累积性的、微小的支持。

人本主义模型

20世纪60年代见证了人权运动的发展和壮大，例如，1964年，《人权法》获得通过。人权运动对如何理解和界定精神健康和精神疾病产生了深远影响。也就是说，对某些精神疾病的治疗专家和专业人员——如美国的心理学家亚伯拉罕・马斯洛(Abraham Maslow, 1908—1987)和英国的精神病专家R.D.莱恩——来说，功能失调更多地与被贴的标签(labeling)或告诉一个人他或她不健康或有病有关联，而不是与个体内在因素有关联。换言之，有时候人们的行动与他们被给予的标签是一致的。因此，治疗方案要试图去帮助人们理解并反思他们独特的感受。美国心理学家卡尔・罗杰斯(Carl Rogers, 1902—1987)结合这些观点提出**案主中心疗法**(client-centered therapy)，在治疗中，治疗师的作用是促进案主对自身经历的反思。请注意，在前面这句话中使用的"案主"一词。对人本主义心理学家来说，"案主"并没有生病，因此不能给他们贴上"患者"的标签。

与精神分析模型相似的是，人本主义模型强调使用谈话治疗法。与精神分析模型不同的是，个人谈话治疗与小组谈话治疗在人本主义模型中都是常见的治疗方法。然而，与精神分析理论一样，人本主义模型也受到一些批评。费斯、王和卡本特(Faith, Wong & Carpenter, 1995)发现，敏感训练小组(人本主义小组治疗的一种方式)的效果并不全是因为人们获得自我价值感这一事实，而是因为治疗期间习得的社会技能改善了人们的精神健康状况。

125 因此，至少有两个以上的主要观点源自人本主义心理学，并被转移到社区心理学领域：一个观点是，所有人都是有价值的并有权利实现和发掘自身的价值；另一个观点是，个人最了解他或她自己，因此在解决疑难问题时就需要个人提供建议。这一观点直接融入社区心理学家的赋权原则以及参与行动研究的哲学基础之中。

这些精神健康模型服务于直接的心理治疗和临床心理学领域。但在这些模型中，社区心理学原则与参与者之间能够且已经有了显著的关联。社区心理学中理论和行动的转变是为了在社会和系统的层面上聚焦于干预及对更广泛的生态环境进行评估，这种生态环境影响了人们行为的维持和改变。交互作用模型非常适用于社区心理学中开放的多元视角和对改变所必须持有的多层次的理解。美国社区心理学的某些方面其实也建立在临床和咨询心理学的基础上。例如，斯旺普斯科特会议就是一个社区精神健康方面的培训会议。同样，社区心理学领域的很多(但不是全部)创建者都有临床培训的背景。尽管如此，我们应当看到传统意义上的医院和临床心理学以及更广泛的社区心理学之间存在的差异。

案例 6-1　精神健康护理专业人员

不同类型的专业服务能够帮助人们应对压力。许多精神健康护理的服务主要是由四个**专业学科的从业人员提供**。精神病学家是医师，他们专注于精神分析。他们要么受雇于公共部门（政府部门），要么受雇于私人部门（如私人诊所）。精神病学家除了参与培训之外，在他们能够进行自我训练之前还必须通过职业资格考试。在这个领域中又有分支学科，如生物精神病学和社区精神病学。尽管有经济支付能力的精神疾病患者能够经常接受某些治疗，如心理分析治疗，大约一周五次，但精神病学的角色通常是药物维持。

只要在心理学的任何一个分支领域获得高级学位，他们就可以把自己看作是心理学家，这类专业人员人数众多。临床心理学家是在临床心理学领域获得高级学位（通常是博士学位）的精神健康护理专家，他们的训练包括处理严重的精神病理以及在医院中实习。与精神病学家相似的是，临床心理学家可以受雇于公共部门，也可以受雇于私人部门。不同于精神病学家的是，在绝大多数国家，临床心理学家不能给患者开处方药。然而，美国军队中一个试点项目的培训心理学家直接给精神疾病患者适度地开一些药物处方（Sammons & Brown, 1997）。现在，有少量经过培训的心理学家在美国的某些州和地区为那些允许使用有限处方的患者提供服务。但这一原则存在一定的争议（Gutierrez & Silk, 1998; Lavoie & Barone, 2006; Sammons & Brown, 1997）。

精神病学领域与临床心理学领域之间存在已久的专业冲突产生了许多有关谁有资格被称为心理学家的有趣的说法。其中一个结果就是，在许多国家，政府（州立政府和联邦 126
政府）仅仅把那些接受过临床心理学或者相关领域（如咨询心理学或工业心理学）的高级训练，而且通过职业资格考试的人看作是心理学家。

而且，这一情况还因多种其他原因而变得复杂。有时候，"治疗专家"这个术语可以与"临床医生"和"心理学家"等术语交替使用，尽管并不是所有的临床医生和治疗专家（如社会工作者、精神病治疗护士）都受过临床心理学的培训。同样，许多博士级别的心理学家接受的培训是非临床领域的，如社区心理学家。

在临床心理学的分支领域同样也存在分歧。以前，临床心理学家在培训时使用的是**科学家-实践者模型**（scientist-practitioner model），或者说，它试图培训的是科学家和实践者。这些心理学家有哲学博士学位，这是最高的学历。在临床医学的分支领域中将已经获得哲学博士学位的人培训成临床医生或者从业者的现象正呈现出日益增长的势头。该培训更强调临床应用，较少强调研究技能。

被称作"社会工作者"的第三个精神健康护理专业人员不仅帮助案主从社区中寻找服务并获得服务，而且为案主提供治疗。他们通常获得的学位是"社会工作硕士"。不同于精神病专家的是，他们不能开处方。与精神病专家和临床心理学家相似的是，社会工作者既可以受雇于公共部门，也可以受雇于私人部门。社会工作者的主要角色是实践者。

精神病学家、临床心理学家和社会工作者的共同点之一是,他们治疗的是正在经受压力的个体。通常我们会注意到,提供精神健康护理的这三个群体关注的是个体的功能。另一个共同点是,相对于案主而言,所有治疗的提供者都是处在权威的位置来进行治疗的。

与这些精神健康护理的提供者相关的最后且重要的一个问题是健康保险和第三方支付。健康保险公司作为第三方为案主或者参保人的治疗支付费用,不论治疗的专业人员是精神病学家还是社会工作者。在包括美国在内的许多国家中,这三个专业人员群体是获得许可的,他们也有可能被涵盖在保险当中。2008 年,《精神健康平等法案》(*Mental Health Parity Act*)获得通过。该法案要求生理健康与精神健康的保险覆盖水平应该一样。该法案的细则才刚刚被制定出来。当保险公司试图减少他们的开支以使那些费用更低的治疗提供者(例如,精神病治疗护士和社会工作者)被涵盖在保险中时,出现了一些令人不安的苗头。社区行动主义者应当对这一问题保持长期的关注,比如,可以通过研究来确定治疗的成功与否与治疗的费用之间是否真的存在联系。尽管如此,美国还是有很多人处于保险范围之外。

那些未卷入专业界线之争的社区心理学家则认为,在预防上投入一点点钱,就可以比干预获得高得多的收益,所以预防的投入-产出比是最高的。在精神健康问题的预防和健康保险的全员覆盖上,精神健康教育还有很长的路要走。

精神健康系统的变革

精神健康护理简史

尽管古代世界总是被描述为野蛮的,但是一些古代的文明比其他时代更强调对精神健康
127 进行研究。例如,对于很多(古代或现代)中国人而言,生理和精神健康被认为是依赖于两个自然力量的平衡:阴代表女性的力量,阳代表男性的力量。而且,这两种力量被认为与五个要素——金、木、水、火、土——有关。这种平衡决定着人们的日常健康。除了其他事物以外,每个要素的聚集被认为会随着食物群类型的变化而变化。因此,适当的热量和规律性的运动在维持这些因素的平衡中起着非常重要的作用。

根据中国的民间传说,在古代(大约公元前 700—前 600),有一个名叫神农氏(Sun Lone Tse)的聪明的国王,他的名字意味着"耕作"。人们认为,他提出中草药的首个分类系统。同样,中国历史上记载了一个名叫华佗的医生,他被认为是"中国医药之父"。有一次,他用**针灸**作为麻药在一只普通的胳膊上做了一个小型的外科手术。针被刺入**太阳穴**(压迫点)以促使大脑内部**脑内啡**(自然的疼痛缓解物)的释放。华佗写了很多医学著作。这些关于精神和生理的概念对临床心理学和行为医学领域非常重要,这两个学科都是社区心理学领域的姐妹学科。如果敏生活在古代中国或者甚至是现代中国,她接受的精神障碍治疗方式与她在美国接受的

治疗方式可能是不一样的。

当一个人纵观历史时，他会注意到古希腊同样很重要。被称为西方医学之父的希波克拉底（约前460—前377）谈论到四种液体或者流体，认为它们调控着人们的精神健康。具体来说，情绪的波动被认为是由过量的血液引起的。疲惫是由痰或者浓密的鼻黏液引起的。焦虑是由大量黄色的胆汁和肝汁引起的。抑郁是由大量黑色胆汁引起的。

无论是医学还是心理学的进步都是由古代的中国和希腊完成的。与这两个古国同一时代的大多数国家都是借助超自然的事物来解释精神疾病。在欧洲罗马帝国瓦解之后（公元前476）之后，超自然事物或宗教信仰开始成为西方社会解释精神疾病的准则。例如，通过教堂以及这些教堂在多数西方社会拥有的权利，精神疾病患者和其他被剥夺公民权利的人被认为是罪人。宗教狂热在15世纪80年代进入鼎盛时期，那时教皇诺森八世官方认可那些迫害女巫的行为，这些被迫害者中，一些人事实上正遭受着某种精神疾病，其他很多人则仅仅是主流文化的反对者。在这一时期，西方社会几乎有900年的时间都与不光彩的名字——黑暗时代——联系在一起。

在文艺复兴时期（约1300—1600）的许多西方社会，人文主义思想得到发展。因此，精神疾病从这些思想中获得益处，所有人已经确信不可剥夺的权利并确信应当得到有尊严的治疗。而且，一些医生开始挑战精神疾病是一种品德缺陷的观点。到了17世纪中期，被称为避难所或精神病院的机构被建立起来，用来收容精神疾病患者。或许最有名的就是伦敦的伯利恒（Bethlehem）医院，外号为“贝德兰姆”（Bedlam），这个词现在意味着混乱和无序。美国第一家精神病院是在18世纪晚期建立的。精神病院是用来收容社会中不受欢迎或者不适应社会的人的场所。被收容在精神病院中的人通常会被铁链锁起来。

美国（1776年）和法国（1789年）革命期间，人文主义思想的进一步发展为精神健康护理改
革运动遍及欧洲大陆和美国带来了动力。例如，在美国，这场运动的两位先驱起到了重要的推 128
动作用。第一位先驱是被称为“美国精神病学之父”的本杰明·拉什（Benjsmin Rush，1745—1813），他撰写了第一部有关精神病学的专著并建立了精神病学的第一门学术课程。第二位先驱是多罗西亚·迪克斯（Dorothea Dix，1802—1887），她的精神健康护理经验来源于她教导的女患者。在她治疗患者期间，将精神疾病患者囚禁起来的做法非常普遍。迪克斯在这个国家到处游走以筹集资金建立精神健康护理医院。

精神健康护理改革运动从几个致力于精神疾病分类或科学术语发展的医生那里获得更多的益处。这些分类最终引起关于病理学或精神疾病根源的研究。一位名叫菲利普·皮内尔（Philippe Pinel，1745—1826）的法国医生第一次使用**痴呆**（dementia）这个术语，用来描述精神失常的状态。精神失常常表现出判断力退化、记忆力减退以及人格改变等特征。德国医生埃米尔·克雷佩林（Emil Kraepelin，1956—1926）进一步研究了这种状况，并用早发性痴呆（早期痴呆）来描述精神失常。随后，瑞士医生尤金·布洛伊勒（Eugen Bleuler，1857—1930）将精神失常命名为**精神分裂症**（schizophrenia），该术语已经成为当今精神病学实践中常用的术语。同样，布洛伊勒通过描述精神分裂症的几种亚型进一步扩展了前人的研究。

同时，由法国人路易斯·巴斯德提出的微生物理论在医学和科学领域得到空前的认可，即许多疾病被认为是由微生物的感染引起的。因此，作为一个领域的精神病学的发展注定呈现出医学或生物学的特征。换句话说，在微生物理论的影响下，精神疾病被概念化为一种疾病，而不是一种障碍或心理功能的紊乱。

大约在同一时期，美国精神病学会和美国心理学会分别在1844年和1892年成立。尽管美国心理学会最初并没有特别关注精神健康和精神疾病的相关问题，但随着临床心理学的分支学科变得越来越有影响，这些问题便成为主要问题。这一关注点的转变无疑冒犯了美国精神病学会，因为自从美国精神病学会成立之日起，它便将自己视为精神健康和精神疾病领域的唯一向导。多年以来，这两个专业学会之间的争论因为许多其他的因素而变得更加复杂，其中也包括社会工作作为一个专业领域出现了。

在迪克斯和拉什的贡献之后，美国的精神健康护理改革大概分为三个阶段：1875—1940年、1940—1970年（Grob，1991）和1970年至今（Shadish，Lurigio，& Lewis，1989）。在1875—1940年间，政府承担了精神疾病治疗的主要责任。三分之二的患者住在公立的精神病医院。从许多方面来说，这一体系是迪克斯的德育管理概念的扩展。这些患者往往接受很少的治疗。

同时，还有一些私立的精神病医院——例如，门宁格基金会（Menninger Foundation）和生存协会（Institute of Living）——为那些付得起费用的人提供服务和治疗。尽管这些服务或治疗用今天的水平来衡量是粗糙的，但是它们促进了**社区精神病学**（community psychiatry）的发展。作为精神病学的一个分支学科，社区精神病学认为，精神病患者应该在受限制最少的环境
129 中接受限制最少的治疗方式。许多精神病患者居住在小而舒适的环境中，他们被鼓励去学习烹饪、缝纫和其他自我提升的技能。

然而，对德育管理最初的乐观看法在社会中开始减少。在绝大多数情况下，精神病医院仅仅只是人们的仓库式收容所。如果精神病医院提供治疗，这些治疗也会是**电休克疗法**（electroconvulsive therapy）或者脑部电击及**额叶切除手术**（lobotomy），或者是大脑外科手术。而且，与医院有关的花费成为社会上最主要的负担，尤其是在经济大萧条和第二次世界大战期间。住院治疗本身带来的某种自我实现的期待给患者施加了沉重的压力，这一点令人担忧。关于患者的这一污名化（stigmatization）在20世纪70年代罗森汉的研究中得到证实（见案例6-2）。

正如第一章提到的，肇始于20世纪60年初的**时代思潮**（zeitgeist）或社会环境开始发生变化。例如，引进**精神治疗药物**（psychotropic drugs）（改变情绪的药物），例如，氯丙嗪，激起了精神疾病应当得到有尊严的治疗这一观点。加上关于社区精神病学意识形态的兴起，药物被允许用在许多出院并回到社区的精神病患者身上。

案例 6-2 罗森汉关于住院患者污名化的研究

研究者 D.L.罗森汉对精神健康专业人员（特别是精神病学家）是否能够识别精神障碍或者精神问题特别有兴趣。他决定进行一个研究。首先，罗森汉（Rosenhan，1973）训练他的研究生以及其他人假装表现出精神障碍的症状。例如，他要求假冒的患者告诉医院的工作人员他们听到重击的声音或者砰的一声响。随后罗森汉将假冒患者送进精神病急救室。

让罗森汉惊愕的是，学生们被确诊为精神病患者。不久，他们被送进精神病病房，每个假冒患者都被给予了诊断。

在他们进入病房后不久，假冒患者的行为开始变得“正常”。奇怪的是，许多其他的患者认为假冒患者是正常的，而工作人员并没有意识到这种正常的行为，部分原因是因为他们很少见到这种正常行为。通过罗森汉的报告得知，工作人员并没有花很多时间在患者身上。

假冒患者开始要求离开精神病病房。然而，工作人员坚称他们还没有康复到可以离开医院。最终，罗森汉不得不进行干涉才使得假冒的患者得以离开。然而，在离开时，很多人被贴上精神分裂症缓解期的标签。这些假冒患者在医院待的天数从 7 天到 52 天不等，平均每人待了 19 天。

罗森汉没有将精神障碍的痛苦最小化，他认为，人们认为的许多精神障碍是贴标签所导致的结果。尽管一些精神健康专家或许会不以为然，但罗森汉确实证明，一旦被贴上标签，就很难去除标签，也很难克服伴随标签所产生的期望和对行为的解释。

在本章开头的小故事里，药物成功地使敏回到了她的家庭。当她停止服用药物时，她的问题再次出现。由此导致的结果就是，**门诊治疗**（outpatient treatment）或非入院治疗（例如，社区精神健康中心）的发展实现了对住院治疗（inpatient treatment）或入院治疗的限制。同样，为了使刚刚从住院治疗中解脱出来的患者感到适应，选择性的住宅，例如，社区住宅或团体之家被建立起来，但这种做法并不是毫无争议的。下面，我们要考察 20 世纪 60 年代和 70 年代去机构化及其带来的改变。

去机构化 130

去机构化（deinstitutionalization）通常被定义为将精神病患者（mental patients）送回到社区。回忆敏住院后又被送回到社区的事实——事实上，她不断地住院然后又不断地被送回社区。这个定义太过简单。精神障碍领域通常的观点——究竟什么是去机构化，目前存在很多的争论（Grob，1991；Shadish et al.，1989）。鉴于此，有必要对去机构化的定义及其相关问题作进一步解释。

精神病学家约翰·塔尔伯特（John Talbott，1975）认为，“去机构化”这个术语属于用词不当。相反，**转换机构化**(transinstitutionalization)是一个更准确的术语，用以描述“慢性精神疾病患者生活和接受治疗的地点从一个糟糕的机构转移到多个不幸的地方”(p.530)。敏的经历展示了这样一种现象：她处于时有时无的机构治疗状况中，生活在她的家庭和机构化治疗之间。与之相关的是，马修·杜蒙特(Mathew Dumont, 1982)和其他精神病学家认为，“去机构化仅仅只是削减精神健康治疗预算的一个冠冕之词”。

而像《纽约时报》这种大众读物则将去机构化定义为，“将精神疾病患者从巨大的偏远的医院转移到小型的社区住宅”(Willowbrook Plan Worked, 1982)。《纽约时报》的其他一些编辑则认为，去机构化是“将精神病患者从公立医院丢到当地的社区中，同时社区治疗的承诺永远无法实现”。同样，《纽约时报》宣称，去机构化是无家可归的同义词(Redeinstitutionalization, 1986, p. A24)。

确实，以上这些定义向我们展示了去机构化的多重含义。一些精神健康治疗专家(Bachrach, 1989; Rein & Schon, 1977; Shadish et al., 1989)调解了这些区别并提议应当将“去机构化”这一术语理解为一种通过语义的途径去建构复杂的、分歧不断的以及看似不相关的一系列有关继续进行精神健康治疗改革的问题。换句话说，像其他的术语一样，去机构化有它自身具体的(明确的)和隐含的(含蓄的)意义。通常，去机构化的具体含义，例如，预算限制，是精神健康治疗改革背后的驱动力。政策可能是实际的关注点或意识形态的产物(Grob, 1991; Kiesler, 1992; Warner, 1989)。然而，越来越多的精神健康治疗专家认为，社会应该朝着比当前实际关注点更远的地方去看，以制订出能预测出长期结果的计划。例如，其中一个担忧就是越来越多无家可归的精神病患者同时也感染了艾滋病病毒或艾滋病。舒塞尔、瓦伦西亚和康诺弗(Susser, Valencia, & Conover, 1993)对纽约一家收容无家可归者的避难所进行了调查，结果发现，62 名精神病患者中有 12 名患者(19.4%)的艾滋病病毒检测呈阳性。从长远来看，这些人需要同时解决三个问题(精神障碍、无家可归和艾滋病)。

131 一个社会能够做些什么去预测这些长期的精神健康治疗的结果呢？为此，巴拉赫(Bachrach, 1989)提出一个更具启发性或更有意义的去机构化定义：

> 对慢性精神疾病患者而言，避开或避免传统治疗机构的环境，特别是公立医院，同时为这一群体的治疗发展出社区本位的治疗方式。这一定义呈现了三个主要的过程：人口减少——由于释放、迁移或死亡，使得公立医院中统计人数下降；转移——潜在的机构准入权偏向于以社区为基础的服务机制；地方分权——对患者照料的责任从单一独立的身体照料实体扩展到多层次多样化的照料实体，并伴随着权力的分散。(p.165)

根据巴拉赫(Bachrach, 1989)的这一观点，去机构化的这一定义强调了三个相关的因素：事实、程序和哲学。也就是说，稳固的精神健康护理政策必须依据可信的调查或证据(事实)。为长远的目标制订计划时，必须了解精神疾病的特点以及他们接受服务的来源或系统(程序)。历史事件和哲学意识形态通常决定了精神健康护理运动的方向(哲学)。

去机构化的社会背景

在 20 世纪 60 年代晚期，美国社会中哪些因素（尤其是精神健康治疗专家和政策制定者）对机构化（未）产生重要的影响呢？尽管给出完整的解释超出本章的范围，但这些复杂的问题确实可以从多个相关的领域来理解：哲学的领域、生物医学的领域、经济学的领域、社会学的领域和心理学的领域。

如果托马斯·摩尔骑士生活在 20 世纪 60 年代的美国，他或许会感受到乐观，因为当时的美国人正构建着他们的乌托邦。的确，约翰·肯尼迪总统要求美国的中产阶级赠送少量的财产。诸如迎头赶上计划（包括为低收入家庭的学龄儿童提供免费膳食）以及和平队（Peace Corps）（例如，向发展中国家的人们传授家庭计划，包括将产前照料和流产作为家庭计划的一个选项）等这样的计划已建立起来。人本主义观点或哲学理念似乎达到顶峰。精神健康领域从这些影响中获益良多。同时，药物技术的进步也允许那些曾经难以处理的精神障碍患者通过服用治疗精神病的药物，如盐酸阿密替林（阿米替林氯化物）和氯丙嗪，控制了精神障碍的症状。因此，专家有更多的理由去使用受限制最少的方法来治疗精神疾病。

这种乐观的看法是被专家（托马斯·萨斯的《精神疾病的迷信》）和流行作家（肯·凯西的《飞越疯人院》）同时点燃的。法律专业人士也开始涉足其中——例如，美国公民自由联盟（American Civil Liberties Union）开创了精神卫生法项目（Mental Health Law Project），科学教的教堂（Church of Scientology）成立了人权公民委员会（Citizens Commission on Human Rights）。这些合法的努力成果有一个共同的主题就是反对非自愿的住院治疗（Torrey, 1997）。

然而，一些精神健康治疗专家（Kiernan, Toro, Rappaport, & Seidman, 1989; Warner, 1989）认为，尽管人本主义观点或哲学理念是极好的且有说服力的观点或哲学理念，但是导致去机构化出现的一个更实际的解释是经济。在过去 30 年里，通过对不同西方国家进行去机构化的调查，沃纳（Warner, 1989）发现： 132

> 在一些国家，伤残抚恤金的引进和战后劳动力的需求所带来的机会成本的节约刺激了这一过程。在劳动力供应不足的地方，真正的复兴计划得到发展。在以成本节约为主要动机的地方，社区治疗的努力却是薄弱的。(p.17)

同样，科尔南和他的同事（Kiernan et al., 1989）发现，制造业的就业状况与首次入住公立医院及社区门诊设施中床位空缺呈负相关。也就是，在经济景气的时候，有更少的人进入公立医院治疗精神疾病。

自"二战"以来，世界经济直到 20 世纪 70 年代才相对景气。去机构化与经济的稳定相关这一论点似乎与西方工业化国家中每万人拥有的精神病医院的床位数量是一致的。只要有劳动力的需求，就会有更多的人被去机构化。

不论你是否赞同这种解释，去机构化很明显受到经济的影响。用于精神疾病治疗的政府预算不断上升。州政府在财政激励上几乎不能提供相匹配的援助，因为这种治疗主要的来源是附加保障收入（Supplemental Security Income）、食品券、医疗补助、医疗保险等形式。这种联邦政府和州政府之间针对精神疾病治疗的资源的不平衡导致严重的破坏（Torrey, 1997）。

的确，在对去机构化相关因素的批判性分析中，布鲁克斯、苏尼加和佩恩(Brooks, Zuniga, & Penn, 1995)发现，财政负担是这一过程中的决定性因素。这些研究者认为，"面对替换或更新一个老化系统时不断增长的花费……正是预算的结果，而不是医药、决策以及医学或法律等因素导致精神健康服务的大多数变化"(pp.55-56)。

尽管这些发现似乎解释了去机构化背后的原因，但它们并没有充分地阐明去机构化并未达到提高精神障碍患者生活质量这一目标的原因。社区心理学家和精神健康治疗专家(Cheung, 1988; Earls & Nelson, 1988; Lovell, 1990; Mowbray, 1990; Mowbray, Herman, & Hazel, 1992; Struening & Padgett, 1990)认为，社会学因素(如充足的住房供给)和心理学因素(如偏见)通常阻碍了去机构化的进程。案例 6-2 讨论的就是关于污名化的一项有趣的研究——住院患者把自己伪装成精神障碍患者。

精神健康设施的使用与个体的贫困状况相关。班奇格尔和福斯(Banziger & Foos, 1983)发现，失业和福利因素是心理康复中心使用的最强的预测因子。布鲁斯、武内和里弗(Bruce, Takeuchi, & Leaf, 1991)也证实，精神障碍与贫困之间存在关联。他们在一项流行病学研究中检验了患病时间超过 6 个月的障碍的新模式。他们的样本包括非洲裔美国人、西班牙人和
133 白人。研究者发现，新的精神障碍患者中有相当一部分可归因于贫困。另外，布鲁斯及其同事发现，精神障碍患病的风险在男人与女人以及非洲裔美国人与白人之间是相同的。换言之，贫困在种族或性别上没有差别。

在一个案例研究中，张(Cheung, 1988)认为，精神障碍患者是否成功地融入社区在很大程度上依赖于公共关系。那些不熟知精神疾病的社区成员可能会担心或者反对在他们的住宅区建立过渡疗养所。伊尔斯和尼尔森(Earls & Nelson, 1988)发现，对住房的关注与负面影响之间有必然的关系。也就是，不得不担忧基本住房问题的存在精神疾病史的患者可能有较差的精神健康状况。这两个发现表明，在力量看起来不均衡的公共物品和私人需求之间实现平衡是困难的。

同样，许多精神障碍患者离开医院进入社区后没有充足的服务项目和支持系统。例如，莫布雷(Mowbray, 1990)认为，他们中的许多人因为没有足够的生存或社会技能(例如，烹饪和付账单)，因而无法在一个非结构化的环境中生存。为使去机构化起到有效作用，必须具备充足和适当的治疗。施特吕宁和帕吉特(Struening & Padgett, 1990)发现，纽约的无家可归者有很高的酒精毒品滥用率以及精神疾病患病率，而且，其中的大部分人很有可能是精神疾病患者，他们离开医院后没有充足的治疗计划。因此，他们变成无家可归者并产生酒精和毒品滥用问题(Levine & Huebner, 1991; Susser, Valencia et al., 1993)。同时，大多数精神障碍患者不断离开医院被送进护理之家或寄宿护理所，这些地方没有充足的条件来为患者提供所需的服务。另一个结果是，这些机构的职员存在高的职业倦怠率(Shadish et al., 1989)。

精神障碍患者去机构化也被看作是被监禁的前精神患者数量(Jemelka, Trupin, & Chiles, 1989)不断上升的一个主要原因(Pogrebin & Poole, 1987; Pogrebin & Regoli, 1985)。

美国2006年一份司法部报告表明，56%的州监狱囚犯、45%的联邦监狱囚犯和64%的当地监狱囚犯存在精神障碍病史(James & Glaze, 2006)。有精神障碍病史的那些人更有可能是年轻人、女性和白人。他们更有可能产生暴力行为。在州法院上，他们更有可能获得较长的刑期。根据哈考特(Harcourt, 2007)的研究可知，在美国，有200多万人受过监禁。这是大不列颠比率的5倍，是日本比率的12倍，这一数字成为世界上监禁人数和监禁比率的最高值。关键的地方在于，离开医院进行去机构化治疗节约了成本这一观点是错误的。精神病患者并不是被去机构化而是在不同的治疗环境中再次机构化。

在一个关于慢性精神障碍患者发生了什么的有趣研究中，戴蒙德和施内(Diamond & Schnee, 1990)追踪了21名男性，他们被视为最危险的潜在暴力者，同样也是监狱的常客。这些人通过不同的服务系统被追踪了两年半的时间。这些人使用了多达11种不同系统，包括精神健康、刑事司法、健康护理和社会服务系统。刑事司法服务是最常被使用的系统；精神健康服务通常会使用，但只是短期使用；危机护理服务通常也会使用，尽管他们中的一些人被送进医院接受长期的精神病住院治疗。戴蒙德和施内相信，他们的数据是一个低估值，并计算出 134
21个人在所有服务机构的护理费用，一共是694 291美元。这个数字并不包括对他们暴力事件中的受害者和财产损失的赔偿。研究者们呼吁各个系统应建立更多的协同努力，以便更好地服务于这些人并降低成本。

贝尔彻(Belcher, 1988)认为，当精神障碍患者从医院或机构中脱离出来时，他们通常不能够或者不愿意接受后续的照顾。这种情况增加了这些人卷入犯罪司法系统的可能性。另外，因为法律系统和精神健康系统对精神障碍持有不同的观点(Freeman & Roesch, 1989)，所以当精神障碍患者被监禁时，他们无法受到与精神健康系统同等标准的治疗服务。法律系统仅将精神疾病患者视为无力为自己的利益作证的人或精神错乱者，而精神错乱恰恰可以免于罪罚。

美国司法部门的报告指出，三分之一的联邦监狱囚犯、四分之一的州监狱囚犯和17%的当地监狱囚犯在被监禁期间接受过一种形式的精神健康治疗(James & Glaze, 2006)。尽管住院治疗非常非常少，但是药物使用是最普遍的。

解决方案或许是精神健康、刑事司法和其他专业人员要以创新的和综合性的方式进行合作，防止精神疾病患者在监狱中被监禁，同时在他们被监禁时对他们进行治疗(Diamond & Schnee, 1990; Pogrebin & Regoli, 1985)。另一个选择是用足够的力量为这些精神疾病患者提供治疗和社区支持，防止他们再卷入刑事司法系统中。海勒、詹金斯、斯蒂芬和斯温德尔(Heller, Jenkins, Steffen & Swindle, 2000)认为，20世纪60年代的去机构化兜了一个大圈子。他们认为，带有社区预防项目的社区本位精神健康治疗的梦想从未实现过。在他们列举出的实现愿景过程时导致问题出现的原因中缺乏对这些问题的理解：药物维持计划需要什么；在建立计划范围时自然社区和邻里的漠视以及专业人员只针对患者提供传统治疗方案，拒绝任何其他事物。海勒等人(Heller et al., 2000)提出，社区支持项目资金缩减的同时，经济也呈现出衰退的趋势，这使得许多精神病患者变得无家可归。

赛德曼和拉帕波特(Seidman & Rappaport, 1986)认为,在寻找解决方案的过程中,我们为根据这一群体中的极端例子而笼统得出的关于这一群体的一般结论这一倾向所束缚。社会心理学家会补充说,这种过于笼统地概括出一个群体的消极方面的倾向,与我们在心理上远离该群体的感觉有关,也就是,他们被认为是外群体的一员(Allport, 1954/1979; McConnell, Rydell, & Strain, 2008)。例如,在发现一位少数民族母亲依靠福利驾驶上了一辆新的凯迪拉克这一个案之后,人们趋向于相信,所有享受福利的人都是滥用这一系统的少数民族成员。实际上,大多数依赖福利的人没有滥用福利,他们是清白的。布卢姆(Bloom, 1985)认为,我们对简洁解释(simplicity)的渴望导致我们去寻找引起问题的唯一原因,而实际上,一个问题通常是由多种原因导致的,而且每个个体的原因也不尽相同,只有到了特定的重要时刻才会出现特定的问题。因此,当前对解决方案的寻找是多次的简单化认知的结果,而且它建立在错误的结论的基础之上。

135 **机构化的早期选择**

对于被机构收容治疗的个体而言,理想的环境是能增进其幸福感,因为这是他/她的能力与环境提供的支持之间的最佳拟合。然而,这也许只是白日梦。实际上,许多社区安置是以可用资源和经济利益为基础的。

如果不被机构收容治疗,这些精神障碍患者又能去哪儿呢?具有讽刺意味的是,大多数慢性精神病患者仍然被安置在诸如护理之家或者其他一些社区环境中进行治疗,这些社区环境通常具有以下特点:贫穷、耻辱、社会隔离,等等,这些特征常常用来描绘治疗精神病的大型医院的特征(Shadish et al., 1989)。大约有 115 万精神疾病患者被安置在护理之家;事实上,护理之家是为那些严重的以及长期的精神病患者提供长期治疗的最大系统(Bootzin, Shadish, & McSweeney, 1989)。研究表明,护理之家并没有像其他那些为去机构化患者提供精神健康治疗的机构那样,经常将精神病患者送回到精神病医院(Bootzin et al., 1989)。其中的原因并非是由于患者病情得到改善。研究表明,这些精神病患者的症状并未得到改善;事实上,他们的症状甚至可能变得略微恶化了。护理之家并未将患者送回到精神病医院的原因也许与经济状况有关。提供给护理之家的精神健康捐赠费用比提供给其他任何精神健康项目的费用多得多(Kiesler, 1980)。护理之家理所当然应该留住他们的患者!

社区安置的另外一种方式是**寄宿护理之家**(board-and-care home)。它们是典型的以社区为本的收容照料服务机构,这些机构包括群体之家和家庭照料之家。公共卫生服务(Public Health Service, 1980)估计,有 400 000 名慢性精神疾病患者可能居留在这些环境中。相对护理之家而言,这一特殊的行业更加混乱和松散。在这些环境中的个人比那些在护理之家的人更加年轻并且需要更少的集中护理。他们的护理通常由附加保障收入(残疾资助)来支付,他们将这些附加保障收入移交给机构的所有者(Shadish et al., 1989)。当提供给这些机构的资金缩减时,为以前的患者提供的服务空间也将相应缩小(Heller et al., 2000)。

这种不完整的治疗和所谓的经济化服务意味着社会实质上已经从精神卫生系统转向福利系统(Kennedy, 1989)。到了该考虑精神障碍治疗变革成功(或失败)的时候。

测量去机构化者的成功

在精神健康领域,许多人很快会得出这样一个结论,即去机构化没有取得成功。我们回顾一下去机构化带来的种种问题,包括无限制的机构转换、无家可归和拘禁期(jail term)。评估的结果表明,去机构化在多大程度上融入社区中去呢?答案依赖于你询问的人是谁以及你讨论的问题是什么。

整个社会需要更仔细地考察对去机构化成功的测量。表 6-1 列出许多名人的名字,他们曾一度遭受精神损伤(mental impairment),但之后也能够成功地融入社会。

表 6-1 患有某类精神疾病的名人 136

人　名	领　域	精神疾病
金・贝辛格	演　员	焦虑症
康妮・弗朗西斯	美国 20 世纪 50 年代的歌手	双相情感障碍症
欧内斯特・海明威	美国诺贝尔文学奖得主	抑　郁
亚伯拉罕・林肯	美国第 16 任总统	抑　郁
文森特・梵・高	19 世纪末荷兰画家	精神病
弗吉尼亚・伍尔夫	20 世纪早期英国作家	抑　郁

对去机构化成功与否的测量一般采用两个指标,即**社会融入**(social integration)和**旧病复发**(recidivism)。社会融入在本书最后一章被定义为,人们对社区机构的参与以及对社区非正式社会生活的参与(Gottlieb, 1981)。旧病复发指的是病情复发或回到治疗机构或接受治疗——在这里指的是重新回到精神病院。然而,这两个术语隐含的测量成功的标准都是有局限的。社区心理学领域最近发表的著作成果表明,对成功的评估是一个更复杂的问题。

例如,沙迪什、托马斯和布特金(Shadish, Thomas, & Bootzin, 1982)发现,不同的群体关于成功的标准是不同的。一方面,居民、职员和社区护理机构的家庭成员通常表示,生活质量(例如,清洁的居住地以及有事可做)应当作为测量社区安置成功与否的标准;另一方面,美国联邦政府官员和学者认为,心理社会功能(例如,社会融入和症状的减轻)是测量社区安置成功与否的好方法。

临床专家(心理学家和精神病学家)同样对不同的人群使用不同的成功标准。斯塔克、兰农和麦莉(Stack, Lannon, & Miley, 1983)调查了临床医生对州立社区精神健康中心 269 名患者所作的预后判断。具体而言,当临床专家被问到他们对患者在未来两年被社会重新接纳的期望时,临床专家的判断偏向于考虑患者的种族。也就是说,他们断定非裔美国人患者比白人患者更有可能再次进入医院治疗。同样,临床专家的判断受患者精神病情严重程度,而不是其他有效原因。例如,缺少先前的入院治疗、年轻与否、没有严重的功能损害以及居住在一个稳定的社区的过度影响。

尽管临床专家的偏见可能存在，但患者的特质是否能帮助临床医生正确地判断出特定的患者从机构治疗中脱离出来后是否可以更好地融入社会？米切尔(Mitchell, 1982)的研究似乎为此提供了肯定的回答。米切尔从精神科门诊中招募了35名患者以及他们的家庭成员。患者解决问题和独立的能力与知己或朋友的数量以及他们从所提到的同龄人那里获得支持的程度呈正相关的关系。

在慢性精神病患的社区融入领域中，很少有人认为判断精神异常者社区融入能力的标准是含糊的和模棱两可的。这些专家认为，心理测量量表应当充分用在患者和社区安置上。西莱特、奥利弗和格里索(Searight, Oliver, & Grisso, 1986)认为，应当使用社区能力量表(Com-
137 munity Competency Scale)，它是对个人解决问题的能力、恰当的社会判断和其他与社会能力相关的因素进行多维度测量的工具。在他们的研究中，西莱特及其同事发现，社区能力量表能有效地区分社区中不同群体所需的不同层次的指导。

一个截然不同但却非常重要的去机构化成功与否的测量标准是经济(Brooks et al., 1995)。关于项目评估的争论主要集中在成本效益(cost efficiencies)上。不幸的是，这些成本通常只是基于短期的预算，并没有考虑到潜在的长期收益。

超越去机构化

确实，当去机构化出现于20世纪60年代时，以前的方案看起来不再乐观。当时，《社区精神健康法》(Community Mental Health Act)的引入被认为能够"减少州立医院患者的数量并为精神病患者提供治疗以确保其继续留在社区中"(Levine, Toro, & Perkins, 1993, p.526)。现在看来(这有点事后诸葛亮的嫌疑)，现存"补丁"系统的一个显著问题就是缺乏系统的规划或协调不足。然而，一些精神健康治疗专家(Rein & Schon, 1977)认为，"最大的问题不是协调不足而是服务品质不佳"(p.244)。为了回应这些挑战，美国国家心理健康研究所(NIMH)和一些州立机构开始收集有关精神疾病患者特质的资料，包括不是主流人口的那一部分人。也就是说，服务的品质依赖于与精神障碍患者有关的专业知识。

针对精神障碍个体的示范项目

从去机构化项目中脱颖而出的是多个可能检测过社区心理学性能的示范项目。这些项目的范围从允许严重的精神疾病(severely mentally ill, SMI)患者参与社区到全面的关注每一个以社区为基础的(community-based)严重精神病患者的个案管理(case management)，再到一个团队为成年的严重精神病患者或年轻患者提供他们所需的多层次和多领域的服务。所有这些都属于三级预防的努力，它们反映了社区心理学中的一些基本理念：尊重个体所需服务的多样性；授予个人或者他们的家庭系统权利以处理问题，并且对多层次干预的认可需要充分地满足精神健康者全生态的需求。最后，对于那些要求继续在机构内接受治疗的人，我们会再次努力去改变机构内部的社会和生活环境。一个名为“减少监禁使用”的项目采用一种方法来改变自然环境以及与患者及其治疗相关的社会环境和专业设想，从而改变机构化治疗环境中对监禁的需求。下面，我们先来考察一项早期的、为严重精神病患者和寄养社区提供替代的且以社区为基础的环境的项目。

寄养社区 值得注意的是，社区心理学家和精神健康治疗专家对这一点了解的更多：什么东西对精神疾病患者不起作用，而不是什么东西起作用。然而，从诸如**寄养社区**（lodge society）（Fairweather，1980；Fairweather，Sanders，Maynard，& Cressler，1960）和流行病学 138
的调查研究这些先前项目中获得的认知，使得一些创新性的社会心理学康复模式（Bond，Miller，& Krumweid，1988；Witheridge，Dincin，& Wasmer，1991；Bond et al.，1990；Olfson，1990）发展成为治疗精神疾病患者的模式。费尔韦瑟的寄养社区理念包括为精神疾病患者提供有组织的重返社会的训练所或团体之家，这一理念强调的是技能的培养、责任的分担以及决策。赋权的理念是该项目（Fairweather & Fergus，1993）的核心组成部分。该模式长期存在的影响以及它的派生物表明这些社区干预可行性的本质。社区生活联盟（The Coalition for Community Living）（2008 年 9 月 6 日下载于网站 http://theccl.org）报告，在 2008 年底的时候，全美有 90 个寄养社区项目。该联盟 2007 年对这些项目中的 25%进行了研究，研究表明，住在寄养社区中的个体，其用药依从率（坚持服药）达到 99%（平均值），再入院率为 60%。

密集式个案管理

更新模式的一个共同特点是使用**密集式个案管理**（intensive case management，ICM），或者加强个案支持，包括教导日常生活的技能（例如，烹饪和支付账单）。我们提倡服务提供方式与监督和安排个案管理者执行的各种服务两者都相联系（Snowden，1992）。换言之，一个个案管理者（通常是一个社会工作者）的工作与曾经患过精神病的患者紧密相连，有可能一天 24 小时为任何可能出现的紧急情况随时待命。同样，个案管理者能够很容易地和住院或门诊患者的治疗融为一体。

以个案管理的方式来加强社会支持被认为能够降低旧病复发。与传统的治疗方式相比（例如，门诊治疗），个案管理是劳动密集型（labor-intensive）服务。然而，研究表明，个案管理“通过在不同社区所做的大量不同研究，多次表明它可以降低患者再次使用医院的次数和成本，尽管它并未完全具备其他的令人满意的成效（如减轻症状，改善社会关系）”（Levine et al.，1993，p.529）。考虑到精神异常从本质上来说是一种非常复杂的障碍，这些研究发现是可以理解的。你可能还记得，即使住房供给不再是一个问题，社会关系的提升也是因人而异的——这些患者只是其中一部分。

尼尔森、奥布里和拉弗朗斯（Nelson，Aubrey & Lafrance，2007）将密集式个案管理（ICM）和自信心社区治疗（Assertive Community Treatment，ACT）区分开来，在自信心社区治疗中，密集式个案管理并没有采用小组工作方法。个案接受密切的监督并辅助案主完成正常生活所必需的任务,但这种方法不像自信心社区治疗那样,可以带来跨学科的观点。

自信心社区治疗 个案管理模型的一个非常有效的变式就是**自信心社区治疗**(assertive community treatment, ACT),也可以称作移动治疗小组和自信心个案管理(mobile treatment teams and assertive case management)。它的设计目的在于,“提高患有严重且持续的精神疾病案主的社区功能,从而减少他们对住院治疗的依赖,同时也提高他们的生活质量”(Bond et al., 1990, p.866)。自信心社区治疗的关注点在于教导案主实用的生活技能,例如,如何购买
139 生活用品和管理钱财。一个跨学科的专家小组为小组提供个案管理,同时为个案所需的概念化和被称为游戏的干预提供各种专业的知识和资源。自信心社区治疗确保关注于药物治疗、服务计划、协调以及评估和评价。自信心社区治疗采用较低的治疗人员-案主比率(staff-client ratio)——大约为 10∶1,而且,不是案主去治疗人员的办公室拜访治疗人员,而是治疗人员拜访案主——即在案主自己的环境中接受治疗。

斯坦因和特斯特(Stein & Test, 1985)在威斯康星州的麦迪逊开发了美国首批自信心社区治疗项目中的一个。为了对自信心社区治疗做更多的研究,邦德和他的同事(Bond et al., 1990)将自信心社区治疗中的案主和收容中心(drop-in center)的案主进行了比较。收容中心通常为那些典型的先前接受过机构治疗的精神病患者提供非正式的会谈场所。这些收容中心在一个自助的氛围中为患者提供社交区域和休闲娱乐的场所。与自信心社区治疗形成鲜明对比的是,收容中心有一个中心聚会地点,较高的案主-治疗人员比率以及不需要与治疗人员进行频繁的接触。

邦德及其同事(Bond et al., 1990)在一年后发现,自信心社区治疗中 76%的案主仍然留在这一治疗中,反之,收容中心只有 7%的案主留在该项目中。自信心社区治疗小组的工作人员平均每周对每个案主只进行两次家庭和社区访问,但他们的案主进入州立医院的数量明显减少且在每家医院停留的天数也减少。研究人员估计,自信心社区治疗每年在每个案主身上节省的资金超过 1 500 美元。自信心社区治疗的案主本人对项目满意度很高,与收容中心的案主相比,他们与警察接触的频率更少,有更加稳定的社区住房。

自信心社区治疗对案主采用的是生态学的方法。治疗人员在为案主提供帮助和发挥案主优势时是坚定自信的,后者符合社区心理学的宗旨。自信心社区治疗防止案主病情进一步恶化,并为其提供一个强有力的社区治疗方案来替代入院治疗。最后,这一疗法对每一个案主采用的是整体的方法和综合的服务(Mowbray, 1990),这些都包含在本书开始部分介绍的社区心理学领域所有相关的哲学思想中。

尽管有些研究者(Mowbray, 1990)曾经提出过这样一个问题,即为什么社区心理学家没有更多地参与到自信心社区治疗和严重精神疾病患者的研究中去,但以上这些研究还是受到一些批评。例如,托罗(Toro, 1990)认为,研究中的自信心社区治疗组与收容中心组的案主在收容率(drop-in ratios)上存在显著差异,因而可能导致**这两个群体存在偏差**。托罗还认为,该研究暗示,尽管自信心社区治疗防止案主再次入院治疗,但对于自信心社区治疗对案主其他领域——如就业和社会关系——的影响,尚需要更多的研究。塞勒姆(Salem, 1990)提出,我们

需要对消费者主导或案主主导的项目进行更充分的调查，也需要更加关注精神异常患者干预的多元性。

尼尔森等人（Nelson et al.，2007）回顾了自信心社区治疗、密集式个案管理和针对严重精神疾病案主的住宅项目三者之间的比较研究。他们发现，为严重精神疾病案主提供永久性住房使得进入机构再次治疗（institutional recidivism）的比率下降。另外，自信心社区治疗的案主项目带来更高的住房入住率，而密集式个案管理模式在新模式中是最不成功的。另外，处于自信心社区治疗和密集式个案管理中的人们认为有更强的社区功能和更好的自我感觉。其中一个研究表明，提供自信心社区治疗比提供标准治疗更加昂贵。尼尔森等人（Nelson et al.，2007）注意到，自信心社区治疗和密集式个案管理似乎减少了无家可归者的数量和医院的治疗，同时提升了社区功能。虽然干预在起初时或许更昂贵，但机构化治疗成本的减少弥补了这些暂时的、表面的且预先支付的费用（Rosenhack，Kasprow，Frisman，& Liu-Mares，2003）。

环绕式密尔沃基 这种类型的综合项目并不只限于成年严重精神疾病患者。环绕式密 140
尔沃基（Wraparound Milwaukee）是一个针对患有严重情绪障碍的年轻人的多年期项目。对于精神健康或法律系统机构以及他们的家庭而言，这些年轻人正濒临危险。这一项目的主要特点是：（1）增强儿童和家人能力的策略；（2）家庭参与治疗过程；（3）以需求为基础的服务计划和服务列表（见表6-2）；（4）个别化的服务计划；（5）注重结果的方法。这些方法由四个部分进行整合并加以执行：（1）照顾协调（care coordination）；（2）儿童及其家庭小组；（3）机动的危机干预小组；（4）一个提供者的网络。在这个计划中，提供了超过“80个精神健康、社会及支持的服务”。

这一计划不同于其他计划的地方是，它关注儿童及其家庭系统的能力，依靠这些能力尽可能将孩子留在社区中。它看到每个个案的独特性并通过为每个案主/家庭提供选择和个别化的项目来尊重这些独特性。它提到赋权于儿童的家人使他们和孩子一起工作。为此，该计划有家庭的社会活动、满意度调查和聘用家庭成员服务于项目委员会和项目的培训。同时，还有所有案主及其家庭都可用的24小时机动紧急事件处理小组（Mobile Urgent Treatment Team，MUTT）。该项目关注的结果是减少机构化治疗的需求。

这一项目“通过从自身系统的合作伙伴收集资金来维持自己，同时采用一个整合的、综合服务的方法……基于环绕式项目的哲学和管理照顾模式，为每个青少年提供了量身定做的服务”（Kamradt，2000，p.14）。通过资金的融合（医疗补助、附加保障收入和其他保险）将基于个案管理模式的治疗质量最优化是一个创新点。据估计，“在儿童福利和青少年司法系统基金中，环绕式项目每月为每个儿童支付3 000美元。在环绕式项目之前，这些基金用于居民治疗照顾系统，每月支付每名儿童5 000美元或者更多”（Kamradt，2000，p.18）。

表 6-2 环绕式密尔沃基收益计划提供的服务

照顾协调	危机家庭护理
居家治疗	治疗收养照顾
药物治疗管理	住院治疗
门诊治疗——个人家庭治疗	收养照料
酒精/药物滥用咨询	日间治疗/替代学校
精神病学的评估	护理评估/管理
心理测评	工作发展/安置
住宅协助	亲属关系照料
精神健康评价/评估	运输服务
顾问	居家监督/观察
给父母提供帮助	课后方案
团体居家照料	休闲娱乐/儿童取向
缓刑照顾	流动的资金/弹性资金
针对双亲的儿童照顾	家政/家庭杂物服务
家庭教师	独立生活支持
专门住宿	精神疾病医院
紧急食品储藏室	

资料来源:改编自 Kamradt(2000).

初步研究结果指出,住院治疗的使用下降 60%(环绕式密尔沃基从开始的平均每天 364 个安置床位,减少到少于 140 个)。精神病院收容的住院患者下降 80%(见表 6-3)。这些积极的效果还在继续。在一份 2005 年的年度报告中,环绕式密尔沃基报告他们治疗了 1 000 名青少年(http://www.county.milwaukee.gov/WraparoundMilwaukee7851.htm)。该项目还表明,目标青少年的违法犯罪行为正在减少,校园活动在增加以及家长的评价变得更加积极。总统的新精神健康自由委员会将环绕式密尔沃基命名为 2004 年的示范模型。

141 **表 6-3 在环绕式密尔沃基中的 134 名犯罪青少年的再犯罪率**

犯罪者	一年前登记人数	一年后登记人数
性犯罪者	11%	1%
攻击	14%	7%
武器性攻击	15%	4%
财务犯罪者	34%	17%
药物犯罪者	6%	3%
其他犯罪者(主要是未携带武器的品行性障碍)	31%	15%

* 数据搜集分析于 1999 年 9 月。

资料来源:改编自 Kamradt(2000).

战斗还在继续：路在何方

虽然精神障碍在社会中仍然是一个污名，但是一般大众越来越熟悉精神健康和精神疾病。人们的这一认识可部分地归功于美国精神疾病联盟（National Alliance for the Mentally Ill, NAMI）的成立。美国精神疾病联盟不仅是一个自主团体，也是一个政治游说组织。据估计，美国精神疾病联盟在美国大约有 1 100 个分支，拥有 13 000 名会员。美国精神疾病联盟是持续推动精神健康治疗改革的重要角色。在地方上，会员不但彼此相互支持，而且通过教育活动来教育公众，包括药物治疗教育和康复服务。

一些建立在个案管理和政治努力（如美国精神疾病联盟的努力）等概念基础之上的心理社会模型似乎为精神疾病的康复带来了希望。精神健康治疗继续与污名和刻板印象、短期和长期的关注、责任和成本作斗争，公众总有一天会解决这些问题。尽管社区心理学家和精神健康治疗专家有权力对精神疾病采取适当且切合文化的治疗模型，但是精神健康治疗的改革不可能独立于其他健康项目来完成。精神健康治疗需要在一个联合的健康护理架构中设计和建构 142
出来。研究表明（D'Ercole, Skodol, Struening, Curtis, & Millman, 1991; Levine & Huebner, 1991; Susser, Valencia et al., 1993; U.S.Surgeon General, 1999），生理健康和精神健康是相互依赖的，比如说，药物滥用通常发生在无家可归的精神异常者身上。德埃尔科莱和他的同事发现，当使用传统的精神病诊疗工具（《精神障碍诊断和统计手册第四版》）时，精神病患者的身体疾病通常不易被诊断出来，尤其是老年人和女性患者。这些发现暗示，体质弱的人有可能因为精神健康问题而使身体状况恶化，并形成恶性循环。

社区心理学家在过去 30 多年里获得的有关健康问题（特别是精神健康和精神疾病）的知识，对我们 20 世纪 60 年代的虚假乐观提出了有力的警告。我们不可以因为一个人付不起服务费用而拒绝为其提供精神健康治疗服务。服务的质量不能用支付费用的多少来衡量。作为一个整体的社区必须通过某种方法来解决这些问题。精神疾病可以在我们为无家可归者、被监禁者、再次入院治疗者或者那些在我们社区中的人制订的政策中得到解决。

同时，对系统的需求不断上升。根据托里（Torrey, 1997）的研究，一天大约有 150 000 名精神病患者无家可归的，还有 150 000 名精神病患者被拘留或被监禁。婴儿潮的到来给老年人护理或上了年纪的精神病患者的护理提出新的挑战（Hatfield, 1997）。尽管这些人群存在一定的重合，但每一个方案都需要一些不同的回应或策略。据估计，26%的美国人患有一种可确诊的精神障碍（Kessler et al., 2005）。直到 2008 年 9 月，美国的估计人口超过300 000 000 人（2008 年 9 月 6 日下载于 http://www.census.gov/population/www/popclocku-s.html）。26%的美国人口——78 000 000 人，这一数字让人伤透脑筋。

正如布雷基（Breakey, 1996）所提议的，对精神疾病和临床心理学管理治疗的压力可能会限制这些临床医生的作用。也就是，没有补偿的治疗（type of care that is not reimbursable）是不被接受的。尽管本章所回顾的证据(例如,自信心社区治疗、环绕式密尔沃基)表明,接受整合治疗的精神病患者比没有接受整合治疗的精神病患者生活得更好,但是整合治疗却带来了更高的成本(资金以及其他的人力资本和资源)(Sharstein, 2000)。我们是否有足够的远见来支付这笔账单。社区心理学家在传递“三级预防与传统服务相比更具优势”这一过程中扮演着什么样的角色?

在该连续统一体的另一端,知名的精神病治疗专家,如托里(Torrey, 1997, p.B5)认为,近期在生物精神病治疗上的发现表明:“严重的精神病不像多发性硬化(multiple sclerosis)和帕金森症那样,与精神障碍有关联。因此,恰当的治疗应当是采用脑部生理和药理学的专业技术,而不是人际关系的技术。”托里提出,精神健康(在这里也包括社区心理学)应该与精神病学脱离或“离婚”,同时应该对资源进行重新分配,以允许精神病学和神经学进行融合:

> 从而使研究者和临床工作者拥有所有脑科疾病的专业知识,这将使神经病理学成为一个与100年以前完全一样的单独实体,在弗洛伊德学说改革和精神健康运动之前,引导它聚焦于一般的精神健康而不是最严重的精神疾病患者。(Torrey, 1997, p.B5)

143 这是既具煽动性但同时又语焉不详的声明!在医疗技术取得飞速发展的情况下,我们很容易就忽略感情和行为具有人性的一面。管理型护理(managed care)的氛围必定加剧了这一过程。这些问题无疑混淆了关于临床心理学家是否有权开精神治疗处方药的争论。现在,小部分已经通过试验性培训方案的临床心理学家获得开精神治疗处方药的许可。这一问题不仅仅是身份政治——实质是将能够开精神治疗处方药变为补偿服务的另一项收入。

在可预见的未来,社区精神疾病治疗和社区精神健康领域中的人员将会面临一项不轻松的工作:争论整合性治疗(如个案管理)是否合乎规范。同时,重点转向生物精神病治疗可能会妨碍已经在诸如社会支持和个人资源发展这些领域开展的研究工作。给人以希望的是,正在进行的有关心理弹性(见第三章)以及它强调的多层次交互性方法的工作,将会为生物、个人、社会和体制变量(institutional variables)之间的交互作用对幸福的影响带来更好的理解。精神健康服务领域使用生态模型(Bronfenbrenner, 1977; Kelly, 1990, 2002)来理解人类经验的努力一直在增加。

海勒和詹金斯等人(Heller, Jenkins et al., 2000)指出,传统精神健康治疗项目忽视预防措施。其他人已经注意到预防措施存在的问题以及证明当前系统贮备金(Felner, Jason, Moritsugu, & Riger, 1983)的经济压力,这些问题或许在未来的十年或二十年才产生重要的影响。尽管如此,那些关注儿童并使用对儿童生活非常重要的系统(即家庭和学校)开展工作的预防仍被证明是有效的(Albee & Gullotta, 1997; Durlak & Wells, 1997; Heller, 1990; Ialongo et al., 2006)。这些干预项目的目的当然是,通过为儿童提供有助于应对生活压力以及学会生活任务的个人和社会资源,来改变案主潜在的精神健康的发展轨迹(trajectory)(见第三章关于心理弹性和社会支持部分的内容)。我们当然非常清楚这些项目及其潜力的作用。但我们这里主要关注的是在精神健康系统中对患者的三级预防。当前的精神健康系统缺乏预防计划。

由海勒和詹金斯等人(Heller, Jenkins et al., 2000)提出的第二个值得关注的问题是,在第一个社区精神健康中心的规划中缺乏自然的社区(Hunter & Riger, 1986)。目标范围(社区精神健康中心的服务所覆盖的地理区域)的概念采用的是以街道为单位的大面积。这里不存在所谓的自然的社区,这些自然社区的优势和现存的网络组织将有助于问题的解决。目前,这一缺陷可能可以通过使用越来越频繁的参与行动研究模型来实现,从而在设计项目和为自己开展的研究中将社区包括进来。

本章概要

美国人口的精神健康问题已经得到几十年的研究并得出发人深省的结论。精神疾病的出现是一种普遍的现象,大概每 2 个人当中就有 1 个人患有某种精神疾病。但某些精神疾病主 144
要集中在一小部分人身上,通常多种问题同时发生。对于这一小部分人而言,精神疾病的影响是毁灭性的。

我们传统的精神健康模型本质上是关注个体的和反应性的。这些模型的缺陷促使我们采用社区心理学的观点,以及社区心理学的预防方向和生态的观点。

尽管关于精神疾病治疗的历史回顾表明,精神疾病的治疗在朝着更人道和包容的方向前进,精神疾病服务的去机构化虽然出现了,但它依然存在很多重要的问题。

对精神健康服务与精神疾病之间因果关系的回顾发现,关于去机构化的定义人们存在诸多的争论。有人提出,较好的专有名词是转换机构化,用以描述患者如何从一个机构转换进入到另一个机构。同样,在过去的三十多年里,精神异常的特征也发生了改变。现在,少数民族成了精神异常者的“大多数人”,但现存的精神健康系统很有可能尚未发现少数民族的精神异常者。

有趣的是,去机构化个体最常见的安置场所是其他的机构——可能是拘留所,也可能是监狱。许多去机构化案主最终落得无家可归。以社会融合和再复发,或是再送回精神病医院的比率为指标,我们回顾了关于社区中精神疾病患者成功功能的评估,但成本的经济指标对于政策的制定起着决定性的作用。大多数所谓的成功的测量聚焦在个体的问题上,然而,环境在成败与否上发挥了重要作用。服务中存在的非个别化特点也能解释去机构化个体所面临的实际问题。缺少足够的或者完整的社会支持也会导致问题的产生,尤其是对那些已经失去自然社会支持的人或那些治疗需求超越了这些支持资源的人。

在 20 世纪 60 年代,导致《社区精神健康法》(Community Mental Health Act)颁布的理想尚未完全实现。现行拼凑的系统存在的理由之一是,目前仍缺少系统和协调不足的计划。

革新性的心理社会康复模型已经开发出来,用于治疗精神疾病患者。这些模型的共同之处在于周全完整的服务和为特定的案主制订个别化的项目,这些项目包括日常生活技能训练模型和对案主有帮助的支持系统的赋权。这些社会支持系统可能是自然的系统,如家庭和朋友，也可能是提供服务的正规机构和方案。个别化的个案管理和较小的个案量将会是很有帮助的。

尽管社区心理学家和精神健康治疗专家能够通过采用适当的且切合的文化干预模型为精神疾病患者赋权，但精神健康治疗改革无法在其他健康机制之外独立来开展。认识到身心的交互作用以及生态环境各组成部分之间相互影响的整体的方法（holistic approach）似乎为未来的精神疾病治疗开出一剂良方，而且这种方法也是建立在广泛研究的基础之上。还有许多承诺有待我们去实现。

第七章 145

社区中的社会服务与人类服务

西方社会的社会福利简史

■ 案例 7-1　美国的贫困

■ 案例 7-2　格莱珉银行

社会议题和社会服务

儿童虐待

青少年怀孕

老年人

无家可归

■ 案例 7-3　在无家可归这一议题上存在怎样的文化分歧

本章概要

> *世界上有 8.52 亿人长期遭受饥饿；*
> *每天，有近 16 000 名儿童死于与饥饿相关的原因。*
>
> ——MCC.org/food

> *空袋子，立不直。*
>
> ——*海地谚语*

洛克是一名高三的学生，他的女友莫妮卡是同校高二的一名学生。这两个青少年住在郊区中产阶级的房子里。洛克对郊区单调乏味的生活感到厌倦，喜欢“寻找刺激”。他听最流行的音乐、文身、抽烟，还喜欢极度刺激地骑摩托车。他那难以捉摸、不拘小节、毫不在乎的生活方式吸引了莫妮卡，尽管双方父母对子女选择的约会对象并不很满意。莫妮卡的父母尤为生 146
气，因为她的妈妈认为女儿丢失的几条黄金首饰或许是被洛克拿走的。

洛克和莫妮卡都有旷课的记录并且偶尔还有几天不回家。在他们关系的开始阶段，洛克教莫妮卡购买并吸食大麻，之后，随着关系的发展，他们吸食大麻的量增多了。他们在学校因吸食大麻而被捕。由于两人尚未成年，法官勒令两人参加戒毒课程。

戒毒课程是由一个联邦机构和两个州立机构赞助的十二个计划之一。其目标在于预防（而不是干预或治疗）年轻人酗酒和吸毒。过去的研究显示，有风险因素（如旷课和偷窃）的青少年比没有风险因素的青少年更容易有吸毒或药物滥用行为。因此，在政府主办的社会服务中，儿童和家庭福利部门应该找出具有风险因素的青少年，转介给其他州立机构的戒毒课程。

在洛克的案例中，是由法院（而不是儿童与家庭福利机构）裁定洛克参加戒毒课程。在初次会谈后，洛克立刻被安置到其中的一项课程中。他同时也参加个体咨询和团体咨询。因为此课程旨在戒毒治疗，所以为洛克及其父母提供的家庭咨询有限。

莫妮卡的安置尚未确定，因为在初始的会谈中发现，她已经怀有身孕。而负责戒毒治疗课程的州立机构并不接受怀孕的个案。因此，两个州立机构的职员也不知道该如何处理莫妮卡的案例。此外，这两个州立机构在遵从为他们的戒毒治疗课程提供赞助的联邦机构所有要求时都有些为难。

戒毒计划开始进行后，州政府在政治上的几个变动使得两个州立机构的领导阶层陷入真空状态。两个州立机构的执行主任在州长宣布不再寻求连任之后纷纷辞职，这带来的结果之一就是患者的转介流程缺乏协调。

同时，直接服务的工作人员则强烈认为，青少年酗酒和药物滥用的行为很可能是其他社会问题的征兆，例如，亲子冲突和学校问题。而且，大多数青少年已经在吸食或滥用某种形式的毒品。因此，现在才谈预防是错误的说法。然而，因为政府资助的机构聚焦于预防，机构的工作人员只能遵从，去教育大众预防毒品。

这个真实的故事告诉我们，社会问题往往不是单一因素造成的，也不是独自发展而成的。在洛克和莫妮卡的案例中，直接服务的工作人员指出，两人的戒毒治疗仅仅是治疗症状(毒品吸食)而没有针对原因(例如，学校的风气以及父母与孩子之间的代际冲突)进行治疗。而且，莫妮卡需要的戒毒计划是专门针对怀孕妇女的戒毒康复计划。然而，该戒毒课程中的工作人员受资源和专业技术的限制。这个例子很好地说明了对有限，有时甚至是稀缺的社会和人类
147 资源的不恰当的消耗。正如你在这个案例中所看到的，有效的社会服务供给依赖于良好的组织内部结构基础和管理。

本章首先回顾了贫困的含义及西方社会中社会服务出现的背景。尽管贫困不是导致洛克和莫妮卡现状的原因，但贫困是许多社会问题的根源之一并影响着所有人对自身是否贫困这一问题的看法(Grogan-Kaylor，2005；Rank，2005)。然后，本章将选择一些社会和人类服务以及受影响的人群予以介绍。

西方社会的社会福利简史

什么是贫困？难道贫困仅仅是指缺乏足够的钱去获取生活必需品(如食物)以便能够活下去吗？还是说，贫困仅仅是指出生并居住在弱势族群居的住区或贫民区，孩子就读的学校可能设备不足，从而可能进一步形成失业的恶性循环，接下来变得无家可归吗(Hochschild，2003)？后者很可能就是林顿·约翰逊总统在1964年的国情咨文中发表《向贫穷宣战》演说时所持有的看法。贫困并不只是金钱的不足，还包括毫无希望、偏见和歧视(Yang & Barrett，2006)。例如，没有受过良好教育的人，很难找到一份像样的工作。比起那些受到过良好教育的人，没

受过良好教育的人很难成为有充分认知的公民——特别是对他们自己的基本权利很难有充分的认知。贫困以各种各样的方式影响着我们所有人，而不仅仅是贫困者，它不仅仅关乎个人的不足，还关乎经济结构和具有政治色彩的失败的政策(Rank，2005)。

在以上前提下，我们将去探讨公共救济的有效性，这种公共救济的目标之一就是，帮助不幸者脱离贫困，走出悲惨的命运，并过上更好的生活。首先，案例 7-1 提供了一些关于全世界尤其是美国的令人信服和担忧的贫困统计数据。

案例 7-1　美国的贫困

社区心理学家和其他专业人士认为，贫穷是美国最严重的社会问题，也是诸多社会问题——例如，青少年犯罪、药物滥用、学校问题、犯罪及无家可归——的根源。这里有一些美国及全世界关于贫穷现象的统计数字。当你一边品尝着 4 美元一杯的摩卡拿铁咖啡，一边从致力于反对贫困的两个网页(solvingpoverty.com 和 ch08.org)上读到这些统计数据时，或许你不得不努力尝试去想象自己身处贫困的情景。

- 在全世界，每天有 25 000 人死于饥饿，每 3.5 秒就有一个人死于饥饿。 148
- 在美国，有 1/8 或 3 650 万人处于贫困中。2008 年，美国联邦贫困线为，一个两口之家一年的收入少于 14 000 美元，则被视为贫困。
- 在美国，1 540 万美国人处于赤贫状态(也就是，他们处于美国联邦贫困线的一半以下)。
- 美国的儿童贫困在所有的工业化国家中居首。
- 非洲裔美国人、拉丁美洲人和单亲母亲的贫困率最高——在一些案例中，他们是白人贫困率的两倍。
- 470 万美国人没有健康保险；2006 年，有 1/5 的成年人因为没有保险或者无力支付保险而没有得到应有的医学治疗。
- 食品券项目仅仅为每人每顿提供 1 美元。仅靠这 1 美元，你能活得下去吗？

根据汉德尔(Handel，1982)的说法，**社会福利**(social welfare)是“一套理念以及落实这些理念，历经了数百年的演变才形成的一系列活动和组织”，从而为人们提供保护其尊严的收入和其他社会收益(p.31)。这一定义听起来很复杂，这个看似无关痛痒的陈述说明社会福利的复杂性。社会福利包括意识形态(如政治和宗教)及实务(如无法自给自足)上的一切事宜。

直至当代，社会福利的形式之一是慈善，也叫作善行。**慈善事业**(charity/philanthropy)是指捐赠者(自愿给予者)救济接受者(受益者)。例如，个人将钱自愿捐给仁爱之家(Habitat for Humanity)以使这个非营利组织能够购买建筑材料来帮助无家可归者建造房子。慈善的实质在很大程度是那个时代意识形态的表现。例如，研究发现，人们在宗教节日期间(例如，圣诞节和逾越节)比非宗教节日期间更有可能行善。此外，**公共福利**(public welfare)是政府

(而非捐赠者)负起照顾穷人或者救助接受者的责任,这些接受者对这一特殊救助系统并未作出贡献。

在慈善和公共福利的实施过程中,接受者可能会受到社会的羞辱,因为一些人对需要这种帮助的人持有负面的观点(Applebaum, Lennon, & Lawrence, 2006; Cadena, Danziger, & Seefeldt, 2006)。说得具体点是,汉德尔(Handel, 1982)认为,接受社会福利者:

> 被大家普遍认为既懒惰又无德……尽管接受者必须证明他们有此需求,但他们的陈述往往被认定是骗人的……这些人比社会上其他人受到更多的不尊重。因为提供金钱的这种方式有损于那些依赖社会福利的救济者的尊严。(pp.8-9)

甚至接受社会福利者也非常有可能看不起自己(Chan, 2004; Sennett, 2003)或其他接受社会福利的人(Coley, Kuta, & Chase-Lansdale, 2000)。

越过这些所谓的社会福利传统模式,我们现在转向两个更现代的社会福利模式:社会服务(social service)和社会保险(social insurance)。社会服务(并非物质上的帮助)是慈善的一
149 个分支。它起源于19世纪,政府通过税收来提供服务而不是给予直接的金钱救助。社会服务的主要目标是,通过预防或干预社会问题来确保和维持劳动者的生产力。本章开场白中的两位年轻人洛克和莫妮卡,都是社会服务(例如,药物滥用防治机构提供的治疗项目)的接受者。人们希望这些服务能够预防(或干预)这两位年轻人,今后不那么依赖大麻或其他的毒品。

社会保险(又称**公共救济**)起源于19世纪工业革命期间。社会保险的基本前提是,政府负责照顾那些在某些方面对这一救助系统作出过贡献的人。这些系统的资金通常来源于税收。换言之,公共福利和社会保险(也就是公共救济)的区别是,"社会保险受益人的福利是通过工作获得,或者自己工作或者他人代为工作"(Handel, 1982, p.15),而公共福利的受益人在此过程中并未作出贡献。因为莫妮卡没有获得过一份工作,如果她为她未出生的孩子向政府申请救济金,从最严格的意义上来看,她得到的应当是公共福利而不是公共救济。在美国,重要的社会保险/公共救济计划包括,医疗保健计划(Medicare,老年人健康照料)、社会保障制度(Social Security,失业和伤残抚恤金或针对先前工人的养老金),以及退役军人抚恤金(veterans' benefits)。政府制定了符合救济资格的指导性原则(例如,联邦政府的贫困线),而且这些原则既冗长又累赘。

公共福利在1996年的《个人责任和工作机会法案》之后发生了改变。如今,公共福利接受者必须参加全职或兼职的工作,除某些严格规定的情况之外,福利的接受者不能无限期地依赖政府。有趣的是,研究表明,大多数福利接受者愿意去工作(Allen, 2000; Bell, 2007; Scott, London, & Edin, 2000)。或许这一动机的原因之一是先前提到的,这种救济给他们带来社会耻辱的同时,也损害了他们的自尊。

这个看似更进步的公共福利的观点出现在美国公众和一些政府官员中。首先,越来越多的人注意到,人们应当减少对公共福利的依赖。这种救济被认为是可耻且受到侮辱的。其次,应当鼓励公共福利的接受者去工作,即鼓励参与工作的奖励措施应当比鼓励依赖政府的奖励

措施更容易获得。这似乎也是前面提到的1996年《个人责任与工作机会法案》中最根本的哲学理念(Scott, London, & Edin, 2000)。再次,越来越多的人认识到,如果参与就业是强制性的,就业应该比不就业(依赖公共福利)更能使家庭脱困。一些近期的研究已经发现,参与就业和远离公共福利,与收入的提高和个人幸福之间密切相关,但对家庭生活的其他方面,如父母的技能或家庭环境,几乎没有影响(如 Coley, Lohman, Votruba-Drzal, Pittman, & Chase-Lansdale, 2007)。截至本书完稿时,其他的关于以工代赈项目(welfare-to-work programs)的研究结果充满矛盾(如 Cadena et al., 2006),因此需要更多的研究来发现社会福利的新改革
所产生的影响。有趣的是,其他国家已经建立起不同的社会福利替代方案,并以此作为降低 150
贫困的方法。例如,读者可以阅读案例7-2中关于格莱珉银行(Grameen Bank)的小额贷款项目。

案例 7-2　格莱珉银行

25—50美元的小额贷款能够“治愈”贫困吗?一个有趣的实验正在世界各地进行着。小额贷款的实验就是由闻名遐迩的格莱珉银行进行的。格莱珉银行的创始人穆罕默德·尤努斯对孟加拉的赤贫,尤其是一贫如洗的妇女,感到震惊。1976年,穆罕默德·尤努斯虽然遇到些困难,但他还是向银行申请了一笔贷款,并将钱分给孟加拉贫穷的妇女。实际上,他是将这些钱分给了穷人中的穷人。妇女一般会利用这些小额贷款开始经营农舍形态的事业,诸如饲养农场动物、生产或制造手工艺品来贩卖。尤努斯认为,小额贷款是对抗贫穷的利器,因为成本能被有效运用。然而,他还是没有办法来说服任何一家传统的银行继续贷款给这些穷人。于是,他创立了自己的银行——格莱珉银行,继续他的小额贷款项目。

格莱珉银行的经营理念与传统的银行营运哲学完全相反。它借款给最穷的人。贷款时无需任何抵押品。因为此系统是基于信任、负责、参与和创意。贷款人必须五人为一组加入格莱珉银行,小组成员互相提供支持和建议。

该银行目前是孟加拉最大的乡村金融机构,借款人超过734万人,遍布近8万个村庄。此外,与社区心理学一致的是,这家银行主动将贷款直接送给借款人,而不是用其他的方式发放借贷。当然,社区问题不能够仅仅通过提供金钱来解决,但是在这个例子中,金钱的数量是微不足道的,但得到的回报却是巨大的。

一个有说服力的问题是,格莱珉银行和小额贷款是否对这些穷人产生长期的积极的影响呢?答案掷地有声——“是”。首先,贷款偿还率超过98%,这表明人们并不总是希望得到免费施舍。其次,贷款对妇女和儿童产生积极的影响。独立研究表明,妇女的经济保障和家庭地位都得到提升。与社区中其他的孩子相比,参加该项目的孩子受到更好的教育,而且也更健康。最重要的是,借款人在借款五年内赤贫(如联合国所定义)的下降比例超过70%。

在本章的其他地方提供了一些关于美国是如何衡量贫穷(如不同规模家庭的年收入)的信息。格莱珉银行以完全不同但更加实用和可行的方法来衡量贫困线。银行工作人员对借款人进行监督,以确定他们的生活质量是否得到提高。例如,如果一个家庭成功地拥有一幢带有金属屋顶的房子,有了洁净的厕所,能够饮用淡水,每天有足够的衣服来保暖,每天三顿都有肉吃,孩子能够上学,家庭能够得到健康照料,那么,这个家庭就可以被看作是脱离了贫困。这样的方案在美国是否可行呢?尤努斯认为不可行。因为美国的营运开销昂贵多了。然而,来自其他国家的人已经完成格莱珉银行的培训以便在 12 个不同国家实施同样的计划。

格莱珉银行解决贫困的理念如此成功,以致在 2006 年,穆罕默德·尤努斯和格莱珉银行都获得诺贝尔奖。顺便提一下,穆罕默德·尤努斯获得的是经济学学位而不是社区心理学学位。他的生活经历证明,来自各个学科的专业人员能够携手解决诸如贫困这样严重的社区问题。

资料来源:Yunus(1999, 2007);www.grameen-info.org.

151 因为关于以工代赈项目的研究结果充满矛盾(Geen, Fender, Leos-Urbel, & Markowitz, 2001),所以这些项目不乏批评者。皮文和克洛沃德(Piven & Cloward, 1996)就指出,支持者宣称这些项目产生了奇迹般的社会和文化的转变。例如,越来越高的家庭内聚力和越来越低的犯罪率,这是不现实的。皮文和克洛沃德认为,这种以工代赈的方案只不过是富人与穷人之间的战争。欧普伦特和马泰尼(Opulente & Mattaini, 1997)认为,以制裁为基础的项目(如与《个人责任感和工作机会法案》相一致的项目)很有可能没有积极的影响,甚至可能产生意想不到的负面效应,例如饥饿。威尔逊、埃尔伍德和布鲁克斯-冈恩(Wilson, Ellwood, & Brooks-Gunn, 1996)以及卡德纳等人(Cadena et al., 2006)则谴责,最精准的研究方法并未用来检验这些项目的结果和过程。最后,阿伯尔、布鲁克斯-冈恩和梅纳德(Aber, Brooks-Gunn, & Maynard, 1995)以及科利等人(Coley et al., 2007)提出这样一个结论,即以工代赈项目不能起到改善贫困家庭儿童生活状况的作用。事实上,与富裕家庭儿童相比,贫困儿童仍然经受着更多的家庭混乱、家庭破碎和家庭不稳定,受到更多的环境污染,居住在更加危险的社区中,同时还面临着越来越多的累积性风险因素(Evans, 2004)。

社会议题和社会服务

许多群体基于各种问题获得社会服务和人类服务。为了评价和判断这些服务的有效性和影响,必须形成共同的评价标准。根据普赖斯等人(Price et al., 1998)的研究,示范项目(model programs)应该具有以下五个特征中的一个或多个。

1. 该项目有特定的目标人群;

2. 项目的目标是对目标人群产生长期且深远的影响，并因此提升他们的幸福感；
3. 该项目提供了必要的技能，让接受者能达成目标；
4. 该项目强化了来自家庭、社区或学校环境的自然支持系统；
5. 该项目有评价机制，以此说明该项目成功与否。

下面，我们以这些标准为准则，来关注一下四个人群存在的问题、人群特征以及社会和人类服务系统针对这些人群的问题采取的干预措施。选择这些人群的原因包括：首先，这些人群数量庞大或人数正在不断增长。其次，这些人群中的某些人目前正受到媒体的关注，包括受虐儿童和未婚先孕的青少年。再次，这些人群在社区心理学领域受到某种程度的关注。这些人群分别是受虐儿童和被忽视的儿童，像莫妮卡那样未婚先孕的青少年，老年人以及无家可归者。

儿童虐待

儿童虐待是一个复杂且容易引起情绪波动的问题。让我们从界定这一问题开始，然后转到这一问题的范围上去。界定儿童虐待非常困难，因此还没有提出一个普遍认同的定义。对 152
儿童虐待的界定之所以困难，原因之一是每种文化都有其自身被普遍认可的儿童培养、儿童照料和惩罚的原则（Elliott & Urquiza, 2006; Runyan, Wattam, Ikeda, Hassan, & Ramiro, 2002）。然而，各种文化一般都同意，儿童虐待、严酷的惩罚和性虐待都是不被允许的（Runyan et al., 2002）。对儿童虐待很难作出清晰界定的另一个原因是，一些定义考虑到虐待对儿童的影响和伤害，但另一些定义则更多关注施虐者的行为或行动。

现在，我们将采用世界卫生组织提供的一个广义的定义（WHO, 2004）：儿童虐待包括以下所有的形式，即身体上和/或精神上的虐待，性虐待，忽视、疏忽或商业的或其他意图的剥削，从而导致对儿童的健康、生存、发展或基于责任、信任或权利关系下的尊严造成事实的或潜在的伤害。

议题的范围 美国疾病预防控制中心（CDC, 2007b）报告，2005 年，有将近 90 万起不同的儿童虐待案件，有近 1 500 名儿童死于儿童虐待。在世界范围内，有 4 亿儿童遭受虐待（WHO, 2004）。尽管这些统计数字给我们敲响了警钟，但是我们需要参照一些标准来看待这些数字，因为许多权威人士认为，这些统计数字存在低估的情况。为什么呢？首先，许多受伤和已经死亡的儿童没有被调查到，同时尸检也并非总能够得到执行，这就使得调查很难得到精确的数字（CDC, 2006; Runyan et al., 2002）。而且，许多虐待和忽视的案件被调查者隐匿不报。同时，不同国家在如何审核和报告可疑案件上存在很大的差异。媒体有时也会在受伤和死亡儿童的情况和原因上得出错误的结论。例如，将一个被忽视儿童的死归咎于儿童意外死亡。另外，调查所采用的方法通常不具协调性也不是多个学科（CDC, 2006）。尽管这些数据让人心情沉重，但是最近的趋势表明，儿童虐待有望得到缓解。但关于缓解的确切原因以及这一趋势是持久的还是侥幸出现的，现在仍然没有答案（Finkelhor & Jones, 2006）。

如图 7-1 所示，近 84%的受虐儿童遭受的虐待来自父母一方或父母一方与其他人的联合。

约40%的受虐儿童受到母亲的虐待;18.3%的受虐儿童受到父亲的虐待;17.3%的儿童受到父亲和母亲的联合虐待。受虐儿童所受虐待来自非父母施虐者的占10.7%。非父母施虐者被定义为提供照料的人员,他们并不是亲生父母,包括继父母、儿童日托工作人员、父母中某方的未婚伴侣、法律监护人或者住宅公寓的工作人员。特定虐待类型的受害者数据也可以通过施虐者和受害者之间的关系进行分析。在遭受忽视的受害儿童中,86.6%的受害者被父母忽视。在遭受性虐待的儿童中,28.7%的虐待来自亲属而非父母(Administration for Children and Families, 2005)。

153

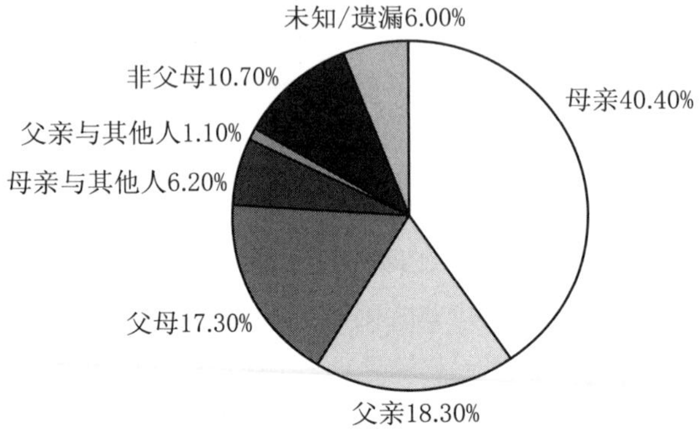

图 7-1 施暴者及其与受害者的关系,2005

资料来源:Administration for Children and Families(2005). *Child maltreatment*. Washington, D.C. U.S. Development of Health and Human Services.

儿童虐待给受害者、家庭、社区和社会带来的代价是巨大且多样的。这里有一些儿童虐待导致的后果。

- 遭受虐待的儿童在成年后出现不利于生理健康的行为的风险增加,这包括吸烟、酗酒、药物滥用、饮食障碍、严重的肥胖、沮丧、自杀、性乱交和特定的慢性疾病(Felitte et al., 1998; Runyan et al., 2002)。
- 儿童虐待和忽视与成年早期罹患抑郁症的风险增高有联系(Widom, DuMont, & Czaja, 2007)。
- 有过儿童虐待和忽视的人在中年时期非法吸食毒品——尤其是大麻——的可能性是普通人的1.5倍(Widom, Marmorstein, & White, 2006)。
- 婴儿或幼儿时期的虐待会使大脑重要区域形成那些导致身体、精神和情绪问题的紊乱症状,例如,睡眠障碍、惊恐障碍、创伤后应激综合征和多动症(Cicchetti, 2007, Cicchetti, & Valenti-no, 2006; U.S.Department of Health and Human Service, 2001a; Watts-English, Fortson, Gibler, Hooper, & De Bellis, 2006)。
- 每年约有1 300名儿童因虐待而遭受严重的或者致命的头部创伤。虐待引起头部创伤的非致命性后果,包括不同程度损伤的视觉障碍(如失明)、运动障碍(如大脑麻痹)和认知能力障碍等(National Center on Shaken Baby Syndrome, 2005)。

- 早期的儿童虐待对男性和女性在成年后建立和维持健康的、亲密的两性关系的能力有负面的影响(Colman & Widom, 2004)。
- 情感和行为的调节异常、学习的失败和反社会行为也都是遭受虐待的后果(Olds, Hill, & Rumsey, 1998)。

同样,社会为儿童虐待付出的代价也是巨大的。受虐儿童和施虐者通常是不同的社会和人类服务专家们集中精力努力的焦点所在。虐待儿童的疑似案例通常由社会服务部门和法律执行部门进行调查。受虐儿童及其父母通常被法官和其他的专业人员转介给精神健康治疗的专家。这些直接成本一年的估计在几亿美元,而间接成本(如长期的经济影响)每年还有几亿美元。 154

或许,如果我们知道虐待的原因,我们就可以更好地制订预防和干预计划。接下来,我们将会考察儿童虐待的复杂原因。从你已经掌握的知识中,尝试着去推测一下,莫妮卡和洛克是否有可能虐待他们将要出生的孩子。

虐待的原因 家庭暴力专家达成共识:多重因素导致儿童虐待。例如,父母生活中的压力、贫困、社会孤立和父母对孩子不切实际的期望。研究也已确定,缺乏产前照顾、功能不良的照料、过分频繁的意外怀孕、依赖社会福利、社区暴力以及父母药物滥用都是儿童虐待复杂的原因之一。因此,在构建儿童虐待和诸如父母暴力等家庭暴力时,研究者需要从多个层次来看待这个问题,包括(但不局限于)社会的因素、机构的因素和人际关系的因素。例如,社会因素通过下列方式促成儿童的虐待:贫困和经济状况不佳会导致父母无法亲自教养孩子;父母失业会使父母感到悲观和沮丧;之后父母可能变得更少去教养孩子,并在与孩子相处中更加的武断。

社区心理学家可能很快就会指出其他导致儿童虐待的生态学因素。的确,儿童虐待可能代表的是为人们的幸福提供各种机会的环境的一个最大的失败(Cicchetti, Toth, & Rogosch, 2000; Cicchetti & Valentino, 2006)。加巴里诺和科斯特尔尼(Garbarino & Kostelny, 1994; Garbarino & Kostely, 1992)在社区层面对儿童虐待做过调查。他们调查了芝加哥两个非裔美国人居多的地区和两个西班牙裔居多的地区。在1980年、1983年和1986年,这些地区约有6万例儿童虐待的案例。加巴里诺和斯科特尔尼发现,虐待存在明显的地区差异。作为该项研究的一部分,他们还对社会服务机构的领导者进行了访谈。访谈发现,高危地区缺乏对社区的认同(community identity),而低危地区却存在强烈的社区感或者更强的社区凝聚力。加巴里诺的结论是,虐待并不是个人或一个家庭陷入困境的征兆,而是一个社区陷入困境的征兆。其他学者认为,邻里因素,诸如贫困(Coulton, Korbin, & Su, 1999)和社区暴力(Lynch, 2006)都会同个人风险因素一样,对儿童虐待产生影响,而且其影响甚至更大。在犯罪与社区这一章节中你将会读到更多关于社区紊乱和不融合的内容。

科宾和库尔顿(Korbin & Coulton, 1996)的研究也表明,那些干预措施能够被重新定位在邻里的层次中。在这一研究中,他们在俄亥俄州的克利夫兰地区采用深度访谈的方式访问了13个高危、中危和低危人口普查区。他们发现邻里关系的状况,例如,邻里之间以及社会机构

155 间的不信任以及日常生活的危机和不文明行为限制了邻里以符合邻里儿童利益的行为方式帮助他人的能力。邻里们确实感觉到他们彼此之间应该互相帮助。实际上，许多受访者对自己可以协助预防虐待儿童事件的发生持有乐观的态度。然而，邻里关系的状况却往往让他们打退堂鼓。研究得出的结论是，由于经济与社会状况息息相关，因此儿童虐待的预防项目必须作出全面的努力，以此来强化社区的功能。

弗雷斯勒、布鲁斯和尼德尔（Freisthler, Bruce, & Needell, 2007）也验证了邻里的特征与儿童受虐比例之间的关系。他们的研究在加利福尼亚州涵盖了940个人口普查区。他们的研究结果表明，对于黑人儿童而言，更高的贫困率和更密集的外部酒精销售点与虐待比率呈正相关。在西班牙裔儿童中，妇女占主导地位的家庭的百分比、贫困和失业与儿童虐待的比率呈正相关。对于白人儿童而言，老年人百分比、贫困百分比、儿童和成年人间的比率以及西班牙裔居民的百分比与邻里虐待的比例呈正相关。研究者得出的结论是，对所有儿童来说，减少邻里的贫困或许能减少儿童的虐待比率，在邻里层面上预防虐待的努力或许需要依据邻里特定的人口学特质来施行，只有这样，儿童虐待的预防才有可能取得最好的效果。

那么，到目前为止，我们在减少儿童虐待和儿童忽视的问题上做了哪些努力呢？传统的努力是在个体的临床层面开展的，在该方法中，为受虐儿童和他们的父母提供咨询，以帮助他们解决个人问题并理解虐待的发生。尽管这些方法是值得赞赏的，但它们几乎不能够预防虐待的发生。同样，这种治疗方法执行困难且费用高昂，所以很难大规模推行。而且，这些方法仅仅聚焦于个人和家庭，忽视了那些本应该承担责任的其他生态系统（如贫困和社区暴力）。

一些人认为，对于施虐者及其受害者而言，改善这一现状的最好方法是国家政策，这些政策的目标在于创造工作机会、减少失业和贫困或提供收入维持，如社会或公共救济。像社区心理学家这样的干预专家则认为，更好且更实际的策略是能够在虐待发生之前就已经将高危人群作为目标群体开展服务（Olds, 2005, 2006）。儿童虐待和儿童忽视的干预必须走更人性化的道路。

预防措施　或许最古老、最著名且受到最高赞赏的干预项目之一是由大卫·奥尔兹及其研究团队（Olds, Henderson, Chamberlin, & Tatelbaum, 1986; Olds et al., 1998）设计的项目。这一项目最早被称为产前/婴儿早期计划，近期又被称为护士—家庭合作（Nurse-Family Partnership）。它提供护士对家庭的拜访，以预防大范围的与贫困有关的母亲和儿童的健康问题，儿童虐待就是这些问题中的一个。尽管该项目常常遭到批评（见Chaffin, 2004; Olds, Eckenrode, & Kitzman, 2005），但它成功的原因之一是，该项目的评价设计相当严谨，采用了随机分配实验组和控制组进行研究。同样，通过招募一个异质组进行对照，干预者就能更好地将施虐高危人群与非施虐高危人群进行比较。

年轻的初产孕妇（只生过一个孩子的妇女）、单亲妈妈或者来自较低社会经济阶层的母亲都是这一项目希望研究的对象。研究者一方面试图避免该项目成为一个仅仅针对潜在儿童施
156 虐者的项目，另一方面又试图确保家庭的参与和避免污名化。因此，奥尔兹及其同事积极地去避免这一项目被贴上旨在预防虐待的标签。但是，该项目在设计时确实是为了降低儿童虐待

和儿童忽视的风险，同时促进儿童虐待和儿童忽视的保护性因素(Olds et al.，2005)。

通常，护士在产前和产后会每隔一周拜访研究参与者的家庭一次。母亲的主要支持者(或许是她自己的母亲、朋友或者孩子的父亲)也被邀请加入其中。来自护士和重要他人的社会支持是这一项目的一个关键部分。甚至在虐待已经发生之后，这种典型的社会支持在预防进一步的虐待(次级预防)中仍然被认为具有非常重要的作用。

护士在家庭访问期间将执行三项主要的工作：教育父母有关胎儿及婴儿发育的知识；促进家人和朋友共同支持母亲及对婴儿的照顾；增强家庭成员与社区中其他正式的健康和人类服务系统间的联系。在教育方面，鼓励母亲和家庭成员完成他们的学业，决定未来的工作和怀孕计划。在婴儿出生之前，护士的工作重点在于：教育产妇改善日常饮食；戒掉吸烟、吸毒和酗酒的习惯；认识到怀孕的并发症；为阵痛、生产以及照料新生儿做好准备。在婴儿出生之后，护士的工作重点在于：增强父母对婴儿气质的了解；增进婴儿的社会情绪、认知以及身体发育。护士也会在家庭与其他正式服务机构——如健康服务机构、心理健康咨询师以及为母亲和婴儿提供的营养补充计划之间提供连结(Olds，2005，2006)。

这一项目最重要的成果之一体现在已确定的儿童虐待和忽视案例上。对存在三个可能产生虐待的风险因素(贫困、未婚和未成年)的妇女，在确定的儿童虐待和忽视的案例的数量上，实验组妇女与对照(非干预)组相差达80%，这是一个很大的差异。特别要指出的是，在15年的追踪中，这一差别会持续存在。护士访问组中的母亲也指出，她们的婴儿比较容易照顾。访问者通常也观察到，实验组的母亲更少体罚和限制她们的孩子，而且护士访问组的家庭拥有更多的儿童益智玩具。护士访问组家庭的医疗记录显示，研究参与者因疾病进入急救室的次数更少，儿童发生意外的可能性也更低。那些第一次参加这一计划时感觉到无法控制自己生活的妇女也获得类似结果。研究结果也暗示，有护士到访的母亲，其生命历程的发展也得到改善。例如，一旦这些母亲年纪渐长且更能胜任工作时，她们从事工作的时间比对照组的母亲更长。因此，计划的参与者更少依赖社会福利。这些母亲也更少经历再次怀孕，而且，这些母亲以及他们的孩子卷入犯罪司法系统的可能性更小。奥尔兹(Olds，1997，2005；Olds et al.，1998)在美国几个社区实施了同样的项目，成果一样令人印象深刻。目前，为了筹集公众投资，这一项目在全美进行宣传(Olds，2007)。

然而，有研究指出，该护士访问项目至少有一个局限。在发生其他类型家庭暴力的家庭
中，护士访问在减少儿童虐待上效果甚微(Eckenrode et al.，2000；Gomby，2000)。更深入的 157
研究也发现，其他更长期的项目，如以学校为基础的教导儿童如何辨识虐待，尤其是性虐待的项目，或许可以与护士访问项目相媲美(Davis & Gidycz，2000)。

儿童虐待的原因很多。虐待的案例使许多社工和精神健康专家为处理后果忙得不可开交。然而，奥尔兹的研究以及其他人的项目证明，儿童虐待是可以预防的。在虐待事件发生之初，人类和社会服务的努力和付出或许比事件发生之后的努力和付出更富有成效、更人道、破坏力更小且更具有成本效益。

青少年怀孕

议题的范围 如同莫妮卡那样的青少年问题长久以来备受关注，但是，该议题最近经常被援引为美国社会堕落的例子。美国社会每年怀孕的青少年人数在75万到100万之间（McCave，2007），其中80%以上的怀孕不是事先预期的（National Campaign to Prevent Teen and Unwanted Pregnancy，2008）。尽管美国青少年怀孕的比率在20世纪90年代中期有所下降，但最新的数据表明，这一比率又上升了（National Center for Health Statistics，2007a）。美国青少年的生育率仍然高于其他工业化国家（CDC，1999；Coley & Chase-Lansdale，1998；National Campaign to Prevent Teen and Unwanted Pregnancy，2008）。尽管美国青少年与其他国家的青少年在性活动上并不存在差异，但美国青少年的避孕行为较不持续，且避孕效果不佳，从而导致美国青少年生育率高得多（Coley & Chase-Lansdale，1998）。

青少年怀孕是一个重要的议题，因为这些母亲的孩子出生时体重不足，且存在不成比例的高死亡率（McCave，2007；National Campaign to Prevent Teen and Unwanted Pregnancy，2008；Olds，2005），而且，这些年轻妈妈的辍学率很高且大都家境贫寒，最终导致的结果是需要公共救济（McCave，2007；National Campaign to Prevent Teen and Unwanted Pregnancy，2008；U.S.Department of Health and Human Services，2001b）。莫妮卡或许存在以上所有问题的风险。与那些延缓生育的同龄人相比，年轻妈妈的婚姻更不稳定，工作保障的程度更低（Coley & Chase-Lansdale，1998）。这些年轻妈妈和她们的孩子更有可能遭受牢狱之灾，这些年轻妈妈的女儿与同龄人相比，也更有可能成为与自己妈妈一样的年轻妈妈（National Campaign to Prevent Teen and Unwanted Pregnancy，2008）。青少年怀孕同样也给像洛克这样年轻的爸爸带来困难。怀孕会使年轻的爸爸与他的女朋友和他的家人的关系变得紧张。年轻的爸爸在学校的成绩不理想，当他们走入社会寻找工作时，他们将比那些没有成为父亲的同龄人挣的钱更少（4parents.gov，2007）。在美国，每年花在青少年怀孕上的公共救济、健康医疗等方面的费用至少需要900万美元（National Campaign to Prevent Teen and Unwanted Pregnancy，2008）。

青少年怀孕的原因 有些批评认为，实际上，美国的社会福利体系或许应该为青少年的高
158 怀孕率负责。他们认为，尤其是当这种救助作为一种收入的来源时，它实际上促使青少年怀孕和以女性为主导的家庭数量的增长。然而这种假设并未获得研究的支持。在其他工业化国家，例如，瑞典和英国，拥有比美国更全面的社会福利制度，但青少年怀孕率却较低（Alan Guttmacher Institute，2004，2006；CDC，2007a；Kotch，Blakely，Brown，& Wong，1992；Wilcox，Robbennolt，O'Keeffe，& Pynchon，1996）。因此，公共救济并不是造成年轻妇女怀孕或想要怀孕的原因。

除了将焦点放在女性身上外，心理学关于青少年怀孕的主流文献关注个体本身及其缺陷，其中的某些做法是社区心理学家力图避免的。常被引用的、青少年怀孕的传统原因包括缺乏自尊（Foster，Greene，& Smith，1990）、较低的自我期望（Scales，1990）和精神疾病（Reppucci，1987）。因此，降低怀孕率的典型的方式是咨询（Hofferth，1991）。

社区心理学家一般会考察青少年怀孕的各种情境性因素或生态原因，例如，学校的疏离导致学生受教育的意愿低落。另一个情境性因素是生活贫困，这是许多美国少数族群的经验。如果我们认识到非裔美国人和西班牙裔人存在的贫困现象，那么，我们或许对各族群和种族在怀孕和生育率上的巨大差异不会感到惊奇。在所有族群中，西班牙裔人和黑人的怀孕和生育率最高，几乎比白人青少年高3.5倍(CDC，2007a)。青少年怀孕的其他生态上的原因包括，有限的生活选择、大众传媒以及迫于同龄人压力而产生的性行为(Alan Guttmacher Institute，2004；Schinke，1998)。一方面，后面的几个原因有助于解释类似于莫妮卡——一个居住在郊区、生活并不贫困的白人青少年——这样的青少年怀孕的原因；另一方面，也许是比莫妮卡大两岁且让她崇拜的洛克给她施加了巨大的压力，从而使她发生了性行为。同样，造成青少年怀孕的原因可能还包括，缺乏支持系统(父母或同龄人)和成为性侵犯的受害者(Alan Guttmacher Institute，2004)。另外，作为个体在特定社会结构所处位置可利用的资源，社会资本(第四章有定义)这个生态学因素在预防青少年怀孕上正显露出它的重要性(Crosby & Holtgrave，2005)。在这里，**社会资本**包括信任、交流、合作以及家庭、邻里和社区间的相互支持。缺乏社会资本会导致青少年怀孕。无论青少年怀孕的原因是什么，基于大范围视角的干预(而非个体咨询)可以更好地解决该问题。

预防措施 尽管美国的大多数老师和家长认为，学校需要开展性教育(Alan Guttmacher Institute，2006)，但持有我们只需要给青少年提供更多的信息或给青少年提供避孕用品的过于理性主义的观点太过狭隘(SIECUS National Guidelines Task Force，2004；Reppucci，1987)。在青少年怀孕干预行动的早期，雷普奇(Reppucci，1987)多次重申，"从仍然存在的高怀孕率、辍学率和未避孕率可以明显看出，这些改变的影响是有限的"(p.7)。

我们需要的是更少地关注个体教育(Patterson，1990)，更多地关注青少年怀孕的生态学或人与环境相互影响的方法(Allen-Meares & Shore，1986)。生态学方法考虑了青少年周围的环境。然而，生态学观点是复杂的。它的复杂源于青少年或许要面对来自同龄人、家庭成 159
员、社区以及文化对于性行为的不同观点。而且，青少年接触的媒体明目张胆地通过性的剥削来达到其目的(Alan Guttmacher Institute，2004)，而且也没有禁止避孕用品的广告(Reppucci，1987)。同样没有益处的是，许多青少年崇拜的名人在年轻时就生育孩子或者离婚。美国底层社会的妇女地位问题也需要得到承认(Bond et al.，2000)。对于那些工资收入低、没有工作前途的青少年以及没有受过教育的贫困妇女而言，成为年轻妈妈或许是一个吸引人的选择(Lawson & Rhode，1993)。

布什总统推行的强化联邦政府资助的惟禁欲教育计划(abstinence-only sex education programs)和以宗教(而不是学校)为本的项目(Marx & Hopper，2005；McCave，2007)又进一步增加了性教育的困难。正如这里所写到的，联邦法律构建了一个须严格遵守的惟禁欲教育的八点说明，它要求该项目教导青少年婚外性行为对任何年龄段的人都是错误且有害的。法律除了强调避孕的失败率之外，还禁止该项目倡导使用避孕用品或探讨避孕的方法(Alan Guttmacher Institute，2006)。莫妮卡(而非洛克)在她的生理健康课上只接受一点点性教育的知识，显然这还不足以防止她怀孕。

首先，让我们看看禁欲项目——“为我们的孩子而战”。这个项目的设计是针对尚不可能有性经验的年龄群体——9—14 岁的孩子，提倡禁欲的观念。通过这种方式，这一项目实施的是初级预防。从生态学的观点看，该项目用多种形式的信息——报刊、电视、广播、告示板、甚至大众传播媒介——将青少年包围。“为我们的孩子而战”的活动还发行了以研究为基础的教育材料，这些教育材料可用于学校、社区、父母、个人或团体。此外，还有互动式的网站，在该网站中，个人可以加入聊天群体。青少年、父母、政府官员、健康专家和其他人都可以在网上搜索到相关的信息。老师可以获得课程计划，而研究人员可以找到很多资料。青少年在网站“专家咨询”专栏中询问的问题反映出他们普遍不了解人类生殖知识，也缺乏获得健康照料服务的渠道，同时他们对这些服务提供者持不信任的态度。另外，这些资料有助于性教育专家和政策的制定者确定在帮助青少年保护自己，避免发生意外怀孕和感染性病过程中，什么才是需要强调的重点(Campaign for Our Children，2001；Flowers-Coulson，Kushner，& Bankowski，2000)。马里兰州是第一个实施“为我们的孩子而战”项目的州，针对该州实施状况的研究显示，青少年的怀孕率明显下降。1987 年，马里兰州的青少年怀孕率在美国排名第四，1996 年下降到第三十名。“为我们的孩子而战”项目已经在美国 50 个州得到不同的程度的传播(Campaign for Our Children，2001)。

惟禁欲项目(通常不包括避孕的信息)或许对那些更年幼的、尚未有活跃性活动的儿童——小学及中学低年级的儿童——有帮助。惟禁欲教育的拥趸者相信，这类项目可以将重
160 要的价值观传递给青少年，然后这些价值观再影响青少年的行为。他们还相信，全面性教育其实加剧了青少年性活动的混乱。而全面性教育的拥护者坚称，虽然推迟性教育是可取的，但如果青少年选择成为性行为的活跃分子，那么他们也有权利被教导如何保护自己(McCave，2007，p.17)。

许多青少年确实选择成为性活动的活跃分子，因此惟禁欲教育对他们是无效的。到 18 周岁时，10 个女孩中有 6 个女孩有过性活动，男孩的这一数字为 10 个男孩当中有 5 个(Alan Guttmacher Institute，2006)。

因此，将我们的注意力转移到全面的性教育上是明智的。全面的性教育应当涵盖：性发展、生殖健康(包括避孕和性传播疾病)、人际关系、情感、亲密、身体意象和性别角色，而不仅仅是禁欲(SIECUS National Guidelines Task Force，2004)。而且，还有与这些更全面的计划相关的重要议题，这些计划表明它们的重要性超过惟禁欲性教育。首先，许多老师认为，诸如生育控制方法、性取向这样的话题和其他信息应当与禁欲一起传授。其次，82％的美国成年人支持全面的而非只有禁欲的性教育。最后，研究表明，避孕用品的使用在解释前面所提及的(20 世纪 90 年代早期到 21 世纪中期)青少年怀孕下降的原因中占据 75％比例，而禁欲的解释只占到 25％(SIECUS National Guidelines Task Force，2004)。

现在我们将聚焦于一个全面的性教育项目——卡丽拉项目。1984 年，卡丽拉博士和儿童援助协会(Children's Aid Society)开发了一个全面的性教育/青少年怀孕预防项目。卡丽拉项

目以以下信念为中心：学校教育的成功、有意义的工作、接触优质的媒介和健康服务以及与高素质的成人角色榜样互动对青少年的“避孕”将产生强有力的影响。卡丽拉项目关注的是，在青少年发展的重要时期，影响他或她生活的所有力量和因素，也包括在一个青少年的整个生活环境中所有相关的问题。换句话说，卡丽拉项目采用的是整体的观点，这对于预防青少年怀孕而言是一个相对较新的方向(Allen, Seitz, & Apfel, 2007)。卡丽拉项目还包括父母的参与，并包括至少七个子项目：教育支持、职业意识工作俱乐部、终身运动、创造性表达、全面的医疗和牙科服务、精神健康服务以及家庭生活和性教育(Children's Aid Society, 2008)。这些子项目的具体内容如下：

- **教育支持：**为每个参与者制订一个个人学术计划，每天进行一对一的辅导或小组的辅导，学业能力倾向初步测验(PSAT)和学业能力倾向测验(SAT)准备工作，大学之行和大学奖学金。
- **职业意识工作俱乐部：**对职场作一完备的介绍，包括：在银行开账户；探索职业的选择以及提供暑假和兼职的工作。付给参与者一笔奖金、助学金，并要求他们每月向银行账户存入存款。
- **终身运动：**建立一个强调运动能够加强自我约束的健身计划，并终身执行，包括高尔夫、 161
壁球、游泳以及冲浪运动。
- **创造性表达：**每周由戏院和表演专业人士指导的音乐、舞蹈、写作和戏剧工作坊，能让孩子们发掘自己的天赋并建立自尊。
- **全面的医疗和牙科服务：**与西奈山医疗中心的青少年健康中心合作，提供全面的身体医疗服务，由儿童援助协会提供全面的牙科服务。
- **精神健康服务：**由持有执照的社会工作者举行必要的咨询和危机干预以及每周的小组讨论。
- **家庭生活和性教育：**每周以适合每个年龄段的方式全面教授性教育课程。这一计划有助于促进父母或成年人提升他们与青春期孩子更加有效地交流有关“家庭生活和性行为”这一重要问题的能力(Children's Aid Society, 2008)。

这些计划每周开展五天，按学年进行。暑假期间，会帮助年轻人得到一份工作，并举行联络会议，以加强性教育和学术能力，会议偶尔也会有社会、娱乐和文化的主题(Philliber, Kaye, & Herrling, 2001)。

在对一个多地点项目的评估中，将处于风险中的青少年随机分配到控制组或治疗组，研究者菲利波尔(Philliber et al., 2001)断定，该项目成功地减少青少年的性行为，且在计划服务的社区中，青少年的怀孕率下降50%。该项目之所以能使怀孕率下降50%，原因之一是，该项目促进了性行为保护措施(避孕用品)在已经成为性行为活跃分子的年轻少女中的有效使用。该项目也带来其他益处，例如，促进了青少年与医疗照顾(私人医生，而不是去急诊室)的联系；鼓励他们参与工作；提高了参与者的电脑技能；促进更高的毕业率并提高了某些标准化考试的得分(Children's Aid Society, 2008)。

社区心理学家还提醒我们，预防计划也需要文化敏感性（culturally sensitive）——“一个”重要的方法还不能够解决青少年怀孕的问题，因为没有一个项目或者项目的组成部分对所有群体都有效（Stoiber & McIntyre, 2006）。就如同文化和种族影响孩子的抚养那样，文化毫无疑问也塑造着性行为和性观念，例如，何时、何地以及与谁发生性行为。

为了扩展文化这一议题，下面让我们来讨论一下西班牙裔青少年怀孕这一主题，因为最近西班牙裔青少年的怀孕率最高。许多作者已经详细阐述西班牙文化中可能导致较高青少年怀孕率的价值观和主题。吉列姆（Gilliam, 2007）解释，拉美裔的母亲依靠恐吓来阻止女儿怀孕，所以开放地谈论性行为和避孕措施几乎是不可能的。父亲通常也是不断重复青少年怀孕带来的危险。威尔金森-李及其同事（Wilkinson-Lee et al., 2006）识别了西班牙文化中可能很重要的其他方面的内容。其中一个文化价值观是**家庭主义**（familismo），它是一种对高于个人需求的大家庭的集体的忠诚。例如，重要的决定由大家庭而非个人来作出。**个人主义**（personalismo）是另一个重要的价值观，可理解为“正式的友谊”。西班牙人期望与任何权威人物——如健康治疗专家或者教育家——有正式且友好的关系。某些正式的友谊也是建立在尊
162 重的基础之上。威尔金森-李及其同事也提醒我们，文化敏感性还包括理解西班牙的小群体——二代移民、原住民（如葡萄牙人和墨西哥人）——以及各社会阶层间的差异。同样，他们提醒我们，西班牙裔青少年经常会从他们对抗美国主流文化的传统文化和宗教中听到相互冲突的信息。显然，文化敏感性对于项目的设计和效果是非常重要的。下面，我们介绍一个与这些问题有关的项目。

门德兹-内格雷特、索尔达娜和韦嘉（Méndez-Negrete, Saldana, & Vega, 2006）初步报告了美国得克萨斯州圣安东尼奥市一个文化敏感性项目，该项目宣称为那些存在怀孕风险的墨西哥裔美国女孩提供小班教学。圣安东尼奥市 15 岁及以下的女孩怀孕人数在美国居于首位，这很不幸。小班教学提供了一个有组织的课后社会性组织形式，为传统的学校和家庭中正式的社会性机构组织形式提供了补充。小班教学（翻译为“小学校”）提供各种体验和活动来支持和鼓励那些旨在防止青少年怀孕、违法犯罪及降低辍学率的学术、个人、文化和社会的成就与发展。

女孩一般来自低收入家庭，是从那些青少年怀孕、违法犯罪以及辍学发生率高的学校招募过来的。在小班教学中，学生每周在放学之后会有 3 次 90 分钟的课程。活动包括来宾发言、个别指导、小组讨论以及与她们的母亲或监护人（家庭主义）开展亲属间的研讨会。大学生和成年西班牙人的角色榜样以指导者和演讲者的形象出现（尊重和个人主义）。在西班牙人角色榜样的展示中聚焦于学生的文化资产和他们的文化遗产，如亡灵节（Diade los Muertos）。

需要注意的是，学生并不是随机分配到小班教学中的，且她们并不与非干预组进行比较。因此，这可能会减弱我们追求下面这些研究结果的热情。目前，初步的研究结果显示，该项目取得了一些成绩。截至 2004 年，参与者中无一人辍学，无一人怀孕。尽管这些结果是鼓舞人心的，但是，在该项目被采纳和传播到其他地方之前，我们还需要有更多关于小班教学的确凿数据和更完善的研究设计。

防止青少年怀孕的一个主要难题是，尽管有效且科学化的项目是可行的，但这些项目在当地的社区并不被熟知。换句话说，从科学界到整个社会，缺乏对这些项目信息的宣传。所有的努力正朝着在不同社区建立预防基础设施并在大范围上对预防策略进行指导的方向前进，在此，我们要感谢某些社区心理学家的努力(Lesesne, Lewis, White, & Green, 2008)。

次级预防：与怀孕青少年进行合作 由于许多预防项目设计并不成功，因此青少年怀孕率持续高于预期。正如前面所提到的，美国青少年的怀孕率、堕胎率和生育率在工业化国家中居于首位。一些资料也显示，青少年怀孕存在年轻化的趋势(Coley & Chase-Landsdale, 1998; Thomas, Rickel, Butler, & Montgomery, 1990)。

对于像莫妮卡这样已经怀孕的青少年而言，初级预防为时已晚。因此我们需要其他的设计项目来鼓励他们继续完成学业，教导他们教育子女的技巧以及预防再次怀孕。让我们来看一项旨在预防再次怀孕的项目，尤其是考虑到年轻妈妈的预期怀孕率是那些还未生育的年轻女孩怀孕率的五倍(Corcoran & Pillai, 2007; Key, O'Rourke, Natalie, & McKinnon, 2005— 163
2006)。对于年轻妈妈而言，二次怀孕和生育存在首次怀孕和生育时具有的所有的健康、社会以及教育的风险。因此，次级预防——防止再次怀孕——是相当重要且困难的。即使是我们所提到的儿童虐待初级预防计划(Nurse-Family Partnership)，在预防年轻妈妈再次怀孕上也并不总是成功的(Gray, Sheeder, O'Brien, & Stevens-Simon, 2006)。

基等人(Key, 2005—2006)对二次机会俱乐部(Second Chance Club)进行了研究。该俱乐部是一个以学校为基础的同龄人教育项目，旨在防止年轻母亲第二次怀孕。该项目采用的服务形式主要有，小组会议中的同龄人支持；关于青春期、子女教养和职业生涯问题的健康教育；针对母亲和孩子的健康照料(包括避孕措施)，家庭访问、咨询等社会服务以及个案管理的其他形式。记录在案的资料(二次生育的公共记录)来自实施该项目的不同区域的三个时间段(项目实施前、实施中和实施后)。这些区域的资料也与相同时间段的相似青少年人群的美国生育率进行了对比。研究结果显示，在该项目实施的区域中，实施后的再次怀孕率下降了。相似的是，在特定时间段里，年龄和种族所对应的美国生育率的对照显示，治疗组的二次生育率变化很小。虽然基及其同事承认他们的研究设计存在局限，但他们确信这种以学校为基础、多维且深入细致的项目能够减少年轻妈妈再次怀孕。不幸的是，莫妮卡没有接触到青少年怀孕的初级预防项目，或许对她而言次级预防项目更有用。

老年人

议题的范围 美国人口正处于老龄化进程中。随着时间的流逝，婴儿潮时期出生的人口在美国人口中所占的比例越来越大，美国的老龄化水平也在提高。医学的进步延长了人类的寿命，且大多数女性的寿命长于男性。在20世纪初，老年人口只占美国人口的4.1%(Blakemore, Washington, & McNeely, 1995)。现在，美国65岁及以上的人口比例是原来的3倍，且整个人口数量增加近12倍(从31 000 000～363 000 000)。图7-2展示了老年人口戏剧性的增长，并且提供了截至2050年的预测。

不幸的是，老年人问题在社区心理学的文献中被长期忽略。斯蒂芬(Steffen，1996)探讨了1988—1994年发表在《美国社区心理学杂志》(*American Journal of Community Psychology*)的文章，结果发现强调老龄化问题的文章相当少。在这7年间，只有13篇文章特别关注了老年人的问题。在1995—2008年间该期刊的研究中，我们发现，只有5篇或更少的文章(依据我们搜索的关键词)是关于老龄化社区数量的。的确，这是社区心理学所忽略的一个领域。考虑到2005年许多老年人处于(36 000 000)或者接近(23 000 000)贫困线以及图7-2中的人口统计数字，美国老龄化的议题在文献中不应被忽略。其他专家认为，作为一个社会，我们正朝着研究并形成最理想的老龄化进程努力(Chapman，2007)。

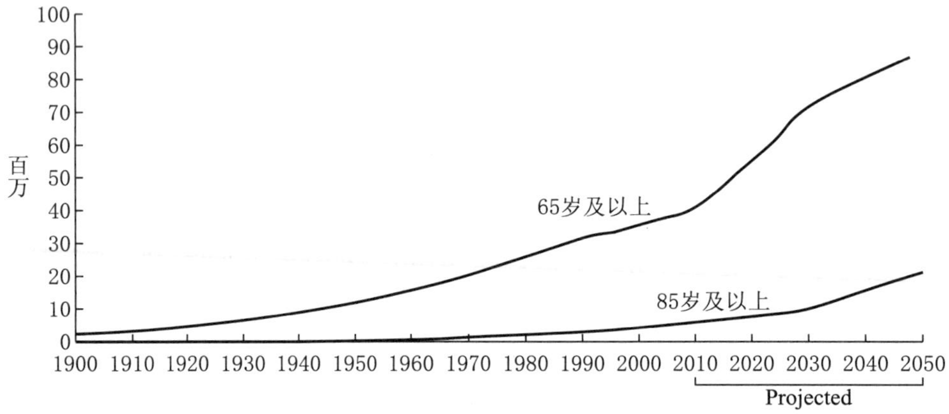

图7-2 基于1900—2000年情况预测2010—2050年65岁及以上年龄组的人数趋势

资料来源：U.S.Census Bureau(2000). *Decennial Census and Projections*. Washington, D.C.

在美国，对老年人的刻板印象总是满脸皱纹、思绪无条理地坐在养老院的摇椅上。显然这
164 种消极的刻板印象并不正确(Cuddy, Norton, & Fiske, 2005; Kite, Stockdale, Whitley, & Johnson, 2005)。实际上，大多数老年人住在自己的家中，也在自己的家中(Steffen，1996)，而不是在医院或者养老院寿终正寝。美国年轻人和老年人的分居是造成这种刻板印象形成的因素之一(Hagestad & Uhlenberg，2005)。

但这并不是说，老年人根本不存在问题。例如，伴随年纪变老，老年人两个最常发生的变化是——失去健康和丧偶。在老年人的生活中，丧偶以及重要亲人去世会引发抑郁和压力(Siegel & Kuykendall，1990)。此外，老年人的健康每况愈下，老年人会觉得自己无法控制自己的健康问题。而个人的障碍(如记忆力减退)和社会障碍(如缺乏交通工具和昂贵的健康照料成本)使得老年人的生活状况更加恶化(Chipperfield，1993；Dapp，Anders，von Rentein-Kruse，& Meier-Baumgartner，2005)。照顾老年人的家属会发现自己正承受着压力(Hardin & Khan-Hudson，2005；Singleton，2000)，尤其是有工作的家属更会产生这种感觉(Gignac，Kelloway，& Gottlieb，1996；Hardin & Khan-Hudson，2005)。正如你所看到的，在这种情况下，老年人发现自己直接影响到他们家属的幸福感。

下面，我们将焦点放在两个颇受关注的议题上——个人控制感和社会支持。研究假设，个人控制感和社会支持都能促进老年人的幸福感。但是，请注意，还有许多其他因素会影响到老年人的幸福感（Lehr, Seiler, & Thomae, 2000），因篇幅有限，我们并未将这些因素全部囊括在内。

预防措施 目前，旨在提高老年人生活质量的**社会支持**（social support）项目不计其数，在这里，我们只介绍其中的一些。一个旨在维持老年人幸福感和安全感的严谨项目就是为老年人提供社会支持（Greenglass, Fiksenbaum, & Eaton, 2006）。社会支持可以通过以下方式来 165
给予：非正式的家庭网络（Tice, 1991）、知心好友（Lowenthal & Haven, 1968）或者其他形式的社会支持（Abrahams & Patterson, 1978—1979）。社会支持对于鼓舞老年人的士气、减少失去爱人的影响以及减缓健康状况的恶化效果显著（Choi & Wodarski, 1996; Greenglass et al., 2006）。

在关于这一主题的首个研究中，海勒、汤普森、特鲁巴、霍格和弗拉霍斯-韦伯（Heller, Thompson, Trueba, Hogg, & Vlachos-Weber, 1991）在两位老年人之间建立起了电话配对联系（telephone dyads）。有趣的是，电话配对组和非电话配对比较组两者之间的幸福感并没有显著的差异。有几个理由可以说明这样的结果。其中之一是，电话伙伴在老年人需要时并不一定能够帮助他们（Willis, 1991）或者老年人并未将电话伙伴看成是其社会支持的可靠来源（Schiaffino, 1991）。另一个原因可能是，他们与电话伙伴的关系相当陌生，还无法成为知心朋友（Vaux, 1991）。某些批评指出，或许将家人作为电话配对的伙伴，效果可能会更好（Roak, 1991）。

最近，富有创造力的研究者使用了新技术——互联网——来为老年人，尤其是那些因为年老或行动不便而感到孤独的老年人提供社会支持。首先，互联网可以被看作是一种具有保护作用的工具，它或许能延缓或避免老年人在生理上和行为上发生的，与年龄相关且制约他们身体活动的改变，如孤独。其次，互联网或许可以帮助老年人弥补他们在力量和知觉运动功能上的受损，例如，眼—手协调能力下降。最后，对于身体虚弱的老年人而言互联网或许是一种好的交流工具，他们因为太虚弱或者听力太差而不能走出家门或者不能用电话来进行社会互动（Fozard & Kearns, 2007）。

沙皮拉、巴拉克和加尔（Shapira, Barak, & Gal, 2007）对在日护中心和养老院接受互联网使用培训的老年人与没有接受培训的对照组老年人进行了比较。两组都进行了问卷调查、健康评估、生活满意度、抑郁、孤独感以及其他量表的测量。在所有的测量指标中（除了身体功能以外）互联网组都得到提升而对照组都下降。研究者得出的结论是，通过影响老年人的人际互动，促进认知能力，提升个人控制感（sense of personal control）和独立感，互联网的使用确实增强了老年人的幸福感和赋权感（sense of empowerment）。后一研究发现为我们接下来要讨论的主题提供了有趣的关联。

正如上文所提到的，自我控制或个人控制是一个与老年人相关的议题。老龄化的每个层面，如健康和认知能力，都与控制这个议题相关（Baltes & Baltes, 1986）。**自我控制**（self-control）指的是我们可以影响我们生活的环境中对我们的生活产生影响的事件的信念（Duffy & Atwater, 2008）。增加老年人的自我控制感是一种能产生积极效果的方法（Shapira, Barak,

2007；Thompson & Spacespan，1991；Zarit，Pearlin，& Schaie，2003），例如，心理更健康（Reich & Zautra，1991）。已增强的控制感又会导致赋权感的产生，后者是社区心理学家渴求达到的原则。

在关于个人控制感的早期研究中，朗格尔和罗丁（Langer & Rodin，1976）在一所养老院中，根据老年人的年龄、健康状况以及其他重要的维度将两组老年人进行了配对。在第一组老年人中，让老年人明确知道自己对生活的控制有多少。他们可以决定如何布置自己的房间；何时会见访客以及怎样休闲。研究者甚至还送给每位老年人一盆植物由他们来照料。第二组老
166 年人则被告知，他们的生活主要由工作人员控制。例如，他们也给这些老年人一盆植物，但却告诉他们，会有工作人员负责照料。在干预之前和之后都进行了问卷调查，以了解老年人对个人控制、幸福感和活动能力的感受，问卷由工作人员来填答。几乎所有的前—后测比较都对实验组有利，实验组自我控制感更高。十八个月后，朗格尔和罗丁（Langer & Rodin，1977）进行了追踪调查。实验组死亡的人数是控制组的一半。这一研究表明，当老年人觉得他们自己能够控制自己的生活时，他们的生活质量的确可以得到改善（Schultz & Heckhausen，1996）。后续的研究重复了这样一个事实：自我调节（例如，Wrosch，Dunne，Scheier，& Schultz，2006）或自我控制感（例如，Zarit et al.，2003）对老年人的生活质量和健康有促进作用。

无家可归

一些美国人对无家可归者的刻板印象是，他们多是酗酒或智力不足的老年人，流浪街头并过着悲惨的生活。例如，洛克和莫妮卡会嘲笑那些住在城市地铁入口处的无家可归者，这个城市紧靠着他们所住的郊区。另一些人会同情无家可归者，并会施舍一些钱给他们。2006 年的一项研究报告，年轻人、妇女、自由主义者和不太富有的人更有可能同情那些无家可归者（Tompsett，Toro，Gizicki，Manrique，& Zatakia）。社区心理学家之所以关注无家可归这个主题，不仅仅是出于人文关怀，还因为无家可归给个体带来种种问题。下面，我们将进一步讨论无家可归者这个议题，因为无家可归者与各种社会和人类服务存在错综复杂的关系。

议题的范围 无家可归问题涉及的范围很难得到确切的评估。其中的原因之一是，无家可归者很难界定（National Coalition for the Homeless，2007b；Shinn et al.，2007；Tompsett et al.，2006）。一个人没有住所要达到多长时间才被认为是无家可归？一个晚上，还是连续三个月？美国政府估计，无家可归者的人数在四百万到八百万之间（U.S.Department of Health and Human Services，1998），具体数字取决于研究采用的方法。然而，无家可归者联合会（National Coalition for the homeless，2007a）估计，有超过三千五百万的男性、女性和儿童无家可归。很难确切估计无家可归者人数的另一个原因是，无家可归者是一个异质性群体的统称，这一群体包括各个种族、有孩子或没有孩子的家庭、单身的个人、一些离开暂时庇护所而流浪街头的人、过一些时候又回到某庇护所的人以及其他各种情况的人（National Coalition for the Homeless，1999）。而且，无家可归者的人数也因估算团体的动机不同而有差异。道尔和法玛尔（Dowell & Farmer，1992）认为，因为社区中存在无家可归者的形象不利于生意的往来，因此社区官员

常常会低估或者尽量看轻这个问题。对无家可归者不同的估计也会造成政策上的僵化。如果有人认为无家可归者的问题微不足道，那么他们就会认为无家可归者的问题并不需要立即或高度的关注。然而，其他人——包括社区心理学家在内——却高声呼吁要彻底解决无家可归这个问题。

谁是今日的无家可归者？同样，要获得这个问题的答案很困难，而且答案也因研究不同而 167
有所差异。罗西（Rossi，1990）想出一个有趣的无家可归者分类的方法。他建议将无家可归者分为旧无家可归者和新无家可归者。**旧无家可归者**（old homeless）是大家刻板印象中的无家可归者。他们是睡在廉价旅馆或廉价酒馆里的酗酒老年人。他们之所以“旧”是因为他们是“二战”后在街头出现的无家可归者。**新无家可归者**（new homeless）是真正的无家可归者。他们并不住在廉价的旅馆里，而是住在街头，或在酷寒的天气里寻找公共建筑物避寒。

与过去相比，新无家可归者包括更多的妇女和儿童，尽管无家可归者联合会估计单身男性占到无家可归者总数的一半之多（参阅 Shinn et al.，2007）。同样，新、旧无家可归者在年龄上也存在差异，新无家可归者更加年轻。无家可归者联合会（National Coalition for the Homeless，2007a）估计，在无家可归者中，十八岁以下的儿童有 13 500 000 人。新、旧无家可归者的另一个差异是，新无家可归者比旧无家可归者遭受更严重的经济贫困。新、旧无家可归者的最后一个差异是，民族和种族的构成有所变化。今天的无家可归者更有可能来自少数民族群体而非白人群体，旧无家可归者也是同样的状况（American Psychological Association，2005；National Coalition for the Homeless，2007b）。

对那些经历无家可归的家庭而言，大多数无家可归的儿童因无家可归而产生诸多复杂的问题（Burt，Pearson，& Montgomery，2007）。研究结果一致表明，与有住所的儿童相比，无家可归的儿童存在非常严重的急性病和慢性病等健康问题（Gewirtz，2007；Walsh & Jackson，2005），而且无家可归的儿童往往营养不良（Molnar，Rath，& Klein，1990）。无家可归的儿童更有可能经历发展滞后的问题，例如，注意力不集中、语言迟缓、不恰当的社会互动模式（Molnar，1988）以及心理问题，如焦虑、行为问题和抑郁（Bassuk & Rosenberg，1988）。另外，无家可归的儿童在标准化测验中的成绩低于一般的有住所的儿童（Rafferty，1990），主要是因为即使这些儿童足够幸运有机会上学，也会频繁转学。

苏加萨加（Zugazaga，2004）以及穆诺兹、巴纳德罗、桑托斯和奎罗加（Munoz，Panadero，Santos，& Quiroga，2005）还研究了无家可归者与他们经历的重大生活事件之间的关系。后一个研究团体基于对重大生活事件的分析发现，无家可归者中存在不同种类的群体。他们的研究结果显示，无家可归者存在三个亚群体。群体 A 存在经济困难，如失业。这一群体成员身体机能健全，几乎没有精神疾病或者药物滥用的问题。群体 B 有药物滥用和健康问题，因而持续无家可归。心理学家和健康照料专家早就意识到，糟糕的健康状况与无家可归之间存在错综复杂的联系（Flick，2007；O'Connell，2007；Smith，Easterlow，Munro，& Turner，2003）。群体 C 中的成员平均年龄较小且表现出多种问题，许多问题源自童年期经历（例如，虐待和父母酒精中毒）。值得注意的是，这一研究是在西班牙进行的，但是这个具有概括性的结论是非常重要的——无家可归者亚群体的存在强调为每一群体设计不同的干预项目以适应他们不同需求的重要性。其他一些与无家可归相关但没有在此列举的研究所指的重大生活事
168 件，表现为创伤或造成创伤的事件，例如，沦为暴力的受害者(Kim & Ford, 2006)。预防创伤后应激综合征以及解决它对无家可归者早期阶段产生的影响，将对无家可归者的干预有很大的帮助。

理解跨国无家可归者的兴趣，在社区心理学领域也不断地增长，或许是因为我们能从中学到其他国家的经验。对美国无家可归者状况的兴趣，尤其是对其他发达国家和他们为解决无家可归者问题所设计的项目的兴趣不断增长。例如，在英国和欧盟国家，与在美国一样，男性和少数民族(那些遭受歧视的人)在无家可归者队伍中占据绝大多数(Toro, 2007)。案例7-3提供了更多关于无家可归者的国际视野。

案例7-3 在无家可归这一议题上存在怎样的文化分歧

你已经阅读美国关于无家可归的观点。由于本教材的目的之一就是向你介绍社区问题的多元文化，因此，通过考察其他国家是如何研究和处理无家可归的问题，我们可以达到这一目的。当我们将注意力转向其他国家的文化以从中学习时，我们需要留心的是，“我们不能在不考虑这些植物扎根时所需要的国外土壤的情况下，就将政策和项目从一国移植到另一国”(Okamato, 2007, p.525)。

最近一期的《社会问题期刊》(*Journal of Social Issues*)(2007)刊登了来自全世界的作者和研究者的文章。了解其他国家无家可归带来的问题以及谁是无家可归者也许会为美国公众和社区心理学家提供一些经验教训和深刻见解。两个看似有着不同文化的国家——捷克和日本——提出有关无家可归的有趣的文化观点。

在日本，在第二次世界大战破坏之前，没有任何关于无家可归者的信息(Okamato, 2007)。随着经济的发展(如朝科技社会迈进的运动)和政府政策的改变，不仅出现“露宿街头的说法”，而且流浪者越来越受关注。**露宿街头者**(rough sleeper)这个词语是媒体对那些睡在诸如公园这样公共场所者的一个真实描述。很多露宿街头的人都是少数民族，在美国也是类似的情况。例如，韩国人在日本是少数民族，他们比日本市民更有可能成为无家可归者。与美国一样，日本无家可归者的主要群体是男性——有些人甚至还有工作——但这些无家可归的男人可能比美国的男性无家可归者年纪更老。日本的无家可归者形成的主要成因是住所通常与工作相联系，也就是说，雇主将住所作为额外的福利提供给雇员，因此，一旦失去工作，住所也就随之失去。如今的日本公司越来越不可能提供终身雇用和过去他们提供的住房保障。

与美国和日本一样，在捷克，是因为个人和结构的原因造成无家可归者的产生。个人的原因或许是离婚或者失业；社会或结构的原因是流亡者或无避难所的无家可归者的问题。在日本和捷克(一些人认为还有美国)，政府在社会福利开支上的预算很少(Shinn, 2007)。

然而，日本和捷克之间存在一定的差异。在捷克(Hladikova & Hradecky, 2007)，露宿街头者是那些真正的无家可归者。他们没有一个能作为容身之地的栖身之所。在捷克，对无家可归者还有其他的专有名词，例如，住在不确定住所的人(住所随时会因为失业而失去)和居住条件不合格的人(公寓太拥挤或因为没有供热或者自来水而不合规格)。169
提及其他的差异时，随着共产主义的垮台，无家可归者在捷克共和国成为一个历史性议题和重大问题。如今，人们保留了工作的权利(正如他们在共产党专政之下的处境一样)，但是，不断行贿和贪污使得就业体系比过去竞争更激烈、更困难。捷克斯洛伐克政治体系的瓦解也导致社会冲突。最近在日本，没有因为发生如此重大的政治巨变而导致无家可归的问题。在捷克，不是由政府来提供社会服务，而是由非政府组织(NGOs)或私人社会服务和慈善团体提供社会服务，它们占据帮扶无家可归者的首位。在日本，法律规定，所有人都有权力去维持完整和有教养的生活水平。而且，国家应当努力去提升和扩大社会福利和社会保障的水平和范围，尽管在面对住房问题时，这种做法并非惯例(诸如较低的政府开支)。实际上，日本的家庭，而非政府组织和政府部门，通常承担了为需要的人提供住所的重担。

无家可归的原因 为了防止某些事情的发生，通常需要知道事件发生的原因或者什么方法能够提前预测事件发生的时间或事件发生的对象；当然，这里某些事情指的是无家可归(Burt et al., 2007)。研究显示，对所有人而言，成为无家可归者是偶发性的，或者至少是非长期性的(National Coalition for the Homeless, 1999; Shinn, 1997; Sosin, Piliavin, & Westerfelt, 1990)，因此，仅仅关注以个体为中心的因素或许并不能够解释无家可归者的所有原因。有时，我们还需要关注个体所处的环境状况。例如，对于当今的无家可归者而言，因精神疾病而住院的比率只有 4%，与全家都成为无家可归者的比率一样低(Shinn & Weitzman, 1990; Weitzman, Knickman, & Shinn, 1990)。至于患有精神疾病的无家可归者，在导致他们可能再次住院的因素中，没有住所恐怕比精神治疗的质量更重要(Rosenfeld, 1991)。在出院时，合格且有效的出院计划能有效预防他们成为无家可归者(Backer, Howard, & Moran, 2007)。

现在，让我们将注意力转向一些所谓的以人为中心(person-centered)的无家可归的原因上来，但需要认识到这样一个事实，即还有其他的因素，尤其是个体自己所在的环境因素，促使无家可归的形成。以人为中心的方法(person-centered approaches)包括但并不局限于先前提到的精神障碍和生活中的压力因素等议题。失业也是无家可归原因中的另一个重要因素(McBride, Calsyn, Morse, Klinkenberg, & Allen, 1998; Shaheen & Rio, 2007; Shinn et al., 2007)。有趣的是，凯格尔、波纳姆和法尔(Koegel, Burnam, & Farr, 1990)发现，3%的无家可归者上个月都有工作；59%的无家可归者六个月前都有工作。然而，众所周知的是，最低薪资的劳工一般需要每周工作 87 个小时或者更多(相当于两个全职工作)才能付得起一套两居室的公寓(National Coalition for the Homeless, 1999)。因此，用贫困来解释无家可归的原因可能比失业更恰当。

诸如精神障碍、生活压力和失业这些以个人为中心的解释，对无家可归原因的解释仅仅只有部分是有用的——无论这些解释在大众媒体中是多么的盛行。我们非常明智地将注意力转
170 向生态学因素。西恩(Shinn，1992)做了一项研究，以便更深入地理解结构变量(structural variables)是否能够解释无家可归。在他的研究中，他从申请住所的家庭中随机筛选出700个样本，并从接受政府救济的档案中随机筛选524个家庭，将两者进行对比。第一组代表"无家可归者"，第二组代表"有住所的穷人"。样本中只有4%的无家可归者曾因精神疾病而住院治疗，比例相当少；只有8%的无家可归者和2%的有住所的贫困者，曾经因为药物滥用而住过戒毒中心。西恩得出的结论是，个人的缺陷在区分无家可归者和有住所的贫困者之间的差异时，相对而言并不重要。

西恩还发现，只有37%的无家可归者曾经被准许进入房屋市场(即，无家可归者是他们长期居住场所的主要居住者)，而有住所的贫困者，这一比例是86%。另外，45%的无家可归者宣称在他们居住时间最久的地方每个房间有三个或更多的人，而有住所的贫困者，这一比例是26%。研究者认为，入住机会不足和空间拥挤造成无家可归的现象，这样的解释比个人缺陷或个人层面的解释更贴切(参阅 Shinn & Tsemberis，1998)。

在一项关于无家可归者的为期五年的追踪研究中，西恩、威茨曼、斯托亚诺维克、尼克曼、吉梅内斯、杜琼、詹姆斯和克兰兹(Shinn，Weitzman，Strojanovic，Knickman，Jimenez，Duchon，James，& Kranz，1998)指出："资助的房屋是继临时收容所之后居住稳定性的唯一预测指标。"(p.1655)换言之，一个家庭一旦进入收容所，五年后许多人只有在经济辅助下才能够拥有自己的住处。兹洛特尼克、罗伯森和拉希夫(Zlotnick，Robertson，& Lahiff，1999)在一个历时15个月的前瞻性研究中也指出，资助的房屋是帮助无家可归者寻找出路最为重要的因素之一。因此，由于最新的福利法律以及越来越少的新资助房屋，未来无家可归家庭的日子恐怕不好过(Western Regional Advocacy Project，2006)。

其他的生态学和结构因素——个体以外的因素——已经得到确认。美国无家可归者联合会(National Coalition for the Homeless，2007b)认为，缺乏支付得起的健康照料是无家可归的原因之一。那些努力支付房租且有严重疾病或残疾的人，因为支付医药账单而导致无力支付房租时，就会形成恶性循环而成为无家可归者(Burt et al.，2007)。家庭暴力也会导致无家可归的形成(National Coalition for the Homeless，2007b)。许多妇女选择成为无家可归者而不是与施虐者住在一起。西恩等人(Shinn et al.，2007)也认为，社会资本(在前文已经下过定义)匮乏是无家可归形成的主要原因。没有社会支持和邻近的能够提供帮助的家人或朋友，许多人发现自己变成无家可归的人。以上因素虽然未能详尽无遗地阐述所有无家可归的原因，但的确有助于明确个人和家庭沦为无家可归的多种途径。因为没有任何一个社会问题源自单一的原因。很显然，无家可归问题的解决项目也不是单一的。关注人们的住所或诸如失业这些以人为中心的因素的干预政策是不大可能起作用的，只有当干预政策聚焦于总体策略以抵制贫困的所有方面时，这些干预政策才可能起作用(Firdion & Marpsat，2007)。本章中，贫困的确几乎是每个重要社会问题的最基本的原因。

预防措施 我们已经评论过解决无家可归问题的一些建议——更好地规划精神病医院的
出院计划、解决失业、增加能负担起的住房数量以及较少提及的资助式住房津贴。鉴于这些方 171
法既费时又费力,或者受到政治家幻想的支配,所以,我们要问的是,还有什么方法能够解决无家可归的问题呢?

在美国,许多社区有相应的项目来预防和解决无家可归的问题,尽管一些专家认为这些社区项目还没有提供强有力的证据来证明他们对预防无家可归是切实有效的(Burt et al., 2007)。另一些专家则表现得更乐观,他们认为,在预防措施上的努力是有希望的(Moses, Kresky-Wollf, Bassuk, & Brounstein, 2007)。对于我们而言,幸运的是,伯特及其同事(Burt et al., 2007)已经公布虽然概略但却最新的证据来证明社区范围内的策略在预防无家可归的问题上是能够成功的,尤其是对那些从机构化治疗中脱离出来的人。研究者费力地从众多政府批准的住所申请中确定五个可能有效的项目。不足为奇的是,他们也发现许多他们已经评估但并未包括在他们分析中的项目,这些项目在功效和效率上并未保留足够的资料。因为样本数量太小以及研究设计上存在的问题,所以,在期待其他类似研究的时候,我们在理解下面所呈现的研究结果时必须持谨慎的态度。

伯特及其同事发现了五个有助于预防无家可归问题的活动,这些活动在社区范围内的预防项目中,既可以单独使用,也可以联合使用:

- 为首次无家可归者和家庭提供住房补助金;
- 将提供支持的社会服务与永久性住房结合;
- 利用住所法庭(housing-court)在房客与房东之间进行调节,从而防止房东驱逐房客;
- 为房屋租金或抵押欠款提供现金援助;
- 为次级预防建立从流浪收容所到住宅的快速通道。

伯特等人——还有美国心理学会(American Psychological Association, 2005)——也强调,对于高危人群,仅仅通过提供金钱和服务是不会奏效的,除非下面这些关键部分也出现在预防项目中:

- 高危人群要作为明确的目标,并采用来自多个机构的资料;
- 社区必须承认援助高危人群的职责很重要;
- 相关的社区机构必须在预防工作上与其他机构合作;
- 一些人和一些机构要带头收集系统中有关进程和监管空白的资料,以便了解人们的需求并与机构保持联系,进而建立起合作的关系。

在美国,无家可归问题最好的解决项目或许是,在联邦政府层面上集中且有组织的公共政策项目。单一的慈善机构和当地政府不能满足无家可归者不断增长的需要(Gore, 1990)。其中一个致力于在美国全国范围内解决无家可归问题的是《麦金尼无家可归者援助法案》。此法案建立了无家可归者问题的跨机构委员会,以协调、监督并改善联邦政府对无家可归者问题的回应。此法案也建立了"紧急食物收容项目全国委员会"(Emergency Food Shelter Program National Board),并在美国各地设立地方性委员会以确定项目的经费如何才能被最有效使用。

172 拨款及示范项目——例如,治疗药物和酒精滥用的项目以及针对有毒瘾者和无家可归者的项目——由该法案授权;暂时紧急食物救援项目(Temporary Emergency Food Assistance Program)也由该项目授权(Barak, 1991)。联邦立法中一个环环相扣的政策必须继续增加低收入租住房、精神异常及药物滥用的无家可归者的治疗,并为无家可归者提供教育机会和职业培训(American Psychological Association, 2005; Gore, 1990)。

在探讨了儿童虐待、青少年怀孕、老年人以及无家可归这些主题之后,我们究竟学到什么?对于社区心理学家和其他的干预专家而言,以下信息是所有群体所共同的:

- 受这些问题影响的个体的类型是多样的。
- 每个社会问题背后都有多重原因,社会问题很少是由受影响的当事人引起的。
- 单一的解决方法对这些社会问题可能不会有效,多方面的努力会产生更好的效果。
- 当干预项目中涉及各种社会服务机构时,无论干预的性质是初级预防还是次级预防,各种努力需要彼此协调才能起到效果。
- 政府官员、受影响的当事人以及社会服务机构必须齐心协力地合作,才能解决这些社会问题。

本章概要

社会福利构想以及旨在促进社会更美好的活动在西方社会有着悠久的历史。直到现在,两种主要的社会福利形态是慈善事业(私人救济)和公共福利(公共救济)。在19世纪(约工业革命时期),另外两种社会福利形态诞生——社会保险(源自税收的公共救济)和社会服务(源自税收的公共且非营利的人类服务)。为了获得社会福利,人们必须证明他们有此需求,通常证明的方式是生活水准低或者收入微薄。

一方面,大家通常认为(即刻板印象)社会福利的接受者很懒惰,虽然这些人实际上真的需要这样的救济;另一方面,社区服务的贡献者令人敬重,虽然研究表明助人的意愿往往是环境因素的作用(例如,人们在宗教节日时比较慷慨)。

美国社区中人类服务的主要对象有四个:受虐儿童及其家人、怀孕青少年、老年人和无家可归者。

对年轻母亲或其他人——例如自己本身曾是受虐儿童——的预测指出,他们可能是虐待儿童的风险群体。提供社会支持、教养指导和产前教育,并协助为人父母的青少年与社区服务相连接,有时可能可以预防儿童虐待事件的发生。护士—家庭合作关系的项目表明,它能成功地减少首次怀孕及高危青少年母亲虐待儿童的事件,并在美国全国范围内进行宣传。

青少年怀孕问题是社会的主要问题之一,美国在已统计的数字上高于其他工业化国家。
173 然而流行文化并没有提供良好的角色榜样,因此青少年怀孕问题一直存在。在青少年发生性行为之前就应该为他们提供预防措施,包括禁欲和全面的性教育。为青少年提供全面的性教育(而不是禁欲教育)可以更好地确保为人父母的青少年不会如此频繁地陷入福利救济的泥潭而无法自拔。

有时老年人与社区服务也有交集,尽管老年人在社区心理学文献中是一个被忽视的群体。健康衰退、行动不便、失去爱人和丧失控制感都是老年人面临的问题。与其他群体一样,不是所有的社区干预对老年人都有效果。然而,为他们提供社会支持并增加他们的控制感或个人效能能够长久地维持他们的自尊和健康。

无家可归是美国不断增长的问题。人们对无家可归者的刻板印象是醉酒或精神异常的老年人。然而,新无家可归者包括许多儿童、妇女以及之前有工作和有住房的人。提供更多负担得起的住宅以及更有效且协调性更好的公共政策和社会服务将是解决这一问题的长久之策。

我们在探讨受虐儿童、怀孕青少年、老年人和无家可归者的过程中学到什么呢?首先,并非所有的干预项目都同样有效,也没有哪一个干预项目适合所有的族群。干预项目需要在多层面的水平上开展,也就是他们必须解决多种问题并利用多种方法。干预工作也需要考虑生态学因素,而不仅仅关注个体因素。所有受影响的个体和群体的努力需要被妥善协调,以使其更有效和更高效。

174

第八章

学校、儿童与社区

教书将我与未来连接起来。

——克里斯塔·麦考利夫(教师、宇航员)

Mi nombre es Roberto. Nací en Mexico y me mude a los Estados Unidos Cuando eraun niño. En mi casa, Solamente se hablaba español. Un día, cuando estaba en el séptimo grado, mi maestra me pidió que leyera en frente de la clase. Yo trate de leer, pero no pude reconocer algunas de las palabras en inglés. La maestra me interrumpió y me dijo que yo no sabía leer muy bien y que debía sentarme. Después, ella llamó a un niño Americano, quien leía mejor que yo. Yo me senti bastante avergonzado.

你能读懂这段文字吗？想象一下对于那些英语是第二或第三语言的人而言，这样的课本、电视节目和公告会让人有多大的挫败感啊！下面，我们把上面的文字重新说一遍。

175 "我叫罗伯托。我出生在墨西哥，在我小的时候移民到美国。在我的家庭中，我们只讲西班牙语。在我上二年级的一天，我的老师让我在课堂上当众朗读。我尝试着去阅读，但我发现我不认识一些英文单词。老师打断我，说我读得不好，并让我坐下。随后，他让一位比我读得好的美国小孩来朗读。我感到非常尴尬。"

罗伯托的故事还在继续："我不得不留级，但这次是一个完全不同的老师——马丁内斯小姐。当她还是个孩子的时候，她也有过同样尴尬的遭遇，因此她很同情我的状况。她给我提供额外的帮助，激发着我让我做到最好。很快，我几乎能像我的同学那样，流利地说和读英语了。到了高年级，我成为一名很优秀的学生。我优异的成绩和出色的球技备受同学们的欢迎，以至于他们也开始喜欢我这个人。与其他西班牙裔学生不同的是，我深受同学的喜爱，因为这一点，我的生活比其他西班牙裔学生的生活更加顺利。"

如今，我已经进入大学。我正在学习如何成为一名律师。实际上，我并不想成为一名律师，我想成为一名立法者。我把法律看作是通向政治生涯的一个途径。我的目标之一就是作一名立法者去改革美国的学校，从而使所有的儿童在学校都能感受到受人欢迎和舒适自在。

当一个儿童因为不同的肤色，外国的名字，有口音或者母语不是英语，或者坐轮椅而被视为异类的时候，想象一下，对于一个儿童而言，那是怎样的一种感受？本章在考察学校时把它与儿童和儿童的家庭联系起来。在关于社会资本这样一个特殊问题中，美国心理协会(American Psychological Society, 1992)美国行为科学研究议程委员会提到，“在人力资本的投入中，没有什么方法比提高学校的质量更好了”(p.17)。学校自身就是一个小型的社区，是它们服务的社区中不可缺少的一部分。本章不可能涵盖所有关于学校的问题，仅仅探讨以下几个重要的议题：日托、教室里的差异性以及诸如校园暴力和父母离异这样的重大事件。

儿童早期的生活环境

尤里·布朗芬布伦纳(Urie Bronfenbrenner, 1979, 1999)提出了他所认为的不同于传统的关于儿童发展的方法。他系统地阐述了人类发展的生态观点。对于布朗芬布伦纳和其他心理学家而言，**发展**(development)通常意味着，“个体认知和处理环境的方式所发生的持续的改变”(Bronfenbrenner, 1979, p.3)。**生态环境** (ecological setting)指的是一系列嵌入式的结构或环境。最内部的一层是最直接的环境，如家庭或教室，在这种环境中个体可以寻找到自我。接下来的一层构成这些环境之间的相互关系，例如，儿童的家庭与学校之间的联系。有趣的是，第三层是环境因素，儿童或者个体并非身处其中但却必定对个体产生影响的环境，例如，父母工作地点的政策对儿童会产生影响(例如，日托和健康照料)。所有的层次都是相互联系而 176
不是独立存在的。个体划分这些环境并认知它们的方式对个体的发展过程有很重要的影响。正如你已经知道的那样，生态学的观点以及个体在环境中遭遇不同因素的互动本质在社区心理学中是最为重要的。

一个具体的例子或许能帮助你更好地理解人类发展的生态观。假设三年级的约翰尼在学习时很难集中注意力。若采用个体层面的分析，他的老师或许会认为，约翰尼的数学和拼写需要额外的家庭辅导和帮助，或者认为约翰尼注意力不集中，需要接受药物治疗。但生态学的观点将会考虑其他的环境因素，例如，约翰尼的家庭和邻居，甚至还包括学校的操场。实际的情况或许是，因为父母离异，约翰尼的家庭生活变得凄凉。而且，他的父亲也许失业了，这就导致他父母不和以及他自己在注意力方面的问题。约翰尼也可能在学校的操场上被同学欺负，因此，当他身处那些欺负他的同学当中的时候，他很难将注意力集中在课堂上。或许，对约翰尼最大的帮助是来自其他儿童——那些父母离异的儿童或负责操场安全的成人的社会支持——而不是来自老师额外的家庭辅导。

正如布朗芬布伦纳所建议的那样，要想了解人类发展的过程，就需要研究人类实际的生活环境，包括近端环境（immediate environments）和远端环境（remote environments）。本章将对儿童发展的环境——尤其是诸如日托中心和学校这样的教育环境——进行深入考察。出于行文简洁的考虑，有些话题在阐述的时候可能不连贯，但是请记住，儿童在进入每个情境时并非一张白纸，不论他们处于哪一个发展阶段，他们都会从许多其他环境中带去相关的连接（connections）和经验（experiences）。例如，在接下来的这一段，我们将讨论儿童的日托问题。研究表明，家庭的“三支柱”结构（一个孩子对两个家长）、日托的结构（家庭照顾还是日托中心）以及日托的过程（活动的内容）将会以复杂的方式影响儿童的语言发展（National Institute of Child and Human Development/ NICHD, 2006）。研究也表明，其他的生态学因素，例如，家庭环境以及老师对学生的看法，都可以预测学生未来的学术成就（Seyfried, 1998）。许多研究也指出，校内的预防措施对儿童的发展有积极的影响（Durlak, 1995）。因此，由于本章的结构是按照时间的先后次序（即人类发展的先后顺序）来展开，因此，下面我们先讨论儿童早期的照料问题。

儿童照料

儿童照料（child care）或**日托**（day care）可以被定义为，当他们不能由母亲或监护人来照料时，所有照料儿童的方式（NICHD, 2001）。在本章最前面的开场白中，罗伯托并没有提及在他小的时候，他的父母是否工作。然而，如果他的父母都在工作，而把他寄放在邻居家里，那就属于儿童日托。儿童照料或日托的提供者包括，有执照或无执照的托育中心、父母以外的家庭成员或亲属、邻居、非正式的居家保姆，甚至也包括幼儿园。有一些儿童照料的提供者为儿童提供健康护理、有教育意义的材料、营养的午餐、外出旅游等，另一些却仅仅提供儿
177 童看护服务（Haskins, 2005）。的确，美国儿童照料的体系很混乱——种类极为繁杂（Lamb & Ahnet, 2006; Muenchow & Marsland, 2007），这使得我们很难去研究和探讨儿童照料这一重要的问题。

日托的必要性 在美国，对儿童日托的需求逐年攀升，直到今天，在父亲和母亲中，至少有一方进入就业市场的家庭超过90%。在双亲家庭中，父母双方都有工作的家庭为62%。在由女性供养的家庭中，72%的母亲有工作；在男性供养的家庭中，93.5%的父亲有工作。在不满一岁儿童的母亲中，参与工作的母亲超过56%。因为与以前相比，如今有越来越多的父母在外工作，所以越来越多的儿童在越来越小的时候就处在图8-1中提到的非父母照料的儿童日托照料之中（Belsky, 2006）。现在，值得注意的是，不仅日托儿童的比例越来越高，而且日托中心的使用比其他照料形式的使用更频繁。后一观点为我们下面要进行的讨论提供了有说服力的证据。

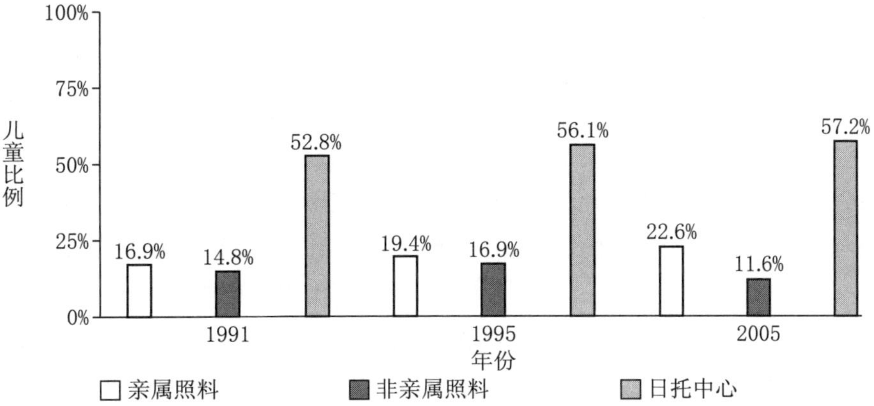

图 8-1　不同年份和不同类型的学龄前儿童的日托

注释说明：柱状图相加不等于 100%，因为儿童有时候处于混合照料的模式或者没有被父母照料。
资料来源：U.S.Census Bureau(2008). *The 2008 statistical abstracts*. Washington, D.C.

在美国，日托并不是没有争议的。一些人认为，进入日托意味着很早就与父母分离，这对儿童是有害的。另一些人认为，不是因为是否提供日托，而是因为不同类型的日托的品质造成儿童生活的差异。还有一些人认为，价格合理的优质日托的无障碍性是美国面临的最大问题。下面，我们将对以上问题及其他问题进行更加详细的探讨。

日托的影响　在 20 世纪 70 年代，随着母亲进入劳动力市场，父母和研究人员最关心的问题是："母亲参加工作将对婴幼儿带来多大的伤害？"(Scarr & Eisenberg, 1993)其实问题的症结是，非母亲照料对儿童而言是不是一个威胁。例如，如果罗伯托被寄放在邻居家里，与母亲不去工作而在家照顾相比，对他的发展是否会有不同的影响？第二个相关的问题是：非母亲照 178
料的方式会对儿童的社会性发展、认知发展、语言发展以及其他能力的发展带来怎样的影响？斯卡尔和艾森伯格(Scarr & Eisenberg, 1993)曾告诫我们，这些问题并没有单一的答案。例如，非父母的日托包括营利中心(例如，大型的全国连锁店)和非营利中心(例如，教会救助中心)以及以家庭(亲属)为基础的照料中心和其他的变异形式。在相同的照料范围内，不仅照料的类型不同，照料的品质也不尽相同。

因为，无论是由父母照料，还是由其他人照料，高品质的照料才是儿童发展的根本所在。因此，我们将更加细致地讨论儿童照料的质量问题。只有精心设计的大范围的研究才能梳理出早期的儿童照顾——由父母照顾或不是由父母照顾——对儿童的发展带来的影响(NICHD, 2001)。幸运的是，近期正在进行的广泛且设计优良的(NICHD, 2006)研究帮我们挑选出一些促进或阻碍儿童最佳发展的照料方面的因素。这一研究被称为美国儿童和人类发展研究所早期儿童照顾研究(NICHD Study of Early Child Care)。第一阶段的研究追踪了美国十个不同地区一千多名婴幼儿从出生到三岁的发展状况。第二阶段对这些儿童的发展情况进行追踪，一直到小学一年级，第三阶段研究了儿童中期阶段的发展状况(NICHD, 2006)。

美国儿童和人类发展研究所(NICHD)研究的主要目的是,探讨非母亲照料与儿童的社会调适(social adjustment)、认知及身体发展之间的关系。家庭的特征也是该研究关心的问题。研究中的生命历程法(life course approach)使得我们不仅聚焦于事件发生的时间,而且还聚焦于幼儿及其家庭生活中的转变。研究者组成的网络试图获取一个儿童样本,这个样本包括来自不同地区、不同经济和不同种族背景的双亲家庭,且父母有与工作相关的不同问题。然而,与人口普查的资料相比,该研究中父母的普遍教育水平和收入水平较高,且白人父母所占的比例也过高。但就其他方面来看,对美国人口来说,这份样本相当具有代表性(NICHD, 2001)。

这份研究包括家庭情境观察、社会情绪、语言和认知发展的各种测量方法,也采用了几项日托品质的指标,例如,在职人员的培训、儿童与职员的比率。由于研究的设计良好,心理学家可以通过一个大范围的儿童日托经历对这些儿童进行追踪,并能够评估随着时间的变化日托安排的组合和变动。例如,一些婴儿出生后几个月内由家人照料,之后交给亲属照顾(可能是祖母也可能是伯母),到两岁的时候,父母决定让儿童上日托中心或者幼儿园。儿童发展的某些早期结果便蕴涵其中。

一个关键且首要的问题是:什么构成了高品质的儿童日托照料?美国儿童和人类发展研究所(NICHD, 2006)确认了以下特定且可测量的指导性方针,作为高品质日托照料的标准:

- 适当的职员与儿童的比率(例如,对婴儿而言,一个职员最多对应六个婴儿);
- 小型的团体规模(例如,对于一岁半或两岁的幼儿而言,最多8人为一个团体);
- 适当的看护人员教育(例如,看护人员完成高中学业,最好获得儿童早期教育或儿童发展方面的学士学位);
- 由州和/或联邦政府机构进行资格认证。

179 值得注意的是,照料的品质与良好的认知能力和社会性发展存在联系(NICHD, 2006; Wasik, Ramey, Bryant, & Sparling, 1990; Zigler & Gilman, 1998)。当然,无论高品质的照料在何地被提供,它都能促进儿童的发展。不足为奇的是,美国儿童和人类发展研究所的研究者发现,当日托照料遵循这些指标时(即标准较高),它们会呈现出更积极的发展态势,因此会有更好的儿童发展成果。例如,标准越高,儿童的认知功能和语言发展就越好。相似的是,标准越高,儿童的合作意识和社交能力就越强。然而,美国儿童和人类发展研究所(NICHD, 2006)的研究发现,美国绝大多数儿童照料仅仅被认定为"尚可的",只有10%的儿童受到较高品质的照料,而另外10%的儿童接受的则是糟糕的照料。在某些品质标准方面(如儿童与护理人员的比率),只有20%的护理机构达标。

美国儿童和人类发展研究所的研究同样也阐明了在这些标准之外还有一些方法同样有助于高品质照料的形成,例如,护理人员:

- 积极的态度、积极的互动以及与儿童进行温暖的身体接触(例如,牵手);
- 与儿童交流,如询问问题、给出评论或提供答案;
- 朗读故事、唱歌以及其他有助于儿童学习的活动;
- 促进儿童的发展,例如,帮助婴儿学走路;

■ 社会性行为，例如，微笑和欢笑。

令人悲哀的是，美国儿童和人类发展研究所（NICHD，2006）的研究发现，只有一小部分儿童接受到这些积极的教育方法。研究同样发现，随着儿童年龄的增长（因此也变得更喜欢社交），他们接受到的积极的护理方式越来越少。因此，我们或许可以得出这样一个结论：在美国，日托经历既带来了风险，也带来了收益（Belsky，2006）。

美国儿童和人类发展研究所的另一个研究发现也很重要。最后，尽管上述研究结果很有趣，但日托照料安排对儿童社会情绪和认知发展的影响，比家庭特征对儿童的影响要小。这一发现也得到其他研究者的证实（de Schipper，Van Ijzendoorn，& Tavecchio，2004）。实际上，美国儿童和人类发展研究所的研究者认为，总体的家庭特征比日托照料状况的任何其他方面能更好地预测儿童未来的发展。有效的教养或许是一个儿童能够经历的最具保护作用的因素（Knitzer，2007）。因此，很显然，早期的儿童日托若未考虑儿童家中经历这一因素，就无法充分地评估日托照料的品质。与以往的研究一样，所有这些研究发现对公共政策的制定以及家庭日托照料的决定有着重要的影响。

日托困境的补救计划 在15年前，日托照料专家爱德华·齐格勒及其同事玛丽·朗（Edward Zigler & Mary Lang，1991）曾经问过这样一个问题：我们如何才能使混乱的日托照料系统对所有家庭都有效？该问题一直持续到今天。如何做才能使高品质且让人负担得起的日托照料对那些需要它的人来说是可获得的呢？答案并不简单，但是美国似乎在正确的方向上迈出了一小步，但是需要做的还有很多（Muenchow & Marsland，2007）。未来的努力必须在家庭、雇主、政府及社会的层面上取得进展。

在最密切相关的生态层面——儿童的父母或家庭上，父母能够并且应该使他们自己熟知高品质日托照料的相关信息。最近的研究（例如，美国儿童和人类发展研究所的研究）详细说 180
明了高品质日托照料的特质（及其重要性）。其中的许多特点已经在上文作过详细论述。然而，父母或许还不知道从哪里搜集这些信息。因此，儿科医生、公立学校、卫生部门以及其他的机构需要帮助他们找到这些信息。家庭也应明白，参与并询问适宜的儿童日托照料问题的价值所在。另外，许多低收入家庭和一方工作的父母或许能从更高的儿童抵税金额（child tax credit）或日托照料的其他补助金中获益。

在雇主层面，同样也有许多事情要做（Murphy & Halpern，2006）。充裕的家庭休假，弹性的工作时间，远程办公以及附属的日托照料中心都有助于确保组织氛围是有益于家庭利益的。工作地点改善的选择，而不仅仅只是一个选择，也要告诉雇员要大胆地利用它们。既然职工家庭已安顿下来，家庭和儿童在社会中发生的事件应当得到每个个体的关心（Murphy & Halpern，2006）。

还有一些专家则要求对政策进行彻底改革，并对现行政策、州或联邦政府层面的资金（Doherty，Forer，Lero，Goelman，& LaGrange，2006；Haskins，2005；Knitzer，2007；Muenchow & Marsland，2007；Scarr & Eisenberg，1993）或儿童早期照料和教育上已增加的投资（Ludwig & Phillips，2007）进行反思。其中一些专家认为，联邦政府的政策完全是反家庭的

(Murphy & Halpern, 2006)。例如,欧洲一些国家为新生儿的到来提供充裕的家庭休假。瑞典为新生儿父母提供共计 400 多天的带薪休假。同样,菲利普斯、豪斯和怀特布克(Phillips, Howes & Whitebook, 1992)在他们研究的基础上提出,应支持联邦政府给予更多的干预,因为州政府的政策五花八门,从良好的法规到不存在法规或不具强制力的法规均存在。各州的法规政策存在很大的区别(Riley, Roach, Admans, & Edie, 2005),政策规定越严格的州,照料中心提供劣质的护理这一情况越少(Lamb & Ahnert, 2006)。然而,严格的规则并不能保证高品质的照料。多尔蒂和她的小组(Doherty et al., 2006)发现,因为认为护理工作者适宜的教育可以转变成更好的照料,因而要求那些对护理儿童工作没有兴趣的人(如第七章所提到的,在社会福利项目中工作的人)为儿童提供看护,这与提供高品质的照料是矛盾的。另外一些人则建议,付给日托照料工作者更高的薪水并要求他们对儿童进行早期教育(Doherty et al., 2006)。

当然,尽管关于日托照料的研究很艰难,但仍需要继续进行。例如,我们几乎不知道,对年龄较大的儿童放学后的照料或对来自不同文化背景儿童的日托照料具有怎样的影响。尽管美国儿童和人类发展研究所的研究是一个良好的开端,但是在形成高品质照料的精确严谨的流程上需要更深入的研究。其他被忽视的研究议题是,儿童对代理看护者的依恋产生的影响;儿童与同龄人的关系同样也受到日托护理的影响,如何提升公众对高品质照料的支持(Lamb & Ahnert, 2006)。而且,大多数研究是以看护中心为基础的,但是许多照料以非正式方式或在家庭环境中提供的。更多的研究也需要关注后一类型的儿童照料(Raikes, Raikes, & Wilcox, 2005)。

优质教育和早期干预

许多专家认为,单一的日托护理对某些儿童来说是不够的。尽管它的供应或许会为工作
181 的父母提供解脱,但是如果不提供优质教育、学前教育或者其他早期的干预措施,儿童将会继续在教育上、社会属性上和发展上落后。这些观点大都聚焦于处于经济劣势的儿童或者来自不同民族或种族的儿童。因为相对而言,这些儿童还没有做好上学的准备(Administration for Children and Families, 2008; Magnuson & Waidfugel, 2005; Stipek & Hakuta, 2007)且日后出现行为问题——如犯罪和辍学——的风险更大(Caputo, 2003; Webster-Stratton & Reid, 2007)。旨在帮助处于经济劣势的儿童和有色人种儿童——这些被认为更有可能陷入贫困之中的儿童——的项目在最开始时被称为**补偿教育**(compensatory education)或**早期干预**(early intervention)项目。现在这种项目更有可能被称为**优质教育**(enrichment education)。这种项目被认为形成"一种无形的安全网"(Currie, 2006),以预防儿童在未来出现问题的风险(Administration for Children and Families, 2008)。随着西班牙裔人口的增长,科技在高收入工作中扮演的角色越来越重要,越来越多的母亲进入劳动力市场等社会变革的发生,使得这些项目开始变得越来越重要,但也越来越具有争议性。

对未来影响深远的争论如下:这些补偿性教育计划真的对这些儿童有益吗? 尤其是考虑

到它们的成本，大多数成本都是由纳税人来承担的。例如，如果罗伯托进入到那些专门为西班牙裔儿童开设，以帮助他们顺利就读主流公立学校的幼儿园中，那么他早期的小学教育会变得更简单、更容易且更成功吗？为了回答这一问题，下面，我们就来探讨最有名的优质教育计划——**迎头赶上计划**（Head Start）。

1964年的《经济机会法案》（*Economic Opportunity Act*）通过各种方式让儿童从社会项目中受益。其中的一个项目就是迎头赶上计划（Ludwig & Philips，2007）。通过全国性的学前项目，迎头赶上计划的目标是帮助低收入家庭中的3—5岁儿童。这是一项完整的或全面的项目，因为它试图去满足儿童在心理、情绪、健康和教育上的需要（Haskins，2005）。尽管该计划在不同的部门执行，有些做得好，有些做得不好（Ludwig & Philips，2007；Knitzer，2007；Zigler，1994；Zigler & Muenchow，1992），但该计划的大多数费用是由联邦政府来支付的。迎头赶上计划是目前为贫困儿童及其家庭提供的全面的教育、健康、社会服务中最大的项目，因此，它在儿童早期服务传递系统中扮演着重要的角色。下面是迎头赶上计划2006年的某些项目数字（Office of Head Start，2007），这是在撰写本章时能获得的最新的资料：

- 超过900 000名儿童被囊括在内（自迎头赶上计划开始以来，它已经为24 000 000名儿童提供了服务）。
- 超过39%的儿童是白人；超过30%的儿童是黑人；剩下的30%是西班牙裔儿童。
- 迎头赶上计划中，72%的教师在儿童早期教育中至少获得一个AA等级。
- 迎头赶上计划中，27%的职员是目前学生的父母或者早先参与迎头赶上计划的儿童。
- 有将近925 000名家长自愿参与了他们当地的迎头赶上计划。
- 超过211 000名参与迎头赶上计划的儿童的父亲参与了旨在使他们参与该项目的，有组织且常规计划的活动。
- 迎头赶上计划中91%的儿童有健康保险。

在众多儿童早期教育计划中，迎头赶上计划在历史上多少有些独特。因为该计划独特的 182
特点，它采纳了本书前面部分所概述的社区心理学的一些准则。首先，尽管该计划是一个全国范围内的计划，但是该计划能够根据每个社区的情况进行调整以适应所在社区的情况。其次，它是最先指出单一方法或单一干预措施是不够的计划之一。例如，迎头赶上计划不仅仅是一项学前教育计划。该计划革命性的构想之一是，将父母纳入决策者和学习者的角色当中（Zigler & Muenchow，1992）。许多迎头赶上计划的家长成为认证合格的迎头赶上计划的教师。尽管迎头赶上计划并不会替代常规的健康照料，但是迎头赶上计划旨在确保儿童接受健康检查和追踪治疗。而且，迎头赶上计划不单单是想要改进儿童成长的环境进而达到提高儿童智商的目的，它还想通过发展这一计划以激发儿童去改善他们的生活（Zigler & Muenchow，1992）。一个重要的问题是：它做到这些了吗？

迎头赶上计划已历经40多年，因此研究者们应该很容易去评估它的短期与长期的影响。对吗？未必见得！迎头赶上计划研究的开展相当艰难，这是有许多原因的。首先，在全国范围内该计划的差异很大，因此对于入学儿童无法采用随机分配（Lamb & Ahnert，2006）。其次，迎头赶上计划随着时间而逐步发展，这使得当前的计划与早期的计划不可能完全相同；已经执行的长期改革中几乎没有将这一因素考虑在内（Ludwig & Philips, 2007）。再次，研究者并未在究竟由儿童的哪些方面构成“进步”这一问题上达成共识。是大的收益还是小的收益？是哪些方面的收益？入学准备？社会技能？认知技能？更好的健康状况？假使收益如此之小以致该计划没有达到成本效益又会怎么样呢？最后，迎头赶上计划中儿童周围更大的生态环境也在不断变化，例如，社会偏见时多时少、更多的单亲妈妈进入劳动力市场以及关于这类计划的公共选择的转变（Ludwig & Philips, 2007）。考虑到这种变动不居的环境，因此对迎头赶上计划的影响就更加难以厘清。下面，我们来考察一些最新的研究。但不管怎么样，迎头赶上计划可能总是处于变动之中，对它的批判也将永远存在，它也将会遭遇到研究学术的偏见并将会因为联邦政府及州政府的政策、政治氛围以及资金的变化而改变。

许多作者宣称，迎头赶上计划表明，该计划为儿童带来了收益（Love, Tarullo, Raikes, & Chazan-Cohen, 2006; Ludwig & Philips, 2007; Administration for Children and Families, 2005）。一些研究的确显示，该计划为儿童带来了短期的收益。例如，一项重要的研究（40个计划中的3 200名儿童）发现，迎头赶上计划缩小了弱势群体儿童与其他儿童在词汇书写技能方面的差距。另一项研究（Administration for Children and Families, 2006）也发现，随着时间的改变，迎头赶上计划儿童的社会技能得到提高，并且当他们进入幼儿园时，迎头赶上计划使他们与那些没有参与计划的儿童相比，具有更多的单词知识，更高的字母识别能力以及数学和书写技能。同样的研究也表明，迎头赶上计划儿童在健康状况以及改善父母养育行为上获得一定的收益（例如，使用更有教育意义的资料以及减少体罚）。

但是长期的影响是怎样的呢？在一项以部分迎头赶上计划最早的毕业生为对象的研究
183 中，研究者发现，作为青少年，迎头赶上计划的学生相对于其他的青少年而言，在个体控制感、健康状况以及心理健康方面都获得最高等级（Caputo, 2004）。考察迎头赶上计划长期影响的另一种方法是考察其成本—收益（cost-effectiveness）。根据成本—收益的概念，花在类似于迎头赶上这样的早期干预计划上的钱是值得的。对纳税人和决策者而言，成本—收益是他们最感兴趣的一种测量方法。路德维格和菲利普斯（Ludwig & Philips, 2007）最近回顾了有关该计划的成本—收益文献。他们断定，“目前，关于迎头赶上计划长期的影响有越来越多的证据，这些证据似乎表明，对那些在计划开展头几十年参与其中的儿童而言，该计划可能通过了收益—成本的检验”（p.3）。

例如，参加迎头赶上计划的儿童（相比于那些未参加该计划的儿童）更有可能完成高中的学习并更有可能进入大学学习。迎头赶上计划也减少了参与者因为犯罪被逮捕且随后被指控的概率。许多结果的产生与儿童的民族或者种族无关。迎头赶上计划对父母和社会来说，也是有收益的，因为迎头赶上计划提供了高品质的日托照料，同时，特殊教育安置减少了，留级（重读一年）的人数也下降了。总之，路德维格和菲利普斯得出的结论是，在迎头赶上计划中，超出计划成本产生的收益与计划成本的比可能高达7∶1。值得注意的是，路德维格和菲利普斯同样认为，一个县每在该计划上多花一美元，其带来的收益就很容易超出其本身的价值。

迎头赶上计划并不是唯一可获得的早期干预计划，但可能是最著名的一个早期干预计划。裴瑞学前教育项目（High/Scope Perry Preschool program）也是针对改变因果链而设计的项目。这一因果链始于儿童期的贫困，贫困导致功课不好，进而导致成年后的贫困和相关的社会问题，例如，卷入到犯罪司法系统中。该项目结合了根据身心发展的原则而设计的适合儿童学习的教材、小班教学、工作人员在儿童早期发展上的训练、工作人员的在职训练、父母参与以及对儿童和家庭非教育性要求的敏感性训练。该计划相当独特的地方是，将儿童看作是一个积极主动的学习者，而不是消极被动的学习者。有特色的是，儿童可以在老师准备的学习活动范围中选择自己喜欢的活动——这被称作是**参与学习**（participatory learning）（Schweinhart, 2006; Weikart & Schweinhart, 1997）。

关于裴瑞学前教育计划的研究获得令人印象深刻的结果。在短期内，该计划提高了儿童的教育结果，例如，更高的智商与成绩测验的分数。该计划也减少了学校对矫正服务的需求（Ramey & Ramey, 2003）。从该项目的长期影响来看，超过二十年的证据收集表明，该计划给个体带来了更低的犯罪率、减少高中辍学、减少对福利救济的需求、增加成人的收入以及更多的个人财富等（Schweinhart & Weikart, 1998）。个人财富产生的方式是多样的，该项目不仅仅提高了个体就业和拥有居所的概率，而且减少了从租住地被驱逐的概率（Schweinhart, 2007）。

诺雷斯、贝尔菲尔德、巴内特和施韦恩哈特（Nores, Belfield, Barnett, & Schweinhart, 2005）宣称，裴瑞学前教育计划花费的每一美元带来了让人吃惊的5.67—12.90美元的回报，具体的回报数字取决于计算的方法。该项目的回报或收益包括，较低的福利救助、较低的特殊教育及司法系统的开支、对犯罪受害者的援助以及因参与者更高的收入所得而得以增加的税收收入（Nores et al., 2005; Parks, 2000）。该研究再次表明，计划的参与者、父母、公众以及早期干预计划中已成年的毕业生均从这些项目中获益。

公立学校 184

尽管各州的教育法规有所不同，但大部分美国儿童在5岁或6岁的时候会就读于公立学校：先上小学，然后上中学，再上高中。许多学生很容易就完成学业。其他一些学生则会遇到入学困难以及一些日后学业上的发展问题。例如，从幼儿时期就开始的过渡（transition），对某些儿童而言是非常困难的，无论儿童是在家庭中照料还是在日托或幼儿园照料。从中学升入高中的过渡也会有困难。这种变动的次数或重大的转折点有助于心理学家预测谁可能存在与学校有关的问题（Koizumi, 2000; Warren-Sohlberg, Jason, Orosan-Weine, Lantz, & Reyes, 1998）。

此外，学校是由政治和社会事件——比如，公民权利运动、电脑被引进学校以及人口趋势的变化（例如，西班牙裔人口的增加）——塑造的具有明显特征的社会机构。下面，我们先来讨论一个重要的事件——学校里种族隔离制度的废除。

学校里种族隔离制度的废除、种族划分与偏见

本章开场白中的年轻人罗伯托约22岁，他受惠于20世纪50—60年代的公民权利运动。否则，他的遭遇将可能发生改变。因此，有必要探讨社会偏见的复杂影响，以及为反对偏见、歧视与种族差别待遇而设计的公共政策，特别是关于儿童和学校的公共政策。西摩·萨拉森(Seymour Sarason，1997)是一位美国学校的权威专家，他认为学校事实上是我们的致命缺陷(Achilles' heel)。他认为关于学校的改革运动已经几乎是彻头彻尾的失败，并将继续产生不良的影响，这些影响甚至超出教育的范围，其中一个影响是种族主义。自萨拉森作出这个评论以来，十余年里，情况是否发生了变化呢？

历史脉络 尽管美国宪法修正案很早以前就赋予所有公民法律上平等的保护和公民投票权，但直至20世纪50年代某些事件的发生才使"所有公民在法律上平等"开始真正得到实施。这些实践对我们的学校产生了持续和深远的影响。在1954年，美国最高法院作出堪萨斯州布朗诉教育委员会案的判决。在作出判决的过程中，最高法院听取了社会科学家的重要证词，他们认为，种族隔离政策对非裔美国儿童不利(例如，Clark & Clark，1947)。正式开庭时，法官们引用了在审议中有影响力的社会科学研究(Levine & Pekins，1997)。决议的结果是，学校将不再是一个种族隔离的地方，甚至各种族应当平等使用教育设施而不能分开使用。有意思的是，法官最初并未考量到此判决一旦得到落实会遇到什么情况，也没有考量到此判决一旦落实，废除种族隔离对学龄儿童的确切影响。尽管学校消除种族隔离的裁决对于一个维持家庭隔离和社会机构——如礼拜场所隔离的社会而言，其警示作用是微小的(Well，Holme，Atanda，& Revilla，2005)。

一些学校权威人士在仓促中遵守该裁决。他们为废除种族隔离选择的方法总是"单行道的校车接送"(Oskamp，1984)，居住在内城的儿童被接送到郊区全是白人居住的社区上课。
185 一些学校故意拖延，而另一些学校则公开反对这一裁决。结果是，法院只好下令强制这些学校废除种族隔离政策。不管学校各界人士是否心甘情愿，公共政策的确改变了一些歧视行为，但是一个非常重要的问题是，这改变了所有相关的行为吗？一个同样重要的问题是，儿童是否能真正从这些政策中获益。社会学家很快就开始关注废除种族隔离政策和其他相关的议题(Maruyama，2003)。

偏见及其伴随的问题 在本章的开场白中，罗伯托告诉我们，他相信其他儿童认为他很笨。这是偏见的一种形式吗？如果是，儿童是怎样形成这种印象的？

偏见(prejudice)指的是，仅仅由于族群的身份，便对这些族群的成员表现出不公正的态度(通常是负面的态度)。如果罗伯托的同学因为他是拉丁美洲裔，便认为他很笨，那么这的确是偏见。偏见常伴随着歧视。种族**歧视**(discrimination)是指，对特定族群往往作出带有偏见的举动，仅仅因为他们是族群的一分子。如果罗伯托的同学因为他的种族背景而拒绝和他在操场上玩耍，那么他们就是在歧视他。有趣的是，社会心理学的研究发现，人们可以有偏见而没

有歧视,或者有歧视而没有偏见(例如,La Piere, 1934)。**刻板印象**(stereotypes)也是与偏见密切相关的概念。刻板印象是一种信念,它认为特定族群的所有成员都具有相同或共同的特征或特质。举同一个例子,要是罗伯托的同学把所有的拉丁美洲裔都视为愚蠢的,那么他们就持有刻板印象。

历史上关于班级中刻板印象的重要研究是罗森塔尔和雅各布森(Rosenthal & Jacobson, 1968)开展的一项研究。研究中,他们告诉老师,某些学生是"聪明的学生"而另一些学生是"平凡的学生",但他们并未要求老师以不同方式对待这两组学生。在研究结束时,这些所谓的"聪明的学生"在课堂表现(classroom performance)和智力分数(IQ scores)上展现出惊人的进步,这很有可能是因为他们是积极偏见的受益者。记住,所有的学生都是被随机分到"聪明的学生"组和"平凡的学生"组中去的,这一点很重要。该研究显示,老师对学生的标签和刻板印象多多少少会在儿童身上应验。被贴上标签的个体就会实现他人的预测,此现象被称为**自我实现预言**(self-fulfilling prophecy)。研究显示,在多种教室情境下,教师对学生的期望确实会影响学生的成就和动机(Weinstein et al., 1991)。

当代社会研究指出,现代人的偏见和贴标签的形式与黑人公民权利运动之前大批群众的偏见和贴标签的形式存在相当大的差异(Hitlan, Camillo, Zarate, & Aikman, 2007)。1950 年以前,传统的种族歧视是更外显的(Dovidio, Gaertner, Nier, Kawakami, & Hodson, 2004),他们公开使用种族歧视的字眼,公然对某些种族制定法律("黑人只能坐在公车的后排"),甚至采取寻衅滋事的实际行为或处以死刑来对付某些族群。在**现代的偏见**(modern prejudice)(Dovidio & Gaertner, 1998; Duffy, Olczak, & Grosch, 1993)中,有时称之为"反感的种族主义"(aversive racism),人们的态度更内隐和微妙。换言之,这些形式巧妙的偏见与歧视掩饰了他们骨子里的负面看法。

佩蒂格鲁和梅尔滕斯(Pettigrew & Meertens, 1995)有趣地展示了公然偏见和现代的偏见。他们给研究参与者施测偏见量表,可以发现哪些人公然偏见得分高;哪些人现代的偏见得分高;或者哪些人两种偏见的得分均低。正如研究者所预测的,研究参与者对移民的态度可从其在偏见量表上的得分得到预测。公然偏见或传统偏见得分高者,他们希望将移民遣送回其 186
祖国。两类偏见得分均低者想要采取行动,帮助移民留在新的国家,并改善其权益。最有趣的是,那些现代种族歧视量表得分高的人,则倾向于以隐藏且微妙的方式来拒绝移民,例如,他们不愿意做提升移民的权利或改善他们与移民关系的任何事情。

然而,偏见并未因法院强制废除种族隔离和实施机会平等而消失,它只是采用了一种不同的面貌——一种更巧妙的表现方式。偏见可能继续遍及社会,并且影响更多种类的群体(例如,拉丁美洲人和亚洲人),他们正在加入到美国的社会中(American Psychological Association, 2005),我们应该在移民经历(immigrant experiences)上投入更多的关注。

直到现在,美国还在夸耀它的移民传统(Mahalingam, 2006)。的确,今天的美国是一个移民国家(Deaux, 2006)。美国人口中很多人都是第一代、第二代、第三代的移民。人口统计数字显示,自 1970 年以来,生活在美国的移民人数翻了三倍。在 20 世纪 90 年代,移民人数以 50%的比例增长(Silka, 2007)。人口统计数字还显示,一些大城市是由不同种族的移民人口组成的。例如,1990年,纽约人口中移民占据28%,而目前,移民人口占到纽约人口的40%(Deaux, 2006)。人口统计数字没有告诉我们的是,到达美国的移民面临不同的文化传统、不同的价值观、不同的语言以及不同的宗教。他们也面对不同的商业习俗、医疗保健实践、艺术形式以及学校(Silka, 2007)。移民同样要面对很多的偏见、边缘化和歧视,这些对他们而言产生了很多适应上的问题(Mahalingam, 2006)。今天,移民不可否认地成为一个"热点"(hot button)问题(Deaux, 2006)。意识到移民问题的重要性将会在2008年的总统选举中起着至关重要的作用。

移民的肤色面临最多的偏见(Mahalingam, 2006)。在历史上,对于不同移民群体的偏见都是强大的和病态的。例如,在"二战"之前、"二战"期间及"二战"结束后,日本人遭遇着很高水平的偏见。近来,阿拉伯和墨西哥移民也要面对巨大的偏见(Hitlan et al., 2007)。自认为是"美利坚人"的"美国人"经常表现出巨大的偏见(Hitlan et al., 2007),尤其是那些在社会中居于优势地位的人(Danso, Sedlovskaya, & Suanda, 2007)。他们无限扩大移民外群体的概念(这个概念在稍后会有解释)(Kosic & Phalet, 2006),并对移民进行去人性化,即不以个体化(personalized)的方式看待他们(Danso et al., 2007),或者孤立他们(Silka, 2007)。

人们针对移民采取的行为大半发生在社区的层面上(Silka, 2007)。因此,对这一章而言,一个重要的问题就是,当来自不同背景的儿童混合编入学校的班级时,他们是否遭遇偏见、歧视和刻板印象?如果"是"的话——你已经知道答案,那么我们该怎样减少儿童从家中带来的偏见的影响呢?如果儿童在3岁开始形成民族意识,在5—7岁形成系统的种族偏见(Houlette et al., 2004),那么大多数的干预应该针对年幼的儿童展开。对此,心理学家已经开发一些有趣和富有创新性的项目。

在教室里培养对多样性的接纳 在著名的"暴风眼"教学观摩时,简·埃利奥特老师告诉
187 黑眼睛的儿童,他们比不上浅色眼睛的儿童。实际上,他是这么说的:你们这么差劲,浅色眼睛的儿童是不会想和你们玩耍或接触的。浅色眼睛的儿童很快就开始隔离、嘲弄和欺侮这些黑眼睛的儿童。随后埃利奥特让他们互换角色,现在换成浅色眼睛的儿童不如黑眼睛的儿童。当埃利奥特询问儿童的感受并让他们讨论自己的感受时,儿童都说,成为这种强烈偏见的受害者是多么可怕的事啊!为了让学校的学生可以熟悉被歧视的感受,暴风眼的示范只是其中一种方法而已。心理学家为促进教室内接纳多样性所开发的技巧还有哪些呢?

减少偏见的方法之一是——让儿童彼此主动接触。**群体间接触**(intergroup contact)是让两个冲突的群体互相接触,借此了解对方并欣赏对方(Brewer, 1999; Kawakami, Phills, Steele, & Dovidio, 2007; Molina & Wittig, 2006; Paluk, 2006; Zirkel & Cantor, 2004)。研究显示,只有特定的群体间接触才能促进彼此的了解和包容(Kawakami et al., 2007; Marcus-Newhall, & Heindl, 1998; Molina & Wittig, 2006)。

斯图尔特·库克曾经是倡导以接触假设来减少偏见的佼佼者。**接触假设**(contact hypothesis)是指让两个彼此看不顺眼的族群成员私下接触,以减少两者水火不容的对立,但其效果只在某些特定的条件下才会出现。这些特定的条件有以下五个。

1. 族群或个体必须具有同等的地位。

2. 彼此接触时，若让人看不顺眼的族群特征变得十分明显，此时一定要打破对该族群特征的根深蒂固的刻板印象。

3. 接触的情境一定要能鼓励或要求两者为达成共同目标而形成互相独立的关系或进行合作。

4. 接触的情境一定要能促进以下交往方式：展示看不顺眼族群成员足够多的细节以鼓励将其视为个体而非刻板印象里带有族群特质的人。

5. 接触时的社会规范一定要能认同族群平等及族群交往的平等主义的观念（Allport，1954/1979；Cook，1985）。

综上所述，互相依赖看起来的确很重要（Molina & Wittig，2006）。比如说，在学校中，莫利纳和维蒂希也补充道，如果受人尊敬的权威者想要减少发生在学校里的偏见，那么他们应当支持这种种族团体的尝试。他们也承认，在种族团体接触项目中，要了解族群接触过程中哪种接触方式对哪些结果和哪些群体最适宜。换句话说，没有万能的钥匙。

研究者针对群体间接触假设做过几个准实验和实验研究，其结果支持此假设的成立，在此，我们仅回顾其中的一项研究。莱特、阿荣、麦克拉夫林-沃尔普和罗普（Wright，Aron，McLaughlin-Volpe，& Ropp，1977）探讨过此假设，如果内群体的成员和外群体的成员关系紧密，那么群体间的态度会变得比较积极。所谓**内群体**（in-group），指的是个体所认同的群体，所谓**外群体**（out-group），指的是个体认为与自己不同的群体，例如，不同种族的群体，而自己并不属于其中的一分子（Duffy & Atwater，2008）。

在一项研究中，莱特及其同事（Wright et al.，1997）发现，参与者如果知道内群体的成员 188
与外群体的成员关系亲密，他们会对外群体的成员采取较少的负面的态度。另一项研究指出，竞争和冲突是造成内外群体的导火线。当内群体发现自己的群体成员有跨群体的友谊（内群体成员与外群体成员交朋友），那么他们对外群体的负面态度就会减少。

与这一研究一致的是，其他学者发现，群体接触减少了偏见或者在不同年级（如大学）创造了一种对不同群体更欣赏的态度（Gunn，Ratnesh，Nagda，& Lopez，2004；Hurtado，2005；Lopez，2004）。莫利纳和维蒂希（Molina & Wittig，2006）最新的研究发现，在学校里与不同群体成员进行私人接触的机会有利于减少偏见。川上等人（Kawakami et al.，2007）发现，仅仅只是接触特定群体中的成员都能够导致对这个群体产生一种更积极的态度。

川上及其同事警告，他们的研究仅仅聚焦在一个基本且有限的结构上，即接触行为。具体地说，他们的研究并未提及普遍性的问题：关于在日常环境中且超过很长一段时间的接触的影响。确定无疑的是，许多学校、工作场所和其他一些组织提倡多样化或者提供一些多样化的形式或文化敏感性的训练（Paluk，2006）。然而，因为这些项目并未被包含在扎实的理论中，例如群体间接触理论，因此这些项目并不总是有成效的（Paluk，2006）。

埃利奥特·阿伦森（Elliot Aronson，2004）及其同事首创了另一种技巧，称之为**拼图课堂**（jigsaw classroom）。在这种类型的课堂中，学生们最初是在掌握组（mastery groups）开始一项计划。在掌握组中，所有学生学习的是同一种内容，但是每个小组学习的是内容的不同细节。

随后，熟练组的学生被打散到拼图组(jigsaw group)中去，每个拼图组包括每个熟练组中的一个学生。例如，如果学生正在学习有关偏见的内容，第一个熟练组将会学习关于偏见、歧视和刻板印象的定义和范例。第二个熟练组会学习偏见的有害影响。第三组会学习减少偏见的方法，等等。而拼图组的成员分别来自定义组、有害作用组及减少偏见组，然后他们互相教导自己学习的部分。通过这种方式，被孤立的学生会成为小组中较为核心的人物，争强好胜的学生会学习到合作的精神。在拼图组中，如果没有彼此的相互依赖和合作，就无法完成小组的学习目标。在英语上存在困难的学生会得到其他儿童的鼓励和帮助，否则，没有人能够学到东西(Aronson, Blaney, Stephan, Sikes, & Snapp, 1978; Walker & Crogan, 1998)。

拼图技巧最早的重要实验之一是，由布兰妮、史蒂芬、罗森菲尔德、阿伦森和赛克斯(Blaney, Stephan, Rosenfield, Aronson, & Sikes, 1977)进行的。他们发现，实验组对班级同学及学校环境的喜爱、自尊、彼此学习和在校表现与一般班级控制组的学生相比，有所改善。当然，彼此竞争的情形也减少了。其他研究也证实，在拼图方法中使用的同伴教学法(peer teaching)，能够改进同伴间的喜爱、学习以及对班级氛围的感受(Slavin, 1985; Wright & Cowen, 1985)。令人感到欣慰的是，诸如同伴教学这种合作策略产生的积极效果似乎普遍适用于学校以外环境中的儿童
189 (Miller, Brewer, & Edwards, 1985)，例如，适用于少数民族群体的所有成员。一些作者甚至建议拼图课堂将会对年龄较大的学生起作用，包括大学生在内(Williams, 2004)。

自从拼图法出现之后，其他类似的合作学习方法也陆续被开发出来(如 Houlette et al., 2004; Slavin, 1996)。重要的是，这些合作学习形式产生的积极效果已经在成千上万个班级中得到复制，因此，合作学习成为公共教育领域中的重要动力……[合作学习]通常被看作是提升种族关系和改善废除种族隔离学校内部结构的最有效方法(Aronson, Wilson, & Akert, 1999, p.544)。

有些州则通过实施**磁铁学校**(magnet school)来减少偏见。磁铁学校的学生来自不同的校区，因为每个磁铁学校精通某个特别的领域，如音乐或外语，因此自然能吸引有兴趣的学生来就读，就像磁铁吸引金属一样。这些学校为群体间接触创造了一个自然的实验环境，因为不同背景的儿童都可以参加。罗塞尔(Rossell, 1988)将磁铁学校的自愿计划与废除种族隔离重新安置的强制计划的影响进行了比较。她发现，磁铁学校种族间的接触更有可能持久，其中的原因可能是，如她和其他人所说的，重新安置区域中的“白人大迁徙”(white flight)。与该研究结果一致的是，福斯、利文撒尔和布鲁克斯-冈恩(Fauth, Leventhal, & Brooks-Gunn, 2007)在近期的报告中称，即使法院强令处境不利的少数民族学生及其家庭搬到高收入的社区(和学校)，但这依然会使少数民族学生、他们的家庭以及父母的教养方式受到不利的影响。强制性的废除种族隔离政策似乎并没有像这里所描述的项目那样起到那么好的作用。

我们可以得出的结论是，一旦班级中实行废除种族隔离，无论是法院强制的还是自愿的，研究结果都显示，学生会变得彼此相互包容与互动。但这些学生的学业和社会表现如何呢？如果法院认定，种族隔离教育对许多经济弱势学生而言不仅不公平而且相当不利，那么废除隔离政策是不是能提高目标儿童的学业成绩呢？

废除种族隔离政策的影响 一位知名的权威学者佩蒂格鲁(Pettigrew, 2004)回顾了关于废除种族隔离制度的影响的研究,并得出结论,废除种族隔离确实起作用,这得到研究的支持,但这一结论只有在研究控制了社会等级时才成立。正如你在第七章所了解到的,社会经济阶级与种族、民族不平等因素复杂地纠缠在一起(Hochschild, 2003),因此它需要结合废除种族隔离制度进行仔细的考察。具体而言,佩蒂格鲁的回顾得出的结论是,与实行种族隔离的学校的黑人儿童相比,来自废除种族隔离学校的黑人儿童更可能:

- 参加并完成大学学业,即使在白人占绝大多数的大学。
- 与白人伙伴一起工作,并能够获得比较好的工作。
- 与不同种族的邻居一起居住。
- 获得更高的工资收入。
- 有更多的白人朋友并且以更加积极的态度对待白人。

但是,令佩蒂格鲁感到悲哀的是,朝着黑人与白人平等教育前进的历史轨道是缓慢且曲折的,但从这一努力中撤退却是快速且直接的,并且将大多数的后退归咎于法院的裁决。实际上,一些法院已经提出废除种族隔离制度的指令,例如,在纳什维尔和田纳西(Goldring, 190
Cohen-Vogel, Smrekar, & Taylor, 2006)。在许多例子中,学生们返回到离家很近的学校。这一最新趋势的结果是什么?对此,社会科学家再次给出有趣的观点和答案。

戈登林及其同事研究了在离家更近的学校就读的现象并发现,这种地理位置上的接近并没有将儿童的环境转换成一种支持性的社区环境。他们发现,黑人儿童比白人儿童更容易被重新分配到危险较高(贫穷和犯罪率较高)的社区的学校。另一个废除种族隔离政策的著名专家约翰·戴蒙德(John Diamond, 2006)解释到,即使在更整合的(较富裕的)社区中,娱乐场地也达不到学校的水平。一方面,郊区的黑人经常在特权和冒险的边界上来回摇晃,正如他所说的,这是财富和财产之间的区别。生活在郊区的黑人仍然没有与白人一样多的财产(比如说自己的房子)。丹尼尔(Daniel, 2004)进一步补充说,由于转移了人们的注意力,对问责性和成就的强调对废除种族隔离运动产生了破坏性的影响。戴维斯(Davis, 2004)建议,废除种族隔离的问题已经变得不那么急切,因为美国现在不太关注社会安全问题。阿里亚斯(Arias, 2005)也为这样一个事实感到惋惜,即布朗诉教育委员会案件的目的在于帮助非裔美国人,但截至今天,我们对废除种族隔离和其他相关政策是否适合拉美人及其他种族和民族的少数民族这一问题知之甚少。在研究和克服这些问题以及其他教育问题上我们要做的还有很多(King, 2004)。

学校和青少年

尽管美国全国上下都在为废除学校种族隔离政策而努力,也有设计良好的方案为目标儿童提供早期干预的项目,但还是有许多孤立在内城的儿童,其经济弱势和接受低质量教育的处境持续存在。这些儿童通常来自弱势群体,并且他们从未得到过这些项目的帮助。因此,当这些内城儿童长大成为青少年后,仍将为贫穷所困。心理学家认为,内城的大多数青少年成为学业失败、辍学、青少年怀孕、药物滥用以及其他问题人群的风险最大,这些问题又会妨碍他们通过获得教育来打破这种贫困的恶性循环(Caputo, 2003; Magnuson, & Waidfugel, 2005; Stipek & Hakuta, 2007; Webster-Stratton & Reid, 2007)。最终,在他们长大成人以后,他们更容易遭受压力和痛苦(Golding, Potts, & Aneshensel, 1991; Rank, 2005)。为了节省篇幅,我们在此将探讨两个议题:辍学和学校暴力。不过,我们首先将讨论在学校内部发生的一些问题中学校自身扮演的角色(Branson, 1998)。

学校氛围 不仅内城儿童和少数民族儿童在学校会出现问题,中产阶级的儿童同样面临辍学、未婚怀孕、考试不及格和学习成绩不良的情形。发生在中产阶级儿童身上的这些困境,原因有很多,有些原因与内城学生是相同的。记住,并非所有的少数民族都住在内城,住在郊区的少数民族群体也需要着手进行研究(Milburn, Gary, Booth, & Brown, 1991)。我们很轻易就把疏离的责任归咎于某些使学生变得幼稚和浮躁的人格缺陷(Legault, Green-Demers,
191 & Pelletier, 2006),但研究表明,即使是天资聪颖的学生也会感到无聊或对学校不感兴趣(Feldheusen, 1989; Meade, 1991)。一个很重要的相关概念是**学校疏离**(alienation from school)。根据布朗芬布伦纳(Bronfenbrenner, 1986)的看法,疏离意味着缺乏归属感,并存在格格不入的感觉。学校疏离的意思是,对学校缺乏归属感,此现象在社区心理学文献中颇受关注,但是社区心理学家更关注的是让儿童感到疏离的环境因素而非儿童本身。

1983 年,《美国的学校教育:替罪羊与救赎》(*Schooling in America: Scapegoat and Salvation*)一书的作者西摩·萨拉森指出,对儿童和老师来说,学校是一个相当无趣的地方。萨拉森也认为,儿童在校外时反倒对知识更有好奇心,学习也更快(Sarason, 1983; Weinstein, 1990)。布朗芬布伦纳(Bronfenbrenner, 1986)则认为,在家已经有压力的儿童,在学校则易分心并感到与学校疏离。大约 20 年后,阿伦森(Aronson, 2004)发表了一个针对美国学校,尤其是高中的言辞激烈的抨击性言论。在他关于科隆比纳(科罗拉多)学校惨案(在该事件中,1 名教师和 14 名学生遇难)的分析中,他说道:

> 这种恶性杀戮事件只是病态的冰山一角。在我们国家,大多数的高中都普遍存在这种有害的社会环境——排斥、拒绝、嘲笑和羞辱。在高中存在一种很严格的帮派层级……在底层的是一些太胖的、太瘦的、太矮的或太高的儿童,他们穿着错误的衣服或者仅仅只是与环境格格不入……我对高中学生的采访表明,几乎所有的人都知道这种等级制度的排序并且很清楚地知道自己在其中的位置。(p.355)

我自己(达菲)对两个学习社区心理学课程班级的学生所做的研究,凸显了学校另一个有趣的特点。我在六年的时间里分别询问两个班级的学生,并记录下他们记忆最深刻的公立学校的经历,也就是最先浮现在脑海中的记忆。四十位学生当中只有一位学生对学业有积极的经历,四位学生对非学业(例如,体育竞赛)有积极的经历,三十四位学生对非学业有消极的经历。大多数学生记起的事情总是令人悲伤或害怕,诸如,学生打架或者师生打架、火警、炸弹、儿童虐待或者其他不幸的事件。换言之,至少在回顾的时候,他们对学校鲜明的印象似乎是消极的且与学业无关。某些学生的经验我们将在案例 8-1 中说明。那么到目前为止,你关于学校最鲜明的记忆是什么呢?

当代的研究者已经发现可能导致学校疏离的学校的生态学要素,或者,不确切地说,**学校**

氛围(school climate)的某些生态学要素，在这里，学校疏离指的是学校的所有文化，而不仅仅是教育方法和目标(Van Houtte，2005)。教师、行政管理和同伴支持(Gregory et al.，2007)、学校规章制度的清晰度和一致性是影响学校氛围的特征(Way，Reddy，& Rhodes，2007)。其中，物质设施的安全、学生自主和教师或管理者滥用职权也是影响学校氛围的特征(Langhout，2004)。劳克斯、铃木和霍顿(Loukes，Suzuki，& Horton，2006)也提到，凝聚性(cohesiveness)、学生之间的摩擦与竞争也影响到学校氛围。以上提到的这些因素以及其他的一些因素都与学生问题(如暴力和退学)有关。

案例 8-1　学生对公立学校的回忆 192

正如前面所提到的，我(达菲)曾在社区心理学的课堂上，询问并记录学生在校期间最难忘的经历。在询问时，我并没有给出其他的说明。例如，我没有告诉他们回想积极或消极的经历，但学生回忆起的经历大多是消极的，而且几乎都与非学业的事情有关，诸如打架、师生意见不合、炸弹，等等。下面是随机抽取出来的几个例子。

高一时，有位化学老师喜欢贬低学生，几乎每次笑话的矛头都指向一位女生。她体重过重，他就称她为“鲸鱼”“用核武器攻击鲸鱼!”不出所料，她逃学了。但是老师的嘲笑并没有就此打住。有一天，我实在受不了老师的恶言恶行，就在他发飙时举手。他叫到我时，我就开始告诉他，他是我见过的最幼稚、残酷、心怀怨恨、最不负责任的老师……他告诉我，既然我要拯救这位体重超重的女生，那么干脆就找我算账。从此以后，他不断对我冷嘲热讽，言辞非常刻薄，与以往相比有过之而无不及。

有天晚上，四个学习优秀的学生在我就读的高中埋下了炸弹，试图把学校炸掉。他们被逮捕、被审判并且被判刑。要不是发生这样的事情，其中一位犯罪者很可能担任毕业典礼上致欢迎辞的毕业生。学校处理这件事情时不敢声张，所以我们也不知道他们这样做的动机是什么，也不知道这些学生的刑期会有多长。

学期结束的最后一天，老师正在发成绩单，在发给四分之三的同学之后，他宣布没有拿到成绩单的同学必须到他的桌前排队，在他们拿到成绩单之前，他们将得到来自他的生日拍打(birthday spanking)。这些同学的生日是在暑假，所以其他人在学期中间的时候就已经被他打过。三年后，这位老师因为超过一百次的性骚扰而被定罪，其中还包括他的继女。我想，打屁股对于他的意义比我们所知道的要多得多。

我有位黑人朋友和白人儿童吵架，原因之一是因为白人小孩叫他黑鬼，这是一个天大的错误！我的朋友用拳头在他鼻子上狠狠地揍了一拳，他摇晃了几秒后就倒地，不省人事。将近一个月的时间，这个白人儿童的鼻子都必须装上金属片，而我的朋友则必须负担医药费……没有打架的日子还真是罕见。

学校的确是学习的场合，但绝不只是读书、写作和算术的场所。整个学校环境是一个学习经验的场所，但有时却会让儿童陷入危机。

正如你所看到的，学校的本质是复杂的，因此回应也应是建立在研究基础之上的一系列的选择(Freiberg & Lapoint, 2006)。对不良校风和随之而来的学校疏离的一个解决范例是**替代性教育**(alternative education)。替代性教育或替代性学校不同于一般的传统学校。例如，在传统学校中，课程和校规是由行政人员和老师设计的，而在替代性教育中，学生，还可能包含他们的父母，在向老师咨询后，共同设计课程或选择那些学生能够参加或设立规则的课程(Vieno, Perkins, Smith, & Santinello, 2005)。学生们通常都会表达出一种希望在学校中能有自主、独立和选择权利的欲望(Langhout, 2004)。这种更加民主的学校环境让人想到早期
193 讨论过的裴瑞学前教育计划，而且这种更加民主的学校环境也被发现对建立更强大的社群感有影响(Vieno et al., 2005)。除此以外，在替代性教育中，班级的规模可能也应该小一点(Boyd-Zaharias, 1999; Muir, 2000—2001)，并且有时也可以在传统的教室情境之外进行学习(Coffee & Pestridge, 2001)。

所罗门、华生、巴蒂斯、沙普斯和德卢基(Solomon, Watson, Battisch, Schaps, & Delucchi, 1996)设计的一个替代性教育计划旨在为学生提供发展学校里的社群感所必需的环境和经历。为了评估该计划，他们比较了参与该替代性教育计划的学生和未参与该计划的学生。该计划的特色包括：合作学习而非个别学习、人际互动和其他有利的社会活动、积极激发亲社会的价值观(如公平)的讨论学习以及同理心并了解人际关系。结果显示，该计划在凝聚班级社群感方面做得相当成功。此外，社群感与许多学生的表现——如提高处理冲突的能力和帮助别人的能力——之间呈正相关。其他的研究也显示，替代性教育在提高学生和老师对学校的满意度以及学业表现方面很成功(Arnold et al., 1999; Catterall & Stern, 1986; Coffee & Pestridge, 2001; Gray & Chanoff, 1986; Trickett, McConahay, Phillips, & Ginter, 1985)。

那么，替代性教育产生以上效果的机制是什么呢？研究指出，替代性教育的机制包括学生参与、自我管理、赋权(Gray & Chanoff, 1986; Matthews, 1991)、创新和轻松的环境(Fraser, Williamson, & Tobin, 1987; Matthews, 1991)以及富有同理心的老师(Taylor, 1986—1987)。所有这些因素都是学生个体之外的外部因素，所以，该计划的成功并非与替代性教育计划学生的人格特质有关，反而是与替代性教育计划的生态环境有关，而这与社区心理学的原则是一致的。

目前，在文献中备受瞩目且有成功希望的干预策略是由导师来帮助儿童在校内或者校外学习社会技能、人际技巧等技能(Cassinerio & Lane-Garon, 2006; Novotney, Mertinko, Lange, & Baker, 2000; Phillip & Hendry, 2000)。**导师**(mentor)是指关心儿童的人或者那些与儿童关系亲密的成年人，他们对儿童的影响是积极和持久的。例如，卡西内罗和莱恩-加龙将有大学学历的学生分配给城市中学的学生，让这些学生学习如何成为学校里的调解员或中立的冲突管理者。关于导师项目的效果的分析表明，在一年的时间结束时，学校氛围变得更加积极，而且，与过去几年相比，学校接到的暴力报告减少了。这项研究是值得注意的，因为该校不仅招收白人学生，还招收了很多亚洲裔、西班牙裔和非裔美国学生——这是一个易于发生学

生冲突的环境。

与学校成败有关的其他因素 学校氛围并不是唯一与学校有关的，对儿童有影响的风险因素，例如，转学或从小学升入初中或从初中升入高中的学生(Compas, Wagner, Slavin, & Vannatta, 1986; Koizumi, 2000; Reyes, Gillock, Kobus, & Sanchez, 2000; Reyes & Jason, 1991)，都被视为可能会出问题的群体。以上因素再加上其他很多因素就要求教育工作者关注学生是否适应学校。同样重要的是，研究结果指出，学生在低年级时学习成绩差、缺乏积极应对行为、出现消极的应对行为可以预测其在大约 15 年之后的精神健康问题(Ialongo et al., 1999; Spivack & Marcus, 1987)。

为了确保儿童适应良好，最有成功希望的方法之一是认知问题解决(Cowen, 1980)或者 194
其他教导社会技巧的课程(Magee Quinn, Kavale, Mathur, Rutherford, & Forness, 1999)。**认知问题解决**(cognitive problem solving)包括，想出替代性的策略以达成目标，并考量每个策略的后果。它也包括为执行某人所选择的解决方案而制订出具体的思路(Eliaset al., 1986)。

认知问题解决可以用来处理人际问题，例如，种族和师生冲突、学校相关问题(school-related problems)以及许多其他令人关切的问题。当运用在人际问题情境时，该方法被称为**人际认知问题解决**(interpersonal cognitive problem)(Rixon & Erwin, 1999; Shure, 1999, 1999; Shure & Spivack, 1988)。研究发现，适应良好的儿童与适应不良的儿童之间存在的重要差异是，后者不能产生并评估各种解决问题的方案。虽然该方法还存在一些争议(Gillespie, Durlak, & Sherman, 1982; Rickel & Burgio, 1982)，但认知问题解决的训练已被成功地视为一项干预措施，用于帮助儿童面对压力源并降低学生的冲突(Edwards, Hunt, Meyers, Grogg, & Jarrett, 2005)。也可以通过训练老师和家长来教导儿童运用认知问题解决的方法。

伊莱亚斯及其同事(Elias et al., 1986)使用前—后测设计来教导小学生人际认知问题解决的技巧，并将实验组与正要进入初中而没有接受治疗的对照组进行比较。干预组的课程包括，人际敏感度，想出达成目标的替代性方法，发现解决问题的障碍，并在儿童中建立起因他们的主动而使问题顺利解决的期待。这项训练课程显著降低了学生上中学后各种压力的严重性，例如，在新的学校中找到自己的路、建立新的同伴关系、抵抗被迫从事某些行为(例如，抽烟)的压力等。沃尔克和奥尔森(Work & Olsen, 1990)的研究也显示，问题解决的训练改善了儿童的适应力，并且可能很有效果，因为它可以增进受训儿童的同理心。伊莱亚斯及其同事(Elias et al., 1986)也提到，一些针对认知问题解决训练的研究表现出模棱两可结果的原因是，这些研究被同时用在太多不同的情境中。

超过五十个儿童与青少年干预方案主要基于如下这样一个前提：认知问题解决技巧可以促成调解(Denham & Almeida, 1987; Shure, 1999)和提升人际技巧(例如，降低冲突)(Edwards et al., 2005; Erwin, Purves, & Johannes, 2005)。虽然有很多研究支持这个策略肯定能提高儿童的能力，但是认知问题解决并非没有受到批评，例如，杜尔拉克(Durlak, 1983)提倡特殊任务训练，而不是一般的问题解决训练。

辍学 在开场白中，罗伯托小时候尽管对学校和其他小孩感到疏离，但他作出明智的选择，他选择留在学校。然而，有些学生并没有选择留在学校，他们选择的是辍学。每年公立学校九至十二年级有超过 50 万名学生辍学(National Center on Education Statistics，2007)。这可以解释为有八分之一的学生无法从中学毕业，并且每九秒就有一名学生从中学辍学(Christenson & Thurlow，2004)。

正如我们所预料的一样，辍学这一现象在人口统计学特征上存在差异。男性的辍学率要高于女性，尤其是墨西哥人(Olatunji，2005)，西班牙裔学生除外(Kaplan，Turner，& Badger，2007)。辍学率因种族和民族的不同而变化(见表 8-1)。表中显示，辍学率随着时间的变化而有细微的变化，并且西班牙裔学生的辍学率是最高的。居住在市中心的年轻人，特别是那些生活贫困的学生(Orthner & Randolph，1999；Pong & Ju，2000；Roscigno，Tomaskovic-Devey，& Crowley，2006)、长期不上课的学生(Sheldon & Epstein，2004)、留级的学生(Entwisle，Alexander，& Olson，2005；Stearns，Moller，Blau，& Potochnick，2007)、那些就读于大型的城市学校的学生(Christenson & Thurlow，2004)以及那些总是转学的青少年(South，Haynie，& Bose，2007)存在很高的辍学风险。家庭因素，尤其是将英语作为第二语言且家里缺乏学习材料，也是原因之一。朋友中有辍学者的学生也容易辍学。有些年轻人辍学是因为他们宁可工作赚钱(Entwisle，Alesander，& Olson，2004；Olatunji，2005)。最后，人格变量，例如，低自尊、缺乏控制感(Reyes & Jason，1991)和害羞(Ialongo et al.，1999)都可以预测学生是否会辍学。辍学率不仅在美国而且在全世界都是让人担忧的问题，几乎所有地方都将辍学视为一个让人烦恼的问题(Smyth & McInerney，2007)。

195 **表 8-1 根据种族/民族和历史时间框呈现的 16 岁及以上人群中辍学百分比**

年份	占学生总数的比例	白人	黑人	西班牙裔
1985	12.6%	10.4%	15.2%	27.6%
1995	12.0%	8.6%	12.1%	30.0%
2005	9.4%	6.0%	10.4%	22.4%

资料来源：National Center for Education Statistics(accessed February 18，2008).

辍学的代价是高昂的，比起那些完成高中或大学的毕业生，高中辍学的学生在他们的职业生涯中会经历更多的失业、低收入，更容易出现在公共救助系统中，更有可能使用非法物质或犯罪(Christenson & Thurlow，2004；Christie，Jolivette，& Nelson，2007)。辍学的年轻女孩更容易年纪轻轻就怀孕，并且更容易成为贫穷的单亲妈妈(Cantelon & Leboeuf，1997)。这些青少年付出的代价是巨大的，但同时，社会失业补助、税收损失、福利支出、预防犯罪计划、诉讼和监禁的花费也一样巨大，累计达数十亿美元(Christenson & Thurlow，2004)。因此，找到预防和干预那些存在辍学风险学生的措施就显得尤为重要。

在美国，辍学问题该怎么解决呢？早期的努力将很多精力投注在学生个体身上并提供咨
196 询服务(Baker，1991；Downing & Harrison，1990；Rose-Gold，1992)或试图改善辍学学生的自我形象或自尊(Muha & Cole，1990)。因为辍学的原因是多方面的(Christieet et al.，2007；

Christenson & Thurlow，2002；Ialongoet et al.，1999；Lee & Breen，2007；McNeal，1997；Svec，1987)，因此，我们希望能有一个更符合学校生态环境的方法(Oxley，2000)。生态环境的方法会考虑环境或情境的因素，例如，学校的特征，包括影响学校疏离的诸多因素(Christie et al.，2007；Patrikakou & Weissberg，2000)。社区和邻里变量(Leventhal & Brooks-Gunn，2004)，例如，社会孤立(Vartonian & Gleason，1999)、贫穷(Christieet et al.，2007)、成年人参与学生事务(例如，社区顾问)(Sheldon & Epstein，2004)，也是影响学生辍学与否的生态学因素。

费尔纳等(Felner，2000；Felner，Gintner，& Primavera，1982)设计的防范高危学生辍学计划是其中较为成功且较著名的计划之一。如今，该计划被称为学校过渡环境计划(School Transitional Environment Program)。该计划的目的在于探讨更多的议题，但我们在此仅将它视为处理学校辍学问题的一个计划范例。费尔纳及其同事明白，对这些儿童来说，学校中的过渡是风险因素，例如，从初中升入高中，尤其是当高中的学生来自各类附属学校，学生本身也存在风险因素，例如，来自低社会经济阶层、少数民族团体成员、自身生活同时也在发生转变或者其家庭支持水平较低(American Youth Policy Forum，2008)。

在学校过渡环境计划中，有两个重要的组成部分。一是在新的高中学校里降低流动的程度和复杂性(例如，参与者或同伴只在学校的一个区域内一起上课)，这样，其实是在一个更大型的学校内创造了更小型的学校(Felner，Seitsinger，Brand，Burns，& Bolton，2007)。二是重新界定家庭导师的角色(例如，非正式和个别化的会见学生)。很明显，家庭教师完全由计划参与者组成(American Youth Policy Forum，2008)。经过两天训练的教师采用面谈来探讨学生的个人问题，帮助他们选择班级和日程表并澄清对学校的规章制度和期望的理解。教师也会与学生的家庭保持联系，如同与学校过渡环境计划中其他的教师保持联系一样。

学校过渡环境计划的优势在于，它在教导中所用时间少、花费小，不改变教学方法或内容并且过渡期仅仅持续一年的时间。因为这些简单的生态变化和简短的干预，计划的参与者相较于未参与者表现出更高的出勤率、更高的年级平均分、更加稳定的自我概念和更低的过渡压力(Felner，2008；National Center on Secondary Education and Transition，2008)。这里重要讨论的是学校过渡环境计划参与者的低辍学率。对教师来说，积极的结果包括在学校中表现出更高的工作满意度和舒适度(American Youth Policy Forum，2008)。

校园暴力 校园暴力是一个棘手且复杂的议题，同样也是一个重要的问题，因为在过去的几十年里，校园暴力正呈现出不断扩大的趋势。美国学校安保服务(National School Safety and Security Service，2008)报告，美国在2006—2007年有32起与学校有关的死亡案件，另外还有171起备受瞩目但未至死亡的案件，例如，枪击、遇刺和暴乱。

受害者的代价是巨大的，而不仅仅是情感、社会、行为和学业问题等方面的代价。社会 197
付出的代价也很大。在对227名真正的问题青少年的追踪中发现，他们被学校开除且安置在特殊行为单元(special behavioral units)中，研究者发现社会为这些单元支付超过1 000万。这一数字还未包括附加的费用，例如，警方工作、出庭、财产损失、监禁费用以及专业人士——例如，心理学家和社会工作者——在这些青少年身上花费的时间和治疗性项目（Eisenbraun，2007）。

由于关注到校园暴力肆虐，美国教育部（U.S.Development of Education，1998）颁发了《校园安全指导》（*A Guide for Safe School*）。很多研究者也提出类似的呼吁（例如，Garbarino，2001）。该指导给家长和老师提供了可能成为暴力分子的学生的一些警示性信号：社交退缩、常常觉得被人孤立和排斥、对读书不感兴趣、成绩不佳以及存在管教问题史，例如，攻击性行为、不能包容差异性，在态度上充满偏见，接触毒品、酒和/或轻武器。

很多警示性信号似乎都在责怪学生个体，而没有去解决学生—学校拟合（Reid，Peterson，Hughey，& Garcia-Reid，2006）和可能对有暴力倾向的儿童造成挑衅的校园氛围的问题（Baker，1998）。此外，这些警示性信号也没有直接探讨事先的预防措施——这是社区心理学家的一个核心概念。学校该如何降低或预防学生暴力事件及攻击事件？学校对暴力事件的发生坐视不管，还是会从辅导更年幼的儿童（尚未就读初中或高中的学生）着手来全面防范校园暴力呢？

首先，对学校犯罪的调查显示，学校的情境性犯罪预防技术（situational crime prevention techniques）（例如，安装摄像头和金属探测器）没有起到作用（O'Neill & McGloin，2007）。其次，国内的资料似乎显示，在将非暴力处理方法引入学校方面，我们实在是等太久了。到了青少年阶段，才采取相关措施也许为时已晚。因为很明显的是，攻击性行为在年幼儿童身上发生的概率也在不断增加（Webster-Stratton & Reid，2007）。幸运的是，许多高中在发生特别的暴力事件后都提供咨询辅导或使纪律更加严格，提高校园安全性，作为对学校暴力的回应（Klein，2005）。

显然，我们需要在儿童更年幼的时候就教他们非暴力的处事方法以预防校园暴力的蔓延（Howard，Flora，& Griffin，1999）。我们仍旧需要继续寻找提升学校氛围的方法（Khoury-Kassabri，Benbenishty，Astor，& Zeira，2004）。特别是暴力预防计划的设计过程需要把家庭和社区纳入进来，而不仅仅考虑青少年或学校的特征（Laracuenta & Denmark，2005），因为校园暴力表现出一种多样性和生态性重叠的问题（Eisenbraun，2007；Farver，Xu，Eppe，Fernandez，& Schwartz，2005）。贫穷、歧视、较低的受教育程度和较少的就业机会，以及匮乏的社会资本也是人际暴力的社区风险因素（Farver ，Xu，Eppe，Fernandez，& Schwartz，2005）。

研究表明，当以学校为本的项目是综合的（用大量的课程来处理大量的问题行为）、整体的（应对全部的儿童），而且能很好地将家长和社区纳入进来时，这样的项目是最成功的（Flay & Alfred，2003）。那些以研究为本的项目，也就是说，对参与者或学校与非参与者进行多次对比研究的项目，也是非常有效的（Scheckner，Rollin，Kaiser-Ulrey，& Wagner，2004）。我们在此只考察一个样本项目——积极行动项目（Positive Action Program）（Flay & Alfred，2003）——需要说明的是，除此之外还有很多其他的项目。

198 积极行动项目是一位名叫卡罗尔·阿尔弗雷德的学校教师开发的，布莱恩·弗雷对该项目进行了研究。该项目广泛，涵盖整个学校、员工、教师、管理者、家庭和学生。另一个要素是，作出积极和健康选择的学生会发展出一个更高的自我价值感，而这反过来又会让学生和学校获得更好的结果(Flay & Alfred, 2003)。从低学年开始，学生便接触到超过100种时长为15—20分钟的课程，这些课程关注的是多种行为。例如，有一个单元的内容是如何与人相处(内容包括对他人的尊重、公平和同理心)；一个单元为坦诚(例如，不抱怨他人、发现自己的弱点和优势)；还有一个单元是寻求持续性提高的需要(例如，更好的问题解决方式，尝试新事物的勇气)。通过与全体学校成员的共同努力，积极行动项目试图使学校氛围从关注消极的行为(例如，暴力和疏离)向关注积极的行为转变。该项目也扩展至家庭，让家庭成员在积极行动中也接受一些训练并鼓励他们参与到学校和项目中来。一个项目的设置应该是对社区有用的，这样一来，学生、家庭、学校和社区才能够为促进学生的身心健康而竭尽全力。

通过设计良好的研究，该项目发现的一个积极的结果是，与对照学校相比，参与积极行动项目的学校，校园暴力事件呈现戏剧性的下降趋势，特别是，每一百名学生，暴力事件减少68%。还有一些其他的行为改变，例如，停学减少、学生出勤增加、其他问题行为(例如，药物滥用)变少，辍学率降低。从理论上讲，项目参与者更有可能毕业和继续他们的学业，可能导致这样一个结果的部分原因就是学业成绩提高(Flay & Alfred, 2003; Office of Juvenile Justice and Delinquency Programs, 2008)。这个项目有趣的部分是积极行动中很多积极的影响能够从小学一直持续到初中和高中(Flay & Alfred, 2003)。

还有两个降低校园暴力的项目你可能也想进行深入的研究，它们是安全港项目(Safe Harbor)(Nadal, Spellmann, Alvarez-Canino, Lausell-Bryant, & Landsberg, 1996; Office of Juvenile Justice and Delinquency Programs, 2008)和和平使者项目(Peace Builders)(Embry, Flannery, Vazsonyi, Powell, & Atha, 1996; Office of Juvenile Justice and Delinquency Programs, 2008)。

文献中也会出现其他关于降低校园暴力和减少受害者的主张。例如，我们应该降低学生生活周围的社区暴力(Ravivet et al., 2001)和媒体中的暴力(Jason, Kennedy, & Brackshaw, 1999)。或许也可以通过公共政策或其他方式来降低校园暴力和减少受害者。同样，当教师向学生明明白白地宣示反对攻击的态度，那么学生的攻击性行为就会降低(Henry et al., 2000; Khoury-Kasssabri et al., 2004)。项目也应该把课后考虑在内(Bilchik, 1999; Danish & Gullotta, 2000; Taule-Lunblad, Galbavy, & Dowrick, 2000)，因为课后这段时间恰好是暴力升级的时段。尝试控制正在上升的来自互联网的威胁(Williams & Guerra, 2007)，可能也是有用的。

当然，可能还有很多其他我们可以深入探讨的校园问题，比如，迫于同龄人的压力而进行性行为或者使用非法药物。由于篇幅有限，我们只讨论了其中的一个问题，而这个问题影响了很大一部分儿童。案例8-2讨论了美国的高离婚率及其对儿童的影响，即使这些儿童跨进了学校的大门。

199

案例 8-2 离异家庭中的儿童

每年有一百万儿童会经历父母离异的压力性事件(Pedro-Carroll, 2005a),这就表明,截至 18 岁,累计有 40%的美国儿童经历了父母离异(Greene, Anderson, Doyle, & Riedelbach, 2006)。离异以及随之而来的单亲家庭的生活,对很多美国儿童而言已成为现实。儿童对离异的反应包括(但不局限于):焦虑、在家庭和学校中的行为问题以及生理症状(Pedro-Carroll, 2005a)。

关于离异的研究指出,在儿童所处的自然环境中,有几个因素可以缓解儿童由于父母离异而导致的压力,例如,来自其他家庭成员(Farber, Felner, & Primavera, 1985)和同伴的支持(Lustig, Wolchik, & Braver, 1992)。事实上,儿童对父母离异的调适与社会支持的获得之间表现出很强的负相关。

一些干预专家不太喜欢扮演消极的角色——坐等观察儿童所处的自然环境中是否有现成的工具可以帮助儿童应对父母离异的问题。学校可以为父母离异的儿童设计干预计划。考恩(Cowen, 1996)及其同事在一项初级精神健康项目(Primary Mental Health Project)中就是这样做的。该项目是一项意在提升儿童整体的健康水平的全面的、以学校为本的项目。该项目的目标群体是多样的,其中一个目标群体是父母离异的儿童。父母离异儿童干预项目(Children of Divorce Intervention Program, CODIP)的前提是,适时为父母离异的儿童提供预防性干预,可以使儿童获得长期和短期的收益。简言之,父母离异儿童干预项目的目标是为父母离异的儿童提供社会支持,并教他们应对父母离异的技巧(Pedro-Carroll, 2005)。

该项目最初是为小学四年级至六年级的儿童设计的。新的版本经修订后适用于年龄更小或更大的儿童。每个项目都有其独特的技术以适应特定年龄群体发展的需要(Pedro-Carroll, 2005)。例如,年龄较大的儿童会因为忠诚、冲突和愤怒而苦恼,而年龄较小的儿童则会经历悲伤、混乱和内疚(对由于自己的原因导致父母婚姻破裂而内疚)。该项目在年龄相当的小组中开展,因为那些经历了相同压力性事件的儿童比那些没有经历这些压力性事件的儿童或者具有权威的成年人更信任自己的同伴。儿童的发展水平决定了小组的大小和小组使用的方法。例如,年龄更小的儿童,注意的持续时间更短,注意的广度更小,且比年龄更大的儿童更需要具体的活动。

在一个典型的小组中,有一位男性和女性(从学校工作人员中选出)的小组带领者。他们被选上的原因是他们有兴趣,训练有素,并对父母离异儿童的需求相当敏感,而且他们受过父母离异儿童干预项目的技巧训练。典型的四年级到六年级团体项目可能是这样的:

- 培养支持性小组的环境(例如,保密的重要性);
- 了解家庭变故(例如,通过小组讨论,激发儿童表达他们对家庭变故的情绪);
- 应对家庭变故(例如,讨论应对父母离异的方式,例如,愤怒并不是适应性的应对方式);

■ 介绍一个有六个步骤的程序以解决人际问题(类似于我们先前所讨论的人际认知问题解决方式);
■ 理解并处理愤怒(例如,如何使用"我"的叙述);
■ 思考家庭(例如,了解家庭存在的多元方式)。

父母离异儿童干预项目的结果评估显示,该项目提高了儿童与学校有关的能力(school-related competencies),也提高了儿童在需要时寻求帮助的能力。同样,该项目似乎降低了父母离异的儿童与学校相关的问题行为。家长也报告,子女的家庭调适有所改善。例如, 200
家长报告,儿童更少表现出喜怒无常和焦虑(Cowen et al., 1996; Pedro-Carroll, 1997, 2005a)。对项目早期参与者的追踪研究也表明,该项目产生了持久性的影响。与那些父母离异但没有参加项目的儿童相比,参与项目的儿童报告了更低的焦虑和更积极的感受,也更自信。有趣的是,老师并不知道儿童是否参加了该项目,但他们说,与父母离异的对照组儿童相比,参与项目的儿童学校问题更少,能力更强。父母离异儿童干预项目以及其他类似项目(例如,儿童的支持小组)证明对父母离异儿童开展早期和系统的干预——有经验的证据作为支撑——是充满希望的,具有预防性价值的项目(Pedro-Carroll, 2005)。这些项目的下一步或许是,开发同步的父母项目和/或法庭、研究者以及社区组织之间合作性的伙伴关系(Pedro-Carroll, 2005a, 2005b)。

本章概要

学校、儿童、家人及社区之间的互动既引人入胜又错综复杂。有些儿童因种种问题,在入学的时候属于高风险群体,但通过创新性的项目能帮助或治疗这些儿童及其家人。传统的干预措施主要针对儿童或者家庭中存在的缺陷,但比较有效的项目通常考虑到儿童所处的情境,例如,学校环境和学校的成员。

心理学家认识到儿童早期环境的重要性。他们认为,与经济困顿的儿童相比,经济优越或者小时候经济优越的儿童在长大后的问题较少。为高危儿童提供的干预项目包括高品质的日托和补偿性教育。研究指出,妈妈工作的儿童并非处于弱势。尽管如此,有工作的妇女如果想继续工作,她们就必须有日托来照料她们的孩子。另外,内城儿童和某些少数民族儿童是问题高发的高风险群体,仅仅依靠日托并不能充分地解决这些问题。意在为儿童提供早期的推动力,以使儿童在日后的学校表现中获得成功的项目往往是成功的,迎头赶上计划就是个成功的例子。迎头赶上计划是一个全面的计划。比如,它包括家长参与、健康照料、学业成绩,等等。研究显示,与没有参与迎头赶上计划的儿童相比,参与该项目的儿童在向小学过渡时比较容易适应,成绩较好,并且健康问题较少。

废除种族隔离政策对美国的学校产生非常有趣的影响。废除种族隔离政策涉及所有年龄和所有种族的儿童。当法院命令学校废除种族隔离政策的时候，高等法院的法官并没有料想到该措施对儿童的影响，也没有制定法案以促进学校对多元性的接纳，这些工作就落在心理学
201 家和学校员工的身上。因为他们发现，废除种族隔离政策往往对弱势族群儿童及白人儿童都产生积极影响。减少偏见的积极方法是群体间的接触，例如拼图教室。而更消极的干预项目，如仅仅是让不同的群体进行接触，更有可能失败。

幼儿并不是美国唯一面临困境的群体。青少年经常会滥用药物、转学或未婚先孕。大多数预防辍学的成功计划并不是一味试图改变高风险群体中的“个体”，他们也试图改善学校环境，让学生能够拥有更好的教育环境。

校园暴力是另一个令人关切的问题，因为在美国，校园暴力正在逐步升级。适当的项目及学生参与可以提升校园安全。父母离异儿童常常被视为有诸多与学校相关的问题以及其他社会问题的高风险群体。针对父母离异儿童的干预计划再次证明是成功的，因为他们提供了适当的改变以及儿童需要的社会支持。

第九章 202

法律、犯罪与社区

两个人从相同的栏杆中望出去，一个看到了地上的泥浆，另一个则看到了天上的星星。

——弗雷德里克·兰布里奇

迈克在4个月大时，就被一对中产阶级的老夫妻艾德娜和沃尔特·法恩斯沃思收养，这对老夫妻一直想要一个自己的孩子，但始终无法如愿。迈克平静地度过他的童年，虽然父亲沃尔特感到太太"有点过于溺爱这个孩子"。

童年期间，迈克在学校表现平平。到了初中，他对运动和汽车的热爱超过对自己学业的热爱。进入青春期后，他快速地成长，到了16岁，他已长到6英尺2英寸高，210磅。他高大的体 203
型及明显表现出的对学校的反感引起了老师们的警觉，他们不知道该如何管理他。

也正因如此，迈克开始为法恩斯沃思的家庭带来麻烦。迈克已意识到，父亲身躯瘦弱会对他产生畏惧。迈克开始朝母亲吼叫，并对父亲无礼。每当迈克嘲讽他的父亲时，便会称父亲为"老头"，因为他知道，父母的年纪比他同龄朋友的父母大很多。

当迈克到了可以开车的年纪时，他只想在放学后开着父亲的车子在小镇兜风，在朋友面前炫耀或瞧瞧大街上"有没有发生什么事"。这个小镇较少有针对年轻人的活动。迈克与父亲经常会因为开车、晚归和学校的学业问题而争吵。而他的母亲艾德娜，由于夹在迈克与丈夫之间而感到非常疲惫。

尽管迈克还未到达法定饮酒年龄，但一天晚上，他还是喝了啤酒。父亲闻到他身上的酒气，格外生气。沃尔特(迈克的爸爸)向迈克大吼："喝酒还开我的车，你可能会撞死人的！"迈克朝他的父亲猛地推过去，沃尔特一下便撞在了房间的石墙上。迈克连夜逃走，离开了不知所措的母亲——艾德娜。此时，艾德娜非常担心，她不知道迈克下一步会做什么。艾德娜也感到非常悲痛，因为她的丈夫在混乱中受伤了。

这样的情节总是在迈克与沃尔特之间不断上演。沃尔特在盛怒之下对妻子说："我再也不要这个儿子了。"艾德娜曾尝试去化解两人的冲突，但并没有效果。当冲突日益增多时，迈克仗着自己身强体壮，更加地不受管束。沃尔特不再与艾德娜商量，打算自己处理迈克的问题。他亲自到当地警察局，要求他们把迈克逮捕："无论如何，你们一定要逮捕我的儿子，并把他逐出家门。"警察见多了这样的家庭冲突，并没有依一定的程序来逮捕迈克，反而将沃尔特·法恩斯沃思转介到戒护机构(Probation Department)，这样就可以将迈克界定为"需要管束的人"(Person in Need of Supervision, PINS)。戒护机构的工作人员看到沃尔特时并不惊讶，他们曾与许多相似处境的父母交谈，而这些父母也都提出类似的请求。

迈克真的走上犯罪的道路吗？这个家庭要为家庭中的混乱负责吗？是否有哪个社区系统应该为此负责呢？例如，是因为学校环境的疏离，使迈克对学校不再眷恋，进而迫使他离开家庭吗？司法系统通常又会如何处理这样的家庭冲突呢？

本章将探讨美国的犯罪与社区。我们不仅探讨传统的司法系统以及他们如何管理那些与司法系统发生联系的人，而且会陈述可供选择和创新的项目，以使司法系统更具人性化。作为社区心理学家，我们也将探讨环境是如何导致犯罪发生，如何消除受害人的恐惧，以及司法系统其他的一些议题。

204

传统的司法系统

导言

翻开美国主要城市的任何一份报纸，你都会看到在显著位置对犯罪的报道——街头犯罪、家庭冲突、政府以及企业的贪污腐化、网络诈骗、身份盗窃(identity theft)——犯罪几乎无所不在。相比于日本(Henderson, 2006)和韩国(Yoon & Joo, 2005)特别低的犯罪率，美国是发达国家中监狱人数最多的国家(Bonhomme, Stephens, & Braithwaite, 2006)。尽管在过去的10余年中，美国的犯罪率在逐渐下降(Thomas, 2008)，但庞大的犯罪数字仍然使我们不寒而栗。仅2006年一年，美国12岁及以上的公民就经历2 500万起犯罪事件。同年的暴力犯罪率(例如，攻击或者杀人)为2.46%，因为贫困而引发的犯罪率(例如，故意破坏他人财产、偷窃)为15.95%。另外，在美国几乎平均每天都有8个年轻人死于枪杀事件(Office of Justice Programs, 2007)。

这些资料源自地方执法机构——如遍及全国的城市警察和司法部门——的报告；然而，数据中仅包含警察所知的犯罪，社区中实际发生的犯罪与所报道的犯罪很少一致。研究指出，实际的犯罪，特别是暴力犯罪，其数字通常是所报告的非暴力犯罪(例如，财产犯罪)数字的两倍。

这里有一个未被报道的犯罪例子：一个店员抓到邻居的儿子行窃，他警告他不要再偷东西，而不是当着孩子父母的面说他是一个小偷。强奸案例是极为不幸的，但超过一半的强奸案未被报道(Bureau of Justice Statistics, 1993)。然而，杀人事件几乎都会向警察举报。

社区心理学家与普通市民一样，很关注社区中的人际暴力和犯罪这一“严酷的现实”(Thompson & Norris, 1992)。市民和心理学家想知道，如何预防犯罪以及怎样管理罪犯才能使他们少犯罪。社区心理学家也同样关心受害者在犯罪创伤的恢复过程中是如何得到帮助的。在《美国社区心理学杂志》(*American Journal of Community Psychology*)的特刊中，勒施(Roesch, 1988)呼吁社区心理学家要更多地投入到犯罪司法问题中去，而且社区心理学家要超越对个体水平的分析，转向对导致犯罪的情境和环境因素的考察。他呼吁社区心理学家为犯罪者的问题行为的预测提供帮助，呼吁对处于风险中个体采取预防性的措施。但直至今天，在我们的专业杂志中仍然很少有社区心理学家关注或研究司法系统。事实上，比格兰和泰勒(Biglan & Taylor, 2000)指出，与降低暴力犯罪相比，我们在降低烟草的使用上取得更大的进步。因为我们缺少一个清楚的、使人信服的、有实证基础的分析和一套有系统的组织，以有效地维护倡导减少犯罪的政策和项目。梅尔顿(Melton, 2000)对此深表赞同并建议，对于那些想理解社区生活的人来说，他/她们应该重点去研究法律。在撰写这本书时，虽然有越来越多的研究和评论在逐渐关注风险青年和家庭暴力，但是在社区心理学的文献中，关于犯罪和受害的相关信息仍然非常匮乏。

美国的司法审判和强制实施系统(justice and enforcement systems)是多层次和复杂的。205
这包含许多的法庭(市立、州立和联邦法庭，民事诉讼和刑事诉讼法庭，高等和一般法庭)；法官、陪审团、律师和被告；监狱、拘留所和矫治机构；警察、警长和其他强制机构；假释和戒护部门(parole and probation)；以及其他的相关服务，例如，法律协助协会和社区司法中心。下面，我们将考察美国司法系统中的某些要素。

犯罪和犯罪者

迈克殴打了父亲，他就因此而犯罪了吗？有些人争论说，的确是这样的。另一些人则认为，迈克只不过是一个稀里糊涂和受挫的青少年——一个需要被辅导的人，而不应该是一个犯罪者。

什么才是犯罪？谁才是真正的犯罪者？关于犯罪定义的争论超出本书的范围。正如法律从不完美，定义也不可能完美。法律所定义的犯罪，会因社会的不同以及历史年代的更替而发生变化(Hess et al., 1991)，这导致犯罪的定义越来越复杂。但是，犯罪的基本定义可以帮你认识到犯罪有多么复杂。**犯罪**(crime)是指有意违反规定或刑法禁令的活动，在这个条件下，没有任何法律的借口可用，而且还会有一个拥有权力的地方，执行强制处罚的法律，以对其侵害行为作出反应。

不了解情况的公众可能会责备迈克是个“坏孩子”或者他的父母是“坏父母”。但是，心理学家、社会学家以及犯罪学家可能从一个完全不同的视角来看待这件事。他们不仅审查迈克或他的父母做错了什么，同时还可能对犯罪或者暴力(包括迈克殴打父亲的事)给出生态学或者情景的解释。

引起心理学家注意的第一个重要因素就是美国枪支的可获得性。整个美国，枪支暴力的问题严重威胁到国民的生命安全。在美国，每天超过90个人死于枪击，还有240个人遭到枪击伤害。令人难以置信的是，十几岁的青少年死于枪击的数目，可能比自然死亡的总数还多；在所有的种族群体中，年轻的非裔美国男性成为枪击被害者的比率最高。

通常，在特定的国家中，其他方法(例如，用刀子杀人)的杀人比率更高，但却没有人会说，因为拥有刀子的比率高才造成谋杀(Kleck, 1991)。在宣称一个国家的枪支管制使该国较少因枪击死亡的论点前，我们更需要去了解不同国家的文化和种族背景、种族冲突的历史、僵化性和对权威的顺从、对不公正剥夺的主观感受等(Kleck, 1991; Spitzer, 1999)。仅仅拥有枪支并不能导致犯罪。那么，什么应该为美国的高犯罪率和高监禁率负责呢?

另一个被长期研究的因素是儿童时期接触了媒体——尤其是电视——中描绘的暴力画面。迈克是暴力表演和拳击比赛的热心观众，也喜欢玩暴力游戏。近年来，大量的研究表明，媒体暴力导致暴力行为。最近，格雷伯、尼克尔斯、琳恩、布鲁克斯-冈恩和波特温(Graber,
206 Nichols, Lynne, Brooks-Gunn & Botvin, 2006)以及帕钦、休伯纳、麦克拉斯基、瓦拉诺和拜纳姆(Patchin, Huebner, McCluskey, Varano, & Bynum, 2006)再次确定了在暴力和犯罪的最危险群体——城市少数青年中也存在这种关联。在国会强调媒体暴力对儿童的影响之前，美国心理学会的成员也证明了这种关联(McIntyre, 2007)。尤其是，美国心理学会指出，经常性地接触媒体暴力会给儿童带来以下风险：

- 侵略性增强；
- 对暴力行为不再敏感；
- 过分害怕成为暴力的受害者。

接触媒体暴力是可以通过家长或法律的预防措施来加以监控、禁止或限制的。然而，仅仅媒体暴力并不能解释全部的暴力犯罪，所以简单地限制媒体暴力并不能阻止犯罪。那么，还有什么其他原因呢?

父母的监控刚刚在前面提到过。研究表明，当父母知道孩子在哪里，和谁在一起时，真正的暴力与犯罪以及社区暴力是可以减少的。这并不是说坏教养导致犯罪和暴力，尽管儿童虐待与犯罪行为之间有很大的关系(Schuck & Windom, 2005)。而是好教养(例如，监管青少年)不仅可以抵消风险因素引发的发展轨迹，而且可以提升青少年的能力(Graber et al., 2006)。事实上，差的父母监管增加了青少年接触犯罪群体、受伤害或者目击犯罪场面的机会(Lambert, Ialongo, Boyd, & Cooley, 2005)。一些诸如“你知道你孩子今晚在哪里吗?”的运动和有关监管问题的教养课堂教育，在预防青少年犯罪和暴力方面还有很长的路要走。

正如刚刚推论的，目击了社区中的暴力常常会导致犯罪和更多的暴力（Lambert et al.，2005；Youngstrom，Weist，& Albus，2003），但这个因素比它显现出来的因素更复杂（Bolland，Lian，& Formichella，2005）。在心理学文献中，大家可能都知道，衰退的（decaying）、混乱的（disordered）、不稳定的（unstable）和无序的（disorganized）社区会助长犯罪（Patchin et al.，2006）。这或许能够清楚地解释为什么城市中的少数民族群体更倾向于犯罪和暴力。除了这些社区因素之外，还有一些社区里的局部极端贫困现象。斯特罗姆和麦克唐纳（Strom & MacDonald，2007），克鲁格、邦德·休伊、罗杰斯和汉默尔（Krueger，Bond Huie，Rogers & Hummer，2004），汉农（Hannon，2005），艾特勒、达莱西奥和斯托尔岑伯格（Eitle，D'Alessio，& Stolzenberg，2006）的研究都表明，贫困和经济困难与邻里关系的恶化有很大的关系，而且贫困和经济困难可以预测犯罪和暴力行为。因此，失业与犯罪水平增加相一致并不奇怪，甚至在韩国这样相对无犯罪的国家也是这样的（Yoon & Joo，2005）。有趣的是，全球化也被认为是导致美国犯罪率增加的因素。工作机会向其他国家转移很可能导致低收入美国人和青年人参与到地下经济的交易以及毒品交易中（Cross，2006）。

在社区中，除了失范（disintegration）和经济困难之外，还有什么因素会导致犯罪和暴力呢？一方面，在无组织和恶化的邻里关系中，缺乏支持性的社区资源（例如，宗教、社会服务和 207
邻里组织）和其他资源（例如，为青少年提供的放学后的一些娱乐活动）来帮助减少由于经济困难而带来的不利后果（Hannon，2005）。另外，高危个体（如受虐儿童）在这种类型的邻里关系中可能更具犯罪倾向（Schuck & Widom，2005）。同样，贫困的生活可能导致药物滥用和精神健康问题（也许还有犯罪行为问题）（Gabbidon & Peterson，2006）。这些环境也能增加一个人的无助和恐惧感或者生活不受自己控制的悲观思想（Bolland，Lian，& Formichella，2005）。任何想减少这种无助感的期望都要求重建美国社会——一项看似艰难的任务。非常幸运的是，伯兰德、利安和福尔米凯拉（Bolland，Lian，& Formichella，2005）的研究表明，只有半数的研究者表现出这种无助感。毋庸置疑，在其他方面可能存在积极因素。在本章接下来的部分，我们将探讨这些积极因素。犯罪并不只是属于警察或受害者的问题，它也是属于社区的问题。案例 9-1 给我们提供了一个社区可以对高犯罪率做些什么的例子。

案例 9-1 邻里青年服务

邻里青年服务（Neighborhood Youth Services，NYS）是明尼苏达州德鲁斯一个服务于高危青少年的以社区为基础的获奖项目。在项目一开始，青年照料人员就决定不使用“高危”这样的术语来给青年贴标签，因为他们把每个年轻人都看成是很有潜力的对象。这个项目在明尼苏达北部犯罪率最高的一个社区中实施。它主要干预并预防青少年卷入犯罪司法系统中。社区也是非常多元的，而项目人员恰恰代表了这种多元性。

工作人员每天的工作是：

- 打破每个种族或宗教群体各自持有的刻板印象；

■ 发现儿童的长处；

■ 教给他们参与社会的新方式；

■ 发现儿童的潜能；

■ 鼓励他们以安全的方式自由地表达自我；

■ 探讨与人交往的新方式。

在邻里青年服务的青年中心，让儿童体会到家的感觉，儿童在这里可以学绘画、阅读、读诗以及其他一些自由表达的项目。这个放学后的项目也提供教学服务，电脑和体育活动。孩子们和工作人员彼此尊重。与其他一些项目（例如，迎头赶上计划）一样，父母也可以参与进来。

邻里青年服务与其他社区服务的办公地点在同一所建筑里，这样有利于将青年转介给其他社区服务机构，也方便家庭获得服务。这个项目的经费来源于个体捐赠、州预防资金(state prevention funds)以及财政拨款，所以它为社区儿童和家庭提供的是免费服务。该项目之所以能生存下来，依靠的是这样一个谚语：一个愿打，一个愿挨，即该项目依靠的是愿意投资的社区。邻里青年服务只是方兴未艾的诸多新兴项目之一，这些项目将人们的注意力转向预防和干预，而预防和干预恰恰是社区心理学的核心原则。

资料来源：改编自 Quigley(2005).

208 至少还有三个社区层面的因素助长了犯罪(Caldwell, Kohn-Wood, Schmeelk-Cone, Chavous, & Zimmerman, 2004)——种族偏见、种族歧视和种族隔离。这些术语的定义在第八章“学校、儿童与社区”作过介绍。现在我们来回顾一下，偏见是一种针对某个群体的态度；歧视是一种针对特定群体的有偏见的行动；隔离意味着把一个群体孤立出去。种族歧视导致从他人那里获得较少的机会和更少的社会支持，因此可能导致犯罪和暴力(Caldwell et al., 2004)。“是黑人”(being Black)本身与暴力不存在因果关系；但遭受种族歧视和种族偏见更可能解释非洲裔美国年轻人的高犯罪率。随着美国西班牙-拉丁美洲人口的增加，数据显示，社会隔离也导致杀人率的上升(Burton, 2004)。

尽管这些文献还不够详尽，但截至目前你应该知道，很多因素助长了犯罪和暴力事件。很多风险因素与环境有关，而不是独立于环境，因此责备迈克或其他人并没多大的用处。可悲的是，存在一种或多种风险因素的个体很容易卷入犯罪和暴力事件中。然而，事实表明，在这些环境中生存的个体，确实逃脱了暴力和犯罪的循环圈(Farmer, Price, O'Neal, & Man-Chi, 2004)。下面我们将对这些因素展开讨论。

监狱

一旦个体有了犯罪行为或暴力行为，再预防就晚了。显然，预防的努力对已经进入监狱的人来说是很少的。首先让我们看一下传统的应对犯罪和暴力的方式以及一些统计数据。传统的方式包括逮捕、起诉、定罪和坐牢或监禁。在本章开头的故事中，当沃尔特·法恩斯沃思来到地方警察局时，他头脑里装着的就是传统的应对犯罪和暴力的方式。他想让自己的儿子被警察逮捕，从家里带走，从他眼前和社会中带走。

一般而言，监禁的哲学原理是惩罚，而不是改过自新。在司法系统中，**惩罚**(retribution)指的是对犯罪行为的偿还，但在现实中已被转变成对犯罪的惩罚。如果得到补偿，那么那个人通常就不再是受害者了。事实上，受害者是这个过程中唯一不具有法定角色的人，因此受害者是一个被遗忘的参与者(Wemmers & Cry, 2005)。令人惊讶的是，甚至在审问过程中他们也不需要出现。如果有执行的话，执行的本质在于实施惩罚和接受赔偿。例如，假使发现个体犯罪并处以罚金，那么罚金不是给受害者而是给州政府。如果犯罪者被送进监狱，那么将由州政府来进行宣判并决定其监禁的类型的。在过去，受害者很少就以上任何问题发出声音。

这种惩罚措施真的可以起作用吗？被定罪的人在教改机构中改过自新或改正错误了吗？他/她会重新犯罪(重回犯罪生活)吗？2006 年，有 2 258 983 人被判入狱，其中大部分是未成年人，黑人占大多数，具体数字如图 9-1 所示。与上一年相比，入狱的女性增加了 4.5%， 209
男性增加了 2.7%(Bureau of Justice Statistics, 2008)。很明显，对入狱的恐惧并没有减少犯罪的发生。另外，2006 年底，有 500 多万人由于犯罪而被政府监视(缓刑和假释)。这一数据比上一年增长了 1.8%(Bureau of Justice Statistics, 2008)。这再一次表明，失去自由的恐惧并没有使犯罪率降低。从这些数据中我们可以看出，惩罚以及处罚措施对犯罪管理并没有起到作用。

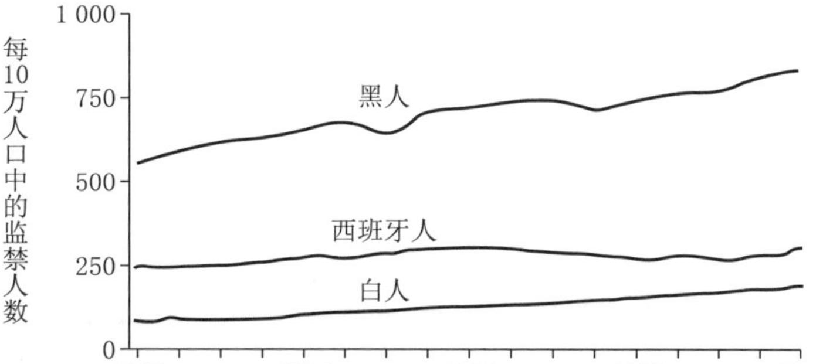

图 9-1　黑人入狱的可能性更大：不同种族和民族的监禁率

注：对各种族和民族居民人口的估计采用的是美国人口统计局发布在因特网上的数据，并对低估的数据作了调整。对 2000—2006 年的监禁人数的估计建立在 2000 年人口统计的基础之上，然后据此估计出每年 1 月 1 日的数字。

资料来源：Bureau of Justice Statistics Correctional Surveys (The Annual Survey of Jail and Census of Jail Inmates) as presented in Correctional Populations in the United States, 1997, and Prison and Jail Inmates at Midyear series, 1998—2006).

一项心理学的经典研究强调了无法使囚犯改邪归正的监狱环境。菲利普·津巴多及其同事(Haney, Banks, & Zimbardo, 1973)请自愿者在模拟的监狱中扮演犯人或狱警。被试在研究开始前都身心健康，并给他们随机分派角色。研究者告诉狱警"只需要做维持秩序的必要行动就可以了”。犯人都在自己的家中意外被捕，并由真正的警察送往模拟监狱。犯人被剥光衣服、搜身、穿上医院那样的长袍，由守卫给予辨认身份的号码。在被试进行角色扮演的几天中，狱警开始辱骂这些犯人。他们不断骚扰犯人，强迫他们进入拥挤的牢房，半夜叫醒他们，迫使他们陷入频繁的倒数计时，支配他们做苦工以及单独监禁他们。监狱的情况开始变得残忍，囚犯是那么沮丧，狱警在他们的角色中是那么复杂。津巴多及其同事提早结束了这项研究。监狱的环境，甚至对这些“正常人”来说，都显示无法抵抗的压力。

在今天，囚犯通常居住在过于拥挤的环境中(Lösel, 2007)。这种过于拥挤的环境导致越来越多的犯人在社区的监督下生活，但这给社区居民造成困扰。另外，艾滋病病毒、肝炎病毒
210 也快速在监狱中扩大和蔓延(Myers, Catalano, Sanchez, & Ross, 2006)。此外，监狱系统中囚犯与囚犯之间的暴力和监狱文化等问题的存在，无助于罪犯成功地返回到主流社会中(Lahm, 2008)。而且，囚犯之间的药物滥用问题也在增加(Office of Justice Programs, 2006)，性暴力的指控也在上升(Bureau of Justice Statistics, 2007)。还有人指出，监禁对代际关系(例如，孩子和坐牢的父母之间)也会产生负面的影响，并增加家庭的不稳定性(Bonhomme et al., 2006)。事实上，一群司法专家呼吁，地方监狱只会使犯人变得更凶残，甚至妨碍他们返回社会成为一个有用的人(Allen & Simonsen, 1992)。如果沃尔特·法恩斯沃思知晓这种惩罚制度的情况，就不会匆匆决定逮捕自己的养子。不足为奇的是，奥特曼(Ortmann, 2000)基于他的一项追踪研究指出，监狱是一个对人的积极改正极其不利的地方。

法院已经规定监狱系统必须重新建构(Ruiz v. Estelle)，但这种重新建构有时会加大犯人与犯人、犯人与狱警之间的暴力冲突。同样，由于犯人被监禁的监狱往往过度拥挤，这就使得许多人提前假释，这有时又会导致更高的犯罪率，因而使这些人再度回到拥挤的监狱中(Kelly & Ekland-Olson, 1991)。虽然改变监狱的法律条令确实存在，但法律条令并没有轻而易举地转化为真正的改变。此时，犯人数量的增长远超过监狱空间的增加，导致监狱更加拥挤。如何应对犯罪？肯定还有比监禁更好的方法。随后，我们将考察一些可以快速应对犯罪的预防性项目。

越来越多的证据表明，传统的监狱系统以外的替代性惩罚，也不是好的替代品。有些研究表明，由矫正人员开设的类似于严格的军队训练营的**休克监禁营地**(shock incarceration camps)或**训练营**(boot camps)并没有达到预期的目标(MacKenzie, Wilson, Armstrong, & Gover, 2001; Palmer & Wedge, 1989)。少年司法和预防犯罪办公室的一项报告(U.S. Department of Justice, 1997)指出，“实验组累犯青年(训练营)犯下新的罪行更快——即生存期(survival periods)更短——超过对照组的累犯青年”(p23)。报告中描述的项目表明，与不在训练营中的青年(控制组)相比，训练营中的青年确实有更高的重犯率。

受害者和害怕成为受害者

我们前面曾经提到过，在2006年，美国民众中有2 500万人犯罪。仅暴力受害者，每一千人中，男性就占26%，女性占23%(Bureau of Justice Statistics, 2006)。数据很惊人，尤其是考

虑到有很多犯罪没有被报告，所以真实的数据可能会更大。德弗朗西斯和史密斯(DeFrances & Smith, 1998)对受害者家庭进行调查后发现，44%的家庭认为犯罪问题很烦人，他们希望能够搬出这个地区。雷德尔、梅和古德勒姆(Rader, May, & Goodrum, 2007)更晚一些的研究指出，美国有 1/3 的居民不敢在自己居住的地方独自走路。

社区心理学家、社会学家和犯罪学家既对人们的犯罪恐惧感兴趣，也对犯罪恐惧与实际发生的受害状况之间的关系感兴趣(Chadee, Austen, & Ditton, 2007; Kruger et al., 2007; Thompson & Norris, 1992)。那些最害怕犯罪的人有时最不可能成为受害者——这种现象被 211
称为**害怕成为受害者悖论**(fear-victimization paradox)。并不是所有的研究都支持犯罪恐惧与真正成为受害者之间存在对立的关系(Mawby, 1986; Sutton & Farrall, 2005; Taylor & Shumaker, 1990; Thompson & Norris, 1992)，但这确实是一个有趣的现象。其中一个原因可能是，害怕犯罪这种观念是复杂的，而且个人风险预期与现实严重不符(Chadee et al., 2007; Rader et al., 2007)。下面讨论的是支持这种观点的数据。

与女性相比，男性更可能成为受害者，但是他们最不害怕暴力犯罪(Schafer, Huebner, & Bynum, 20006)。与年轻的女性相比，城市中年轻的男性特别容易成为受害者，但并不是非常害怕犯罪(Bayley, & Andersen, 2006; Perkins, 1997; Roll & Habemeier, 1991)。当然，老年人更担心犯罪，虽然他们成为受害者的比率比他们预想的要低得多(Beaulieu, Dube, Beron, & Cousineau, 2007; Schuller, 2006)。尤其是老年妇女，她们最担心犯罪，但与其他任何群体相比，她们成为受害者的可能性最小(Bayley, & Andersen, 2006; Mawby, 1986; Perkins & Taylor, 1996; Rountree, 1998)。尽管发生在黑人之间的犯罪非常频繁，但与白人和拉美人相比，年轻的黑人男性更不害怕犯罪(Bayley & Andersen, 2006)。

不管是否真的成为受害者，害怕的代价以及所遭受的潜在的或者真实的痛苦都是巨大的。汤普森和诺里斯(Thompson & Norris, 1992)以及其他人(如 Youngstrom et al., 2003)发现，暴力犯罪的受害者，特别是那些低社会经济地位者，在遭遇犯罪后会产生弥散性的影响，包括疏离、犯罪恐惧、逃避以及其他一些行为。进一步的研究表明，邻里关系的恶化与压力以及抑郁有关，这种恶化的关系也是一种不安全的因素(例如，潜在的受害可能)(Kruger et al., 2007)。一些学者甚至声称，害怕犯罪可能会加剧美国肥胖的流行(Loukaitou-Sideris & Eck, 2007)，因为担心受害会降低人们与邻居外出散步或者使用其他积极健康的生活方式的可能性。

为什么有些人即使不大可能成为受害者仍然害怕犯罪呢？首先，民众常会觉察到城市的环境是危险的(Glaberson, 1990; Wandersman & Nation, 1998)。有着高度恐惧的城市居民通常易对他们的邻居有较多的不满，或者不信任其他的邻居(Ferguson & Mindel, 2007; Schafer et al., 2006)。当在一个社区里发现有废弃屋、故意破坏公物行为、随意涂鸦、废弃物、不良少年和其他不文明的现象时(Brown, Perkins, & Brown, 2004; Kruger et al., 2007; Taylor & Shumaker, 1990)，社区居民将会更加担心害怕，因为这些现象代表了邻里关系的恶化(Kruger et al., 2007)或者社会失序(Ross & Jang, 2000)，这两者都关系到个人的安全。还有些研究表明，不良的社区环境(如贫穷)，使儿童的情绪和行为风险的概率高于其基因水平事先预定的水平(Caspi et al., 2000)。对犯罪水平和受害风险的感知也会削弱个人对政府工作效力的信心,例如,对民选官员和执法机关的信心(Williamson, Ashby, & Webber, 2006)。

幸运的是,有一些因素可以减少这种恐惧,例如,对邻里的依恋和社区的凝聚力(Brown et
212 al., 2004)。可利用的社会支持网络(例如,住得很近的家庭和朋友)和充足警力(Ferguson & Mindel, 2007)也能增加人们的安全感。同样,高水平的社会资本可以减少犯罪恐惧(Williamson et al., 2006)。在本书其他地方也提到社会资本,该概念还包括邻里乃至社区组织中的信任、互惠、合作和家庭成员间的相互支持。

除了对犯罪的恐惧外,受害者还存在其他担心。受害者通常不知道他们的权利,为此,美国已经开展很多协助受害者的项目。目前,有将近三千个这样的组织,但是仅有一部分受害者得到所需的服务(Turman, 2001)。给受害者提供的服务包括危机干预、咨询、传达到法院、送达法院,以及在整个审判过程中提供支持。因为有新的公正公开的政策,大多数州的受害者,在所有法庭诉讼过程中,都有被通知的权利、参加诉讼的权利、免被起诉的权利、在判决书上提供信息的权利。同时,关于施害者定罪、监禁及释放,受害者也有被告知的权利。

执法机构

有些人认为,警察是治安官,维持社区的和谐和防范犯罪,或许这样的看法使沃尔特·法恩斯沃思在与他的儿子迈克冲突升级时,前往警察局。而有些人则认为,执法官员和警察是不诚实的、不道德的、有偏见的和有可能处理失当的(Ackerman et al., 2001; Dowler & Zawilski, 2007; Ross, 2006; Weitzer & Tuch, 2005)。后一种看法在美国的少数民族中尤其明显,黑人和拉美裔人对警察的态度比白人更加消极。

不管对警察的看法为何,研究显示,警察的工作是非常困难的。事实上,对警察职业倦怠和压力的兴趣一直在上升(Anshel, 2000; Goodman, 1990)。为什么执法机构人员的工作如此困难?一个原因是,警方和社区居民所处角色是不同的,所持有的观点也是不同的。新警员的招募依然延续着为社区提供服务和保护的导向,但在训练后,这些警员的态度通常转变到另一个极端去了。事实上,警察逐渐认识到,自己的工作受社区的态度和约束的制约(Ellis, 1991),对于警察应该真正为社区做什么,警方和社区也持有不同的观点(Salmi, Voeten, & Keskinen, 2005)。

对警察应处理哪些社区事件,警察和市民双方各执一词。警察经常被市民召唤来处理妨碍公众的琐事(例如,大声喧哗或醉酒)、交通事故、违章停车和调查可疑的人——并非如电视和虚构小说中所描写的那样,警察的工作和角色是很有魅力且令人激动的。事实上,经常接触媒体的人相对于不经常接触媒体的人更可能认为,警察会使用不得人心的方法,例如,种族资料收集和玩忽职守(Dowler & Zawilski, 2007; Weitzer & Tuch, 2005)。警察也有可能被召唤去干预家庭的冲突——一个需要他们接受更多训练的角色——假如处理无效,有时反而招致攻击。另一个警察经常扮演的角色便是处理危险的精神病患者,也就是要警察去处理那些由
213 精神病患者制造的危机,假如这个人有伤害自己或别人的危险,警察必须能够快速地评估和决

定是否将其安置在医院或监狱里；由于没有受过太多精神健康的相关训练，却时常被要求作出快速的诊断，因此警察往往不喜欢这样的工作(Borum，2000；Cordner，2000)。

一个重要的问题是，警察积极地执行工作和在社区出现，是否会对犯罪率以及居民害怕犯罪的意识有所影响。早在20世纪80年代，为了回应警察处事态度严厉和打官腔的批评，**社区警务**(community policing)开始出现了(Roh & Olive，2005)。社区警务是指警察与社区居民形成伙伴或合作的关系。社区警务的一个主要原则是辨别基于特定社区需要的那些问题，通过居民和相关机构的参与和合作来解决这些问题(Zhong & Broadhurst，2007)。例如，警察可能会关注事情的进展情况，甚至在没有犯罪事件发生的时候，停下来与街边居民或学校里的孩子们聊天，以期获得有关社区的一般或特殊犯罪情况。

萨尔米、沃伊顿和凯斯基宁(Salmi，Voeten，& Keskinen，2000)发现，警察步行巡逻(而非开车巡逻)可以增加警力可见度并增进警察与群众之间的关系。随后，这些研究证明，社区警力存在本身就可以促使居民对警察作出更积极的反应(Salmi et al.，2005)。社区警务也可以减少犯罪恐惧，但其影响的方式是间接的。具体来说，社区警务表面可以减少上文所提到的对社区不文明的知觉或感受(Roh & Oliver，2005)。事实上，减少人们对社区和生活质量的不满意(Roh & Oliver，2005)，以及减少邻里关系的矛盾与纠纷(Wells，2007)，很大一部分原因是警察的积极观点而不是个人努力的结果。警察的存在，尤其是社区警务的存在，有时在减少犯罪和犯罪恐惧，提升居民尊重社区感方面是很有效的。有趣的是，一些研究表明，在犯罪率最高的社区，居民参与诸如社区治安等犯罪预防措施的可能性最小(Pattavina，Byrne，& Garcia，2006)。但是，一个有说服力的问题——“这是达到这个目标的唯一或最有效的方法吗?”

当然，社区心理学家相信，预防犯罪比警察巡逻、逮捕市民，起诉以及可能的坐牢更有效。接下来，我们将考察由社区心理学家和预防专家设计的项目，这些项目意在处理犯罪司法系统中的居民、受害者、犯罪者和相关的专业人员等不同的需要。

利用社区心理学来解决司法系统的问题

迈克·法恩斯沃思背景中的哪些方面可能会帮助我们预测他将变成易怒且难相处的青少年? 或许他的养子身份、年迈的养父母、高大的身躯、学校疏离以及其他因素促成了这个家庭的困境。或许社区层面的某个/些因素有助于我们推测他最终会与父亲发生冲突，如与不良少 214
年交往。

关于犯罪和暴力行为的预测因素，已在上文作了讨论。只有了解了犯罪和暴力行为的预测因素，我们才能更好地理解犯罪预防项目。回顾一下，犯罪的预测因素包括：枪支的易得性、缺少父母监管、家庭不稳定、儿童虐待、在社区或媒体上经常见到暴力场面、偏见及其带来的可怕后果(歧视和隔离)、贫困和邻里关系失调。对于以上诸多问题，我们可以做些什么来预防或阻止犯罪,或使社区变得较安全?

初级预防

针对风险个体的预防 根据刚刚提到的风险因素清单,你能猜到一些减少暴力和犯罪的方法。把暴力从媒体中移走,而改以文化规范来改变暴力行为的建议,可能还有很长的路要走。与此类似,由大卫·奥尔兹及其同事开发的护士家庭探视项目也是很有益处的(见第七章)。这些项目都与社区心理学的原则相一致。首先,我们探究在判刑或违法青少年身上,到底发生了什么。

你可能已经了解到,每个州都有青少年"矫正"——试图"改良"青少年犯罪者——的设施。但这些设施很大程度上并没有奏效。有些州报道,青少年的重犯率高达55%(Woodward, 2008)。研究也表明,机构里的很多年轻人不确定机构改变其行为的能力,他们认为,坐牢并不能确保自己日后不参与犯罪活动。另外,大部分年轻人在接受访谈时表示,他们在"里面"学到的东西与"外面"的真实生活存在明显的断裂(Abrams, 2006)。对于获释的青少年,家庭是阻止其犯罪和违法行为的关键因素,但也有研究表明,青年服务人员的追踪和面对面家访也有一定的作用(Ryan & Yang, 2005)。青年服务人员以及社区心理学家——实际上,是做青少年工作的所有人——很少有时间与这些个体交往,这并不仅仅是因为这些青少年的背景和无助感,还因为他们生活的亚文化因素。案例9-2提供了对有关风险青少年工作是多么困难的深层次理解。

215 **案例9-2 针对高危青少年的工作**

针对处于违法、离家出走、逃学等高危青少年的工作充满了挑战。他们生活在一个相当封闭的亚文化中——"告密"不但会被看不起,而且还很危险。社区心理学家以及其他专家们正在研究如何才能更好地处理这些抗拒出于好意帮助的街头青年。

在一项有趣的研究项目中,哈克尔曼(Hackerman, 1996)认为,正因为一个地区有它自己的语言,所以才会出现街头青年,特别是街头帮派,如瘸子帮(Crips)和血帮(Bloods),都有他们自己的标志和语言。心理学家和其他一些人,如牧师、学校官员、缓刑犯监督官,需要会说这些年轻人的街头语言,如果他们想研究并设计有关街头帮派服务项目的话。实际上,想要理解街头青年,研究者和服务者需要成为文化人类学家。为了研究这些对象,哈克尔曼花了两年多时间收集针对目标群体开展服务时该群体中个体使用的专门术语。她注意到并不是所有的术语都被所有青少年使用,居住在洛杉矶的西班牙裔青年与居住在纽约的非洲裔青年所使用的语言是不同的。哈克曼的研究证明人类学在社区心理学中的重要性。我们从哈克曼的术语汇编中选择了一些术语放在下面的表格中。请把右边的一栏遮起来,看看你对左边一栏的术语了解多少。以你对专门术语的认识,你认为你成功地做好街头青年工作的可能性有多大?

街头术语	术语的意思
Blue light	奉命杀人
Bo	一种大麻烟、大麻烟卷
Flying colors	穿戴帮派特色的颜色
Jack up	抢劫某人
Strap	枪支
Jankin'	戏弄、嘲笑

更晚些时候,泰勒和泰勒(Taylor & Taylor, 2007)指出,嘻哈文化是青少年自己的语言中一种重要的亚文化。因为嘻哈文化已走出主流,社区心理学家和一些成年人(家长、社会工作者)看不懂其中的隐语。嘻哈文化中使用的很多语言表达的是他们在寻找家庭式社区的意义,却往往以失望告终的遭遇(Taylor & Taylor, 2007)。下面是一些例子。通过听一些嘻哈文化的音乐,看你是否对他们有所了解。

街头术语	术语意思
Running a train	多个男人与一个女人发生性关系
Blazing	暴力
Hurting someone	枪暴力
Ho	嫖妓
Bitch	女人
Punks	成年人

你认为,当年轻人一而再再而三地听这些术语时,会对他/她们产生怎样的影响?

此外,尽管一个积极的成年人角色榜样不能单独地改变家庭或整个社区(Broussard, Mosley-Howard, & Roychoudhury, 2006),但是一项针对持续得到成年人关爱和照顾的高危青少年的研究表明,这些年轻人更可能承受一系列消极的影响,如贫穷、家庭冲突、居住在贫困的环境等(Rhodes, Spencer, Keller, Liang, & Noam, 2006; Southwick, Morgan, Vythilingam, & Charney, 2006)。积极的成年人角色榜样之所以被认为是预防性因素,因为他们有助于完成未来发展的重要里程碑,例如,中学毕业或参加工作(Broussard et al., 2006)。总之,积极的成年人角色榜样可以促进年轻人心理弹性的形成。**心理弹性**(resiliency)可以被定义为处于风险中的个体克服风险和避免长期负面结果的能力(Bilchik, 1998)。这一概念具体应用在这里指的是与支持性的照顾者或其他成人——也称为指导者——的紧密联结,可能有助于预防年轻人走上犯罪的道路和生活。本章所定义的指导者是一个富有爱心和责任感的成年人 216
角色榜样,能够给儿童带来积极和持续的影响。

指导可以是非正式的,例如,邻居在某段时间内频繁、没有规律地接触这个孩子;也可以是正式的,例如,指导者的活动隶属于某个社区指导者项目。非正式指导常以体育教练、教师、邻居或者牧师关心等形式自然地出现。研究表明,当孩子的父母不在身边的时候,一个大家庭中的成员（例如，叔叔）或者一位店员或市政工作者（Basso，Graham，Pelech，DeYoung，& Cardy，2004）照管一个特殊孩子的安全和福祉，在这种情况下，非正式指导能够并且确实很自然地发生了（Hamilton et al.，2006；Helping America's Youth，2008）。事实上，有些研究指出，超过 50%的青年拥有自然指导者（Helping America's Youth，2008）。因为孩子无法拥有一个自然发生的指导网络，一个正式的指导者可以给孩子提供额外的关注、影响、监督，并能成为孩子的亲社会角色榜样，这在其他环境中并不总那么容易获得（Bilchik，1998）。正式的指导者往往来自青年发展、服务学习或者宗教组织（Hamilton et al.，2006）。

指导者，不管是正式的还是非正式的，扮演多种角色，例如，担任学校课业的家庭教师，出席或参加儿童的娱乐活动，以及与孩子们探讨各种各样的个人问题等。从行为心理学的层面看，指导者帮助儿童远离生活压力（例如，父母不和），提供可应用到其他关系（同伴关系以及与父母的关系）的积极的人际关系，为情绪调节树立榜样（例如，何时和为何不要发脾气），以及增强他们的自尊（Rhodes et al.，2006）。

估计目前有大约 300 万年轻人拥有成年的志愿指导者（Rhodes，2008）。一个最有名且历史最久的指导项目是大哥哥/大姐姐项目（Big Brother/Big Sister）。该项目主要是把中产阶级成年人与弱势青少年联系起来，例如，一位没有父亲的男孩与一位成年男性建立联系，或一位没有妈妈的女孩与一位成年女性建立联系。另一个由联邦政府发起的项目便是少年指导项目（Juvenile Mentoring Program，JUMP）。在以上两个项目中，指导者都经过挑选、训练和评估，并与儿童进行了匹配（通常是根据种族或性别匹配）。这类指导项目的任务通常是，通过提供一个有爱心的成人的榜样性角色来预防青少年犯罪，并改善青少年在学校的表现。少年指导项目也需要在社区资源（即社区中的服务机构），例如，学校与家庭之间进行协调和联系。当然，具体情况因项目不同而有所差异（Bilchik，1998）。

尽管有关指导的研究还很少（Keller，2007），但早期的研究数据是很有价值的。蒂尔尼、格罗斯曼和雷施（Tierney，Grossman，& Resch，1995）比较了“大哥哥/大姐姐指导项目”资料中等候批准的申请人名单，历时十八个月的研究表明，接受指导的青少年出现一些积极的结果。被指导的青少年有较少的药物滥用和酗酒行为，更可能去上学，与等候组比起来，逃学天数减少了一半，也较少被举报有攻击他人的行为。随后的研究也证明这个项目在其他领域也产生了收益，例如，减少情绪问题和社交焦虑，形成较好的自控能力（De Wit et al.，
217 2007）。此外，研究也发现，指导者无规律的出现会对孩子产生有害的影响（例如，较低的自尊）（Helping America's Youth，2008），而且，事实上，其伤害多过益处（Karcher，2005）。考虑到这个原因以及其他的很多原因，在分派“大哥哥/大姐姐”和“小弟弟/小妹妹”之前应该进行仔细筛选。

一些初步的资料也可用于少年指导项目的评估（Bilchik，1998）。在一个关于指导经验的调查中，青少年和指导者均作了积极的回答，且被指导的青少年比他们的指导者更积极。当问及指导是否改善或者预防了青少年问题时，指导者和青少年的回答是“是”，尽管其同意程度不同。对成人和儿童的调查显示，受指导的儿童成绩变得较好；会去上课；远离酒精、药物、帮派、

刀枪；避开招惹麻烦的朋友；与家人和睦相处。因此，指导为减少青少年犯罪的风险行为带来了很大的希望。社区心理学家正继续努力整理文献并探索青少年指导项目的最佳实践(Rhodes, 2008)。

指导并不是预防犯罪的唯一办法。一个较新的项目是安全开端(Safe Start)。2000年，美国联邦政府青少年司法和犯罪预防局提出实施安全开端项目以回应长期接触社区暴力的青少年的需要。长期目睹社区中的暴力往往会引发违法、犯罪以及更多的暴力(Lambert et al., 2005; Youngstrom et al., 2003)。安全开端旨在减少接触暴力的消极后果，并创造条件通过预防干预提高所有儿童和青少年的健康。安全开端中所定义的"接触暴力"包括直接接触(例如，儿童虐待)和间接接触(例如，目睹家庭或社区中的暴力)两个方面。安全开端最初的设想是美国联邦政府、州政府与地方政府合作(Office of Juvenile Justice and Delinquency Prevention, 2008b)。一些地方项目在早期的儿童照顾中心实施，以期能够尽早与孩子建立联系(Hampton, Epstein, Johnson, & Reixach, 2004)。安全开端有时也聘用班级老师，经专业培训后，由这些教师为学生的社会情绪发展(socioemotional development)提供合适的策略。还有一些项目是社会工作者出现在社区暴力的现场，给孩子们提供指导。还有一些项目是利用孩子们的父母。每一个项目都依据社区的情况、犯罪和暴力的具体问题以及儿童可参与的当地的机构作最大程度的调整和细化。类似于大哥哥/大姐姐指导项目和安全开端项目之类的项目，展现了犯罪预防项目的美好前景，因为这些项目可以解决多重和复杂的风险因素，可以定位适宜的青少年和儿童的子群体(Case & Haines, 2007)。

设计环境，预防犯罪 环境是怎样使一个人害怕犯罪或者成为一名受害者的，关于这一问题需要作进一步探索。**环境心理学家**(environmental psychologists)——那些研究环境对行为影响的人——给社区心理学家提供了大量有关如何安排环境以减少犯罪的建议。

环境的特点会影响犯罪吗？研究者认为，答案是肯定的(Robinson, 2000)。在各种各样的环境中，传统的预防犯罪的方法包括安装防盗警报器、可移动的感应器和其他被用于预防或抓获违法者的装置。学校则齐心协力地通过加宽走廊，减少进入大楼的入口，使用风景画界定 218
校园边界等措施来减少和制止破坏与犯罪(Kennedy, 2006)。然而，一些改变现有环境的解决方法(例如，封闭式社区)却要以不流动和更高的犯罪恐惧为代价(Zhong & Broadhurst, 2007)。这些做法并不能完全阻止犯罪，只能阻止某种犯罪，也不能阻止犯罪的人(Farrington, Gill, Waples, & Argomaniz, 2007)。除了创造社区感或建立类似于堡垒那样的社区之外(Davey, Wootton, Cooper, & Press, 2005)，在环境和社区层面肯定还可以作出其他改变，帮助减少犯罪和犯罪恐惧。令人高兴的是，确实有一些成功的改变。

当市民和居民感到缺少社会团结和对社区的依恋时，传统的改变环境的方法是冷漠的、怀疑的甚至是公开对抗的。而且，这种方法把预防措施从周围的社会环境——如市民的多样性中孤立出来，很难考虑到社区的需要、优先权和能力。另外，凯利、卡普托和贾米森(Kelly, Caputo, & Jamieson, 2005)认为，只是通过明确或重新设计的方式来改变自然环境并不能奏效，因为这些项目反映的是一个自上而下的决定，由局外人把预防项目带到社区中。

许多社区心理学家和犯罪学家对你上面所看到的——社区依恋感(Brown, Perkins, & Brown, 2003)和社区归属感——作出了回应,以预防犯罪的发生。目前,有关居民参与或赋权方面犯罪研究的成效还很模糊。有些研究认为,犯罪使人害怕参与其中,而有的研究则认为犯罪有激励作用(Dupere & Perkins, 2007; Saegert & Winkel, 2004)。然而,有些研究者发现,在社区中市民能够变得更加有兴趣和更愿意为预防犯罪做些事情(如 Dupere & Perkins, 2007)。一种方法是赋予公民设计他们自己项目的权力,以使反应更加切合社区的结构(Kelly et al., 2005)。为市民赋权并把他们带入的一种方式是利用或者建立社区居民的社会资本。社会资本可以帮助群体实现个体以及集体的目标。一旦社会资本形成,共同的责任感、共同的行为规范、可信赖性(trustworthiness)和信息流动(information flow)也就随之形成(Dupere & Perkins, 2007)。下面我们将探讨两种建立社会资本的方法,一个是从住所层面着手,另一个是从社区层面着手。

邻里犯罪监督组织(neighborhood crime watch)(National Crime Prevention Council, 1989)是从住所层面入手提升社会资本(也适用于社区层面)的一种方法。在邻里犯罪监督组织中,邻居们可以积极地对可疑的活动或实际侵入他人住宅的行为有所警戒(Bennett, 1989)。某种环境因素也可以判断出邻居们谁不愿意加入监督组织(Perkins et al., 1990; Sampson, Raudenbush, & Earls, 1997)。作为邻居之间的一种合作活动,对犯罪的监督有助于建立社区感(Levine, 1986)。社区感是降低犯罪恐惧的一个最为重要的因素(Schweitzer, Kim, & Mackin, 1999)。

接下来是从社区层面入手提升社会资本的一种方法。在警察应该怎样为社区提供服务这
219 个问题上,警察的态度与社区居民的态度存在很大的差异,这在前面已经讨论过。那些减少认识差异的项目,可能会使居民对他们的警力更加有信心,并使警察更好地服务于每一个社区。沃克尔和沃克尔(Walker & Walker, 1990)已描绘**社区警察站项目**(Community Police Station Program)。在该项目中,居民在犯罪预防项目的决定、设计和执行中扮演着重要的角色。社区居民查看该站每日的工作,并且执行一些特殊的项目,如年老者呼叫年老者(Seniors Calling Seniors),该项目的设计赋予不能外出或独居的老年人相互关照的意识。社区警察站项目也包含设置居民咨询委员会,该委员会主要是协助确认城市中每一地区预防犯罪的需要,并监督这些项目是否为该需要而设计。社区警察站项目使警察与居民之间相互合作,提高了警察服务的接受度和有效性。在其他社区中,居民和社区成员过去曾帮助招募和挑选新的警员,这再一次为居民与执法人员之间的合作提供了机会。

次级预防

这里主要探讨犯罪发生后及时干预的一些示范性项目。当犯罪发生后,初级预防已经太晚。因此,这时的策略就成为**次级预防**(secondary prevention)。在本章开头的法恩斯沃思的案例中,在迈克与他父亲争吵、夜不归宿、逃学等情况恶化之前,就应该有人干预。迈克殴打了他的父亲,他这样做就构成犯罪。初级预防已经太晚。

受害者的早期援助 在受害事件发生后，受害者需要尽可能早地说出心里的感受。受害者可能经历许多不同的情绪，例如，恐怖、暴怒、被背叛、悲痛地想要复仇、沮丧、绝望和震惊等。在经历犯罪行为后，受害者还要经历健康的重重考验，例如，被强奸后感染艾滋病病毒的风险（Britt，2000）。正如前文所提到的，司法系统为受害者做的非常少，这些受害者在审判中甚至不具有官方身份（Wemmers & Cyr，2005）。美国受害者资源中心（National Victims Resource Center）是一个全国性的信息交换所，为受害者提供教育资料，资助与受害者有关的研究，将受害者转介给相关的服务项目，提供关于补偿项目的信息。许多州政府也已开发受害者协助项目（Woolpert，1991），受害者从中可领取到伤害补偿金，或者参与对他们实施伤害的人的假释决定中（Educational Conference on Psychiatry，Psychology and the Law，1990）。（所谓假释，指的是狱外观察。）但受害者补偿项目非常少，因为一个在押罪犯确实不大可能赚到大量的金钱用于补偿受害者。

虽然仅靠财物的补偿无法使受害者远离心理上的伤痛，但有助于他们减少复仇的心理和愤怒。甚至在某些审判中，在法院弄清事情的真相之前，受害者必须等待数月或数年之久。目前，至少有两类项目可以为受害者提供早期和成功的干预：危机干预和邻里司法中心。

为受害者提供危机干预 受害者可利用的一个项目是危机干预。所谓危机干预，指的是 220
一个受过训练的人使用一套帮助个体从短暂的或时间有限但极端压力的影响中恢复过来的程序。危机干预早期的努力焦点可能有自杀行为的、极端暴力的、不可预测的以及处于危险情境和遭遇自然灾害的各种受害者。从危机干预的早期开始，它就扩展至为学校重大事故（Blom，1986；Eaves，2001；Weinberg，1990）、军事灾难（McCaughey，1987）、性侵犯（Kitchen，1991）的受伤害者以及患有慢性精神障碍的个体（Dobmeyer，McKee，Miller，& Westcott，1990；Holcomb & Ahr，1986）、纪律危机中的学生（Hagborg，1988），甚至国际恐怖活动中的受害者（Everly，Phillips，Kane，& Feldman，2006）提供援助。每年有数百万人遭遇危机事件，他们无法自己处理这些事件，因此他们经常向危机干预专家寻求帮助。危机干预已经成为全世界应用范围最广、时间有限的干预。尽管危机干预的潜在使用似乎是无穷无尽的，但并不是任何情况都适合使用危机干预（Roberts & Everly，2006）。

危机干预通常是面对面或者电话（热线）的干预，利用即时的调解，以社会支持和关注问题的形式，协助处于高度危机或创伤的受害者。危机干预的即时目的在于避免更大的灾难和平息危机，所以这个意义上说，它是心理急救的一种（Everly et al.，2006）。危机干预中心通常是由专家或受过训练的志愿者提供一天二十四小时的开放服务。值得注意的是，危机干预并不是一个独立的干预，通常它是未来连续干预的开始。例如，很多人目睹了2001年的“9·11”恐怖袭击事件，世贸中心大厦爆炸让他们失去了心爱的人。当这些人再次走到那个地方或者再次听到有关报道时，仍然很难过。危机干预小组已经对这些受创伤的人中的90%进行了干预（Jackson，Covell，Shear，& Zhu，2006），有些人仍在接受治疗或者接受其他的干预。

一个关于危机干预的主要问题是，在危机一开始就提供干预是否真的能有效预防未来的问题？米沙拉（Mishara，1997）调查了不同电话危机干预风格对自杀求助者的影响。对617个求助电话中危机咨询人员近7万个反应进行分类，并对其危机干预的成功与否作出评估。米沙拉发现，与求助者的互动如果采用的是罗杰斯学派或非指导性的（而不是指导性的）方式，其效果更好——即非指导性的互动方式能减少来访者的抑郁情绪，也更容易达成处理危机的契约行为。危机咨询近来以电子化的方式操作（Wilson & Lester，1998），但是电子化的方式是否会如电话一样有效仍有待观察。坎普菲尔德和希尔斯（Campfield & Hills，2001）发现，危机干预的时间越靠近犯罪的时间，受害者最后症状的数目和严重程度将会越低。

由于危机干预领域的日趋成熟以及研究数量的日益积累，罗伯茨和艾维利（Roberts & Everly，2006）近来可以对那些设计良好的危机干预研究进行统计性的文献综述（元分析），以确定危机干预是否优于住院以及其他长期的干预措施。他们查阅的36项研究都有前测—后测设计或者设置了实验组和控制组。这两位研究者得出的结论是，“在数量众多的案主中，急性危机中处于严重危机或有创伤经历和受虐家庭环境的成年人可以从密集式干预（危机干预）中获得帮助”（p.10）。

221 **康复司法项目** 在一些犯人矫正机构中（青少年拘留中心、监狱、看守所），犯人的累犯率相当高。一旦他们获得释放，就又开始走向犯罪。那么，什么才能阻止他们再次犯罪呢？答案是次级预防。虽然社区心理学家更倾向于初级预防，但由于犯人产生重犯的可能性，尤其是当犯人被释放回与第一次犯罪相同的环境和相同的群体时，因此次级预防成为本章的一个重点。

任何一个从传统的司法形式（监禁）中走出的犯人，再次犯罪只是其中的问题之一。传统的系统只是给予**报复**（retribution）或惩罚。前文已经提到过，监禁并不能预防一个人再次犯罪。事实上，一些研究发现，那些在矫正机构接受过惩罚的人还会再次犯罪，所以累犯率才会高达90%（Bradshaw & Roseborough，2005）。传统系统提供的次级预防形式是社区监督，例如，假释。相反，**康复服务**（rehabilitation service）主要是对少年犯或成年犯进行改造或者改变，远离一些有犯罪倾向的事物（例如，毒品）的服务。

此外，邻里司法中心或社区调解中心包含一种既针对侵犯者也针对受害者的二级预防措施，即第三种司法类型——**康复性司法**（restorative justice），一种用于改正错误的方法（Wemmers & Cyr，2005）。康复性司法包括受害者补偿，但这里的康复也包含修复犯罪带来的心理伤害。它对受害者、侵犯者和社区都有好处。受害者可以表达他们的感受，在情绪上得到治疗，获得有关犯罪的解答，进入修复计划。通过提供补偿、报告犯罪的详细过程以及制订重新融入社区的计划，侵犯者的个人责任得到追究（Rodriguez，2005）。**邻里司法中心**（neighborhaood justice centers）几乎总是与法庭发生关联，这里的法官和工作人员会建议不要将案件提交上级法院而是进行调解。**社区调解中心**（community mediation centers）是非营利性的，志愿调解者促使那些有冲突的个体谈判。这两种类型的调解在当地社区中都有实施，用于处理犯罪、违法、家庭和民事法庭事件或一些来自诸如社区心理健康中心和宗教组织等的事件（Hedeen，

2004)。尽管这类项目的确切数字尚不清楚，但估计在美国有 500 到 1 000 个社区调解中心，每年解决 100 000 件案子(Hedeen, 2004)。

在这些社区调解中心，当有犯罪事件发生时，一个特殊的调解或康复司法类型——**受害者—犯罪者调解**(victim-offender mediation)就出现了。在这种调解中，由受过训练的人员当场倾听受害者和侵犯者的案例。**调解者**(mediator)是受过训练的中立者，协助两者了解彼此的冲突并达成彼此满意的解决模式。调解利用各种不同的策略来促进讨论，并引导双方朝向解决之道而努力(Carnevale & Pruitt, 1992; Heisterkamp, 2006; Ostermeyer, 1991)。调解者使用现实检验(要求一个人进入“另一个人的情境”)的过程，并运用未来导向(而不是回溯导向)、转换发言、相互让步、互惠和积极倾听等技巧。对调解过程的分析表明，调 222 解者应该保持中立，使用不含偏见的说法以及引导他们从他人的视角看待问题。在某些方面，调解与心理治疗有异曲同工之妙，但调解更关注问题和议题，而不是情绪和人际交往(Forlenza, 1991; Milne, 1985; Weaver, 1986)。最后达成的协议是具有法律效力的，不需要有罪或无罪的决定(因此可以“不留下”逮捕记录)，并且必须得到双方的同意(Duffy, 1991)。

这些社区司法中心和调解过程也包含许多社区心理学的价值理念。社区司法中心大都分布在社区里或社区的周围，方便居民利用，它们替代了那些对抗的、压迫的、官僚的法庭系统(Duffy, 1991)。调解能使当事人在讨论自己的解决方法时更加积极。有关服从约定的研究显示，这些合约能阻止冲突以及再次犯罪(Duffy, 1991)。同样，中心也对每一位社区居民开放，不管他们的收入、种族和信仰如何(Crosson & Christian, 1990; Duffy, 1991; Harrington, 1985)，而且要训练调解人“尊重各方的独特视角和多元性”(Duffy, 1991)。实证研究已得出结论，调解是一个人本主义的过程，因为它能提高参与者双方的功能，这可用马斯洛的需求层次来进行测量(Duffy & Thompson, 1992)。

与传统的寻求司法的解决途径相比，这些中心更具优越性。第一，这些中心“消耗”的案主的时间比法院系统少(Duffy et al., 1991; Hedeen, 2004)。有一个州报告了一个从初次了解情况到解决问题仅耗时十五天的调解事件(Crosson & Christian, 1990; Duffy, 1991)，由此看来，他们提供的是早期干预。第二，受害者在司法系统中扮演的不再是被动的角色，调解的时候，他们可以积极参与其中(Smith, 2006)。第三，有研究表明，受害者对司法系统和他们可利用的服务了解很少(Sims, Yost, & Abbott, 2005)，所以调解以及随后的帮助服务都会指导受害者了解自己的权利以及可以得到的相关支持。而且，研究也发现，受害者对很多传统的司法形式(例如，监狱)非常失望。他们常常未被告知案件的所有事实，他们很难收回自己的个人财产，甚至是亲人的遗物，因为警察会把这些看作证据(Goodrum, 2007)。此外，在调解过程中，很多受害者能得到情感修复，甚至原谅犯人(Armour & Umbreit, 2006; Strang, Sherman, Angel, & Woods, 2006)。查尔寇迪安(Charkoudian, 2005)发现，社区调解减少了重复报警的次数。重要的是，近期有研究发现，那些参加了康复司法项目的侵犯者复犯的可能较小(Bradshaw & Roseborough, 2005; deBeus & Rodriguez, 2007; Rodriguez, 2007)。一项跟踪了三年的针对受害者—侵犯者调解的研究发现，恢复性司法项目的结果（例如，更低的重犯率）显著好于传统的项目（例如，假释）。

大多数受害者对调解过程很满意（Bazemore，Elis，& Green，2007；Carnevale & Pruitt，1992；Duffy，1991；Hedeen，2004；McGillis，1997；Wemmers & Cyr，2005），因为在他们受
223 害后不久，他们便可以陈述自己的故事。他们也有机会讨论自己的情绪（这种行为在法庭通常是被禁止的），他们也有机会与在他们看来导致其痛苦的人对话。回应者或犯罪者也感谢这个过程，因为他们通常免不了要受到有罪的裁决或留下犯罪的记录；同样，他们有足够的机会提供证据，证明对方在"犯罪"中起的作用（就像在骚扰中，当事双方实际上彼此骚扰）。

最后的结果是，大约85%到90%的当事人同意双方达成的协议或合约（Duffy，1991；Hedeen，2004；McGillis，1997）。同样重要的是，这个过程中有80%到90%的受害者和被告对结果表示满意（Duffy，1991；Hedeen，2004；McGillis，1997）。协议的内容包含方方面面，从赔偿、道歉到未来双方相处的准则，等等。需要双方同意的任何事情，都可以由法律调停来解决。调解曾成功地使用在房东与房客、消费者与商人的纠纷中，邻里之间的冲突，犯罪，如攻击、骚扰和偷盗，家庭功能不良，种族冲突，环境有关的争论，学校冲突，以及其他的个人冲突或损坏他人权利的事件上。

事实上，本章开头迈克·法恩斯沃思的故事是真实的，迈克与他的父亲从缓刑部门获知调解中心的信息。尽管调解者听到的是一长串的故事，但迈克和他的父亲还是同意为迈克订立规则（例如，宵禁），以及设立奖赏的方法（这是调解之前没有的）。惩罚制度早已存在。当迈克的成绩表现令人满意或者有积极的行为时，父亲可以使用奖励系统。在整个倾诉的过程中，迈克和他的父亲终于能倾听彼此的声音（而不是怒吼），并开始更深入地了解另一个人的观点。迈克的妈妈埃德娜，从调解人员那里学到一些有价值的技巧，例如，双方相互妥协和让步等，可用于协调未来迈克与他父亲之间的对立冲突。法恩斯沃思一家人（为保护当事人，用的是匿名）自从调解后，生活变得非常和谐。

过去三十年，邻里司法中心获得极大的成长（Duffy，1991；Emery & Wyer，1987；Meehan，1986），但也受到批评（如，Greatbatch & Dingwall，1989；Presser & Hamilton，2006；Rodriguez，2005；Vidmar，1992）。一些人批评，在整个过程中，调解人对调解过程和调解各方控制得太多，也未能挑战倾向于定罪的态度（Presser & Hamilton，2006）。另外一些人则认为，相对于白人来说，西班牙裔或拉美裔黑人少年得到康复司法项目的可能性更小（Rodriguez，2005）。最后，拉蒂默、道登和缪斯（Latimer，Dowden，& Muise，2005）认为，某些关于康复项目的研究在研究设计上很糟糕，而且由于研究对象往往是自愿的——甚至犯法者也是自愿的——因此，研究中存在严重的自我挑选偏见。如果接受这些批评的话，那么我们对前文所述的关于康复司法项目有效性的信息的态度就应有所保留。

犯罪者的社区再融合项目 现在你已经知道迈克·法恩斯沃思的故事有一个相当好的结局。尽管如此，你还是可以想象一下，如果迈克因为多次攻击自己的父亲而被监禁五年，那么他会有什么感受。他可能在监狱里学到很多，而大多数都会产生不良后果。他可能学会如何

利用普通的家庭工具(例如,镜子、钢笔等)制造武器,他可能学会在适当的距离内仅靠凝视来
威吓别人,或学会了犯下比攻击他的父亲更凶恶的罪行。尽管监狱让迈克更坚强,但他仍会对 224
回到社会感到害怕,对新获得的自由也会有不安全感。他在哪里可以找到工作呢?对于见自己的假释官,他将会产生什么样的感想?他的父母会允许他回家吗?他的邻居和朋友们会有何想法?

每年,监狱和看守所中许多的人被释放,回归到社区(Byrne & Taxman, 2004; Mellow & Dickinson, 2006)。图 9-2 是过去几年假释人员的增长数据。

224

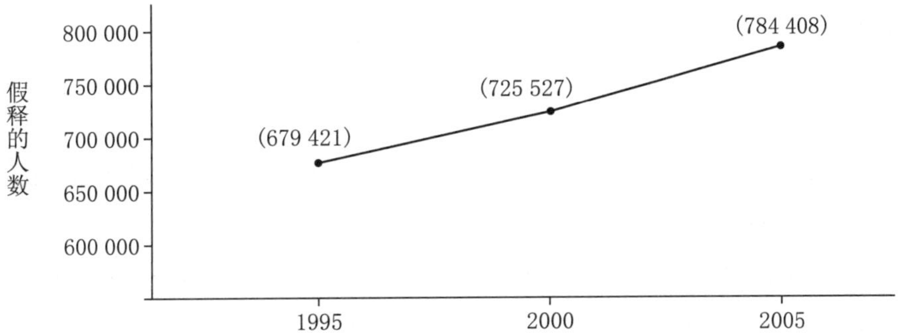

图 9-2 社区中的假释人数

资料来源:Bureau of Justice Statistics(2003)。现在,每 32 个成人就有 1 人获假释。检索自 www.ojp.usdoj.gov/bjs/pub/press/ppus02pr.htm.

尽管犯罪率有些下降,但是犯罪人数却在持续地增长,因为很多人刑期更长了,还有些人是不经由法官或审判团斟酌的强制判刑(Bracey, 2006)。对大多数犯人来说,回归社区面临重重问题。首先,在服刑期间,犯人的生活和决定完全是由惩教人员控制的。因此,监狱中的生活与他们之前的生活完全相反(Taxman, 2004)。而且,这些人可能缺少就业所需的技能。他们可能会带着与最初被逮捕的问题相同的问题(药物滥用)出狱。有些犯人重回社区时还会出现健康问题(例如,艾滋病病毒/艾滋病),而这些问题在进监狱时是没有的。有的犯人学会消极的体制性行为(institutional behaviors)(例如,帮派行为),与他们的家人和朋友断绝联系,被社区成员和潜在的雇主歧视,以致找不到工作和住所(Byrne & Taxman, 2004)。最糟糕的是,犯人失去诸如投票和父母监护权等个人权利,这会给他们带来耻辱感,这种耻辱感又会由于不能参加竞选和审判而逐渐加剧,因此假释者可能会产生一种与他/她犯罪的社区割裂的感觉(Bazemore & Stinchcomb, 2004)。据此可预测,个体被监禁的时间越长,他与家庭、同辈群体和邻里关系的交往发生变化的可能性也越大(Byrne & Taxman, 2004)。不难想象,在这种情况下,重犯很容易发生。犯罪学家认为,超过三分之二的假释者最终会被拘留,40%的假释者可能会重返监狱(Byrne & Taxman, 2004)。

前文已经提到,对于那些被释放的犯人,典型的项目就是假释。早前被监禁的人员也可
以按法庭的指令参加治疗项目,但是有数据表明,他们参加治疗项目的可能性不大。早在几 225
十年前,矫正人员(correctional personnel)就知道,高重犯率与无效的过渡性项目(例如,假

释)有很大的关系(Bonhomme et al., 2006)。更好的假释前项目和假释后项目很有必要。研究清楚地表明,如果重犯减少并且犯人想成为一名成功的社区成员,那么犯人一回到社区就开始是非常重要的(Bullis, Yovanoff, & Havel, 2001; Baltodano, Platt, & Roberts, 2005)。

有关假释前项目,我们了解甚少(Byrne, 2004)。现在很多监狱和看守所给犯人提供精神健康咨询、物质滥用康复和教育项目。众所周知,犯罪人员比普通人群的受教育程度更低。然而,对于有关教育项目如何奏效或者到底有多少教育发生了作用,数据很少。我们只知道,这类项目复杂多样(Byrne & Taxman, 2004),具体数字取决于政府、社区以及可用的资金。一些州没有教育项目。然而,已有的研究显示,以监狱为基础的教育项目对于减少重犯产生了积极的影响(Vacca, 2004)。但不幸的是,服务于罪犯教育的监狱工作人员的人数却减少了(Bracey, 2006)。

另一个促进积极的社区再融入的重要因素是家庭和社会支持。那些被释放后回到家中或与亲戚住在一起的早前被监禁的个体,相比于那些不与亲人住在一起或不住在家里的释放人员,被再次逮捕或坐牢的可能性更低(Baltodano et al., 2005; Bahr, Armstrong, Gibbs, Harris, & Fisher, 2005)。当然,有稳定的住所和工作也可以降低再次犯法的可能性。在犯人被释放之前就帮助其寻找住所和工作,这样的假释前项目可能会更好,因为大多数犯人在回归社区时身无分文并缺少工作经历(Barr et al., 2005; Shivy, Wu, Mann, & Eacho, 2007),而且没有居住选择,而所有这些在他们出狱之前就被认为应该安排好了(Taxman, 2004)。

一种可以应对所有这些需要和减少重犯的很有前景的项目是**康复圈计划**(restorative circle)。这些康复圈赋予犯人选择他们在外面如何生活的权利,可以使回到社区的犯人对项目有较好的依从性(Taxman, 2004)。康复圈计划最早出现在夏威夷,收养那些超出收养照顾系统(foster care system)年龄限制的儿童。在监狱中,康复圈是一个小组计划过程,包括犯人、犯人的家庭、重要他人和监狱工作人员。在这个康复圈中,专业的辅助者并不告诉犯人和他们的家人应该怎样处理问题。相反,他们只是提出合适的问题,引导参与者自己找到解决方法。在很多情况下,家庭成员或者其他情感支持个体给犯罪者一些关于他们发展的计划的建议(Walker, Sakai, & Brady, 2006)。

当一个人初次入狱时,康复圈就提供服务,其服务内容可以细致到诸如选派谁去拜访犯人,多久一次,等等。此外,当一名犯人要再次回到社区时,康复圈计划提供的服务可能包括,犯人会住在哪里,他或她如何与家人互动交流,在哪里可以得到工作以及工作技巧培训,回归社区后他们如何保持不犯罪、不吸毒,等等。不管是对入狱还是对释放,康复圈计划都描述了犯人可以怎样来恢复正义(例如,给受害者写信,归还赃物等)。寻找和发现犯人的优
226 势也是这个以问题解决为焦点的方法的一个重要特征。例如,如果犯人被认为有很高的智商,家庭成员就可以鼓励该犯人参与到那些有教育成分的计划中。这个计划最终需要的是一个书面的计划(Walker et al., 2006)。当书面计划被重新检查以调整其各种内容后,再循

环会议也会在随后举行。康复圈计划当然有社区心理学原理的很多特征(例如,赋权和社会支持),但是康复圈计划这个项目还是很新的项目,我们期待能有更多关于它的疗效的研究(Walker et al., 2006)。

总而言之,犯罪司法是一个包含许多拥有不同动机和功能玩家的复杂的系统。社区心理学家须与涉入司法系统的个体合作,一起成功地预防犯罪,并帮助那些卷入犯罪的人。如果能够做得更好的话,社区心理学家以及其他的专业人员希望在犯罪之前,犯罪的过程以及犯罪之后都能将社区及其成员捏合为一个"整体"。

本章概要

传统的司法系统包括强制执行机构,例如,警察局、法庭、监狱以及一些相关的项目。如果说这样的项目有什么作用的话,那么它只有一点小小的作用,那就是对犯罪者施以惩罚和刑罚。

心理学家尝试对犯罪的原因进行分类,并了解到枪支、枪支管制和相关因素并不是唯一可以有效预测犯罪的因素。某些生态环境和某些族群个体更有可能卷入犯罪。年轻的非洲裔美国男性最有可能成为犯罪的受害者,也更可能被判有罪而被监禁。在美国,社会偏见和非洲裔美国人的历史可以部分地解释某些犯罪的统计数字。贫穷和社区失范也是犯罪率的有效预测指标。

监狱是无情的,过于拥挤的环境常常伴随着问题的产生,例如,暴力、艾滋病和非法物品。监狱既不能改造也不能治愈侵犯者,因此重犯率一直很高。

受害者和那些害怕犯罪的人,在传统的司法系统中一直是一个被忽视的人群。一个有趣的现象是,有关犯罪—受害悖论(crime-victimization paradox)的研究文献指出,那些害怕犯罪的人最不可能成为受害者,例如,上了年纪的女人最害怕犯罪,但她们也最不可能成为受害者。

警察在社区中被认为承担着多重角色。警察对很多角色还没有做好充分的准备和训练,例如,介入家庭纠纷。警察常描述自己在所服务的社区中感到孤独,并感觉到他们的督导对街头生活不太了解。

社区心理学家相信犯罪行为是可以预测的。许多研究能成功地预测风险青少年的犯罪行为。环境也可以被改变以降低犯罪的可能性,例如,消除媒体中的暴力暗示(它们通常倾向有偏颇地报道犯罪)。

社区项目如"邻里犯罪监督"也能成功地降低个体对犯罪的恐惧。其他的创新项目则涉及 227
居民在强制机构中与犯罪者合作。

就次级预防而言,以社区为基础的项目为切断青少年犯罪的循环带来了希望。也有为犯罪的受害者提供早期援助的项目,其中包括两类项目,即危机干预以及邻里司法中心或社区调解中心。

举例来说，受害者在犯罪行为发生的很长一段时间之后可能需要长期的跟踪服务。一个新的有趣的项目是“受害者—犯罪者调解项目”，不仅让受害者和犯罪者面对面地讨论犯罪对彼此的影响，也对受害者直接提出赔偿计划。

通过研究来对监禁与替代性的社区服务项目进行比较性评估非常困难，这是因为有很多干扰研究效度的因素。但是仍然有许多社区项目有望让长期的犯罪者也能够获得帮助。一个特别重要的项目形式是帮助犯人比较容易地适应重新回到社区的生活，例如，康复圈计划。

第十章 228

健康照顾系统

演讲者是一位著名的美国黑人，他因为工作和取得的成绩而被很多人尊敬。音乐响起，人们赶了过来。他开始用洪亮的声音讲述他的故事和荣誉。但是在这之前，他把时间留给他刚刚去世的叔叔——他生命中重要的朋友和动力来源。

随着故事的展开，人们开始逐渐明白他为什么讲了这么多有关他叔叔的故事。原来，他的叔叔曾出现过健康问题，但是像大多数人一样，由于治疗费用太高，一直拖着没去看医生。尤其是在经济困难的时候，这种花费似乎是一种不必要的开支或者至少是不值得的额外的花费。等到叔叔肯去看医生时，肿瘤已经长到无法治愈的地步。这只是一个时间问题。全家人都赶了过来，人们也都来告别，叔叔死了。他十分悲痛，差点取消了获奖庆祝，但他还是决定要来并说说自己叔叔的情况。他希望给所有人一个例子。延误寻求健康照顾是否必要？它只是坏习惯的一个表现吗？它是一种由文化早就确定了的行为模式？它是对金钱的合理的担心吗？最终的代价是什么？这些是他今晚留给观众的问题，是他想要呈现给那些尊敬他的人的挑战。答案在哪里呢？从那些听众那里可以得到答案吗？我们能做什么？又愿意做什么 229
来解决这个问题？是他的叔叔使这个问题具有个人的意义。但在美国，每年都有其他的类似案例发生吗？

第二个故事则为我们描绘健康照顾系统的拼图提供了拼板，从中我们可以寻找以上问题的答案。这个故事讲述的是一位在大城市工作的成功的临床心理学家。因为她有一些难以描述的症状，所以她去做了检查。她的医生在做了很多检查后发现，她患上了一种罕见的恶性肿瘤。为了能接受最前沿的治疗——这是她生存下来的最好选择，她需要到实验基地去接受治疗。不幸的是，她接受治疗的地方在另一个州，有几百英里之遥。起初，她还能够在家与治疗地之间来回奔波，但除了她的交通费用之外，她的医疗费也飞快地增长。她很快就发现，这种治疗花费了她太多的钱。虽然她的保险可以决定这种治疗是否符合保险程序,但哪怕是治疗符合保险程序,她自己还是必须承担一部分医疗费用。结果是,保险公司认为,不该为她的治疗买单。所以,这位心理学家不得不停止自己的工作,因为她无法给她的患者提供充分的关注。不久,她就花光所有的积蓄,并要在结束生命或继续负债之间作出选择。她还不得不决定,是继续呆在这个朋友多的城市还是搬到一个没有人认识自己的地方。

那么,我们的健康照顾系统到底怎么了?社区心理学怎样做才能使它更好?这就是本章要讨论的内容。

美国的健康照顾系统

国民健康指标

世界卫生组织报告了全球的健康指标、平均寿命和婴儿死亡率。2008 年,世界卫生组织统计数字显示,美国 2006 年出生的人,其平均寿命稍低于许多欧洲国家、日本和加拿大,更确切地说是与古巴相近,但是这些数字看上去仍然比全球的平均寿命要高(World Health Organization, 2008a)。每 1 000 个婴儿中,死亡婴儿的比率遵照的是一个相似的模式(见表 10-1)。

表 10-1 世界健康状况统计数字的比较:死亡率(2006)

	平均寿命(年龄)		新生儿死亡率 (出生 28 天内每 1 000 人中死亡的人数)
	男	女	男女
加拿大	78	83	3
古巴	76	80	4
法国	77	84	2
德国	77	82	3
爱尔兰	77	82	4
日本	79	86	1
墨西哥	72	77	11
西班牙	78	84	2
瑞士	79	84	3
英国	77	81	3
美国	75	80	4
全球	65	69	28

资料来源:World Health Organization, Global Health Indicators, *World Health Indicators*, 2008.

在美国 2007 年年度健康报告中,预期寿命达到一个空前的高度。与 1990 年相比,2004

年出生的男童，平均寿命增加 3 年，女童的平均寿命增加 1 年。根据 2003 年的数据，美国的平均寿命在世界平均寿命中排第 26（日本和中国香港分别排第一和第二）。婴儿的死亡率也较低，每 1 000 个婴儿 6.8 个死亡，新生儿的死亡率为每 1 000 个新生儿 4.5 个死亡，排名第 29（新加坡和中国香港分别排第一和第二）。然而，纵观美国人口，这些健康状况的指标并不是一成不变的，其中少数民族群体的情况不那么好。尤其是黑人或非洲裔美国人的婴幼儿死亡率是 230 平均水平的两倍多。与白人相比，他们的平均寿命要少将近 5 年（白人男性的预期寿命为 75 岁，黑人男性为 69 岁，白人女性为 80 岁，黑人女性为 76 岁）（National Center for Health Statistics，2007b，p.4）。该报告也关注了农村的健康问题。美国 2007 年年度健康状况的报告描述了在帮助治疗疾病的健康治疗领域日益增长的复杂性。然而，在城市中心地区更容易获得专业的健康照顾和专业人员的陪护。例如，我们在图 10-1 中可以看到，在产科医学和妇科医学领域，美国大部分地区（大部分农村地区）不具备有资格的医生。该报告警告，诸如此类的不足意味着患者不得不去很远的地方获取服务，而这些服务机构又被提出更高的要求，以满足更宽广地域人们的健康需要（National Center for Health Statistics，2007b，p.5）。

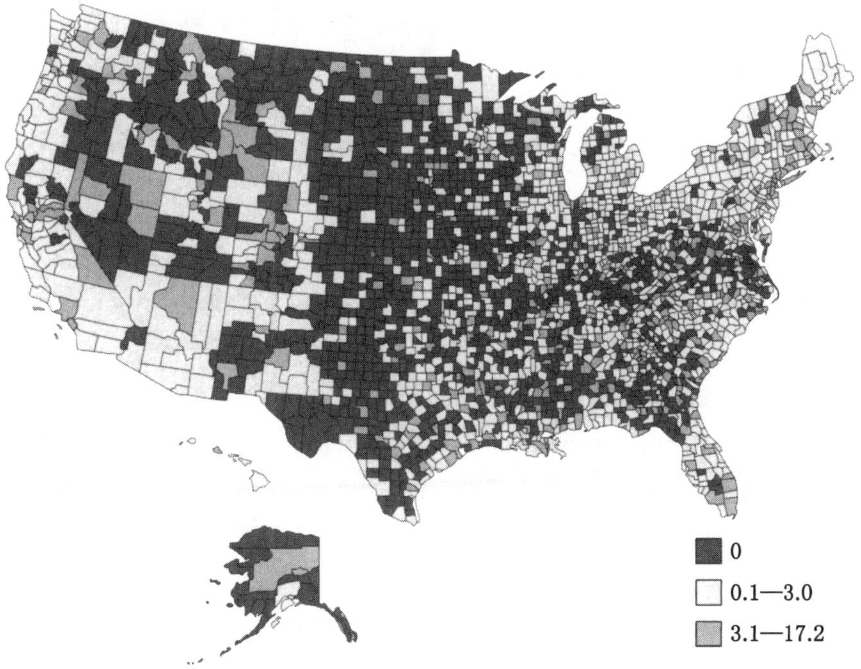

图 10-1　每 10 000 名 15 岁以上女性所配备的产科/妇科数，按地区划分

资料来源：Centers for Disease Control and Prevention；National Center for Health Statistics (2007b)，Fig.23. Data from the Area Resource File.

从这个报告中得到的一个最终的观察结果是，关注所有不健康的生活方式，包括不健康饮食、不进行锻炼、风险行为和沾染烟酒的行为，这些生活方式的风险因素结合在一起就形成一个与健康有关的令人畏惧的部分。例如，据估计，2006 年，近 39％的 18 岁以上的人在闲暇时间不活动（inactive）（National Center for Health Statistics，2007b，p.286）。在那些喝酒的18岁及以上的人当中，有超过三分之一的人在过去的一年里一天至少喝5瓶含酒精的饮料（National Center for Health Statistics，2007b，p.9）。

依据这些健康统计数字，我们就能明白，美国在健康照顾方面做得很好，虽然不是最好，但仍存在一些风险因素：利益分配不均，健康优势倾向于在白人地区，还存在贫困及缺少健
231 康保险的风险因素。其他优势倾向于在拥有大批医生的那些城市。根据最新报告，城市地区更容易得到健康资源。该报告单独列出农村在不健康生活方式的选择方面面临的独特挑战。这些不健康生活方式的选择，往往与缺乏锻炼及其导致的体重超重一起，给个体的健康带来问题。

对美国健康照顾系统的考察

看了美国健康指标的统计数字，你认为，美国现有的健康照顾系统到底怎么样呢？在不远的过去，获得健康照顾或多或少取决于个人的支付能力。在20世纪60年代建立的美国联邦基金项目，例如，医疗补助方案、医疗护理项目和雇用健康照顾制度，都向健康国家迈出重要的一步。然而，健康维持组织（HMOs）给医生与患者的关系制定了严格的限制。

这个过于简单化的描述指向至少四组相关且多方面的元素。如果美国要对健康照顾进行有意义的改革，这四个部分必须被提及。第一个因素是资金；第二个因素是立法；第三个因素是健康照顾系统的供给者；第四个因素是消费者或患者。到目前为止，几乎所有的提案都倾向
232 于关注其中的一两个因素。第一个和第二个因素在人们的日常生活中最常见。第一个因素往往硬生生地限制了取得健康照顾的资格；除非这个障碍被消除，否则未来有部分人口总是享受不到最佳的健康照顾。

2005年，美国拿出2万亿美元用于医疗支出，这在世界上居于首位（National Center for Health Statistics，2007b），比2004年增长7%。与此同时，社会保障局在生活费用（COLA）上的支出上只提高2.7%（http://www.ssa.gov/cola/colafacts2005.htm）。或许很容易就能消除这样一个假象，即钱越多，购买到的健康照顾就越多越好。因为美国人的平均寿命在全世界排第26位，婴儿死亡率排在第29位。这一相关关系并不是人们愿意看到的。但是，费用的问题仍然存在。

在过去几十年里，美国一直在努力处理健康照顾的花费和患者能够承担的支付方式。2005年，36%的费用是由私人保险支付，34%由联邦政府支付，11%是现款支付。有大量的关于谁应该为健康照顾买单的建议。未来的十年或许可以给我们一个清晰的决定，因为健康照顾和费用已被列入美国政府2008年的议程中，越来越多的商业投资和消费者对此非常关注。

健康照顾的费用和无障碍性 费用和无障碍性是当今健康照顾领域最受关注的两个方面（National Center for Health Statistics，2007b，pp.56-58）。罗斯、布拉德利和布施（Ross，Bradley，& Busch，2006）发现支付能力与其他无障碍性问题存在某种关系。他们注意到，没有健

康保险使潜在的患者存在极大的压力，使他们很少使用健康照顾。如果没有购买健康保险，那么人们就会减少使用健康照顾，不管其收入水平如何。寻求帮助的门槛会变得更高，因为当他寻求医疗帮助的时候就会发生资源的枯竭，尤其是在没有购买保险的情况下，个体或他/她的家人必须决定治疗金的分配，以满足那数以万计的费用。单是这种对潜在费用的恐惧就会为医疗关注设置心理障碍。无论是在高收入的群体中，如患有结肠直肠癌的心理学家，还是在低收入的群体中，只要他们没有保险，这种情况似乎都存在。但是，“疾病未得到诊断的情况，未购买健康保险的人并不比购买健康保险的人少（作者语）”（National Center for Health Statistics, 2007b, p.6）。官方调查的结果是，2000—2006 年间，平均有 4 500 余万美国人没有购买健康保险。过了一年多，这一数字增加 600 万人，这一现象值得沉思（Holahan & Cook, 2005）。

马洛伊、达内尔、诺兰、肯尼和西普里安（Maloy, Darnell, Nolan, Kenney, & Cyprien, 2000）的研究指出，获得健康照顾的能力是提升健康生活方式的必要不充分条件。人们获得健康照顾的意愿对他们接受治疗及继续治疗很重要。这牵涉到传统的医患对话——即你的医生“了解”你，相应地，你也想要寻求他或她的建议。能够被告知医疗信息和去哪里获得医疗的信息，这样一种感觉是对消费者或患者的赋权。这种赋权并不是总能被感受到。

各种族少数群体的健康与白人的健康存在巨大差异（National Center for Health Statistics, 2007b）。尽管这些差异可能源于语言和地理距离等因素，但其他因素也起作用，考 233
虑到结肠直肠癌是导致癌症死亡的第二大主要因素，对高风险人群进行常规检查就显得尤为重要。癌症在早期可得到较好的诊断。早发现和早治疗可以提高治疗的成功率。因此，50 岁以上的个体做常规检查十分重要（U.S.Preventive Services Task Force, 2002）。尽管有这些建议，但在少数民族的成年人中，结肠直肠癌的体检率仍然很低（National Center for Health Statistics, 2007b）。施、赵和埃尔廷（Shih, Zhao, & Elting, 2006）对这些低检查率的可能因素进行了大量研究。他们认为，信息的可获得性问题、缺少健康知识和与文化有关的对体格检查程序的不同理解构成检查的障碍。

在开头的两个故事中，我们发现对无障碍性与费用的担忧、对常规医疗体检费用的理解阻碍了第一个故事的主人公继续接受治疗，致使他的小病痛逐渐发展为不治之症。在这两个事例中，缺乏健康问题的知识扮演了很重要的角色。他们不了解症状。那位心理学家发现医疗费太高，离家近的地方没有这种治疗，并且她的保险范围不够广，她在一家私人公司参保，提供的服务很少，并且保费较高，收益较低。一旦她的保险费用完，她就不再享有保险。这注定是一个悲剧。

治疗的坚持性和依从性 除了健康照顾的费用和无障碍性问题外，还存在患者/消费者遵照医生的指导去做的问题。这就是所谓的治疗的坚持性或依从性（adherence or compliance）。海恩斯、麦克唐纳和加格（Haynes, McDonald, & Garg, 2002）注意到，一般只有 50%左右的患者在治疗时坚持按医嘱服用处方药。报告指出，患者在改变生活方式方面，例如，饮食的改变和锻炼的坚持方面，治疗坚持性更低。通过回顾有关坚持治疗的研究，麦克唐纳、加格和海恩斯(McDonald, Garg, & Haynes, 2002)认为,短期的依从(少于 2 周)会因耐心的指导而增加,但是长期的依从受到以下多个因素的共同影响:指导、社会支持、对药方重要性的强调、提供对治疗依从性的积极反馈、定期提醒患者作息制度。

考虑到新技术——如互联网——的迅猛发展,心理学或许可以获得新的关于测量治疗的坚持或依从性及其对项目成功的影响的灵感。曼沃林、布莱森和戈尔德施密特(Manwaring, Bryson, & Goldschmidt, 2008)的研究就是其中的一个例子。通过对治疗的坚持性的多个指标进行测量,例如,参加以互联网为基础的治疗项目的周数,互联网阅读的页数,对以计算机为基础的辅助项目的利用,曼沃林等人(Manwaring et al., 2008)发现,饮食障碍项目对饮食行为问题和态度产生了有效作用。他们认为,这是测量依从性的一种很好途径。

研究表明,遵从医生的指示进行体育锻炼会对高风险人群有帮助。布切尔、萨利斯和梅耶(Butcher, Sallis, & Mayer, 2008)以年龄较大的青少年女性和低收入者作为目标青年组,这些人大都很难遵守锻炼的规则。通过对 100 个城市样本进行研究,结果发现,这两组人都不遵
234 守制订的锻炼规则。研究者虽然没有对这一发现给出解释,但人口统计学变量可以解释这些行为倾向。

迪马特奥(DiMatteo, 2004)对考察医疗的坚持性和社会支持作用的研究进行了元分析。涉及精神病患者以及与酒精和毒品有关的问题的研究未包括在内,为的是不使考察的问题被这些因素混淆。在对实验组的社会支持和治疗坚持的研究中可以看出,功能性的社会支持(人们直接给予个体帮助)比结构性的社会支持(小组成员关系,例如,婚姻状况,独居还是与其他人一起住)更加有益。在提供的功能性支持中,实际的社会支持(工具性社会支持——提供信息,给予物质帮助)是坚持医学治疗的最好的预测指标。这些模式对于不坚持治疗的风险提供了有启示意义的信息,并对设计干预项目以提高对医学治疗的依从性也有帮助。压力模型及其组成部分有助于解释这些研究结果。

在一项关于医生的特征与患者的治疗坚持性存在怎样联系的早期研究中,迪马特奥等人(DiMatteo et al., 1993)发现,医生的总体工作满意度评价、一周的患者数量和医生答疑的意愿对于患者的治疗坚持性有显著的预测作用。虽然孤立地看,这些因素让人感到奇怪,但对患者治疗坚持性的总体印象是,这是一个喜欢自己的职业,完全投入工作中并与患者沟通的医生。

需要指出的是,隐藏在这些描述背后的深层次因素是,支持性关系和一个对健康行为的更广阔的支持网络是非常重要的。它不仅仅是正确的技巧或充分的技术,而且是医疗体系触及消费者/患者的能力,与他们有联系并对他们所在的环境产生意义深远的影响。鉴于这些发现,用社区心理学的方式来对健康照顾系统发挥作用并不奇怪。

社区心理学与健康照顾系统

雷文森和斯基亚菲诺(Revenson & Schiaffino, 2000)认为,我们的健康照顾系统的投入

与收益比表明，我们的健康照顾系统并没有起到作用。他们建议，需要进一步发展预防性健康服务，而且强调需要重新检视把医院和急诊室作为接受医疗照顾之首选的观点。因为当代美国医学关注的许多生理疾病都与生活方式和习惯有关，因此社区心理学可以把这些生活方式和习惯从不健康方向转变到健康的方向。他们认为，社区干预项目应该解决复杂的社会文化环境，加固社区力量，加强健康的行为方式的适应，寻求社区层面的改变，制订社区干预的目标，而不仅仅局限于个体。社区心理学家提到的干预策略包括：广泛的媒体运动(mass media campaigns)，组织社区(community organizing)，利用现有的社区机构(如学校、教堂)，社会政策的变革。下面，我们将考察社区心理学和社区心理学家对这些概念作出了怎样的贡献。

预防胜于治疗 235

斯坦福大学的心脏病预防项目就是预防的一个很好例子，它是对目标人群进行有关心脏病知识的教育。三社区项目(Three Community Project)指出媒体(报纸、电台、电视、宣传页)的用处，主要用于鉴定加利福尼亚两个沿海社区的风险人群。与未接受教育项目的控制组社区相比，目标社区在与心脏病有关的问题上有明显的改善(Maccoby & Altman, 1998)。第二个针对五个城市的研究得出相似的结论。五个城市中，两个为目标城市，三个为控制城市(Farquhar et al., 1985; Flora, Jatilus, & Jackson, 1993)。三个月后的跟踪研究表明，这些成果保持得很好(Winkleby, Taylor, Jatilus, & Fortmann, 1996)。这个干预期持续了六年。在一个多学科的小组中，斯坦福项目证明利用媒体的宣传是有效果的。利用电台和电视节目、广告传单和各种显示类视图的宣传，对心脏病的预防起到很好的作用。斯坦福项目与另外两个以社区为基础的疾病预防项目——明尼苏达心脏健康项目(Luepker et al., 1994)和博塔基特心脏健康项目(Carleton, Lasater, Assaf, Feldman & McKinlay, 1995)相似。所有这些项目都试图改变个体在社区环境中的表现。他们是多学科性质的项目，并参与到组织和实施方案的目标社区中。

其他针对特定人群的预防也进行得很成功。他们利用媒体工具，同时使用多种其他的干预手段。这些项目就是要确保社区融入项目的发展中，这种参与有助于建立和维持新的价值观和行为准则，保持健康的新选择(DuRant, Wolfson, LaFrance, Balkrishnan, & Altman, 2006; Jason, 1998)。当项目明显是以社区为基础时，生态学的因素就会得到更大程度的接受和认同。

从个体到群体、邻里和系统：焦点的转变

虽然范围广泛的社区干预已明显成为公共改革的焦点，但对群体、邻里和社区系统的关注一直是社区的兴趣所在。有关公共健康的深层讨论将在下一章进行。这里要说的是，传统的健康系统只关注个体层面的治疗。把关注个体层面的干预扩大到社区或邻里，恰恰是社区心理学的优势所在。研究疾病和健康的模式以及影响这些模式的因素的公共卫生模式

也有助于发展社区研究的方法。前面关于预防部分的内容向我们展示了这种干预的有效性。

斯蒂芬斯(Stephens, 2007)探讨了利用社区概念来提升健康方面的转变。我们在前面也曾探讨过在界定社区这个概念中存在的争议,即社区究竟是一个地方还是一种认同(Campbell & Murray, 2004)。除了这些基本的问题之外,社区心理学一直在为以下问题提供新知:哪些
236 变量影响了邻里和社区意识?如何利用这些变量来影响所有群体?社区的自然边界是什么?谁是这些群体内的变革动因?如何有效地传达讯息?该如何健康地引导社区意识和动机(Altman & Wandersman, 1987; Imm, Kehres, Wandersman, & Chinman, 2006; Manzo & Perkins et al., 1990; Shinn & Toohey, 2003)?我们现在已经有大量的文献可以用来解决这些问题。在前一章中,万德斯曼及其同事已证明这一点。社会凝聚力指标与社会混乱(可根据是否存在当地的友谊网络来定义)、参与社区组织(participation in community organization)以及其他的邻里特点已被证明与身体健康指标有关(Caughy, O'Campus, & Brodsky, 1999; Shinn & Toohey, 2003)。个体与社会环境的**拟合度**(goodness of fit)(它由个体与社会环境的相似性、个体的需要与环境的资源的一致度、环境的特点与个人的喜好的一致度来界定),与福利有关(Shinn & Rapkin, 2000)。依照对心理学中有关社区环境变量研究的回顾,西恩和图希(Shinn & Toohey, 2003)告诫,要警惕“环境最小化错误”(context minimalization error),即只关注个体而忽略那些可以带来行为及健康成果的社区/环境的倾向。社区心理学关注的是一个范围更广阔的图景。这对健康问题系统的概念化、发展和评估也有所帮助。

斯诺登(Snowden, 2005)写了一篇关于“人口思考”或考虑特定人群的文章,探讨了人们在其环境中的健康状况及其影响变量。这篇论文的关注点是社会机制及其工作机制:什么使人们健康或生病?在斯诺登的讨论中,他引用对贫困社区所做的研究,这是一个很好的例子,用来说明这些分析能产生什么。贫困让社区存在风险,但也有贫困社区的居民做得很好的,也就是说,适应性很强。对这些具有较强适应性的社区的研究发现,社区使人们意识到谁该对发生的事负责,谁能使社区保持一个积极的方向。贫困并不是引发高风险的变量,但确实是贫困使得社区更难朝积极的方向发展。

伯兰德及其同事(Bolland et al., 2005)发现,**社会断裂**(social disruption)和**社会联系**(social connectedness)可以预测内城贫困年轻人的无助水平。并不是贫困本身,而是接触暴力、焦虑、精神创伤(社会中断)、社区感、母亲般的温暖以及笃信宗教(社会联系)影响无助,而且随着社会断裂的增加和社会联系的减少,内城贫困年轻人逐渐陷入绝望之中。伯兰德(Bolland, 2003)早就发现无助与风险行为之间的联系。因此,任何对无助的研究实际上是对风险行为的研究。社区心理学方向产生了与社区健康存在关联的社会变量。从社会联系、社会中断和干预方面来处理无助,可以降低风险行为的发生。

建立系统

社区心理学家已经开始关注系统和环境的建设(Sarason, 1992/1999)。埃姆肖夫等人

(Emshoff et al., 2007)描述佐治亚州一个旨在变革健康照顾系统的多个社区代理机构之间合作的项目。拉斯克尔、韦斯和米勒(Lasker, Weiss, & Miller, 2001)把合作定义为“使独立的 237
个人或组织把他们的人力和物质资源联合起来,去实现他们不能够单独完成的目标的一个过程”(p.183)。鲁索斯和福西特(Roussos & Fawcett, 2000)通过评述合作得出结论,合作本身可以引起健康照顾系统发生改变。自然,合作应该带来最大程度的信息分享和效率的提高,因为服务的重复率减少了。一个地区的卫生系统的所有功能被提升了。埃姆肖夫等人(Emshoff et al., 2007)认为,系统层面的变革是通过建立合作的努力而发生的。他们确实发现服务的传递在最初几年里发生了变化,合作的活动水平(开会的次数)也有了更多的变化,长期的合作计划也带来了更大的系统变革。对合作的总体印象就是,成功者能够做到更多并做得更好,这与拉斯克尔等人(Lasker et al., 2001)的观点如出一辙:当合作的重要性被很好地意识到并创造与各部分协同增效的机会时,其结果就会大于部分之和。这种对较大潜能的意识或许可以解释鲁索斯和福西特(Roussos & Fawcett, 2000)有关这些快速增长的合作关系的论点。健康社区逐渐意识到“大多数目标仅凭个人、组织或部门的单独行动是实现不了的”(Lasker et al., 2001, p.179)。尤其是,阿伦(Allen, 2005)对有关合作部门的研究发现,工作最好的是那些成员都参与其中并有积极的和多种多样的成员关系的部门。

这种对提供服务的新系统的研究和这些研究对提供服务的影响,一直都属于社区心理学的研究范围。这包括如何成功地实现资源共享。由于参与者对费用、专业性和设备存在更苛责的要求,因此这些合作系统或许代表了未来健康照顾的发展方向。

提升无障碍性

干预的及时性 有几种方法可以考虑无障碍性的问题。一个最明显的无障碍性变量是服务的费用。就像前文所提到的,复杂治疗的费用是十分昂贵的。然而,从次级预防的观点来看,在疾病发展的早期及时进行干预,是控制治疗费用的方法之一。前面提到,某些健康照顾的费用与生活方式的选择有关。这些选择可以而且已经在社区层面的心理干预中得到纠正。

在一系列这类项目中,有一个早期项目关注的是减少“开车时不为儿童系安全带”这样一种风险行为(Fawcett, Seekins, & Jason, 1987)。通过收集安全带使用的行为数据和对要求使用安全带接受程度的观点数据,以及立法机关策略性地使用这些信息,社区心理学家对堪萨斯州和伊利诺伊州的儿童安全带法(child seatbelt laws)的通过有所帮助。在安全带的使用成为全民关注的问题之前,这个方案是成功的。这些法律为现今美国的安全带法的实施铺平了道路。如今,大部分人会把使用安全带当成一种基本行为。

最近,社区心理学在烟草和酒精的使用以及安全的性行为方面进行了研究。研究的成果 238
将在下一章讨论。这些方法全都是健康系统干预的方法,因为它们直接针对的是健康问题。在这些方法中,所谓的无障碍性是针对更宽泛的健康干预的概念来说的。在前一章已经讨论过的预防怀孕也属于社会和健康服务的范畴。我们这里想特别指出的是,少女妈妈所生的婴儿,体重更低,死亡率更高。案例10-1是对预防怀孕和从社区层面来建构干预的再研究。

案例 10-1 预防少女怀孕

在工业化国家中，美国的少女怀孕率位居第二(Darrouch, Frost, & Singh, 2001; Kirby, 2007)。在一项对五个西方发达国家的研究中，达鲁什等人(Darrouch et al., 2001)发现，在 20 岁以前，这五个国家女性的性生活几乎一样(见表 10-2)，但美国女性的怀孕率明显更高(见表 10-3)。其中的原因之一是缺乏预防怀孕的措施。

表 10-2 在 20 岁之前有第一次性交的 20—24 岁的女性比例

■ 瑞典:86%	■ 大不列颠:85%
■ 法国:83%	■ 美国:81%
■ 加拿大:75%	

表 10-3 每 1 000 个出生人数中由少女生产的婴儿的出生率

■ 瑞典:7	■ 大不列颠:31
■ 法国:9	■ 美国:49
■ 加拿大:20	

科比(Kirby, 2007)对成功的预防怀孕方案进行了研究。他只研究那些使用实验或准实验设计(见第二章)，并具有足够的样本进行统计分析的项目。他发现，那些倡导避孕方法，同时鼓励禁欲的综合预防方案很有效。然而，仅是禁欲的方案并没有对怀孕预防产生积极影响。那些专注于无性保护因素的项目，例如，为未来作好计划、学业成绩、与家庭的联系、与宗教的联系等都取得了成功。此外，参与服务学习项目，例如，志愿在社区讨论并写出服务条款，也降低了少女怀孕率。从对一系列的少女怀孕项目的评估来看，可以清楚地知道有些项目发挥了积极的效果，有些则没有获得证据的支持。

除了对特定项目的评估外，关于这些项目的情境的重要性，还在堪萨斯州一个全面的、以学校和社区为基础的预防少女怀孕项目的执行中可管窥一二(Paine-Andrews et al., 2002)。该研究发现，这个预防项目之所以成功是由于项目带来的社区改变，引起了社区
239 功能的多样化。在那些有更多的系统和项目改变的地区，怀孕率下降了。而在那些没有更多的系统和项目改变的地区，怀孕率没有下降。

为了给预防少女怀孕项目的实施提供适宜的环境和动力，罗莱里、威尔逊、帕鲁奇和塞迪维(Rolleri, Wilson, Paluzzi, & Sedivy, 2008)描述了他们在美国全国范围内网络与青少年健康教育培训和研究协会(Healthy Teen Network and Education Training and Research Associates)的工作。他们使用训练模式，通过行为、影响因素、干预逻辑模型来界定干预的逻辑过程，来教导实务工作者。这种模型需要四个步骤：目标定义，辨别行为以达到目的，辨别影响行为的因素以及寻求干预方法来影响这些行为。跟踪评价和对实务工作者系统成员的评估会继续增加他们对项目和评估/研究过程的理解。这些作者的工作已经对州一级层面上实施的干预项目产生了帮助，并且培养了项目做更多以科学为基础的研究的能力。

无障碍性也可定义为,愿意定期去检查身体,并愿意提高自己的健康素养(与健康问题有关的知识)。每年参加一次体检、身体不适的时候去看医生意味着他愿意听到不好的消息(Rothman & Salovey, 1997)。这些对风险的感知和反应的能力(perceptions of risk and ability to respond)是由治疗程序、治疗费用和治疗成功的可能性等建构起来的。另外,如果需要接受治疗,还要对所需要的资源进行预期和推断。本章的第一个故事就是因为不愿意去看医生而延误了诊断。仅仅是不可避免的拖延就能使患者处于高风险中,这也是许多少数民族群体成员行为模式的典型表现(Agency for Healthcare Research and Quality, 2006)。不幸的是,在本章提到的故事中,等待就意味着死亡。那么,如何才能解决这些差距呢?

处理多元社区 斯诺登(Snowden, 2006)在加利弗尼亚对那些可能影响少数民族患者接受精神健康服务的临床项目变量进行了探究。如通过对加利弗尼亚医疗保障制度项目(California's Medicare program)的研究,斯诺登发现,**外展**(outreach)(在诊所工作的人员深入社区,满足人们的需要,并且在需要时,把患者带到诊所)区域的扩大使拉丁裔和美国原住民更多地接受精神健康服务。如对亚裔美国人来说,具有双语(英语和亚洲语言)或双文化(熟悉美国和亚洲文化)的工作人员与较高的照顾使用率有密切的关系。从这些数据还获得一个有趣的发现,具有双语及双文化背景的接待员却使亚裔美国人接受的服务减少。对于所有群体,包括白人,增加心理健康提供者的数目会提高服务的使用率。这些发现对提高健康使用的项目具有重要的启示意义。

在纽约一个乳腺癌的宣传和教育计划中,拉普金等人(Rapkin et al., 2006)在美国国家卫生署和以社区为基础的组织(CBOs)之间建立了一个合作模式。这个被称为ACCESS的项目引发了关于健康信息需要特定的社区网站的讨论。通过这些讨论,该网站专门制订了干预措施。通过对目标社区组织的研究发现,项目应该为那些特定区域的人制订信息。这些网站的讨论可以获得更有效的干预,也可以与社区组织建立更好的关系。在该项目结束 240
时,社区组织要求提供更多信息和更多参与项目的机会。该社区项目致力于促进医学教育中心和各站点(例如,教会、青年团体、学校),并使这个项目延伸到居民区。该方案可作为一个切入点进入这些设施中。已建立起来的工作关系似乎对未来扩展医疗信息方面的努力是有用的,超越了传统的办公室或医院设施。我们所说的是一个从生态上来制订的促进增长的项目。这将是任何一个项目都想要达到的目标,更不用说它是一个可以用多种形式来处理问题的多样性的项目。

农村地区的健康 使治疗符合社区的特点是非常重要的。上文介绍的ACCESS计划就是一个很好的例子,其干预措施符合居住地的环境。这些癌症教育项目遍及纽约的各种社区之中,既有农村社区,也有城市社区。为每个环境所制订的具体方面也同样适用于农村地区健康项目。在其他一些针对农村健康服务发展的项目中,社区在确定和服务需求的内容方面取得很好的效果。这种社区赋权正是社区心理学的传统。

两个服务于不同地区的不同方案在描述社会问题和社区全纳性(community inclusion)方面采用了相似的方法。在北达科他州会议上,农村机构组织与本土美国社区都试图定义健康照顾障碍并寻求如何为农村健康中心提供帮助(Moulton, Miller, & Offutt, 2007)。根据这些会议交流,制订了有策略的计划,并形成小组来解决所发现的问题。社区参与为目标群体带来了更多有用的干预措施。

第二项研究以相似方式进行的,采用参与模式,使社区成员参与夏威夷乡村健康项目的目标、战略、目的和行动计划的制订。他们发现,成员的参与和支持非常高。该研究发现,常见的社区需求包括:社区中的经济因素(贫困、失业、保险、支付能力)、使用毒品、缺乏领导力、缺少健康服务或无法获得这些服务、缺乏青少年健康活动、糟糕的公众教育。我们可能会发现,这些需求都是较为宏观的问题,而且体现了对问题的生态学理解。这一切都源自在社区中进行的讨论。农村地区的健康问题,并不只是缺少医生。这些研究结果显示为多种因素决定的问题的多层次干预的需要,以及这些需要在农村社区环境中的综合。出现的问题可能更多与社会支持和网络资源(network resources)有关。接下来,我们来考察一下关于社会支持重要性的研究。请记住,这些不同的研究发现是在不同的压力、应对和前面所说的心理弹性模型下开展的。

社会支持与健康

在过去的几十年中,关于良好的社会支持系统对健康的益处一直是研究文献的一部分(Wallston, Alagna, & DeVellis, 1983)。在沃尔斯通及其同事早期对社会支持与健康收益研
241 究的回顾中,他们并没有发现社会支持对健康有多大的重要性。尽管有研究表明,社会支持对健康恢复(health recovery)有帮助,但很少有研究清楚地证明社会支持对一个人的整体健康(overall health)有利。

10 年后,内野等人(Uchino et al., 1996)的文献回顾发现了很多证明社会支持对心血管系统、内分泌系统、免疫系统的健康有益的研究文献。到底是什么生理机制在影响着这种关系,目前尚不清楚。那些在健康和疾病的过程中扮演一定角色的社会支持方式的模式正开始涌现。社会支持被认为既影响行为也影响心理过程,同样,社会支持也会影响生理反应,引发较好或较坏的健康(Berkman, Glass, Brissette, & Seeman, 2000; Uchino, 2004)。研究结果开始更清晰地展示从社会支持到心血管系统、内分泌系统和免疫系统的生理学路径(Uchino, 2004, 2006)。社会支持是一个社区变量。提升社会支持的干预方法可能成为治疗的一个常规部分。一些实验研究正在考察意在提升患者社会联结的干预项目的影响。如果这种治疗被证明是成功的,那么我们在健康提升和健康治疗方面将要执行新的治疗系统。

本章概要

健康照顾系统似乎是社区心理学原理应用的天然场所。尽管世界各国的健康照顾系统多种多样,但美国一直是我们关注的焦点。我们看到,美国为健康照顾系统配备了先进的人员和

医疗设施，投入了大量的资金。美国有着世界上最好的技术和研究能力，并投入了大量的金钱，但结果是，美国人的人均寿命在世界上排第26位。

通过对地区排名的分析，我们发现几个问题。第一个关注的问题是健康照顾的费用和无障碍性问题。无障碍性可定义为得到及时的医疗信息并获得和使用这些信息的手段。当然，费用要与个人和他/她的家庭能够为治疗支付多少有关。对于谁有风险并有费用和无障碍性等方面的问题，美国有明确的人群，包括那些农村地区的人，尤其是少数民族群体，以及那些没有健康保障的人。第二个关注的问题是，医疗服务可能与治疗的依从性有关。当然，依从性可能会受费用和无障碍性的影响，但也有一些社会驱动的方法可以增加患者对治疗的依从性。

针对这些问题，社区心理学为预防——而不是修复性治疗——的优点进行了辩护，并集中讨论了社区、邻里或小组干预的效率和利益，建立健康照顾系统的知识和技术，增加无障碍性的方式，以及社会支持对健康的有益影响的知识。社区心理学在历史上可能曾经出现过医学模型的问题，但是社区心理学一直提倡健康模型和整体的方法。认识到社区心理学应用于健康照顾系统的可能性，对我们而言既是挑战也是机遇（Minden & Jason，2002；Revenson & Schiaffino，2002）。

242

第十一章

社区健康与预防医学

所有的人类行为,都是由机会、本性、冲动、习惯、理性、激情和情欲这七个原因中的一个或多个导致的。

——亚里士多德(前 384—前 322)

伊丽莎白是一所大型州立学校的大一新生。她认为自己与大多数同龄人没什么两样——她周末去喝酒,偶尔也会喝醉。伊丽莎白好玩,但她认为自己确实没有问题。一到周末回家的时候,她就一整天都开车游玩。到了周末的晚上,她参加好多的聚会,在聚会上她
243 喝很多伏特加酒,玩饮酒游戏。在一个聚会上,她遇见化学班的杰克,从此之后,他们就开始每天晚上约会。当杰克提出把她带到自己的住处时,伊丽莎白欣然答应。他喝醉了,她提醒自己,这就是大学生活的全部。他们酒后发生了性关系。早晨,伊丽莎白发现,他们在醉酒的情况下没有使用安全套。她意识到,没有采取避孕措施。如果她怀孕了,该怎么办? 杰克是个好男孩,但是人们说他到处闲逛。如果他有性传播疾病,伊丽莎白该到哪里去寻求帮

助呢?

从第一例心脏直视手术到多利克隆羊的诞生,再到事后避孕药以及神奇药物伟哥的出现,生物和自然科学在过去几十年中已取得巨大进步,然而仍然存在很大的健康差距。美国人和住在工业化国家的人大都死于非传染性的无法预防的疾病,而那些发展中国家的人则死于传染性疾病以及容易治愈的感染病(Center for Disease Control and Prevention, 2000)。尽管美国人民的整体健康状况得到极大改善,但美国仍然面临巨大的公共卫生挑战。2006 年,美国有 16 000 多人死于与饮酒有关的交通事故,占全年交通事故的 32% (National Highway Traffic Safety Administration, 2008)。随着抗药性细菌和病毒的出现,传染性疾病(包括性病)正处于历史的最高水平(Morbidity and Mortality Weekly Report/MMWR, 1998a)。全球的艾滋病病毒携带者高达 4 000 万之众(UNAIDS, 2002)。总体来说,上述种种情况表明,作为健康生活方式组成部分的社区健康和疾病预防的重要性。如果存在相关的教育和预防项目,伊丽莎白或许能够意识到自己行为的风险并能较容易地获得对自己有帮助的资源。

本章将从社区心理学和预防医学的角度,讨论五个重要的健康问题。我们还将讨论以政策为基础的、以社会为目标的一般性预防和以单个社区为目标的预防。之所以选择这些健康问题进行讨论,主要是基于以下两个理由:第一,这些问题广受媒体关注;第二,如果能够采取行动,这些问题的可预防性相当高。此外,如果没有加以预防,将有大量的人口会将受到或可能受到影响。

本章将用从美国健康及人类预防服务部门(如美国疾病预防控制中心)以及其他联邦政府(如美国高速公路交通安全管理处)、州政府的健康部门(如马萨诸塞州的公共健康部门),以及全国性协会(如美国公共健康协会)、地方性联盟(如亚洲及太平洋群岛艾滋病病毒/艾滋病联盟)和国际性组织(如联合国)等各类专业机构中获得的统计数据来描述每一个健康问题。每个机构的数据来源在评判一个健康问题(如药物滥用)的范围时,都有自己的方法和手段。举例来说,附属于美国健康及人类服务部门的药物滥用及精神健康服务管理局(Substance Abuse and Mental Health Services Administration, SAMHSA),其主要任务是提供物质滥用的治疗及服务,并进行美国全国家庭药物滥用调查(National Household Survey on Drug Abuse),该部门的调查以美国非收容及 12 岁以上的青少年为主要对象。美国健康及人类服务部门的疾病防治中心,则主要负责公共健康传染病学并管理**青少年危机行为监控** 244
系统(Youth Risk Behavior Surveillance System, YRBSS)——该系统是一个以学校为基础的调查——同时也对酒精使用的情况进行评估。由于数据来源和方法的多样性以及所谓的"最新数据"存在时间上的滞后性,因此我们鼓励你关注不同来源数据所使用的研究方法,并搜索最新的数据(表 11-1提供了一些例子)。

表 11-1 一些与健康有关的统计数据与信息的资源

单 位	来 源	网 址
美国心理学会(American Psychological Association)	APA Monitor(2001 年 6 月出版了一期药物滥用的专辑)	www.apa.org
美国公共健康协会(American Public Health Association)	The National's Health	www.apha.org
亚洲及太平洋群岛艾滋病病毒/艾滋病联盟		www.apicha.org
亚洲及太平洋群岛福利中心(Asian and Pacific Islander Wellness Center)		www.apiwellness.org
美国疾病预防控制中心(Center for Disease Control and Prevention)[包括美国健康统计国家中心(National Center for Health Statistics)和美国烟草与健康服务(Office on Smoking and Health)]	Morbidity and Mortality Weekly Report Behavior Risk Factor Surveillance (adults only) Youth Risk Behavior Surveillance System	www.cdc.gov
美国食品药物管理局(Food and Drug Administration)		www.fda.gov
美国遗产基金会(The Legacy Foundation)		www.americanlegacy.org
美国性健康协会(National Institutes of Health)[包括美国癌症协会(National Cancer Institute)、美国药物滥用协会(National Institute on Drug Abuse)]		www.nih.gov
美国全国性药物控制政策协会(Office of National Drug Control Policy)		www.whitehousedrugpolicy.gov
美国药物滥用与心理健康管理局(Substance Abuse and Mental Health Services Administration)	National Household Survey on Drug Abuse	www.samhsa.gov
联合国艾滋病病毒/艾滋病方案(United Nations Program on HIV/AIDS)	AIDS epidemic update Declaration of Commitment on HIV/AIDS	www.unadis.org

烟草

问题的严重性

据世界卫生组织(World Health Organization, 2008a)调查,全球每年有超过 500 万人的死亡与烟草使用有关。仅在美国,烟草使用(包括抽烟)是导致死亡的第一大可预防因素(Office
245 on Smoking and Health, 2001)。每年,烟草使用导致的死亡多于艾滋病病毒、非法使用药物、酒精使用、车祸、自杀和谋杀导致的死亡(McGinnis & Foege, 1993; MMWR, 2005)。“烟草使用”与“抽烟”这两个术语经常交替使用。但需要指出的是,烟草使用也包含使用非吸食类的烟草——它与口腔癌存在一定的关联。经常使用烟草会增加罹患疾病的风险,例如,慢性支气管炎,心脏和血液的问题,肺气肿以及肺癌等,这里仅举几例。

美国药物滥用和健康家庭调查(National Household Survey on Drug Use & Health, NSDUH)是美国12岁以上非机构化的(noninstitutionalized)一般民众(包括庇护所、寄宿宿舍、学生宿舍以及军方基地中的人)药物滥用或酒精使用的流行率、模式和结果信息的主要来源。2006年,NSDUH调查结果指出,目前美国有7 290万12岁及以上的少年是烟草产品的使用者,占该阶段人口的29.6%。另外,18—25岁的青年烟草使用率最高,占总烟草产品使用者的43.9%。至于性别之间的差异,根据2006年的调查,12岁及以上的年轻人中男性的烟草使用率(36.5%)高于女性的烟草使用率(23.3%)。2005年和2006年的数据显示,年龄在15—44岁的女性中,怀孕女性烟草的使用率(16.5%)低于不怀孕的女性烟草使用率(29.5%)。但是,15—17岁的女性中,怀孕女性的抽烟率(23.1%)则明显高于非怀孕女性的抽烟率(17.1%)。NSDUH也分析了烟草使用率与其他一些因素之间存在的关联,包括教育、职业和地域(SAMHSA, 2007)。

青少年危机行为监控系统(Youth Risk Behavior Surveillance System, YRBSS)是一项由美国疾病预防控制中心提供资金支持的全国性调查,该调查意在监控青年和成年早期人群突出的健康风险行为,调查的范围包括:40个州和21所当地九年级至十二年级的学校。通过对这些地区的青年健康风险行为进行监控发现(MMWR, 2006),2005年,在最近三十天内至少有一天抽过烟(目前使用香烟)的青少年为23.0%。白人和拉美裔的学生(分别为25.9%和22.0%)比黑人学生(19.2%)更可能有抽烟的行为。总的来说,学生中男性抽烟者(55.9%)要高于女性抽烟者(53.7%)。在年龄方面,年龄较大的学生更有可能抽烟。在2006年,有58.3% 246
的十二年级女生报告有抽烟行为,而九年级女生仅有48.7%报告有抽烟行为。男性也表现出类似的情况:62.2%的十二年级男生曾抽过烟,而九年级的男生则为49.8%。

对于妇女,抽烟更会增加不孕、早产、死胎、婴儿猝死综合征和婴儿体重较轻的风险(U.S. Department of Health and Human Services, 2001b)。婴儿出生时的体重与其存活率直接相关。抽烟也与宫外孕和自然流产存在很大的关系,但仍有13%—17%的妇女在怀孕期间抽烟(U.S.Department of Health and Human Services, 2004)。

正确评估抽烟负面影响的一种方法是,计算为那些因吸烟而患相关疾病并死亡者提供的医疗、相关健康服务以及私人疗养照护所花费的费用。这些服务包括但不限于急救照顾、处方药物、医院照护、居家服务和护士家庭服务。这些服务也一直被用来评估各州的医疗经费——各州提供给因抽烟而患相关疾病或死亡者的医疗及健康服务的财政费用(CDC, 1996)。

米勒、张、赖斯和马克斯(Miller, Zhang, Rice, & Max, 1998)的一项全面的分析发现,“1993年,美国花费在抽烟上的医疗费用总计约727亿美元,花费在与抽烟有关的其他方面的医疗费用占全部医疗费用的11.8%”(p447)。简而言之，这是一笔相当惊人的费用。另一项引用了米勒等人的研究指出，尽管以往的研究已经显示，在人们戒烟方面花费的健康照顾的费用有所增加，但戒烟并没有使那些以前抽烟的人的健康照顾费用无限制增长(Fishman, Thompson, Merikle, & Curry, 2006)。换句话说，从长远来说，戒烟还是值得的。

即使不抽烟者也不是完全不存在与抽烟有关的健康问题。**二手烟**(second hand smoke)，正式名称为**环境烟草烟雾**(environmental tobacco smoke, ETS)，被美国环保局列为A级(广为人知)致癌物质。实际上，人们发现，二手烟中存在50多种致癌物(U.S. Department of Health and Human Services, 2006)。每年，仅是处于二手烟环境而引起的死亡大约有38 000人(MMWR, 2005)。尽管自1986年以来，暴露于二手烟环境中的不抽烟者的人数下降了，但二手烟仍然是引起儿童和青年过早死亡和患病的主要原因(U.S. Department of Health and Human Services, 2006)。尽管已经努力在公共场所禁烟，但在美国仍有数百万的不抽烟者、儿童和成年人暴露于二手烟的环境中，尤其是在他们家里和工作场所(U.S. Department of Health and Human Services, 2006)。

禁烟的努力

自从确立烟草和抽烟与肺癌和其他健康问题之间的联系后，禁烟的努力已在许多层面展
247 开，从小学的抽烟认识项目到各州强制推行的餐馆禁止吸烟，不一而足。基于抽烟与肺癌之间存在关联，**美国癌症协会**(National Cancer Institute, NCI)作为美国国立卫生研究所的一部分，为许多吸烟的认识和预防方案提供基金。其中一个项目是美国戒烟干预研究(America Stop Smoking Intervention Study, ASSIST)。1991年到1999年进行的研究就是美国政府资助的帮助其开发有效禁烟措施的最大的示范项目之一。美国戒烟干预研究为17个州提供资金，而且发现，在那些采取了禁烟措施的地方，在香烟的消费上有了明显下降。该研究还获得由州来推行禁烟项目的最新证据：投资于那些有严格政策和法规的禁烟项目是减少烟草使用的一个重要和有效的策略(National Cancer Institute, 2004)。

美国遗产基金会(American Legacy Foundation)“专注于建立一个这样的世界，在这里有反对烟草的年轻人和戒烟的人”，它已发展出许多与烟草和香烟做斗争的项目(American Legacy Foundation, 2008a)。该基金会已作出很多努力：从国家的真理青年防烟运动(Truth Youth Smoking Prevention Campaign)到针对减少烟草的研究计划和在优先考虑的人群中开展禁烟活动的更大范围的项目(American Legacy Foundation, 2008a)。该基金会最近的一个项目是无烟免费电影运动(Smoke Free Movies Campaign)，为了减少好莱坞电影中抽烟场景对青少年的不良影响，这项运动的目的是把那些带有抽烟场景的新影片评为限制级片(R级)，禁止香烟品牌在屏幕上显示，在所有带有烟草的电影播放前必须播放禁烟广告(American Legacy Foundation, 2008a)。

在全球范围上，世界卫生组织(World Health Organization, 2008)已经创造一个新的里程碑式的报告——“世界卫生组织第一次对烟草流行现状及实施干预措施的影响进行了跟踪报

道”。该报告概述了六项政策，这也是世卫组织的 MPOWER 的一部分，将有助于“反对烟草流行，降低其破坏性影响”。MPOWER 的要素主要包括：

- 对烟草使用的监控(monitor)和预防政策；
- 保护(protect)人们免受烟草烟雾的影响；
- 为戒烟提供(offer)帮助；
- 警告(warn)烟草的危害；
- 禁止(enforce)烟草广告，禁止烟草促销和赞助；
- 提高(raise)烟草税。

在该报告的引言部分，世界卫生组织总干事陈冯富珍女士强调，“150 多个成员国以及世界卫生组织烟草控制框架公约已经确立全球性共识，那就是，我们必须防止烟草的流行”。各国政府和世界各地的组织必须执行必要的政策，以此遏制烟草对健康的严重影响。

尽管已作了很多的禁烟努力，但每年烟草业还是会花费数百万美元在广告和推广上(例如，免费优惠券，带有标志的皮夹克等)。据 2003 年联邦贸易委员会烟草报告(在 2005 年发行)，2003 年烟草业花在广告和推广上的费用高达每天 4 150 万美元。另外，该行业的快速 248
使用图像为基础的宣传，对青年和教育程度较低的人来说已被证明是有效的。例如，迪弗兰萨及其同事(DiFranza et al., 1991)发现，骆驼乔(一个抽着骆驼牌香烟的卡通形象)相比于米奇老鼠更容易被儿童辨认出。也就是说，那些正投身于反烟运动的机构(包括美国癌症协会和世界卫生组织)正面临一项艰巨的任务：烟草行业尚未在反烟及戒烟的公共卫生努力面前承认失败。

以社区为基础的禁烟方法

一个全国性的学校调查(2005 Youth Risk Behavior Surveillance)指出，48.5%的青少年不用年龄证明即可购买到香烟(MMWR, 2006)，这意味着与健康相关的法令的建立(例如，“未成年人不得购买香烟”)仅仅只是营造无烟环境战争的第一步(Jason, Berk, Schnopp-Wyatt, & Talbot, 1999)。比格兰及其同事(Biglan et al., 1996)认为：

> 许多执行法令的官员觉得，他们有更重大的犯罪案子需要处理，如果这样的案子被带到他们面前，将使他们感到恼火。另外，如果减少青少年吸烟行为的意义没有得到适当的宣传，那么在执行时也将出现一种风险——禁烟反弹。(p.626)

这段话意味着社区成员必须具备社区归属感，包括他们如何看待与执行相关的法令。为检验这一前提条件，比格兰及其同事设计了一个有五个构成要素的干预方案，在美国俄勒冈州的两个小型社区进行，希望能降低青少年烟草产品的使用。结果发现，社区中有一定比率的经销店愿意将烟草产品卖给青少年者。

比格兰及其同事(Biglan et al., 1996)利用准实验设计，在俄勒冈州挑选出两个社区，对它们实施干预措施，另两个相似的社区不进行干预。具体而言，社区支持动员的活动，包括证书和签名运动，争取各个社区部门(例如，学校、健康照顾机构、市民组织)的成员共同达成不卖香烟给青少年的共识。商业教育(merchant education)包括参观所有烟草行销途径并要求其发布不卖香烟给青少年的声明。其中采用的一个方法是通过修订的刺激性操作方法,使那些向18岁以下青少年售卖香烟的店员与不向18岁以下青少年售卖香烟的店员获得不同的结果。也就是说,遵守规定的店员每次会得到一张可在当地商店使用的礼物券(价值2美元),而违反规定者则会被警告并重申不卖香烟给青少年的声明。作为公共干预策略的一部分,所有这些活动都会在大众媒体(例如,新闻报纸)中公布。最后,逐个通知烟草经销商此类活动(店员的身份是匿名的)。简言之,这五个构成要素代表了一个从宏观水平(例如,动员社区)到微观水平(例如,对商家的回馈)的干预策略。结果显示,烟草经销商出售烟草给青少年的意愿明显低于控制组。

249 比格兰及其同事(Biglan et al., 1996)的研究指出以社区为基础的参与(community-based involvement)在推动与健康相关的公共法令的执行中的重要性。人们可能没有意识到,自己所在的社区作为一个整体可以对诸如青少年烟草获得的问题产生影响。为了探讨成年人对于限制青少年获得烟草问题的态度,西格尔和阿尔瓦罗(Siegel & Alvaro, 2003)对亚利桑那州的两个地区进行了研究。他们发现,有很大一部分成年人认为,未成年人很容易就能获得香烟,并且认为他们的父母应该负大部分责任。而且,大多数成年人认为,"他们或者社区不能制止未成年人购买香烟"。反过来,尽管已有例子证明,社区在改善与健康有关问题的状态上扮演着极其重要和显著的角色,但社区成员作为个体仍然不能理解他作为社区一分子的角色。

酒精

问题的严重性

除了烟草之外,**酒精**(alcohol)是一种打开其他物质滥用大门的物质。2005年,青少年危机行为监控系统的数据显示,有74.3%的学生接触过酒精,将近1/4(25.6%)的学生曾在13岁以前喝过酒,这些饮酒行为有性别、年龄和种族的差异(MMWR, 2006)。例如,13岁之前男生接触酒精的比例(29.2%)明显高于女生(22.0%)。

在美国全国范围内,有43.3%的学生是习惯性饮酒者(或者,在过去的30天里至少喝过一杯酒)。习惯性饮酒也存在性别、年龄和种族/宗教的差异。例如,与黑人女性(32.5%)相比,习惯性饮酒在白人和拉美裔的女性中(45.9%和44.8%)更普遍。而且,有25.5%的学生沉迷于饮用大量的酒(在调查之前的30天中,至少有一天在几个小时内连续饮用了至少5杯酒)。男学生酗酒的比率(27.5%)要高于女学生(23.5%)。另外,白人学生(29.9%)比黑人学生(11.1%)和拉美裔学生(25.3%)更可能酗酒。

在性行为发生前或发生时饮酒,也是造成不安全性行为的主要风险因素(Leigh & Stall, 1993),这可能导致意外怀孕以及性病(包括艾滋病病毒)的传染。根据2005年青少年危机行为监控系统的数据，有近 1/4(23.3%)的学生曾在其最近一次的性行为中饮酒或用药(调查中有 33.9%的学生有性行为)。在最近一次的性行为中，男性(27.6%)比女性(19.0%)饮酒或用药的可能性更大。在种族或民族差异上，白人学生(25.0%)和拉美裔学生(25.6%)比黑人学生(14.1%)更热衷于此。需要指出的是，黑人学生(47.4%)比白人和拉美裔学生(32.0%和 250
35.0%)的当前性活动多(在调查之前的三个月中至少与一个人发生过性行为)。

最后，无节制饮酒是一个重大的问题，它与使用和滥用酒精相关联，而且从大学校园到整个社会普遍存在。美国酒精滥用和酗酒研究所(National Institute of Alcohol Abuse and Alcoholism, 2004)将无节制饮酒定义为，“一种使人体内血液中酒精浓度(BAC)达到 0.08%或以上的饮酒方式”，通常，在大约两个小时内，男性喝完五杯或五杯以上的酒，女性喝完四杯或四杯以上的酒，就能达到这一浓度水平。据美国疾病预防控制中心指出，无节制饮酒与一系列的健康问题有关，从意外伤害和神经系统的损害到性功能障碍和肝脏疾病(U.S. Department of Health and Human Services, CDC, 2008)。在美国，无节制饮酒带来了很大一部分的酒精消费量。事实上，有大约 90%的酒精消费是由 21 岁以下的年轻人无节制饮酒造成的(Pacific Institute for Research and Evaluation, 2005)。此外，大约 92%的成年人在过去的 30 天内有过无节制饮酒(Town et al., 2008)。

至于俄罗斯人，许多研究都发现，尽管他们饮酒的频率更低，但他们每次都消耗大量的酒，无节制饮酒是他们酒精消费的独特特征(Bobak et al., 2004; Jukkala, Makinen, Kislitsyna, Ferlander, & Vagero, 2008; Leinsalu, 2004; Simpura, Levin, & Mustonen, 1997)。在 2008 的研究中，尤卡拉等人(Jukkala et al., 2008)将无节制饮酒解释为俄罗斯死亡风险的一个重要因素。该研究还发现，无节制饮酒形式与个人的经济状况和社会关系有关。此外，性别被认为是个人是否会发生无节制饮酒的重要因素。该研究的主要发现如下：

- 男人有经济问题时会大量饮酒，而女人有经济问题时则更少喝酒。
- 已婚男性和未婚男性饮酒量一样多，而已婚女性相对于未婚女性则饮酒要少得多。
- 女性饮酒集中在朋友的范围内，而男性饮酒发生在其他地方。
- 饮酒模式表明，妇女和年轻人的饮酒量似乎比之前增加了。

尽管该研究表达了对俄罗斯酗酒问题的担忧，但该项关于无节制饮酒的研究在个人健康与社区之间建立了重要的联系。因为无节制饮酒可能是导致“俄罗斯在死亡率上较大的性别差距”的一个因素，这些联系可能成为解决重要公共健康问题的社区健康方法的重要途径。在应对全球性预防健康问题的时候，对社区独特的文化现象进行评估就显得很有必要。

酒精安全法

在美国，车祸是美国 2—34 岁人群死亡的首要原因，这些致命事故中有 42%与酒精有关(National Highway Traffic Safety Administration, 2008)。在每年的酒醉驾车或酒后驾车被逮 251
捕者中，大约有 1/3 的被逮捕者以前就曾因酒醉驾车或酒后驾车被判罪(National Highway Traffic Safety Administration, 2008)。此外，在美国危险驾驶(impaired driving)是最常犯的罪行(National Highway Traffic Safety Administration, 2008)。

尽管这些统计数据相当残酷,但现在与酒精有关的死亡,与 20 世纪 90 年代以前相比,已经得到更多的控制,部分原因是实施了一系列法律措施,限制和阻止酒驾。在一项研究中,沃斯、蒂皮茨和费尔(Voas, Tippetts, & Fell, 2000)对三大酒精安全法进行了评估,包括《行政许可撤销法》《0.10 违法法律》和《0.08 违法法律》。该研究结果表明,美国 1982 年至 1997 年间,与酒精相关的致命事故呈下降趋势,这三大酒精安全法都发挥了作用。该研究还指出,与酒精相关的致命事故大幅度下降,不能归因于某个单一的法律,而是这些法律随着时间推移产生的共同影响。其他因素,例如,媒体对饮酒和驾驶问题的关注,以及增加清醒筛检站的使用,也被确定为可能的因素,也可能有助于减少致命事故的发生,尽管这两个因素未在该模型中进行检验。在解决诸如限制交通事故造成的死亡或伤害之类的预防性健康问题时,在提高酒精安全的诸多方法中,实施全面的社区方法正表现出他的重要性。

社区心理学的方法

如前所述,当人们意识到自己被赋权去作出明智的选择和决定,包括他们为什么要听从由专家或政府官员提出的健康忠告时,相关的健康法令政策更能得到支持或发挥作用。这个等式的关键部分是:赋权(以及赋权对决策的影响)常常始于家庭(例如,父母告诉孩子们关于饮酒、婚前性行为等的优劣好坏)及学校(例如,同伴的亲社会行为)。换句话说,源自俄勒冈州两个社区的价值观和技巧被认为对与健康有关的决策过程有帮助。接下来,我们简要地回顾一下一项以亲子干预策略来应对青少年酒精使用的研究。

斯波思、雷德蒙德、霍卡迪和柳(Spoth, Redmond, Hockaday, & Yoo, 1996)使用等待名单设计(wait-list design)对干预研究中减少青少年药物滥用行为的三个主要保护因素进行了评估:(1)与父母的感情;(2)与亲社会同伴的联系;(3)掌控性自尊(觉得能掌握一个人的命运)(Preparing Drug Free Years, PDFY)。PDFY 的基本形式是,父(母)和孩子进行五次,每次两个小时的聚会。每次聚会都有以家庭为中心的能力训练和技能培养。该研究提出的假设是,积极的父母卷入促使青少年倾向于选择那些父母有相似价值观的青少年为伴。这种亲社会同伴关系反过来会增强他们的掌控性自尊。总体上来说,研究结果支持研究者所宣称的,三个因素对自我报告的戒酒行为倾向产生了保护性影响。也就是说,实验组的这种保护性影响要好于控制组,两组存在显著差异。

在更近的一项评论中,维勒曼、坦普尔顿和科佩洛(Velleman, Templeton, & Copello, 2005)发现一项"非常理想的研究":"家庭可以在预防年轻人的药物使用和滥用中起到核心作
252 用"。然而,温帕尼(Vimpani, 2005)在另一项回顾中却指出,"在将有效的和有针对性的早期干预纳入政策、方案和项目方面,仍有许多工作要做"。因此,虽然早期酒精干预与家庭、社区已经建立许多关系,但能够利用这些重要关系的项目还非常缺乏。

违禁药品

问题的严重性

使用非法毒品已是一个全球性问题。根据世界卫生组织(World Health Organization, 2008)的报告,全世界至少有1 530万人在使用毒品。毒品使用不仅给个人和社区带来不良的后果,而且从短期和长期来看,对吸毒者的治疗是一个巨大的经济和财政负担。因此,尽可能早地投资于毒品介入可以节省将来的健康和社会成本。事实上,在毒品介入上每投资 1 美元,大约可以节约 7 美元的健康和社会成本。

在美国,也包括其他国家,吸毒是一个严重的问题。根据青少年危机行为监控系统的调查(MMWR, 2006),在所有学生中曾经使用大麻、可卡因(包括粉状、纯可卡因、精炼的可卡因)、违禁注射毒品、非法类固醇、吸入剂、致幻药物[包括麦角酰二乙胺酸(LSD)、苯环己哌啶(PCP)、天使粉、仙人球毒碱和蘑菇]、海洛因、甲基苯丙胺(又称“速度”“水晶”“怪人”和“冰”)和摇头丸(甲基苯丙胺/MDMA)的比率分别为38.4%, 7.6%, 2.1%, 4.0%, 12.4%, 8.5%, 2.4%, 6.2%, 6.3%。略低于 1/10(8.7%)的学生曾在 13 岁之前吸食过大麻。该行为存在性别、年级和种族的差异,例如,男生(11.0%)比女生(6.3%)更可能在 13 岁之前吸食大麻。

至于大麻,州的流行率(state prevalence rates)(目前正在使用的比例)为 7.6%—26.2%(中间值为 18.9%),地方的流行率为 12.3%—24.0%(中间值为 18.6%)。州的可卡因流行率(目前正在使用的比例)范围为 2.0%—7.9%(中间值为 3.3%),地方的流行率为 0.9%—4.9%(中间值为 3.0%)。至于违禁注射毒品,州的终身(曾经使用过)流行率为 0.9%—4.3%之间(中间值为 2.3%),而地方流行率是 1.0%—5.9%(中间值为 2.0%)。非法类固醇的州流行率为 2.0%—6.5%(中间值为 3.9%),地方流行率为 1.6%—7.7%(中间值为 3.0%)。吸入剂州的流行率为 8.6%—17.1%(中间值为 12.2%),地方为 5.5%—17.9%(中间值为 9.7%)。海洛因的州流行率为 1.3%—5.3%(中间值为 2.7%),地方流行率为0.8%—7.4%(中间值为2.2%)。甲基苯丙胺的州流行率为 2.6%—11.7%(中间值为 5.9%),地方流行率为 1.0%—11.0%(中间值为 3.7%)。最后,摇头丸的州流行率为 3.3%—9.2%(中间值为 6.1%),地方流行率为 253
3.3%—9.1%(中间值为 5.6%)。(注:致幻药物的州和地方流行率在 MMWR 2006 年的报告中没有相关数据。)

大麻是最受欢迎的毒品——20.2%的学生在调查前三十天内曾一次或多次使用过大麻。然而,非法药物的使用会因诸如性别、年级和种族等因素的不同而存在很大差异。例如,男生比女生更可能使用大麻(40.5%对 35.9%)、非法类固醇(4.8%对 3.2%),而女生则更可能使用吸入剂(13.5%对 11.3%)。另外,白人和拉美裔(分别为 7.7%和 12.2%)明显比黑人女生(2.3%)更可能使用可卡因。

由于大多数药物是非法的，因此使用者无法准确地监测他们使用的是什么类型的药物。举例来说，与三十年前相比，现在使用大麻的危险性更高。就在写这本书的时候，四氢大麻酚(THC)——大麻中影响精神的成分——含量是自20世纪70年代末开始对大麻进行科学分析以来科学家见到的最高纪录(Office National Drug Control Policy, 2008)。从美国毒品控制政策办公室(ONDCP)和美国国家药物滥用研究所(NIDA)公布的密西西比大学的药效监测项目对四氢大麻酚含量的分析结果可以看出，美国政府对此很担心。在有关大麻效力增加问题的新闻发布会上，美国毒品控制政策办公室领导人、布什总统的“药物沙皇”约翰·沃尔特斯对这一发现表示关注：

> 婴儿潮时期那些仍然认为大麻是一种无害物质的父母们需要知道这个事实。大麻的效力在过去十年中急剧增长，并带来了严重影响，尤其是对年轻人。它不仅增加了各种心理状况、认知障碍和呼吸问题的风险，而且它让吸食者比其他非吸食者对其他药物(如可卡因和海洛因)有更高的依赖的风险。

最后，违禁药品的使用导致许多悲惨的结果，除了无节制的犯罪之外，还包括家庭暴力、疾病、丧失生产力和性传播疾病(STDs)——包括艾滋病病毒/艾滋病——的增加。例如，在136个报告注射药物的国家中，有93个国家报告有艾滋病病毒感染(World Health Organization, 2008)。这仅仅是众多事实证明中的一个统计数据，该统计说明了这样一个事实，即非法药物的影响深远，其对社会的影响远远超过使用者本人。

可能的解决方法与挑战

美国毒品控制政策办公室的《美国毒品控制战略2008年年度报告》(National Drug Control Strategy 2008 Annual Report)概述了美国毒品状况存在的几个问题以及目前实施的方案和措施。《美国毒品控制战略2008年年度报告》指出美国已经取得的进展：与2001年相比，2008年使用毒品的年轻人减少860 000。该方案已延伸到社会的许多领域，从公共健康服
254 务机构到刑事司法系统。此外，该报告还提到从“追求一个平衡的策略，以解决药物使用的流行和经济药物的供应”到“减少毒品使用”的必要性。报告分为三章，它贯穿于乔治·布什的管理国家毒品控制战略，避免在20世纪80年代和90年代早期吸毒率下降以来的反弹。该报告的三章依次为：

1. 防患于未然；
2. 治疗和治愈美国的吸毒者；
3. 打击非法毒品市场。

第一章讨论了针对毒品使用诸多方面的项目，从通过青年健康运动改变人们现存的态度到鼓励无毒品工作场所。第二章讲述了在打击吸毒方面的诸多努力，包括对药物滥用的早期检验和对滥用处方药干预的筛检工具的重要性(见案例11-1)。最后，第三章讲述了美国违禁药品的多种途径(包括非法家庭生产和跨境毒品交易)，讨论了如何从国家和国际的层面提高智力，改善国际关系，以在全球范围内减少毒品的使用。自从美国吸毒率出现反弹以来，《美国

毒品控制战略2008年年度报告》指出，目前青年人吸毒的比率有所下降，并指出对于如何应对周围唾手可得的毒品使用问题趋势有了进一步了解。例如，该报告指出，青少年时期是决定一个人在以后的生活中是否会有药物依赖风险的重要时期，这个时候可以利用外在的资源服务于青少年中重要的风险群体，有了研究者和作者对非法使用毒品的许多因素的深入理解，政策和项目就可以更有针对性地改善国内外人们对药物滥用状况的认识。

案例11-1 滥用处方药：问题使用者的风险因素

据报道，美国有1 000万人报告自己存在非医疗使用处方药的问题(Substance Abuse and Mental Health Service Administration, 2002)，占美国人口的7%。受这一现象的激发，希莫尼-瓦斯蒂拉和斯特里克勒(Simoni-Wastila & Strickler, 2004)开始着手研究有关处方药使用问题的风险因素。非医疗使用处方药包括方方面面的多种行为，从简单的不服从到消遣性使用和滥用(Wesson, Smith, Ling, & Seymour, 1997)。

首先，希莫尼-瓦斯蒂拉和斯特里克勒根据美国全国家庭毒品滥用调查估计出使用处方药的流行率。然后，根据下面成瘾/严重使用的标准来鉴别"问题使用者"，只要符合其中的一条，即被鉴定为"问题使用者"：

1. 没有能力戒断；

2. 所做的工作减少了；

3. 在过去的一个月中使用过药物并且意志消沉，爱争论，焦虑或者沮丧，感到孤独并有健康问题或者很难清楚地思考；

4. 需要更大的剂量；

5. 存在戒断症状。

该研究对已识别的问题使用者的种族、年龄、性别、婚姻状况、城市化程度、教育程度、工作状况、健康保险、收入和基本的健康状况方面进行了分析。结果表明，报告每年 255
都会使用去年的非医疗处方药的人数达820多万，占美国人口的4%。而且，在这820万人口中，有130万人被认为是"处方药的问题使用者"。问题使用的风险因素包括：女性、身体健康状况不佳或一般、每日饮酒。相反，年轻(25岁以下)和全职工作不会有这些问题。另外，其他因素，如婚姻状况、受教育程度、职业状况和收入，则与特定的治疗药物种类有关联。例如，一个35岁的未婚女性可能会成为麻醉性镇痛药的问题使用者。

希莫尼-瓦斯蒂拉和斯特里克勒指出，他们的研究首次评估了处方药使用的流行率，指出在未来对风险因素作进一步探索和对处方药使用者进行治疗的可能性。这个案例研究表明，尽管处方药合法，但就处方药对人的深远影响而言，它很容易使人陷入与毒品使用相同的境地，因此有必要采取与应对美国及国外的非法毒品问题相同的社区健康方法来应对滥用处方药的问题。

性传播疾病

苏珊·钱德勒正在思考她是否要给自己 12 岁的女儿亚历山德拉接种 HPV(人类乳头状瘤病毒)疫苗。在她女儿还没有性活动之前就接种针对性传播疾病的疫苗似乎有点奇怪。她几乎没有与亚历山德拉说起过性,甚至在提到疫苗的时候有些不自在。但是苏珊认为,自己是一位警觉的母亲,应该保护自己女儿免得宫颈癌。她与医生交谈并权衡疫苗的优缺点。美国食品与药物管理局(Food and Drug Administration)审核批准,加德西(宫颈癌疫苗)可以预防四个占主导地位的人类乳头状瘤病毒株。但是人类乳头状瘤病毒有数以百计的毒株,即使接种了疫苗也不一定能够预防所有类型的 HPV 以及宫颈癌的所有形式。苏珊担心的是,这次接种可能会让女儿误以为自己可以预防所有的性传播疾病并且能够参与更多的性活动。另外,接种费用很高,需要三剂,每剂 120 美元,每 7 个月注射一剂,而且这个费用不在家庭保险范围内。这个疫苗相对来说还很新,其副作用以及长期的健康风险未知。

她最终决定为她女儿注射这种疫苗,她告诉女儿是去接种预防癌症的疫苗。苏珊并没有提是预防性传播疾病的 HPV 疫苗,她想等亚历山德拉在学校接受了性知识后再告诉她。

问题的严重性

性传播疾病(Sexually transmitted diseases, STDs)长期以来就被视为将导致巨大的健康问题和经济后果的隐藏的流行病。由于性传播疾病的生物学和社会特点,许多美国人不愿意
256 公开谈论性健康话题。尽管在性传播疾病的治疗、诊断和预防方面已经取得了进步,但每年仍有 1 900 万新增感染者(CDC, 2006)。而且,美国的性传播疾病的流行率是所有工业化国家中最高的。另外,青少年(10—19 岁)和年轻人(20—24 岁)接触性传播疾病的风险最高。表 11-2 是一个对性传播疾病的症状、流行率和传播方式的概述。

表 11-2 性传播疾病的症状、流行率和传播方式概述

名　称	症　状	传　染	治　疗	流行率
衣原体疾病,沙眼衣原体	被认为是“沉默”的疾病,很多被感染者并不表现出症状 对女性而言,其症状可能是不正常的阴道分泌物或排尿时有烧灼感 对男性而言,其症状是阴茎排泄物或排尿时有烧灼感 如果不治疗,女性容易得盆腔炎	通过阴道性交、肛交或者口交传染 感染的母亲分娩时,通过阴道传染给婴儿	用抗生素很容易就能治愈	2006 年有 100 多万感染者

（续表）

名　　称	症　　状	传　　染	治　　疗	流行率
生殖器疱疹 单纯疱疹病毒(Herpes Simplex Virus，HSV)，HSV-1 或 HSV-2	病情会在最初感染的两个星期内发作 主要症状包括生殖器或直肠周围逐渐溃疡 也有些人可能会在数周或数月后出现症状，一般一年内会发作 4、5 次，以后逐年减少 大部分 HSV-2 的感染者没有溃疡或者存在无法识别的症状	病毒从溃疡处释放出来，也可从看上去没有溃疡的地方释放出 HSV-1 病毒会引起“唇疱疹”也可能在口腔与生殖器或生殖器与生殖器接触时引起生殖器感染	疱疹不用治疗即可痊愈，但是抗病毒性药物可缩短或预防病情发作 每日对症治疗，以抑制疱疹预防传播	年龄在 12 岁以上的感染生殖器疱疹者有 4 500 万 1/5 的青少年和成年人有生殖器单纯疱疹病毒 女性感染者更多
梅毒 一种梅毒螺旋体引起的细菌	许多感染者在多年内并没有什么症状但在日后存在很大的并发症风险 病情的最初阶段是出现一个小溃疡，如果不治疗，就会发展到第二阶段 第二阶段会出现皮疹和粘膜损伤 再后来的症状就是开始损伤体内器官，肌肉运动协调困难	通过与梅毒疮直接接触传播，溃疡通常发生于外生殖器、嘴唇和嘴 通过阴道性交、肛交和口交传播	在早期阶段容易治愈 注射青霉素治疗	大部分梅毒患者年龄在 20—39 岁 整个 2005 年，梅毒病例增长 11.8% 2006 年，64% 的病例发生在发生性关系的男同性恋者身上
淋病，一种淋病奈瑟菌引起的细菌	对于男性，症状包括排尿时有烧灼感或阴茎分泌的白色、黄色、绿色分泌物 如果不治疗，淋病会导致附睾炎和不育症 对女性来说，它往往出现轻微症状或根本没有症状，往往会误认为是膀胱或阴道感染 如果不治疗，会得盆腔炎	通过阴茎、阴道、口或者肛门的接触传播 也可通过母婴传播	有些抗生素可以治疗淋病，但是出现的抗药性是值得关注的问题	2006 年所报告的感染率是1.209%，美国疾病预防控制中心估计每年新增 70 000 病例

资料来源：CDC(2006). Reproduced by kind permission of UNAIDS，www.unaids.org.

性传播疾病的特点和影响是多方面的。性传播疾病会带来巨大的经济负担，每年与性传播疾病有关的直接医疗费用估计高达 1 470 亿美元。2000 年，在 15—24 岁的人群中有 900 万新增感染者，直接的经济费用为 65 亿美元。费用的高低取决于疾病的不同。人类乳头状瘤病毒的医疗费用最高(29 亿美元)，梅毒的治疗费最低(360 万)(Chesson et al.，2004)。虽然许多人被感染时可能会没有感觉或没有任何症状(因此他们未接受治疗)，但性传播疾病仍然会对个人的健康产生巨大的影响。例如，衣原体疾病，不管它有没有被察觉，都会造成女性不孕。确实，性传播疾病的流行率在药物使用者(包括静脉与非静脉，含酒精的药物的使用者)之间有 257

较高的流行率。此外,流行病学的研究也证实,在性传播疾病增加的同时,艾滋病病毒传染的可能性也会提高。这一相互强化的传染过程被称为**流行病学的协同作用**(epidemiological synergy)(MMWR, 1998a)。

可能的解决方法与挑战

艾滋病病毒和性传播疾病预防咨询委员会(Advisory Committee for HIV and STD Prevention)给出如下建议:

1. 评估并确保因性传播疾病症状而寻求医疗服务者的患者在私立和公立医疗照顾机构中可及时地获得高品质的性传播疾病临床照顾。

2. 根据目前的指导性方针,在医学照顾场所对性传播疾病患者(包括有症状和无症状)进行筛查,并根据前期筛查获得的流行率的数字,在需要时扩大筛查。

3. 鼓励在非医学场所——监狱及其他惩治机构、物质滥用治疗中心及医院的急诊处,对艾滋病病毒和可治愈的性传播疾病的高风险感染者建立和扩大筛查,并提供有效的治疗,在非医疗机构中建立或扩大性传播疾病的筛选。

258 4. 为项目和管理人员提供跨领域的训练,包括艾滋病病毒预防社区计划小组(HIV prevention community planning groups),讨论艾滋病病毒检测的作用,性传播疾病的预防措施。(MMWR, 1998a, p.11)

这些建议是在查阅大量有关性传播疾病的预防与干预的理论和实验研究文献后提出的。另一个建议是基于因特网的预防项目。因特网已成为占主导地位的传播媒介,公共卫生部门的官员正利用它来实施公众健康干预项目。美国全国性传播疾病联盟(national coalition of STD directors, NCSD)为非政府组织和卫生部门使用互联网关注三个明显的网上活动制订了准则:合作伙伴服务、外展服务和健康交流。以网络为基础的合作伙伴服务(internet-based partner services, IPS)是一个有用的方法,可以关注那些通过互联网来接触潜在传染病的人。以网络为基础的合作伙伴服务方案的关键是合作伙伴服务的理念,而不仅仅是伙伴通知;这个通知不仅告知可能的合作伙伴而且提供可用的服务。以网络为基础的外展服务原则上建议建立网上身份,关注网上社区和文化以及项目包含的特殊方面。准则的最后一个方面是健康交流的整合。这就要求所有与性传播疾病/艾滋病病毒有关的健康交流有一个网站,这对于那些在寻求帮助上比较消极的人来说尤为重要,他们可以不通过与医务人员的交谈就可以获得信息(NCSD, 2008)。在公共卫生干预方面,互联网的使用指出在转变时期实施相关且动态的方案的必要性。

除了照顾的无障碍性和早期发现与筛查外,这些建议也意味着,性教育是健康生活方式的一部分,需要被整合到以社区为主或以社区为基础的预防和干预方案中,这种观点在美国卫生局局长大卫・萨彻(David Satcher, 2001)的报告中也得到回应。在美国,以社区为基础进行研究面临的挑战是,当未确定要提倡何种特定性的行为或生活形态时(例如,两性的、同性恋的),要如何将性教育整合到这样的方案中,若对此未加考虑,那么方案很有可能无法被接纳。对

1990 年到 2001 年发表在《美国社区心理学杂志》(*American Journal of Community Psychology*)和《社区心理学杂志》(*Journal of Community Psychology*)上的研究回顾表明，社区心理学家在性传播疾病的预防与干预工作上没发挥多大作用(除了艾滋病病毒和艾滋病之外)。对这两本杂志在 2001 年到 2008 年所发表的研究的第二次回顾发现，这八年间有五篇相关的文章。什么原因导致相关的研究如此稀少或缺乏？是因为性是一个禁忌或者是一个让人不自在的讨论话题吗？

另外，性行为已经发生变化，尤其是在青少年之中。根据凯瑟家庭基金会(Kaiser Family Foundation)的报告，在过去十年中，高中生性交的比例下降了，同时，性行为活跃的青少年使用避孕药具的比率上升了，这些都导致怀孕率下降。然而，“有大约 1/3(34%)的年轻女性在 20 岁之前怀孕过一次”(Kaiser Family Foundation, 2005a)。这些发展表明，以社区为基础的公共保健方案在针对青年方面是有效的。但是在青少年获得全面的生殖保健和服务上还存在许多障碍。这些因素包括，关于父母同意的州级法令、照顾费用高昂、友好的青年服务传递系 259
统很少，以及对可用服务的普遍忽视。

在这一节开头的故事中，苏珊决定给女儿接种疫苗，尽管她有些不情愿。这样做就有助于消除 HPV(人类乳头状瘤病毒)。目前，HPV 是最常见的性病，有性生活的男女中至少有 50% 的人会传染上生殖器人类乳头状瘤病毒(CDC, 2004)。这种情况代表了文化、医疗技术和基本流行病学的差异，人类乳头状瘤病毒造成的严重健康风险不可忽视。新技术提供了抵抗人类乳头状瘤病毒的方法，但它绝不是一种治愈的方法。针对性病，有多种办法治疗和预防。此外，在青少年性健康领域，还需要公共卫生的官员、学校与家长共同努力。苏珊认为，亚历山德拉的学校会与她谈论有关性的话题，但这种谈话必须及早进行并经常开展。

艾滋病病毒和艾滋病

艾滋病病毒疫苗是可能的解决措施吗？注射艾滋病病毒疫苗被认为是控制和终止艾滋病病毒/艾滋病全球流行最安全的，同时也是非常便宜、有效、容易得到和实用的方式。目前，开发艾滋病病毒疫苗面临的唯一挑战是没有可供疫苗学家利用的病毒特征(Berkeley & Koff, 2007)。2007 年 9 月，最有希望的疫苗在一个大型国际人体试验中失败，进一步的开发也被停止。艾滋病病毒疫苗疫苗试验网、默克、美国国家过敏与传染病学会(NIAID)和学术联盟使用了一种新的方法来开发免疫反应，即通过 T 细胞产生免疫反应来限制病毒量与疾病进展(Sekaly, 2008)。STEP 测试是在近 3 000 名健康的艾滋病病毒疫苗阴性者身上进行的。预估疫苗会产生出可见的细胞免疫，但结果并没有产生出抗体。更令人惊讶的是，疫苗可能会增加被试传染艾滋病病毒的风险(Altman, 2008)。

除了科研上的困难，疫苗开发的进程也取决于商业和政治支持。小而有创新精神的生物技术公司大都由于投资的高风险性和不确定性，而没有足够的财力去投资艾滋病病毒疫苗的研发(Berkeley & Koff, 2007)。考虑到这些限制,艾滋病病毒疫苗的研究需要在艾滋病预防的公共卫生重点方面进行整合。或许,通过跨学科的研究和研究方法的革新,艾滋病病毒疫苗的研发可以取得进步(Cohen, 2007)。

疫苗研发失败证明,艾滋病病毒是一种复杂的传染病,用一种疫苗并不能治愈。艾滋病病毒不仅给免疫学带来了挑战,而且它要求国际间的医疗社区、政府和其他社区团体的合作。目前,艾滋病已成为公共健康领域最大的挑战。

回顾

截至 2007 年底,全世界有 330 多万艾滋病病毒的携带者。艾滋病是全世界十大死亡因素
260 之一。在撒哈拉沙漠以南的非洲,艾滋病是主要的死因。虽然由于更好的筛查项目出现,2007 年对艾滋病流行率的估计有了重大调整,但艾滋病仍然是一个全球性的危机。每天有6 800余人感染艾滋病病毒,有近 6 000 人死于艾滋病(UNAIDS, 2007)。重要的是,要注意到艾滋病病毒并不是导致艾滋病的主因,而是感染艾滋病病毒(艾滋病病毒-阳性)会导致个人免疫系统减弱,因此打开了传染病感染的大门,增加了被传染的风险而患艾滋病(见表 11-3)。虽然有一小群科学家持相反的观点,这些科学家不认为艾滋病病毒是艾滋病的起因,但这些意见通常被主流的科学群体忽视。

表 11-3 艾滋病病毒或艾滋病患者的特征

大脑受损(艾滋病的晚期阶段)
经常腹泻
食欲减退
持续低烧
T 细胞值降低(低于 400; T 细胞涉及对传染病的抵抗力)
口腔炎(例如,口腔内真菌感染)
肺炎
皮肤损伤(例如,卡波西肉瘤)
腺体肿大
体重减轻

在 20 世纪 70 年代后期以及 80 年代早期,美国的医疗界开始注意到一种奇怪的疾病,这种疾病大部分都传染给男同性恋以及静脉注射的药物使用者。不久,艾滋病病毒、艾滋病及 ARC(与艾滋病有关的复杂病情)等术语变得家喻户晓。虽然艾滋病病毒及艾滋病最先是在这个国家的男同性恋中被发现的,但目前这种疾病已经传染给所有的男性(包括男性异性恋者)和女性(见表 11-4)。科学家以及非专业人士同样在思考着艾滋病病毒和艾滋病的起源;相关的理论从绿猴子理论(green monkey theory)(非洲猴的一种,被认为是不可治愈的疾病的来源)到美国中央情报局(CIA)引导的生物战。还有其他人(Eigen, 1993)认为,艾滋病病毒早在 120 年以前的人类生活中便已存在,只是在等待适当的环境攻击人类的免疫系统。表 11-4 提供了一些与艾滋病病毒有关的统计数字和特征。

表 11-4 各地区的艾滋病病毒统计数字和特征(2007 年 12 月底) 262

区 域	传染的时间起点	目前患艾滋病病毒的成人与儿童数	成人患病的比率(15—49 岁)	死于艾滋病的成人和儿童数
撒哈拉沙漠以南的非洲	20 世纪 70 年代晚期到 80 年代早期	2 250 万	5.0%	160 万
北非和中东	20 世纪 80 年代晚期	38 万	0.3%	2.5 万
南亚及东南亚	20 世纪 80 年代晚期	400 万	0.3%	27 万
东亚和太平洋	20 世纪 80 年代晚期	80 万	0.1%	3.2 万
拉丁美洲	20 世纪 70 年代晚期到 80 年代早期	160 万	0.5%	5.8 万
加勒比海	20 世纪 70 年代晚期到 80 年代早期	23 万	0.1%	1.1 万
东欧和中亚	20 世纪 90 年代早期	160 万	0.9%	5.5 万
西欧和中欧	20 世纪 70 年代晚期到 80 年代早期	76 万	0.3%	1.2 万
北 美	20 世纪 70 年代晚期到 80 年代早期	130 万	0.6%	2.1 万
大 洋 洲	20 世纪 70 年代晚期到 80 年代早期	7.5 万	0.4%	1.2 万
总 计		**3 325 万**	**8.5%**	**210 万**

资料来源:UNAIDS(2007).

在遏制艾滋病传播方面已取得令人鼓舞的发展,包括预防项目的改进以及有效治疗途径的增多。然而,感染艾滋病病毒的人数还在逐年增加。在全球的很多地区,新增加的艾滋病病毒感染者主要集中在年轻人中(15—24 岁)。艾滋病病毒感染者多集中在撒哈拉沙漠以南的非洲——大约有 2/3 的青少年和孩子感染艾滋病病毒(UNAIDS, 2006)。

问题的严重性

在美国,所有 50 个州都有艾滋病病例的报告,但是 71%的病例集中在其中的 10 个州或地
区。艾滋病病例主要集中在城市和南部地区,哥伦比亚区的比例最高。另外,艾滋病已对种族 261
和少数族裔,主要是黑人和拉美裔产生了很大的影响。更令人震惊的是,艾滋病患者与美国人口的人口统计学比较。例如,黑人占总人口的 12%,但在患有艾滋病的人群中,黑人占 49%。2004 年,艾滋病病毒是导致年龄在 25—44 岁的黑人男性死亡的第四大因素,是导致黑人女性死亡的第三大因素(Kaiser Family Fund, 2008b)。艾滋病病毒和艾滋病对各种族(少数民族)群体的影响,至少可从以下三个交互的观点中逐步收集和理解:(1)知识、态度、信念和行为;(2)艾滋病病毒的检测;(3)与照顾系统的连结。

虽然关于艾滋病病毒和艾滋病的预防与干预研究指出知识、态度、信念和行为的重要性,但是对于维持(阻隔艾滋病病毒阴性反应,或确定艾滋病病毒阳性反应者能进行更安全的性行为)或改变更安全的性行为是不够的(Choi & Coates, 1994)。误解或者不够完善的知识、态

度、信念和行为可能会使人们处于更高的风险之中。研究者报告,非裔美国人群体一贯低估感染艾滋病病毒的风险。美国疾病预防控制中心指出,北卡罗来纳州的黑人女性热衷于高风险的性行为。这些复杂行为的原因包括:(1)经济上依赖男性;(2)认为自己不会被传染;(3)需要男性来爱的低自尊;(4)使用烟酒。此外,研究参与者所建议的减少北卡罗来纳州黑人女性艾滋病病毒传播的策略包括:(1)从中小学开始艾滋病病毒和性传播疾病的教育课程;(2)使安全套更容易获得和使用;(3)将针对性的艾滋病教育和预防信息整合到教会、社区活动、媒体以及流行文化中(MMWR, 2005)。

应对艾滋病传播的一个障碍是艾滋病病毒的筛查,这种服务是连结照顾系统的至为关键的一步。截至 20 世纪 90 年代中期,美国有超过 1/3 的成人做过艾滋病病毒筛查,包括献血在内,这一比率从 1987 年的 16%上升到 1995 年的 40%(Anderson, Carey, & Taveras, 2000)。三个以家庭为抽样基础的全国性调查数据显示,对艾滋病病毒高风险人群(例如,多性伴侣、注射性的药物使用者)进行筛查的比率已经有所提升。在私人场所(医疗单位、医院及急诊室、员工诊所、疗养院以及成套居家筛查服务)做艾滋病病毒筛查的人数是在公开场所(健康部门、社区诊所、艾滋病病毒咨询与检验所、家庭计划诊所、军事及移民单位以及性传播疾病诊所)做筛查人数的两倍。那些处于艾滋病病毒高风险状态下的人,已有 70%做过艾滋病病毒筛查。通过对这些艾滋病病毒筛查模式进行研究发现,艾滋病病毒的筛查至少要包括两个方面:能够获得服务以及愿意主动获得服务。这类服务(艾滋病病毒筛查)可获得,并不意味着人们就会去使用这类服务(特别是那些没有公民权的人群,包括移民、难民以及英文能力有限者和某些种族和文化团体)。事实上,还有资料指出,在特定的种族与文化团体中,艾滋病病毒的筛查还是有所不同,例如,亚洲与太平洋群岛的筛查比率最低。确实,我们并不太清楚为什么人们不愿意去进行艾滋病病毒的筛查。再者,虽然艾滋病病毒筛查的比率大体而言是高的,但半数以上
263 公开筛查的人,在筛查时并未接受艾滋病病毒相关问题方面的健康专业指导,这意味着许多人并未接受到相关的建议,或者他们并不了解可与工作人员就这类信息进行互动,提供建议的比率在私人机构更低。这些发现进一步强调了知识、态度、信念和行为、艾滋病病毒筛查,以及与照顾系统的连结之间的复杂关系,特别是在与艾滋病病毒的抗战中,这些因素可产生的影响比预期的理想状况还要少。例如,有理论认为,在个体的积极和消极思想与艾滋病病毒筛查之间存在某种关系。一项对加纳怀孕妇女的研究发现,那些非常乐观的妇女在怀孕前没有做过艾滋病病毒的筛查,且对艾滋病病毒知识了解最少。这就提出一个问题,即在面对艾滋病病毒筛查这件事上,乐观主义是否会转化为对潜在风险的否认或忽视,而悲观主义者却更具适应性,因为他/她们可以为最坏的结果做好准备(Moyer et al., 2008)。这些研究结果表明,精神压力问题和情绪困扰已经影响到艾滋病病毒的筛查。

仅靠预防与筛查并不能阻止艾滋病病毒。用**抗逆转录病毒药物**(ARTs)对艾滋病病毒疫苗抗体阳性者进行治疗可以延长他们的生命并提高生活质量。然而,有些人认为,抗逆转录病毒药物过于昂贵,发展中国家的卫生基础设施也不健全,这严重阻碍了该疗法的传播。但是,健康伙伴组织的保罗·法玛尔(Paul Farmer of Partners in Health)在海地的农村成功地创造

了一个艾滋病病毒治疗项目，证明了在资源贫乏的地区利用以社区为基础的方式进行艾滋病病毒的治疗是可能的。健康伙伴组织利用组合**高活性抗逆转录病毒疗法**（Highly active antiretroviral therapy，HAART）提供直接的观察治疗。每个患者有一个"陪同者"或健康倡导者（通常是社区卫生工作者），他要看着患者把药吃下去并提供情感、道德和社会支持。另外，每月开会讨论病情和其他问题。第一期治疗的效果非常好，患者更少住院，且患者报告精神状态更好。法玛尔认为，HAART 项目在西半球最贫困国家的成功表明，这个项目可以在任何地方实施（Farmer et al.，2001）。

复杂性和争议性

2003 年，乔治·W.布什总统承诺，五年内投入 150 亿美元以打击艾滋病病毒的流行，同时，这也是美国政府的倡议。这项计划被称为 PEPFAR 计划，即**艾滋病紧急救援总统计划**（president's emergency plan for aids relief，PEPFAR）。其中，经费的 55%用于治疗艾滋病病毒阳性者，15%用于个人的缓痛护理（临终照顾），20%用于艾滋病病毒/艾滋病的预防，10%用于艾滋病孤儿和弱势儿童。此外，专门用来预防的资金中至少有 33%的经费被分配到婚前禁欲的项目中（Avert，2008）。在资金分配方面，PEPFAR 已经受到大量批评和指责。中期检查时，专家组对 PEPFAR 进行了表扬，理由是它能够迅速扩大艾滋病的服务，因为它建议从紧急救援转移到能力建设上来。PEPFAR 受到的最大批评是，有人认为只有一小部分资金用于阻止艾滋病病毒的传播——与疾病的长期斗争中最关键的部分。另一项批评是，PEPFAR 不让把资金投入到共用针头方案上，这个方案给毒品使用者提供清洁的针头供其使用（New York Times Editorial Board，2007）。总的来说，该方案具有很大的潜力，但也存在严重的局限。

艾滋病教育引发了许多有争议的问题。作为教育的一部分，是否应该在学校里发放安全 264
套来阻止艾滋病的传播？如果这样做，应该在几年级发放？这种争议几乎摧毁了学校教育系统。患有艾滋病的人对美国食品药品监督管理局（FDA）对实验药品和治疗标准的监管越来越不耐烦。想要被治疗，必须具有由美国疾病预防控制中心（CDC）——一个艾滋病病毒和艾滋病检测的联邦机构鉴定的 20 种以上的症状。然而，疾病预防控制中心在把针对女性艾滋病患者的症状（例如，宫颈癌）加入症状清单之前，做了大量的政治游说工作。然而，还是有很多艾滋病患者（常常是偷渡到美国的人）死于不合法的治疗。美国艾滋病研究基金会荣誉主席伊丽莎白·泰勒（Elizabeth Taylor）编印了一个治疗艾滋病的所有药物清单，包括那些美国食品药品监督管理局没有批准的药物。这份清单可以免费获取。

艾滋病的流行趋势已有所减弱，这主要归因于公共健康的努力和抗逆转录病毒药物的使用。然而，在撒哈拉沙漠以南的非洲，艾滋病继续给社会、经济、政治和人口带来毁灭性的后果。有人认为，非洲的预防和控制是基于工业国家的早期公共模式，它以政策为基础，而没有考虑到艾滋病这种疾病的流行性特点（艾滋病在非洲非常广泛，而不仅仅存在于特定风险人群中）以及非洲的文化。另外，一个统一的全球性方法可能不适合应对这种流行病的极端的政治和流行病学的多样性。问题是,怎样能够最好地应对发生在非洲的艾滋病。卫生部门是否应该要求进行强制筛查?怎样把资金限制使用在预防或治疗上?如何消除艾滋病病毒阳性患者的污名感、歧视以及消沉情绪?当抗逆转录病毒药物可用但是人手不够的时候该怎么办?谁应该为艾滋病的筛查和治疗付费?应该由像世界卫生组织或世界银行那样的国际组织还是由当地政府来制定政策?

除了利用道德和政治的力量,社区心理学家和公共卫生的倡导者学会使用公共卫生模式来减缓艾滋病的传播。经过40年的努力,人们意识到,行为改变是预防艾滋病病毒传播的首要方法(National Commission on AIDS, 1993)。还有,态度变量往往被视为遵循艾滋病病毒预防建议的决定因素(Fisher & Fisher, 1992)。根据健康信念模型(Becker, 1974; Rosentock, 1986),随时准备执行与健康有关的行为被看成是一种意识到容易生病、觉察到疾病的严重程度、意识到健康保护行为的障碍和感觉到有能力保护自己不生病的自我效能感的人体机能。这种元模型一直被调整和修正,以满足和应对那些参与到艾滋病病毒预防项目的特定人群的需要和挑战。

可能的解决之道:以社区为基础的方法

上述问题只抓到问题的表面,这实际上是一个非常复杂且充满变数的问题。病毒不仅仅是
265 生物学意义上的流行病,还兼具政治和社会影响。回顾所有的解决方法超出本章的范围,然而,一个更具启发性的方法是,可以按照三个相关的标准对解决方法进行概念化(强调社区心理学的原则):(1)预防(有关艾滋病知识、态度、信念和行为的教育);(2)艾滋病病毒筛查(见案例11-2);以及(3)与照顾系统的连结(包括社区心理学的支持)(见案例11-3)。在这里,"预防"指的是在艾滋病文献以及临床项目的实施中涉及的所有水平的预防,即初级预防、次级预防和三级预防。

案例 11-2　秘鲁利马的性传播疾病/艾滋病病毒社区干预项目的实施和评价

社区项目致力于影响整个社区以产生行为方式的广泛变化。美国国家心理健康研究所(U.S.National Institute of Mental Health, NIMH)开发了社区层面的预防协作模式,目的在于动员和培训**社区民意领袖**(community popular opinion leaders, CPOLs),倡导健康的性行为。美国国家心理健康研究所正在秘鲁的利马检验这种干预的影响和作用过程,研究涉及三种不同的人群:男同性恋、有多位性伴侣的女性和异性恋的男性。该研究关注项目的中期评估以及怎样能更好地在低收入社区实施性病预防项目。

这个项目是以杰夫·凯利及其同事的民意领袖模型(Popular Opinion Leader model)为基础,该模型包括四个核心维度:(1)可见的目标人群;(2)社区民意领袖的认同(判断标准通常包括在同伴中多受欢迎、信任或尊敬);(3)在以理论为基础的预防方法的多个阶段测试社区民意领袖;(4)为社区民意领袖设定目标。

在秘鲁的干预叫做 Que te Cuentas(紧急行动起来),目标人群是艾滋病病毒/艾滋病集中地区的年轻人、农村人和贫困人口。这个项目采用了创新的培训方法,并提供有关性、艾滋病病毒和性传播疾病的知识,有效的交流的信息以及如何传递没有威胁感,简短和非正规的预防信息。研究人员发现,该方案获得巨大成功。社区民意领袖感到自己在影响社区变化的能力和地位方面被赋予了权力。很多社区民意领袖惊讶于在社交场所——包括酒吧、足球赛场以及家里——谈话很容易进行。作为社区的一个积极方面,干预得到社区的充分接受,并且邻里认为这种干预是社区的一个积极方面,并产生一种主人翁感。

对项目的进一步评估发现,以社区民意领袖的方式去宣传性传播疾病预防信息可以产生更多与文化吻合的信息。在贫困和社会排斥的环境下,社区民意领袖有机会感受自己的用处。最初的发现也证明,干预能直接改变社区民意领袖的知识、态度和风险性行为。另外,社区也有更多关于如何阻止艾滋病病毒和性传播疾病的信息(Maiorana et al., 2007)(关于该扩散模型的更多详细信息,请参见"以社区为基础的方法"的内容)。

案例 11-3 双语同伴提倡方案 266

从美国全国范围来看,来自亚洲和太平洋群岛的艾滋病患者,大多数都是在外国出生的人口。在纽约市,来自亚洲与太平洋群岛(Asian and Pacific Islanders, APIs)的艾滋病患者约占成人的95%,就整个美国来看,约占13%(Sy, Chng, Choi, & Wong, 1998)。

尽管他们代表了一个不断扩大的群体(例如,从1980年到1990年,纽约市成为人口增长率最高的地区),同时对与艾滋病病毒相关的服务需求也增多,但来自亚洲与太平洋群岛的艾滋病患者却因为下列因素,而难以得到相关服务:

- 缺乏文化适应性强、在语言上无障碍以及对艾滋病病毒敏感的服务提供者;
- 缺乏健康保险;
- 不信任相关机构;
- 性、药物滥用、同性恋、疾病以及死亡等在 APIs 社会情境中的污名化;
- 初级照顾与个案管理服务之间缺乏协调。

理想情况下,纽约市任何患有艾滋病/艾滋病病毒的亚洲与太平洋群岛岛民都可以使用他们的语言去获得任何所需的相关服务。在这种理想的状态下,服务可以在一种可辨识出案主或患者的文化行动与态度的状态下提供。但是,目前紧张的资金环境,不能优先处理API问题的状况以及许多不同的API语言、国家以及文化团体的存在,使得这样的理想很难实现。作为五年美国全国性示范研究(Chin & Wong, 2003)的一部分,双语同伴提倡(Bilingual Peer Advocate, BPA)方案依靠兼职同伴工作者,为亚洲及太平洋艾滋病病毒/艾滋病的岛民联盟(Asian and Pacific Islander Coalition on HIV/AIDS, APICHA)雇用了大批工作者以满足APIs的艾滋病患者在不同语言以及文化方面的需求,当然也将现实的成本因素考虑在内。

双语同伴提倡方案训练并维持一个付费的团队，兼职的双语同伴提倡者从事翻译、文化指导，也在与纽约市服务系统协调时维护当事人的权利。为了协助服务的提供者了解当事人的文化背景，双语同伴提倡者也要能够向当事人解释健康和社会服务的“文化”。双语同伴提倡者的临床督导由3位全职的个案管理员担任，一位使用的语言是中文，其他两位则使用日文。

双语同伴提倡者是要付费的，因此，与志愿服务者相比，他们要花更多的时间在工作和训练上。这些人首先要接受3天的密集式训练，之后每个月都要接受2—3小时的训练。为了平时能找到他们，有些人要随时待机并携带呼叫器。双语同伴提倡方案仅是兼职的工作，以维持全职的员工没有的灵活度，更重要的原因是，这样才能允许亚洲及太平洋艾滋病病毒/艾滋病的岛民联盟（APICHA）雇用更多不同类型的人，以代表更多的文化和语言。

目前亚洲及太平洋艾滋病病毒/艾滋病的岛民联盟维持着15位双语同伴提倡者的工作团队，他们主要使用下列语言：孟加拉语、英语、古吉拉特语、北印度语、日语、韩语、中国普通话、塔加拉语（Tagalog）、台山话（Toisanese）和乌尔都语（Urdu）等。APICHA目前有70位以上的艾滋病病毒患者接受综合性的个案管理，24位接受双语同伴提倡者的服务。双语同伴提倡者每个月约有8—12个小时直接服务于案主，3—5个小时用于案主的外展工作，15个小时花在交通上，2个小时用在培训上。

267 **表 11-5 社区健康和预防医学的五个问题：速览**

问 题	问题的严重性	结 果	可能的解决措施
烟 草	■ 23.0％的青少年在过去的30天内至少抽过一根香烟	■ 吸烟会导致宫外孕和自然流产 ■ 据估计，1993年与烟草有关的医疗花费为727亿美元	■ 美国制止吸烟的干预研究（ASSIST） ■ 无烟电影运动
酒 精	■ 74.3％的学生一生当中至少喝过一次酒 ■ 25.6％的学生在13岁之前曾喝过酒	■ 41％的致命性车祸与酒精有关 ■ 艾滋病病毒感染的风险在增加	■ 亲子技巧的建立（Spoth et al., 1996） ■ 家庭和社区的早期干预
违禁药品	■ 大麻——38.4％的学生曾使用 ■ 可卡因——7.6％的学生曾使用 ■ 注射性毒品——2.1％的学生曾使用 ■ 激素——4.0％的学生曾使用 ■ 吸入剂——12.4％的学生曾使用 ■ 致幻药——8.5％的学生曾使用 ■ 海洛因——2.4％的学生曾使用 ■ 冰毒——6.2％的学生曾使用 ■ 摇头丸——6.3％的学生曾使用	■ 使用者在不了解药物含量和对健康的负面影响下使用药物（大麻中的四氢大麻酚含量上升） ■ 艾滋病病毒病例直接关联到全世界注射药品的使用 ■ 对处方药的非医疗使用正成为一种“传统的”麻醉剂	■ 美国毒品控制策略，2008（Office of National Drug Control Policy, 2008）：早期干预项目，对当前药物使用者的预防和治愈，整治违禁药品市场

（续表）

问　题	问题的严重性	结　　果	可能的解决措施
性传播疾病	■ 2000年，新增15—24岁的性病患者900万人	■ 感染艾滋病病毒的风险增加 ■ 新增者主要集中在年轻人中 ■ 每年直接的经济损失大约为65亿美元	■ 艾滋病病毒与性传播疾病预防咨询委员会（MMWR，1998a） ■ 社区干预（例如秘鲁）
艾滋病病毒/艾滋病	■ 2004年，艾滋病病毒成为年龄在25—44岁黑人男性的第四大致死因素，黑人女性的第三大致死因素。 ■ 艾滋病病毒成为非洲的第一大杀手	■ 有长期潜伏期的绝症 ■ 资源分配 ■ 污名	■（有关艾滋病知识、态度、信念和行为的教育）预防与干预 ■ 高活性抗逆转录病毒疗法（鸡尾酒疗法） ■ 艾滋病病毒筛查

本章概要

本章讨论了五个健康问题：烟草、酒精、违禁药品、性传染病以及艾滋病病毒/艾滋病。这些问题是从社区心理学及预防医学的观点来讨论的，当然也讨论政策取向的预防（以社区为目标）（见表11-5）。之所以讨论这些问题主要有两个原因：(1)每个问题都广受媒体的关注；(2) 268
如果能采取某些行动，这些疾病的可预防性很高。此外，如果没有这些预防措施，则被传染或可能被传染的人数会更多。

国际上，每年有500万人死于烟草（WHO，2008）。在美国，烟草的使用（包括抽烟）是第一大可预防的死亡因素（U.S.DHHS，2001b）。每年因烟草使用导致的死亡比艾滋病病毒、违禁药品的使用、酒精的使用、机动车事故、自杀以及谋杀导致的死亡还要多（CDC，2005；McGinnis & Foege，1993）。美国遗产项目（American Legacy program）的禁烟努力取得成效，这可以从真实青少年抽烟预防项目和无烟电影运动中得到证实。比格兰及其同事证明，好的社区通过使用信息和公共政策可以改变行为（向未成年人售卖香烟）。比格兰的研究也表明，不同的社区服务，如警方、推选出的官员、零售商和心理学家在社区项目上可以怎样合作。

除了抽烟之外，酒精可能导致使用和滥用其他药物。较多的美国学生正在使用酒精，43.3%的学生饮酒（至少在过去的30天内喝过一次酒）（MMWR，2005）。酗酒是一个与酒精使用和滥用有关的主要问题，它在从大学校园到整个社会甚至全球的所有范围普遍存在。研究发现，家庭对年轻人的物质滥用有很大的影响。其他与健康相关的政策研究也认为，酒精警告标志以及标语可能是提醒适孕年龄的女性在怀孕期间使用酒精有风险的一种有效方式。

从总体上来说，违禁药品的使用在美国仍保持稳定。从全球来看，全世界至少有1 530万人存在药物滥用问题(WHO, 2008)。可是,某些药物被部分人群持续地使用。例如,大麻是青少年及年轻的成年人最普遍使用的毒品。使用违禁药物导致犯罪、家庭暴力以及其他的一些特殊状况(例如,增加了传染艾滋病病毒的可能性)。美国花在与执法有关的活动上的经费要高于花在毒品预防、干预和治疗上的经费,这是合乎比例的。已有研究证明了社区心理学在预防药物使用上的贡献,但社区心理学家仍需要扮演更多的领导角色,以提倡开展更多的预防措施(而不是与执法有关的活动)。

在整个工业化世界中,美国人患性传播疾病的比率最高。另外,疾病传染学的研究同样证实,性传播疾病的增加也相对增加了艾滋病病毒传染的可能性。不幸的是,社区心理学家对这一领域贡献很少。我们建议,社区心理学家需要在该领域扮演更积极的角色,多关注艾滋病病毒及性传播疾病咨询委员会的建议,包括将性行为提升为一种健康的生活方式。

在治疗或疫苗缺乏的状况下,预防以及信息的传播和行为的干预(例如,扩散模型)似乎是延缓艾滋病疾病传染速度的唯一希望。考虑到艾滋病病毒/艾滋病也是一种政治和社会的疾病,同时,随着医疗技术的发展,预防的维度增加了,含义也比社区健康与社区医学中使用的传统含义丰富了。

第十二章 269

社区/组织心理学

除了赚钱外一无所获的生意是糟糕的生意。

——亨利·福特

当萨拉·安德森步出“和谐之家”的大门时,她回头凝视着这座建筑。在过去的8个月中,这座建筑是她的家,却又与真正的家相去甚远。她有一种解脱感,但同时又夹杂着悲伤与兴奋。她不仅自问:“我到底怎么了?短短几个月前,我还很兴奋地接下这份工作,为什么现在这份工作却成为我生命中的伤痛?”

“和谐之家”是由非营利的私人公司经营的,该公司在萨拉居住的城市共设立了8个中途之家,为处于高风险的青少年人群提供服务。这些青少年由法官、监护人、学校和家长送到中 270
途之家,其中包括“和谐之家”。这些中途之家宣称,他们有能力改变这些孩子。也就是说,在大约6个月的时间内,他们可以帮助这些孩子戒除毒品,提高学业成绩并帮助他们再次成为有用的公民。

萨拉毕业于一个小型的人文艺术学院,主修心理学,辅修人类服务。暑假曾在“和谐之家”担任志愿者,毕业后随即被招募进来。萨拉的成绩相当好,加上大学的训练背景、志愿服务的优异表现，以及面试时散发出的人格特质魅力，她成为几个社区组织中炙手可热、被极力争取的新进人员。萨拉最终选择进入“和谐之家”工作，因为这里提供了丰厚的薪资，很棒的训练课程，再加上该组织良好的声誉。“和谐之家”似乎在创新治疗方面独领风骚，萨拉认为“和谐之家”的经历对她未来进入更大更好的组织将有很大的帮助。

充满理想、天真单纯的萨拉怀着极大的热情加入“和谐之家”。在前几个月的工作中，她的督导简・海斯负责其咨询和训练，萨拉从简身上感受到较多的关注，也获得很不错的训练。虽然每个青少年到“和谐之家”时都相当棘手，但萨拉在处理每个案例的过程中，慢慢建立了专业上的自信。

服务6个月后，总公司发生了很多人事变动，萨拉的职业生涯也因此急转直下。简・海斯被调到总公司担任首席训练师，而萨拉的新督导很少花时间指导她，倒是相当重视缩减“和谐之家”的开销。萨拉曾向新督导表示，自己还是个经验不足的新手，希望能够获得更多的指导，但新督导的回应是要她停止抱怨，好好表现。

一周又一周过去了，萨拉感到自己无法再获得像以前那样的指导和关心，甚至由于“和谐之家”的经费缩减，牺牲了很多个案的服务权益，例如，电视坏了不修理，让这些青少年增加了更多的空闲与无聊的时间，家具该换却未换，每天的菜难以下咽，校外教学的次数也被缩减，团体治疗的次数也明显减少。种种的变化让青少年不满，也更难相处。

当萨拉向督导陈述这些负面的变化时，督导的反应是：“萨拉，我们现在的经费相当紧张，我必须缩减部分开支，并做些改变。如果你认为其他地方更好的话，我建议你另谋高就。”萨拉对“和谐之家”目前的改变无所适从，对工作也失去了期待和憧憬，她觉得自己应该离开了。两个月后，萨拉辞职了。

我们把萨拉的故事作为本章的导入，这种做法放在一本社区心理学著作中可能会引起争议。不过，在本书几位作者以及其他一些研究者(Keys & Frank, 1987; Klein & D'Aunno, 1986; Shinn & Perkins, 2000)看来，社区心理学家需要向组织心理学家学习的地方很多，就像组织心理学家需要向社区心理学家学习一样。

271 组织心理学与社区心理学有何共同之处

如您所知，社区心理学探讨社会和环境因素对个体行为的影响，而行为发生在社区的不同层面，包括组织层面。要了解环境或情境对个体的影响，必须先了解情境——在此指的是组织，不管是私人企业、心理卫生诊所、监狱还是其他的社区组织。事实上，若企图了解个体，却从未深入了解个体所在的情境，这样的做法经常是白费力气(Keys & Frank, 1987)。本章将从社区心理学的目标来探讨组织对个体的影响，以及个体对组织的影响。另外，本章还会特别讨论组织在哪些方面对其员工和服务对象产生负面影响，以及组织该如何改善措施，更好地服务于组织成员和社区。

组织行为(organizational behavior)和**组织心理学**(organizational psychology)专门研究团体与个体如何在所属的组织中互动。组织心理学从个体的角度来探讨组织;组织行为则从系统的角度或把组织视为系统来加以研究(Smither, 1998)。

组织心理学和组织行为显然有很多相通之处,但是与社区心理学有哪些关联呢?首先,研究组织的专家已经发展出一套范式、模型以及结构和测量技术,通过这些方式可以超越对个体层面的分析(Riger, 1990; Shinn & Perkins, 2000),且符合社区心理学的目标。例如,**组织发展**(organizational development, OD)是研究组织的成果,是一套社会科学技术,其目的在于提升组织的整体效果,并且促进组织内个体潜能的充分发挥并为组织的长远发展计划的实施打下基础(Baron & Greenberg, 1990; French & Bell, 1990)。换言之,组织内的制度若能同时考量组织和个体两个层面,将会是一个双赢的机制(Beer &Walton, 1990)。

组织心理学对社区心理学的另一个贡献是,有助于理解个体与组织间的动态关系,即随着时间的推移而不断变化、相互影响(Keys & Frank, 1987; Maton, 2008)。例如,在某一段时间,某个体在组织的工作动机很强,但在另一段时期,他或她可能极度想离职,就像萨拉一样。然而,如果因不满而离职的人恰恰是组织最需要的人时,这将造成恶性循环。这种动态关系的研究就是社区心理学和组织心理学共同的研究领域。

与社区心理学家一样,组织学家从生态视角和系统视角开展研究的传统很悠久(Foster Fishman, Newell, & Yang, 2007; Shinn & Perkins, 2000)。他们在试图研究和改变整个组织时知道该如何将组织的所有参与者(例如,管理者和员工)包括进来,知道如何运用研究工作 272
中的协调机制和进程。社区心理学家希望实现的是这种多重或者整体类型的研究,而不是仅仅针对个体开展的研究。卡肖(Cascio, 1995)对工业和组织心理学提出质疑,目的在于探讨技术的影响、全球化、对价值的定义如何改变组织的性质和领导与管理的定义。根据这些基本的假设,他认为工人的价值正在转变。如范式的转变,系统的内在含义、对工作人员和工作环境发展变化进行考察的需求等都是社区心理学的本质属性。

组织心理学和社区心理学的另一个相似之处是,多数人都认为工作是其自我概念的组成部分。因此,工作使人产生幸福感(Blustein, 2008),提升个体幸福感也正是组织心理学和社区心理学的共同目标(Price, 1985)。此外,工作机构与社区之间会相互影响。工作会影响个体的情绪和感受。因此,如果有人在工作上感到退缩,那么他们在家里或社区也会感到疏离。同样,对社区的感受也会影响到工作。例如,参加工作的母亲承受的工作压力可能比其他员工要大,因为她们在家里遭受最大的压力(Price, 1985)。对于工作能给人们带来幸福的重要性,有多位作者作过讨论(Blustein, 2008; Fassinger, 2008; Fouad & Bynner, 2008)。布卢斯坦基于这些提出他的政策含义(policy implications)。三种个体的需要源自他的工作心理学视角:生存需要、联系需要和自我决定需要。这些需要与社区心理学的原则是类似的,不足为奇。

有趣的是,组织心理学与社区心理学研究在某个关键的地方分道扬镳了(Riger, 1990;

273 Shinn & Perkins, 2000)。在组织行为领域中,关心的重点在于增进组织的整体利益与效能,必要时牺牲组织内员工的利益。如果组织努力的结果对员工有利,那这种牺牲也只是提升组织效能的主要目的之下的一个附加值而已(Riger, 1990)。例如,如果萨拉的新督导真的考虑过萨拉对缩减预算的担心,那么他仍然这么做仅仅是因为它已影响到"和谐之家"的运作,而不是为了让萨拉更快乐。说得更具体一点,假设萨拉知道环境中潜藏的危险——比如,电梯损坏而没有修理——将会导致"和谐之家"受到控告,那么萨拉的新督导才有可能聆听她的抱怨。当然,他这么做也不是为了取悦萨拉,而是考虑到组织的财政利益。

此外,社区心理学的主要目标通常是增进组织内个体功能的发挥(Shinn & Perkins, 2000),目的在于帮助组织内的个体在面对困难时,自己可以有能力找出创新的解决方法,并确保人性化的创新与变革,以增进组织内的社区感(Peterson & Zimmerman, 2004)。从这些价值观来看,组织专家也可以从中学习。例如,社区心理学家认为,在组织内营造社区感或增加员工对组织的归属感,可以提升个体的能力。组织心理学家已经开始较少注重组织,转而注重社区感和团体凝聚力,开始了解到工作团队的凝聚力与其他因素——例如,工作满意度(Burroughs & Eby, 1998)和营业额(Moynihan & Pandey, 2008)——的密切相关。事实上,最近的研究表明,每个组织都形成各自独特的社区感(Hughey, Speer, & Peterson, 1999)。

组织心理学和社区心理学在将组织理论应用于社区干预以及促进组织变革的社区研究和视角上是相关联的(Keys, 2007)。虽然这些关联有很强的历史渊源(例如,密歇根州立大学的生态心理学项目和芝加哥市中心伊利诺伊斯大学的组织-社区心理学项目),但吉斯(Keys, 2007)认为,在社区心理学家的考虑中,这些关联在某种程度上是被忽略的或被认为是不明显的。本章无意于探讨组织心理学与社区心理学的关联,因为很多有关社会变革的话题确实对组织有启示意义,现在让我们重新回到本章的主题,重新回到组织的话题也许是一个明智的决定。

案例 12-1 智能汽车的销售人员

卡肖(Cascio, 1995)提到一个员工赋权的案例,每个个体都直接控制生产效率,从而为公司创造价值。除此之外,价值被重新定义为提供服务而不是销售中产品的流动。一个例子是智能汽车的销售人员,这种充分利用燃料的双座汽车由奔驰设计,在法国组装。智能汽车在美国展厅明示:个体薪水、个体奖金并不取决于销售汽车的数量或者讨价还价后的售价,而是客户的满意程度,每辆汽车售价已经确定。顾客在销售过程中感受到的帮助决定了销售人员的业绩。控制和标准的转换改变了人们的表现,销售人员非常乐于帮助和提供信息,他们总是试图回答各种问题,对产品也有公正客观的评价,没有受到操纵或正在卖车的感觉,汽车是在自己出售自己,他们仅仅提供帮助。什么是有价值的,什么是期待的,什么会得到褒奖,东西如何卖出去,这些方面的范式发生了转变,系统改变了,结果导致个体行为和管理方式的改变。

组织的日常问题

为什么日常问题在组织中是值得关心的问题呢？一方面，人们成年后的很大一部分时间是在组织——尤其是在工作场所中度过的，也可能参与到义工、休闲娱乐、教育或其他团体。与组织的从属关系，通常可以带来经济上的利益，情绪上的安全感，幸福感，自尊与地位，团体归属感和成就感(Schultz & Schultz, 1998)；另一方面，组织也会使人受挫，带来疏远及压力(Rubin & Brody, 2005)。所以，带着这些想法，我们来选择目前常见的几个组织问题进行考察。

压力 274

关于压力，我们已经在第三章把它作为引导社区心理学研究或社区心理学家开展干预的一个理论模型，作过详尽讨论。工作地点已成为定义个体认同的主要因素，所以它可能会带来荣誉和压力(Blustein, 2008)。职位的升迁和解雇都会给人带来压力，当然，这些状况只有在个体感觉它们是沉重的负担，或超过他或她的应对能力以及危及个体的利益时，才会产生压力(Lazarus & Folkman, 1984)。一般人在面临重新适应，例如，新工作(Holmes &Rahe, 1967)以及日常工作的烦心事(Kanner et al., 1981)——像物价上涨、工作量太大、上班迟到时会产生压力。佐哈尔(Zohar, 1999)发现，日常工作的烦心事与负面情绪和随后的疲劳密切相关。每天的工作压力与酗酒和物质滥用之间的关联同样被证明是存在的。弗罗内(Frone, 2008)在考察压力与物质滥用关系时发现，广义上的酗酒(例如，你多长时间喝一次酒)和物质滥用和工作压力并不相关。但是，当这些问题放在特定环境中时(例如，一天的某个时候)，工作压力就表现出与物质滥用之间的相关性(例如，在一天结束时，你喝多少酒)。在这些发现中，弗罗内认为，他证明物质滥用对压力的抑制性影响。因此，关于“为什么药物和酗酒的问题在美国会存在”的问题，一部分答案可能就在于工作场所的压力。

在生活的各个层面都可能会存在压力，本章讨论的主题是来自组织内的压力，组织内的压力源是多样的，而且是复杂的(Rubin & Brody, 2005)。比如说，员工太忙或太无聊，同事间的人际冲突，个人无法胜任工作，由于职前训练不足而无法有效地完成工作等，都会给个体带来压力。同样，高危险的工作，例如，经常接触有暴力倾向罪犯的监狱人员，或者工作环境恶劣，例如，有高分贝的噪声，有毒烟雾，光线不良或其他不良的工作环境都会导致无形的压力。工作中与上级领导相处不好，工作环境规矩太多或太少，组织结构太紧或太松，也会造成压力。当然，个体也有可能因为家庭因素而影响工作情绪，或者因为觉得工作剥夺了家庭生活而有压力。佐哈尔(Zohar, 1997)提出三类日常工作的烦心事来检验他的工作压力模型，这三类烦心事分别是**角色冲突**(role conflict)(当与工作预期出现冲突时)、**角色模糊**(role ambiguity)(角色预期不明确)和**角色超载**(role overload)(需要做的事情太多)。

倦怠

与压力有关但却有些差异的概念是**倦怠**(burnout)。倦怠是一种由于过多的压力和没有足够的满意的来源而产生的彻底枯竭耗尽的感受(Maslach, Schaufeli, &Leiter, 2000; Moss, 1981),倦怠有三个成分:

1. 感到自己已经筋疲力尽;
2. 对他人——包括服务对象——失去敏感度,冷漠而且愤世嫉俗;
3. 没有成就感,感觉白费力气,甚至感受到很深的挫败感(Jackson, Schwab, & Schuler, 1986; Leiter & Maslach, 2005)。

275 倦怠的症状包括,对工作失去兴趣、冷漠、沮丧、易躁易怒、喜欢挑剔别人、个体的工作质量也相对变差,而且还会盲目且肤浅地墨守成规,不懂得通权变达(Schultz & Schultz, 1998),本章随后将讨论这个主题。

这种现象最可能发生在组织里原先非常积极、热诚、有理想的工作人员身上(Van Fleet, 1991)。研究显示,社会上许多服务组织的工作人员,例如警察、社会安全人员、社工、教师、护士通常都会遇到倦怠的问题(Adams, Boscarino, & Figley, 2006; Pines & Guendelman, 1995)。事实上,你会发现从事这类职业的员工以女性居多。尽管早期的研究表明,女性通常比男性更容易产生倦怠(Pretty, McCarthy, & Catano, 1992),但我们终于认识到,倦怠并不存在显著的性别差异,但女性可能更容易因为压力引发健康问题(Toker, Shirom, Shapira, Berliner & Melamed, 2005)。这或许也是当初萨拉遭遇的某部分问题,即因为倦怠而辞职。个体与环境的拟合度差也会导致倦怠(Maslach &Goldberg, 1998)。例如,谢和约翰斯(Xie & Johns, 1995)在对员工的**工作范围**(job scope)或者与工作相关的活动进行研究时,他们发现,当个体觉得自己的能力与工作要求无法达成平衡,或者无法适应工作范围时,就有可能日积月累地积累压力,最后导致倦怠。

有如下六个组织因素可以解释倦怠(Leiter & Maslach, 2004, 2005)。

1. 工作量:过多的义务与责任;
2. 控制力:缺少参与决策的机会;
3. 奖励:社会和组织给予的认同不够,或(和)薪水不高;
4. 社区:缺少社会支持,缺少社会整合;
5. 公正:感觉不到公正和公正的环境,缺少互惠;
6. 价值:个体与环境在价值和目标上不契合。

马斯拉奇和莱特(Maslach & Leiter, 2008)的研究发现,通过观察员工对工作场所的公平性的感知以及之前员工报告的枯竭或愤世嫉俗,他们可以识别出哪些人更容易遭受倦怠。当个体对公正的期待与实际工作环境不符时,会增加枯竭和愤世嫉俗的概率。如果个体对公正的期待与实际工作环境相符时,此人对待工作就更容易积极投入(与倦怠相反)。这些发现强调倦怠和投入的倾向都在一定程度上影响了倦怠。因此,莱特和马斯拉奇(Leiter & Maslach, 1998)早期的研究建议得到支持,即应该通过调查识别出谁是充满激情,投入和感觉有效率(即积极投入)的人,谁是倦怠的人。这一研究发现有助于为挽留员工和长时间地维持工作的高效提供预防性的措施。这确确实实也是一项关于工作逆境中的心理弹性研究。

组织文化

为什么当员工从组织中进进出出——就像萨拉那样——时,组织似乎并没有发生多大的变化,甚至组织中的员工也没有发生多大的变化?答案是组织文化(Baron & Greenberg,
1990)。在早期的研究中,组织文化被狭隘地定义为组织氛围。就如同A型人格(例如,充满敌 276
意、竞争型的)必然与个体处事的风格有关一样,组织文化与组织的特质相关。**组织文化**包括组织内多数成员共有的信念、态度、价值、期望(Schein, 1985, 1990)。组织的共同信念和价值一旦建立,这种文化特质就会持续一段时间,无形当中会逐渐将组织里的所有成员都塑造成一致的形象。例如,还记不记得所有的大一新生,上课第一周的外表与穿着是各色各样的,是多么不同啊。可到了大四呢,很多同学就变得更加相似,因为其他同学给他们以压力,使他们遵守整体的形象。对于那些很不服从校园规范的人,通常是当事人选择离开,而不是改变学校。

除了影响成员,使成员顺应组织形象外,盛行的组织文化也会影响组织的结构。组织决策与其结构有关联。例如,决策是由下而上形成的——一般的成员可以参与决策,还是由上而下形成的——只有核心组织成员才能参与制订决策,这些都属于组织结构的一部分。

组织结构(包括决策系统)也决定着组织内的等级区分,例如,行政主管与中层经理的地位差别。组织的权力分配也会受到组织文化的影响,例如,如果较低职员拥有某些决策权,那么他们就比未能参与决策时拥有更多的权力。当然,组织文化肯定会影响组织的意识形态。如果这个组织认为人性本善,就比较倾向于允许部属参与决策(Tosi, Rizzo, & Carroll, 1986);如果组织文化强调人类潜能的发挥,就更有可能允许工作人员尽量发挥或开创新的构想,而不会有太多的组织干涉。

开放的文化(open culture)珍视人类的尊严并能促进人格的形成,这受到多数组织员工和社区心理学家的欢迎。开放的文化培养社区感,更好的沟通和更充分的赋权,这些方面既存在于组织中,也存在于社区中(Klein & D'Aunno, 1986; Pretty & McCarthy, 1991)。除此之外,这种组织文化还能让员工乐意为组织效劳(Shadur, Kienzile, & Rodwell, 1999)。可是,如果组织的文化是**压制文化**(repressive culture),那么员工的成长将会受到限制,或者当组织对外宣称的形象与实际的情况有很大的差别时(例如,宣称有正面的文化,实际上是负面的文化),员工就会逐渐变得愤世嫉俗,工作情绪低落(Baron & Greenberg, 1990),向心力下降。这种现象就发生在萨拉身上,因为萨拉的感受一直被新督导忽视。

社区心理学家正在研究一个与组织文化有关的现象:组织内的社区感。第一章我们讨论了社区感的详细内容,社区感是个体感觉到他与别人是相似的,且个体与环境中的其他人对组织都有归属感。伴随社区感而来的是"我们是一体"的"自我感觉"及归属感。

普雷蒂和麦卡锡(Pretty & McCarthy, 1991)探讨了公司中男性和女性的社区感。他们发

现，对于不同的员工而言，社区感可以由组织的不同特征来加以预测。例如，男性与女性的不
277 同，就像主管与非主管的区别，将决定不同的社区感特点。男性主管的社区感可从他们对同伴凝聚力与参与感的感受等项目预测出来；女性主管的社区感可从她们对长官的支持，参与感及工作压力程度的知觉感受等项目预测出来。

组织文化的另一个特点是，组织内员工感觉到赋权的程度。实际上，组织文化提供了极佳的架构以理解和评估个体与工作情境的拟合度。这也是组织成功创造赋权的重要因素（Ambrose, Arnaud & Schminke, 2008; Foster-Fishman & Keys, 1997）。研究发现，组织内的赋权与员工的工作效率存在直接的关系（Spreitzer, 1995）。佩雷拉和奥斯本（Pereira & Osburn, 2008）在他们对品质圈研究的述评报告中指出，工作效率得到提高，但员工对工作的态度并没有改变。那么，能够激励员工的组织特征是什么呢？通过个案研究的方法，玛顿和塞勒姆（Maton & Salem, 1995）发现至少四个能够激励员工的组织特征：

1. 能够激励员工成长，以员工的优点为基础，并鼓励员工自我超越的信念系统；
2. 容易取得的机会结构；
3. 包容，以同伴为基础并提供社区感的支持系统；
4. 领导风格具有激发性，主管本身才华横溢，愿意分享，并且为了组织和员工的福祉尽心尽力；

这样的组织特征听起来很像前面所描述的开放的文化。

我们应该还记得莱特和马斯拉奇（Leiter & Maslach, 2004, 2005）关于与倦怠有关的组织因素的研究，我们在前面提到过。工作量、控制力、奖励、社区、公正性和价值这六个维度都适合我们在这里讨论的组织环境氛围。需要指出的是，公正性被证明对于工作场所的心理弹性或倦怠最为核心（Maslach & Leiter, 2008）。公正性和支持作为情境性因素的重要性在一项对纽约的妇女和少数民族警察的研究中得到证实（Morris, Shinn & DuMont, 1999）。她们的工作主要受这些组织文化的影响。公正的概念对每个个体来说都是重要的，或许，对于历史上被歧视过的人——如特定的性别和少数民族——来说更重要。

邦德（Bond, 1999）对这些鼓励差异性的组织文化方面进行了详细说明，并描述了一个联系模型，在该模型中，性别、种族和阶级在特定的工作环境中应该受到特别重视。**联系**（connectivity）来源于：（1）联系的文化——人们彼此依赖以共同实现目标，这一点被知晓和珍视，（2）认识到多重现实性，即注意到观点的多样性，并在描述现实时邀请所有的人都参与进来。邦德描述了如何创造组织的文化，这与传统的强调个体、自主和统一的规范性是不同的。

正如我们所看到的，思考组织文化的构成要素以及文化的哪些特点鼓励或维持了文化中的成员，是社区心理学非常关心的一个问题。

278 **其他的生态环境问题**

组织空间大小也很重要。一方面，小型机构的员工报告了更高的支持性环境、更少的歧视，以及对组织更忠诚（MacDermid, Hertzog, Kensinger, & Zipp, 2001）；另一方面，大公司往往会产生负面的工作环境，例如，赫尔曼、格林、莫里森和阿布拉莫威茨（Hellman, Greene, Morrison, &

Abramowitz，1985)在探讨居住环境心理健康治疗计划时，测量了员工及个案的感受，并发现，计划越大，员工或个案感受到的焦虑就越多，对组织社会心理层面的印象就更负面，与组织的心理距离亦更远。

然而，组织大小仅仅只是文化环境中的一部分。通过测验员工的心理社区感(psychological sense of community，PSC)，巴勒斯和伊比(Burroughs & Eby，1998)发现，工作团队的大小并不影响心理社区感。真正的原因是，个体目标与组织目标的一致性决定了心理社区感。反过来，心理社区感又与工作满意度相关，而后者往往又与组织内部的忠诚、礼貌、乐于助人相关。

工作环境中不断增长的差异性已经带来其他的组织环境问题。法辛格(Fassinger，2008)讨论了由于妇女、有色人种、性少数者和身体残疾人士加入劳动雇用队伍而导致机构增大的趋势。这种变化给组织构成带来的影响既是有利的，又是有挑战的。案例 12-2 向我们极好地展示了组织心理学和应用社会心理学可以为工作的生态环境及其对劳动力的多样性的影响作出怎样的贡献。

案例 12-2 对待多样化员工队伍

关于群体多样性对群体功能的影响，已有研究的研究结果充满了矛盾。崔、伊根和奥赖利(Tsui，Egan，& O'Reilly，1992)发现，当员工与员工群体变得越来越不同的时候，个体离开群体的概率就会增大，其工作贡献率就会降低。这些发现尤其适用于白人和男性工作者。然而，霍(Huo，2003)发现，“上层”(super-ordinate)社区感可以克服“下层”的社区感，因此如果员工对公司有较强的认同，那么他/她们就能够忽略其他因素上的差异，例如，种族、性别等方面的差异。曼尼克斯和尼尔(Mannix & Neale，2005)总结了截至目前为止开展的关于工作场所中群体的多样性的研究。他们指出组织情境对研究结果的重要影响。他们引用了查特曼和斯巴塔罗(Chatman & Spataro，2005)的研究结果，即在商业环境中，当集体主义价值观被强调高于个人主义价值观时，存在可视的差异(visibly different)的员工更具合作性。在综述了工作场所中的群体多样性的研究后，曼尼克斯和尼尔(Mannix & Neale，2005)提出三个建议：(1)应该仔细地确定分配给多样性小组的工作任务和目标，因为对小组的工作要求决定了小组的内部动力关系；(2)通过建立共同点和相似点将小组成员联系起来，产生更 279
好的群体认同和工作积极性；(3)鼓励尊重少数者的声音，因为服从的压力是群体进程的正常组成部分。伊利和托马斯(Ely & Thomas，2001)鼓励在商业环境下转变我们对多样性的观念。他们认为，通过集中于“学习和有效性”(learning and effectiveness)来促进多样化，可以突出寻找不同视角的优势，也可以得到由于对多重视角的理解而带来的回报。多样性之所以重要，是因为我们本来就生活在一个多元的世界中。意识到多重视角的内在过程对小组的业绩具有重要的价值，对多样性群体的社会融合具有重要的意义，还可以将多重视角整合进组织中。这些源自组织心理学的知识当然可以应用到作为整体的社区，尤其可以应用到社区心理学中。

传统的组织管理技巧

萨拉离开“和谐之家”时，她是个不得志的员工，然而萨拉作出这个决定，她并不是唯一的受害者，组织也深受其害。“和谐之家”必须招募新人以接替萨拉的职位，也必须为训练和教导新人而付出时间。此外，当由萨拉提供服务的个案跑来找她而没有看到她时，可能会不知所措。那么，在传统上，组织会用什么技巧来挽留优秀的员工，并有效地管理表现差的员工呢？这些技巧有效吗？

补偿措施

传统上，许多组织不是善待员工就是解雇员工。一个激励员工努力工作、创造绩效的老方法是调整其薪资福利。（组织善待员工或解雇员工的诸多传统管理手段都是针对个体的。）许多人力资源管理人员的主要功能就是制定组织的薪资福利制度（Milkovich & Boudreau, 1991）。有趣的是，员工很少提到薪水是他们工作满意度的最相关的指标，但组织最常用来激励员工的方法之一却是调整其薪资福利。一项研究表明，提高员工薪资水平是最常用的降低员工离职率的手段（Bureau of National Affairs, 1981）。不过，调整薪资只能提高部分员工的工作满意度（Schultz & Schultz, 1998）。有趣的是，即使员工已经参与自己的考绩评量，这一业绩考评往往与他们的薪资水平挂钩，但员工对薪水的满意度却并未受到影响（Morgeson, Campion, & Maertz, 2001）。不幸的是，男性与女性之间的薪资差异还没有得到改善。一份研究表明，女性可从事的工作大约为男性的 75%（American Association of University Women, 2007）。在控制职业类型、工作时间和是否为人父母等因素的影响后，男性与女性在薪资上的差异自大学毕业后会随着时间的推移而逐渐拉大，研究生毕业 1 年后，女性比男性的薪资低 20%，研究生毕业 10 年后，女性比男性的薪资低 31%。也许，萨拉赚的可能没有与她同级的男同事多。

280 制度与法规

组织也会试图通过政策和法规来控制员工的行为。而制定员工管理制度和工作伦理守则就成为一种普遍的做法（Lewin, 1983）。有些政策相当明确，“禁止挪用公司的钱款赌博”，有些规定则相当广泛，“员工应对公司忠诚”。另外，还得再加上一大堆联邦及州议会组织与员工管理政策和法规。这些政策和法规的数目相当惊人。譬如，联邦平等就业机会准则和职业安全与健康法衍生的政策，其数量叠起来比一般人的身高还要高！

员工在多大程度上遵守了组织政策其实并不清楚，但是一些经典的员工行为研究指出，并非所有的员工都喜欢这些规定。在伊利诺伊州的霍桑的西部电力工厂开展的经典研究中，线匝仓库部的男员工的工作成效故意低于监管者设定的产量标准。这是为什么呢？这些员工认为，如果他们的工作成效达到预定指标，下次上司还会把标准再提高，以迫使员工更努力工作(Roethlisberger & Dickson, 1939)。今天，广为人知的是，在诸如医院、大学等专业机构中，专业员工较喜欢根据自定的规则来运作，而非遵守组织里正式的政策(Cheng, 1990; Mintzberg, 1979)。大多数组织成员对自己组织的政策和法规的制订，很少有发言权，这是导致员工不满规定或违规的主要原因；该现象在组织法规的相关研究中司空见惯。此外，员工违反规定后会遭受诸如停职、降级或离职时不给薪水等惩罚。阿沃特及其同事(Atwater et al., 2001)发现，员工经常认为组织的惩罚是不公正的，于是被处罚者和遵守规定者皆会产生不满，从而渐渐失去对组织和下令惩处的长官的尊重。很明显，对公平的知觉被认为是导致工作环境中的压力的极其重要的因素(Malasch & Leiter, 2008)。因此，对于任何处理与工作环境相关的社区的人来说，员工对公平的知觉这一因素应该成为主要的关注点。

总之，传统的典型的组织员工管理技巧与社区心理学家的建议正好相反。首先，多数技巧把目标放在组织的个体层面上，对于组织层面并没有加以讨论，也没有认识到组织在促成(即影响)个体行为方面扮演的角色。其次，大多数组织管理的方法不通人情。社区心理学家看重的管理策略是对个体有益的，也能尊重个体价值的方法；但恰恰相反的是，大部分的传统管理方法以组织获利为目的。再次，社区心理学家强调预防胜于治疗；而组织则通常在问题发生后才开始想解决方法，而不是事先防范。最后，社区心理学家强调，个体应该有积极和主动的参与——其实就是应该赋权给员工，让他们创造自己的环境，提出解决问题的方法。但是，在这些传统的组织管理策略中，没有一种策略给员工很大的空间，让员工积极和主动的参与。

现在，我们探讨的焦点要转移到组织的变革，这些变革涵盖社区心理学的某些价值观。虽然组织行为和组织心理学中很多取得进步的研究工作是在工业环境中开展的，也应用在工业环境中，但你在下文将看到，它们同样也可以广泛地应用于大多数社区组织。

组织变革概览 281

变革的原因

促使组织变革的原因很多，我们在这里仅简要介绍其中的几个。组织变革的压力可能来自内部，也可能来自外部。**变革的内部压力**(internal pressure)来自顾客、员工、主管或三者皆有。在“和谐之家”的案例中，内部预算可能迫使它进行变革。有时，组织也会改变它们的服务重点或者提供新的或不同的服务项目，这都将导致组织发生进一步的变革。

组织外的力量是促使**变革的外部压力**(external pressure)，例如，政府法规、外部竞争、政治与社会潮流等，都会促使组织作出调整以适应环境。例如，精神障碍患者的去机构化运动已经迫使社区提供选择性的服务，例如小组之家。小组之家的可获得性及其条件和状况已经受到去机构化运动的影响。

与组织变革有关的问题

我们曾经在第四章和第五章中提到，变革是非常困难的，组织的变革同样也非常困难。造成组织变革复杂的原因之一是组织员工抗拒改变，许多员工认为改变是一种威胁，这可能是因为员工害怕自己没有能力应对变化，也可能是员工不愿意努力去适应新制度，所以抗拒变革。同样，有些组织，如公共部门的组织，往往受限于法律和公务员的服务要求，比其他的组织更难变革(Shinn & Perkins, 2000)。

组织变革的原因非常复杂，其他的一些原因包括：组织与员工是一个相互依存的系统(Tosi et al., 1986)，员工与组织的运作会相互影响，变革的发生是相互牵动的。例如，如果“和谐之家”的主管在缩减预算时，采取精简人员的办法来节约开销，那么员工减少意味着对青少年个案的关注会减少，也意味着留下来的员工要承担更多的工作，由此可能导致组织的服务质量下降，声誉亦随之下滑。同时，由于预算缩减，上门的顾客和符合要求的优秀应聘者同样会减小。

格莱德维尔(Glidewell, 1987)的社区心理学文献向我们提供了第二个关于“个体与组织”间相互依存的例子。格莱德维尔与一群市民一起，想改革学校董事会，而学校董事会则坚决希望市民改变态度。比较特别的是，市民一年内三次否决了加税的公民投票，而学校董事会则期望加税法能够获得通过。格莱德维尔多年来持续追踪市民与学校董事会的变化，他的资料清楚地显示了这种彼此牵动、互为因果、循环的影响系统。在该过程中，市民协商技巧的增加，牵动了学校董事会决策的变化以及参与市民自尊的变化；市民自尊的变化和出席学校董事会的比率的变化又牵动了承受风险的意愿；承受风险的意愿的改变又影响了市民协商技巧的进一
282 步改变；协商技巧的改变，又吸引了学校董事会的注意。因此，学校董事会更愿意聆听市民的心声，而这反过来又增加了市民的自尊。

组织变革难以发生的另一个原因在于这样一个事实，即干预策略或者变革一定要符合组织范式(Cheng, 1990)。这是什么意思呢？不同的组织在员工配置和构成、功能、结构和其他的参数上存在差异。借助组织理论的两个维度——对外来基金的依赖程度和“内在经验的自主(或自我决定)程度”，舒伯特和博克曼(Schubert & Borkman, 1991)发现，自助团体可以分为五类，而不是一类。因此，即使是目的类似的组织——这里指的是自助团体——也会在不同的维度上存在不同的组织。因此，组织变革的策略需要量身定做，方能符合组织的范式和组织的选择(Constantine, 1991)。

为了确保组织变革朝预定的方向发展，组织变革应该以行动研究为开端。从行动研究亦可以知此组织改革的前置作业是否准备妥当。研究指出，“以调查来指导反馈”是监督组织改变的可行方法(Shinn & Perkins, 2000)。**调查指导反馈**(survey-guided feedback)指的是系统地收集组织员工反馈的资料，而员工也会不断地收到关于改革结果的后续反馈信息。

组织的变革需要和变革的准备一般会受到员工对组织的不满的推动(Baron & Greenberg, 1990)。组织成立的时间长短也很重要，因为社区组织可分为许多不同的阶段(Bartunek &

Betters-Redd, 1987)。虽然长期的变革计划会更好,但一些初步的变革计划也应进行(Taber, Cooke, & Walsh, 1990)。组织变革计划在每个阶段都应将员工,甚至将客户纳入考虑的范围,员工的参与对其满意度及其自尊的提升影响深远(Roberts, 1991; Sarata, 1984)。

组织变革可能发生在组织层次、团体层次或个体层次。尽管有些社区心理学家偏好整个组织的变革——社区的整体变革,不过组织的次级部门往往比较容易进行变革。接下来,我们要探讨组织变革的各个层次以及每个层次的变革技巧。完整的组织变革技巧的介绍可参阅海德和索伦森(Head & Sorenson, 1998)的著作。

组织变革

领导

伊格雷、约翰内森-施密特和范伊根(Eagly, Johannesen-Schmidt, & Van Egan, 2003)讨论了多种定义领导风格的方式。早期的研究将领导风格区分为**以任务为中心**(task-focused)的领导风格和**以人际关系为中心**(interpersonally focused)的领导风格(Bales, 1950)。以任务为中心的领导风格将主要精力投放在如何使工作更有效率上,以人际关系为中心的领导风格主要关注任务进程中的人,考虑人的感受,将社会氛围以及人与人之间的关系作为终极目的。在理解这两种模型的有效性时,费德勒(Fiedler, 1971)曾经分析和总结过一个有趣的研究。他发现,以任务为中心的领导风格在最好和最坏的极端情形下最有效,而以人际关系为中心的 283
领导风格在非极端情况下有效。他将此称为领导风格的依存模型。

其他的研究者则将领导风格区分为民主/参与型风格和专制/命令型风格(Lewein & Lippett, 1938)。民主型领导者将会询问和讨论相关人员的意见。而专制型领导者则亲自决定并且执行。在一个关于民主型与专制型领导风格影响的经典研究中,勒温、李培和怀特(Lewin, Lippett, & White, 1939)发现,专制型领导风格使儿童群体充满挑衅性和挫折感,而民主型领导风格带来更多的自发性。这些初始发现带来了更进一步的研究,如领导风格对生产力和满意度的影响。加斯蒂尔(Gastil, 1994)对民主型领导风格和专制型领导风格进行的元分析研究,获得混合的结果:虽然民主型领导风格带来了更高的小组满意度,但这种满意度充其量只是中等的满意度。民主型领导风格和专制型领导风格都没有产生最高的生产力。

伊格雷(Eagly, 2003)对采用了新型的领导风格类型——改革型领导风格、互动型领导风格和放任型领导风格——的研究进行考察。在改革型领导风格中,领导者试图刺激和激励他们的手下变得更好。互动型领导风格则根据表现给予反馈,当事情做得好时奖励,不好则惩罚。在第三种类型放任型领导风格中,领导不存在或者领导根本不进行管理。伊格雷和其同事发现,女性需要更多的领导风格的变化和奖励,而男性则需要在负改正反馈(negative corrective feedback)方面有更多的互动。

威尔凯维奇和施特尔茨纳(Wielkiewicz & Stelzner, 2005)强烈反对领导风格研究的方向。

他们认为,领导风格并不像上面所提到的这些研究所认定的,是一种个人特质。相反,领导风格"出现"于特定的情境中。依据詹姆斯·凯利(James Kelly, 1968)的生态学框架,威尔凯维奇和施特尔茨纳认为,领导风格是动态的而且是过程驱动的。决定并不是领导作出的,而是个体之间交互作用的结果,在这个交互作用的过程中,其中一人被推举为领导。在该领导模型中,重要的是参与的结构(participatory structures)和参与的真实性。该模型对解决结构与过程之间的平衡是有用的。该模型认识到了参与、意见的多样性和民主的重要性。该模型的核心信念是:借助生态学模型,我们可以提出一个更适用于后工业时代——在这个时代中,人类发现了自身——的有效的领导理论。

需要指出的是,关于领导的研究可以为社区心理学的原理提供支撑,甚至可以说,这些研究可以从社区心理学的理论中明确地引申出来。当然,关于领导的研究也可以为社区干预或服务于公众的组织提供有启示意义的信息。

重组

有很多技巧可用于改革整个组织或系统,这里仅探讨其中的两个:一个组织变革的技巧是对组织进行重组。重组是结构性的改变,包括对工作内容、人际关系、奖罚制度或决策技巧等的重新调整(Beer & Walton, 1990)。例如,赫尔曼等人(Hellman et al., 1985)研究了住院者
284 的心理健康治疗计划。他们发现,在较大型的组织里,员工和个案对治疗计划的感受更消极。研究者指出,原本三个小型疗养院,现在变成一个大型疗养院,这可能会加剧精神分裂症患者对自我丧失(loss of self)的恐惧。赫尔曼及其同事建议,政策制定者在开始进行任何类似的重组之前,应事先进行谨慎的评估并开展相关的研究。

组织也可通过与其他的组织合作、合并、联盟来进行重组。前几章我们讨论过联盟网络、赋权于系统及保护伞组织(umbrella organizations)。也可以这么说,母组织要负起责任,确保子组织的生存与成功。不过,竞争、缺乏协调机制以及其他因素,都可能会减小组织联盟的有效性。

考虑到各组织之间的相互影响和交互作用,因此所谓简单的重组是不存在的。重组隐含的结构性变化会对各组织之间的关系和各组织的员工进行重新界定。邦德(Bond, 1999)观察到的代理组织内的咨询阻力就体现了这些困难。也许改革的阻力存在于这些组织或代理组织的基本价值体系之中。

福斯特-费希曼和他的同事(Foster-Fishman et al., 2007)提出一个考察组织和社区系统的系统模型(system-based model)。建立在切克兰德(Checkland, 1981)软系统的早期工作上,福斯特-费希曼等人收集了大量的数据去解释用于改变系统的主观特性以及组成系统的方方面面。他们同时使用系统动态理论(Forrester, 1969; Jackson, 2003)去寻找系统内的反馈和交互作用,行为的原因和结果以及系统内的变化源。通过研究这些变化模式,也许就可以找到"改革的水平"。当这些水平被激活时,作为一个整体的系统就发生了改变。他们认为,这种更丰富、更复杂的范式在工作中提供了一个系统真实的画面,从而帮助不同的系统进行不同的有

意义的变革。更多的线性和简单的解释模型导致这样一个假设，即改变系统中的一个要素将导致系统改变。其实，从本质上来说，这种变化将导致失败或偶然的成功。福斯特-费希曼认为，也许并不总是需要系统水平的改变，但是，在需要的时候，理解多个要素和要素之间的交互作用就非常重要，因为它们决定了系统的改变。系统理论有助于该观点的学习、理解和行动。

工作生活品质项目

使整个组织发生变化的另一个方法是引入可产生长期变化的**工作生活品质项目**（Quality of Work Life Programs）或参与性决策项目。该项目包括，员工参与制订决策以营造民主的氛围、激励员工、提升满意度及奉献。此外，该项目集注于赋权，将部分决策权由经营者或主管释放给核心层之外的员工，以培养其生涯发展及领导能力（Hollander & Offerman，1990）。在工作生活品质项目中，员工也可能与客户一起设计项目和行动计划，对过程进行仔细的推理，并 285
共同评估项目的有效性，然后再执行计划。有时候，组织高层也会提供经费。虽然有些人（Labianca，Gray，& Brass，2000；Randolph，2000）认为，对许多组织而言，赋权是个难以捉摸的概念，因此赋权常常受到组织的抗拒，但这样的项目在很多地方都实施过，结果显示，这类项目对改善组织的生产和员工工作满意度相当有效（Baron & Greenberg，1990）。

组织管理者现在逐渐认识到，在工作生活品质项目或参与决策计划中，充分授权部署参与决策，可以营造组织内长期的改变，对此，他们普遍认为是个好主意（French & Bell，1990）。工作生活品质项目的一个范例是**品质圈**（quality circles）。品质圈是由组织里的员工（或向社区组织寻求服务的个案）志愿组成的小团体，他们定期聚会，一同找出问题并解决与组织有关的问题。品质圈能让组织环境更人性化，并且能提升参与者对组织的满意度（Baron & Greenberg，1990）。对品质圈研究的元分析表明，品质圈对员工工作业绩的影响虽然是中度的，但却很重要（Pereira & Osburn，2007）。假使萨拉和“和谐之家”的其他员工也曾参与他们组织里的品质圈，他们可能会发现大家都不满意新督导所作出的改变，因此他们就可以在员工离职率升高之前，针对组织问题，共同提出创新、有效的解决之道。

组织运用品质圈的第二个范例是，在一所农村的心理健康中心，有一个志愿的案主与员工组成的品质圈，开会时他们讨论到如何解决没有车的案主缺乏大众交通工具的问题。大家集思广益，找出一些既有创意又可行的解决方法，这样一来，案主也可以更好地预测自己所需要的服务。很显然，品质圈是“参与和民主”工作实践的一部分，克莱因、拉尔斯、史密斯·梅奇和道格拉斯（Klein，Ralls，Smith Major，& Douglas，2000）曾在赋权理论的框架中对此作过讨论。

汉密尔顿、巴西斯和理查兹（Hamilton，Basseches，& Richards，1985）指出，社区中员工参与决策计划的情形正在稳定地增加，不过几项组织研究显示，社区组织若只允许员工参与决策，其实是相当空泛的，很难有所获益。普雷斯特比和同事（Prestby et al.，1990）发现，为了让民众持续地参与街区或邻里促进协会，需要让参与者清楚地感觉到参与所获得的好处（例如，邻居彼此更熟悉或学到一项新的技巧，如公众演说）多过其付出的代价（例如，感到促进协会从没做什么事情或发现牺牲和家人朋友相处的时间)。社区组织需要妥善管理他们的奖励诱因,让所有参与者都感到满意。研究者发现,虽然品质圈能够提高员工的满意度和工作业绩,但这种提高有时是很短暂的。另外,他们提醒,较大的生态情境在整体的组织改变中起着关键的作用(Klein et al., 2000)。

这些身处问题之中的人最知道该如何解决这些问题,品质圈和其他的参与性方法正是利用了这一事实,通过赋权,让参与其中的人去解决他们自己的问题。根据大多数元分析的结果,这一观念得到支持:品质圈确实提高了工作效率(Pereira & Osburen, 2007)。这对组织心
286 理学家和社区心理学家来说,当然是极大的鼓舞。但是,正如凯利(Kelly, 1980)在生态学理论和杰克逊(Jackson, 2003)在系统理论——两个人分别代表社区心理学和组织心理学——所警告的,变革的努力必须放在更大的系统结构和动力关系中考虑。

团队建设

改进组织内群体的一个技巧是团队建设(team building)。团队建设是目前仍在发展中的一种做法,该方法鼓励团队成员发挥合作精神,一起工作,从而促进了群体的社区感。团队建设的目标是达成目标和分析任务,成员关系和团队内的决策过程。换言之,团队既是这一过程的对象,也是这一过程的参与者。团队正被证明是赋权的一种强有力的推动力,以至于团队成为任何一个聪明组织最重要的基石(Pinchot & Pinchot, 1993)。元分析的研究证明,团队建设是非常成效的(Neuman, Edwards, & Raju, 1989; Svyantek, Goodman, Benz, & Gard, 1999)。

团队建设,又称为**团队发展**(Sundstrom, DeMeuse, & Futrell, 1990),除了已被应用于提高精神健康机构中员工的服务水平(Bendicsen & Carlton, 1990; Cohen, Shore & Mazda, 1991; Olson & Cohen, 1986),还被应用法庭(精神科)监狱的矫正官和工作人员(Miller, Maier, & Kaye, 1988)、美沙酮维持治疗诊所的案主(Magura, Goldsmith, Casriel, & Lipton, 1988)、老师(Thatcher & Howard, 1989)、进食障碍诊所的护士(Sansone, Fine, & Chew, 1988)、医生(Bair & Greenspan, 1986)以及其他类型服务组织员工(Davis & Luthans, 1988)的工作业绩。团队建设也成功地应用于有不同文化背景员工的组织,帮助组织更敏感地觉察不同文化背景员工的需求(Ratiu, 1986)。不过,有些人主张,许多员工会抗拒参与团队,主要原因是不信任,且他们对改变的容忍度低(Kirkman, Jones, & Shapiro, 2000)。

在商业中对团队发展的咨询需求日益增长(Offerman & Spiros, 2001),定义和解释该进程的研究也有出版。通过调查"组织发展与变革部门管理学院"的成员,本书的作者发现,团队建设训练时最常引用的两个目标是:目标设定(goal setting)和沟通(communication)。对于实践来说,最缺少理论支持的是三个领域:多样化议题、赋权和资源管理。不难发现,在这三个术语中,其中有两个不是社区心理学的术语。反过来,可以注意到,团队建立议题(例如分享信息、开发共同目标、建立认同)明显是来自团队建立/组织管理学的技能。

上文主要关注的是系统水平的变革,以及系统变革对更大的组织和组织中的个体的潜在

影响。这些变革是某种发生于社区水平的社会变革。下面,我们来考察综合了组织心理学和社区心理学的视角的方法,这或许有助于为个体如何更好地应对工作环境中的压力提供启示性的信息。

在组织内协助个体改变 287

我们一直在强调,社区心理学家更倾向于选择生态学的方法,即强调对整个系统而非个体进行考察和改变。但是,考恩(Cowen, 1985)指出,以个体为导向和以能力为焦点的方法也应该在社区干预占有一席之地。这部分将讨论个体可以作出怎样的改变,尤其是个体在应对组织引发的日常问题上可以作出怎样的改变。然而,需要指出的是,个体层次的改变往往容易失败,这很令人烦恼(Macy & Izumi, 1993; Shinn & Perkins, 2000)。

倦怠与压力

倦怠与压力是当代组织面临的问题。霍芬、卡仑、弗兰德森和史密斯(Hofen, Karren, Frandsen, & Smith, 1996)宣称,在1990年,有46%的美国工作人员认为他们的工作是高压力的,34%的工作人员则因为工作压力考虑辞职。当今的组织应该认识到,员工的倦怠与压力和组织的状况有关,而不仅仅是个体体质(McCulloch & O'Brien, 1986)或个体的应对策略不良所致(Shinn, Morch, Robinson, & Neuer, 1993)。尽管如此,有些组织还是未能协助员工应对来自组织的压力(Shinn, Lehmann, & Wong, 1984)。组织需要运用干预策略去缓解这些压力,而社区心理学家也提供越来越多的文献资料以供参考,这些都可以作为借鉴。个体应对压力的传统做法包括冥想、放松训练和运动项目,但是这样的干预在治疗个体的同时,往往忽略个体的工作情境。因此,社区心理学家又开发出替代的干预方案,现择其一二,说明如下。

来自同事的**社会支持**(social support)形式包括:展示各种应对策略、展现同理心和提供建议。目前已证实,社会支持在各种不同社区组织里,对缓解员工的压力及倦怠有明显的帮助作用(Bernier, 1998; Trunipseed, 1998)。例如,基尔梅尔和多尔蒂(Kirmeyer & Dougherty, 1988)的研究显示,社会支持对降低警察在处理紧急事件时的焦虑很有帮助。奥尔森(Olson, 1991)的研究则显示,适当的社会支持给教师提供了文化适应的经验,并能鼓励他们自主决定。赫希和大卫(Hirsch & David, 1983)和麦金塔(McIntosh, 1991)发现,护士之间彼此支持,能降低其总体的压力水平并使其更好地应对患者的死亡。人类服务的工作者(Shinn et al., 1984),更具体一点说,社会工作者(Himle, Jayertne, & Thyness, 1991; Melamed, Kushnir, & Meir, 1991),也同样受惠于同事之间的社会支持。布罗曼、汉密尔顿和霍夫曼(Broman, Hamilton, & Hoffman, 1990),卡普兰及其同事(Caplan et al., 1991)和齐佩(Zippay, 1990—1991)都指出,社会支持可缓解失业对被解雇员工的影响。

斯诺、斯旺和拉加万(Snow, Swan, & Raghavan, 2003)发现,一个既包括应对方式又包括社会支持的模型可以有效预测文职人员对压力的反应。工作压力、工作与家庭的冲突都是触发情感和生理压力反应症状的原因。

288 **积极应对**(active coping)(解决问题)能最终减轻压力的症状(焦虑、失望、身体不适),而**逃避型应对**(avoidance coping)(忽略问题、转移注意力)却不能。拥有社会支持能够增加积极应对的能力,而这反过来又会产生较少的问题。可以推测的是,拥有良好的社会支持系统有助于为员工提供如何解决工作问题的建议。这与我们在第三章描述和讨论的心理弹性模型也是吻合的。

不过,在这里我们也要小心,在组织环境中,社会支持通常以复杂的方式产生作用(Schwarzer & Leppin, 1991),在其他地方也是如此。例如,团体应对与团体支持,往往比个体应对策略更好。但在某些情况下,社会支持也可能会使个体的处境更糟糕(Grossi & Berg, 1991)。同样,运用社会支持一定要考虑到每个个体的文化背景,并找到最适合对方的支持方式(Jay & D'Augelli, 1991)。

最后,教育社会公众缓解压力的"媒体教育"方案,可协助员工和社区公众学会缓解压力。詹森、柯伦、古德曼和史密斯(Jason, Curran, Goodman, & Smith, 1989)制作了一系列"压力与应对"的电视节目,许多观众在观看后宣称他们试过这些方法。对观众的适应水平与健康水平的测量表明,这两方面有了显著的改善。这些方法尤其对那些苦恼的观众更有帮助。组织也可通过报纸、工作坊及各种训练等大众传播教育方式,来向公众开展压力与应对的教育。

奎廉-沃尔弗和沃尔弗(Quillian-Wolever & Wolever, 2003)撰写了关于工作压力管理的计划。他们指出,这些计划以压力和解决压力的广泛研究(见第三章)为基础。他们提出一个用于该计划的框架,以解决多层次的压力反应,如身体、认知、情绪和行为。处理身体和认知的各种干预方式中,锻炼对有机体有积极的影响(Freeman & Lawlis, 2001),按摩治疗可以降低肌肉的紧张,并增加免疫功能(Zeitlin, Keller, Shiflett, Schleifer, & Bartlett, 2000)。放松技巧可以在好几个压力的生理指标上带来积极的变化(Cruess, Antoni, Kumar, & Schneiderman, 2000; Freeman, 2001)。冥想时精神集中会带来免疫和神经系统的积极改变(Davidson et al., 2003)。很多技术已经被纳入压力管理的计划中。正如前面所提到的,这些计划的持续性越来越受到质疑。奎廉-沃尔弗和沃尔弗(Quillian-Wolever & Wolever, 2003)把压力管理计划理解为次级预防(处理早期的功能障碍迹象),同时还描述了对于所有工作者都通用的预防教育。不管怎样,预防的概念对他们的模型非常关键。

尼尔森和西蒙斯(Nelson & Simmons, 2003)提出,我们也需要考虑在工作中的良性压力(积极反应)和恶性压力(消极反应)。弗克曼和莫斯科维茨(Folkman & Moskowitz, 2000)曾讨论,在压力期间,积极和消极的感受同时存在。建议为:良性压力和恶性压力过程可以同时发生,产生两个矛盾的情感立场(affectional position)。西蒙斯(Simmons, 2000)发现,良性压力的指标是在工作环境中的积极情感(开心、心情好),感觉工作值得去做,表现出一个个体可以对某个情境产生积极影响的希望。良性压力被认为由以下因素促成:乐观、内在控制点、对世界的一致和可理解的感受。因此,在特定的情境下,压力可以被理解为一种良性压力和恶性压力之间的平衡。根据尼尔森和西蒙斯(Nelson & Simmons, 2003)的观点,阻止恶性压力和提升良性压力这一压力的概念更具整体观。例如,布里特、阿德勒和巴通(Britt, Adler, & Bartone, 2001)发现,在饱受战争蹂躏的波斯尼亚,有北约责任感的美国士兵对待工作更加积极。在另外一个相似的高压力环境的研究中,医院护士在高要求的工作环境中,同时报告了良性压力和恶性压力(Simmons & Nelson, 2001)。良性压力的水平反过来又与护士报告的身体健康水平相关。这些研究结果表明,应对与工作相关的压力可能包括,帮助个体培养对工作环境的效能感,以及自我与工作要求之间的一致感。因此,干预措施面临的挑战是,如何设计对个体具有保护作用和促进作用的环境。 289

健康维护问题:以戒烟为例

员工即使不在工作场合中抽烟,也相当令人烦恼,其中的原因很多,包括:抽烟者的健康问题导致组织的健康保险支出增加,其他人对二手烟的抱怨增加(Milkovich & Boudreau, 1991)。在一项研究中,心理学家希望能够让员工少抽烟,于是从 43 家不同的公司招聘了被试。吸烟者参加电视戒烟课程和自助戒烟小组。与其他抽烟者相比,参加电视戒烟课程的吸烟者的吸烟率降低最多(Jason, Gruder, Martins, Flay, Warnecke, & Thomas, 1987)。可是,在这项研究中,烟瘾复发或恢复吸烟习惯仍然是个困境。我们推测,烟瘾复发可能是工作带来太多压力所致,这些压力促使烟瘾复发。

在第二项研究中,第一组员工拿到自助手册;第二组员工拿到自助手册和戒烟奖励;第三组员工拿到自助手册、戒烟奖励并获得社会支持。在该研究中,社会支持显然对戒烟和长期停止抽烟(例如 24 个月)都是有效的(McMahon & Jason, 2000)。因此,即使组织提供的帮助只是简单的鼓励支持团体,该组织也有助于促进其员工的健康。支持团体对健康行为维持的重要性增强了支持性社会情境的力量和个体所生活的社会生态环境的变化。这就凸显了社区在推动变革——甚至在健康的行为的变革——中的重要性。行为并不只是纯粹的个体变量的结果。

本章概要

由于在理论和应用上起源相同,组织心理学和社区心理学被某些研究者看作是“兄弟”(Shinn & Perkins, 2000)。组织心理学关注工作场所,社区心理学关注更广泛的环境。它们都从彼此的研究文献中学习到很多。

组织即社区。就像任何社区一样,组织由许多不同的个体和团体组成。就像许多社区一样,当今的许多组织如果想提升员工的健康,就必须更合乎人性。

通过让当今的社区机构和组织成为员工更好的工作场所,组织可以为案主提供更好的服 290
务。今天的员工面临的问题包括(但不限于)压力、倦怠、压制性的组织文化、不良的工作环境以及人力资源管理不善等。

过去，组织一直认为，员工的个人特征而不是组织的什么东西是问题的根源。传统的管理问题员工的技巧一直是，调整员工福利薪酬，例如薪资，或者制定机构的法规或条令。

随着组织本身的需求和员工成员的改变，组织也需要进行变革。作为一个系统，组织必须适应新的环境和新的成员。不管是整个系统还是子系统，环境可以适应个体，就像个体可以适应环境一样。

一个变革整个组织的策略是重组，例如在大公司下成立规模较小、更具亲和力、更友善的子公司。另一个组织变革的策略是实施工作生活品质方案，由职员和客户参与规划并设计组织所需的变革。

最后，组织内的员工会面临种种问题，这些问题可能会降低组织的工作成效。其中，倦怠和压力就是两个例子。组织内成员的社会支持可以为苦恼的员工提供帮助。健康项目(wellness program)对于解决员工个人给工作带来的各种问题——这些问题降低了员工服务案主的能力——也是有帮助的。根据最近的研究成果，上述组织发展技巧以及其他的组织发展技巧被证明是有效的。

第四部分

路在何方

第十三章 291

社区心理学的未来

社区心理学已取得的成就

社区心理学在美国之外的发展

先驱者对社区心理学现状的评论

对当下和未来社会需求的回应

尊重差异和寻求同情

环境问题

健康、教育和经济成功机会上的差距

衰老和死亡

本章概要

最后的反思

我们是父母的梦想。

——黛博拉·饭田《中间的儿子》

玛丽觉得,自己对大学的第一选择是英国的剑桥大学。当然,那个时候她只有8岁。若干年后,她最终申请读大学时,她并没有考虑剑桥大学,而是决定进入巴黎的美国大学(American University of Paris)。她被录取了。令父母吃惊的是,她甚至考虑住在家外,其距离远远小于威斯康星州与中西部之间的距离。她重新界定了自己的边界。这超出她父母的范围。

在巴黎,她发现,学生和老师对全球和多元文化的视角同样是开放的。他们高兴地阅读世界各地的小说,就像阅读来自美国或英国的小说那么容易。她喜欢这样。这所大学让她质疑自己和自己理解的世界。她相信,她正在为这个她所生活的世界做准备。

这个故事与高校和大学的其他趋势相符。出国留学的方案已经实施很长一段时间,而 292
且现在正在不断地创造纪录。这些方案鼓励出行、探索全球各个地方和形成国际视野。在某些美国高校,超过半数的学生在毕业前曾经留学海外。我们所知的一所高校,同时拥有世界上所有大洲(包括南极洲)的学生。同样,社区心理学的发展已经超出它原有的范围,我们正处在一个以前的马萨诸塞州的斯普斯科特的社区心理学家从未想象过的领域。那么,我们是以怎样的生活方式在美国运动创始人的梦想中向前的呢?又是以怎样的方式去超越他们的视野呢?

社区心理学已取得的成就

到目前为止，社区心理学的梦想似乎注定就是一个“遥远的迷雾”。但是，从社区心理学在美国诞生到现在，它实际上仅仅经历几个学术年代(academic generations)的更替。站在办公室和实验室的外面，从关于心理学潜能的一系列观点和概念来看，社区心理学已经提出一个价值体系、干预重点、诸多技能和多种理论，从而在社会和研究计划中指导着我们的工作。我们已经有《社区心理学手册》(Rappaport & Seidman, 2000)，《心理学年鉴》也常规性地开辟了面向社区心理学的章节内容(Bloom, 1980; Cowen, 1973; Gesten & Jason, 1987; Heller, 1990; Iscoe & Harris, 1984; Kelly, Snowden, & Munoz, 1977; Kessler & Albee, 1975; Levine et al., 1993; Reppucci, Woolard, & Fried, 1999; Shinn & Toohey, 2003; Sundberg, Snowden, & Reynolds, 1978)。

很多研究型大学在社区心理学的杂志(如《美国社区心理学杂志》和《社区心理学杂志》)上发表了大量的研究(Jason, Pokorny, Patka, Adams, & Morello, 2007)。在美国，这些大学都名列前茅(见表 13-1)。引人注目的是那些在整个调查期间(1973—2004 年)不在前 10 名，但在过去的一段时间内(1995—2004 年)每年发表超过 1.5 篇文章的大学，它们是马里兰大学巴尔的摩分校、华盛顿大学、哥伦比亚大学、马里兰大学、约翰·霍普金斯大学、佐治亚州立大学。

我们在第一章曾经引用过，社区心理学本科生训练课程的存在凸显了社区心理学的重要性。一旦有了本科生课程，相应地就会有研究社区心理学的学生，也会有学生将自己认同为社区心理学家。考虑到社区心理学已经具有出版物、高等教育机构以及这些机构的产品、研究和毕业生，将来的社区心理学看来要作为一个领域成为心理学的基本组成部分。

在这些成绩中，看起来不是那么积极的因素是，自 2003 年开始，《心理学年鉴》缺少一个明确的面向社区的章节内容。尽管有一些其他篇章的内容提到解决社区问题，例如，梅斯、科克伦和巴恩斯(Mays, Cochran, & Barnes, 2007)关于种族、歧视和健康结果的综述，但是没有什么东西能够代表社区心理学观念本身，不管是作为干预，还是作为一个研究主题。在本科院校领域，温斯坦(Weinstein, 2006)相信，临床社区项目的数目将会减少。这是不是因为没必要去
293 区分临床心理学和社区心理学观点，因为临床心理学已经包含预防和心理教育的概念，还是因为这样一个事实：人们对社会变革和系统水平的干预(这种干预将促进社会变革)的兴趣在减弱？又或者是美国 21 世纪的第一年的历史和政治的产物？在这种情况下，政治学和社会哲学上的转变可能会使人们对心理学产生新的、更大的兴趣。无可置疑的是，社区心理学的实践者遍布全球。

表 13-1 在《美国社区心理学杂志》和《社区心理学杂志》中发表排名前 15 的大学(1973—2004 年)

1. 加州大学洛杉矶分校	9. 耶鲁大学
2. 亚利桑那州立大学	10. 马里兰大学学院公园
3. 伊利诺伊大学芝加哥分校	11. 加州大学伯克利分校
4. 密歇根大学	12. 德保罗大学
5. 范德比尔特大学	13. 宾夕法尼亚州立大学
6. 密歇根州立大学	14. 纽约大学
7. 罗切斯特大学	15. 南卡罗来纳大学
8. 伊利诺伊大学香槟分校	

资料来源:Jason et al.(2007).

社区心理学在美国之外的发展

在美国之外,社区心理学似乎获得了持续的发展。在 2006—2008 年的研究中,《美国社区心理学杂志》和《社区心理学杂志》的文章中包括:意大利的犯罪(Amerio & Roccato, 2007)、哥伦比亚的暴力(Brook,Brook, & Whiteman, 2007)、加拿大的无家可归青年研究(Kidd & Davidson, 2007)、南非乡镇压力以及宗教在应对这种压力中的作用(Copeland-Linder, 2006)、澳大利亚土著居民的社区感(Bishop, Colquhoun, & Johnson, 2006)、以色列志愿者的倦怠(Kulik, 2006)、牙买加人对精神病的态度(Jackson & Hetherington, 2006)、南非农村关于艾滋病病毒/艾滋病的管理支持系统的建构(Campbell, Nair, & Maimane, 2007)、中国香港的孝道和亲情关怀(Cheung, Kwan, & Ng, 2006)。所有这些文章都是社区心理学越来越国际化的代表。《社区心理学杂志》的编辑洛里安(Lorian, 2007)公开评论道:《社区心理学杂志》的编委会的组成国际化,这个战略决策可提供超越美国的更广阔的视角。在美国之外还出版了一本名为《社区心理学与社会变迁:澳大利亚和新西兰的视角(第二版)》(*Community Psychology and Social Change: Australia and New Zealand Perspectives*)的著作(Thomas & Veno, 1996)。美国心理学会第 27 分部(社区研究与行动协会)(Society for Community Re- 294
search and Action)的网站声明,该学会的目标是促进"国际调查和行动"(www.scra27.org, 2008 年 7 月 19 日访问获取)。除了来自美国大学的研究成果外,社区心理学正在被世界各地研究。我们注意到,从美国的社区心理学在马萨诸塞州的斯普斯科特诞生以来,这是一条走了很长的路。

社区心理学的一个未来框架正在顺利地发展,工作和行动已经超越国界,并且在欧洲、非洲、亚洲和太平洋运行良好。

美国社区心理学运动的早期策划者并没有直接意识到要跨越国界。然而,格莱德维尔(Glidewell, 1966)关于"社会变迁"的文章中给出"缩小的地球"的暗示以及我们可能遇到的挑战。

> 世界人口的流动，一个价值体系遭遇另一个价值体系，社会系统在变大，专业化和复杂化的增加，人口从乡村向大城市迁移，对彼此期望的变化比以前更快，人与人之间、团体与团体之间的压力也在增长。这些压力在面对流动性时也许会成为一个驱动力或者包含情感的混乱和……刚性(rigidity)……的压力是否会刺激一方或另一方，这取决于个体的改变和社会组织的变革。(p.44)

先驱者对社区心理学现状的评论

先驱者对于我们当今的状况和取得的进步会说什么？他们对社区心理学未来的希望是什么，又会提出怎样的忠告呢？幸运的是，早期的作者、研究人员和实践者对于现在的观念，在实践和研究中的努力和社区心理学在作为整体的心理学中的位置，已经作了回答。

拉帕波特(Rappaport，2005)已经告诫过，不宜对正在研究的内容过于确定，也不宜对研究方法太过固执。他担心寻求科学也许会导致教条的方法，即只有"对"和"错"。他宁愿让我们记住社区心理学的角色是提供对现实的"批判意识"。社区心理学是一个创新和变革能找到家的地方。这意味着，探索的方法不应该是固定的。受库恩的科学革命范式的影响，从社区心理学的定义来说，社区心理学就是在传统中寻找不正常的现象。

萨拉森(Sarason，2004)警告，干预的过程很难在研究文献中找到，而一个关于干预过程的流畅的描述会造成误导。他认为，研究和干预开发"开始之前"的阶段有大量的关键细节。在一个项目开始之前与同事讨论，与社区领导和系统交流，这一情境往往孕育着最终的社会行动或研究。凯利等人(Kelly et al.，2004)描述了他在芝加哥长期担任社区领导时的个人历史，就
295 是通过掌握个人与社会网络和关系的复杂性开展社区项目的历史。凯利提到过，协同努力(collaborative efforts)以及他与社区领导人关于他自己在爵士乐方面的兴趣的对话，对项目的开发起到关键的作用。萨拉森提到社区项目开发和研究中的个人能力的问题。他指出，该过程需要的是尊重、关心、开诚布公地回答问题。这些能力是可以描述出来的，但是这些能力是可以训练的吗？

温斯坦(Weinstein，2006)则警告我们不要丢弃了社区心理学的初衷。她对该领域提出挑战，并提出要提高我们的眼界，从事系统水平的干预。在她看来，最应该优先处理的是"根深蒂固的不平等和对他人的认知"。这种不利的差异(disadvantaging differences)之所以得以维持，是因为我们把他人看作异类，而这种判断又把他人看作是局外人，价值更低。由此导致的差距可以在学校教育优势、医疗机会、获得住房、经济机会和偏袒的法律制度中看到。他们心里把这个社会分为"我们"和"他们"，并认为"他们"活该如此。这种结构上的优势导致个体层面上的优势。很明显，内部控制点、对自身命运的自我效能感和积极的行动态度(愿意行动)是一些优点。但这些个人风格都被证明与个体在社会结构中的有利位置相关。环境因素促进了这些个体变量的发展。比如，学校系统内自我实现预言和负面期望的问题导致教育的不平等。据

此，温斯坦认为，应对学校内部进行干预，以杜绝这些负面期望的存在。

费森(Fyson，1999)在澳大利亚的学校从事20多年的社区工作，探讨了社区心理学在解决一个人(个人)与多个人(集体)之间的紧张方面付出的努力。他认为，社区的变革意识能够同时带来两种极端的立场。这就是纽伯勒(Newborough，1995)所谓的"第三方立场"。在"我"和"他们"之间还存在一种"我们"的立场。根据我们对这个观点重要性的理解，聚集成内群体——被知觉为同一个群体的一部分，即"我们"的优点是巨大的。同时，被知觉为外群体的成员——那些不是"我们"群体的人(即外来者)，"他们"的缺点也是巨大的。研究人员正在继续论证这种成员归属(membership)的差异对我们微妙又明显的影响(Gaertner & Dovidio，2005)。

斯诺登(Snowden，2005)呼吁在人口学层面对社会和社区进行分析，他称之为"人口学思考"。从这个观点看，人口参数是分析的水平、重点以及"社会变革的潜在进程、结构"(p.3)和维护。他引用了桑普森、劳登布什和伊尔斯(Sampson，Raudenbush，& Earls，1997)的研究，作为一个例子，这几位研究者发现，集体效能作为一个变量与社区犯罪数量的下降有关。因此，社区犯罪的关键因素是效能而不是社区少数民族的构成。斯诺登认为，不仅要开发一个亲社会的规范和实践，还要有建设性的传统和机构。在这种方式下，社会中的不平等才可以更加有效地得到解决。人口学思考应该会使研究者开展揭露这些持续差异的社会机制和政策水平的解决方法的研究。例如，知道犯罪是建立在集体效能而不是种族的基础上，可以为我们的干预指引方向。

这些都是重新理解我们这个社会的问题的新的和令人振奋的方式。凯利(Kelly，2002)警 296
告，当社区心理学日渐成熟时，我们不要丧失这种激情。他还警告，我们正处于"成为一门受尊敬的科学"与"被传统的设计和方法学束缚手脚"之间维持平衡的困难之中。他挑战我们，要我们在研究中充满冒险精神(Tolan et al.，1990)，并要我们寻找可以分享这种挑战遗产本身的方式。尽管社区心理学在很多方面已经取得成功，但必须非常仔细地维持这种开放的精神和愿意接纳不同的观点。

瓦茨和塞拉诺-加西亚(Watts & Serrano-Garcia，2003)在他们的一篇题为"解放社区心理学"的文章中提出一个宏大的挑战，他们呼吁社区心理学应该要探讨社区问题背后的社会和政治力量问题。他们采用了压迫系统(systems of oppression)这一术语来解释典型的社区问题，例如暴力、认同、压力和教育。通过培养公众认识到压迫系统的存在，干预研究者可以帮助群体改变这些系统。因此，环境的重要性，创建和重建这些环境就成为干预的重点。干预的目标是构建系统来促进健康，而不是当健康出现问题时才作出反应。德法蒂玛(De Fatima Qunital de Freitas，2000)指出，在巴西或拉丁美洲，社区心理学的指导性原则之一就是认识到它具有"明显的政治性"。从生态学的视角来看，承认这种更大的外观系统(Bronfenbrenner，1979)的存在看起来是唯一合理的。

考恩(Cowen，2000)认为，社区心理学要从"风险和预防模型"转变到"促进发展、培养能力和提升生活质量模型"。社区为成功的发展和潜能的实现提供了机会。或许，社区心理学的重点应该放在复杂的社区环境如何培育和促进成功的发展轨迹上来。通过对这些轨迹和实现成功因素的更好理解，我们的干预无疑应该集中于重要的人生阶段以及社区和社区成员的适应能力。对社会能力的追踪研究正开始在时间的维度上考察儿童期的能力与心理病理的发展之间的关系(Burt, Obradovic, Long, & Masten, 2008)。

对所有工作在各民族或族裔社区的社区心理学家来说，舒(Sue, 2006)关注的是社区内多元群体的文化能力(cultural competency)的语用学研究。为了回应有人认为社区中不存在文化能力的看法，他提出文化能力的三阶段的一般模型。“科学意识”(scientific mindedness)是一种在初步观察的基础上，而不是成员身份基础上提出的假设，并在随后根据进一步的观察结果来检验假设的倾向；“动态调整”(dynamic sizing)是这样一种能力：知道何时可以把观察结果应用于群体，何时把观察结果应用于个体，以及意识到人或环境的独特性；“特定文化的技巧”(culture-specific skills)就是关于特定群体的文化知识。舒的研究通过指出几十年前社区精神健康中心的使用与治疗结果之间的巨大差异，强调在精神健康机构中文化能力的必要性(Sue, 1977)。他在2006年的一篇文章中阐述了纠正这些差异的过程。

克洛斯(Kloos, 2005)提出中肯的警告：社区心理学要确保不能太孤立。通过一些杂志和会议，我们可以更有效地与他人联系，但与此同时，我们的研究和项目成果并没有应用到心理
297 学的广阔空间，也没有应用到跨学科的环境中。这就是社区心理学面临的挑战，即如何继续关注和影响对我们希望服务的社区的健康产生影响的广泛领域。

关于社区心理学现状的观察性样本为我们提供了社区心理学家的多元观点。对于他们向我们提出的共同挑战，我们要更加雄心勃勃，并带着人类所有的复杂性，记住我们的人性。社区心理学可以应用于系统的多个水平。对此，我们已经回顾其中的一些。但是，当前的趋势是开发以个体为中心的项目(Cowen, 1985)。毕竟，当前对个体层面的干预有着迫切的需要，而且干预的结果也可以更快地看到。但是，社区心理学家的视角既要思考短期的结果——以此证明范式的有效性，又要思考长期的结果——它是带来系统改变所必需的。虽然获得快速的干预结果受到来自环境的压力，但我们唯一的希望是，获得持续的改变。这些评论都主张与社区建立长期的关系。他们还呼吁要尊重社区，理解社区内和社区间的异同，多学习，并对我们自己的模型和世界观保持灵活性。一位社区成员曾评论说，社区心理学家与之前来做研究的其他专家不同，社区心理学家关注发生在社区的事件，并为社区成员的成功而高兴，为社区成员的悲伤和丧失而同情。社区心理学家成为她所工作社区的一部分，因此她不像大学里那些坐着飞机来，拿出调查问卷，然后离开的“教授”，她显示出对社区的关爱、关注和连接。

在回顾了社区心理学当下的思想观点和取得的进展之后，我们将注意力转至社区心理学家未来的工作领域。

对当下和未来社会需求的回应

因为社区参与到干预方向的界定(Jason, Keys et al., 2004),所以社区心理学家的角色将继续利用关于社区和系统是如何工作的知识。社区心理学家的目标依然是帮助组织实施在他/她们看来相关的计划和干预。尽管犯罪、毒品、酒精滥用、严重精神疾病和艾滋病病毒疫苗/艾滋病的传播蔓延等突出问题是所有社区面临的紧迫问题,但我们会提出要理解差异,寻找同情,关注环境和教育、健康和经济方面的机会不平等,以及围绕老龄人口的问题和临终关怀,这都是我们面临的新挑战。对这些重要领域的关注可以保证在21世纪对这些问题开展进一步的研究,并在当前使用的社区心理学的框架下开展干预。

克里斯森斯、翰林和斯比尔(Christens, Hanlin, & Speer, 2007)提醒我们必须有**社会想象力**(social imagination)——我们必须能够在个体的经验与影响个体经验的社会系统之间建立起联系。通过设想个人与社会系统联系的能力,我们才可以开始构思社区干预。社会变革 298
(社会、经济、政治、环境)是人的变革。在我们能够使事情有所不同之前,必须能够想象到它。博伊德和布莱特(Boyd & Bright, 2007)指出从聚焦于问题到聚焦于机会的研究和干预的潜在可能性。通过使用参与研究方法,也就是赏识性调查技术(appreciative inquiry technique),他们在界定贫困农村社区的问题和机会时,参与到社区中来。赏识性调查技术询问这些贫困农村社区的成员,请他/她们想象,社区可以利用社区内部成员之间以及与社区外部的联系的优势来做什么。这是一种收集某个群体的可利用资源的方法。需要重申的是,该方法的重点是能够想像什么是可能得到的。

尊重差异和寻求同情

差异可以对我们的成功作出贡献。不同的人为问题的解决带来不同的视角和信息。这种差异来自背景、经验或文化。我们经常把这种差异与人口学变量联系在一起,例如种族、社会地位、出生地或性别。这一观点已在教育或经济优势上得到证明(Bowen & Bok, 2000; Gurin, Nagda, & Lopez, 2004; Page, 2007)。在经历了差异的经验之后,我们能更好地获得信息,对不同的意见更加开放,对于那些超出我们传统思考界限的想法更易接纳。最后,从全球视角来看,这种多样性可以提供更好的决策和更舒适的多元化社会。鉴于美国的日益多元化(U.S.Census, 2004),预测到2050年,少数民族将成为多数民族,这种对差异的尊重是适应性的和有远见卓识的。

尊重差异对基于外在特征——例如外表或人口变量——进行分类和排斥的倾向提出挑战。这种分类倾向把优势赋予给了那些被知觉为内群体的成员。对内群体的定义是建立在诸如外表、家乡、朋友或任务的共同特征之上。社区心理学或许可以对这些特征如何建构社会环境,建立尊重差异和同情的态度——即体会别人的遭遇并愿意提供帮助——等方面提供某些有益的想法。目前,在社区文献中还未看到以移情或同情心作为因变量的研究文献。这些变量本应该很自然地受到社区心理学的关注。心理弹性这个领域也对社区同情的建立富有启发意义。詹森和佩杜(Jason & Perdoux, 2004)在他们题为《社区治疗的天堂》(*Havens for Community Healing*)的教材中描述了同情心的特点。什么样的结构性特征可以促进对差异的尊重?我们可以做些什么来促进富有同情心的社区产生?富有同情心的社区会在什么阶段出现?在心理弹性那一章,格林伯格等人(Greenberg et al., 2007)讨论了心理弹性和情感智力(情绪智力)的开发。这些知识可以应用于富有同情心的社区的创建吗?

环境问题

全球变暖和自然资源浪费已成为迫切的国际性问题。《联合国气候变化纲要公约》
299 (*United Nations Framework Convention on Climate Change*)在1994年3月21日获得通过。根据该公约,世界各国政府共同努力对付温室气体和二氧化碳的问题。世界气候被认为是一种天然资源(见 unfccc.int/essential_background/convention/items2627.php; 2008年7月31日)。减少温室气体已成为国际性的战略目标。它需要的是可再生资源的整体性意识。

能源成本的增加已经凸显这种关注的必要性和急迫性。能源的消费正在讨论中并正在采取新的措施来修正已有的能源消耗方式。从世界范围来看,这种认识似乎晚了,但从心理上,我们知道这种行动的意识和意愿是由多种原因决定的。社区心理学或许可以帮助当地社区和国家抑制消耗不可再生资源的欲望,并让他们意识到自己是生活在一个有限的世界中。如何使社区成员增强意识?如何改变我们的行为?在这个充满诱惑的世界上,我们的努力该如何持续下去?如果我们有这些问题的答案,我们如何在社区、国家和周围的世界内成功地实施这些方案?优化使用公共交通有很多工作可以做,例如,车的停放,人们的态度和实践操作。对替代能源的态度,支援替代品的网络建设,以及即将开始的公共建设也很重要。五天工作日之外的生活方式的改变也可以进行研究。工作地点(例如,家远离总部,距其他工人较远)和工作时间(例如,半夜到清晨,错时工作)的定义都可以研究,还可以通过工作实践来调整这些新的定义以适应个人的喜好,分散基础交通设施或全球时间表的负担。迪恩和布什(Dean & Bush, 2007)描述了环保组织的进程,并确定了与这些问题有关的五个特别的过程:分析问题、对决策的影响、处理组织关系、社区卷入、将所获得的知识迁移到组织织或项目以外。他们相信,社区心理学的视角将对以上五个过程有所助益。

健康、教育和经济成功机会上的差距

普雷利尔腾斯基和福克斯(Prelliltensky & Fox, 2007)探讨了健康与公正之间的关系。他们认为,感觉到自己生活在一个公正的社会里以及被公正地对待可以增加人们的幸福感。**心理政治认知**(psychopolitical literacy)是一种介于社会条件与心理状态之间的关系的认识。这是前面章节中提到的弗莱雷(Freire, 1980)被压迫者教育学的传统。

温斯坦(Weinstein, 2006)明确要求要对社会中存在的差距进行研究并采取措施缩小差

距。这些差距源于阻碍人们获得平等机会的社会、文化和体制障碍。虽然缩小差距不是一个小任务,但从拥护公平正义的原则来说,仍值得我们关注。这超出对多样化的欣赏。这些差异有历史根源,而且对这些差距模式的转变需要在地方和中央政策层面上的耐心和坚持不懈的努力。解决这些差距,需要在权力层面和对有关社会现状的基本假设的重新审视上作出改变。 300
关于公正社会的信念和平等机会的存在可能仅仅只是我们考察和改变已有生活的基本假设的诸多方面中的一部分。在减少差距上还存在哪些结构性障碍?这些结构性障碍又是如何容易受到影响的?社区心理学家也可能对这些问题的回答作出贡献。它是一个赋权的问题吗?如果"是"的话,玛顿(Maton, 2008)呼吁,社区心理学可以使用已获得的有关赋权群体的知识来培养这些团体并促进他们的发展。他介绍了成功的赋权团体的特性:拥有核心的价值体系;简单且激动人心的目的和机会角色结构;需要给成员安排一些有意义且高质量的任务;需要组织一些旨在加强自我效能和技能发展的核心活动;需要提供一个互相关心和支持的环境;需要具备一个鼓舞人心的,能激励并接触绝大多数成员的并被授权处理一些事情的领导层;需要一个开放进取且保持与外界联系的(而不是孤立的)组织。怎样把这些过程授权给更多的人,以此消除社会差距?

衰老和死亡

慢慢变老和逐渐走向死亡是生命中不可避免的两件事。美国的人口老龄化正在加剧(He, Segupta, Velkoff, & DeBarros, 2005)。美国人口普查估计,从2000年到2030年,年龄大于65岁的人口将翻一番。同样的报告认为,2000年世界范围内年龄大于65岁的人口总数将近4.2亿。预计这个数字到2030年将变成9.74亿。所以,人口老龄化是一个全球性的现象。这些人口压力呼吁人们关注老龄化问题。什么是老龄化问题?社区如何帮助这些居民?我们又该如何应对死亡和临终的问题?拉韦斯特、塞勒斯、布朗和尼克森(LaVeist, Sellers, Brown, & Nickerson, 1997)的报告指出,在控制物质条件的影响后,非洲裔美国妇女遭受的极端隔离(隔离是指独居并与家人和朋友未曾谋面超过两年)与其在五年内死亡的概率有很大的关系。在随后的一项由程、陈和菲利普斯(Cheng, Chan, & Phillips, 2004)开展的关于中国香港老年人的研究发现四个决定中国香港老年人生活质量的因素,该研究综合采用了质性的访谈和量化的调查资料。这些因素包括:奉献社会(生产性)、与家人和朋友的良好关系、良好的健康和物质条件。以往的调查表明,人际关系和健康的重要性是压倒性的。法科尔在1995年做的一份关于美国老年白人的生活质量的研究发现,美国老年白人的生活质量取决于以下一些因素:家庭、思想活跃、社会关系、健康和物质满足。这些社区研究始终强调社会联系和社会支持的重要性,以及社会联系和社会支持相比较于更外在的健康和物质条件等因素的重要性。这些研究有助于为日后开发老龄化服务项目提供指导。虽然社区心理学在死亡和临终这个领域保持沉默,但人们好奇的是,这些变量是否在人的生命的最后阶段起着重要的作用(即善终)。有关体面的老去与死亡及其对个体的意义似乎非常适合在社区心理学的框架下研究。

301 ## 本章概要

在过去40年中，社区心理学以人们能预计的方式形成自身的系统。社区心理学拥有许多专业期刊，在美国心理学会成立社区心理学分会，在《心理学年鉴》上也有固定的章节，还出版很多教材。

曾参与社区心理学成立和发展的社区心理学家对该领域的现状所作的评论指出该学科已获得的成就，但同时也在以下几个方面提出告诫：需要开展社会和系统水平的干预；应致力于健康的提升对心理病理的预防；要有新的改革和革命的精神；要认识到社会变革的过程是长期、复杂和以所有人为基础的。

由于我们转而求助于赋权团体（empower communities）来界定社区的议题和问题以及思考如何开展研究和干预，因此社区心理学未来的研究主题和方向将更难界定。对犯罪、精神疾病、药物和酒精滥用的关注在注重当下的同时也应倾向于三级预防。专注于成长和发展的潜在领域包括：承认多样性和发展同情心，保护环境和培养可持续和环境友好型的生活方式；矫正存在社会差距的领域；衰老和死亡。虽然我们并没有穷尽社区心理学在未来的所有的主题，但所列举的这些主题似乎在今天的社会具有其价值，并提出预防对提高我们对社区的想象力的可能性问题。

最后的反思

第一章以引述《双城记》为开篇语，该引述描述了自由与秩序、生活中的机遇与养尊处优之间的矛盾。我们寻求的是在个性和自由的需求与依附和归属的需求之间取得平衡。我们既需要探索的自由，又需要脚踏实地的安全。我们的前提假设是，要保持心理健康，既需要探索的自由，又需要脚踏实地的安全。我们对社区的寻找就是这种张力最好的诠释。社区心理学既是一门科学，又是一种实践。它要求用科学去启迪实践。而所谓的科学，也是实践的一种形式。最后一章的评论者建议我们既需要开展研究，又要从事实践。

第一章开篇语讲述的故事强调的是所有人对社区的需要。下面摘录自加勒特·本乡的小说《火山》（*Volcano*）的内容则表达了对家庭和社区的需要。本乡虽然只谈到土地和山脉，但却以隐喻的方式捕捉到社区心理学所要努力创建的感觉。

> 多年之后，我重返夏威夷，准备在那里待一星期……我走下飞机，当夏威夷酥油油的风围裹着我的时候，当我看到冒纳罗亚火山（Mauna loa）①的紫色山坡消失在云端中时，

① 冒纳罗亚火山是夏威夷群岛最大岛屿上的最大火山。

> 一股感激之情涌上我的心头。从那个时候开始，我们就知道，在很久很久以前，地球就拥 302
> 有美不胜收的景色。每一块土地上的每座山都知道。我希望你也知道。我希望你就是那块土地。

这片土地和山就是我们的社区。当我们深深地扎根于这片土地和山时，我们就与我们的遗产和力量的源泉发生了联系。我们可能会在这样的社区中徘徊，但我们知道我们何时会回来并利用它能给我们的一切。虽然它只是一种感觉，但我们同样知道它。作为一门科学，社区心理学思考的是，社区如何促进了我们的心理弹性以及它如何通过情境塑造我们。正如我们在这本书中看到的，科学已经在发现重要的变量以及心理学家将这些变量应用于干预上取得进步。成功与挑战向来是并存的。正如我们在最后一章开头提出的，社区心理学的创立者的梦想已经被付诸实施，而且在某种程度超越他们的视野。但社区心理学的工作远未完成，还有许多新的梦想需要我们去想象和实现。也期待着作为学生的你为社区心理学新梦想的想象和实现作出自己的贡献。

参考文献

Aber, J. L., Brooks-Gunn, J., & Maynard, R. A. (1995). Effects of welfare reform on teenage parents and their children. *Critical Issues for Children and Youths, 5,* 53–71.

Abrahams, R. B., & Patterson, R. D. (1978–1979). Psychological distress among the community elderly: Prevalence, characteristics and implications for service. *International Journal of Aging and Human Development, 9,* 1–18.

Abrams, L. S. (2006). Listening to juvenile offenders: Can residential treatment prevent recidivism? *Child and Adolescent Social Work Journal, 23,* 61–85.

Ackerman, G., Anderson, B., Jensen, S., Ludwig, R., Montero, D., Plante, N., et al. (2001). Crime rates and confidence in the police: America's changing attitudes toward crime and policy, 1972–1999. *Journal of Sociology & Social Welfare Special Issues, 28,* 43–54.

Adams, R. E. (1992). Is happiness a home in the suburbs? The influence of urban versus suburban neighborhoods on psychological health. *Journal of Community Psychology, 20,* 353–371.

Adams, R. E., Boscarino, J. A., & Figley, C. R. (2006). Compassion fatigue and psychological distress among social workers: A validation study. *American Journal of Orthopsychiatry, 76,* 103–108.

Administration for Children and Families (2005). Retrieved from www.acf.hhs.gov.

Administration for Children and Families (2006). Retrieved from www.acf.hhs.gov.

Administration for Children and Families (2008). Retrieved from www.acf.hhs.gov.

Agency for Healthcare Research and Quality (2006). *National healthcare disparities report, 2006.* Rockville, MD. Retrieved on July 10, 2008, from www.ahrq.gov/qual/nhdr06/nhdr06.htm.

Alan Guttmacher Institute (2004). *Adolescent pregnancy.* Retrieved from www.nlm.nih.gov/medlineplus/ency/article/001516.

Alan Guttmacher Institute (2006). *Facts on sex education in the United States.* Retrieved from www.guttmacher.org/pubs/fb_sexEd2006.html.

Albee, G. (1982). Preventing psychopathology and promoting human potential. *American Psychologist, 37*(9), 1043–1050.

Albee, George W. (1998). The politics of primary prevention. *Journal of Primary Prevention, 19*(2), 117–127.

Albee, G. W., & Gullotta, T. (Eds.). (1997). *Primary prevention works.* Thousand Oaks, CA: Sage.

Alderson, G., & Sentman, E. (1979). *How you can influence Congress: The complete handbook for the citizen lobbyist.* New York: Dutton.

Alinsky, S. (1971). *Rules for radicals: A practical primer for realistic radicals.* New York: Random House.

Allen, H., & Simonsen, C. E. (1992). *Corrections in America: An introduction.* New York: Macmillan.

Allen, J. P., Seitz, V., & Apfel, N. H. (2007). The sexually mature teen as a whole person: New directions in prevention and intervention for teen pregnancy and parenthood. In A. J. Lawrence, S. J. Bishop-Josef, S. M. McLearn, K. Taaffe, & D. A. Phillips (Eds.), *Child development and social policy: Knowledge for action.* Washington, DC: American Psychological Association.

Allen, N. (2000). Welfare reform and women's poverty: Exploring the need for broader social change. *Community Psychologist, 33,* 11–13.

Allen, N. (2005). A multi-level analysis of community coordinating councils. *American Journal of Community Psychology, 35,* 49–63.

Allen-Meares, P., & Shore, D. A. (1986). A transactional framework for working with adolescents and their sexualities. Special issue: Adolescent sexualities: Overview and principles of intervention. *Journal of Social Work and Human Sexuality, 5,* 71–80.

Allport, G. W. (1954/1979). *The nature of prejudice.* Reading, MA: Addison-Wesley.

Altman, I. (1987). Community psychology twenty years later: Still another crisis in psychology? *American Journal of Community Psychology, 15,* 613–627.

Altman, L. (2008, March 26). Rethinking is urged on vaccine for AIDS. *New York Times.* Retrieved

March 28, 2008, from www.nytimes.com/2008/03/26/health/policy/26HIV.html?ref=research.

Altman, I., & Wandersman, A. (1987). *Neighborhood and community environments*. New York: Plenum Press.

Ambrose, M., Arnaud, A., & Schminke, M. (2008). Individual moral development and ethical climate: The influence of person–organization fit on job attitudes. *Journal of Business Ethics*, *77*(3), 323–333.

American Association of University Women (2007). *Behind the pay gap*. Washington, DC: American Association of University Women, Legal Advocacy Fund.

American Legacy Foundation (2008a). *Smoking in the movies*. Retrieved June 13, 2008, from www.americanlegacy.org/70.aspx.

American Legacy Foundation (2008b). *Who we are*. Retrieved June 13, 2008, from www.americanlegacy.org/whoweare.aspx.

American Psychological Association (1985). *Standards for educational and psychological testing* (3rd ed.). Washington, DC: Author.

American Psychological Association. (2005). *Report of the task force on urban psychology: Toward an urban psychology: Research, action, and policy*. Washington, DC: Author.

American Psychological Society (1991). The importance of the citizen scientist in national science policy. *APS Observer, 4,* 10, 12, 23.

American Psychological Society (1992, February). Schooling and literacy. *APS Observer Special Issue: The Human Capital Initiative,* 17–20.

American Youth Policy Forum. (2008). *Some things do make a difference for youth*. Retrieved from Apyf.org/publications.

Amerio, P., & Roccato, M. (2007). Psychological reactions to crime in Italy: 2002–2004. *Journal of Community Psychology, 35*(1), 91–102.

Anderson, J. E., Carey, J. W., & Taveras, S. (2000). HIV testing among the general US population and persons at increased risk: Information from national surveys, 1987–1996. *American Journal of Public Health, 90,* 1089–1095.

Anderson, L., Cooper, S., Hassol, L., Klein, D., Rosenblum, G., & Bennett, C. (1966). *Community psychology: A report of the Boston Conference on the Education of Psychologists for Community Mental Health*. Boston: Boston University.

Angell, R. (April 28, 1980). The sporting scene: A learning spring. *New Yorker,* 47–96.

Ajzen, I. (1985). From intensions to actions: A theory of planned behavior. In J. Kuhl & J. Beckman (Eds.), *Action-control: From cognition to behavior* (pp. 11–39). Heidelberg, Germany: Springer.

Ajzen, I. (1991). The theory of planned behavior. *Organizational Behavior and Human Decision Processes, 50,* 179–211.

Ajzen, I., & Fishbein, M. (Eds.). (1980). *Understanding attitudes and predicting social behavior.* Englewood Cliffs, NJ: Prentice-Hall.

Annas, G. J., & Grodin, M. A. (1998). Human rights and maternal-fetal HIV transmission prevention trials in Africa. *American Journal of Public Health, 88,* 560–563.

Anshel, M. H. (2000). A conceptual model and implications for coping with stressful events in police work. *Criminal Justice & Behavior, 27,* 375–400.

Applebaum, L. D., Lennon, M. C., & Lawrence, A. J. (2006). When effort is threatening: The influence of the belief in a just world on Americans' attitudes toward antipoverty policy. *Political Psychology, 27,* 387–402.

Arias, B. M. (2005). The impact of *Brown* on Latinos: A study of transformation of policy intentions. *Teachers College Record, 107,* 1974–1998.

Armour, M. P., & Umbreit, M. S. (2006). Victim forgiveness in restorative justice dialogue. *Victims & Offenders, 1,* 123–140.

Arnold, D. A., Ortiz, C., Curry, J. C., Stowe, R. M., Goldstein, N. E., Fisher, P. H., et al. (1999). Promoting academic success and preventing disruptive behavior disorders through community partnership. *Journal of Community Psychology, 27,* 589–598.

Aronson, E. (2004). How the Columbine High School tragedy could have been prevented. *Journal of Individual Psychology, 60,* 355–560.

Aronson, E., Blaney, N., Stephan, C., Sikes, J., & Snapp, M. (1978). *The jigsaw classroom.* Beverly Hills: Sage.

Aronson, E., Wilson, T. D., & Akert, R. M. (1999). *Social psychology.* New York: Longman.

Atwater, L., Carey, J., & Waldman, D. (2001). Gender and discipline in the workplace: Wait until your father gets home. *Journal of Management, 27*(5), 537–561.

Auerbach, J. D., Wypijewska, C., & Brodie, H. K. H. (Eds.). (1994). *AIDS and behavior: An integrated approach*. Washington, DC: National Academy Press.

Avert. (2008). Retrieved from http://www.avert.org/abstinence.htm.

Ayers, T., Sandler, I., West, S., & Roosa, M. (1996). A dispositional and situational assessment of children's coping: Testing alternative models of coping. *Journal of Personality, 64,* 923–958.

Baba, Y., & Austin, D. M. (1989). Neighborhood environmental satisfaction, victimization, and social participation as determinants of perceived neighborhood safety. *Environment and Behavior, 21,* 763–780.

Bachrach, L. L. (1989). Deinstitutionalization: A semantic analysis. *Journal of Social Issues, 45,* 161–171.

Backer, T. E., Howard, E. A., & Moran, G. E. (2007). The role of effective discharge planning in preventing homelessness. *Journal of Primary Prevention, 28,* 229–243.

Bagby, W. (1981). *Contemporary American social problems.* Chicago: Nelson-Hall.

Bahr, S. J., Armstrong, A. H., Gibbs, B. G., Harris, P. E., & Fisher, J. K. (2005). The reentry process: How parolees adjust to release from prison. *Fathering, 3,* 243–265.

Bair, J. P., & Greenspan, B. K. (1986). Teamwork training for interns, residents, and nurses. *Hospital and Community Psychiatry, 37,* 633–635.

Baker, J. (1998). Are we missing the forest for the trees? Considering the social context of school violence. *Journal of School Psychology, 36,* 29–44.

Baker, R. A. (1991). Modeling the school dropout phenomenon: School policies and prevention program strategies. *High School Journal, 74,* 203–210.

Bales, R. (1950). *Interaction process analysis: A method for the study of small groups*. Cambridge, MA: Addison-Wesley.

Baltes, M. M., & Baltes, P. B. (Eds.). (1986). *The psychology of control and aging.* Hillsdale, NJ: Erlbaum.

Baltodano, H. M., Platt, D., & Roberts, C. W. (2005). Transition from secure care to the community: Significant issues for youth detention. *Journal of Correctional Education, 56,* 372–388.

Bandura, A. (1977). Self-efficacy: Toward a unifying theory of behavior change. *Psychological Review, 84,* 191–215.

Bandura, A. (1986). *Social foundations of thought and action: A social cognitive theory.* Englewood Cliffs, NJ: Prentice-Hall.

Bandura, A. (1994). Social cognitive theory and exercise of control over HIV infection. In R. J. DiClemente and J. L. Peterson (Eds.), *Preventing AIDS: Theories and methods of behavioral interventions* (pp. 25–29). New York: Plenum.

Bandura, A. (2000, June). Exercise of human agency through collective efficacy. *Current Directions in Psychological Science, 9,* 75–78.

Banyard, V., & Miller, K. (1998). The powerful potential of qualitative research for community psychology. *American Journal of Community Psychology, 26*(4), 485–505.

Banziger, G., & Foos, D. (1983). The relationship of personal financial status to the utilization of community mental health centers in rural Appalachia. *American Journal of Community Psychology, 11,* 543–552.

Barak, G. (1991). *Gimme shelter: A social history of homelessness in contemporary America.* New York: Praeger.

Barker, Roger G. (1965). Explorations in ecological psychology. *American Psychologist, 20,* 1–14.

Baron, R. A., & Greenberg, J. (1990). *Behavior in organizations* (3rd ed.). New York: Allyn & Bacon.

Barrera, M. (2000). Social support research in community psychology. In J. Rappaport & E. Seidman (Eds.), *Handbook of community psychology* (pp. 215–245). New York: Plenum.

Bartunek, J. M., & Betters-Reed, B. L. (1987). The stages of organizational creation. Special issue: Organizational perspectives in community psychology. *American Journal of Community Psychology, 15,* 287–303.

Basso, R. V. J., Graham, J., Pelech, W., De Young, T., & Cardey, R. (2004). Children's street connections in a Canadian community. *International Journal of Offender Therapy and Comparative Criminology, 48,* 189–202.

Bassuk, E. L., & Rosenberg, L. (1988). Why does family homelessness occur? A case-control study. *American Journal of Public Health, 78,* 783–788.

Batson, C. D., Batson, J., Todd, R. M., Brummett, B., Shaw, L., & Aldeguer, C. (1995). Empathy and the collective good: Caring for one of the others in a social dilemma. *Journal of Personality and Social Psychology, 68,* 619–631.

Bauman, Z. (2000). The deficiencies of community. *Responsive Community, 10,* 74–79.

Bayer, R. (1998). The debate over maternal-fetal HIV transmission prevention trials in Africa, Asia, and the Caribbean: Racist exploitation or exploitation of racism. *American Journal of Public Health, 88,* 567–570.

Bayley, B. K., & Andersen, J. D. (2006). Fear of crime among urban American youth. *Journal of Family and Consumer Sciences, 98,* 26–32.

Bazemore, G., Elis, L., & Green, D. L. (2007). The "independent variable" in restorative justice: Theory-based standards for evaluating the impact and integrity of victim sensitive process (Part II). *Victims & Offenders, 2,* 351–373.

Bazemore, G., & Stinchcomb, J. (2004). A civic engagement model of reentry: Involving community through service and restorative justice. *Federal Probation, 68,* 14–24.

Beacon Hill Institute for Public Policy Research (1997, Winter). What charitable organizations have to say about volunteers. *NewsLink,* 1. Summary found online at www.bhi.sclas.suffolk.edu/NewsLink/vln2volun.html.

Beaulieu, M., Dubé, M., Bergeron, C., & Cousineau, M. (2007). Are elderly men worried about crime? *Journal of Aging Studies, 21,* 336–346.

Becker, M. H. (1974). The health belief model and personal health behavior. *Health Education Monographs, 2,* 220–243.

Becker, M. H., & Maiman, L. A. (1980). Strategies for enhancing patient compliance. *Journal of Community Health, 6,* 113–115.

Beer, M., & Walton, E. (1990). Developing the competitive organization. *American Psychologist, 45,* 154–161.

Belcher, J. R. (1988). Are jails replacing the mental health care system for the homeless mentally ill? *Community Mental Health Journal, 24,* 185–195.

Bell, C. C. (2007). Review of Black males left behind. *International Journal of Men's Health, 6,* 167–168.

Belsky, J. (2006). Early child care and early child development: Major findings of the NICHD study of early child care. *European Journal of Developmental Psychology, 31,* 95–110.

Bendicsen, H., & Carlton, S. (1990). Clinical team building: A neglected ingredient in the therapeutic milieu. *Residential Treatment for Children and Youth, 8,* 5–21.

Benjamin, L., & Crouse, E. (2002). The American Psychological Association's response to *Brown versus the Board of Education*: The case of Kenneth B. Clark. *American Psychologist, 57,* 38–50.

Bennett, C. C., Anderson, L. S., Cooper, S., Hassol, L., Klein, D. C., & Rosenblum, G. (1966). *Community psychology: A report of the Boston Conference on the Education of Psychologists for Community Mental Health.* Boston, MA: Boston University and South Shore Mental Health Center.

Bennett, T. (1989). Factors related to participation in neighborhood watch schemes. *British Journal of Criminology, 29,* 207–218.

Benviente, G. (1989). *Mastering the politics of planning: Crafting credible plans and policies.* San Francisco: Jossey-Bass.

Berkeley, S., & Koff, W. (2007). Scientific and policy challenges to development of an AIDS vaccine. *Lancet, 370*(9581), 94–101.

Berkman, L., Glass, T., Brissette, I., and Seeman, T. (2000). From social integration to health: Durkheim in the new millennium. *Social Science and Medicine, 51,* 843–857.

Bernal, G., Trimble, J., Burlew, A. K., & Leong, F. (Eds.) (2003). *Handbook of racial and ethnic minority psychology*. Thousand Oaks, CA: Sage.

Bernier, D. (1998). A study of coping: Successful recovery from severe burnout and other reactions to severe work-related stress. *Work & Stress, 12,* 50–65.

Biegel, D. (1984). Help seeking and receiving in urban ethnic neighborhoods: Strategies for improvement. In J. Rapport, C. Swift, & R. Hess (Eds.), *Studies in empowerment: Steps toward understanding and action.* New York: Haworth.

Biglan, A., Ary, D., Koehn, V., Levings, D., Smith, S., Wright, Z., et al. (1996). Mobilizing positive reinforcement in communities to reduce youth access to tobacco. *American Journal of Community Psychology, 24,* 625–638.

Biglan, A., & Taylor, T. K. (2000). Why have we been more successful in reducing tobacco use than violent crime? *American Journal of Community Psychology, 28,* 269–302.

Bilchik, S. (1998). *1998 report to Congress: Juvenile mentoring program.* Washington, DC: Office of Juvenile Justice and Delinquency Prevention.

Bilchik, S. (1999). *Promising strategies to reduce gun violence*. Washington, DC: Office of Juvenile Justice and Delinquency Prevention.

Bishop, B., Colquhoun, S., & Johnson, G. (2006). Psychological sense of community: An Australian aboriginal experience. *Journal of Community Psychology, 34,* 1–7.

Bishop, B., & Drew, N. (1998). The community psychologist as subtle change agent in the public policy arena. *Community Psychologist, 31,* 20–23.

Blakely, C. H., Mayer, J. P., Gottschalk, R. G., Schmidt, N., Davidson, W. S., Roitman, D. B., et al. (1987). The fidelity-adaptation debate: Implications of the implementation of public sector social programs. *American Journal of Community Psychology, 15,* 253–268.

Blakemore, J. L., Washington, R. O., & McNeely, R. L. (1995). The demography of aging. In P. K. H. Kim (Ed.), *Services to the aging and aged: Public policies and programs.* New York: Garland.

Blaney, N. T., Stephan, C., Rosenfield, D., Aronson, E., & Sikes, J. (1977). Interdependence in the classroom: A field study. *Journal of Educational Psychology, 69,* 139–146.

Blom, G. E. (1986). A school disaster: Intervention and research aspects. *Journal of the American Academy of Child Psychiatry, 25,* 336–345.

Bloom, B. (1980). Social and community interventions. *Annual Review of Psychology, 31,* 111–142.

Bloom, B. L. (1984). *Community mental health: A general introduction.* Monterey, CA: Brooks/Cole.

Bloom, B. L., & Hodges, W. F. (1988). The Colorado Separation and Divorce Program: A preventive intervention program for newly separated persons. In R. Price, E. W. Cowen, R. P. Lorion, & J. Ramos-McKay (Eds.), *14 ounces of prevention.* Washington, DC: American Psychological Association.

Bloom, M. (1987). Toward a technology in primary prevention: Educational strategies and tactics. *Journal of Primary Prevention, 8,* 25–48.

Blustein, D. (2008). The role of work in psychological health and well being: A conceptual, historical and public policy perspective. *American Psychologist, 63,* 228–240.

Bobak, M., Room, R., Pikhart, H., Kubinova, R., Malyutina, S., Pajak, A., et al. (2004). Contribution of drinking patterns in rates of alcohol related problems between three urban populations. *Journal of Epidemiology and Community Health, 58*(3), 238–242.

Bogat, A., & Jason, L. (1997). Interventions in the school and community. In R. T. Ammerman & M. Hersen (Eds.), *Handbook of prevention and treatment with children and adolescents: Intervention in the real world context* (pp. 134–154). New York: Wiley.

Bogat, A., & Jason, L. (2000). Behaviorism and community psychology. In J. Rappaport & E. Seidman (Eds.), *Handbook of community psychology* (pp. 101–114). New York: Kluwer/Plenum.

Boggiano, A. K., & Katz, P. (1991). Maladaptive patterns in students: The role of teachers' controlling strategies. *Journal of Social Issues, 47,* 35–52.

Bolland, J. M., Lian, B. E., & Formichella, C. M. (2005). The origins of hopelessness among inner-city African-American adolescents. *American Journal of Community Psychology, 36,* 293–306.

Bond, G. R., Miller, L. D., & Krumweid, R. D. (1988). Assertive case management in three CMHCs: A controlled study. *Hospital Community Psychiatry, 39,* 411–417.

Bond, G. R., Witheridge, T. F., Dincin, J., & Wasmer, D. (1991). Assertive community treatment: Correcting some misconceptions. *American Journal of Community Psychology, 19,* 41–51.

Bond, G. R., Witheridge, T. F., Dincin, J., Wasmer, D., Webb, J., & DeGraaf-Kaser, R. (1990). Assertive community treatment for frequent users of psychiatric hospitals in a large city: A controlled study. *American Journal of Community Psychology, 18,* 865–891.

Bond, M. (2004). Gender, race, and class in organizational contexts. *American Journal of Community Psychology, 27*(3), 327–355.

Bond, M. A. (1990). Defining the research relationship: Maximizing participation in an unequal world. In P. Jolan, C. Keep, F. Chertok, & L. Jason (Eds.), *Research community psychology: Issues of theory and methods* (pp. 183–184). Washington, DC: American Psychological Association.

Bond, M. A. (1998). Social policy, prevention, and inter-organizational linkages. *Community Psychologist, 31,* 3–6.

Bond, M. A., & Harrell, S. (2006). Diversity challenges in community research and action: The story of a special issue of AJCP. *American Journal of Community Psychology, 37,* 157–165.

Bond, M. A., Hill, J., Mulvey, A., & Terenzio, M. (2000). Weaving feminism and community psychology: An introduction to a special issue. *American Journal of Community Psychology, 28,* 585–597.

Bonhomme, J., Stephens, T., & Braithwaite, R. (2006). African-American males in the United States prison system: Impact on family and community. *Journal of Men's Health & Gender, 3,* 223–226.

Bootzin, R. R., Shadish, W. R., & McSweeney, A. J. (1989). Longitudinal outcomes of nursing home care for severely mentally ill patients. *Journal of Social Issues, 45,* 31–48.

Borum, R. (2000). Improving high risk encounters between people with mental illness and the police. *Journal of the American Academy of Psychiatry & Law, 28,* 332–337.

Bouey, P. D., Duran, B., Henrickson, M., Wong, F. Y., Haviland, L., Sember, R. E., & Lo, W. (1997). A cultural competent model for HIV care: A conceptual framework for the collaborative evaluation of HIV services and care programs. Unpublished document (originally prepared for Ryan White CARE Act's Special Projects of National Significance, National Multi-Site Evaluation Program).

Bowen, W., & Bok, D. (2000), *The shape of the river: Long term consequences of considering race in university and college admissions.* Princeton: Princeton University Press.

Bowman, L. S., Stein, R. E. K., & Ireys, H. T. (1991). Reinventing fidelity: The transfer of social technology among settings. *American Journal of Community Psychology, 19,* 619–639.

Boyd, N., & Bright, D. (2007). Appreciative inquiry as a mode of action research for community psychology. *Journal of Community Psychology, 35*(8), 1019–1036.

Boyd-Zaharias, J. (1999, Summer). Project star. *American Educator,* 30–36.

Bracey, G. W. (2006). Locked up, locked out. *Phi Delta Kappan, 88,* 253–254.

Bradshaw, T. K. (1999). The community development society. *The Community Psychologist, 32,* 9–10.

Bradshaw, W., & Roseborough, D. (2005). Restorative justice dialogue: The impact of mediation and conferencing on juvenile recidivism. *Federal Probation, 69,* 15–21.

Branson, R. K. (1998). Teaching centered schooling has reached its upper limit: It doesn't get any better than this. *Current Directions in Psychological Science, 7,* 126–135.

Bravo, M., Rubio-Stipec, M., Canino, G. J., Woodbury, M. A., & Ribera, J. C. (1990). The psychological sequelae of disaster stress prospectively and retrospectively evaluated. *American Journal of Community Psychology, 18,* 661–680.

Breakey, W. R. (1996). *Integrated mental health services: Modern community psychiatry.* New York: Oxford University Press.

Brewer, M. B. (1999). The psychology of prejudice: Ingroup love or outgroup hate? *Journal of Social Issues Special Issue: Prejudice and Intergroup Relations, 55,* 429–444.

Brissette, I., Scheier, M., & Carver, C. (2002). The role of optimism in social network development, coping and psychological adjustment during a life transition. *Journal of Personal and Social Psychology, 82,* 102–111.

Britt, C. L. (2000). Health consequences of criminal victimization. *International Review of Victimology, 8,* 63–73.

Britt T., Adler, A., & Bartone, P. (2001). Deriving benefits from stressful events: The role of engagement in meaningful work and hardiness. *Journal of Occupational Health Psychology, 6,* 53–63.

Brodsky, A., Senuta, K., Weiss, C., Marx, C., Loomis, C., Arteaga, S., Moore, H., Benhorin, R., & Castagnera-Fletcher, A. (2004). When one plus one equals three: The role of relationships and context in community research. *American Journal of Community Psychology, 33,* 229–241.

Broman, C. L., Hamilton, V. L., & Hoffman, W. S. (1990). Unemployment and its effects on families: Evidence from a plant closing study. *American Journal of Community Psychology, 18,* 643–659.

Bronfenbrenner, U. (1977). Toward an experimental ecology of human development. *American Psychologist, 32,* 513–531.

Bronfenbrenner, U. (1979). *The ecology of human development: Experiments by nature and design.* Cambridge, MA: Harvard University Press.

Bronfenbrenner, U. (1986, February). Alienation and the four worlds of childhood. *Phi Delta Kappan,* 430–436.

Bronfenbrenner, U. (1999). Environments in developmental perspective: Theoretical and operational models. In S. L. Friedman & T. D. Wachs (Eds.), *Measuring environment across the life span:*

Emerging methods and concepts. Washington, DC: American Psychological Association.

Brook, J., Brook, D., & Whiteman, M. (2007). Growing up in a violent society: Longitudinal predictors of violence in Colombian adolescents. *American Journal of Community Psychology, 40*(1–2), 82–95.

Brooks, E. R., Zuniga, M., & Penn, N. E. (1995) The decline of public mental health in the United States. In C. V. Willie, P. P. Rieker, B. M. Kramer, & B. S. Brown (Eds.), *Mental health, racism, and sexism* (pp. 51–117). Pittsburgh, PA: University of Pittsburgh Press.

Brosnan, M. J., & Thorpe, S. J. (2006). An evaluation of two clinically-derived treatments for technophobia. *Computers in Human Behavior, 22,* 1080–1095.

Broussard, A. C., Mosley-Howard, S., & Roychoudhury, A. (2006). Using youth advocates for mentoring at-risk students in urban settings. *Children & Schools, 28,* 122–127.

Brown, B. B., Perkins, D. D., & Brown, G. (2003). Place attachment in a revitalizing neighborhood: Individual and block levels of analysis. *Journal of Environmental Psychology, 23,* 259–271.

Brown, B. B., Perkins, D. D., & Brown, G. (2004). Incivilities, place attachment, and crime: Block and individual effects. *Journal of Environmental Psychology, 24,* 359–371.

Bruce, M. L., Takeuchi, D. T., & Leaf, P. J. (1991). Poverty and psychiatric status: Longitudinal evidence from the New Haven Epidemiologic Catchment Area Study. *Archives of General Psychiatry, 48,* 470–474.

Bruce, M., & Thornton, M. (2004). It's my world? Exploring Black and White perceptions of personal control. *Sociological Quarterly, 45,* 597–612.

Buckner, J. C. (1988). The development of an instrument to measure neighborhood cohesion. *American Journal of Community Psychology, 16,* 771–791.

Bullis, M., Yovanoff, P., & Havel, E. (2001). The importance of getting started right: Further examination of the facility-to-community transition of formerly incarcerated youth. *The Journal of Special Education, 38,* 80–94.

Bureau of Justice Statistics. (1993). *Highlights from 20 years of surveying crime victims.* Washington, DC: U.S. Department of Justice.

Bureau of Justice Statistics (2006). *Criminal victimization.* Retrieved from www.ojp.usdoj.gov/bjs/abstract/cv06.htm.

Bureau of Justice Statistics (2007). *Correctional authorities reported more than 6,000 allegations of sexual violence in prisons and jails during 2006.* Retrieved from www.ojp.usdoj.gov/bjs/pub/press/svrca06pr.htm.

Bureau of Justice Statistics (2008). *Probation and parole statistics.* Retrieved from www.ojp.usdoj.gov/bjs/pandp.htm.

Bureau of Labor Statistics (2007). *Employment characteristics of families summary.* Retrieved from www.bls.gov/news.release/famee.nr0.htm.

Bureau of National Affairs (1981). Job absence and turnover control. *Personnel Forum Survey no. 132.* Washington, DC: Author.

Burroughs, S. M., & Eby, L. T. (1998). Psychological sense of community at work: A measurement system and exploratory framework. *Journal of Community Psychology, 26,* 509–532.

Burt, K., Obradovic, J., Long, J., & Masten, A. (2008). The interplay of social competence and psychopathology over 20 years: Testing transactional and cascade models. *Child Development, 79*(2), 359–374.

Burt, M. R., Pearson, C., & Montgomery, A. E. (2007). Community-wide strategies for preventing homelessness: Recent evidence. *Journal of Primary Prevention, 23,* 213–228.

Burton, C. E. (2004). Segregation and Latino homicide victimization. *American Journal of Criminal Justice, 29,* 21–36.

Butcher, K., Sallis, J., & Mayer, J. (2008). Correlates of physical activity guideline compliance for adolescents in 100 U.S. cities. *Journal of Adolescent Health, 42,* 360–368.

Byrne, J. M. (2004). Introduction: Reentry—the emperor's new clothes. *Federal Probation, 69,* 1–2.

Byrne, J. M., & Taxman, F. S. (2004). Targeting for reentry: Inclusion/exclusion criteria across eight model programs. *Federal Probation, 68,* 53–61.

Cadena, B., Danziger, S., & Seefeldt, K. (2006). Measuring state welfare policy changes: Why don't they explain caseload and employment outcomes? *Social Science Quarterly, 87,* 798–807.

Caldwell, C. H., Kohn-Wood, L. P., Schmeelk-Cone, K. H., Chavous, T. M., & Zimmerman, M. A. (2004). Racial discrimination and racial identity as risk or protective factors for violent behaviors in African American young adults. *American Journal of Community Psychology, 33,* 91–105.

Campaign for Our Children. (2001). *About Campaign for Our Children.* Retrieved from www.cfoc.org.

Campbell, C., & Murray, M. (2004). Community health psychology: Promoting health analysis and action for social change. *Journal of Health Psychology, 9,* 187–195.

Campbell, C., Nair, Y., & Maimane, S. (2007). Building contexts that support effective community responses to HIV/AIDS: A South African case study. *American Journal of Community Psychology, 39,* 347–363.

Campbell, D., & Stanley, J. (1963). *Experimental and quasi-experimental designs for research.* Chicago: Rand McNally.

Campbell, R., Baker, C. K., & Mazurek, T. L. (1998). Remaining radical? Organizational predictors of rape crisis centers' social change initiatives. *American Journal of Community Psychology, 26,* 457–483.

Campbell, R. & Wasco, S. (2000). Feminist approaches to social science: Epistemological and Methodological tenets. *American Journal of Community Psychology, 28*(6), 773–791.

Campfield, K. M., & Hills, A. M. (2001). Effect of timing of critical incident stress debriefing on posttraumatic symptoms. *Journal of Posttraumatic Stress Special Issue, 14,* 327–340.

Cantelon, S., & LeBoeuf, D. (1997, June). Keeping young people in school. Community programs that work. *Juvenile Justice Bulletin,* 1–9.

Caplan, G. (1964). *Principles of preventive psychiatry.* New York: Basic Books.

Caplan, G. (1989). Recent developments in crisis intervention and the promotion of support service. *Journal of Primary Prevention, 10,* 3–25.

Caplan, N., Morrison, A., & Stambaugh, R. J. (1975). *The use of social science knowledge in policy decisions at the national level: A report to respondents.* Ann Arbor: Institute for Social Research, University of Michigan.

Caplan, R. D., Vinokur, A. D., Price, R. H., & van Ryn, M. (1989). Job seeking, reemployment, and mental health. *Journal of Applied Psychology, 74,* 759–769.

Caputo, R. K. (2003). Head Start, other preschool programs, and life success in a youth cohort. *Journal of Sociology & Social Welfare, 30,* 105–126.

Caputo, R. K. (2004). The impact of intergenerational Head Start participation on success measures among adolescent children. *Journal of Family and Economic Issues, 25,* 199–223.

Carbonell, J. (2003). *Baby boomers at the gate: Enhancing independence through innovation and technology.* U.S. Department of Health and Human Services. Retrieved January 10, 2006, from www.hhs.gov.asl.testify/t030520.html.

Carleton, R., Lasater, T., Assaf, A., Feldman, H., & McKinlay, S. (1995). The Pawtucket Heart Health Program: Community changes in cardiovascular risk factors and projected disease risk. *American Journal of Public Health, 85,* 777–785.

Carmony, T., Lock, T., Crabtree, A., Keller, J., Yanasak, B., & Moritsugu, J. (2000). Teaching community psychology: A brief review of undergraduate courses. *Teaching of Psychology, 27,* 214–215.

Carnevale, P. J., & Pruitt, D. G. (1992). Negotiation and mediation. *Annual Review of Psychology, 43,* 531–582.

Carver, C. S., Scheier, M. F., & Weintraub, J. K. (1989). Assessing coping strategies: A theoretically based approach. *Journal of Personality and Social Psychology, 56*(2), 267–283.

Cascio, W. (1995). Whither industrial and organizational psychology in a changing world of work? *American Psychologist, 50,* 928–939.

Case, S., & Haines, L. (2007). Offending by young people: A further risk factor analysis. *Security Journal, 20,* 96–110.

Caspi, A., Taylor, A., Moffitt, T. E., & Plomin, R. (2000). Neighborhood deprivation affects children's mental health: Environmental risks identified in a genetic design. *Psychological Science, 11,* 338–342.

Cassinerio, C., & Lane-Garon, P. S. (2006). Changing school climate one mediator at a time: Year-one analysis of a school-based mediation program. *Conflict Resolution Quarterly, 23,* 447–460.

Casswell, S. (2000). A decade of community action research. *Substance Use & Misuse Special Issue: Community Action and the Prevention of Alcohol-Related Problems at the Local Level, 35,* 55–74.

Catterall, J. S., & Stern, D. (1986). The effects of alternative school programs on high school completions and labor market outcomes. *Educational Evaluation and Policy Analysis, 8,* 77–86.

Cauce, A. (1990). A cautionary note about adventuresome research: Musings of a junior researcher. In P. Tolan, C. Keys, F. Chertok, & L. Jason (Eds.), *Researching community psychology: Issues of theory and methods* (p. 205). Washington, DC: American Psychological Association.

Caughy, M., O'Campus, P., & Brodsky, A. (1999). Neighborhoods, families and children: Implications for policy and practice. *Journal of Community Psychology, 27,* 615–633.

Center on Philanthropy (2001, April 18). *Report on the December 2000 Philanthropic Giving Index.* Retrieved from www.philanthropy.IUPUI.edu.

Centers for Disease Control and Prevention (1996). *State behavioral risk factor surveillance system, 1993* [data tape]. Atlanta, GA: Author.

Centers for Disease Control and Prevention (1999). *Teen pregnancy.* Retrieved from www.cdc.gov/nccdphp/teen.htm.

Centers for Disease Control and Prevention (2000). *CDC fact book 2000/2001.* Atlanta, GA: Author.

Centers for Disease Control and Prevention (2004). *HIV/AIDS surveillance report.* Vol. 16. Atlanta, Georgia: US Department of Health and Human Services, CDC; 2005. Retrieved from http://www.cdc.gov/hiv/topics/surveillance/resources/reports/2004report/default.htm.

Centers for Disease Control and Prevention (2004). *Report to Congress: Prevention of genital human papillomavirus infection.* Atlanta, GA: Author.

Centers for Disease Control and Prevention (2006). Epidemiology of HIV/AIDS United States, 1981–2004, *MMWR Weekly,* June 2, 2006 / 55(21); 589–592. Retrieved from cdc.gov/mmwr/preview/mmwrhtml/mm5521a2.htm.

Centers for Disease Control and Prevention (2006). *HIV/AIDS Surveillance Report,* vol. 18. Atlanta, GA: Department of Health and Human Services.

Centers for Disease Control and Prevention (2007a). *Adolescent reproductive health: Teen pregnancy.* Retrieved from www.cdc.gov/reproductivehealth/adolescentreprohealth.

Centers for Disease Control and Prevention (2007b). *CDC fact sheet: The role of STD prevention and treatment in HIV prevention.* Atlanta, GA: Department of Health and Human Services.

Centers for Disease Control and Prevention (2007c, Summer). Child maltreatment. *Facts at a Glance,* 1.

Chadee, D., Austen, L., & Ditton, J. (2007). The relationship between likelihood and fear of criminal victimization: Evaluating risk sensitivity as a mediating concept. *British Journal of Criminology, 47,* 133–153.

Chaffin, M. (2004). Is it time to rethink Healthy Start/Healthy Families? *Child Abuse & Neglect, 28,* 589–595.

Chan, C. K. (2004). Placing dignity at the center of welfare policy. *International Journal of Social Work, 47,* 227–239.

Chanley, V. A., Rudolph, T. J., & Rahn, W. M. (2000). The origins and consequences of public trust in government. *Public Opinion Quarterly, 54,* 239–256.

Chapman, J., & Ferrari, J. (1999). An introduction to community based service learning. In J. Ferrari & J. Chapman (Eds.), *Educating students to make a difference: Community based service learning* (pp. 1–3). New York: Haworth Press.

Chapman, L. (2007). Closing thoughts. *American Journal of Health Promotion, 21,* 8.

Charkoudian, L. (2005). A quantitative analysis of the effectiveness of community mediation in decreasing repeat police calls for service. *Conflict Resolution Quarterly, 23,* 87–98.

Chatman, J., & Spataro, S. (2005). Using self-categorization theory to understand relational demographic based variations in people's responsiveness to organizational culture. *Academy of Management Journal, 48,* 321–331.

Chavis, D. M. (1993). A future for community psychology practice. *American Journal of Community Psychology, 21,* 171–183.

Chavis, D. M., Florin, P., & Felix, M. R. J. (1992). Nurturing grass roots initiatives for community development: The role of enabling systems. In T. Mizrahi & J. Morrison (Eds.), *Community organization and social administration: Advances, trends, and emerging principles.* Binghamton, NY: Haworth.

Chavis, D. M., Stucky, P. E., & Wandersman, A. (1983). Returning research to the community: A relationship between scientist and citizen. *American Psychologist, 38,* 424–434.

Chavis, D. M., & Wandersman, A. W. (1990). Sense of community in the urban environment: A catalyst for participation and community development. *American Journal of Community Psychology, 18,* 55–82.

Checkland, P. (1981). *Systems thinking: Systems practice.* Wiley: Chichester.

Cheng, S. (1990). Change processes in the professional bureaucracy. *Journal of Community Psychology, 18,* 183–193.

Cheng, S., Chan, A., & Phillips, D. (2004). Quality of life in old age: An investigation of well older persons in Hong Kong. *Journal of Community Psychology, 32*(3), 309–326.

Cherniss, C. (1999). Training in cultural competence: A survey of graduate programs in community research and action. *Community Psychologist, 32,* 22–23.

Chesson, H., Gift, T. L., & Pulver, A. L. S. (2004). The economic value of reductions in gonorrhea and syphilis incidence in the United States, 1990–2003. *Preventive Medicine, 43,* 411–415.

Cheung, C., Kwan, A., & Ng, S. (2006). Impacts of filial piety on preference for kinship versus public care. *Journal of Community Psychology, 34,* 617–634.

Cheung, F. M. C. (1986). Psychopathology among Chinese people. In M. H. Bond (Ed.), *The psychology of the Chinese people.* New York: Oxford University Press.

Cheung, F. M. (1988). Surveys of community attitudes toward mental health facilities: Reflections or provocations? *American Journal of Community Psychology, 16,* 877–882.

Child Welfare Information Gateway. (2006). *Child abuse and neglect fatalities: Statistics and interventions.* Retrieved from www.childwelfare.gov/pubs/factsheets/fatality.cfm.

Children's Aid Society. (2008). *The Carrera Program.* Retrieved from www.childrensaidsociety.org/youthdevelopment/carrera/components.

Chin, J. J., & Wong, F. Y. (2003). Improving access to care for cultural, linguistic and racial minorities: The Bilingual Peer Advocate Program of the Asian & Pacific Islander Coalition on HIV/AIDS. In J. Erwin, D. Smith, & B. S. Petersee (Eds.), *Ethnicity and HIV.* International Medical Press.

Chipperfield, J. (1993). Perceived barriers in coping with health problems: A twelve-year longitudinal study of survival among elderly individuals. *Journal of Aging and Health, 5,* 123–139.

Choi K-H., & Coates, T. J. (1994). Prevention of infection. *AIDS, 8,* 1371–1389.

Choi, N. G., & Wodarski, J. S. (1996). The relationship between social support and health status of elderly people: Does social support slow down physical and functional deterioration? *Social Work Research, 20,* 52–63.

Christens, B., Hanlin, C., & Speer, P. (2007). Getting the social organism thinking: Strategy for systems change. *American Journal of Community Psychology, 39*(3-4), 229–238.

Christensen, J. A., & Robinson, J. W. (1989). *Community development in perspective.* Ames: Iowa State University Press.

Christensen, L. (1988). Deception in psychological research. *Personality and Social Psychology Bulletin, 14,* 664–675.

Christenson, S. L., & Thurlow, M. L. (2004). School dropouts: Prevention considerations, interventions, and challenges. *Current Directions in Psychological Science, 13,* 36–39.

Christian, T. F. (1986). A resource for all seasons: A state-wide network of community dispute resolution centers. In J. Palenski & H. Launer (Eds.), *Mediation: Contexts and challenges.* Springfield, IL: Thomas.

Christie, C. A., Jolivette, K., & Nelson, M. (2007). School characteristics related to high school dropout rates. *Remedial and Special Education, 28,* 325–339.

Cicchetti, D. (2007). Intervention and policy implications of research on neurobiological functioning in maltreated children. In L. J. Aber, S. J. Bishop-Josef, S. M. Jones, K. Taffe, & D. A. Phillips (Eds.), *Child development and social policy: Knowledge for action.* Washington, DC: American Psychological Association.

Cicchetti, D., Toth, S. C., & Rogosch, F. A. (2000). The development of psychological wellness in maltreated children. In D. Cicchetti & J. Rappaport (Eds.), *The promotion of wellness in maltreated children and adolescents.* Washington, DC: Child Welfare League of America.

Cicchetti, D., & Valentino, K. (2006). An ecological-transactional perspective on child maltreatment: Failure of the average expectable environment and its influence on child development. In D. Cichetti & D. J. Cohen (Eds.), *Developmental psychopathology.* Hoboken, NJ: Wiley.

Clark, K. B., & Clark, M. P. (1947). Racial identification and preference in Negro children. In T. M. Newcomb & E. L. Hartley (Eds.), *Readings in social psychology.* New York: Holt.

Clark, R., Anderson, N., Clark, V., & Williams, D. (1999). Racism as a stressor for African Americans: A biopsychosocial model. *American Psychologist, 54,* 805–816.

Clary, E. G., & Snyder, M. (1999). The motivations to volunteer: Theoretical and practical considerations.

Current Directions in Psychological Science, 8, 156–160.

Cock, K., Mbori-Ngacha, D., & Marum, E. (2002). Shadow on the continent: Public health and HIV/AIDS in Africa in the 21st century. *Lancet, 360,* 67–72.

Coffee, J. N., & Pestridge, S. (2001, May). The career academy concept. *OJDP Fact Sheet,* 1–2.

Cohen, J. (2007). AIDS research: Promising AIDS vaccine's failure leaves field reeling. *Science, 318*(5847), 28–29.

Cohen, M. D., Shore, M. F., & Mazda, N. A. (1991). Development of a management training program for state mental health program directors. Special issue: Education in mental health administration. *Administration and Policy in Mental Health, 18,* 247–256.

Cohen, S., & Wills, T. (1985). Stress, social support and the buffering hypothesis. *Psychological Bulletin, 98,* 310–357.

Coleman, J. (1999). Social capital in the creation of human capital. In P. Dasgupta & I. Serageldin (Eds.), *Social capital: A multifaceted perspective* (pp. 13–39). Washington, DC: World Bank.

Coleman, R., & Widon, C. (2004). Childhood abuse and neglect and adult intimate relationships: A prospective study. *Child Abuse and Neglect, 28,* 1133–1151.

Coley, R. L., & Chase-Lansdale, P. L. (1998). Adolescent pregnancy and parenthood. *American Psychologist, 53,* 152–166.

Coley, R. L., Kuta, A., & Chase-Lansdale, P. L. (2000). An insider view: Knowledge and opinions of welfare from African American girls in poverty. *Journal of Social Issues Special Issue: The Impact of Welfare Reform, 56,* 707–726.

Coley, R. L., Lohman, B. J., Votruba-Drzal, E., Pittman, L. D., & Chase-Lansdale, P. L. (2007). Maternal functioning, time and money: The world of work and welfare. *Children and Youth Services Review, 29,* 721–741.

Colman, R., & Widom, C. (2004). Childhood abuse and neglect and adult intimate relationships: A prospective study. *Child Abuse & Neglect, 28,* 1133–1151.

Compas, B. (2006). Psychobiological processes of stress and coping: Implications for resilience in children and adolescents—comments. *Annals of the New York Academy of Sciences, 1094,* 226–234.

Compas, B. E., Connor-Smith, J. K., Saltzman, H., Thomsen, A. H., & Wadsworth, M. (2001). Coping with stress during childhood and adolescence: Progress, problems, and potential. *Psychological Bulletin, 127,* 87–127.

Compas, B. E., Wagner, B. M., Slavin, L. A., & Vannatta, K. (1986). A prospective study of life events, social support, and psychological symptomatology during the transition from high school to college. *American Journal of Community Psychology, 14,* 241–257.

Connors, M. M., & McGrath, J. W. (1997). The known, unknown, and unknowable in AIDS research in anthropology. *Anthropology Newsletter, 38,* 1–5.

Cook, S. W. (1985). Experimenting on social issues: The case of school desegregation. *American Psychologist, 47,* 452– 460.

Cook, T.D., & Shadish, W. R. (1986). Program evaluation: The worldly science. *Annual Review of Psychology, 37,* 193–232.

Cook, T. D., & Shadish, W. R. (1994). Social experiments: Some developments over the past fifteen years. In L. W. Porter & M. R. Rosenzweig (Eds.), *Annual review of psychology.* Palo Alto, CA: Annual Reviews.

Cooper, J. (2006). The digital divide: The special case of gender. *Journal of Computer Assisted Learning, 22,* 320–334.

Copeland-Linder, N. (2006). Stress among black women in a south African township: The protective role of religion. *Journal of Community Psychology, 34*(5), 577–599.

Corcoran, J., & Pillai, V. K. (2007). Effectiveness of secondary pregnancy prevention programs: A meta-analysis. *Research on Social Work Practice, 17,* 5–18.

Cordner, G. W. (2000). A community policing approach to persons with mental illness. *Journal of the American Academy of Psychiatry & the Law, 28,* 326–331.

Coulton, C. J., Korbin, J. E., & Su, M. (1996). Measuring neighborhood context for young children in an urban area. *American Journal of Community Psychology, 24,* 5–32.

Coulton, C. J., Korbin, J., & Su, M. (1999). Neighborhoods and child maltreatment: A multi-level study. *Child Abuse & Neglect, 23,* 1019–1040.

Cowen, E. (1973). Social and community interventions. *Annual Review of Psychology, 24,* 423–472.

Cowen, E. L. (1980). The wooing of primary prevention. *American Journal of Community Psychology, 8,* 258–284.

Cowen, E. L. (1985). Person-centered approaches to primary prevention in mental health: Situation-focused and competence-enhancement. *American Journal of Community Psychology, 13*(1), 31–48.

Cowen, E. (1991). In pursuit of wellness. *American Psychologist. 46,* 404–408.

Cowen, E. L. (1996). The ontogenesis of primary prevention: Lengthy strides and stubbed toes. *American Journal of Community Psychology, 24,* 235–249.

Cowen, E. L. (1997a). The coming of age of primary prevention research: Comments on Durlak and Wells's meta-analysis. *American Journal of Community Psychology, 25,* 153–167.

Cowen, E. L. (1997b). On the semantics and operations of primary prevention and wellness enhancement (or will the real primary prevention please stand up?). *American Journal of Community Psychology, 25,* 245–255.

Cowen, E. (2000). Community psychology and routes to psychological wellness. In J. Rappaport and E. Seidman (Eds.), *Handbook of community psychology* (pp. 79–99). New York: Kluwer/Plenum.

Cowen, E. L., Hightower, A. D., Pedro-Carroll, J. L., Work, W. C., Wyman, P. A., & Haffey, W. G. (1996). *School-based prevention for children at risk.* Washington, DC: American Psychological Association.

Crockett, L., Iturbide, M., Torres-Stone, R., McGinley, M., Raffaelli, M., & Carlo, G. (2007). Acculturative stress, social support and coping: Relations to psychological adjustment among Mexican American college students. *Cultural Diversity and Ethnic Minority Psychology, 13,* 347–355.

Cromartie, S. P. (2007, July/August). Labor force status of families: A visual essay. *Monthly Labor Review, 130*(7), 35–41.

Crosby, R. A., & Holtgrave, D. R. (2005). The protective value of social capital against teen pregnancy: A state-level analysis. *Journal of Adolescent Health, 7,* 245–252.

Cross, W. (2006). Globalism, America's ghettos, and Black youth development. In C. Daiute, Z. Beykont, C. Higson-Smith, & L. Nucci (Eds.), *International perspectives on youth conflict and development* (pp. 269–288). New York: Oxford University Press.

Crosson, M. T., & Christian, T. F. (1990). *The Community Dispute Resolution Centers Program annual report.* Albany, NY: Office of Court Administration.

Cruess, D., Antoni, M., Kumar, M., & Schneiderman, N. (2000). Reductions in salivary cortisol are associated with mood improvement during relaxation training among HIV-seropositive men. *Journal of Behavioral Medicine, 23,* 107–122.

Cuddy, A. J. C., Norton, M. I., & Fiske, S. T. (2005). This old stereotype: The pervasiveness and persistence of the elderly stereotype. *Journal of Social Issues, 61,* 267–285.

Currie, J. M. (2006). *The invisible safety net: Protecting the nation's poor children and families.* Princeton, NJ: Princeton University Press.

Cutrona, C. E., Russell, D. W., Hessling, R. M., Brown, P. A., & Murry, V. (2000). Direct and moderating effects of community context on the psychological well-being of African American women. *Journal of Personality & Social Psychology, 79,* 1088–1101.

Dandeneau, S., Baldwin, M., Baccus, J., Sakellaropoulo, M., & Pruessner, J. (2007). Cutting stress off at the pass: Reducing vigilance and responsiveness to social threat by manipulating attention. *Journal of Personality and Social Psychology, 93,* 651–666.

Daniel, P. T. K. (2004). Accountability and desegregation: *Brown* and its legacy. *Journal of Negro Education, 73,* 255–267.

Danish, S. J. (1983). Musings about personal competence: The contributions of sport, health, and fitness. *American Journal of Community Psychology, 11,* 221–240.

Danish, S. J., & Gullotta, T. P. (2000). *Developing competent youth and strong communities through after-school programming.* Washington, DC: Child Welfare League of America.

Danso, H. A., Sedlovskaya, A., & Suanda, S. H. (2007). Perceptions of immigrants: Modifying the attitudes of individuals higher in social dominance orientation. *Personality and Social Psychology Bulletin, 33,* 1113–1123.

Dapp, U., Anderson, J., von Rentein-Kruse, W., & Meier-Baumgartner, H. P. (2005). Active health promotion in old age: Methodology of a preventive intervention programme provided by an interdisciplinary health advisory team for independent old people. *Journal of Public Health, 13,* 122–127.

Darling, N., Bogat, A., Cavell, T., Murphy, S., & Sánchez, B. (2006). Gender, ethnicity, development, and risk: Mentoring and the consideration of individual differences. *Journal of Community Psychology, 34*(6), 765–779.

Darrouch J., Frost, J., & Singh, S. (2001). Differences in teenage pregnancy rates among five developed countries: The roles of sexual activity and contraceptive use. *Family Planning Perspectives, 33*(Nov.–Dec.), 244–250 and 281.

Davey, C. L., Wootton, A. B., Cooper, R., & Press, M. (2005). Design against crime: Extending the reach of crime prevention through environmental design. *Security Journal, 18,* 39–51.

Davidson, R., Kabat Zinn, J., Schumacher, J., Rosenkranz, M., Muller, D., Santorelli, S., et al. (2003). Alterations in brain and immune function produced by mindfulness meditation. *Psychosomatic Medicine, 65,* 564–570.

Davidson, W. B., & Cotter, P. R. (1991). The relationship between sense of community and subjective well-being: A first look. *Journal of Community Psychology, 19,* 246–253.

Davis, D. M. (2004). Merry-go-round: A return to segregation and the implications for creating democratic schools. *Urban Education. Special Issue: De Jure, De Facto: Defining Quality Education 50 Years Beyond Brown, 39,* 394–407.

Davis, M. K., & Gidycz, C. A. (2000). Child sexual abuse prevention programs: A meta-analysis. *Journal of Clinical Child Psychology, 29,* 257–265.

Davis, P., & Cummings, E. (2006). Interparental discord, family process and developmental psychopathology. In D. Cicchetti & D. Cohen (Eds.), *Developmental psychopathology: Vol. 3 Risk, disorder and adaptation* (2nd ed.) (pp. 86–128). New York: Wiley.

Davis, P., Sturge-Apple, M., Cicchetti, D., & Cummings, E. (2007). The role of child adrenocortical functioning in pathways between interparental conflict and child maladjustment. *Developmental Psychology, 43,* 918–930.

Davis, T. R., & Luthans, F. (1988). Service OD: Techniques for improving the delivery of quality service. *Organization Development Journal, 6,* 76–80.

Dean, A., & Lin, N. (1977). The stress-buffering role of social support. *Journal of Nervous and Mental Disease, 165,* 403–417.

Dean, J., & Bush, R. (2007). A community psychology view of environmental organization processes. *American Journal of Community Psychology, 40,* 146–166.

Deaux, K. (2006). A nation of immigrants: Living our legacy. *Journal of Social Issues, 62,* 633–651.

De Beus, K., & Rodriguez, N. (2007). Restorative justice practice: An examination of program completion and recidivism. *Journal of Criminal Justice, 35*(3), 337–347.

de Fatima Qunital de Freitas, M. (2000). Voices from the south: The construction of Brazilian community social psychology. *Journal of Community and Applied Social Psychology, 10,* 315–326.

DeFrances, C., & Smith, S. (1998). *Perceptions of neighborhood crime.* Bureau of Justice Statistics Special Report NCI 165811. Washington, DC: Department of Justice.

Delgado, G. (1986). *Organizing the movement: The roots and growth of ACORN.* Philadelphia: Temple University Press.

Delongis, A., Coyne, J., Dakof, G., Folkman, S., & Lazarus, R. (1982). The relationship of daily hassles, uplifts and major life events to health status. *Health Psychology, 1,* 119–136.

Denham, S. A., & Almeida, M. C. (1987). Children's social problem-solving skills, behavioral adjustment, and interventions: A meta-analysis evaluating theory and practice. *Journal of Applied Developmental Psychology, 8,* 391–409.

D'Ercole, A., Skodol, A. E., Struening, E., Curtis, J., & Millman, J. (1991). Diagnosis of physical illness in psychiatric patients using Axis III and a standardized medical history. *Hospital and Community Psychiatry, 42,* 395–400.

Derogatis, L., & Coons, H. (1993). Self-report measures of stress. In L. Goldberger and S. Breznitz (Eds.), *Handbook of stress: Theoretical and clinical aspects* (2nd ed.). New York: Free Press.

De Schipper, J. C., Van IJzendoorn, M. H., & Tavecchio, L. W. C. (2004). Stability in center day care: Relations with children's well-being and problem behavior in day care. *Social Development, 13,* 531–550.

Detert, J. R., & Edmondson, A. C. (2007). Why employees are afraid to speak. *Harvard Business Review, 85,* 23–30.

Deutsch, M., & Hornstein, H. A. (Eds.). (1975). *Applying social psychology: Implications for research, practice, and training.* Hillsdale, NJ: Erlbaum.

Devine, P. (1989). Prejudice and stereotypes: Their automatic and controlled components. *Journal of Personality and Social Psychology, 56,* 5–18.

Devine, P. (2005). Breaking the prejudice habit: Allport's inner conflict revisited. In J. Dovidio, P. Glick, & L. Budman (Eds.), *On the nature of prejudice: Fifty years after Allport* (pp. 327–342). Malden, MA: Blackwell.

DeVita, C. J. (1997). *Viewing nonprofits across the states: Changing civil society.* Retrieved from www.urban.org/periodcl/cnp_1.htm.

De Wit, D. J., Lipman, E., Manzano-Munguia, M., Bisanza, J., Graham, K., Offord, D. R., et al. (2007). Feasibility of a randomized controlled trial for evaluating Big Brothers Big Sisters community match program at the national level. *Children and Youth Services Review, 29,* 383–404.

Diamond, J. B. (2006). Still separate and unequal: Examining race, opportunity, and school achievement in "integrated" suburbs. *Journal of Negro Education, 75,* 495–505.

Diamond, P. M., & Schnee, S. B. (1990, August). *Tracking the costs of chronicity: Towards a redirection of resources.* Presented to the Annual Meeting of the American Psychological Association, Boston, MA.

Dickerson, S., & Kemeny, M. (2004). Acute stressors and cortisol responses: A theoretical integration and synthesis of laboratory research. *Psychological Bulletin, 130,* 355–391.

DiClemente, R. J., & Peterson, J. L. (Eds.). (1994). *Preventing AIDS: Theories and methods of behavioral interventions.* New York: Plenum.

DiFranza, J. R., et al. (1991). RJR Nabisco's cartoon camel promotes Camel cigarettes to children. *Journal of the American Medical Association, 266,* 3149–3154.

DiMatteo, D., Sherbourne, C., Hays, R., Ordway, L., Kravitz, R., McGlynn, E., et al. (1993). Physicians' characteristics influence patients' adherence to medical treatment: Results from the Medical Outcomes Study. *Health Psychology, 12,* 93–102.

DiMatteo, M. R. (2004). Social support and patient adherence to medical treatment: A meta-analysis. *Health Psychology, 23,* 207–218.

Dobmeyer, T. W., McKee, P. A., Miller, R. D., & Wescott, J. S. (1990). The effect of enrollment in a prepaid health plan on utilization of a community crisis intervention center by chronically mentally ill individuals. *Community Mental Health Journal, 26,* 129–137.

Doherty, G., Forer, B., Lero, D. S., Goelman, H., & LaGrange, A. (2006). Predictors of quality family child care. *Early Childhood Research Quarterly, 21,* 296–312.

Dohrenwend, B. S. (1978). Social stress and community psychology. *American Journal of Community Psychology, 6,* 1–14.

Dovidio, J. F., & Gaertner, S. L. (1998). On the nature of contemporary prejudice: The causes, consequences, and challenges of divisive racism. In J. L. Eberhardt & S. T. Fiske (Eds.), *Confronting racism: The problem and the response.* Thousand Oaks, CA: Sage.

Dovidio, J. F., & Gaertner, S. L. (2004). Aversive racism. In Mark Zanna (Ed.), *Advances in experimental social psychology,* Vol. 36 (pp. 1–52). San Diego, CA, US: Elsevier Academic Press.

Dovidio, J., Gaertner, S., & Kawakami, K. (2002). Implicit and explicit prejudice and interracial interaction. *Journal of Personality and Social Psychology, 82,* 62–68.

Dovidio, J., Gaertner, S. L., Nier, J. A., Kawakami, K., & Hodson, G. (2004). Contemporary racial bias: When good people do bad things. In A. G. Miller (Ed.), *The social psychology of good and evil.* New York: Guilford.

Dovidio, J., Glick, P., & Budman, L. (Eds.). (2005). *On the nature of prejudice: Fifty years after Allport.* Malden, MA: Blackwell.

Dowell, D. A., & Farmer, G. (1992). Community response to homelessness: Social change and constraint in local intervention. *Journal of Community Psychology, 20,* 72–83.

Dowler, K., & Zawilski, V. (2007). Public perceptions of police misconduct and discrimination: Examining the impact of media consumption. *Journal of Criminal Justice, 35,* 193–203.

Downing, J., & Harrison, T. C. (1990). Dropout prevention: A practical approach. *School Counselor, 38,* 67–74.

Duffy, K. G. (1991). Introduction to community mediation programs: Past, present and future. In K. G. Duffy, J. W. Grosch, & P. V. Olczak (Eds.), *Community mediation: A handbook for practitioners and researchers*. New York: Guilford.

Duffy, K. G., & Atwater, E. (2008). *Psychology for living*. Upper Saddle River, NJ: Prentice-Hall.

Duffy, K. G., Grosch, J. W., & Olczak, P. V. (1991). *Community mediation: A handbook for practitioners and researchers*. New York: Guilford.

Duffy, K. G., Olczak, P. V., & Grosch, J. W. (1993). *The influence of minority status on mediation outcome*. Paper presented to the International Association for Conflict Management, Henglehoef, Belgium.

Duffy, K. G., & Thompson, J. (1992). Community mediation centers: Humanistic alternatives to the court system, a pilot study. *Journal of Humanistic Psychology, 32,* 101–114.

Dumas, J. E., Rollock, D., Prinz, R. J., Hops, H., & Blechman, E. A. (1999). Cultural sensitivity: Problems and solutions in applied and preventive intervention. *Applied & Preventive Psychology, 8,* 175–196.

Dumont, M. P. (1982). Review of *Private lives/public spaces,* by E. Baxter & K. Hopper, and *Shopping bag ladies,* by A. M. Rousseau. *American Journal of Orthopsychiatry, 52,* 367–369.

Dupéré, V., & Perkins, D. D. (2007). Community types and mental health: A multilevel study of local environmental stress and coping. *American Journal of Community Psychology, 39,* 107–119.

DuRant, R. H., Wolfson, M., LaFrance, B., Balkrishnan, R., & Altman, D. (2006, March). An evaluation of a mass media campaign to encourage parents of adolescents to talk to their children about sex. *Journal of Adolescent Health, 38*(3).

Durlak, J. A. (1983). Social problem-solving as a primary prevention strategy. In R. D. Felner, L. A. Jason, J. N. Moritsugu, & S. S. Farber (Eds.), *Prevention psychology: Theory, research, and practice.* New York: Pergamon.

Durlak, J. A. (1995). *School-based prevention programs for children and adolescents.* Thousand Oaks, CA: Sage.

Durlak, J. A., & Wells, A. M. (1997). Primary prevention mental health programs for children and adolescents: A meta-analytic review. *American Journal of Community Psychology, 25,* 115–152.

Eagly, A., Johannesen-Schmidt, M., & van Engen, M. (2003). Transformational, transactional, and laissez-faire leadership styles: A meta-analysis comparing women and men. *Psychological Bulletin, 129*(4), 569–591.

Earls, M., & Nelson, G. (1988). The relationship between long-term psychiatric clients' psychological well-being and their perceptions of housing and social support. *American Journal of Community Psychology, 16,* 279–293.

Eaves, C. (2001). The development and implementation of a crisis response team in a school setting. *International Journal of Emergency Mental Health Special Issue, 3,* 35–46.

Ebata, A. T., & Moos, R. H. (1991). Coping and adjustment in distressed and healthy adolescents. *Journal of Applied Developmental Psychology, 12*(1), 33–54.

Ebert-Flattau, P. (1980). *A legislative guide.* Washington, DC: Association for the Advancement of Psychology.

Eckenrode, J., Ganzel, B., Henderson, C. R., Smith, E., Olds, D. L., Powers, J., et al. (2000). Preventing child abuse and neglect with a program of nurse home visitation: The limiting effects of domestic violence. *Journal of the American Medical Association, 284,* 1385–1391.

Educational Conference on Psychiatry, Psychology and the Law (1990). Dangerousness and discharge. *American Journal of Forensic Psychology, 8,* 19–58.

Edwards, D., Hunt, M. H., Meyers, J., Grogg, K. R., & Jarrett, O. (2005). Acceptability and student outcomes of a violence prevention curriculum. *Journal of Primary Prevention, 26,* 401–418.

Edwards, R. W., Jumper-Thurman, P., Plested, B. A., Oetting, E. R., & Swanson, L. (2001). Community readiness. Research to practice. *Journal of Community Psychology, 28,* 291–307.

Eigen, M. (1993). Viral quasispecies. *Scientific American, 269,* 42–49.

Eisenbraun, K. D. (2007). Violence in schools: Prevalence, prediction, and prevention. *Aggression and Violent Behavior, 12,* 459–469.

Eitle, D., D'Alessio, S. J., & Stolzenberg, L. (2006). Economic segregation, race, and homicide. *Social Science Quarterly, 87,* 638–657.

Elder, G. (1974). *Children of the Great Depression.* Chicago: University of Chicago.

Elias, M. J., Gara, M., Ubriaco, M., Rothbaum, P. A., Clabby, J. F., & Schuyler, T. (1986). Impact of a preventative social problem solving intervention on children's coping with middle-school stressors. *American Journal of Community Psychology, 14,* 259–275.

Ellam, G., & Shamir, B. (2005). Organizational change and self concept. *Journal of Applied Behavioral Science, 41,* 399–421.

Elliott, K., & Urquiza, A. (2006). Ethnicity, culture, and child maltreatment. *Journal of Social Issues, 62,* 787–808.

Ellis, R. T. (1991). Perceptions, attitudes and beliefs of police recruits. *Canadian Police College Journal, 15,* 95–117.

Elvin, J. (2000, July 21). Is mental illness all in your head? *Insight on the News, 16,* 35.

Ely, R., & Thomas, D. (2001). Cultural diversity at work: The effects of diversity perspectives on work group processes and outcomes. *Administrative Science Quarterly, 46* (2), 229–273.

Embry, D. D., Flannery, D. J., Vazsonyi, A. T., Powell, K. E., & Atha, J. (1996). PeaceBuilders: A theoretically driven school based model for early violence prevention. *American Journal of Preventive Medicine, 12,* 91–100.

Emery, R. E., & Wyer, M. M. (1987). Divorce mediation. *American Psychologist, 42,* 472–480.

Emshoff, J., Darnell, A., Darnell, D., Erickson, S., Schneider, S., & Hudgins, R. (2007). Systems change as an outcome and a process in the work of community collaborative for health. *American Journal of Community Psychology, 39,* 255–267.

Entwisle, D. R., Alexander, K. L., & Olson, L. S. (2004). Temporary as compared to permanent high school dropout. *Social Forces, 82,* 1181–1205.

Entwisle, D. R., Alexander, K. L., & Olson, L. S. (2005). Urban teenagers: Work and dropout. *Youth & Society, 37,* 3–32.

Epel, E., Blackburn, E., Lin, J., Dhabhar, F., Adler, N., Morrow, J., et al. (2004, December 7). Accelerated telomere shortening in response to life stress. *Proceedings of the National Academy of Sciences, 101*(49), 17323–17324.

Erwin, P. G., Purvee, D., & Johannes, C. K. (2005). Involvement and outcomes in short-term interpersonal cognitive problem solving groups. *Counseling Psychology Quarterly, 18,* 41–46.

Evans, G. W. (2004). The environment of childhood poverty. *American Psychologist, 59,* 77–92.

Everly, G. S., Phillips, S. B., Kane, D., & Feldman, D. (2006). Introduction to and overview of group psychological first aid. *Brief Treatment and Crisis Intervention, 6,* 130–136.

Eysenck, H. J. (1952). The effects of psychotherapy: An evaluation. *Journal of Consulting Psychology, 16,* 319–324.

Eysenck, H. J. (1961). The effects of psychotherapy. In H. J. Eysenck (Ed.), *Handbook of abnormal psychology.* New York: Basic Books.

Fairweather, G. W. (1980). *The Fairweather lodge: A twenty-five year retrospective.* San Francisco: Jossey-Bass.

Fairweather, G. W. (1986). The need for uniqueness. *American Journal of Community Psychology, 14,* 128–137.

Fairweather, G. W., & Davidson, W. S. (1986). *An introduction to community experimentation.* New York: McGraw-Hill.

Fairweather, G., & Fergus, E. O. (1993). *Empowering the mentally ill: Theory and application.* Manchester, NH: Morgan Press.

Fairweather, G. W., Sanders, D. H., Maynard, H., & Cressler, D. L. (1969). *Community life for the mentally ill.* Chicago: Aldine.

Fairweather, G. W., & Tornatzky, L. G. (1977). *Experimental methods for social policy research.* New York: Pergamon.

Faith, M. S., Wong, F. Y., & Carpenter, K. M. (1995). Group sensitivity training: Update, meta-analysis, and recommendations. *Journal of Counseling Psychology, 42,* 390–399.

Farber, S. S., Felner, R. D., & Primavera, J. (1985). Parental separation/divorce and adolescents: An examination of factors mediating adaptation. *American Journal of Community Psychology, 13,* 171–186.

Farmer, P., Leandre, F., Mukherjee. J., Claude, M.S., Nevil, P., Smith-Fawzi, M., et al. (2001). Community-based approaches to HIV treatment in resource-poor settings. *Lancet, 345,* 404–409.

Farmer, T. W., Price, L. N., O'Neal, K. K., & Man-Chi, L. (2004). Exploring risk in early adolescent African-American youth. *American Journal of Community Psychology, 33,* 51–59.

Farquhar, M. (1995). Elderly people's definitions of quality of life. *Social Science and Medicine, 41,* 1439–1446.

Farquhar, J., Fortmann, S., Maccoby, N., Haskell, W., Williams, P., Flora, J., et al. (1985). The Stanford

Five-City Project: Design and methods. *American Journal of Epidemiology, 122,* 323–334.

Farrington, D. P., Gill, M., Waples, S. J., & Argomaniz, J. (2007). The effects of closed-circuit television on crime: Meta-analysis of an English national quasi multi-site evaluation. *Journal of Experimental Criminology, 3,* 21–38.

Farver, J. M., Xu, Y., Eppe, S., Fernandez, A., & Schwartz, D. (2005). Community violence, family conflict, and preschoolers' socioemotional functioning. *Developmental Psychology, 41,* 160–170.

Fassinger, R. (2008). Workplace diversity and public policy: Challenges, and opportunities for psychology. *American Psychologist, 63,* 252–268.

Fauth, R. C., Leventhal, T., & Brooks-Gunn, J. (2007). Welcome to the neighborhood? Long-term impacts of moving to low-poverty neighborhoods on poor children's and adolescents' outcomes. *Journal of Research on Adolescence, 17,* 249–282.

Fawcett, S. B. (1990). Some emerging standards for community research and action: Aid from a behavioral perspective. In P. Tolan, C. Kelp, F. Chertak, & L. Jason (Eds.), *Researching community psychology: Issues of theory and methods* (pp. 64–75). Washington, DC: American Psychology Association.

Fawcett, S. B., Seekins, T., & Jason, L. A. (1987). Policy research and child passenger safety legislation: A case study and experimental evaluation. *Journal of Social Issues, 43*(2), 133–148.

Federal Register (2008). 2008 poverty guidelines. *Federal Register, 73,* 3971–3972.

Federal Trade Commission (2005). *Federal Trade Commission Cigarette Report for 2003.* Washington, DC: Author.

Feldheusen, J. F. (1989, March). Synthesis of research on gifted youth. *Educational Leadership,* 6–11.

Felitte, V., Anda, R., Nordenberg, D., Williamson, D., Spitz, A., & Edwards, V. (1998). Relationship of childhood abuse and household dysfunction to many of the leading causes of death in adults. *American Journal of Preventive Medicine, 14,* 245–258.

Felner, R. D., Jason, L., Moritsugu, J., & Riger, S. (1983). *Preventive psychology: Theory, research and practice.* New York: Pergamon Press.

Felner, R. D. (2000a). Educational reform as ecologically-based prevention and promotion. The project on high performance learning communities. In D. Cicchetti & J. Rappaport (Eds.), *The promotion of wellness in children and adolescents.* Washington, DC: Child Welfare League of America.

Felner, R. (2000b). Prevention in mental health and social intervention. In J. Rappaport & E. Seidman (Eds.), *Handbook of community psychology* (pp. 9–42). New York: Kluwer/Plenum.

Felner, R. (2008). *School transitional environment project (STEP).* Retrieved from www.personal .psy.edu/dept/prevention/STEP.htm.

Felner, R. D., Ginter, M., & Primavera, J. (1982). Primary prevention during school transitions: Social support and environmental structure. *American Journal of Community Psychology, 10,* 277–290.

Felner, R. D., Seitsinger, A. M., Brand, S., Burns, A., & Bolton, N. (2007). Creating small learning communities: Lessons from the project on high-performing learning communities about "what works" in creating productive, developmentally enhancing, learning contexts. *Educational Psychologist. Special Issue: Promoting Motivation at School: Interventions that Work, 42,* 209–221.

Felton, B. (2005). Defining location in the mental health system: A case study of a consumer-run agency. *American Journal of Community Psychology, 36,* 373–386.

Ferguson, K. M., & Mindel, C. H. (2007). Modeling fear of crime in Dallas neighborhoods: A test of social capital theory. *Crime & Delinquency, 53,* 322–349.

Ferrari, J., Billows, W., Jason, L., & Grill, G. (1997). Matching the needs of the homeless with those of the disabled: Empowerment through caregiving. *Journal of Prevention and Intervention in the Community, 15,* 83–93.

Ferrari, J. R., & Jason, L. A. (1996). Integrating research and community service: Incorporating research skills into service learning experiences. *College Student Journal, 30,* 444–451.

Fiedler, F. (1971). Validation and extension of the contingency model of leadership effectiveness: A review of empirical findings. *Psychological Bulletin, 76,* 128–148.

Finkelhor, S., & Jones, L. (2006). Why have child maltreatment and child victimization declined? *Journal of Social Issues, 62,* 685–716.

Firdion, J., & Marpsat, M. (2007). A research program on homelessness in France. *Journal of Social Issues, 63,* 567–587.

Fischer, C. S., Jackson, R. M., Stueve, C. A., Gerson, G., & McAllister-Jones, L. (1977). *Networks and places.* New York: Free Press.

Fisher, J. D., & Fisher, W. A. (1992). Changing AIDS-risk behavior. *Psychological Bulletin, 111,* 455–474.

Fishman, P. A., Thompson, E. E., Merikle, E., & Curry, S. J. (2006). Changes in health care costs before and after smoking cessation. *Nicotine & Tobacco Research, 8,* 393–401.

Fiske, S. T., Bersoff, D. N., Borgida, E., Deaux, K., & Heilman, M. E. (1991). Social science research on trial: Use of sex stereotyping research in *Price Waterhouse v. Hopkins. American Psychologist, 46,* 1049–1060.

Flay, B. R., & Alfred, C. G. (2003). Long-term effects of the Positive Action program. *American Journal of Health Behavior, 27,* 6–21.

Flay, B. R., & Petraitis, J. (1991). Methodological issues in drug use prevention research: Theoretical foundation. In C. G. Leukefeld & W. J. Buoski (Eds.), *Drug abuse prevention intervention research methodology.* National Institute on Drug Abuse Research Monograph 107. DHHS publication number (ADM) pp. 91–1761. Washington, DC: Superintendent of Documents, U.S. Government Printing Office.

Flick, U. (2007). Homelessness and health: Challenges for health psychology. *Journal of Health Psychology, 12,* 691–695.

Flora, J., Jatilus, D., & Jackson, C. (1993). The Stanford Five-City Heart Disease Prevention Project. In T. E. Backer & E. M. Rogers (Eds.), *Organizational aspects of health communication campaigns: What works?* (pp. 101–128). Thousand Oaks, CA: Sage.

Florin, P. (1989). *Nurturing the grassroots: Neighborhood volunteer organizations and American cities.* New York: Citizen's Committee for New York City.

Florin, P., & Wandersman, A. (1990). An introduction to citizen participation, voluntary organizations, and community development: Insights for improvement through research. *American Journal of Community Psychology, 18,* 41–54.

Flowers-Coulson, P. A., Kushner, M. A., & Bankowski, S. (2000). The information is out there, but is anyone getting it? Adolescent misconceptions about sexuality education and reproductive health and the use of the internet to get answers. *Journal of Sex Education & Therapy, 25,* 178–188.

Folkman, S., & Lazarus, R.S. (1980). An analysis of coping in a middle-aged community sample. *Journal of Health and Social Behavior, 21,* 219–239.

Folkman, S., & Moskowitz, J. (2000). Positive affect and the other side of coping. *American Psychologist, 55,* 647–654.

Ford, J. D., Ford, L. W., & D'Amelio, A. (2008). Resistance to change: The rest of the story. *Academy of Management Review, 33,* 362.

Forlenza, S. G. (1991). Mediation and psychotherapy: Parallel processes. In K. G. Duffy, T. W. Grosch, & P. V. Olczak (Eds.), *Community mediation: A handbook for practitioners and researchers.* New York: Guilford.

Forrester, J. (1969). *Principles of system.* Cambridge, MA: Wright-Allen.

Foster, H. W., Greene, L. W., & Smith, M. S. (1990). A model for increasing access: Teenage pregnancy prevention. *Journal of Health Care for the Poor and Underserved, 1,* 136–146.

Foster-Fishman, P., & Behrens, T. (2007). Systems change reborn: Rethinking our theories, methods, and efforts in human services reform and community-based change. *American Journal of Community Psychology, 39*(3–4), 191–196.

Foster-Fishman, P. G., & Keys, C. B. (1997). The person/environment dynamics of employee empowerment: An organizational culture analysis. *American Journal of Community Psychology, 25,* 345–369.

Foster-Fishman, P., Newell, B., & Yang, H. (2007). Putting the system back into system change: A framework for understanding and changing organizational and community systems. *American Journal of Community Psychology, 39,* 197–215.

Foster-Fishman, P. G., Salem, D. A., Chibnall, S., Legler, R., & Yapchai, C. (1998). Empirical support for the critical assumptions of empowerment theory. *American Journal of Community Psychology, 26,* 507–536.

Fouad, N., & Bynner, J. (2008). Work transitions. *American Psychologist, 63,* 241–251.

Foundation Center. (2008). *Foundation giving grows across all program areas, Foundation Center Reports.* Retrieved from www.foundationcenter.org/media/news/pr_0802b.html.

4parents.gov. (2007). *Teen pregnancy.* Washington, DC: U.S. Department of Health and Human Services.

Fozard, J. L., & Kearns, W. D. (2007). Technology, aging, and communication. In G. Lesnoff-Caravaglia (Ed.), *Gerontechnology: Growing old in a technological society.* Springfield, IL: Charles C. Thomas.

Frank, J. D. (1983). Galloping technology, a new social disease. *Journal of Social Issues, 39,* 193–206.

Franklin, C., Grant, D., Corcoran, J., Miller, P. O., & Bultan, L. (1997). Effectiveness of prevention programs for adolescent pregnancy: A meta-analysis. *Journal of Marriage & the Family, 59,* 551–567.

Fraser, B. J., Williamson, J. C., & Tobin, K. G. (1987). Use of classroom and school climate scales in evaluating alternative high schools. *Teaching and Teacher Education,* 219–231.

Freedman, A. M. (1989). Mental health programs in the United States: Idiosyncratic roots. *International Journal of Mental Health, 18,* 81–98.

Freeman, L. (2001). Relaxation therapy. In L. Freeman & G. Lawlis (Eds.), *Mosby's complementary and alternative medicine: A research-based approach* (pp. 138–165). St. Louis: Mosby.

Freeman, L., & Lawlis, G. (2001). Exercise as an alternative therapy. In L. Freeman & G. Lawlis (Eds.), *Mosby's complementary and alternative medicine: A research-based approach* (pp. 424–454). St. Louis: Mosby.

Freeman, R. J., & Roesch, R. (1989). Mental disorder and the criminal justice system. *International Journal of Law and Psychiatry, 12,* 105–115.

Freiberg, J. H., & Lapoint, J. M. (2006). Research-based programs for preventing and solving discipline problems. In C. M. Evertson & C. S. Weinstein (Eds.), *Handbook of classroom management: Research, practice, and contemporary issues.* Mahwah, NJ: Erlbaum.

Freire, P. (1970). *Pedagogy of the oppressed.* New York: Continuum.

Freire, P. (1994). *Pedagogy of hope.* New York: Continuum.

Freisthler, B., Bruce, E., & Needell, B. (2007). Understanding geospatial relationship of neighborhood characteristics and rates of maltreatment for Black, Hispanic, and White children. *Social Work, 52,* 7–16.

French, W. L., & Bell, C. H. (1990). *Organizational development: Behavioral science interventions for organization improvement.* Englewood Cliffs, NJ: Prentice Hall.

Friedman, S. M., Neagius, A., Jose, B., Curtis, R., Goldstein, M., Ildefonso, G., et al. (1997). Network and sociohistorical approaches to the HIV epidemic among drug injectors. In L. Sherr, J. Catalan, & B. Hedge (Eds.), *The impacts of AIDS: Epidemiological and social aspects of HIV infection.* Chur, Switzerland: Harwood.

Frone, M. (2008). Are work stressors related to employee substance use? The importance of temporal context in assessments of alcohol and illicit drug use. *Journal of Applied Psychology, 93,* 199–206.

Frumkin, P. (2000). The face of the new philanthropy. *Responsive Community, 10,* 41–48.

Fyson, S. (1999). Developing and applying concepts about community: Reflections from the field. *Journal of Community Psychology, 27*(3), 347–365.

Gabbidon, S. L., & Peterson, S. A. (2006). Living while Black: A state-level analysis of the influence of select social stressors on the quality of life among Black Americans. *Journal of Black Studies, 37,* 83–102.

Gaertner, S., & Dovidio, J. (2005). Understanding and addressing contemporary racism: From aversive racism to the common in-group identity model. *Journal of Social Issues, 61,* 615–639.

Gallagher, S., Phillips, A., Ferraro, A., Drayson, M., & Carroll, D. (2008) Social support is positively associated with the immunoglobulin M response to vaccination with pneumococcal polysaccharides. *Biological Psychology, 78*(2), 211–215.

Garbarino, J. (2001). *Making sense of school violence: Why do kids kill?* Washington, DC: American Psychiatric Press.

Garbarino, J., & Kostelny, K. (1992). Child maltreatment as a community problem. *Child Abuse and Neglect, 16,* 455–464.

Garbarino, J., & Kostelny, L. (1994). Neighborhood-based programs. In G. B. Melton & F. D. Barry (Eds.), *Protecting children from abuse and neglect: Foundations for a new strategy.* New York: Guilford.

Garces, E., Thomas, D., & Currie, J. (2000, December). Longer term effects of Head Start. Retrieved June 1, 2008, from www.rand.org/labor/DRU/DRU2439.pdf.

Garmezy, N. (1974). Children at risk. The search for the antecedents of schizophrenia: II. Ongoing research programs, issues and intervention. *Schizophrenia Bulletin, 9,* 55–125.

Garmezy, N., Masten, A. S., & Tellegen, A. (1984). The study of stress and competence in children: A building block for developmental psychopathology. *Child Development, 55,* 97–111.

Garmezy, N., & Streitman, S. (1974). Children at risk. The search for the antecedents of schizophrenia: I. Conceptual models and research methods. *Schizophrenia Bulletin, 8,* 14–90.

Gastil, J. (1994). A meta-analytic review of the productivity and satisfaction of democratic and autocratic leadership. *Small Group Research, 25,* 384–410.

Geen, R., Fender, L., Leos-Urbel, J., & Markowitz, T. (2001). *Welfare reform's effect on child welfare caseloads.* Washington, DC: Urban Institute. *Assessing the New Federalism* Discussion Paper 01-04.

Gesten, E., & Jason, L. (1987). Social and community interventions. *Annual Review of Psychology, 38,* 427–460.

Gewirtz, A. H. (2007). Promoting children's mental health in family supportive housing: A community-university partnership for formerly homeless children and families. *Journal of Primary Prevention, 28,* 359–374.

Gignac, M. A. M., Kelloway, E. K., & Gottlieb, B. H. (1996). The impact of caregiving on employment: A mediational model of work-family conflict. *Canadian Journal of Aging, 15,* 525–542.

Gillespie, D. F., & Murty, S. A. (1994). Cracks in a postdisaster service delivery network. *American Journal of Community Psychology, 22,* 639–660.

Gillespie, J. F., Durlak, J., & Sherman, D. (1982). Relationship between kindergarten children's interpersonal problem solving skills and other indices of school adjustment: A cautionary note. *American Journal of Community Psychology, 10,* 149–153.

Gilliam, M. L. (2007). The role of parents and partners in the pregnancy behaviors of young Latinas. *Hispanic Journal of Behavioral Sciences, 29,* 50–67.

Ginexi, E. M., Weihs, K., Simmens, S. J., & Hoyt, D. R. (2000). Natural disaster and depression: A prospective investigation of reactions to the 1993 Midwest floods. *American Journal of Community Psychology, 28,* 495–515.

Glaberson, W. (1990, February 19). Mean streets teach New Yorkers to just walk on by. *New York Times,* pp. B1–B2.

Glenwick, D. S., & Jason, L. A. (Eds.). (1980). *Behavioral community psychology: Progress and prospects.* New York: Praeger.

Glidewell, J. (1966). Perspectives in community health. In C. Bennett, L. Anderson, S. Cooper, L. Hassol, D. Klein, & G. Rosenblum (Eds.), *Community psychology: A report of the Boston Conference on the Education of Psychologists for Community Mental Health* (pp. 33–49). Boston, MA: Boston University and South Shore Mental Health Center.

Glidewell, J. (1987). Induced change and stability in psychological and social systems. *American Journal of Community Psychology, 15*(6), 741–772.

Glidewell, J. C. (1976). A theory of induced social change. *American Journal of Community Psychology, 4,* 227–239.

Golding, J. M., Potts, M. K., & Aneshensel, C. S. (1991). Stress exposure among Mexican Americans and non-Hispanic whites. *Journal of Community Psychology, 19,* 37–59.

Goldring, E., Cohen-Vogel, L., Smrekar, C., & Taylor, C. (2006). Schooling closer to home: Desegregation policy and neighborhood contexts. *American Journal of Education, 112,* 335–362.

Gomby, D. S. (2000). Promise and limitations of home visitation. *Journal of the American Medical Association, 284,* 1430–1431.

Goodman, A. M. (1990). A model for police officer burnout. *Journal of Business and Psychology, 5,* 85–99.

Goodrum, S. (2007). Victims' rights, victims' expectations, and law enforcement workers' constrains in cases of murder. *Law & Social Inquiry, 32,* 725–757.

Goodstein, L. D., & Sandler, I. (1978). Using psychology to promote human welfare: A conceptual analysis of the role of community psychology. *American Psychologist, 33,* 882–892.

Gore, A. (1990). Public policy and the homeless. *American Psychologist, 45,* 960–962.

Gottlieb, B. H. (1981). Social networks and social support in community mental health. In B. H. Gottlieb (Ed.), *Social networks and social support.* Beverly Hills: Sage.

Gottlieb, B. (1997). Conceptual and measurement issues in the study of chronic stress. In B. Gottlieb (Ed.), *Coping with chronic stress* (pp. 3–37). New York: Plenum.

Gottschalk, B., & Gottschalk, P. (1988). The Reagan retrenchment in historical context. In M. K.

Brown (Ed.), *Remaking the welfare state: Retrenchment and social policy in America and Europe*. Philadelphia: Temple University Press.

Graber, J. A., Nichols, T., Lynne, S. D., Brooks-Gunn, J., & Botvin, G. J. (2006). A longitudinal examination of family, friend, and media influences on competent versus problem behaviors among urban minority youth. *Applied Developmental Science, 10,* 75–85.

Granovetter, M. (1973). The strength of weak ties. *American Journal of Sociology, 78,* 1360–80.

Granovetter, M. (1983). The strength of weak ties: A network theory revisited. *Sociological Theory, 1,* 201–233.

Gray, P., & Chanoff, D. (1986). Democratic schooling: What happens to young people who have charge of their own education? *American Journal of Community Psychology, 94,* 182–213.

Gray, S., Sheeder, J., O'Brien, R., & Stevens-Simon, C. (2006). Having the best intentions is necessary but not sufficient: What would increase the efficacy of home visiting for preventing second teen pregnancies? *Prevention Science, 7,* 389–395.

Greatbatch, D., & Dingwall, R. (1989). Selective facilitation: Some preliminary observations on a strategy used by divorce mediators. *Law and Society Review, 23,* 613–641.

Greenberg, A. (1999). Defending the "American people." *Responsive Community, 9,* 52–58.

Greenberg, M., Riggs, N., & Blair, C. (2007). The role of preventive interventions in enhancing neurocognitive functioning and promoting competence in adolescence. In D. Romer & E. Walker (Eds.), *Adolescent psychopathology and the developing brain: Integrating brain and prevention science*. New York: Oxford.

Greene, S. M., Anderson, E. R., Doyle, E. A., & Riedelbach, H. (2006). Divorce. In G. G. Bear & K. M. Minke (Eds.), *Children's needs III: Development, prevention, and intervention*. Washington, DC: National Association of School Psychologists.

Greenglass, E., Fiksenbaum, L., & Eaton, J. (2006). The relationship between coping, social support, functional disability and depression in the elderly. *Anxiety, Stress & Coping: An International Journal, 19,* 15–31.

Greenhouse, L. (July 1, 2007). In steps big and small, Supreme Court moved right. *New York Times.* Retrieved from http://www.nytimes.com/2007/07/01/washington/01scotus.html?scp=1&sq=%20July%201,%202007,%20in%20steps%20big%20and%20small%20the%20supreme%20court%20moves%20right&st=cse.

Gregory, A., Henry, D. B., & Schoeny, M. E. (2007). School climate and implementation of a preventive intervention. *American Journal of Community Psychology, 40,* 250–260.

Grob, G. N. (1991). *From asylum to community: Mental health policy in modern America.* Princeton, NJ: Princeton University Press.

Grogan-Kaylor, A. (2005). Review of *One nation, underprivileged: Why American poverty affects us all. Children and Youth Services Review, 27,* 687–689.

Grossi, E. L., & Berg, B. L. (1991). Stress and job dissatisfaction among correctional officers: An unexpected finding. *International Journal of Offender Therapy and Comparative Criminology, 35,* 73–81.

Gunn, P., Ratnesh, B., Nagda, A., & Lopez, G. E. (2004). The benefits of diversity in education for democratic citizenship. *Journal of Social Issues, 60,* 17–34.

Gurin, G., Veroff, J., & Feld, S. (1960). *Americans view their mental health: A nationwide interview survey*. New York: Basic Books.

Gurin, P., Nagda, B. A., & Lopez, G. (2004). The benefits of diversity in education for democratic citizenship. *Journal of Social Issues, 60*(1), 17–34.

Gutierrez, P., & Silk, K. (1980). Prescription privileges for psychologists: A review of the psychological literature. *Professional Psychology: Research and Practice, 29,* 213–222.

Haber, M., Cohen, J., Lucas, T., & Baltes, B. (2007). The relationship between self-reported received and perceived social support: A meta-analytic review. *American Journal of Community Psychology, 39*(1–2), 133–144.

Hackerman, A. E. (1996). Intervening with the adolescent gang member: Understanding the spoken language. *Community Psychologist, 29,* 17–21.

Hadley-Ives, E., Stiffman, A. R., Elze, D., Johnson, S. D., & Dore, P. (2000). Measuring neighborhood and school environments: Perceptual and aggregate approaches. *Journal of Human Behavior in the Social Environment, 3,* 1–28.

Hagborg, W. J. (1988). A study of the intensity and frequency of crisis intervention for students enrolled in a school for the severely emotionally disturbed. *Adolescence, 23,* 825–836.

Hagestad, G. O., & Uhlenberg, P. (2005). The social separation of old and young: A root of ageism. *Journal of Social Issues, 61,* 343–358.

Halpern, D., & Nazroo, J. (2000). The ethnic density effect: Result from a national community survey of England and Wales. *International Journal of Social Psychiatry, 46,* 34–46.

Hamid, P. N., Yue, X. D., & Leung, C. M. (2003, Spring). Adolescent coping in different Chinese family environments. *Adolescence, 38,* 111–130.

Hamilton, S. F., Basseches, M., & Richards, F. A. (1985). Participatory-democratic work and adolescents' mental health. *American Journal of Community Psychology, 13,* 467–496.

Hamilton, S. F., Hamilton, M. A., Hirsch, B. J., Hughes, B. J., Hughes, J., King, J., et al. (2006). Community contexts for mentoring. *Journal of Community Psychology, 34,* 727–746.

Hampton, C. V., Epstein, M. J., Johnson, D. B., & Reixach, K. A. (2004). Rochester, NY: Early childhood education intervention. *Community Psychologist, 37,* 42–47.

Handel, G. (1982). *Social welfare in Western society.* New York: Random House.

Haney, C., Banks, C., & Zimbardo, P. (1973). Interpersonal dynamics in a simulated prison. *International Journal of Criminology and Penology, 1,* 69–97.

Hannon, L. E. (2005). Extremely poor neighborhoods and homicide. *Social Science Quarterly. Special Issues: Income, Poverty, and Opportunity, 86,* 1418–1434.

Harcourt, B. (2007, January 15). The mentally ill, behind bars. *New York Times.* Retrieved from www.nytimes.com/2007/01/15/opinion/15harcourt.html.

Hardin, E., & Khan-Hudson, A. (2005). Elder abuse—"society's dilemma." *Journal of the National Medical Association, 97,* 91–94.

Harrington, C. (1985). *Shadow justice: The ideology and institutionalization of alternatives to court.* Westport, CT: Greenwood Press.

Haskins, R. (2005). Child development and child-care policy: Modest impacts. In D. B. Pilllemer & S. H. White (Eds.), *Developmental psychology and social change: Research, history and policy.* New York: Cambridge University Press.

Hatfield, A. B. (1997, September/October). Elderly individuals with mental illnesses: The overlooked and underserved generation. *NAMI Advocate,* pp. 13–18.

Haynes, R. B., McDonald, H. P., & Garg, A. X. (2002). Helping patients follow prescribed treatment. *Journal of the American Medical Association, 288,* 2880–2883.

Head, T. C., & Sorenson, P. F. (1988). Contemporary trends in OD. *Organizational Development Journal, 7,* 13–24.

He, W., Sengupta, M., Velkoff, V. & DeBarros, K. (December, 2005). *65+ in the United States: 2005.* Washington, D.C.: U.S. Department of Health and Human Services, National Institute on Aging and the U.S. Census Bureau. Retrieved from http://www.census.gov/PressRelease/www/releases/archives/aging_population/006544.html.

Hedeen, T. (2004). The evolution and evaluation of community mediation: Limited research suggests unlimited progress. *Conflict Resolution Quarterly, 22,* 101–133.

Hedegaard, M. (1996). The zone of proximal development as basis for instruction. In H. Daniels (Ed.), *An introduction to Vygotsky* (pp. 171–195). New York: Routledge.

Heisterkamp, B. L. (2006). Conversational displays of mediator neutrality in a court-based program. *Journal of Pragmatics, 38,* 2051–2064.

Helgeson, V., & Cohen, S. (1996). Social support and adjustment to cancer: Reconciling descriptive, correlational and intervention research. *Journal of Health Psychology, 15,* 135–148.

Helping America's Youth. (2008). *The impact of caring adults in communities.* Retrieved from www.helpingamericasyouth.gov/facts.cfm.

Heller, K. (1989). Ethical dilemmas in community intervention. *American Journal of Community Psychology, 17,* 367–378.

Heller, K. (1989). The return to community. *American Journal of Community Psychology, 17*(1), 1–15.

Heller, K. (1990). Social and community intervention. In L. W. Porter & M. R. Rosenzweig (Eds.), *Annual review of psychology.* Palo Alto, CA: Annual Reviews.

Heller, K., Jenkins, R., Steffen, A., & Swindle, R. W. (2000). Prospects for a viable community mental health system: Reconciling ideology, professional traditions, and political reality. In

J. Rappaport & E. Seidman (Eds.), *Handbook of community psychology* (pp. 445–470). New York: Plenum.

Heller, K., Price, R. H., Reinharz, S., Riger, S., & Wandersman, A. (1984). *Psychology and community change.* Homewood, IL: Dorsey.

Heller, K., Thompson, M. G., Trueba, P. E., Hogg, J. R., & Vlachos-Weber, I. (1991). Peer support telephone dyads for elderly women: Was this the wrong intervention? *American Journal of Community Psychology, 19,* 53–74.

Heller, K., Wyman, M. F., & Allen, S. M. (2000). Future directions for prevention science: From research to adoption. In C. R. Snyder & R. E. Ingram (Eds.), *Handbook of psychological change: Psychotherapy processes and practices for the 21st century.* New York: Wiley.

Hellman, I. D., Greene, L. R., Morrison, T. L., & Abramowitz, S. I. (1985). Organizational size and perceptions in a residential treatment program. *American Journal of Community Psychology, 13,* 99–110.

Henderson, C. (2006). Review of Japan as a low-crime nation. *Journal of Forensic Psychiatry & Psychology, 17,* 356–358.

Henry, D., Guerra, N., Huesmann, R., Tolan, P., VanAcker, R., & Eron, L. (2000). Normative influences on aggression in urban elementary school classrooms. *American Journal of Community Psychology, 28,* 59–81.

Heppner, P. P., Heppner, M. J., Lee, D.-G., Wang, Y.-W., Park, H.-J., & Wang, L.-F. (2006). Development and validation of a collectivist coping styles inventory. *Journal of Counselling Psychology, 53,* 107–125.

Hersch, C. (1969). From mental health to social action: Clinical psychology in historical perspective. *American Psychologist, 24,* 906–916.

Hess, B. B., Markson, E. W., & Stein, P. J. (1991). *Sociology.* New York: Macmillan.

Hill, J., Bond, M. A., Mulvey, A., & Terenzio, M. (2000). Methodological issues and challenges for a feminist community psychology: An introduction to a special issue. *American Journal of Community Psychology, 28,* 759–772.

Himle, D. P., Jayertne, S., & Thyness, P. (1991). Buffering effects of four social support types on burnout among social workers. *Social Work Research and Abstracts, 27,* 22–27.

Hingson, R., Heeren, T., & Winter, M. (1998). Effects of Maine's 0.05% legal blood alcohol level for drivers with DWI convictions. *Public Health Report, 113,* 440–446.

Hirsch, B. J., & David, T. G. (1983). Social networks and work/nonwork life: Action research with nurse managers. *American Journal of Community Psychology, 11,* 493–508.

Hitlan, R. T., Camillo, K., Zárate, M. A., & Aikman, S. N. (2007). Attitudes toward immigrant groups and the September 11 terrorist attacks. *Peace and Conflict: Journal of Peace Psychology, 13,* 135–152.

Hladikova, A., & Hradecky, I. (2007). Homelessness in the Czech Republic. *Journal of Social Issues, 63*(3), 607–622.

Hobfoil, S. E. (1998). Ecology, community, and AIDS prevention. *American Journal of Community Health, 26,* 133–144.

Hobfoil, S., & Vaux, A. (1993). Social support: Social resources and social context. In L. Goldberg & S. Breznitz (Eds.), *Handbook of stress: Theoretical and clinical aspects* (pp. 685–705). New York: Free Press.

Hochschild, A. R. (2003). *The second shift.* New York: Penguin.

Hofen, B., Karren, K., Frandsen, K., Smith, N. (1996). *Mind/body health: The effects of attitudes, emotions, and relationships.* Toronto, ON: Allyn & Bacon.

Hofferth, S. L. (1991). Programs for high risk adolescents: What works? Special issue: Service to teenage parents. *Evaluation and Program Planning, 14,* 3–16.

Holahan, C., Moos, R., & Bonin, L. (1997). Social support, coping, and psychological adjustment: A resources model. In G. Pierce, B. Lakey, I. Sarason, & B. Sarason (Eds.), *Sourcebook of social support and personality* (pp. 169–186). New York: Plenum.

Holahan, J., & Cook, A. (2005). Changes in economic conditions and health insurance coverage, 2000–2004. *Health Affairs,* 498–508.

Holcomb, W. B., & Ahr, P. R. (1986). Clinicians' assessments of the service needs of young adult patients in public mental health care. *Hospital and Community Psychiatry, 37,* 908–913.

Hollander, E. P., & Offerman, L. (1990). Power and leadership in organizations. *American Psychologist, 45,* 179–189.

Hollingshead, A., & Redlich, C. (1958). *Social class and mental illness*. New York: Wiley.

Holmes, T. H., & Rahe, R. H. (1967). The social readjustment rating scale. *Journal of Psychosomatic Research, 11,* 213–218.

Houlette, M. A., Gaertner, S. L., Johnson, Kelly, M., Banker, B. S., Riek, B. M., et al. (2004). Developing a more inclusive social identity: An elementary school intervention. *Journal of Social Issues, 60,* 35–55.

House, J., Landis, K., & Umberson, D. (1988). Social relationships and health. *Science, 241,* 540–545.

Howard, J. (2003). Service-learning research: Foundational issues. In S. Billig & A. Waterman (Eds.), *Studying service-learning: Innovations in research methodology* (pp. 1–12). Mahwah, NJ: Erlbaum.

Howard, K. A., Flora, J., & Griffin, M. (1999). Violence-prevention programs in schools: State of the science and implications for future research. *Applied & Preventive Psychology, 8,* 197–215.

Hudiburg, R., & Necessary, J. (1996). Coping with computer stress. *Journal of Educational Computing Research, 15*(2), 113–124.

Hudiburg, R. (1990). *Comparing computer-related stress to computerphobia.* Eric ED 318986. Retrieved from http://eric.ed.gov:80/ERICDocs/data/ericdocs2sql/content_storage_01/0000019b/80/20/4d/aa.pdf.

Hughey, J., Speer, P., & Peterson, N. A. (1999). Sense of community in community organizations: Structure and evidence of validity. *Journal of Community Psychology, 27,* 97–113.

Hunter, A., & Riger, S. (1986). The meaning of community in community mental health. *Journal of Community Psychology, 14,* 55–71.

Huo, Y. (2003). Procedural justice and social regulation across group boundaries: Does subgroup identification undermine relationship-based governance. *Personality and Social Psychology Bulletin, 29,* 336–348.

Hurtado, S. (2005). The next generation of diversity and intergroup relations reseatch. *Journal of Social Issues, 61,* 595–567.

Ialongo, N. S., Rogosch, F., Cicchetti, D., Toth, S., Buckley, J., Petras, H., et al. (2006). A developmental psychopathology approach to the prevention of mental health disorder. In D. Cicchetti & D. Cohen (Eds.), *Developmental psychopathology: Vol. 1. Theory and method* (2nd ed., pp. 968–1018). Hoboken, NJ: Wiley.

Ialongo, N. S., Werthamer, L., Kellam, S. G., Brown, C. H., Wang, S., & Lin, Y. (1999). Proximal impact of two first-grade preventive interventions on early risk behaviors for later substance abuse, depression, and antisocial behavior. *American Journal of Community Psychology, 27,* 599–642.

Imm, P., Kehres, R., Wandersman, A., & Chinman, M. (2006). Mobilizing communities for positive youth development: Lessons learned from neighborhood groups and community coalitions. In C. Gil & J. Rhodes (Eds.), *Mobilizing adults for positive youth development: Strategies for closing the gap between beliefs and behaviors* (pp. 137–157). New York: Springer Science + Business Media.

Independent Sector (2006). *Facts and figures about charitable organizations*. Retrieved from www.indepedentsector.org.

Iscoe, I. (1987). From Boston to Austin and points beyond: The tenacity of community psychology. *American Journal of Community Psychology, 15,* 587–590.

Iscoe, I. (1994). The early years of community psychology. *Community Psychologist, 28,* 22–23.

Iscoe, I., & Harris, L. (1984). Social and community interventions. *Annual Review of Psychology, 35,* 333–360.

Ivancevich, J., Matteson, M., Freedman, S., & Phillips, J. (1990). Worksite stress management interventions. *American Psychologist, 45*(2), 252–261.

Jackson, C. T., Covell, N. H., Shear, K. M., & Zhu, C. (2006). The road back: Predictors of regaining preattack functioning among project liberty clients. *Psychiatric Services, 57,* 1283–1290.

Jackson, M. (2003). *Systems thinking*. Chichester: Wiley.

Jackson, D., & Hetherington, L. (2006). Young Jamaicans' attitudes toward mental illness: Experimental and demographic factors associated with social distance and stigmatizing opinions. *Journal of Community Psychology, 34,* 563–576.

Jackson, S. E., Schwab, R. L., & Schuler, R. S. (1986). Toward an understanding of the burnout phenomenon. *Journal of Applied Psychology, 71,* 630–640.

Jacobs, J. B. (1980). The prisoners' rights movement and its impacts, 1960–1980. In N. Morris & M. Tonry (Eds.), *Crime and justice: An annual review of research.* Chicago: University of Chicago Press.

James, D., & Glaze, L. (2006). *Mental health problems of prison and jail inmates* (Bureau of Justice Statistics Special Report). Washington, DC: U.S. Department of Justice, Office of Justice Programs.

Janz, N. K., & Becker, M. H. (1984). The health belief model: A decade later. *Health Education Quarterly, 11,* 1–47.

Jason, L. A. (1991). Participation in social change: A fundamental value of our discipline. *American Journal of Community Psychology, 19,* 1–16.

Jason, L. A. (1998). Tobacco, drug, and HIV preventive media. *American Journal of Community Psychology, 26,* 151–187.

Jason, L. A., Berk, M., Schnopp-Wyatt, D. L., & Talbot, B. (1999). Effects of enforcement of youth access laws on smoking prevalence. *American Journal of Community Health, 27,* 143–160.

Jason, L. A., Curran, T., Goodman, D., & Smith, M. (1989). A media-based stress management intervention. *Journal of Community Psychology, 17,* 155–165.

Jason, L. A., Davis, M., Suarez-Balcazar, Y., Keys, C., Taylor, R., Holtz Isenberg, D., et al. (2004). Conclusion. In L. Jason, K. Keys, Y. Suarez-Balcazar, R. Taylor, & M. Davis (Eds.), *Participatory community research.* Washington, DC: American Psychological Association.

Jason, L., & Glenwick, D. (Eds.). (2002). *Innovative strategies for promoting health and mental health across the life span.* New York: Springer.

Jason, L. A., Gruder, C. L., Martins, S., Flay, B. R., Warnecke, R., & Thomas, N. (1987). Work site group meeting and the effectiveness of a televised smoking cessation intervention. *American Journal of Community Psychology, 15,* 57–72.

Jason, L., Hess, R., Felner, R., & Moritsugu, J. (1987). Toward a multidisciplinary approach to prevention. *Prevention in Human Services, 5*(2), 1–10.

Jason, L. A., Kennedy, H. L., & Brackshaw, E. (1999). Television violence and children: Problems and solutions. In T. P. Gulotta & S. J. McElhaney (Eds.), *Violence in homes and communities: Prevention, intervention, and treatment.* Thousand Oaks, CA: Sage.

Jason, L. A., Keys, K., Suarez-Balcazar, Y., Taylor, R., & Davis, M. (Eds.). (2004). *Participatory community research.* Washington, D.C.: American Psychological Association.

Jason, L. A., La Pointe, P., & Bellingham, S. (1986). The media and self-help: A preventive community intervention. *Journal of Primary Prevention, 6,* 156–167.

Jason, L., & Perdoux, M. (2004). *Havens: Stories of true community healing.* Westport, CT: Praeger Publishers/Greenwood Publishing Group.

Jason, L., Pokorny, S., Parka, M., Adams, M., & Morello, T. (2007). Ranking institutional settings based on publications in community psychology journals. *Journal of Community Psychology, 35*(8), 967–979.

Jay, G. M., & D'Augelli, A. R. (1991). Social support and adjustment to university life: A comparison of African-American and White freshman. *Journal of Community Psychology, 19,* 95–100.

Jemelka, R., Trupin, E., & Chiles, J. A. (1989). The mentally ill in prisons: A review. *Hospital and Community Psychiatry, 40,* 481–491.

Jemmott, J. B., & Jemmott, L. S. (1994). Intervention for adolescents in community settings. In R. J. DiClemente and J. L. Peterson (Eds.), *Preventing AIDS: Theories and methods of behavioral interventions* (pp. 141–174). New York: Plenum.

Johnson, D. (1991). Psychology in Washington: Why should government support science now that the Russians aren't competing? *Psychological Science, 2,* 133–134.

Johnston, D. F. (1980). *The handbook of social indicators: Success, characteristics, and analysis.* New York: Garland STPM.

Johnston, L. D., O'Malley, P. M., & Bachman, J. G. (1993). *National survey results on drug use from monitoring the future study, 1975–1992.* Rockville, MD: National Institute on Drug Abuse.

Jones, E. E., & Nisbett, R. E. (1971). *The actor and the observer: Divergent perceptors of the causes of behavior.* Morristown, NJ: General Learning Press.

Jones, J. (1997). *Prejudice and racism* (2nd ed.). New York: McGraw-Hill.

Jones, J. (2003). TRIOS: A psychological theory of African legacy in American culture. *Journal of Social Issues, 59,* 217–242.

Joseph, M., & Ogletree, R. (1998). Community organizing and comprehensive community initiative. *Journal of Sociology and Social Welfare, 25,* 71–79.

Jukkala, T., Makinen, I. H., Kislitsyna, O., Ferlander, S., & Vagero, D. (2008). Economic strain, social relations, gender, and binge drinking in Moscow. *Social Science & Medicine, 66,* 663–674.

Kaiser Family Foundation. (2005a). *U.S. teen sexual activity.* Menlo Park, CA: Author.

Kaiser Family Foundation. (2005b). *HIV/AIDS epidemic fact sheet.* Menlo Park, CA: Author.

Kamradt, B. (2000). Wraparound Milwaukee: Aiding youth with mental health needs. *Juvenile Justice, 7,* 14–23.

Kanabus, A., & Noble, R. (2008). President's emergency plan for AIDS relief. AVERT.org Retrieved May 31, 2008, from avert.org/pepfar.htm.

Kanner, A. D., Coyne, J. C., Schaefer, C., & Lazarus, R. S. (1981). Comparison of two models of stress management: Daily hassles and uplifts versus major life events. *Journal of Behavioral Medicine, 4,* 1–39.

Kaplan, C. P., Turner, S. G., & Badger, L. W. (2007). Hispanic adolescent girls' attitudes toward school. *Child & Adolescent Social Work Journal, 24,* 173–193.

Kaplan, G. (1994). Reflections on present and future research on bio-behavioral risk factors. In S. Blumenthal, K. Matthews, & S. Weiss (Eds.), *New research frontiers in behavioral medicine: Proceedings of the national conference*. Washington, DC: NIH Publications.

Karavidas, M., Lim, N. K., & Katsikas, S. L. (2005). The effects of computers on older adult users. *Computers in Human Behavior, 21,* 697–711.

Karcher, M. J. (2005). The effects of developmental mentoring and high school mentors' attendance on their younger mentees' self-esteem, social skills, and connectedness. *Psychology in the Schools, 42,* 65–77.

Karim, Q. A., Karim, S. S. A., Coovadia, H. M., & Susser, M. (1998). Informed consent for HIV testing in a South African Hospital: Is it truly informed and truly voluntary? *American Journal of Public Health, 88,* 637–640.

Katz, D. (1983). Factors affecting social change: A social psychological interpretation. *Journal of Social Issues, 39,* 25–44.

Kaufman, J. S., Crusto, C. A., Quan, M., Ross, E., Friedman, S. R., O'Reilly, K., et al. (2006). Utilizing program evaluation as a strategy to promote community change: Evaluation of a comprehensive community-based family violence initiative. *American Journal of Community Psychology, 38*(3–4), 191–200.

Kaufman, J. S., Ross, E., Quan, M. A., O'Reilly, K., & Crusto, C. A. (2004). Building the evaluation capacity of community-based organizations: The Bridgeport Safe Start Initiative. *Community Psychologist, 37*(4), 45–47.

Kaufman, K., Gregory, W. L., & Stephan, W. (1990). Maladjustment in statistical minorities within ethnically unbalanced classrooms. *American Journal of Community Psychology, 18,* 757–765.

Kawakami, K., Phills, C. E., Steele, J. R., & Dovidio, J. F. (2007). Distance makes the heart grow fonder: Improving implicit racial attitudes and interracial interactions through approach behaviors. *Journal of Personality and Social Psychology, 92,* 957–971.

Kazden, A. E. (1980). *Research design in community psychology.* New York: Harper and Row.

Keinan, G. (1997). Social support, stress, and personality: Do all women benefit from their husband's presence during childbirth? In G. Pierce, B. Lakey, I. Sarason, & B. Sarason (Eds.), *Sourcebook of social support and personality* (pp. 409–427). New York: Plenum.

Kellam, S. G., Koretz, D., & Moscicki, E. K. (Eds.). (1999a). Special issue: Prevention science, Part I. *American Journal of Community Psychology, 27,* 461–595.

Kellam, S. G., Koretz, D., & Moscicki, E. K. (Eds.). (1999b). Special issue: Prevention science, Part II. *American Journal of Community Psychology, 27,* 697–731.

Keller, T. E. (2007). Youth mentoring: Theoretical and methodological issues. In T. D. Allen & L. T. Eby (Eds.), *The Blackwell handbook of mentoring: A multiple perspectives approach.* Malden, MA: Blackwell.

Kelly, C., & Breinlinger, S. (1996). *The social psychology of collective action: Identity, injustice, and gender.* Washington, DC: Taylor & Francis.

Kelly, G. W. R., & Ekland-Olson, S. (1991). The response of the criminal justice system to prison overcrowding: Recidivism patterns among four successive parolee courts. *Law and Society Review, 25,* 601–620.

Kelly, H. H. (1973). The process of causal attribution. *American Psychologist, 28,* 107–128.

Kelly, J. (1966). Ecological constraints on mental health services. *American Psychologist, 21,* 535–539.

Kelly, J. (1968). Toward an ecological conception of preventive interventions. In J. Carter (Ed.),

Research contributions from psychology to community mental health (pp. 75–99). New York: Behavioral Publications.

Kelly, J. (May, 6, 1980). *On the conservation of community leadership: An ecological view.* Invited Address at the Western Psychological Association meetings, Honolulu, Hawaii.

Kelly, J. G. (1986a). An ecological paradigm: Defining mental health consultation as a preventative service. *Prevention in the Human Services, 4,* 1–36.

Kelly, J. G. (1986b). Context and process: An ecological view of the interdependence of practice and research. *American Journal of Community Psychology, 14,* 581–589.

Kelly, J. G. (1990). Changing contexts and the field of community psychology. *American Journal of Community Psychology, 18,* 769–792.

Kelly, J. G. (1999). Contexts and community leadership: Inquiry as an ecological expedition. *American Psychologist, 54*(11), 953–961.

Kelly, J. (2002). The Seymour Sarason Award address: The spirit of community psychology. *American Journal of Community Psychology, 30,* 43–63.

Kelly, J. G. (2006). *Becoming ecological: An expedition into community psychology.* New York: Oxford University Press.

Kelly, J., Azelton, L., Lardon, C., Mock, L., Tandon, S., & Thomas, M. (2004). On community leadership: Stories about collaboration in action research. *American Journal of Community Psychology, 33*(3–4), 205–216.

Kelly, J., Dassoff, N., Levin, I., & Schreckengost, J. (1988). A guide to conducting prevention research in the community: First steps. *Prevention in Human Services, 6*(1), 174.

Kelly, J., Snowden, L., & Munoz, R. (1977). Social and community interventions. *Annual Review of Psychology, 28,* 323–361.

Kelly, K. D., Caputo, T., & Jamieson, W. (2005). Reconsidering sustainability: Some implications for community-based crime prevention. *Critical Social Policy, 25,* 306–324.

Kelsey, J. L., Thompson, W. D., & Evans, A. S. (1986). *Methods in observational epidemiology.* New York: Oxford University.

Kennedy, C. (1989). Community integration and well-being: Toward the goals of community care. *Journal of Social Issues, 45,* 65–78.

Kennedy, M. (2006). On your guard. *American School & University, 78,* 40–48.

Keppel, B. (2002). Kenneth B. Clark in the patterns of American culture. *American Psychologist, 57*(1), 29–37.

Kerlinger, F. N. (1973). *Foundations of behavioral research.* New York: Holt, Rinehart & Winston.

Kessler, M., & Albee, G. (1975). Primary prevention. *Annual Review of Psychology, 26,* 557–591.

Kessler, R. C., Chiu, W., Demler, O., & Walters, E. (2005). Prevalence, severity, and comorbidity of 12-month DSM-IV disorders in the national comorbidity survey replication. *Archives of General Psychiatry, 62,* 617–627.

Kessler, R. C., McGonagle, K. A., Zhao, S., Nelson, C. B., Hughes, M., Eshleman, S., et al. (1994). Lifetime and 12-month prevalence of DSM-III-R psychiatric disorders in the United States: Results from the national comorbidity survey. *Archives of General Psychiatry, 51,* 8–19.

Kettner, P. M., Daley, J. M., & Nichols, A. W. (1985). *Initiating change in organizations of communities: A macro practice model.* Monterey, CA: Brooks Cole.

Key, J. D., O'Rourke, K., Judy, N., & McKinnon, S. A. (2005–2006). Efficacy of a secondary adolescent pregnancy prevention: An ecological study before, during and after implementation of the second chance club. *International Quarterly of Community Health Education, 24,* 231–240.

Keys, C. (2007). Forward to the special issue: Exploring the intersection of organization studies and community psychology. *Journal of Community Psychology, 35,* 277–280.

Keys, C. B., & Frank, S. (1987). Organizational perspectives in community psychology (special issue). *American Journal of Community Psychology, 15.*

Khoury-Kassabri, M., Benbenishty, R., Astor, R. A., & Zeira, A. (2004). The contributions of community, family, and school variables to student victimization. *American Journal of Community Psychology, 34,* 187–204.

Kidd, S., & Davidson, L. (2007). 'You have to adapt because you have no other choice': The stories of strength and resilience of 208 homeless youth in New York City and Toronto. *Journal of Community Psychology, 35*(2), 219–238.

Kidd, S. & Kral, M. (2005). Practicing participatory action research. *Journal of Counseling Psychology, 52*(2), 187–195.

Kiernan, M., Toro, P. A., Rappaport, J., & Seidman, E. (1989). Economic predictors of mental health service utilization: A time-series analysis. *American Journal of Community Psychology, 17,* 801–820.

Kiesler, C. A. (1980). Mental health policy as a field of inquiry for psychology. *American Psychologist, 35,* 1066–1080.

Kiesler, C. A. (1992). Mental health policy: Doomed to fail. *American Psychologist, 47,* 1077–1082.

Kim, M. M., & Ford, J. D. (2006). Trauma and post-traumatic stress among homeless men: A review of current research. *Journal of Aggression, Maltreatment, & Trauma, 13,* 1–22.

Kimbro, R. T., Bzostek, S., Goldman, N., & Rodríguez, G. (2008). Race, ethnicity, and education gradient in health. *Health Affairs, 27,* 361–372.

King, R. H. (2004). *The Brown decade. Patterns of Prejudice, 38,* 333–353.

Kirby, D. (2007). Emerging answers 2007: New research findings on programs to reduce teen pregnancy. Report of The National Campaign to Prevent Teen and Unplanned Pregnancy. Retrieved from http://www.thenationalcampaign.org/resources/reports.aspx.

Kirkman, B. L., Jones, R. G., & Shapiro, D. L. (2000). Why do employees resist teams? Examining the "resistance barrier" to work team effectiveness. *International Journal of Conflict Management, 11,* 74–92.

Kirmeyer, S. L., & Dougherty, T. W. (1988). Workload, tension, and coping: Moderating effects of supervisor support. *Personnel Psychology, 41,* 125–139.

Kitchen, C. D. (1991). Crisis intervention using reality therapy for adult sexual abuse victims. *Journal of Reality Therapy, 10,* 34–39.

Kite, M. E., Stockdale, G. D., Whitley, B. E., & Johnson, B. T. (2005). Attitudes toward younger and older adults: An updated meta-analytic review. *Journal of Social Issues, 61,* 241–266.

Kleck, G. (1991). *Point blank: Guns and violence in America.* New York: De Gruyter.

Klein, D. (1987). The context and times at Swampscott: My story. *American Journal of Community Psychology, 12,* 515–517.

Klein, J. (2005). America is from Mars, Europe from Venus: How the United States can learn from Europe's social work response to school shootings. *School Social Work Journal, 30,* 1–24.

Klein, K. J., & D'Aunno, T. A. (1986). Psychological sense of community in the workplace. *Journal of Community Psychology, 14,* 365–377.

Klein, K. J., Ralls, R. S., Smith Major, V., & Douglas, C. (2000). Power and participation in the workplace: Implications for empowerment theory, research, and practice. In J. Rappaport & E. Seidman (Eds.), *Handbook of community psychology.* New York: Plenum.

Kleinman, J. C., & Madanas, J. H. (1985). The effects of maternal smoking, physical stature, and educational attainment on the incidence of low birthweight. *American Journal of Epidemiology, 121,* 843–855.

Kling, R. (2000). Learning about information technologies and social change: The contribution of social informatics. *Information Society, 16,* 217–232.

Kloos, B. (2005). Community science: Creating an alternative place to stand? *American Journal of Community Psychology, 35,* 259–267.

Knitzer, J. (2007). Putting knowledge into policy: Toward an infant-toddler policy agenda. *Infant Mental Health Journal: Special Issue: Infant Mental Health in Early Head Start, 28,* 237–245.

Koch, T., & Kralik, D. (2006). *Participatory action research in health care.* Oxford: Blackwell.

Koch, W. (January 1, 2006). Poll: Washington scandals eating away public trust. *USA Today.* Retrieved from http://www.usatoday.com/news/washington/2006-12-11-ethics_x.htm.

Koegel, P., Burnam, M. A., & Farr, R. K. (1990). Substance adaptation among homeless adults in the inner city of Los Angeles. *Journal of Social Issues, 46,* 83–107.

Kofkin-Radkin, J. (2003). *Community psychology* (pp. 171–173). New York: Prentice Hall.

Kohlberg, L. (1984). *Essays on moral development (vol. 2). The nature and validity of moral stages.* San Francisco: Harper & Row.

Koizumi, R. (2000). Anchor points in transitions to a new school environment. *Journal of Primary Prevention, 20,* 175–187.

Korbin, J. E., & Coulton, C. J. (1996). The role of neighbors and the government in neighborhood-based child protection. *Journal of Social Issues, 52,* 163–176.

Kosic, A., & Phalet, K. (2006). Ethnic categorization of immigrants: The role of prejudice, perceived acculturation strategies, and group size. *International Journal of Intercultural Relations, 30,* 769–782.

Kotch, J., Blakely, C., Brown, S., & Wong, F. (1992). *A pound of prevention: The case for university maternity care in the US*. Washington, DC: American Public Health Association.

Kranz, D. H. (1998). Predictors of homelessness among families in New York City: From shelter request to housing stability. *American Journal of Public Health, 88,* 1651–1657.

Kreisler, A., Snider, A. B., & Kiernan, N. E. (1997). Using distance education to educate and empower community coalitions: A case study. *International Quarterly of Community Health Education, 17,* 161–178.

Krueger, P. M., Bond Huie, S. A., Rogers, R. G., & Hummer, R. A. (2004). Neighbourhoods and homicide mortality: An analysis of race/ethnic differences. *Journal of Epidemiology & Community Health, 58,* 223–230.

Kruger, D. J., Reischl, T. M., & Gee, G. C. (2007). Neighborhood social conditions mediate the association between physical deterioration and mental health. *American Journal of Community Psychology, 40,* 261–271.

Kuhn, T. (1962/1996). *The structure of scientific revolutions*. Chicago: University of Chicago Press.

Kulik, L. (2006). Burnout among volunteers in the social services: The impact of gender and employment status. *Journal of Community Psychology, 34,* 541–561.

Kuo, F. E., Sullivan, W. C., Coley, R. L., & Brunson, L. (1998). Fertile ground for community: Inner-city neighborhood common spaces. *American Journal of Community Psychology, 26,* 823–852.

Labianca, G., Gray, B., & Brass, D. J. (2000). A grounded model of organizational schema change during empowerment. *Organization Science, 11,* 235–257.

Laguna, K., & Babcock, R. L. (1997). Computer anxiety in young and older adults: Implications for human-computer interactions in older populations. *Computers in Human Behavior, 13,* 317–326.

Lahm, K. F. (2008). Inmate-on-inmate assault. *Criminal Justice and Behavior, 35,* 120–137.

Lal, S. (2002). Giving children security: Mamie Phipps Clark and the racialization of child psychology. *American Psychologist, 57*(1), 20–28.

Lamb, M. E., & Ahnert, L. (2006). Nonparental child care: Context, concepts, correlations, and consequences. In K. A. Renninger, I. E. Sigel, W. Damon, & R. M. Lerner (Eds.), *Handbook of child psychology: Volume 4: Child psychology in practice*. Hoboken, NJ: Wiley.

Lambert, E. Y. (Ed.). (1990). The collection and interpretation of data from hidden populations. *NIDA Monograph 98*. Rockville, MD: NIDA.

Lambert, M. J., & Barley, D. E. (2001). Research summary on the therapeutic relationship and psychotherapy outcome. *Psychotherapy: Theory, Research, Practice, Training, 38,* 357–361.

Lambert, S. F., Ialongo, N. S., Boyd, R. C., & Cooley, M. R. (2005). Risk factors for community violence exposure in adolescence. *American Journal of Community Psychology, 36,* 29–48.

Landers, S. (1989). Homeless children lose childhood. *APA Monitor, 20* (12), 1, 33.

Langer, L. J., & Rodin, J. (1976). The effects of choice and enhanced personal responsibility for the aged: A field experiment in an institutional setting. *Journal of Personality and Social Psychology, 34,* 191–198.

Langhout, R. D. (2004). Facilitators and inhibitors of positive school feelings: An exploratory study. *American Journal of Community Psychology, 34,* 111–127.

La Piere, R. T. (1934). Attitudes and actions. *Social Forces, 13,* 230–237.

Laracuenta, M., & Denmark, F. L. (2005). What can we do about school violence? In F. L. Denmark, H. H. Krause, R. W. Wesner, E. Midlarsky, E. Gielen, & P. Uwe (Eds.), *Violence in schools: Cross-national and cross-cultural perspectives*. New York: Springer.

Lasker, R., Weiss, E., & Miller, R. (2001). Partnership synergy: A practical framework for studying and strengthening the collaborative advantage. *Milbank Quarterly, 79*(2), 179–205.

Latimer, J., Dowden, C., & Muise, D. (2005). The effectiveness of restorative justice practices: A meta-analysis. *Prison Journal, 85,* 127–144.

Latkin, C. A., Mandell, W., Vlahov, D., Oziemkowska, M., & Celentano, D. (1996). The long-term outcome of a personal network-oriented HIV prevention intervention for injection drug users: The SAFE study. *American Journal of Community Psychology, 24,* 341–364.

Lavee, Y., & Ben-Ari, A. (2008). The association between daily hassles and uplifts with family and life satisfaction: Does cultural orientation make a difference? *American Journal of Community Psychology, 1–2,* 89-98.

LaVeist, T., Sellers, R., Brown, K., & Nickerson, K. (1997). Extreme social isolation, use of community-based senior support services, and mortality among African American elderly women. *American Journal of Community Psychology, 25*(5), 721–732

Lavoie, K. L., & Barone, S. (2006). Prescription privileges for psychologists: A comprehensive review and critical analysis of current issues and controversies. *CNS Drugs, 20*(1), 51–66.

Lawson, A., & Rhode, D. L. (1993). *The politics of pregnancy: Adolescent sexuality and public policy.* New Haven, CT: Yale University Press.

Lazarus, R. (1999). *Stress and emotion: A new synthesis.* New York: Springer.

Lazarus, R. S., & Folkman, S. (1984). *Stress, appraisal, and coping.* New York: Springer-Verlag.

Lee, T., & Breen, L. (2007). Young people's perceptions and experiences of leaving school early: An exploration. *Journal of Community & Applied Social Psychology, 17,* 329–346.

Legault, L., Green-Demers, I., & Pelletier, L. (2006). Why do high school students lack motivation in the classroom? Toward an understanding of academic motivation and the role of social support. *Journal of Educational Psychology, 98,* 567–582.

Lehr, U., Seiler, E., & Thomae, H. (2000). Aging in cross-cultural perspective. In L. Comunian & U. P. Gielen (Eds.), *International perspectives on human development.* Lengerich, Germany: Pabst Science.

Leigh, B. C., & Stall, R. (1993). Substance abuse and risky behavior for exposure to HIV: Issues in methodology, interpretation, and prevention. *American Psychologist, 48,* 1035–1045.

Leinsalu, M. (2004). *Troubled transitions: Social variation and long-term trends in health and mortality in Estonia.* Stockholm: Almqvist & Wiksell.

Leiter, M., & Maslach, C. (1998). Burnout. In H. Friedman (Ed.), *Encyclopedia of Mental Health.* San Diego: Academic Press.

Leiter, M. P., & Maslach, C. (2004). Areas of work life: A structured approach to organizational predictors of job burnout. In P. Perrewe & D. Ganster (Eds.), *Research in occupational stress and well being* (vol. 3, pp. 91–134). Oxford: Elsevier.

Leiter, M. P., & Maslach, C. (2005). A mediation model of job burnout. In A. Antoniou & C. Cooper (Eds.), *Research companion to organizational health psychology* (pp. 544–564). Cheltenham: Edward Elger.

Lempert, R., & Sanders, J. (1986). *An invitation to law and social science.* New York: Longman.

Leonard, P. A., Dolbeare, C. N., & Lazere, E. B. (1989). *A place to call home: The crisis in housing for the poor.* Washington, DC: Center on Budget and Policy Priorities and Low Income Housing Information Service.

Lesesne, C. A., Lewis, K. M., White, C. P., & Green, D. C. (2008). Promoting science-based approaches to teen pregnancy prevention: Proactively engaging the three systems of interactive systems framework. *American Journal of Community Psychology, 41,* 379–393.

Lettieri, D. J., Sayers, M., & Pearson, H. W. (Eds.). (1984). *Theories on drug abuse: Selected contemporary perspectives.* National Institute on Drug Abuse Research Monograph 30. Washington, DC: Superintendent of Documents, U.S. Government Printing Office.

Leventhal, T., & Brooks-Gunn, J. (2004). A randomized study of neighborhood effects on low income children's educational outcomes. *Developmental Psychology, 40,* 488–507.

Levi, Y., & Litwin, H. (1986). *Communities and cooperatives in participatory development.* Brookfield, VT: Gower Press.

Levine, I. S., & Huebner, R. D. (1991). Homeless persons with alcohol, drug, and mental disorders. *American Psychologist, 46,* 1113–1114.

Levine, M. D. (1986). Working it out: A community re-creation approach to crime prevention. *Journal of Community Psychology, 14,* 378–390.

Levine, M. (1988). An analysis of mutual assistance. *American Journal of Community Psychology, 16,* 167–188.

Levine, M. (1998). Prevention and community. *American Journal of Community Psychology, 26,* 189–206.

Levine, M. (1999, Spring). Prevention and progress. *Community Psychologist, 32,* 11–14.

Levine, M., & Perkins, D. V. (1997). *Principles of community psychology: Perspectives and applications.* New York: Oxford University Press.

Levine, M., & Perkins, D. (2004). *Principles of community psychology: Perspectives and applications,* Third Edition. New York: Oxford Press.

Levine, M., Toro, P. A., & Perkins, D. V. (1993). Social and community interventions. In L. W. Porter & M. R. Rosenzweig (Eds.), *Annual review of psychology*. Palo Alto, CA: Annual Reviews.

Leviton, L. C. (1989). Theoretical foundations of AIDS prevention programs. In R. O. Valdiserri (Ed.), *Preventing AIDS: The design of effective programs* (pp. 42–90). New Brunswick, NJ: Rutgers University Press.

Levy, L. H. (2000). Self-help groups. In J. Rappaport & E. Seidman (Eds.), *Handbook of community psychology*. New York: Plenum.

Lewin, K. (1936). *Principles of topological psychology*. New York: McGraw-Hill.

Lewin, K. (1946). Action research and minority problems. *Journal of Social Issues, 2*(4), 34–46.

Lewin, K. (1948). *Resolving social conflict*. New York: Harper.

Lewin, K. (1951). *Field theory in social science*. New York: Harper & Row.

Lewin, K., & Lippett, R. (1938) An experimental approach to the study of autocracy and democracy. A preliminary note. *Sociometry, 1*, 292–300.

Lewin, K., Lippett, R., & White, R. (1939) Patterns of aggressive behavior in experimentally created "social climates." *Journal of Social Psychology 10*, 271–299.

Lichtenstein E., Lopez, K., Glasgow, R. E., Gilbert-McRae, S., & Hall, R. (1996). Effectiveness of a consultation intervention to promote tobacco control policies in northwest Indian tribes: Integrating experimental evaluation and services delivery. *American Journal of Community Psychology, 24*, 639–655.

Light, D., & Keller, S. (1985). *Sociology*. New York: Knopf.

Likert, R. (1961). *New patterns of management*. New York: McGraw-Hill.

Lin, N., Simonre, R., Ensel, W., & Kuo, W. (1979). Social support, stressful life events, and illness: A model and an empirical test. *Journal of Health and Social Behavior, 20*, 108–119.

Linney, J. A. (1990). Community psychology into the 1990's: Capitalizing opportunity and promoting innovation. *American Journal of Community Psychology, 18*, 1–17.

Linney, J. (2005). Might we practice what we've preached? Thoughts on the special issue papers. *American Journal of Community Psychology, 35*, 253–258.

Lippett, R., Watson, J., & Westley, B. (1958). *The dynamics of planned change*. New York: Harcourt, Brace, & World.

Lohr, S. (October 31, 2006). Computing 2016, what won't be possible? *New York Times*. Retrieved from http://www.nytimes.com/2006/10/31/science/31essa.html?_r=1&oref=slogin

Long, D., & Perkins, D. (2003). Confirmatory factor analysis of the Sense of Community Index and development of a brief SCI. *Journal of Community Psychology, 31*, 279–296.

Loo, C., Fong, K. T., & Iwamasca, G. (1988). Ethnicity and cultural diversity: An analysis of work published in community psychology journals, 1965–1985. *Journal of Community Psychology, 16*, 332–349.

Lopez, G. E. (2004). Interethnic contact, curriculum, and attitudes in the first year of college. *Journal of Social Issues, 60*, 75–94.

Lorion, R. P. (1983). Evaluating preventive interventions: Guidelines for the serious social change agent. In R. Felner, L. Jason, J. Moritsugu, & S. Farber (Eds.), *Preventive psychology: Theory, research and practice* (pp. 251–268). New York: Pergamon.

Lorion, R. P. (1991). Targeting preventive interventions: Enhancing risk estimates through theory. *American Journal of Community Psychology, 19*, 859–865.

Lorion, R. (2007). From the editor. *Journal of Community Psychology, 35*(1), 1–2.

Lösel, F. (2007). Counterblast: The prison overcrowding crisis and some constructive perspectives for crime policy. *Howard Journal of Criminal Justice, 46*, 512–519.

Loukaitou-Sideris, A., & Eck, J. E. (2007). Crime prevention and active living. *American Journal of Health Promotion. Special Issue: Active Living Research, 21*, 380–389.

Loukes, A., Suzuki, R., & Horton, K. D. (2006). Examining social connectedness as a mediator of school climate effects. *Journal of Research on Adolescence, 16*, 491–502.

Lounsbury, J. W., Leader, D. S., Meares, E. P., & Cook, M. P. (1980). An analytic review of research in community psychology. *American Journal of Community Psychology, 8*, 415–441.

Love, J. M., Tarullo, L. B., Raikes, H., & Chazan-Cohen, R. (2006). Head Start: What do we know about its effectiveness? What do we need to know? In K. McCartney & D. Malden (Eds.), *Blackwell handbook of early childhood development*. Malden, MA: Blackwell.

Lovell, A. M. (1990). Managed cases, drop-ins, dropouts, and other by-products of mental health care. *American Journal of Community Psychology, 18,* 917–921.

Lowenthal, M. F., & Haven, C. (1968). Interaction and adaptation: Intimacy as a cultural variable. *American Sociological Review, 33,* 20–30.

Ludwig, J., & Phillips, D. (2007). The benefits and costs of Head Start. *Social Policy Report, 21,* 1–20.

Luepker, R., Murray, D., Jacobs, D., Mittelmark, M., Bracht, N., Carlaw, R., et al. (1994). Community education for cardiovascular disease prevention: risk factor changes in the Minnesota Heart Health Program. *American Journal of Public Health, 84,* 1383–1393.

Lustig, J. L., Wolchik, S. A., & Braver, S. L. (1992). Social support in chumships and adjustment in children of divorce. *American Journal of Community Psychology, 20,* 391–393.

Lynch, M. (2006). Children exposed to community violence. In M. M. Feerick & G. B. Silverman (Eds.), *Children exposed to violence*. Baltimore, MD: Brookes.

Maccoby, N., & Altman, D. (1988). Disease prevention in communities: The Stanford Heart Disease Prevention Program. In R. Price, E. Cowen, R. Lorion, & J. Ramos-McKay (Eds.), *Fourteen ounces of prevention: A casebook for practitioners* (pp. 165–174). Washington, DC: American Psychological Association.

MacDermid, S. M., Hertzog, J. L., Kensinger, K. B., & Zipp, J. F. (2001). The role of organizational size and industry in job quality and work-family relationships. *Journal of Family & Economic Issues Special Issue, 22,* 119–126.

MacKenzie, D. L., Wilson, D. B., Armstrong, G. S., & Gover, A. R. (2001). The impact of boot camps and traditional institutions on juvenile residents: Perceptions, adjustment, and change. *Journal of Research in Crime & Delinquency Special Issue, 38,* 279–313.

Macy, B. A., & Izumi, H. (1993). Organizational change, design, and work innovation: A meta-analysis of 131 North American field studies—1961–1991. In R. W. Woodman & W. A. Pasmore (Eds.), *Research in organizational change and development,* vol. 7. Greenwich, CT: JAI.

Madera, E. J. (1986). A comprehensive approach to promoting mutual AIDS self-help groups: The New Jersey Self-Help Clearinghouse model. *Journal of Voluntary Action Research, 15,* 57–63.

Magee Quinn, M., Kavale, K. A., Mathur, S. R., Rutherford, R. B., & Forness, S. R. (1999). A meta-analysis of social skill interventions for students with emotional or behavioral disorders. *Journal of Emotional & Behavioral Disorders, 7,* 54–64.

Magnuson, K. A., & Waidfugel, J. (2005). Early childhood care and education: Effects on ethnic and racial gaps in school readiness. *Future of Children, 15,* 169–196.

Magura, S., Goldsmith, D. S., Casriel, C., & Lipton, D. S. (1988). Patient-staff governance in methadone maintenance treatment: A study in participative decision making. *Narcotic and Drug Research, 23,* 253–278.

Mahalingam, R. (2006). *Cultural psychology of immigrants*. Mahwah, NJ: Erlbaum.

Maiorana, A., Kegeles, S., Fernandez, P., et al. (2007). Implementation and evaluation of an HIV/STD intervention in Peru. *Evaluation and Program Planning, 30,* 82–93.

Maloy, K. A., Darnell, J., Nolan, L., Kenney, K., & Cyprien, S. (2000). *Effect of the 1996 welfare and immigration reform laws on immigrants' ability and willingness to access Medicaid and health care services: Findings from four metropolitan sites* (vol. 1). Washington, DC: Center for Health Services Research and Policy, George Washington University School of Public Health and Health Services.

Mann, J., Tarantola, D., & Netter, T. (1992). *AIDS in the world.* Cambridge, MA: Harvard University Press.

Mannix, E., & Neale, M. (2005). What differences make a difference? *Psychological Science in the Public Interest, 6,* 31–55.

Manwaring, J., Bryson, S., & Goldschmidt, A. (2008). Do adherence variables predict outcome in an online program for the prevention of eating disorders? *Journal of Consulting and Clinical Psychology, 76,* 341–346.

Manzo, L., & Perkins, D. (2006). Finding common ground: The importance of place attachment to community participation and planning. *Journal of Planning Literature, 20,* 335–350.

Marchel, C., & Owens, S. (2007). Qualitative research in psychology: Could William James get a job? *History of Psychology, 10*(4), 301–324.

Marcus-Newhall, A., & Heindl, T. R. (1998). Coping with interracial stress in ethnically diverse classrooms: How important are Allport's contact conditions? *Journal of Social Issues Special Issue: Understanding and Resolving National and International Group Conflict, 54,* 813–830.

Marin, G. (1993). Defining culturally appropriate community interventions: Hispanics as a case study. *Journal of Community Psychology, 21,* 149–161.

Marlatt, G. A., & Gordon, J. R. (1985). *Relapse prevention: Maintenance strategies in the treatment of addictive behaviors.* New York: Guilford.

Marlowe, L. (1971). *Social psychology: An interdisciplinary approach to human behavior.* Oxford, England: Holbrook, 1971.

Martin, J., & Hall, G. N. (1992). Thinking Black, thinking internal, thinking feminist. *Journal of Counseling Psychology, 39,* 509–514.

Martin, P., Lounsbury, D., & Davidson II, W. (2004). AJCP as a vehicle for improving community life: An historic-analystic review of the journal's contents. *American Journal of Community Psychology, 34,* 163–173.

Maruyama, G. (2003). Disparities in educational opportunities and outcomes: What do we know and what can we do? *Journal of Social Issues, 59,* 653–676.

Marx, J. D., & Hopper, F. (2005). Faith-based versus fact-based social policy: The case of teenage pregnancy prevention. *Social Work, 50,* 280–282.

Maslach, C., & Goldberg, J. (1998). Prevention of burnout: New perspectives. *Applied and Preventive Psychology, 7,* 63–74.

Maslach, C., & Jackson, D. (1981). *Maslach burnout inventory manual.* Palo Alto, CA: Consulting Psychologist Press.

Maslach, C., & Leiter, M. P. (2008). Early predictors of job burnout and engagement. *Journal of Applied Psychology, 93,* 498–512.

Maslach, C., Schaufeli, W. B., & Leiter, M. P. (2000). Job burnout. *Annual Review of Psychology, 52,* 397–422.

Massachusetts Department of Public Health. (1991). *Handbook on smoking laws and regulations for Massachusetts Communities.* Boston: Author.

Masten, A. (2001). Ordinary magic: Resilience processes in development. *American Psychologist, 56,* 227–238.

Masten, A., & Coatsworth, J. (1998). The development of competence in favorable and unfavorable environments. *American Psychologist, 53*(2), 205–220.

Masten, A., & Obradovic, J. (2006). Competence and resilience in development. *Annals of the New York Academy of Sciences, 1094,* 13–27.

Maton, K. I. (1988). Social support, organizational characteristics, psychological well being, and group appraisal in three self-help group populations. *American Journal of Community Psychology, 16,* 53–78.

Maton, K. (2000). Making a difference: The social ecology of social transformation. *American Journal of Community Psychology, 28,* 25–57.

Maton, K. (2008). Empowering community settings: Agents of individual development, community betterment, and positive social change. *American Journal of Community Psychology, 41*(1–2), 4–21.

Maton, K. I., Levanthal, G. S., Madera, E. J., & Julien, M. (1989). Factors affecting the birth and death of mutual help groups: The role of national affiliation, professional involvement, and member focal point. *American Journal of Community Psychology, 17,* 643–671.

Maton, K. I., Meissen, G. J., & O'Conner, P. (1993). The varying faces of graduate education in community psychology: Comparisons by program type and program level. *Community Psychologist, 26,* 19–21.

Maton, K. I., Perkins, D. D., Altman, D. G., Guitierrez, L., Kelly, J. G., Rappaport, J., et al. (2006). Community-based interdisciplinary research: Introduction to the special issue. *American Journal of Community Psychology, 38,* 1–8.

Maton, K. I., Perkins, D. D., & Saegert, S. (2006). Community psychology at the crossroads: Prospects for interdisciplinary research. *American Journal of Community Psychology, 38,* 9–21.

Maton, K. I., & Salem, D. A. (1995). Organizational characteristics of empowering community settings: A multiple case approach. *American Journal of Community Psychology, 23,* 631–656.

Matthews, D. B. (1991). The effects of school environment on intrinsic motivation of middle-school children. *Journal of Humanistic Education and Development, 30,* 30–38.

Mawby, R. (1986). Fear of crime and concern over the crime problem among the elderly. *Journal of Community Psychology, 14,* 300–306.

Mayer, J. P., & Davidson, W. S. (2000). Dissemination of innovation as social change. In J. Rappaport & E. Seidman (Eds.), *Handbook of community psychology.* New York: Plenum.

Mays, V., Cochran, S., & Barnes, N. (2007). Race, race-based discrimination, and health outcomes among African Americans. *Annual Review of Psychology, 58,* 201–225.

McAlister, A. (2000). Action-oriented mass communication. In J. Rappaport & E. Seidman (Eds.), *Handbook of community psychology.* New York: Plenum.

McBride, T. D., Calsyn, R. J., Morse, G. A., Klinkenberg, W. D., & Allen, G. A. (1998). Duration of homeless spells among severely mentally ill individuals: A survival analysis. *Journal of Community Psychology, 26,* 473–490.

McCaughey, B. G. (1987). U.S. Navy special psychiatric rapid and intervention team (SPRINT). *Military Medicine, 152,* 133–135.

McCave, E. L. (2007). Comprehensive sexuality education vs. abstinence-only sexuality education: The need for evidence-based research and practice. *School Social Work Journal, 32,* 14–28.

McConnell, A., Rydell, R., & Strain, L. (2008). Forming implicit and explicit attitudes toward individuals: Social group association cues. *Journal of Personality and Social Psychology, 94*(5), 792–807.

McCulloch, A., & O'Brien, L. (1986). The organizational determinants of worker burnout. *Children and Youth Services Review, 8,* 175–190.

McDonald, H. P., Garg, A. X., Haynes, R. B. (2002). Interventions to enhance patient adherence to medication prescriptions: scientific review. *Journal of the American Medical Association, 288,* 2868–2879.

McGillis, D. (1997). *Community mediation programs: Developments and challenges.* Washington, DC: U.S. Department of Justice.

McGinnis, J., & Foege, W. H. (1993). Actual causes of death in the United States. *Journal of American Medical Association, 270,* 2207–2212.

McGrath, J. E. (1983). Looking ahead by looking backwards: Some recurrent themes about social change. *Journal of Social Issues, 39,* 225–239.

McIntosh, N. J. (1991). Identification of properties of social support. *Journal of Organizational Behavior, 12,* 201–217.

McIntyre, J. J. (2007). *Impact of media violence on children.* Testimony before the U.S. Senate Committee on Commerce, Science, and Transportation. Washington, DC: Public Policy Office of the American Psychological Association.

McMahon, S. D., & Jason, L. A. (2000). Social support in a worksite smoking intervention: A test of theoretical modes. *Behavior Modification, 24,* 184–201.

McMillan, D. W., & Chavis, D. M. (1986). Sense of community: A definition and theory. *Journal of Community Psychology, 14*(1), 6–23.

McNeal, R. B. (1997). High school dropouts: A closer examination of school effects. *Social Science Quarterly, 78,* 209–222.

Meade, J. (1991). Turning on the bright lights. *Teacher Magazine,* 36–42.

Medway, F. J., & Updyke, J. F. (1985). Meta-analysis of consultation outcome studies. *American Journal of Community Psychology, 13,* 489–505.

Meehan, T. (1986). Alternatives to lawsuits. *Alternatives to Legal Reform, 6,* 9–12.

Meehl, P. E. (1954). *Clinical versus statistical prediction.* Minneapolis: University of Minnesota Press.

Meehl, P. E. (1960). The cognitive activity of the clinician. *American Psychologist, 15,* 19–27.

Melamed, S., Kushnir, T., & Meir, E. I. (1991). Attenuating the impact of job demands: Addictive and interactive effects of perceived control and social support. *Journal of Vocational Behavior, 39,* 40–53.

Mellow, J., & Dickinson, J. M. (2006). The role of prerelease handbooks for prisoner reentry. *Federal Probation, 70,* 70–76.

Melton, G. B. (2000). Community change, community stasis, and the law. In J. Rappaport & E. Seidman (Eds.), *Handbook of community psychology.* New York: Plenum.

Méndez-Negrete, J., Saldaña, L. P., & Vega, A. (2006). Can a culturally informed after-school curriculum make a difference in teen pregnancy prevention? Preliminary evidence in the case of San Antonio's escuelitas. *Families in Society, 87,* 95–104.

Milburn, N. G., Gary, L. E., Booth, J. A., & Brown, D. R. (1991). Conducting research in a minority community: Methodological considerations. *Journal of Community Psychology, 19,* 3–12.

Milkovich, G. T., & Boudreau, J. W. (1991). *Human resource management.* Homewood, IL: Irwin.

Miller, L. S., Zhang, X., Rice, D., & Max, W. (1998). State estimates of total medical expenditures attributable to cigarette smoking, 1993. *Public Health Report, 113,* 447–458.

Miller, N., Brewer, M. B., & Edwards, K. (1985). Cooperative interaction in desegregated settings: A laboratory analogue. *Journal of Social Issues, 41,* 63–79.

Miller, R. D., Maier, G. J., & Kaye, M. S. (1988). Orienting the staff of a new maximum security forensic facility. *Hospital and Community Psychiatry, 39,* 780–781.

Milne, A. (1985). Mediation or therapy—which is it? In S. C. Grebe (Ed.), *Divorce and family mediation.* Rockville, MD: Aspen.

Minden, J., & Jason, L. (2002). Preventing chronic health problems. In L. Jason & D. Glenwick (Eds.), *Innovative strategies for promoting health and mental health across the life span* (pp. 227–243). New York: Springer.

Mintzberg, H. (1979). *The structuring of organizations.* Englewood Cliffs, NJ: Prentice Hall.

Mischel, W. (1968). *Personality and assessment.* Mahwah, NJ: Erlbaum.

Mishara, B. L. (1997). Effects of different telephone intervention styles with suicidal callers at two suicide prevention centers: An empirical investigation. *American Journal of Community Psychology, 25,* 861–885.

Mitchell, R. E. (1982). Social networks and psychiatric clients: The personal and environmental context. *American Journal of Community Psychology, 10,* 387–402.

Moffitt, T. (1993). Adolescence-limited and life-course-persistent antisocial behavior: A developmental taxonomy. *Psychological Review, 100*(4), 674–701.

Molina, L. E., & Wittig, M. A. (2006). Relative importance of contact conditions in explaining prejudice reduction in a classroom context: Separate and equal? *Journal of Social Issues, 62,* 489–509.

Molnar, J. (1988). *Home is where the heart is: The crisis of homeless children and families in New York City.* New York: Bank Street College of Education.

Molnar, J. M., Rath, W. R., & Klein, T. P. (1990). Constantly compromised: The impact of homelessness on children. *Journal of Social Issues, 46,* 109–124.

Moos, R. (1973). Conceptualizations of human environments. *American Psychologist, 28*(8), 652–665.

Moos, R. H. (1994). *Work environment scale manual: Development, applications, research,* Third Edition. Palo Alto, CA: Consulting Psychologists Press, Inc.

Moos, R. (2003). Social contexts: Transcending their power and their fragility. *American Journal of Community Psychology, 31*(1–2), 1.

Morbidity and Mortality Weekly Report (1997). *State-specific prevalence of cigarette smoking among adults, and children's and adolescents' exposure to environmental tobacco smoke—United States, 1996, 46,* 1038–1043. Atlanta, GA: Author.

Morbidity and Mortality Weekly Report (1998a, September 11). *Preventing emerging infectious diseases: A strategy for the 21st century, 47* (no. RR-15). Atlanta, GA: Author.

Morbidity and Mortality Weekly Report (1998b, October 9). *Incidence of initiation of cigarette smoking—United States, 47* (no. 39), 837–840. Atlanta, GA: Author.

Morbidity and Mortality Weekly Report (1998c, August 14). *Youth Risk Behavior Surveillance—United States, 1997, 47* (no. SS-3). Atlanta, GA: Author.

Morbidity and Mortality Weekly Report (2005). *Annual smoking-attributable mortality, year of potential life lost, and productivity losses—United States, 1997–2001, 54,* 625–628. Atlanta, GA: Author.

Morbidity and Mortality Weekly Report (2006, June 9). *Youth risk behavior surveillance—United States, 2005, 47* (no. SS-5), 1–108. Atlanta, GA: Author.

Morgeson, F. P., Campion, M. A., & Maertz, C. P. (2001). Understanding pay satisfaction: The limits of a compensation system implementation. *Journal of Business & Psychology Special Issue, 16,* 133–149.

Moritsugu, J., & Sue, S. (1983). Minority status as a stressor. In R. Felner, L. Jason, J. Moritsugu, & S. Farber (Eds.), *Preventive psychology.* New York: Pergamon.

Morris, A., Shinn, M., & DuMont, K. (1999). Contextual factors affecting the organizational commitment of diverse police officers: A levels of analysis perspective. *American Journal of Community Psychology, 27,* 75–105.

Moses, D. J., Kresky-Wolff, M., Bassuk, E. L., & Brounstein, P. (2007). Guest editorial: The promise of homelessness prevention. *Journal of Primary Prevention, 28,* 191–197.

Moss, L. (1981). *Management stress.* Reading, MA: Addison-Wesley.

Moulton, P., Miller, M., & Offutt, S. (2007). Identifying rural health care needs using community conversations. *Journal of Rural Health, 23*(1), 92–96.

Mowbray, C. T. (1979). A study of patients treated as incompetent to stand trial. *Social Psychiatry, 14,* 31–39.

Mowbray, C. T. (1990). Community treatment for the seriously mentally ill: Is this community psychology? *American Journal of Community Psychology, 18,* 893–902.

Mowbray, C. T., Herman, S. E., & Hazel, K. (1992). Subgroups and differential treatment needs of young adults with long-term severe mental illness. *Psychosocial Rehabilitation Journal, 16,* 45–62.

Moyer, C., et al. (2008). Quality of life, optimism/pessimism, and knowledge and attitudes toward HIV screening among pregnant women in Ghana. *Women's Health Issues,* x, 1–9.

Moynihan, D. R., & Pandey, S. K. (2008). The ties that bind: Social networks, person-organization value fit, and turnover intention. *Journal of Public Administration Research and Theory, 18,* 205–227.

Mrazek, P., & Haggerty, R. (1994). Reducing risks for mental disorders: Frontiers for preventive intervention research. *National Academy of Sciences, Institute of Medicine, Division of Biobehavioral Sciences & Mental Disorders, Committee on Prevention of Mental Disorders* (p. 605). Washington, DC: National Academies Press.

Muenchow, S., & Marsland, K. W. (2007). Beyond baby steps: Promoting the growth and development of U.S. child-care policy. In J. L. Aber, S. J. Bishop-Josef, S. M. Jones, K. T. McLearn, & D. Phillips (Eds.), *Child development and social policy: Knowledge for action.* Washington, DC: American Psychological Association.

Muha, D. G., & Cole, C. (1990). Dropout prevention and group counseling: A review of the literature. *High School Journal, 74,* 76–80.

Muir, E. (Winter 2000–2001). Smaller schools. *American Educator,* 40–46.

Muñoz, M., Panadero, S., Santos, E. P., & Quiroga, M. A. (2005). Role of stressful life events in homelessness: An intragroup analysis. *American Journal of Community Psychology, 35,* 35–46.

Murphy, S. E., & Halpern, D. (2006). Vison for the future of work and family interaction. In D. F. Halpern & S. E. Murphy (Eds.). *From work-family balance to work-family interaction.* Mahwah, NJ: Erlbaum.

Myers, W. C., Catalano, G., Sanchez, D. L., & Ross, M. M. (2006). HIV/AIDS among prisoners. In F. Fernandez & P. Ruiz (Eds.), *Psychiatric aspects of HIV/AIDS.* Philadelphia: Lippincott Williams & Wilkins.

Nadel, H., Spellmann, M., Alvarez-Canino, T., Lausell-Bryant, L., & Landsberg, G. (1996). The cycle of violence and victimization: A study of the school-based intervention of multidisciplinary youth violence-prevention program. *American Journal of Preventive Medicine, 12,* 109–119.

Naisbett, J., & Aburdene, P. (1990). *Megatrends 2000.* New York: William Morrow.

National Campaign to Prevent Teen and Unwanted Pregnancy (2008). *Teen pregnancy prevention.* Retrieved from www.teenpregnancy.org/data/genlfact.asp.

National Cancer Institute (2004, June 16). *American Stop Smoking Intervention Study (ASSIST) evaluation: Questions and answers.* Retrieved June 13, 2008, from www.cancer.gov/cancertopics/factsheet/assistqa.

National Center for Education Statistics (2007). *Numbers and rates of public high school dropouts: School year 2004–2005.* Washington, DC: Author.

National Center for Education Statistics (2008). *What are the dropout rates of high school students?* Retrieved on February 18, 2008, from www.Nces.ed.gov/fastfacts/display.asp?id=16.

National Center for Health Statistics (2007a). *Teen birth rate rises for first time in 15 years.* Retrieved from www.cdc.gov/nchs/pressroom/07newsreleases/teenbirth.htm.

National Center for Health Statistics (2007b). *Health, United States, 2007.* Washington, D.C.: U.S. Government Printing Office. Retrieved on July 5, 2008, from www.cdc.gov/nchs/hus.htm.

National Center on Secondary Education and Transition (2008). *Increasing rates of school completion: Moving from policy and research to practice: A manual for policymakers, administrators, and educators*. Retrieved on February 18, 2008, from www.ncset.org/publications/essentialtools/dropout/part3.3.09.asp.

National Coalition for the Homeless (1999). *NCH Fact Sheets 1–3*. Retrieved from www.nationalhome less.org.

National Coalition for the Homeless (2006). *A dream denied: The criminalization of homelessness in U.S. cities*. Washington, DC: Author.

National Coalition for the Homeless (2007a). *How many people experience homelessness? NCH Fact Sheet #2*. Washington, DC: Author.

National Coalition for the Homeless (2007b). Who is homeless? *NCH Fact Sheet #3*. Washington, DC: Author.

National Coalition of STD Directors (2008). *National guidelines for Internet-based STD/HIV prevention*. Washington, DC: US. Government Printing Office.

National Commission on AIDS. (1993). *Behavioral and Social Sciences and the HIV/AIDS Epidemic*. Washington, D.C. (1990).

National Crime Prevention Council (1989). The success of community crime prevention. *Canadian Journal of Criminology, 31,* 487–506.

National Drug Control Strategy 2008 Annual Report (Rep.) (2008). Washington, DC: White House.

National Highway Traffic Safety Administration (1995, February). *Repeat DWI offenders in the United States*. NHTSA Technology Series no. 85. Washington, DC: Author.

National Highway Traffic Safety Administration (1996). *Traffic safety facts 1995: Alcohol*. Washington, DC: Author.

National Highway Traffic Safety Administration (1997). *Setting limits, saving lives: The case for .08% BAC laws*. Pub. no. DOT HS 808 524. Washington, DC: Author.

National Highway Traffic Safety Administration (2008, January). Repeat intoxicated driver laws. *Traffic Safety Facts Laws*.

National Institute of Alcohol Abuse and Alcoholism (2004). NIAAA council approves definition of binge drinking. *NIAAA Newsletter, 3,* 3.

National Institute of Child and Human Development (2006). *Study of early child care and youth development*. Washington, DC: U.S. Government Printing Office.

National Institute of Child and Human Development, Early Child Care Research Network (2001). Nonmaternal care and family factors in early development: An overview of the NICHD Study of Early Child Care. *Journal of Applied Developmental Psychology, 22,* 457–492.

National School Safety and Security Services (2008). *School violence facts & figures*. Retrieved from www.schoolsecurity.org/trends/school-violence.html.

National Science Foundation (2003). *Science and technology: Public attitudes and public understanding*. Retrieved from www.nsf.gov/sbe/srs/seind02/c7/c7h.htm.

Nation's Health (1998, October). *DWI deaths reach historic low: Proportion falls below 40 percent of first time on record.* Washington, DC: Author.

Nation's Health (2001, August). *Arizona smoking rates decline*. Washington, DC: Author.

Nelson, D., & Simmons, B. (2003). Health psychology and work stress: A more positive approach. In J. Quick & L. Tetrick (Eds.), *Handbook of occupational health psychology* (pp. 97–119).Washington, DC: American Psychological Association.

Nelson, G., Aubrey, T., & Lafrance, A. (2007). A review of the literature on the effectiveness of housing and support, assertive community treatment, and intensive case management interventions for persons with mental illness who have been homeless. *American Journal of Orthopsychiatry, 77*(3), 350–361.

Nelson, G., Ochocka, J., Griffin, K., & Lord, J. (1998). "Nothing about me, without me." Participatory action research with self-help/mutual aid organizations for psychiatric consumer survivors. *American Journal of Community Psychology, 26,* 881–912.

Nemoto, T., Wong, F. Y., Ching, A., Chng, C. L., Bouey, P., Hendrickson, M., et al. (1998). HIV seroprevalence, risk behaviors, and cognitive factors among Asian and Pacific Islander American men who have sex with men: A summary and critique of empirical studies and methodological studies. *AIDS Education and Prevention, 10* (Supplement A), 31–47.

Neuman, G. A., Edwards, J. E., & Raju, N. S. (1989). Organizational development interventions: A meta-analysis of their effects on satisfaction and other attitudes. *Personnel Psychology, 42,* 461–489.

Newborough, J. (1992). Toward community: A third position. *American Journal of Community Psychology, 23*(1), 9–37.

Newbrough, J. R., & Chavis, D. M. (Eds.). (1986). Psychological sense of community, I: Forward. *American Journal of Community Psychology, 14,* 3–5.

New York Times Editorial Board. (2007, April 4). Shackles on the AIDS Program. *New York Times.* Retrieved May 25, 2008, from www.nytimes.com/2007/04/04/opinion/04weds3.html?scp=1&sq=PEPFAR&st=nyt.

Nicotera, N. (2007). Measuring neighborhood: A conundrum for human service researchers and practitioners. *American Journal of Community Psychology, 40,* 26–51.

Nikelly, A. G. (1990). *Political activism: A new dimension for community psychology.* Paper presented to the Annual Convention of the American Psychological Association, Boston, MA.

Nores, M., Belfield, C. R., Barnett, S. W., & Schweinhart, L. (2005). Updating the economic impacts of the High/Scope Perry Preschool Program. *Educational Evaluation and Policy Analysis, 27,* 245–261.

Novotney, L. C., Mertinko, E., Lange, J., & Baker, T. K. (2000, September). Juvenile mentoring program: A progress review. *Juvenile Justice Bulletin,* 1–8.

O'Connell, J. J. (2007). The need for homelessness prevention: A doctor's view of life and death on the streets. *Journal of Primary Prevention, 28,* 199–203.

O'Donnell, C. (2006). Beyond diversity: Toward a cultural community psychology. *American Journal of Community Psychology, 37*(1–2), 1–7.

O'Donnell, C., & Ferrari, J. (2000). Employment in community psychology: The diversity of opportunity. *Journal of Prevention and Intervention in the Community, 19*(2).

Offerman, L., & Spiros, R. (2001). The science and practice of team development: Improving the link. *Academy of Management Journal, 44,* 376–392.

Office of Head Start (2007). *Statistical fact sheet fiscal year 2007.* Washington, DC: Administration for Children and Families.

Office of Justice Programs (2006). *Methamphetamine use increasing among state and federal prisoners.* Washington, DC: Department of Justice.

Office of Justice Programs (2007). *Urban and suburban crime rates stable from 2005 to 2006* (Press release). Washington, DC: Department of Justice.

Office of Juvenile Justice and Delinquency Programs (2008a). *Model programs.* Retrieved from www.dsgonline.com/mpg2.5/TitleV_MPG_Table_Ind_Rec.asp?ed=390.

Office of Juvenile Justice and Delinquency Prevention (2008b). *Safe Start: Promising approaches for communities.* Retrieved from www.safestartcenter.org.

Office of National Drug Control Policy (1998). *The national drug control strategy, 1998. A ten-year plan.* Washington, DC: Author.

Office of National Drug Control Policy (2008, June 12). New report finds highest-ever levels of THC. *Office of National Drug Control Policy Press Release.* Retrieved June 12, 2008, from www.whitehousedrugpolicy.gov/news/press08/061208.html.

Office of Smoking and Health (2001). *Women and smoking: A report of the Surgeon General.* Atlanta, GA: U.S. Department of Health and Human Services, Public Health Service, CDC.

Okamato, Y. (2007). A comparative study of homelessness in the United Kingdom and Japan. *Journal of Social Issues, 63,* 525–542.

Olatunji, A. N. (2005). Dropping out of high school among Mexican-origin youths: Is early work experience a factor? *Harvard Educational Review, 75,* 286–306.

Olds, D. (1997). The prenatal early infancy project: Preventing child abuse and neglect in the context of promoting maternal and child health. In D. A. Wolfe, R. J. McMahon, & R. D. Peters (Eds.), *Child abuse: New directions in prevention and treatment across the lifespan.* Thousand Oaks, CA: Sage.

Olds, D. L. (2005). The nurse-family partnership: Foundations in attachment theory and epidemiology. In L. J. Berlin, Y. Ziv, L. Amaya-Jackson, & M. T. Greenberg (Eds.), *Enhancing early attachments: Theory, research, intervention and policy. Duke series in child development and public policy.* New York: Guilford.

Olds, D. L. (2006). The nurse-family partnership: An evidence-based prevention intervention. *Infant Mental Health Journal. Special Issue: Early Preventive Intervention and Home Visiting, 27,* 5–25.

Olds, D. L. (2007). Preventing crime with prenatal and infancy support of parents: The nurse-family partnership. *Victims & Offenders: Special Issue on Early Intervention, 2,* 205–225.

Olds, D. L., Eckenrode, J., & Kitzman, H. (2005). Clarifying the impact of the nurse-family partnership on child maltreatment: Response to Chaffin (2004). *Child Abuse & Neglect, 29,* 229–233.

Olds, D., Henderson, C., Chamberlin, R., & Tetelbaum, R. (1986). Preventing child abuse and neglect: A randomized trial of nurse home visitation. *Pediatrics, 78,* 65–78.

Olds, D., Hill, P., & Rumsey, E. (1998, November). Prenatal and early childhood nurse home visitation. *Juvenile Delinquency Bulletin,* 1–7.

Olfson, M. (1990). Assertive community treatment. An evaluation of experimental evidence. *Hospital Community Psychiatry, 41,* 631–641.

Olson, M. R. (1991). Supportive growth experiences of beginning teachers. *Alberta Journal of Educational Research, 37,* 19–30.

Olson, M., & Cohen, A. A. (1986). An alternative approach to the training of residential treatment. *Residential Group Care and Treatment, 3,* 65–88.

O'Neill, L., & McGloin, J. M. (2007). Considering the efficacy of situation crime prevention in schools. *Journal of Criminal Justice, 35,* 511–523.

O'Neill, P. (1989). Responsible to whom? Responsible to what? Some ethical issues in community intervention. *American Journal of Community Psychology, 17*(3), 323–341.

O'Neill, P., Duffy, C., Enman, M., Blackman, E., & Goodwin, J. (1988). Cognition and citizen participation in social action. *Journal of Applied Sociology, 18,* 1067–1083.

Opulente, M., & Mattaini, M. A. (1997). Toward welfare that works. *Research on Social Work Practice, 7,* 115–135.

Orthner, D. K., & Randolph, K. A. (1999). Welfare reform and high school dropout patterns for children. *Children and Youth Services Review, 21,* 881–900.

Ortmann, R. (2000). The effectiveness of social therapy in prison—A randomized experiment. *Crime & Delinquency Special Issue: Advising Criminal Justice Policy through Experimental Evaluations: International Views, 46,* 214–232.

Oskamp, S. (1984). *Applied social psychology.* Englewood Cliffs, NJ: Prentice Hall.

Ostermeyer, M. (1991). Conducting the mediation. In K. G. Duffy, J. W. Grosch, & P. V. Oliczak (Eds.), *Community mediation: A handbook for practitioners and researchers.* New York: Guilford.

Oxley, D. (2000). The school reform movement. In J. Rappaport & E. Seidman (Eds.), *Handbook of community psychology.* New York: Plenum.

Pacific Institute for Research and Evaluation in Support of the Office of Juvenile Justice and Delinquency Prevention Enforcing the Underage Drinking Laws Program (2005). *Drinking in America: Myths, realities, and prevention policy* [brochure]. Washington, DC: Author.

Padilla, A., Ruiz, R., & Alvarez, R. (1975). Community mental health services for the Spanish-speaking/surnamed. *American Psychologist, 9,* 892–905.

Page, S. (2007). *The Difference: How the Power of Diversity Creates Better Groups, Firms, Schools, and Societies.* Princeton: Princeton University Press.

Paine-Andrews, A., Fisher, J., Patton, J., Fawcett, S., Williams, E., Lewis, R., et al. (2002). Analyzing the contribution of community change to population health outcomes in an adolescent pregnancy prevention initiative. *Health Education & Behavior, 29,* 183–193.

Palmer, T., & Wedge, R. (1989). California's juvenile probation camps: Findings and implications. *Crime and Delinquency, 35,* 234–253.

Paluk, E. L. (2006). Diversity training and intergroup contact: A call to action research. *Journal of Social Issues, 62,* 577–595.

Pargament, K. I. (1986). Refining fit: Conceptual and methodological challenges. *American Journal of Community Psychology, 14,* 677–684.

Parks, G. (October 2000). The High/Scope Perry Preschool Project. *Juvenile Justice Bulletin,* 1–8.

Patchin, J. W., Huebner, B. M., McCluskey, J. D., Varano, S. P., & Bynum, T. S. (2006). Exposure to community violence and childhood delinquency. *Crime & Delinquency, 52,* 307–332.

Patrikakou, E., & Weissberg, R. P. (2000). Parents' perceptions of teacher outreach and parent involvement in children's education. *Journal of Prevention & Intervention in the Community, 20,* 103–119.

Pattavina, A., Byrne, J. M., & Garcia, L. (2006). An examination of citizen involvement in crime prevention in high-risk versus low-to-moderate risk neighborhoods. *Crime & Delinquency, 52,* 203–231.

Patterson, D. (1990). Gaining access to community resources: Breaking the cycle of adolescent pregnancy. *Journal of Health Care for the Poor and Undeserved, 1,* 147–149.

Patton, M. (1997). *Utilization-focused evaluation: The new century text* (3rd ed.). Thousand Oaks, CA: Sage.

Pedersen, P. (2008). Ethics, competence, and professional issues in cross-cultural counselling. In P. Pedersen, J. Draguns, W. Lonner, & J. Trimble, (Eds.), *Counselling Across Cultures* (6th ed., pp. 5–20). Los Angeles: Sage.

Pedersen, P., Draguns, J., Lonner, W., & Trimble, J. (Eds.). (2008). *Counselling across cultures* (6th ed). Los Angeles: Sage.

Pedro-Carroll, J. (1997). The children of divorce intervention program: Fostering resilient outcomes for school-aged children. In G. W. Albee & T. P. Gullotta (Eds.), *Primary prevention works.* Thousand Oaks, CA: Sage.

Pedro-Carroll, J. L. (2005a). Fostering resilience in the aftermath of divorce: The role of evidence-based programs for children. *Family Court Review: Special Issue on Prevention: Research, Policy, and Evidence-based Practice, 43,* 52–64.

Pedro-Carroll, J. L. (2005b). Special issue on prevention: Research, policy, and evidence based practice. *Family Court Review: Special Issue on Prevention: Research, Policy, and Evidence-based Practice, 43,* 18–21.

Pentz, M. A. (2000). Institutionalizing community-based prevention through policy change. *Journal of Community Psychology, 28,* 257–270.

Pereira, G., & Osburn, H. (2007). Effects of participation on performance and employee attitudes: A quality circles meta-analysis. *Journal of Business and Psychology, 22,* 145–153.

Perkins, C. A. (1997). *Special report: Age patterns of victims of serious violent crimes.* Washington, DC: Bureau of Justice Statistics.

Perkins, D. D. (1988). The use of social science in public interest litigation: A role for community psychologists. *American Journal of Community Psychology, 16,* 465–485.

Perkins, D. D., Brown, B. B., & Taylor, R. B. (1996). The ecology of empowerment: Predicting participation in community organizations. *Journal of Social Issues, 52,* 85–110.

Perkins, D. D., Florin, P., Rich, R. C., Wandersman, A., & Chavis, D. M. (1990). Participation and the social and physical environment of residential blocks: Crime and community context. *American Journal of Community Psychology, 18,* 83–115.

Perkins, D. D., & Taylor, R. B. (1996). Ecological assessments of community disorder: Their relationship to fear of crime and theoretical implications. *American Journal of Community Psychology, 24,* 63–107.

Perkins, D. D., & Zimmerman, M. A. (1995). Empowerment theory, research, and application. *American Journal of Community Psychology, 23,* 569–579.

Peterson, J. L. (1998). Introduction to the special issue: HIV/AIDS prevention through community psychology. *American Journal of Community Psychology, 26,* 1–5.

Peterson, N. A., Speer, P., & Hughey, J. (2006). Measuring sense of community: A methodological interpretation of a factor structure debate. *Journal of Community Psychology, 34,* 453–469.

Peterson, N. A., Speer, P., & McMillan, D. (2008). Validation of a Brief Sense of Community Scale: Confirmation of a principle theory of "sense of community." *Journal of Community Psychology, 36,* 61–73.

Peterson, N. A., & Zimmerman, M. A. (2004). Beyond the individual: Toward anomological network of organizational empowerment. *American Journal of Community Psychology, 1–2,* 129–141.

Pettigrew, T. F. (1998). Intergroup contact theory. *Annual Review of Psychology, 49,* 65–85.

Pettigrew, T. F. (2004). Justice deferred a half century after *Brown v. Board of Education. American Psychologist, 59,* 521–529.

Pettigrew, T., & Meertens, R. W. (1995). Subtle and blatant prejudice in Western Europe. *European Journal of Social Psychology, 25,* 57–75.

Phares, J. E. (1991). *Introduction to personality.* New York: HarperCollins.

Phares, J. E., & Chaplin, W. F. (1997). *Introduction to personality.* New York: Longman.

Philliber, S., Kaye, J., & Herrling, S. (2001) *The national evaluation of the Children's Aid Society Carrera-Model Program to prevent teen pregnancy.* Accord, NY: Philliber Research Associates.

Phillip, K., & Hendry, L. B. (2000). Making sense of mentoring or mentoring making sense? Reflections on the mentoring process by adult mentors with young people. *Journal of Community & Applied Social Psychology, 10,* 211–223.

Phillips, D. A. (2000). Social policy and community psychology. In J. Rappaport & E. Seidman (Eds.),

Handbook of community psychology. New York: Plenum.

Phillips, D. A., Howes, C., & Whitebook, M. (1992). The social policy context of child care: Effects on quality. *Journal of Community Psychology, 20,* 25–50.

Pinchot, G., & Pinchot, E. (1993). *The end of bureaucracy and the rise of the intelligent organization.* San Francisco: Berrett-Koehler.

Pickren, W., & Tomes, H. (2002). The legacy of Kenneth B. Clark to the APA: The Board of Social and Ethical Responsibility for Psychology. *American Psychologist, 57*(1), 51–59.

Pines, A., & Guendelman, S. (1995). Exploring the relevance of burnout to Mexican blue-collar women. *Journal of Vocational Behavior, 47,* 1–20.

Piven, F. F., & Cloward, R. A. (1996). Welfare reform and the new class war. In M. B. Lykes, A. Banuazizi, R. Liem, & M. Morris (Eds.), *Myths about the powerless: Contesting social inequalities.* Philadelphia: Temple University Press.

Plante, T. (2005). *Contemporary clinical psychology* (2nd ed.). Hoboken, NJ: Wiley.

Pogrebin, M. R., & Poole, E. D. (1987). Deinstitutionalization and increased arrest rates among the mentally disordered. *Journal of Psychiatry and Law, 15,* 117–127.

Pogrebin, M. R., & Regoli, R. M. (1985). Editorial. Mentally disordered persons in jail. *Journal of Community Psychology, 13,* 409–412.

Pong, S. L., & Ju, D. B. (2000). The effects of change in family structure and income on dropping out of middle and high school. *Journal of Family Issues, 21,* 147–169.

Popper, K. R. (1957/1990). Philosophy of science: A personal report. In C. A. Mace (Ed.), *British philosophy in the mid-century.* London: Allen & Unwin.

Popper, K. R. (1968). *The logic of scientific discovery.* New York: Harper Torchbooks.

Popovich, P. M., Gullekson, N., Morris, S., & Morse, B. (2008). Comparing attitudes towards computer usage by undergraduates from 1986 to 2005. *Computers in Human Behavior, 24,* 986–992.

Porter, B. E. (2001). Empowerment-based interventions are not useful. *Community Psychologist, 34,* 22–23.

Presser, L., & Hamilton, C. A. (2006). The micropolitics of victim-offender mediation. *Sociological Inquiry, 76,* 316–342.

Prestby, J., & Wandersman, A. (1985). An empirical exploration of a framework of organizational viability: Maintaining block organization. *Journal of Applied Behavioral Sciences, 21,* 287–305.

Prestby, J., Wandersman, A., Florin, P., Rich, R., & Chavis, D. (1990). Benefits, costs, incentive management and participation in volunteer organizations: A means to understanding and promoting empowerment. *American Journal of Community Psychology, 18,* 117–150.

Pretty, G. M., & McCarthy, M. (1991). Exploring the psychological sense of community among women and men of the corporation. *Journal of Community Psychology, 19,* 351–361.

Pretty, G. M., McCarthy, M. E., & Catano, V. M. (1992). Psychological environments and burnout: Gender considerations within the corporation. *Journal of Organizational Behavior, 13,* 701–711.

Prezza, M., Amici, M., Tiziana, R., & Tedeschi, G. (2001). Sense of community referred to the whole town: Its relations with neighboring, loneliness, life satisfaction, and area of residence. *Journal of Community Psychology, 29,* 29–52.

Price, R. (1983). The education of a prevention psychologist. In R. Felner, L. Jason, J. Moritsugu, & S. Farber (Eds.), *Preventive psychology: Theory, research and practice* (pp. 290–296). New York: Pergamon.

Price, R. H. (1985). Work and community. *American Journal of Community Psychology, 13,* 1–12.

Price, R. H. (1990). Whither participation and empowerment? *American Journal of Community Psychology, 18,* 163–167.

Price, R. H., Cowen, E. L., Lorion, R. P., & Ramos-McKay, J. (1988). *14 ounces of prevention.* Washington, DC: American Psychological Association.

Prilleltensky, I., & Fox, D. (2007). Psychopolitical literacy for wellness and justice. *Journal of Community Psychology, 35*(6), 793–805.

Primavera, J. (1999). The unintended consequences of volunteerism: Positive outcomes for those who serve. *Journal of Prevention & Intervention in the Community, 18,* 125–140.

Primavera, J., & Brodsky, A. (2004). Introduction to the special issue on the process of community research and action. *American Journal of Community Psychology, 33,* 177–180.

Prince-Embury, S., & Rooney, J. F. (1995). Psychological adaptation among residents following restart of Three Mile Island. *Journal of Traumatic Stress, 8,* 47–59.

PsychInfo. (2002). Database at American Psychological Association. Washington, DC.

Public Health Service. (1980). *Toward a national plan for the chronic mentally ill.* Washington, DC: U.S. Department of Health and Human Services.

Quigley, R. (2005). Building strengths in the neighborhood. *Reclaiming Children and Youth, 14,* 104–106.

Quillian-Wolever, R., & Wolever, M. (2003). Stress management at work. In J. Quick & L. Tetrick (Eds.), *Handbook of occupational health psychology* (pp. 355–375). Washington, DC: American Psychological Association.

Quintana, S., Vogel, M., & Ybarra, V. (1991). Meta-analysis of Latino students' adjustment in higher education. *Hispanic Journal of Behavioral Sciences, 13*(2), 155–168.

Rader, N. E., May, D. C., & Goodrum, S. (2007). An empirical assessment of the "threat of victimization": Considering fear of crime, perceived risk, avoidance, and defensive behaviors. *Sociological Spectrum, 27,* 475–505.

Rafferty, Y. (1990). *Testimony on behalf of Advocates for Children of New York and the American Psychological Association to the oversight hearings on homelessness.* House of Representatives, Washington, DC.

Rafferty, Y., & Shinn, M. (1991). The impact of homelessness on children. *American Psychologist, 46,* 1170–1179.

Rahe, R., Meyers, M., Smith, M., Kjaer, G., & Holmes, T. (1964). Social stress and illness onset. *Journal of Psychosomatic Research, 8,* 35–44.

Raikes, J. A., Raikes, H. H., & Wilcox, B. (2005). Regulation, subsidy receipt and provider characteristics: What predicts quality in child care homes? *Early Childhood Research Quarterly, 20,* 164–184.

Ramey, S. L., & Ramey, C. T. (2003). Understanding efficacy of early educational programs: Critical design, practice, and policy issues. In A. J. Reynolds, M. C. Wang, & H. J. Wallberg (Eds.), *Early childhood programs for a new century.* Washington, DC: Child Welfare League of America.

Randolph, W. A. (2000). Re-thinking empowerment: Why is it so hard to achieve? *Organizational Dynamics, 29,* 94–107.

Rank, M. R. (2005). *One nation, underprivileged: Why American poverty affects us all.* New York: Oxford University Press.

Rapkin, B. D., Massie, M. J., Janskym, E. J., Lounsbury, D. W., Murphy, P. D., & Powell, S. (2006). Developing a partnership model for cancer screening with community-based organizations: The ACCESS Breast Cancer Education and Outreach Project. *American Journal of Community Psychology, 38*(3–4):153–164.

Rappaport, J. (1977). *Community psychology: Values, research, and action.* New York: Holt, Rinehart & Winston.

Rappaport, J. (1981). In praise of paradox: A social policy of empowerment over prevention. *American Journal of Community Psychology, 9,* 1–25.

Rappaport, J. (1987). Terms of empowerment/exemplars of prevention: Toward a theory for community psychology. *American Journal of Community Psychology, 15,* 121–148.

Rappaport, J. (1990). Research methods and the empowerment social agenda. In P. Tolan, C. Keys, F. Chertok, & L. Jason (Eds.), *Researching community psychology: Issues of theory and methods.* Washington, DC: American Psychological Association.

Rappaport, J. (2000). Community narratives: Tales of terror and joy. *American Journal of Community Psychology, 28*(1), 1–24.

Rappaport, J. (2005). Community psychology is (thank god) more than science. *American Journal of Community Psychology, 35,* (3–4), 231–238.

Rappaport, J., & Seidman, E. (Eds.). (2000). *Handbook of community psychology.* New York: Kluwer/Plenum.

Rappaport, J., Seidman, E., Toro, P., McFadden, L. S., Reischl, T. M., Roberts, L. J., et al. (1985). Collaborative research of a mutual help organization. *Social Policy, 15,* 12–24.

Rappaport, J., Swift, C., & Hess, P. (Eds.). (1984). *Studies in empowerment: Steps toward understanding and action.* New York: Haworth.

Ratiu, I. S. (1986). A workshop on managing in a multicultural environment. Special issue: International management and development. *Management Education and Development, 17,* 252–256.

Raviv, A., Erel, O., Fox, N. A., Leavitt, L. A., Raviv, A., Dar, I., et al. (2001). Individual measurement of exposure to everyday violence among elementary schoolchildren across various settings. *Journal of Community Psychology, 29,* 117–140.

Redeinstitutionalization. (1986, August 25). *New York Times,* p. A18.

Reich, J. W., & Zautra, A. J. (1991). Experimental and measurement approaches to internal control in at-risk older adults. *Journal of Social Issues, 47,* 143–158.

Reid, R. J., Peterson, N. A., Hughey, J., & Garcia-Reid, P. (2006). School climate and adolescent drug use: Mediation effects of violence victimization in the urban high school context. *Journal of Primary Prevention, 27,* 281–292.

Rein, M., & Schon, D. A. (1977). Problem setting in policy research. In C. H. Weiss (Ed.), *Using social research in public policy making.* Lexington, MA: Lexington Books.

Reppucci, N. D. (1987). Prevention and ecology: Teen-age pregnancy, child sexual abuse, and organized youth sports. *American Journal of Community Psychology, 15,* 1–22.

Reppucci, N., Woolard, J., & Fried, C. (1999). Social, community, and preventive interventions. *Annual Review of Psychology, 50,* 387–418.

Revenson, T., D'Augelli, A., French, S., Hughes, D., Livert, D., Seidman, E., Shinn, M., & Yoshikawa, H. (2002). *Ecological research to promote social change: Methodological advances from community psychology.* New York: Kluwer Academic/Plenum.

Revenson, T., & Schiaffino, K. (2000). Community-based health interventions. In J. Rappaport & E. Seidman (Eds.), *Handbook of community psychology* (pp. 471–493). New York: Kluwer/Academic/Plenum.

Reyes, O., Gillock, K. L., Kobus, K., & Sanchez, B. (2000). A longitudinal examination of the transition into senior high school for adolescents from urban, low-income status, and predominantly minority backgrounds. *American Journal of Community Psychology, 28,* 519–544.

Reyes, O., & Jason, L. (1991). An evaluation of a high school dropout prevention program. *Journal of Community Psychology, 19*(3), 221–230.

Rhodes, J. E. (2008). Improving youth mentoring interventions through research-based practice. *American Journal of Community Psychology, 41,* 35–42.

Rhodes, J. E., Spencer, R., Keller, T. E., Liang, B., & Noam, G. (2006). A model for the influence of mentoring relationships on youth development. *Journal of Community Psychology, 34,* 691–707.

Richmond, C., Ross, N., & Egeland, G. (2007). Social support and thriving health: A new approach to understanding the health of indigenous Canadians. *American Journal of Public Health, 97,* 1827–1833.

Rickel, A. U., & Burgio, J. C. (1982). Assessing social competencies in lower income preschool children. *American Journal of Community Psychology, 10,* 635–647.

Riger, S. (1989). The politics of community intervention. *American Journal of Community Psychology, 17,* 379–383.

Riger, S. (1990). Ways of knowing and organizational approaches to community psychology. In P. Tolan, C. Keys, F. Chertak, & L. Jason (Eds.), *Researching community psychology.* Washington, DC: American Psychological Association.

Riger, S. (1993). What's wrong with empowerment. *American Journal of Community Psychology, 21,* 279–292.

Riley, D. A., Roach, M. A., Adams, D., & Edie, D. (2005). Section III—policy affecting and evaluation of quality: From research to policy: In search of an affordable statewide system for rating child care quality. *Early Education and Development: Special Issue: Early Childhood Program Quality, 16,* 493–504.

Rixon, R., & Erwin, P. G. (1999). Measure of effectiveness in a short-term interpersonal cognitive problem-solving programme. *Counseling Psychology Quarterly, 12,* 87–93.

Roak, K. S. (1991). Facilitating friendship formation in late life: Puzzles and challenges. *American Journal of Community Psychology, 19,* 103–110.

Roberts, A. R., & Everly, G. S. (2006). A meta-analysis of 36 crisis intervention studies. *Brief Treatment and Crisis Intervention, 6,* 10–21.

Roberts, D. G. (1991). I don't get no respect. *Organization Development Journal, 9,* 55–60.

Robins, L. N., et al. (1984). Lifetime prevalence rates of DIS/DSM-III disorders. *Archives of General Psychiatry, 41,* 952–958.

Robinson, M. B. (2000). From research to policy: Preventing residential burglary through a systems approach. *American Journal of Criminal Justice, 24,* 169–179.

Robinson, W. L. (1990). Data feedback and communication to the host setting. In P. Tolan, C. Keys, F.

Chertak, & L. Jason (Eds.), *Researching community psychology: Issues of theory and methods.* Washington, DC: American Psychological Association.

Rodin, J., & Langer, E. J. (1977). Long-term effects of a control-relevant intervention with the institutionalized aged. *Journal of Personality and Social Psychology, 35,* 897–902.

Rodin, J., Timko, C., & Harris, S. (1986). The construct of control: Biological and psychological correlates. In C. Eisdorfer, M. P. Lawson, & G. I. Maddoy (Eds.), *Annual review of gerontology and geriatrics.* New York: Springer.

Rodriguez, N. (2005). Restorative justice, communities, and delinquency: Whom do we reintegrate? *Criminology & Public Policy, 4,* 103–130.

Rodriguez, N. (2007). Restorative justice at work: Examining the impact of restorative justice resolutions on juvenile recidivism. *Crime and Delinquency, 53,* 355–379.

Roesch, R. (1988). Community psychology and the law. *American Journal of Community Psychology, 14,* 451–463.

Roethlisberger, F. J., & Dickson, W. J. (1939). *Management and the worker: An account of a research program conducted by the Western Electric Company, Chicago.* Cambridge, MA: Harvard University Press.

Rogers, E. M. (1982). *Diffusion of innovations.* New York: Free Press.

Roh, S., & Oliver, W. M. (2005). Effects of community policing upon fear of crime: Understanding the causal linkage. *Policing, 28,* 640–683.

Rokeach, M. (1960). *The open and closed mind.* New York: Basic Books.

Roll, J. M., & Habemeier, W. (1991, April). *Gender differences in coping with potential victimization.* Paper presented at the Annual Meeting of the Eastern Psychological Association, New York.

Rolleri, L., Wilson, M., Paluzzi, P., & Sedivy, V. (2008). Building capacity of state adolescent pregnancy prevention coalitions to implement science-based approaches. *American Journal of Community Psychology, 41*(3–4), 225–234.

Romeo, R., & McEwan, B. (2006). Stress and the adolescent brain. *Annals of the New York Academy of Sciences, 1094,* 202–214,

Roscigno, V. J., Tomaskovic-Devey, D., & Crowley, M. (2006). Education and the inequalities of place. *Social Forces, 84,* 2121–2145.

Rose-Gold, M. S. (1992). Intervention strategies for counseling at-risk adolescents in rural school districts. *School Counselor, 39,* 122–126.

Rosenberg, Y. (2006). Talking 'bout our generation. *Fortune, 153,* 106.

Rosenfeld, S. (1991). Homelessness and rehospitalization: The importance of housing for the chronic mentally ill. *Journal of Community Psychology, 19,* 60–69.

Rosenhack, R., Kasprow, W., Frisman, L., & Liu-Mares, W. (2003). Cost-effectiveness of supported housing for homeless persons with mental illness. *Archives of General Psychiatry, 60,* 940–951.

Rosenhan, D. L. (1973). On being sane in insane places. *Science, 179,* 250–258.

Rosenthal, R., & Jacobson, L. V. (1968). *Pygmalion in the classroom: Teacher expectation and pupils' intellectual development.* New York: Holt.

Rosentock, I. M. (1986). Why people use health services. *Milburn Memorial Fund Quarterly, 44,* 94–127.

Ross, C. E., & Jang, S. J. (2000). Neighborhood disorder, fear, and mistrust: The buffering role of social ties with neighbors. *American Journal of Community Psychology, 28,* 401–420.

Ross, J., Bradley, E., & Busch, S. (2006). Use of health care services by lower-income and higher-income uninsured adults. *Journal of the American Medical Association, 295,* 2027–2036.

Ross, L. (2006). Where do we belong? Urban adolescents' struggle for place and voice. *American Journal of Community Psychology, 37,* 293–301.

Ross, R. R., Altmaier, E. M., & Russell, D. W. (1989). Job stress, social support, and burnout among counseling center staff. *Journal of Counseling Psychology, 36,* 464–470.

Rossell, C. H. (1988). How effective are voluntary plans with magnet schools? *Educational Evaluation and Policy Analysis, 10,* 325–342.

Rossi, P. H. (1989). *Down and out in America: The origins of homelessness.* Chicago: University of Chicago Press.

Rossi, P. H. (1990). The old homeless and the new homelessness in historical perspective. *American Psychologist, 45,* 954–959.

Rothman, A., & Salovey, P. (1997). Shaping perceptions to motivate healthy behavior: The role of message framing. *Psychological Bulletin, 121,* 3–19.

Rothman, J. (1974). Three models of community organization practice. In F. Cox, J. Erlich, J.

Rothman, & J. Tropman (Eds.), *Strategies of community organization: A book of readings* (2nd ed.). Itasca, IL: Peacock.

Rountree, P. W. (1998). A reexamination of the crime-fear linkage. *Journal of Research in Crime and Delinquency, 35,* 341–372.

Roussos, S. T. & Fawcett, S. (2000). A review of collaborative relationships as a strategy for improving community health. *Annual Review of Public Health, 21,* 369–402.

Rubin, B. A., & Brody, C. J. (2005). Contradictions of commitment in the new economy: Insecurity, time, and technology. *Social Science Research, 34,* 843–851.

Ruggiero, K., & Taylor, D. (1997). Why minority group members perceive or do not perceive the discrimination that confronts them: The role of self-esteem and perceived control. *Journal of Personality and Social Psychology, 72*(2), 373–389.

Runyan, D., Wattam, C., Ikeda, R., Hassan, F., & Ramiro, L. (2002). Child abuse and neglect by parents and caregivers. In E. Krug, L. I. Dahlberg, J. A. Mercy, A. B. Zwi, & R. Lozano (Eds.), *World report on violence and health.* Geneva: World Health Organization.

Rutter, M. (1981). The city and the child. *American Journal of Orthopsychiatry, 51,* 610–625.

Rutter, M. (1985). Resilience in the face of adversity: Protective factors and resistance to psychiatric disorder. *British Journal of Psychiatry, 147,* 598–611.

Rutter, M. (1987). Psychosocial resilience and protective mechanisms. *American Journal of Orthopsychiatry, 57,* 316–331.

Rutter, M. (2006). Implications of resiliency concepts for scientific understanding. *Annals of the New York Academy of Sciences, 1094,* 1–12.

Ryan, W. (1971). *Blaming the victim.* New York: Pantheon.

Ryan, J. P., & Yang, H. (2005). Family contact and recidivism: A longitudinal study of adjudicated delinquents in residential care. *Social Work Research, 29,* 31–39.

Saegert, S., & Winkel, G. (2004). Crime, social capital, and community participation. *American Journal of Community Psychology, 34,* 219–233.

Salazar, J. M. (1988, August). *Psychology and social change in Latin America.* Paper presented to the Annual Convention of the American Psychological Association, Atlanta, GA.

Salem, D. A. (1990). Community-based services and resources: The significance of choice and diversity. *American Journal of Community Psychology, 18,* 909–915.

Salmi, S., Voeten, M. J. M., & Keskinen, E. (2000). Relation between police image and police visibility. *Journal of Community and Applied Social Psychology, 10,* 433–447.

Salmi, S., Voeten, M., & Keskinen, E. (2005). What citizens think about the police: Assessing actual and wished-for frequency of police activities in one's neighbourhood. *Journal of Community & Applied Social Psychology. Special Issue: Community Policing, 15,* 1888–2002.

Sammons, M. T., & Brown, A. (1997). The department of defense psychopharmacology demonstration project: An evolving program for postdoctoral education in psychology. *Professional Psychology: Research and Practice, 28,* 107–112.

Sammons, M. T., Gorny, S. W., Zinner, E. S., & Allen, R. P. (2000). Prescriptive authority for psychologists: A consensus of support. *Professional Psychology: Research & Practice, 31,* 604–609.

Sampson, R., & Groves, W. (1989). Community structure and crime: Testing social-disorganization theory. *American Journal of Sociology,* 94(4) 774.

Sampson, R., & Raudenbush, S. (1999). Systematic social observation of public spaces: A new look at disorder in urban neighborhoods. *American Journal of Sociology, 105*(3), 603–651.

Sampson, R. J., Raudenbush, S. W., & Earls, F. (1997). Neighborhoods and violent crime: A multi-level study of collective efficacy. *Science, 277,* 918–924.

Sandler, I. (1980). Social support resources, stress, and maladjustment of poor children. *American Journal of Community Psychology, 8,* 41–52.

Sandler, I., Braver, S., & Gensheimer, L. (2000) Stress. In J. Rappaport & E. Seidman (Eds.), *Handbook of community psychology.* New York: Kluwer/Plenum.

Sandler, I. N., & Keller, P. A. (1984). Trends observed in community psychology training descriptions. *American Journal of Community Psychology, 12,* 157–164.

Sansone, R. A., Fine, M. A., & Chew, R. (1988). A longitudinal analysis of the experiences of nursing staff on an inpatient eating disorder unit. *International Journal of Eating Disorders, 7,* 125–131.

Sarason, S. B. (1972/1999). *The creation of settings & the future societies.* San Francisco: Jossey-Bass.

Sarason, S. B. (1974). *The psychological sense of community: Prospects for a community psychology.* San Francisco: Jossey-Bass.

Sarason, S. B. (1976a). Community psychology and the anarchist insight. *American Journal of Community Psychology, 4,* 246–259.

Sarason, S. B. (1976b). Community psychology, networks, and Mr. Everyman. *American Journal of Community Psychology, 18,* 317–328.

Sarason, S. B. (1978). The nature of problem solving in social action. *American Psychologist, 33,* 370–380.

Sarason, S. B. (1983). *Schooling in America: Scapegoat and salvation.* New York: Free Press.

Sarason, S. (2004). What we need to know about intervention and interventionists. *American Journal of Community Psychology, 33*(3–4), 275–277.

Sarason, S. (1984). Community psychology and public policy: Missed opportunity. *American Journal of Community Psychology, 12*(2), 199–207.

Sarason, S. B. (1997). The public schools: America's Achilles heel. *American Journal of Community Psychology, 25,* 771–786.

Sarason, S. B., Carroll, C. F., Maton, K., Cohen, S., & Lorentz, E. (1977). *Human services and resource networks.* San Francisco: Jossey-Bass.

Sarata, B. P. V. (1984). Changes in staff satisfactions after increases in pay, autonomy, and participation. *American Journal of Community Psychology, 12,* 431–445.

Scales, P. (1990). Developing capable young people: An alternative strategy for prevention programs. *American Journal of Community Psychology, 10,* 420–438.

Scarr, S., & Eisenberg, M. (1993). Child care research: Issues, perspectives, and results. *Annual Review of Psychology, 44,* 613–644.

Schafer, J. A., Huebner, B. M., & Bynum, T. G. (2006). Fear of crime and criminal victimization: Gender-based contrasts. *Journal of Criminal Justice, 34,* 285–301.

Scheckner, S., Rollin, S. A., Kaiser-Ulrey, C., & Wagner, R. (2004). School violence in children and adolescents: A meta-analysis of the effectiveness of current interventions. In E. R. Gerler (Ed.), *Handbook of school violence*. New York: Haworth.

Schein, E. H. (1985). How culture forms, develops and changes. In R. H. Kilmann, M. J. Saxton, & R. Serpa (Eds.), *Gaining control of the corporate culture.* San Francisco: Jossey-Bass.

Schein, E. H. (1990). Organizational culture. *American Psychologist, 45,* 109–119.

Schiaffino, K. M. (1991). Fine-tuning theory to the needs of the world: Responding to Heller et al. *American Journal of Community Psychology, 19,* 99–102.

Schinke, S. P. (1998). Preventing teenage pregnancy: Translating research knowledge. *Journal of Human Behavior in the Social Environment, 1,* 53–66.

Schmolling, P. Jr., Youkeles, M., & Burger, W. R. (1989). *Human services in contemporary America.* Pacific Grove, CA: Brooks Cole.

Schubert, M., & Borkman, T. (1991). An organizational typology for self-help groups. *American Journal of Community Psychology, 19,* 769–787.

Schuck, A. M., & Widom, C. S. (2005). Understanding the role of neighborhood context in the long-term criminal consequences of child maltreatment. *American Journal of Community Psychology, 36,* 207–222.

Schuller, N. (2006). Older people, crime and justice. *Community Safety Journal, 5,* 37–43.

Schultz, D., & Schultz, S. (1990). *Psychology and industry today.* New York: Macmillan.

Schultz, D., & Schultz, S. E. (1998). *Psychology and work today.* Upper Saddle River, NJ: Prentice Hall.

Schulz, R., & Heckhausen, J. (1996). A life span model of successful aging. *American Psychologist, 51,* 702–714.

Schur, L. A., & Kruse, D. L. (2000). What determines voter turnout? Lessons from citizens with disabilities. *Social Science Quarterly, 81,* 571–587.

Schwarzer, R., & Leppin, A. (1991). Social support and health: A theoretical and empirical overview. *Journal of Social and Personal Relations, 8,* 99–127.

Schweinhart, L. J. (2006). The High/Scope approach: Evidence that participatory learning in early childhood contributes to human development. In N. F. Watt, C. Ayoub, R. H. Bradley, J. E. Puma, & W. A. LeBoeuf (Eds.), *The crisis in youth mental health: Critical issues and effective programs, Vol. 4: Early intervention programs and policies. Child psychology and mental health.* Westport, CT: Praeger.

Schweinhart, L. J. (2007). Crime prevention by the High/Scope Perry Preschool Program. *Victims & Offenders. Special Issue on Early Intervention, 2,* 141–160.

Schweinhart, L. J., & Weikart, D. (1998). High/Scope Perry Preschool Program effects at age twenty-seven. In J. Crane (Ed.), *Social programs that work*. New York: Sage.

Schweitzer, J. H., Kim, J. W., & Mackin, J. R. (1999). The impact of the built environment on crime and fear of crime in urban neighborhoods. *Journal of Urban Technology, 6,* 59–74.

Scileppi, J. A., Teed, E. L., & Torres, R. D. (2000). *Community psychology: A common sense approach to mental health.* Upper Saddle River, NJ: Prentice Hall.

Scott, E. K., London, A. S., & Edin, K. (2000). Looking to the future: Welfare-reliant women talk about their job aspirations in the context of welfare reform. *Journal of Social Issues Special Issue: The Impact of Welfare Reform, 56,* 727–746.

Scully, J., Tosi, H., & Banning, K. (2000). Life event checklists: Revisiting the social readjustment rating scale after 30 years. *Educational and Psychological Measurement, 60*(6), 864–876.

Searight, H. R., Oliver, J. M., & Grisso, J. T. (1986). The community competence scale in the placement of the deinstitutionalized mentally ill. *American Journal of Community Psychology, 14,* 291–301.

Seekins, T., & Fawcett, S. B. (1987). Effects of a poverty-clients agenda on resource allocations by community decision-makers. *American Journal of Community Psychology, 15,* 305–322.

Seidman, E. (1983). Unexamined premises of social problem solving. In E. Seidman (Ed.), *Handbook of social intervention.* Beverly Hills: Sage.

Seidman, E. (1990). Pursuing the meaning and utility of social regularities for community psychology. In P. Tolan, C. Keys, F. Chertak, & L. Jason (Eds.), *Researching community psychology: Issues of theory and methods.* Washington, DC: American Psychological Association.

Seidman, E., & Rappaport, J. (1974). You have got to have a dream, but it's not enough. *American Psychologist, 29*(7), 569–570.

Seidman, E., & Rappaport, J. (1986). *Redefining Social Problems.* New York: Springer.

Seitz, V., Apfel, N., & Efron, C. (1977). *Long-term effects of early intervention: A longitudinal investigation.* Paper presented at the Annual Meeting of the American Association for the Advancement of Science. Denver, CO.

Seitz, V., Apfel, N., & Rosenbaum, L. (1991). Effects of an intervention program for pregnant adolescents: Educational outcomes at two years post partum. *American Journal of Community Psychology, 19*(6):9 11–30.

Sekaly, R. (2008). The failed HIV Merck vaccine study: A step back or a launching point for future vaccine development? *Journal of Experimental Medicine, 205*(1), 7–12.

Seligman, M. E. P. (1975). *Helplessness: On depression, development, and death.* San Francisco: Freeman.

Selye, H. (1936). A syndrome produced by diverse nocuous stimuli. *Journal of Neuropsychiatry and Clinical Neurosciences, 138,* 32.

Selye, H. (1956). *The stress of life.* New York: McGraw-Hill.

Selye, H. (1974). *Stress without distress.* Philadelphia: Lippincott.

Selznick, P. (2000). Reflections on responsibility: More than just following the rules. *Responsive Community, 10,* 57–61.

Sennett, R. (2003). *Respect: The formation of character in an age of inequality*. London: Allen Lane.

Serrano-Garcia, I. (1990). Implementing research: Putting our values to work. In P. Tolan, C. Keys, F. Chertak, & L. Jason (Eds.), *Researching community psychology: Issues of theory and methods.* Washington, DC: American Psychological Association.

Serrano-Garcia, I. (1994). The ethics of the powerful and the power of ethics. *American Journal of Community Psychology, 22,* 1–20.

Serrano-Garcia, I., Lopez, M. M., & Rivera-Medena, E. (1987). Toward a social-community psychology. *Journal of Community Psychology, 15,* 431–446.

Seyfried, S. F. (1998). Academic achievement of African American preadolescents: The influence of teacher perceptions. *American Journal of Community Psychology, 26,* 381–402.

Shadish, W. R. (1990). Defining excellence criteria in community research. In P. Tolan, C. Keys, F. Chertak, & L. Jason (Eds.), *Researching community psychology: Issues of theory and methods.*

Washington, DC: American Psychological Association.

Shadish, W., Cook, T., & Campbell, D. (2002). *Experimental and quasi-experimental designs for generalized causal inference.* Boston: Houghton Mifflin.

Shadish, W. R., Cook, T. D., & Leviton, L. C. (1991). *Foundations of program evaluation: Theories of practice.* Newbury Park, CA: Sage.

Shadish, W. R., Lurigio, S. J., & Lewis, D. A. (1989). After deinstitutionalization: The present and future of mental health long-term care policy. *Journal of Social Issues, 45,* 1–15.

Shadish, W. R., Thomas, S., & Bootzin, R. R. (1982). Criteria for success in deinstitutionalization: Perceptions of nursing homes by different interest groups. *American Journal of Community Psychology, 10,* 553–566.

Shadur, M. A., Kienzie, R., & Rodwell, J. J. (1999). The relationship between organizational climate and employee perceptions of involvement: The importance of support. *Group & Organization Management, 24,* 479–503.

Shaheen, G., & Rio, J. (2007). Recognizing work as a priority in preventing or ending homelessness. *Journal of Primary Prevention, 28,* 341–358.

Shapira, N., Barak, A., & Gal, I. (2007). Promoting older adults' well-being through Internet training and use. *Aging & Mental Health, 11,* 477–484.

Sharstein, S. (2000). Whatever happened to community mental health? *Psychiatric Services, 51,* 612–620.

Sheldon, S. B., & Epstein, J. L. (2004). Getting students to school: Using family and community involvement to reduce chronic absenteeism. *School Community Journal, 14,* 39–56.

Shepherd, M. D., Schoenberg, M., Slavich, S., Wituk, S., Warren, M., & Meissen, G. (1999). Continuum of professional involvement in self-help groups. *Journal of Community Psychology, 27,* 39–53.

Shih, Y., Zhao, L, & Elting, L. (2006). Does Medicare coverage of colonoscopy reduce racial/ethnic disparities in cancer screening among the elderly? *Health Affairs, 25,* 1153–1162.

Shinn, M. (1992). Homelessness: What is a psychologist to do? *American Journal of Community Psychology, 20,* 1–24.

Shinn, M. (1997). Family homelessness: State or trait. *American Journal of Community Psychology, 25,* 755–769.

Shinn, M. (2007). International homelessness: Policy, socio-cultural, and individual perspectives. *Journal of Social Issues, 63,* 657–677.

Shinn, M., & Gillespie, C. (1993). *Structural vs. individual explanation for homelessness: Implications for intervention.* Paper presented at the ninth annual Northeast Community Psychology Conference, New York.

Shinn, M., Gottlieb, J., Wett, J. L., Bahl, A., Cohen, A., & Ellis, D. B. (2007). Predictors of homelessness among older adults in New York City: Disability, economic, human and social capital and stressful events. *Journal of Health Psychology, 12,* 696–708.

Shinn, M., Lehmann, S., & Wong, N. W. (1984). Social interaction and social support. *American Journal of Community Psychology, 40,* 55–76.

Shinn, M., Morch, H., Robinson, P. E., & Neuer, R. A. (1993). Individual, group, and agency strategies for coping with job stressors in residential child care programmes. *Journal of Community and Applied Social Psychology, 3,* 313–324.

Shinn, M., & Perkins, D. N. T. (2000). Contributions from organizational psychology. In J. Rappaport & E. Seidman (Eds.), *Handbook of community psychology.* New York: Plenum.

Shinn, M., & Rapkin, B. (2000). Cross-level analysis without cross-ups. In J. Rappaport & E. Seidman, (Eds.), *Handbook of community psychology* (pp. 669–695). New York: Kluwer Academic/Plenum.

Shinn, M., & Toohey, S. (2003). Community contexts of human welfare. *Annual Review of Psychology,* 54, 427–259.

Shinn, M., & Tsemberis, S. (1998). Is housing the cure for homelessness? In X. Arriaga & S. Oskamp (Eds.), *Addressing community problems: Psychological research and interventions.* Thousand Oaks, CA: Sage.

Shinn, M., & Weitzman, B. C. (1990). Research on homelessness: An introduction. *Journal of Social Issues, 46,* 1–11.

Shinn, M., Weitzman, B. C., Strojanovic, D., Knickman, J. R., Jimenez, L., Duchon, L., James, S., & Kranz, D. H. (1998). Predictors of homelessness among families in New York City: From shelter request to housing stability. *American Journal of Public Health, 88,* 1651–1657.

Shivy, V. A., Wu, J. J., Moon, A. E., Mann, S. C., & Eacho, C. (2007). Ex-offenders reentering the workforce. *Journal of Counseling Psychology, 54,* 466–473.

Shpungin, E., & Lyubansky, M. (2006). Navigating social class roles in community research. *American Journal of Community Psychology, 37,* 227–235.

Shumaker, S. A., & Brownell, A. (1984). Toward a theory of social support: Closing conceptual gaps. *Journal of Social Issues, 40,* 11–36.

Shumaker, S. A., & Brownell, A. (1985). Introduction: Social support interventions. *Journal of Social Issues, 41,* 1–4.

Shure, M. B. (1997). Interpersonal cognitive problem-solving: Primary prevention of high-risk behaviors in the preschool and primary years. In G. W. Albee & T. P. Gullotta (Eds.), *Primary prevention works.* Thousand Oaks, CA: Sage.

Shure, M. B. (1999, April). Preventing violence the problem-solving way. *Juvenile Justice Bulletin,* 1–10.

Shure, M. B., & Spivack, G. (1988). Interpersonal cognitive problem solving. In R. H. Price, E. L. Cowan, R. P. Lorion, & J. Ramos-McKay (Eds.), *14 ounces of prevention: A casebook for practitioners.* Washington, DC: American Psychological Association.

SIECUS National Guidelines Task Force (2004). *Guidelines for comprehensive sexuality education* (3rd ed.). Washington, DC: Sexuality Information and Education Council of the United States.

Siegel, J. T., & Alvaro, E. M. (2003). Youth tobacco access: Adult attitudes, awareness, and perceived self-efficacy in two Arizona counties. *Journal of Community Health, 28,* 439–449.

Siegel, J., & Kuykendall, D. A. (1990). Loss, widowhood, and psychological distress among the elderly. *Journal of Consulting and Clinical Psychology, 58,* 519–524.

Silka, L. (2007). Immigrants in the community: New opportunities, new struggles. *Analysis of Social Issues and Public Policy, 7,* 75–91.

Simmons, B. (2000). *Eustress at work: Accentuating the positive.* Unpublished doctoral dissertation, Oklahoma State University.

Simmons, B., & Nelson, D. (2001). Eustress at work: The relationship between hope and health in hospital nurses. *Health Care Management Review, 26,* 7–18.

Simoni-Wastila, L., & Strickler, G. (2004). Risk factors associated with problem use of prescription drugs. *American Journal of Public Health, 94,* 266–268.

Simpura, J., Levin, B. M., & Mustonen, H. (1997). Russian drinking in the 1990s: Patterns and trends in international comparison. In J. Simpura & B. M. Levin (Eds.), *Demystifying Russian drinking. Comparative studies from the 1990s* (pp. 79–107). Helsinki: STAKES.

Sims, B., Yost, B., & Abbott, C. (2005). Use and nonuse of victim services programs: Implications from a statewide survey of crime victims. *Criminology & Public Policy, 4,* 361–383.

Singer, M. (1994a). AIDS and the health crisis of the US urban poor: The perspective of critical medical anthropology. *Social Science and Medicine, 39,* 931–948.

Singer, M. (1994b). Implementing a community-based AIDS prevention program for ethnic minorities: The Comunidad y Responsibilidad Project. In J. P. Van Vugt (Ed.), *AIDS prevention and services: Community based research* (pp. 59–92). Westport, CT: Gergin and Garvey.

Singer, M., & Borrero, M. (1984). Indigenous treatment for alcoholism: The evidence for Puerto Rican spiritism. *Medical Anthropology, 8,* 246–273.

Singer, M., Flores, C., Davison, L., Burke, G., Castillo, Z., Scaon, K., & Rivera, M. (1990). SIDA: The economic, social, and cultural context of AIDS among Latinos. *Medical Anthropology Quarterly, 4,* 73–117.

Singer, M., & Weeks, M. R. (1996). Preventing AIDS in communities of color: Anthropology and social prevention. *Human Organization, 55,* 488–492.

Singleton, J. (2000). Women caring for elderly family members: Shaping non-traditional work and family initiatives. *Journal of Comparative Family Studies, 31,* 367–375.

Siska, D. (1998, March/April). Boom time. *Foundation News and Commentary.* Retrieved from www.cof.org/fnc/28growth.htm#Growth.

Skinner, B. F. (1974). *About behaviorism.* New York: Vintage.

Skinner, E., Edge, K., Altman, J., & Sherwood, H. (2003). Searching for the structure of coping: A review and critique of category systems for classifying ways of coping. *Psychological Bulletin, 129*(2), 216–269.

Slavin, R. E. (1985). Cooperative learning: Applying contact theory in desegregated schools. *Journal of Social Issues, 41,* 45–62.

Slavin, R. (1996). Research on cooperative learning and achievement: What we know, what we need to know. *Contemporary Educational Psychology, 21,* 43–69.

Smart Growth (2008). *Private foundations.* Retrieved from www.epa.gov/smartgrowth/topics/private_foundations.htm.

Smith, H. P. (2006). Violent crime and victim compensation: Implications for social justice. *Violence and Victims, 21,* 307–322.

Smith, S. J., Easterlow, D., Munro, M., & Turner, K. M. (2003). Housing as health capital: How health trajectories and housing paths are linked. *Journal of Social Issues, 59,* 501–546.

Smither, R. D. (1998). *The psychology of work and human performance.* New York: Longman.

Smyth, J., & McInerney, P. (2007). Living on the edge: A case of school reform working for disadvantages adolescents. *Teachers College Record, 109,* 1123–1170.

Snow, D., Swan, S., & Raghavan, C. (2003).The relationship of work stressors, coping and social support to psychological symptoms among female secretarial employees. *Work & Stress, 17,* 241–263.

Snowden, L. R. (1987). The peculiar successes of community psychology: Service delivery to ethnic minorities and the poor. *American Journal of Community Psychology, 15,* 575–586.

Snowden, L. R. (1992). Community psychology and the "severely mentally ill." *Community Psychologist, 25,* 3.

Snowden, L. (2005). Racial, cultural and ethnic disparities in health and mental health: Toward theory and research at community levels. *American Journal of Community Psychology, 35,* 1–8.

Snowden, L. (2006). Strategies to improve minority access to public mental health services in California: Description and preliminary evaluation. *Journal of Community Psychology, 34,* 225–235.

Snowden, L. R., Martinez, M., & Morris, A. (2000). Community psychology and ethnic minority populations. In J. Rappaport & E. Seidman (Eds.), *Handbook of community psychology.* New York: Plenum.

Social Security Online (2005). *Cost of living adjustments for 2005.* Retrieved on July 5, 2008, from www.ssa.gov/cola/colafacts2005.htm.

Society for Community Research and Action (1994). *Final report of the task force on homeless women, children, and families.* Washington, DC: American Psychological Association.

Society for Community Research and Action (2007) *Practice Task Force report.* Washington, DC: American Psychological Association.

Solarz, A., & Bogat, G. A. (1990). When social support fails: The homeless. *Journal of Community Psychology, 18,* 79–96.

Solomon, D., Watson, M., Battisch, V., Schaps, E., & Delucchi, K. (1996). Creating classrooms that students experience as communities. *American Journal of Community Psychology, 24,* 719–748.

Sosin, M., Piliavin, I., & Westerfelt, H. (1990). Toward a longitudinal analysis of homelessness. *Journal of Social Issues, 46,* 157–174.

South, S. J., Haynie, D. L., & Bose, S. (2007). Student mobility and school dropout. *Social Science Research, 36,* 68–94.

Southwick, S. M., Morgan, C. A., Vythilingam, M., & Charney, D. (2006). Mentors enhance resilience in at-risk children and adolescents. *Psychoanalytic Inquiry, 26,* 577–584.

Speer, P., Dey, A., Griggs, P., Gibson, C., Lubin, B., & Hughey, J. (1992). In search of community: An analysis of community psychology research from 1984–1988. *American Journal of Community Psychology, 20,* 195–209.

Speer, P., & Hughey, J. (1995). Community organizing: An ecological route to empowerment and power. *American Journal of Community Psychology, 23,* 729–748.

Speigel, H. (1987). Coproduction in the context of neighborhood development. *Journal of Voluntary Research, 16,* 54–61.

Spillman, B. C., & Pezzin, L. E. (2000). Potential and active family caregivers: Changing networks and the "sandwich generation." *Millbank Quarterly, 78,* 347–374.

Spitzer, R. J. (1999, Summer). The gun dispute. *American Educator,* 10–17.

Spivack, G., & Marcus, J. (1987). Marks and classroom adjustment as early indicators of mental health at age twenty. *American Journal of Community Psychology, 15,* 35–56.

Spoth, R. (1997). Challenges in defining and developing the field of rural mental disorder preventive intervention research. *American Journal of Community Psychology, 25,* 425–448.

Spoth, R., Redmond, C., Hockaday, C., & Yoo, S. (1996). Protective factors and young adolescent tendency to abstain from alcohol use: A model using two waves of intervention study data. *American Journal of Community Psychology, 24,* 749–770.

Sprague, J., & Hayes, J. (2000). Self-determination and empowerment: A feminist standpoint analysis of talk about disability. *American Journal of Community Psychology, 28,* 671–695.

Spreitzer, G. M. (1995). An empirical test of a comprehensive model of intrapersonal empowerment in the workplace. *American Journal of Community Psychology, 23,* 601–629.

Stack, L. C., Lannon, P. B., & Miley, A. D. (1983). Accuracy of clinicians' expectancies for psychiatric rehospitalization. *American Journal of Community Psychology, 11,* 99–113.

Stanton, A., Kirk, S., Cameron, C., & Danoff-Burg, S. (2000). Coping through emotional approach: Scale construction and validation. *Journal of Personality and Social Psychology, 78,* 1150–1169.

Stearns, E., Moller, S., Blau, J., & Potochnick, S. (2007). Staying back and dropping out: The relationship between grade retention and school dropout. *Sociology of Education, 80,* 210–240.

Steffen, A. M. (1996). Community psychology's response to the promises and problems of aging. *The Community Psychologist, 29,* 19–21.

Stein, C., & Mankowski, E. (2004). Asking, witnessing, interpreting, knowing: Conducting qualitative research in community psychology. *American Journal of Community Psychology, 33*(1–2), 21–35.

Stein, L., & Test, M. A. (1985). The training in community living model: A decade of experience. In *New Directions for Mental Health Services* (Vol. 26). San Francisco: Jossey-Bass.

Stein, L. I., & Test, M. A. (1980). An alternative to mental hospital treatment. I: Conceptual model, treatment program, and clinical evaluation. *Archives of General Psychiatry, 37,* 392–397.

Stephens, C. (2007). Community as practice: Social representations of community and their implications for health promotion. *Journal of Community and Applied Social Psychology, 17,* 103–114.

Sternberg, L. (2004). Risk-taking in adolescence. *Annals of the New York Academy of Science, 1021,* 108.

Stipek, D., & Hakuta, K. (2007). Strategies to ensure that no child starts from behind. In L. J. Aber, S. J. Bishop-Josef, S. M. Jones, K. Taffe, & D. A. Phillips (Eds.), *Child development and social policy: Knowledge for action.* Washington, DC: American Psychological Association.

Stoiber, K. C., & McIntyre, J. (2006). Adolescent pregnancy and parenting. In G. G. Bear & K. M. Minke (Eds.), *Children's needs III: Development, prevention, and intervention.* Washington, DC: National Association of School Psychologists.

Storch, M., Gaab, J., Küttel, Y., Stüssi, A.-C., & Fend, H. (2007). Psychoneuroendocrine effects of resource-activating stress management training. *Health Psychology, 26*(4), 456–463.

Strange, J., Sherman, L., Angel, C. M., & Woods, D. J. (2006). Victim evaluations of face-to-face restorative justice conferences: A quasi-experimental analysis. *Journal of Social Issues, 62,* 281–306.

Strom, K., & MacDonald, J. (2007). The influence of social and economic disadvantage on racial patterns in youth homicide over time. *Homicide Studies, 11,* 50–69.

Strother, C. R. (1987). Reflections on the Stanford Conference and subsequent events. *American Journal of Community Psychology, 15,* 519–522.

Struening, E. L., & Padgett, D. K. (1990). Physical health status, substance use and abuse, and mental disorders among homeless adults. *Journal of Social Issues, 46,* 65–81.

Strumer, S., Snyder, M., & Omoto, A. (2005). Prosocial emotions and helping: The moderating role of group membership. *Journal of Personality and Social Psychology, 88,* 532–546.

Suarez-Balcazar, Y., Davis, M., Ferrari, J., Nyden, P., Olsen, B., Alverez, A., et al. (2004). University-community partnerships: A framework and an exemplar. In L. Jason, C. Keys, Y. Suarez-Balcazar, R. Taylor, & M. Davis (Eds.), *Participatory community research: Theories and methods in action* (pp. 105–120). Washington, DC: American Psychological Association.

Suarez-Balcazar, Y., Durlak, J. A., & Smith, C. (1994). Multicultural training practices in community psychology programs. *American Journal of Community Psychology, 22,* 785–798.

Substance Abuse and Mental Health Services Administration (2000). *Summary of findings from the 1999 National Household Survey on Drug Abuse* (Publication no. 00-3466). Rockville, MD: U.S. Department of Health and Human Service, Substance Abuse and Mental Health Services Administration.

Substance Abuse and Mental Health Services Administration (2007). *Results from the 2006 National Survey on Drug Use and Health: National findings.* Rockville, MD: SAMHSA Office of Applied Studies.

Sue, D. W., Bingham, R. P., Porché-Burke, L., & Vasquez, M. (1999). The diversification of psychology: A multicultural revolution. *American Psychologist, 54,* 1061–1069.

Sue, D., Bucceri, J., Lin, A., Nadal, & Torino, G. (2007). Racial microaggressions and the Asian American experience. *Cultural Diversity and Ethnic Minority Psychology, 13,* 72–81.

Sue, S. (1977). Community mental health services: Some optimism, some pessimism. *American Psychologist, 32,* 616–624.

Sue, S. (1999). Science, ethnicity, and bias: Where have we gone wrong? *American Psychologist, 54*(12), 1070–1077.

Sue, S. (2003). In defense of cultural competency in psychotherapy and treatment. *American Psychologist, 58,* 964–970.

Sue, S. (2006). Cultural competency: From philosophy to research and practice. *Journal of Community Psychology, 34,* 273–245.

Sundberg, N. D. (1985). The use of future studies in training for prevention and promotion in mental health. *Journal of Primary Prevention,* 6, 98–114.

Sundberg, N., Snowden, L., & Reynolds, W. (1978). Toward assessment of personal competence and incompetence in life situations. *Annual Review of Psychology, 29,* 179–221.

Sundstrom, E., DeMeuse, K. P., & Futrell, D. (1990). Work teams. *American Psychologist, 45,* 120–133.

Surgeon General's Call to Action to Promote Sexual Health and Responsible Sexual Behavior. (2001). Retrieved from http://www.surgeongeneral.gov/library/sexualhealth/call.htm.

Susser, E., Moore, R., & Link, B. (1993). Risk factors for homelessness. In H. K. Armenian, L. Gordis, J. L. Kelsey, M. Levine, & S. B. Thacker (Eds.), *Epidemiologic reviews* (vol. 15). Baltimore, MD: Johns Hopkins University School of Hygiene and Public Health.

Susser, E., Valencia, E., & Conover, S. (1993). Prevalence of HIV infection among psychiatric patients in a New York City men's shelter. *American Journal of Public Health, 83,* 55–57.

Sutton, R. M., & Farrall, S. (2005). Gender, socially desirable responding and the fear of crime: Are women really more anxious about crime? *British Journal of Criminology, 45,* 212–224.

Svec, H. (1987). Youth advocacy and high school dropout. *High School Journal, 70,* 185–192.

Svyantek, D. J., Goodman, S. A., Benz, L. L., & Gard, J. (1999). The relationship between organizational characteristics and team building success. *Journal of Business & Psychology, 14,* 265–283.

Swift, C., & Levin, G. (1987). Empowerment: An emerging mental health technology. *Journal of Primary Prevention, 8,* 71–94.

Sy, F. S., Chang, C. L., Choi, S. T., & Wong, F. Y. (1998). Epidemiology of HIV and AIDS among Asians and Pacific Islander Americans. *AIDS Education and Prevention,* 10 (Supplement A), 4–18.

Szasz, T. S. (1961). *The myth of mental illness.* New York: Dell.

Taber, T. D., Cooke, R. A., & Walsh, J. T. (1990). A joint business-community approach to improve problem solving by workers displaced in a plant shutdown. *Journal of Community Psychology, 18,* 19–33.

Talbott, J. A. (1975). Current clichés and platitudes in vogue in psychiatric vocabularies. *Hospital and Community Psychiatry, 26,* 530.

Tartaglia, S. (2006). A preliminary study for a new model of sense of community. *Journal of Community Psychology, 34,* 25–36.

Taulé-Lunblad, J., Galbavy, R., & Dowrick, P. (2000). Putting the cool into after school: Responsive afterschool community learning centers. *Community Psychologist, 33,* 33–34.

Tausig, M. (1987). Detecting "cracks" in mental health service systems: Application of network analytic techniques. *American Journal of Community Psychology, 15,* 337–351.

Taxman, F. S. (2004). The offender and reentry: Supporting active participation in reintegration. *Federal Probation, 68,* 31–35.

Taylor, C., & Taylor, V. (2007). Hip hop is now: An evolving youth culture. *Reclaiming Children and Youth, 15,* 210–213.

Taylor, R. B., & Shumaker, S. A. (1990). Local crime as a natural disaster: Implications for understanding the relationship between disorder and fear of crime. *American Journal of Community Psychology, 18,* 619–641.

Taylor, S. E. (1986–1987). The impact of an alternative high school program on students labeled "deviant." *Educational Research Quarterly, 11,* 8–12.

Taylor, S. E., Helgeson, V. S., Reed, G. M., & Skokan, L. A. (1991). Self-generated feelings of control and adjustment to physical illness. *Journal of Social Issues, 47,* 91–110.

Thatcher, J., & Howard, M. (1989). Enhancing professional effectiveness: Management training for the head teacher. *Educational and Child Psychology, 6,* 45–50.

Thoits, P. (1984). Explaining distributions of psychological vulnerability: Lack of social support in the face of life stress. *Social Forces, 63*(2), 453–481.

Thoits, P. (1985). Social support and psychological well being: Theoretical possibilities. In I. Sarason & B. Sarason (Eds.), *Social support: Theory, research and application* (pp. 51–72). Netherlands: Martinus Nijhoff.

Thoits, P. (1986). Social support as coping assistance. *Journal of Consulting and Clinical Psychology, 54,* 416–423.

Thomas, D., & Veno, A. (Eds.) *Community Psychology and Social Change:Australian and New Zealand Perspectives* (2nd Ed.). Palmerston North, New Zealand: Dunmore Press.

Thomas, E., Rickel, A. U., Butler, C., & Montgomery, E. (1990). Adolescent pregnancy and parenting. *Journal of Primary Prevention, 10,* 195–206.

Thomas, J. (2008). *Crime Rates in the United States remain at 30-year lows.* Retrieved from www.america.gov/st/washfile-english/%202005/September/200509281446271.

Thompson, M. P., & Norris, F. H. (1992). Crime, social status and alienation. *American Journal of Community Psychology, 20,* 97–119.

Thompson, S. C., & Spacespan, S. (1991). Perceptions of control in vulnerable populations. *Journal of Social Issues, 47,* 1–21.

Thorpe, S. J., & Brosnan, M. J. (2007). Does computer anxiety reach levels which conform to DSM IV criteria for specific phobia? *Computers in Human Behavior, 23,* 1258–1272.

Tice, C. H. (1991). Developing informal networks of caring through intergenerational connections in school settings. *Marriage and Family Review, 16,* 377–389.

Tierney, J. P. Grossman, J. B., & Resch, N. (1995). *Making a difference: An impact study of Big Brother/Big Sister.* Philadelphia: Public/Private Ventures.

Timothy, T. (2004). *Clinical Psychology.* Florence, Kentucky: Wadsworth Publishing.

Tobler, N. S., Ronna, M., Ochshorn, P., Marshall, D. G., Streke, A., & Stackpole, K. M. (2000). School-based adolescent drug prevention programs: 1998 meta-analysis. *Journal of Primary Prevention, 20,* 275–336.

Toker, S., Shirom, A., Shapira, I., Berliner, S., & Melamed, S. (2005). The association between burnout, depression, anxiety, and inflammation biomarkers: C-reactive protein and fibrinogen in men and women. *Journal of Occupational Health Psychology, 10,* 344–362.

Tolan, P., Keys, C., Chertak, F., & Jason, L. (1990). *Researching community psychology.* Washington, DC: American Psychological Association.

Tompsett, C. J., Toro, P. A., Guzicki, M., Manrique, M., & Zatakia, J. (2006). Homelessness in the United States: Assessing changes in prevalence and public opinion, 1993–2001. *American Journal of Community Psychology, 37,* 47–61.

Toro, P. A. (1990). Evaluating professionally operated and self-help programs for the seriously mentally ill. *American Journal of Community Psychology, 18,* 903–907.

Toro, P. (2005). Community psychology: Where do we go from here? *American Journal of Community Psychology, 35*(1–2), 9–16.

Toro, P. A. (2007). Toward an international understanding of homelessness. *Journal of Social Issues, 63,* 461–481.

Torrey, E. F. (1997, June). The release of the mentally ill from institutions: A well-intentioned disaster. *Chronicle of Higher Education,* B4–B5.

Tosi, H. L., Rizzo, J. R., & Carroll, S. J. (1986). *Managing organizational behavior.* Marshfield, MA: Pitman.

Town, M., Naimi, T. S., Mokdad, A. H., & Brewer, R. D. (2006). Health care access among U.S. adults who drink alcohol excessively: missed opportunities for prevention. *Preventing Chronic Disease, 3,* A53.

Traynor, M. P., Begay, M. E., & Glantz, S. A. (1993). New tobacco industry strategy to prevent local tobacco control. *Journal of the American Medical Association, 270,* 479–486.

Trickett, E. (1996). A future for community psychology: The contexts of diversity and the diversity of contexts. *American Journal of Community Psychology, 24,* 209–234.

Trickett, E. J., McConahay, J. B., Phillips, D., & Ginter, M. A. (1985). Natural experiments and the educational context: The environment and effects of an alternative inner-city public school on adolescents. *American Journal of Community Psychology, 13,* 617–643.

Trotter, R. T. (1995). Drug use, AIDS, and ethnography: Advanced ethnographic research methods exploring the HIV epidemic. In R. H. Needle, S. G. Gesner, & R. T. Trotter (Eds.), *Social networks, drug abuse, and HIV transmission* (pp. 38–53). Rockville, MD: National Institute on Drug Abuse.

Tseng, V., & Seidman, E. (2007). A systems framework for understanding social settings. *American Journal of Community Psychology, 39*(3–4), 217–228.

Tsui, A., Egan, T., & O'Reilly, C. (1992) Being different: Relational demography and organizational attachment. *Administrative Science Quarterly, 37,* 549–579.

Turman, K. M. (2001, January/February). Crime victims. *National Criminal Justice Reference Service Catalog,* p14.

Turner, J. B., Kessler, R. C., & House, J. S. (1991). Factors facilitating adjustment to unemployment: Implications for intervention. *American Journal of Community Psychology, 19,* 521–524.

Turnipseed, D. L. (1998). Anxiety and burnout in the health care work environment. *Psychological Reports, 82,* 627–642.

Uchino, B. (2004). *Social support and physical health: Understanding the health consequences of relationships.* New Haven, CT: Yale University Press.

Uchino, B. (2006). Social support and health: A review of physiological processes potentially underlying links to disease outcomes. *Journal of Behavioral Medicine, 29,* 377–387.

Uchino, B., Cacioppo, J., & Kiecolt-Glaser, J. (1996). The relationship between social support and physiological processes: A review with emphasis on underlying mechanisms and implications for health. *Psychological Bulletin, 119*(3), 488–531.

UNAIDS. (2006). *AIDS Epidemic Update.* Geneva, Switzerland: WHO Library Cataloguing. World Health Organization (2008a, b)

Unger, D. G., & Wandersman, A. (1985). The importance of neighbors: The social, cognitive and affective components of neighboring. *American Journal of Community Psychology, 13,* 139–170.

Unger, D. G., & Wandersman, L. P. (1985b). Social support and adolescent mothers: Action research contributions to theory and application. *American Journal of Community Psychology, 41,* 29–45.

U.S. Census Bureau (2004). *U.S. Interim projections by age, sex, race, and Hispanic origin.* Retrieved from (http://www.census.gov/ipc//www/interimproj/).

U.S. Department of Education (1998). *Guide to safe schools.* Washington, DC: Author.

U.S. Department of Health and Human Services (2000). *Healthy people 2000: National health promotion and disease prevention objectives.* DHHS publication no. (PHS) 91–50212. Washington, DC: Superintendent of Documents, U.S. Government Printing Office.

U.S. Department of Health and Human Services (1998). *Profile of homelessness.* Retrieved from www .aspe.os.dhhs.gov/progsys/homeless/profile.htm.

U.S. Department of Health and Human Services (2001a). *Head Start factsheet 2001.* Retrieved from www .acf.dhhs.gov/programs/hsb/about/fact2001.htm.

U.S. Department of Health and Human Services (2001b). *Women and smoking: A report of the Surgeon General.* Atlanta, GA: U.S. Department of Health and Human Services, Centers for Disease Control and Prevention, National Center for Chronic Disease Prevention and Health Promotion, Office on Smoking and Health.

U.S. Department of Health and Human Resources (2003). *STD in adolescents and young adults: Special focus profiles.* Washington, DC: U.S. Government Printing Office.

U.S. Department of Health and Human Services (2004). *The health consequences of smoking: A report of the Surgeon General.* Atlanta, GA: U.S. Department of Health and Human Services, Centers for Disease Control and Prevention, National Center for Chronic Disease Prevention and Health Promotion, Office on Smoking and Health.

U.S. Department of Health and Human Resources (2006). *STD surveillance national profile.* Washington, DC: U.S. Government Printing Offices.

U.S. Department of Health and Human Services, CDC (2008, April 2). *Alcohol and public health—binge drinking*. Retrieved June 13, 2008, from www.cdc.gov/alcohol.quickstats/binge_drinking.htm

U.S. Department of Justice (1997). *What you can do if you are a victim of crime*. Washington, DC: Author.

U.S. Department of Labor, Bureau of Labor Statistics (2006). *Futurework: Trends and challenges for work in the 21st century*. Retrieved from www.dol.gov/oasam/programs/history/herman/reports/futurework/report/chapter4/main.htm.

U.S. Preventive Services Task Force (November, 2002). Screening for colorectal cancer: U.S. Preventive Services Task Force recommendation statement, *Annals of Internal Medicine, 149*(9). Retrieved from http://www.annals.org/cgi/content/full/0000605-200811040-00243v1.

U.S. Surgeon General (1999). *Mental health: A report of the U.S. Surgeon General*. Retrieved July 1, 2008, from www.surgeongeneral.gov/library/mentalhealth/home.html.

Vacca, J. S. (2004). Educated prisoners are less likely to return to prison. *Journal of Correctional Education, 55*, 297–315.

Valdiserri, R. O., West, G., Moore, M., Darrow, W. W., & Hinman, A. R. (1992). Structuring HIV prevention services delivery systems on the basis of social science theory. *Journal of Community Health, 17*, 259–269.

Valentiner, D., Holohan, C., & Moos, R. (1994). Social support, appraisals of event controllability, and coping: An integrative model. *Journal of Personality and Social Psychology, 66*, 1094–1102.

Van Fleet, D. D. (1991). *Behavior in organizations*. Boston: Houghton Mifflin.

Van Houtte, M. (2005). Climate or culture? A plea for conceptual clarity in school effectiveness research. *School Effectiveness and School Improvement, 16*, 71–89.

Varmus, H., & Satcher, D. (1997). Ethical complexities of conducting research in developing countries. *New England Journal of Medicine, 337*, 1003–1005.

Vartonian, T. P., & Gleason, P. M. (1999). Do neighborhood conditions affect high school dropout and college graduation rates? *Journal of Socio-Economics, 28*, 21–41.

Vaux, A. (1991). Let's hang up and try again: Lessons learned from a social support intervention. *American Journal of Community Psychology, 19*, 85–90.

Velleman, R. B., Templeton, L. J., & Copello, A. G. (2005). The role of the family in preventing and intervening with substance use and misuse: A comprehensive review of family interventions, with a focus on young people. *Drug and Alcohol Review, 24*, 93–109.

Vidal, A. P. C., Howitt, A. M., & Foster, K. P. (1986). *Stimulating community report? An assessment of the local initiative support corporation*. Cambridge, MA: John F. Kennedy School of Government.

Vidmar, N. (1992). Procedural justice and alternative dispute resolution. *Psychological Science, 3*, 224–228.

Vieno, A., Perkins, D. D., Smith, T. M., & Santinello, M. (2005). Democratic school climate and a sense of community in school: A multilevel analysis. *American Journal of Community Psychology, 36*, 327–341.

Vimpani, G. (2005). Getting the mix right: Family, community and social policy interventions to improve outcomes for young people at risk of substance misuse. *Drug and Alcohol Review, 24*, 111–125.

Vincent, T. A. (1990). A view from the hill: The human element in policy making on Capitol Hill. *American Psychologist, 45*, 61–64.

Vitaliano, P., DeWolfe, D., Maiuro, R., Russo, J., & Katon, W. (1990). Appraised changeability of a stressor as a modifier of the relationship between coping and depression: A test of the hypothesis of fit. *Journal of Personality and Social Psychology, 59*, 582–592.

Voas, R. B., Tippetts, A. S., & Fell, J. (2000). The relationship of alcohol safety laws to drinking drivers in fatal crashes. *Accident Analysis and Prevention, 32*, 483–492.

Vogelman, L. (1990). Psychology, mental health care and the future: Is appropriate transformation in post-apartheid South Africa possible? *Social Science and Medicine, 31*, 501–505.

Wagner, B., Compas, B., & Howell, D. (1988). Daily and major life events: A test of an integrative model of psychosocial stress. *American Journal of Community Psychology, 16*(2), 189–205.

Walfish, S., Polifka, J. A., & Stenmark, D. E. (1986). The job search in community psychology: A survey of recent graduates. *American Journal of Community Psychology, 14,* 237–240.

Walker, C. R., & Walker, S. G. (1990). The citizen and the police: A partnership in crime prevention. *Canadian Journal of Criminology, 32,* 125–135.

Walker, I., & Crogan, M. (1998). Academic performance, prejudice, and the jigsaw classroom: New pieces to the puzzle. *Journal of Community & Applied Social Psychology, 8,* 381–393.

Walker, L., Sakai, T., & Brady, K. (2006). Restorative circles—a reentry planning process for Hawaii inmates. *Federal Probation, 70,* 33–38.

Wallerstein, N., & Bernstein, S. (1988). Empowerment education: Freire's idea adapted to health education. *Health Education Quarterly, 15,* 379–394.

Wallston, B., Alagna, S., & DeVellis, B. (1983). Social support and physical health. *Health Psychology, 2,* 367–391.

Walsh, M. E., & Jackson, J. H. (2005). Psychological services for children and families who are homeless. In R. G. Steele & M. C. Roberts (Eds.), *Handbook of mental health services for children, adolescents, and families.* New York: Kluwer.

Walsh, R. T. (1987). A social historical note on the formal emergence of community psychology. *American Journal of Community Psychology, 15,* 523–529.

Wandersman, A., & Florin, P. (2000). Citizen participation and community organizations. In J. Rappaport & E. Seidman (Eds.), *Handbook of community psychology.* New York: Plenum.

Wandersman, A., Florin, P., Friedman, R., & Meier, R. (1987). Who participates, who does not and why? An analysis of voluntary neighborhood organizations in the United States and Israel. *Sociological Forum, 2,* 534–555.

Wandersman, A., Hallman, W., & Berman, S. (1989). How residents cope with living near a hazardous waste landfill: An example of substantive theorizing. *American Journal of Community Psychology, 17,* 575–584.

Wandersman, A., Kloos, B., Linney, J., & Shinn, M. (2005). Science and community psychology: Enhancing the vitality of community research and action. *American Journal of Community Psychology, 35,* 105–106.

Wandersman, A., Morrissey, E., Davino, K., Seybolt, D., Crusto, C., Nation, M., et al. (1998). Comprehensive quality programming and accountability: Eight essential strategies for implementing successful prevention programs. *Journal of Primary Prevention, 19,* 3–30.

Wandersman, A., & Nation, M. (1998). Urban neighborhoods and mental health: Psychological contributions to understanding toxicity, resilience, and interventions. *American Psychologist, 53,* 647–656.

Wardlaw, D. M. (2000). Persistent themes in the history of community psychology: A preliminary analysis of *The Community Psychologist* or do we have an identity after all? *Community Psychologist, 33,* 15–18.

Warner, R. (1989). Deinstitutionalization: How did we get where we are? *Journal of Social Issues, 45,* 17–30.

Warren-Sohlberg, L., Jason, L. A., Orosan-Weine, A. M., Lantz, G. D., & Reyes, O. (1998). Implementing and evaluating preventive programs for high-risk transfer students. *Journal of Educational & Psychological Consultation, 9,* 309–324.

Wasik, B. H., Ramey, C. T., Bryant, D. M., & Sparling, J. J. (1990). A longitudinal study of two early intervention strategies: Project CARE. *Child Development, 61,* 1682–1696.

Watters, J., & Biernacki, P. (1989). Targeted sampling options for the study of hidden populations. *Social Problems, 36,* 416–430.

Watts, R. J. (1992). Elements of a psychology of human diversity. *Journal of Community Psychology, 20,* 116–131.

Watts, R., & Serrano-Garcia, I. (2003). The quest for a liberating community psychology: An overview. *American Journal of Community Psychology, 31,* 73–78.

Watts-English, T., Fortson, B. L., Gibler, N., Hooper, S. R., & De Bellis, M. D. (2006). The psychobiology of maltreatment in childhood. *Journal of Social Issues, 62,* 717–736.

Watzlawick, P., Weakland, J., & Fisch, R. (1974). *Change: Principles of problem formation and problem resolution.* New York: Norton.

Way, M., Reddy, R., & Rhodes, J. (2007). Students' perceptions of school climate during the middle school years: Associations with trajectories of psychological and behavioral adjustment. *American Journal of Community Psychology, 40,* 194–213.

Weaver, J. (1986). Therapeutic implications of divorce mediation. *Mediation Quarterly, 12,* 75–90.

Webb, D. H. (1989). PBB: An environment contaminant in Michigan. *Journal of Community Psychology, 17,* 30–46.

Webster-Stratton, C., & Reid, M. J. (2007). Incredible years parents and teachers training series: A Head Start partnership to promote social competence and prevent conduct problems. In P. Tolan, J. Szapocznik, & S. Sambrano (Eds.), *Preventing youth substance abuse: Science-based programs for children and adolescents.* Washington, DC: American Psychological Association.

Wechsler, H., Dowdall, G. W., Maenner, G., Gledhill-Hoyt, L., & Lee, H. (1998). Changes in binge drinking and related problems among American college students between 1993 and 1997: Results of the Harvard School of Public Health College Alcohol Study. *American College Health, 47,* 51–55.

Weed, D. S. (1990, August). *Providing consultation to primary prevention programs: Applying the technology of community psychology.* Paper presented to the Annual Convention of the American Psychological Association, Boston, MA.

Weeks, M. R. (1990). *Community outreach prevention effort: Designs in culturally appropriate AIDS intervention.* Hartford, CT: Institute for Community Research.

Weeks, M. R., Schensul, J. J., Williams, S. S., Singer M., & Grier, M. (1995). AIDS prevention for African-American and Latina women: Building culturally and gender-appropriate intervention. *AIDS Education and Prevention, 7,* 251–263.

Weeks, M. R., Singer, M., Grier, M., Hunte-Marrow, J., & Haughton, C. (1991). *Project COPE: Preventing AIDS among injection drug users and their sex partners.* Hartford, CT: Institute for Community Research.

Weikart, D. P., & Schweinhart, L. J. (1997). High/Scope Perry Preschool Program. In G. W. Albee & T. P. Gullotta (Eds.), *Primary prevention works.* Thousand Oaks, CA: Sage.

Weinberg, R. B. (1990). Serving large numbers of adolescent victim-survivors: Group interventions following trauma at school. *Professional Psychology Research and Practice, 21,* 271–278.

Weinstein, R. S. (1990). The universe of alternatives in schooling: The contributions of Seymour B. Sarason to education. *American Journal of Community Psychology, 18,* 359–369.

Weinstein, R. (2006). Reaching higher in community psychology: Social problems, social settings, and social change. *American Journal of Community Psychology, 37,* (1–2), 9–20

Weinstein, R. S., Soule, C. R., Collins, F., Cone, J., Mehlhorn, M., & Simontacchi, K. (1991). Expectations and high school change: Teacher-researcher collaboration to prevent school failure. *American Journal of Community Psychology, 19,* 333–362.

Weissberg, R., Kumpfer, K., & Seligman, M. (2003). Prevention that works for children and youth: An introduction. *American Psychologist, 58*(6–7), 425–432.

Weitzer, R., & Tuch, S. A. (2005). Racially biased policing: Determinants of citizen perceptions. *Social Forces, 83,* 1009–1030.

Weitzman, B. C., Knickman, J. R., & Shinn, M. (1990). Pathways to homelessness among New York City families. *Journal of Social Issues, 46*(4), 125–140.

Well, S. S., Holme, J. J., Atanda, A. K., & Revilla, A. T. (2005). Tackling racial segregation one policy at a time: Why school desegregation only went so far. *Teachers College Record, 107,* 2141–2177.

Wells, W. (2007). Type of contact and evaluations of police officers: The effects of procedural justice across three types of police-citizen contact. *Journal of Criminal Justice, 35,* 612–621.

Wemmers, J., & Cyr, K. (2005). Can mediation be therapeutic for crime victims? An evaluation of victims' experiences in mediation with young offenders. *Canadian Journal of Criminology and Criminal Justice, 47,* 527–554.

Werner, E., & Smith, R. (2001). *Journeys from childhood to midlife: Risk, resilience, and recovery.* Ithaca, NY: Cornell University Press.

Wesson, D. R., Smith, D. E., Ling, W., & Seymour, R. B. (1997). *Sedative-hypnotics and tricyclics.* In J. H. Lowinson, *Substance abuse a comprehensive textbook* (3rd ed.). Baltimore: Williams & Wilkins.

Western Regional Advocacy Project (2006). *Without housing: Decades of federal housing cutbacks, massive homelessness and policy failures.* San Francisco: Author.

Wheaton, B. (1997). The nature of chronic stress. In B. Gottlieb (Ed.), *Coping with chronic stress* (pp. 43–103). New York: Plenum.

White, R. W. (1959). Motivation reconsidered: The concept of competence. *Psychological Review, 66,* 297–333.

WHO Report on the Global Tobacco Epidemic, 2008: The MPOWER package (2008). Geneva: World Health Organization.

Widom, C., DuMont, K., & Czaja, S. (2007). A prospective investigation of major depressive disorder and comorbidity in abused and neglected children grown up. *Archives of General Psychiatry, 64,* 49–56.

Widom, C., Marmorstein, N., & White, H. (2006). Childhood victimization and illicit drug use in middle adulthood. *Psychology of Addictive Behaviors, 20,* 394–403.

Wielkiewicz, R., & Stelzner, S. (2005). An ecological perspective on leadership theory, research and practice. *Review of General Psychology, 9,* 326–341.

Wilcox, B. (1981). Social support, life stress, and psychological adjustment: A test of the buffering hypothesis. *American Journal of Community Psychology, 9*(4), 371–386.

Wilcox, B. L., Robbennolt, J. K., O'Keeffe, J. E., & Pynchon, M. E. (1996). Teen nonmarital childbearing and welfare: The gap between research and political discourse. *Journal of Social Issues, 52,* 71–90.

Wilczenski, F. L., & Coomey, S. M. (2007). *A practical guide to service learning: Strategies for positive development in schools.* New York: Springer Science.

Wilkinson, D. (2007). The multidimensional nature of social cohesion: Psychological sense of community, attraction, and neighboring. *American Journal of Community Psychology, 40,* 214–229.

Wilkinson-Lee, A. M., Russell, S. T., & Lee, F. C. H. (2006). Practitioners' perspectives on cultural sensitivity in Latina/o teen pregnancy prevention. *Family Relations, 55,* 376–389.

Williams, D. (2004). Improving race relations in higher education: The jigsaw classroom as a missing piece to the puzzle. *Urban Education, 39,* 316–344.

Williams, K. R., & Guerra, N. G. (2007). Prevalence and predictors of Internet bullying. *Journal of Adolescent Health, 41,* S41–S21.

Williamson, T., Ashby, D., & Webber, R. (2006). Classifying neighbourhoods for reassurance policing. *Policing & Society, 16*(2), 189–218.

Willis, T. A. (1991). Comments on Heller, Thompson, Trueba, Hogg and Vlachos-Weber: Peer support telephone dyads for elderly women. *American Journal of Community Psychology, 19,* 75–83.

Willowbrook Plan Worked. (1982, September 4). *New York Times,* p. 20.

Wilson, G., & Lester, D. (1998). Suicide prevention by e-mail. *Crisis Intervention and Time-Limited Treatment, 4,* 81–87.

Wilson, G. T., O'Leary, K. D., & Nathan, P. (1992). *Abnormal psychology.* Englewood Cliffs, NJ: Prentice Hall.

Wilson, J. B., Ellwood, D. T., & Brooks-Gunn, J. (1996). Welfare-to-work through the eyes of children. In P. L. Chase-Lansdale & J. Brooks-Gunn (Eds.), *Escape from poverty: What makes a difference for children?* New York: Cambridge University Press.

Winkleby, M., Taylor, C., Jatulis, D., & Fortmann, S. (1996). The long-term effects of a cardiovascular disease prevention trial: The Stanford Five City Project. *American Journal of Public Health, 86,* 1773–1779.

Withy, K., Andaya, J., Mikami, J., & Yamada, S. (2007). Assessing health disparities in rural Hawaii using the Hoshin facilitation method. *Journal of Rural Health, 23*(1), 84–88.

Wittig, M. A., & Schmitz, J. (1996). Electronic grassroots organizing. *Journal of Social Issues, 52,* 53–69.

Wolff, T. (1987). Community psychology and empowerment: An activist's insights. *American Journal of Community Psychology, 15,* 151–166.

Wollert, R., & The Self-Help Research Team (1987). The self-help clearinghouse concept: An evaluation of one program and its implications for policy and practice. *American Journal of Community Psychology, 15,* 491–508.

Wong, F. Y., Blakely, C. H., & Worsham, S. L. (1991). Techniques and pitfalls of applied behavioral science research: The case of community mediation. In K. G. Duffy, J. W. Grosch, & P. V. Olczak (Eds.), *Community mediation: A handbook for practitioners and researchers* (pp. 35–41). New York: Guilford.

Wong, F. Y., & Bouey, P. D. (2001). *Substance use/HIV health among urban Native Indians.* Unpublished manuscript. Washington, DC: George Washington University School of Public Health and Health Services.

Woodward, T. G. (2008). Using protective factors to change the future of corrections. *Corrections Today, 70,* 76–77.

Woolpert, S. (1991). Victim-offender reconciliation programs. In K. G. Duffy, J. W. Grosch, & P. V. Olczak (Eds.), *Community mediation: A handbook for practitioners and researchers.* New York: Guilford.

Worchel, S., Cooper, J., & Goethals, G. R. (1991). *Understanding social psychology.* Pacific Grove, CA: Brooks/Cole.

Worchel, S., & Lundgren, S. (1991). The nature of conflict and conflict resolution. In K. G. Duffy, J. W. Grosch, & P. V. Olczak (Eds.), *Community mediation: A handbook for practitioners and researchers.* New York: Guilford.

Work, W. C., Cowen, E., Parker, G. R., & Wyman, P. A. (1990). Stress resilient children in an urban setting. *Journal of Primary Prevention, 11,* 3–17.

Work, W. C., & Olsen, K. H. (1990). Evaluation of a revised fourth grade social problem solving curriculum: Empathy as a moderator of adjustive gain. *Journal of Primary Prevention, 11,* 143–157.

World Health Organization (2004). *Managing child abuse: A handbook for medical officers.* New Delhi: Author.

World Health Organization (2008a). *Global health indicators, World health statistics 2008* (pp. 36–46). Retrieved on July 5, 2008, from www.who.int/whosis/whostat/2008/en/index.html.

World Health Organization (2008b). *WHO facts and figures.* Retrieved on June 13, 2008, from www.who.int/substance_abuse/facts/en.

Wright, S. C., Aron, A., McLaughlin-Volpe, T., & Ropp, S. A. (1997). The extended contact effect: Knowledge of cross-group friendships and prejudice. *Journal of Personality and Social Psychology, 73,* 73–90.

Wright, S., & Cowen, E. L. (1985). The effects of peer teaching on student perceptions of class environment, adjustment, and academic performance. *American Journal of Community Psychology, 13,* 417–432.

Wrosch, C., Dunne, E., Scheier, M. F., & Schulz, R. (2006). Self-regulation of common age-related challenges: Benefits for older adults' psychological and physical health. *Journal of Behavioral Medicine, 29,* 299–306.

Xie, J. L., & Johns, G. (1995). Job scope and stress: Can job scope be too high? *Academy of Management Journal, 38,* 1288–1309.

Yates, M., & Youniss, J. (1998). Community service and political identity development in adolescence. *Journal of Social Issues Special Issue: Political Development: Youth Growing Up in a Global Community, 54,* 495–512.

Yang, P., & Barrett, N. (2006). Understanding public attitudes towards Social Security. *International Journal of Social Welfare, 15,* 95–109.

Yoon, O., & Joo, H. (2005). A contextual analysis of crime rates: The Korean case. *Crime, Law and Social Change, 43,* 31–55.

Youngstrom, E., Weist, M., & Albus, K. E. (2003). Exploring violence exposure, stress, protective factors and behavioral problems among inner-city youth. *American Journal of Community Psychology, 32,* 115–129.

Yunus, M. (1999, November). The Grameen Bank. *Scientific American,* 114–119.

Yunus, M. (2007). *Grameen bank at a glance.* Retrieved from www.grameen-info.org/bank/GBGlance.htm.

Zarit, S. H., Pearlin, L., & Schaie, K. W. (2003). Personal control in social and life course contexts. In S. H. Zarit, L. Pearlin, & K. W. Schaie (Eds.), *Social impact on aging.* New York: Springer.

Zeitlin, D., Keller, S., Shiflett, S., Schleifer, S., & Bartlett, J. (2000). Immunological effects of massage therapy during acute academic stress. *Psychosomatic Medicine, 62,* 83–84.

Zhong, L. Y., & Broadhurst, R. G. (2007). Building little safe and civilized communities: Community crime prevention with Chinese characteristics? *International Journal of Offender Therapy and Comparative Criminology, 51,* 52–67.

Zigler, E. (1990). Shaping child care policies and programs in America. *American Journal of Community Psychology, 18,* 183–216.

Zigler, E. (1994). Reshaping early childhood intervention to be a more effective weapon against poverty. *American Journal of Community Psychology, 22,* 37–48.

Zigler, E. F., & Muenchow, S. (1992). *Head Start: The inside story of America's most successful educational experiment.* New York: Basic Books.

Zigler, E. F., & Gilman, E. D. (1998). Day care and early childhood settings: Fostering mental health in young children. *Child and Adolescent Psychiatric Clinics of North America, 7,* 483–498.

Zigler, E. F., & Goodman, J. (1982). The battle for day care in America: A view from the trenches. In

E. F. Zigler & E. W. Gordon (Eds.), *Day care: Scientific and social policy issues*. Boston: Auburn House.

Zigler, E., & Lang, M. (1991). *Childcare choices*. New York: Free Press.

Zimmerman, M. (1995). Psychological empowerment: Issues and illustrations. *American Journal of Community Psychology, 23*(5), 581–599.

Zimmerman, M. A., Ramírez-Valles, J., & Maton, K. L. (1999). Resilience among urban African American male adolescents: A study of the protective effects of sociopolitical control on their mental health. *American Journal of Community Psychology, 27,* 733–751.

Zimmerman, M. A., & Rappaport, J. (1988). Citizen participation, perceived control, and empowerment. *American Journal of Community Psychology, 16,* 725–750.

Zippay, A. (1990–1991). The limits of intimates: Social networks and economic status among industrial workers. *Special issue: Applications of social support and social network interventions in direct practice. Journal of Applied Social Sciences, 15,* 75–95.

Zirkel, S., & Cantor, N. (2004). 50 years after *Brown v. Board of Education*: The promise and challenge of multicultural education. *Journal of Social Issues, 60,* 1–14.

Zlotnick, C., Robertson, M. J., & Lahiff, M. (1999). Getting off the streets: Economic resources and residential exits from homelessness. *Journal of Community Psychology, 27,* 209–224.

Zohar, D. (1997). Predicting burnout with a hassle based measure of role demands. *Journal of Occupational Behavior,* 101–115.

Zohar, D. (1999). When things go wrong: The effect of daily work hassles on effort, exertion and negative mood. *Journal of Occupational and Organizational Psychology, 72,* 265–283.

Zugazaga, C. (2004). Stressful life event experiences of homeless adults: A comparison of single men, single women, and women with children. *Journal of Community Psychology, 32,* 643–654.

人名索引*

* 本索引中,每条索引后面的数字均为英文版页码,现为中文版的边码。——译者注

C

D

E

F

G

H

J

L

Q

R

S

T

主题索引 *

* 本索引中，每条索引后面的数字均为英文版页码，现为中文版的边码。——译者注

Y

Z

译后记

从2005年第一次接触到“community psychology”这一术语开始，我就对它产生了莫名的好感，其中的缘由，大概是因为它是一种“新”心理学吧。

社区心理学之所以“新”，是因为从1965年5月该学科诞生算起，时至今日也不过短短48年的时间。或许是因为未到成熟之时，该学科的很多问题还充满了模糊、矛盾和争论。比如，随手翻阅国内已引进的社区心理学英文书籍，便可以发现，这些书的作者无论是在关于社区心理学的定义上，还是在社区心理学的基本原则和概念体系上，远未达成共识。但恰恰是这种学科上的不成熟及其内在的多元性和开放性特点，吸引了越来越多的心理学家加入其中。而这，恰恰就是一门学科生机和活力的体现。

当然，社区心理学的“新”，更体现在它的理念/观点之新上。不同于传统的心理学将研究焦点定位于个体，社区心理学一方面将个体更多地放在情境或环境中来理解（环境中的人的视角），另一方面又将环境的改变或改造视为解决问题的更重要的方法。因为，在社区心理学看来，如果仅仅改变个体的认知、情绪、人格等（就像传统心理学做的那样），即便取得了效果，其效果也不太可能持久，而只有环境的改变，甚至更激进一点说，只有社会变革，才能促进环境中的个体产生长久的改变。

这一观念上的革新一方面使心理学看待问题的视角（心理学研究）发生了巨大的变化，另一方面也促使心理学在实践或应用（心理学干预）上转变方向。具体而言：

其一，由于社区心理学更强调情境/环境的影响和决定性作用，因此，它（比传统的心理学）更注重探究个体所处的社会、文化、经济、地理和历史的情境对人的行为的影响，同时，由于秉承人与环境互动的观点，社区心理学更关注个体行为与环境相互作用的具体模式。比如，在社区心理学看来，如果仅仅将“王小刚”们为什么不上学了（辍学）的原因归咎于“王小刚”们学习成绩不好、学习动机低（个体原因），而没有看到学校文化、教学方法、学校管理等环境性变量的影响甚至决定性作用，那么，这一方面表明我们看待问题的视角有失偏颇，另一方面又使我们陷入“批评受害者”——把个体的问题归因于个体本身，而不是个体所处的环境因素——的错误态度和伦理困境中。这不仅是知识上的错误引导，也是对弱者的社会压迫。

其二，由于有基于以上新理念的科学研究结果作为证据或基础，社区心理学家在开展干预时，更着眼于环境的改造或改变。比如，对“王小刚”们的辍学行为的干预，假设之前的社区心理学研究发现，目前的教学方法只对成绩中等及以上的学生有益，对成绩差的学生简直是一场灾难，那么，采用新的、更匹配这些学生成绩水平，更能激发其学习兴趣的教学方法，就应该被采用，以此进行教学上的改革（环境的改变）。目前，西方已有大量的研究发现，基于环境改变的心理学干预将给个体带来更深远的影响（具体内容请参阅本译著）。

显然，辍学仅仅只是一个例子罢了。有理由相信，总有一天，社区心理学的影响将渗透到传统心理学及其相关的诸多领域，如心理健康、教育教学、组织心理学、管理心理学、犯罪心理学、健康护理、社会服务，等等(参阅本译著目录)。或许，到了那一天，也就是社区心理学“消亡”的那一天。但，这种消亡是涅槃，更是重生，甚或是永生！

从2010年拿到英文原版书至今，已经有3年多的时间了。而早在2007年，我便看到了本书第三版的繁体字中译本，我深爱之。本来想以一己之力，完成这本书的翻译，只惜壮心犹在，力已不逮。于是，便请自己所带研究生史江英(第三章，第九至第十三章)和何妮娜(第五至第八章)帮忙，请她们勾画出英文版第三版与第四版的差异，相同的地方可参照第三版的繁体字中译本进行翻译，由我完成其余部分的翻译并译著初稿的修改、润色和定稿。此外，我的研究生刘德永和吴红婷也帮我做了一些技术性工作。在此，我向一并他们表示感谢！

感谢谢冬华编辑，感谢他对我的信任，把这本书交给我来翻译。也感谢他对我时间上的宽容，感谢他对译文的“斤斤计较”！

在我看来，译著就是嫁衣，是读者的嫁衣，更是中国心理学的嫁衣。

我谨希望，这本书有助于我们了解国际社区心理学的观念和动态，也希望它对我国本土社区心理学的研究有所助益。

若如此，这本译著就体现出了它的价值。

曾守锤

2013年8月21日

图书在版编目(CIP)数据

社区心理学:第四版/(美)约翰・森继,(美)弗兰克・Y.王,(美)凯伦・格拉维尔・达菲著;曾守锤,史江英,何妮娜译.—上海:上海教育出版社,2019.8
上教心理学教材系列
ISBN 978-7-5444-6726-1

Ⅰ.①社… Ⅱ.①约… ②弗… ③凯… ④曾… ⑤史… ⑥何… Ⅲ.①社区服务-心理学-高等学校-教材
Ⅳ.①C916-05

中国版本图书馆CIP数据核字(2019)第261858号

责任编辑 王 蕾 谢冬华
书籍设计 郑 艺

上教心理学教材系列
社区心理学(第四版)
Shequ Xinlixue
[美]约翰・森继 弗兰克・Y.王
凯伦・格拉维尔・达菲 著
曾守锤 史江英 何妮娜 译

出版发行 上海教育出版社有限公司
官 网 www.seph.com.cn
地 址 上海市永福路123号
邮 编 200031
印 刷 上海叶大印务发展有限公司
开 本 787×1092 1/16 印张 24.75 插页 1
字 数 555千字
版 次 2020年1月第1版
印 次 2020年1月第1次印刷
书 号 ISBN 978-7-5444-6726-1/B・0112
定 价 76.00元

如发现质量问题,读者可向本社调换 电话:021-64377165